여성과 종교개혁

Women and
the Reformation

여성과 종교개혁

Women and the Reformation

키르시 스티예르나 지음 | 박경수·김영란 옮김

대한기독교서회

여성과 종교개혁
ⓒ 키르시 스티예르나 2009

2013년 5월 10일 초판 1쇄

지은이/키르시 스티예르나
옮긴이/박경수·김영란
펴낸이/정지강
펴낸곳/대한기독교서회
편집책임/권오인·이혜자·민소영

등록/1967년 8월 26일 제1-77호
주소/135-090 서울시 강남구 삼성동 169-1
전화/편집 553-0873~4 영업 553-0870~7
팩스/편집 3453-1639 영업 555-7721
e-mail/editor@clsk.org
http://www.clsk.org

Women and the Reformation
ⓒ Kirsi Stjerna 2009

Blackwell Publishing
by Krisi Stjerna
Tr. by Park, Kyung Soo · Kim, Young Ran
All rights reserved. Authorised translation from the English language edition published
by Blackwell Publishing Limited. Responsibillity for the accuracy of the translation rests
solely with CHRISTIAN LITERATURE SOCIETY OF KOREA and is not the responsibility
of Blackwell Publishing Limited. No part of this book may be reproduced in any form
without the written permission of the original copyright holder, Blackwell Publishing
Limited.

직영서점/기독교서회
종로5가 기독교회관 1층, 전화 744-6733 팩스 745-8064

값/22,000원 책번호/2012
ISBN 978-89-511-1658-2 93230

The Christian Literature Society of Korea, Seoul
Printed in Korea

옮긴이 서문

　이 책은 격동의 시기였던 16세기 종교개혁기 동안에 프로테스탄트 신앙을 옹호하고 개혁운동에 헌신한 "특별한" 여성들의 이야기를 담은 "특별한" 책입니다. 이 책의 주인공들은 당시 제도적이고 종교적인 억압에 더하여 성적 억압까지 받으면서, 여성의 신분으로서 당당하게 교회개혁이라는 공적인 목소리를 발할 만큼 용기를 지녔다는 점에서 특별하고, 남성들의 이야기(history)로 넘쳐나는 역사의 기록에서 거의 무시되고 망각되어 온 여성들의 이야기(herstory)를 발굴해냈다는 점에서 이 책 또한 특별합니다.

　사실 최근에 이르기까지 역사에서 여성들은 늘 배후에 존재하는 그림자와 같았습니다. 우리가 루터, 츠빙글리, 칼뱅과 같은 "주류" 종교개혁자들에 대해서는 익숙하게 알아도 시몬스, 뮌처, 후버마이어와 같은 "비주류" 종교개혁자들에 대해서는 많이 접하지 못했는데, 여성들의 경우에는 이보다 더 심각합니다. 여성들은 "비주류 중의 비주류"로 살았습니다. 여성이라는 이유만으로 이중 혹은 삼중의 가름막 안에 갇혀 있을 수밖에 없었습니다. 이 책에서 소개되는 여성들의 이름조차 생소한 이유는 바로 이 때문입니다.

　로잘린드 마일스(Rosalind Miles)가 쓴 『최후의 만찬은 누가 차렸을까?』

(*Who Cooked the Last Supper?*)라는 책의 제목은 남성들만 앉아 있는 그 식탁을 준비한 보이지 않는 사람들은 분명 여성이었을 것임을 강력하게 암시하고 있습니다. 우리가 지금까지 읽어온 종교개혁사의 주인공은 거의 전부가 남성이었습니다. 그렇다면 현재 우리가 알고 있는 역사는 반쪽 역사일지도 모릅니다. 이 책이 특별한 이유는 그동안 묻혀 있던 나머지 반쪽 역사의 발굴과 복원을 향한 한 걸음이기 때문입니다. 여성들의 이야기가 본격적으로 역사의 전면에 나올 때 우리는 보다 온전한 역사의 퍼즐을 맞추어 나갈 수 있을 것입니다. 부디 이 책이 종교개혁의 역사를 보다 온전하게, 거시적으로, 균형 잡힌 시각으로 바라보게 하는 데 일조할 수 있기를 바랍니다.

옮긴이에게 이 책이 특별한 또 하나의 이유는 이 번역이 아내와 함께 일구어낸 공동의 열매이기 때문입니다. 이 책이 종교개혁 시기 여성들의 이야기를 다루고 있다는 것을 알고 아내가 먼저 관심을 보이며 번역해 소개하면 좋겠다는 제안을 하였고, 두 사람이 함께 번역해 나가는 과정에서 서로 토론하며 여러 가지 관심을 나눌 수 있어서 특별한 보람을 느꼈습니다.

작은 열매이지만 감사를 표해야 할 분들이 참 많습니다. 이 책을 저에게 처음 소개해 준 양정호 박사님, 박사과정 수업에서 이 책을 함께 읽고 토론한 문정은, 안재홍, 박성일, 한정운, 정준호, 장창진 목사님께도 감사를 드립니다. 어려운 출판 여건에도 불구하고 이 책의 의미를 공감하여 기꺼이 출판을 허락해 준 대한기독교서회 출판국장 서진한 목사님과 보다 좋은 책을 만들어 많은 사람들에게 알리려는 마음으로 꼼꼼하게 편집해 준 편집부 식구들에게 진심으로 감사드립니다.

번역을 할 때면 언제나 생각나는 이탈리아 격언이 있습니다. "번역자는 반역자"(traduttore, traditore)라는 말입니다. 부디 이 번역이 반역이 되지 않기를 바라며, 이 책이 보다 넓고 공정한 시각으로 역사를 보고 살아내려는 많은 사람들에게 작은 길잡이가 되기를 바랍니다.

2013년 4월
광나루 연구실에서
박경수

차례

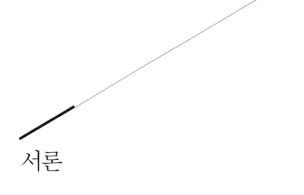

서론

이 책의
비전과 범위
종교개혁에 관해 거론하고 또 그에 대해 평가하면서 여성이라는 주제를 포함시키지 않고서는 더는 종교개혁 과목을 제대로 가르칠 수 없다. 그렇지만 쉽게 접근할 수 있는 사료가 부족하다는 사실 때문에 이 필수적인 연구범위의 확장을 강의실에서 실현시키기란 쉽지 않다. 영어로 된 간단한 입문서가 필요하다는 사실에서 이 책을 구상하게 되었고, 내가 바라는 바는 최상의 자료를 제공함으로써 다양한 종교개혁의 맥락 속에서 여성들의 삶과 사상과 공헌에 대한 탐구를 촉진시키고, 양성(兩性)의 관점에서 종교개혁을 이해할 수 있도록 인식의 폭을 확장시키며, 여성신학에 의해 제기된 신학적 질문을 촉발시키는 것이다.

하지만 내가 처음 마음먹은 이 일이 너무 거창한 일이라는 것이 곧 밝혀졌다. 너무나 많은 자료들이 발견되었고 또 계속해서 발굴되고 있기 때문이다. 그래서 이 일을 위해 나는 몇 가지 원칙을 세웠다. 첫째로, 이 작업의 주된 목적은 다양한 종교개혁의 맥락에서 가시적인 지도력을 행사한 몇몇 여성의 이야기를 제시하는 것이다. 여기서 "지도력"이라는 용어는 정치, 종교, 그리고 가정에서 행사되는 지도력, 저술하고 가르치고 말하는 지도력, 혹은 "대접하고"(hosting) "동역하는"(partnering) 지도력을 모두 포함하는 넓은 의미에서 사용되었다. 둘째로, 이 책이 다루는 여성들의 삶과 공헌과 도전은 이 여성들을 매료시킨 복음의 선포 안에 깊이 새겨져 있는 해방의 잠재력이라는 견지에서뿐 아니라 교회와 사회 안에서 여성의 지위에 관한 개혁자들의 가르침의 관점에서 해석되었다. 셋째로, 각 장은 독자들을 원자료로 이끄는 것과 더불어, 기존의 중요한 연구(이 책의 참고문헌에 제시)에도 의존하고 있다. 방대하게 축적되어 있는 일반적인 종교개혁 자료들은 몇몇 경우에만 제한적으로 참조하게 될 것이다. 그리고 나는 독자들이 이미 종교개혁사에 어느 정도 친숙하다는 것을 전제로 하였다.

학자들이 다양한 언어로 이미 연구해 둔 정보를 종합하고 해석하는 전기적인 형식의 서론은, 서로 다른 소명을 받은 여성들을 제시하고, 프로테스탄트 신자로서 그들의 각기 다른 자의식, 발전과정, 그리고 공헌을 점검하고 있다. 기본적으로 페미니스트 지향적인 다음의 질문들이 이러한 전기적인 형식의 자료를 관통하고 있다. 이 여성은 누구인가? 그녀는 어떤 개혁자인가? 그녀는 여성으로서 또 개혁자로서 자신을 어떻게 이해했는가? 그녀는 자신과 연관된 주제에 관해 어떤 글을 썼으며 어떻게 실천했는가? 다른 사람들이 그녀를 어떻게 받아들였는가? 그녀의 선택은 무엇이었는가? 그녀의 삶에서 여성이라는 성 정체성이 어떤 역할을 했는가? 프로테스탄트 역사(역사들)와 신학(신학들)이라는 넓은 영역에서 왜 그녀가 중요한가? 학문적인 영역에서 그녀의 위치는 무엇이었으며, 루터, 칼뱅을 비롯한 "위대한" 개혁자들과 더불어 그녀가 우리에게 가르칠 수 있는 것은 무엇인가? 일반적인 의미의 여성과 종교개혁이라는 큰 그림의 관점에서 우리는 나탈리 데이비스(Natalie Zemon Davis)가 1975년에 제기한 아래의 질문을 계속 추적해 나갈 것이다. Davis 1975, 66. 종교개혁은 여성들에게 분명한 호소력을 지녔는가?(만약 그랬다면 어떤 여성들에게 그랬는가?) 어떻게 그랬는가? 그리고 프로테스탄트 여성들이 종교적인 변화를 이루기 위해 무엇을 했으며, 종교개혁이 그녀들의 삶에, 그리고 그녀들의 삶이 종교개혁에 어떤 영향을 미쳤는가?

이 책에서 주목해 다룬 여성들의 삶은 이러한 주제와 종교문제 전반에 걸친 여성들의 참여에 빛을 비추어 준다. 이 여성들의 이야기는 종교개혁 역사와 신학의 재검토를 요구하고 있고, 특별히 여성과 관련해 종교개혁이 가져다 준 실제적인 유익과 손실이 무엇이었는지 고려할 것을 요구한다. 비극과 희극, 계속된 억압, 구속으로부터의 간헐적인 해방, 여성 개개인의 신앙에 대한 헌신의 대가와 보상은, 오늘날 사람들의 삶과 투쟁과도 맥이 닿는, 아마도 예견하지 못했을 많은 것을 제공해 준다. 후세대에게 종교개혁의 "어머니"가 되어준 여성들의 목소리는 때때로 종교개혁 신학에 대한 일방적인 찬사를 점검하게 해주는 중요한 실체를 제시하고 있고, 또한 지금까지 오랫동안 이 분야의 연구를 지배해 온 남성의 경험과 관점을 보완해 준다.

이 책에서 다루는 여성들은 다양한 지역, 문화, 언어, 사회적 배경을 지닌다. 이들의 지도력은 서로 다르지만, 이들 중 대다수는 기록되거나 혹은 그렇지는 않더라도 실체가 분명한 유형의 유산을 남겼다. 카타리나 폰 보라 루터, 엘리자베스 폰 브란덴부르크, 엘리자베스 폰 브라운슈바이크, 아굴라 폰 그룸바흐, 마리 당티에르, 카타리나 쉬츠 젤, 우르술라 요스트, 마르가리타 드 나바라, 잔 달브레, 르네 드 프랑스, 그리고 올림피아 모라타는 종교개혁의 대표적인 교모(敎母, matriarch)로 조명하였다. 이들은 각자 자신의 방식으로 프로테스탄트의 가르침에 응답하였고, 종교적인 지도력을 행사하였으며, 자신들의 종교적인 확신에 따라 살면서 주위의 개인들과 공동체에 중요한 영향력을 행사하였다. 이들은 당시의 지배적인 교부(敎父, patriarch)적 가치와 규범에도 불구하고, 그것에 대응하여 교회생활에서 여성의 유익한 역할을 증명하고 있다. 이들의 통찰력과 경험은 프로테스탄트 신학과 영성을 형성해 온 (기존의 남성 중심적인) 관점에 도전할 뿐 아니라 그것을 보완하리라고 기대할 수 있다. 여성들의 종교적인 삶을 규정해 온 다양한 요소의 관점에서 여성의 선택, 열정, 그리고 소명을 이해하는 것은 종교개혁 전체를 통전적이고 비판적으로 파악할 수 있게 해준다.

"종교개혁"이라는 용어와 포괄성의 문제

단수형으로 "종교개혁"이라고 쓰는 것은 카터 린드버그(Carter Lindberg)가 주장한 (1996) 바와 같이 16세기의 다양한 개혁운동을 부당하게 다루는 것이다. 종교개혁의 선구자들과 주창자들과 더불어, 종교개혁은 여러 측면에서 마르틴 루터가 말과 글로 중세 후기 가톨릭교회의 제도와 관습에 반발한 데서 촉발되었다. 루터는 가톨릭교회가 병들었고 대중의 영적인 필요를 충족시키지 못한다고 인식하였다. 루터는 1517년의 95개 조항과 1520년대 출판된 종교개혁 서적들에서 자신의 문제의식을 아주 탁월하게 피력하였고, 얼마 지나지 않아 다른 사람들이 이와 유사한 사명을 띠고 그에게 합류하였다.

성직자들의 타락은 자기 잇속 차리기에 여념이 없던 르네상스기 교황들에게서 정점에 달하였고, 특별히 엄청나게 남용된 면죄부(혹은 면벌부로 고해성사와 보속행위를 면해주고 연옥에서의 체류기간을 줄여주는 문서) 판매는 많은 이들로 하여금 교회와 신학, 그리고 대중의 종교적 관습을 개혁하는 운동에 나서게 하는 공통의 출발점이 되었다. 이러한 개혁의 요구들은 유럽의 다양한 상황 속에서 각기 다르게 가시화되었고, 결국 각기 구별되는 교파 전통들(루터주의, 성공회, 개혁주의, 재세례파와 메노나이트 교회)의 형성을 초래하였다. 각 교파는 교회의 역할과 세상 안에서의 교역에 대해 서로 다른 비전을 지녔고, 성례의 목적과 실행, 무엇보다 성서의 해석과 선포에 대해서도 각기 다른 시각을 지녔다. 하나의 보편적 교회가 이처럼 분할되는 현상과 더불어 로마가톨릭교회 내부에서도 여러 개혁운동이 일어났는데, 이 운동들은 특히 교회의 영적인 전통과 자원, 성례전의 관행, 그리고 도덕적인 가치에 대해 새롭게 강조하였다.

각각의 종교개혁에서는 저마다의 신앙고백서에 나타나 있듯이, 교육, 문헌, 교리문답 자료, 성례전 예식에 대한 강조와 소명에 대한 이해가 핵심이었다. 처음으로 루터주의자들이 자신들도 합의했던 1530년 아우크스부르크 신앙고백으로부터 공개적으로 분리해 나왔다. "프로테스탄트"라는 용어(루터주의자들과 칼뱅주의자들로부터 성공회나 재세례파에 이르는 다양한 종교개혁 전통을 포괄하는 개념)는 1529년 슈파이어 회의라는 역사적 시점에서 유래되었는데, 이때 복음주의자들을 로마가톨릭 신앙으로 강압적으로 되돌리고자 1521년 제정된 보름스칙령을 다시금 강제하는 데 대해 복음주의 진영의 영주들, 신학자들, 목회자들이 "항의한" 데서 시작된 것이다. 독일과 스칸디나비아가 루터주의 종교개혁을 주로 경험했다면, 유럽의 다른 지역, 특히 프랑스어를 사용하는 지역에서는 칼뱅의 가르침이 훨씬 깊은 영향을 미쳤다. 잉글랜드에서는 종교개혁 신학과 관행을 자신들의 독특한 "중도의 길" 위에 정립시켰다. 유럽 각처에서 (특히 성인세례를 실행하는) 재세례파나 영성주의적인 프로테스탄트 집단은 박해를 받았다.

유럽을 새롭게 그리스도교화해야 한다는 공통의 비전과 성서의 수위권에 대한 공유된 확신이 원래 어떤 것이었든지 상관없이, 무엇을 개혁하고 또 어떻게 개혁해야 하는가 하는 문제의식과 전략은 매우 다양하였다. 이로 인해 (스콧 헨드릭스가 주장한 것처럼 Hendrix 2004a) 다양한 신앙고백과 교파 집단이 형성되었다. 지리적·문화적·정치적·신앙고백적인 차이와는 별개로, 종교개혁은 남성과 여성, 성직자나 지식인과 평신도, 도시민과 시골의 농민들에게 각기 다른 방식으로 뿌리를 내려 그들의 삶을 규정지었다. 따라서 종교개혁 이야기와 그에 대한 평가는 매우 다양할 수밖에 없으며, 거기에는 우리가 고려해야 할 많은 점이 있는 것이다. 다양한 현상이 존재했다는 바로 그 사실로 인해, "종교개혁은 성공인가, 실패인가?"라는 질문에 단순하게 답하는 것은 불가능하다. 예를 들어 프로테스탄트들이 자신들의 비전에 따라 가톨릭교회를 개혁하는 데 "실패"한 것처럼, 가톨릭교회도 자체적인 개혁을 통해 활력을 찾기는 했지만 프로테스탄트들을 저지시키는 데는 실패하였다. 또한 가톨릭과 프로테스탄트 종교개혁 모두 남성과 여성, 평신도와 성직자에게 동일한 유익을 끼치는 데는 "실패"하였지만, 양측은 남성과 여성 모두의 관심을 끄는 데는 성공하였다. 그러므로 책에서 종교개혁이라는 용어를 흔히 단수 형태로 사용하고 있다 하더라도 복수의 의미로 이해하는 것이 적절할 것이다. Lindberg 1996; Hendrix 2004a.

종교개혁운동에서 특정한 여성들의 역할을 이야기하면서 이 책은 종교개혁이라는 용어를 복수로 이해해야 하는 또 다른 이유를 덧붙이고 있다. 여성들에게서 종교개혁이 남성들의 경우와 모든 점에서 동일한 의미를 지니는 것은 아니었다는 것이다. 복음에 관해 선포된 "기쁜 소식"과 그것에 기초해서 세워진 구조가 남성과 여성에게 동일하게 좋은 것은 아니었다. 동시에 종교개혁운동에서 성별에 따른 역할, 관점, 경험이 어떠했는지에 대해 사람들이 내놓는 성급한 결론이 늘 타당한 것은 아니다. 예를 들어 남성은 언제나 능동적이고 지도자였으며 여성은 항상 수동적 방관자이거나 수용하는 측이었다는 것은 사실이 아니며, 여성이 엄정함을 잃은 채 성적인 편견에 치우친 세계관을 채택했다고 말하는 것 역시 잘못이다. 진실은 훨씬 더 복잡하다.

이 책은 "진실"을 제시한다기보다는 하나의 관점을 제시하고자 하며, 충분히 활용되지 못하고 파묻혀 있던 자료를 해석하고자 하는 하나의 시도이다. 이 책에서 제시하는 관점에 대해서는, 의도했든 그렇지 않든 간에 저자의 성향이 북아메리카의 신학교라는 환경에서 가르치고 있는 유럽 출신의 루터파 여성 목회자로서의 경험에서 나왔다는 사실을 언급하고자 한다. 16세기 유럽의 프로테스탄트 여성에 집중한다고 해서 프로테스탄트, 혹은 더 구체적으로 말해 루터주의자들의 개혁이 다른 개혁보다 우월했다고 말할 의도는 전혀 없다. 이 책은 개혁적인 가톨릭 여성들까지 포함할 것이기 때문이다.

용어와 이름의 표기에서는, 인물의 역사적 정체성을 모호하게 하지 않는 한 가능한 대로 원래 이름 그대로를 사용했으며, 원래 이름보다 다른 이름으로 더 널리 알려진 경우에는 숙고한 후에 알려진 이름을 사용하는 것이 더 적절하다고 판단했다. 포괄성은 이 책을 저술하는 데에서 가장 기초가 되는 전제이다. 하지만 1차 자료나 그것에 관한 연구물을 인용할 때에는 그 표현을 교정해 오늘날의 독자들이 쉽게 읽을 수 있도록 하기보다는 원문 그대로 실었다. 포괄적인 대명사를 사용해야 한다는 것이 오늘날 언어사용의 특정한 주제라는 사실과는 달리, 이 책에 등장하는 16세기 저자들은 포괄적인 언어를 사용해야 한다는 점에 대해 별 관심이 없었다. 동시에 저자들이 3인칭 단수를 남성대명사로 사용한 것도 그들의 언어사용 관습이었을 뿐이고, 하나님을 거의 대부분 "그", "주", "아버지"로 언급하고 종종 남성적인 이미지를 사용했다고 해서 그것이 반드시 남성성을 여성성보다 우월한 것으로 이해했음을 의미하는 것도 아니며, 하나님을 여성이나 중성보다는 "더욱" 남성으로 보았다는 것도 사실이 아니다. 영향사(Wirkungsgeschichte)의 세기, 다시 말해 그리스도교 신앙과 신학의 표현에서 남성중심적인 전제들이 "영향력을 행사한 역사"는 언어에서 매우 분명하게 드러나는데, 16세기 여성들의 사고와 하나님과 영적인 문제를 설명하는 데에 명백한 영향을 미쳤다. 이런 점에서 볼 때 이 여성 저술가들이 하나님을 "그"나 "주"가 아닌 다른 용어로 묘사하려고 시도한 점은 너무나 과감하고 시대를 앞선 것으로 주목받고 칭송받아 마땅한 일이다!

여성과 종교개혁에 대한 미래지향적 연구

여성들이 종교개혁을 어떻게 경험하고 전했는지에 대해서보다는 전쟁, 회담, 개혁자들의 다양한 글에 대해서 더 많은 연구가 있었다. 개혁자들의 삶과 신학을 다루면서 여성을 주제로 연구해서 출판한 본격적인 결과물은 거의 없다시피 하며 성별(gender)의 관점에서 개혁자들의 신학을 평가한 글도 드물다.

종교개혁 연구에서는 성별의 관점으로 접근한 신학적인 탐구가 지지부진하던 반면에, 사회적 연구에서는 매우 활발하게 전개되었다. 1960년 이래 연구가 "폭발적으로 증가"하였다. "역사가들은 여성의 역사적인 경험을 밝혀줄 새로운 자료들을 찾아나섰고 전통적인 자료를 혁신적인 방식으로 사용하였다." Wiesner 2000a, 1-8 at 1. 여성들이 사회적으로나 신학적으로 규정된 한계 속에서 자신들의 신앙을 표현할 수밖에 없었다는 사실은 양성의 관점에서 종교개혁의 성공과 실패를 평가할 때 반드시 고려되어야 한다는 점이 분명해졌다. 새로운 시대와 환경에서 역사적인 신앙전통을 계속 유지해 나가는 데에서, 성별에 기초한 연구는 연속성을 지켜줌과 동시에 변화하는 시대를 관통해 개별 신앙전통을 신학적으로나 영적으로 유지할 수 있게 해주는 새로운 "의미"를 발견하게 해준다.

최근 몇 십 년간 학자들은 다양한 역할을 감당한 여성들을 확인시켜 주는 자료를 발굴하여, 종교개혁 역사에서 참여자들과 변화요인을 다변화시켰다. 역사학자들은 여성으로부터 비롯되는 풍부하고 다양한 자료를 발굴하였다. 이 자료들을 편집하고 번역하는 작업이 시작되었고, 여성들의 글에 표현되어 있는 그들의 신학에 대한 흥미진진한 탐구가 기대되었다. 출처가 분명한 1차 자료에 접근이 가능해짐에 따라 종교개혁 연구에 새로운 장이 열리게 되었다. 먼저, 양성의 역할과 경험에 동일한 가치를 부여함으로써 종교개혁 역사를 보다 현실적이고 포괄적인 것으로 만들 수 있었고, 둘째로, 여성 저술가들의 신학적인 공헌을 밝혀냄으로써 종교개혁 신학과 그 영향력에 대해 계속 비판적인 재평가를 하게 되었다. 옛 전제들은 그대로 유지하면서 단지 누락된 자료들을 모으고 덧붙이는 것만으로는 충분하지 않다. 전체 세기에 걸친 여성들의 관점이 단순한 각주 이상인 것처럼, 이 시기의 여성들 또한 우리 역사의 본문의 한 부분이다.

16세기 개혁운동에 참여한 여성들의 이야기가 소개됨으로써, 프로테스탄트 종교개혁이 어떻게 다양한 모습으로 전파되고, 이행되고, 수용되고, 거절되었는지에 있어서 성별이 얼마나 중요한 역할을 했는지는 이미 밝혀졌다. 성별에 근거한 관점과 규범은 또한 "무엇이" 전파되고 이행되었는가 하는 문제에서도 하나의 요인이 되었다. 인간의 삶과 역사에서 성별이 미치는 불가피한 영향력에 대한 자각은 역사이든 신학이든 성별과 무관한 혹은 중립적인 것은 있을 수 없다는 중요한 인식으로 이끌었다. 신학이나 역사가 구체적인 상황이나 인간이 배제된 채로 있을 수 없는 것과 마찬가지다. 이러한 자각은 연구의 새로운 차원을 요구하는데, "누가 실제를 말하고 있는지", "누구의 경험과 관점이 중요한지", "중요한 질문은 무엇인지" 하는 것을 포함해야 한다는 사실이다. 자료들에 대한 포괄적인 접근은 그동안 종교개혁 역사와 신학의 해석을 주도해 온 다양한 편견, 즉 성별에 따른 편견, 계급에 따른 편견, 또한 인종에 따른 편견을 비롯한 다른 편견을 자연스럽게 교정하도록 도와줄 것이다.

1977년 "여성들도 르네상스를 경험했는가?"라는 글을 통해 조안 켈리

(Joan Kelly)는 성별의 차이에 주목한 역사탐구의 길을 놓은 사람들 중 하나가 되었다. 그녀는 지금까지 역사와 인간경험과 문화를 평가하는 데에서 성별이 어떤 역할을 했는지 충분하게 인식하지 못했다는 자신의 견해를 근거로 르네상스의 시기 구분과 정의에 관해 의문을 제기하였다. "여성의 해방을 관점으로 역사를 바라보면, 남성에 의한 역사전개의 결과물이…전혀 다른, 심지어 정반대의 영향을 여성들에게 미쳤다는 것을 발견하게 될 것이다. 르네상스는 적절한 좋은 예이다." Kelly-Gadol 1977, 176. 켈리의 논지를 이어받아 우리는 종교개혁에 대해 같은 질문을 제기할 수 있다. "여성들에게도 종교개혁이 있었는가, 그랬다면 그것은 무엇이었는가?" 예를 들어 역사란 변화와 그 변화에 대한 해석을 다루는 것이고, 또한 르네상스와 종교개혁 시기에 비교적 온건하고 간접적인 변화가 여성들의 삶과 여성들에 대한 태도에서 일어났기 때문에, 우리는 남성의 역사(his-story)에 관해 우리가 말할 때와 같은 의미로 그 시대의 여성들에 관한 "역사"를 말하기는 매우 어렵다. "예외적인" 여성들에게만 주목하거나 혹은 다양한 형태의 종속관계가 전체 여성들의 역사에 미친 영향력을 인식하는 데 실패하는 접근, 즉 해당 시기의 여성들의 실재와 경험을 제대로 파악하지 못한 채 이루어지는 접근은 무엇이 정상적인 것을 이루는지, 또 여성들에게 진보란 어떤 것인지에 대한 왜곡된 전제에 기초하고 있다. Sommerville 1995, 8, 39-78, 250 참조.

같은 어조로, 거다 러너(Gerda Lerner)는 남성들에 대한 여성들의 오랜 종속은 사회구조와 강제력을 형성하고 있는 암묵적인 신념의 역사이고, 단순한 억측에 법과 관습의 힘을 부여해 온 역사라고 주장하였다. 그녀는 가부장제를 (생식, 경제, 그리고 인간관계에서) 다양한 형태의 지배와 위계적인 관계를 전개시킨 죄인으로 고발하였다. "가부장제가 확립되고 그 결과 계속적으로 강제되는 와중에서, 서구 문명을 설명하고 질서 짓는 주된 개념 체계들이 성별에 대한 일단의 암묵적인 가정을 내놓게 되었고, 이것이 역사의 발전과 인간의 사고에 강력하게 영향을 미쳤다." 역사(history)와 남성의 이야기(his-story)를 구별하는 것은 "기록된 역사에서는 여성이 지워지고 무시되어 왔다."라는 견해를 받아들이는 것이다. 러너에 따르면, 여성들이 자신들도 역사의 구성원임에도 불구하고 역사를 적극적으로 기록하고 해석하는 일에 참여하는 데 필수적인 전제조건을 오랫동안 갖추지 못했던 것은 교육받은 동료들을 만나 대화함으로써 문화적인 양육을 받을 기회를 박탈당해 온 데서 기인한다. Lerner 1993, 3-5, 12-13.

인간의 삶의 복잡성을 더욱 잘 이해하게 되면서, "성(性)이 사유작용과 아무 관련이 없고, 성별은 단지 사회적인 구조물일 뿐이며, 여성도 남성과 마찬가지로 역사를 만들고 규정할 수 있다는 것을 인식함에 따라, 우리는 인간의 사상사에서 새로운 세기의 출발점에 서게 되었다." Lerner 1993, 283. 위즈너-행크스(Merry Wiesner-Hanks)는 진행되고 있는 간학문적인 연구를 위한 통찰력 있는 은유를 제시하고 있다. 역사 연구에서 우리가 "역사"라고 부르는 구조물은 다름 아닌 바로 남성(혹은 일부 남성)의 도시이고, 천 년이나 된 이 오랜 구조물에 구멍을 뚫어 여성들의 도시를 위한 튼튼한 새 구조물을 세우기 위해서, 우리는 "높은 탑을 쌓으면서도 문을 열어놓을 필요가 있는" 이 일에 모든 이주자를 환영할 것이다. Wiesner-Hanks 2001, 16.

이 책에서 여성들은 역사를 만드는 사람들로, 그리고 그들 자신의 역사의 주체로 소개될 것이다. 종교사에 대한 해석과 신학적인 이해를 여성들의 다양한 경험으로부터 구체화시킬 것을 권하는 기저에는 보다 포괄적인 역사 쓰기와 신학 하기에 대한 소망이 있다.

이 책은 16세기 여성들의 발자취를 좇는 데 선구자 역할을 해왔으며 전기적인 연구와 더불어 여성들의 작품에 대한 비판적인 편집과 번역물을 제공해 온 학자들의 실질적이면서도 미래지향적인 연구의 바탕 위에 서 있다. 휘튼마이어(Annie Wittenmyer) 부인의 1885년 작업은 종교개혁

시기의 몇몇 여성들의 전기를 제공하려고 한 초기의 시도로서 이 책의 선행적인 연구로 특별히 언급할 가치가 있다. 또한 이 책은 후기 중세 여성들의 깊은 신앙심에 대한 풍성한 연구들과, 역사와 신학에서 성의 역할을 이해할 수 있도록 길을 열어준 여성주의 학자들에게서도 도움을 받았다. 그들의 작품은 참고문헌에 수록하였다.

여성 개개인과 그들의 작품과 신학에 대한 비판적인 연구는 아직 충분하지 않다. 마르가리타 드 나바라와 같은 몇몇 여성은 다양한 영역에서 이미 학자들의 상당한 주목을 받아왔다. 아굴라 폰 그룸바흐와 카타리나 쉬츠 젤과 같은 몇몇 여성은 최근의 다양한 논문과 책이 나오도록 촉발시켰다. 르네상스와 종교개혁기의 잉글랜드 여성들, 특히 엘리자베스 여왕과 그녀의 아버지 헨리 8세의 아내들이 다른 곳에서 계속 학자들의 주목을 받아왔지만, 이 연구의 1차적인 목적이 그 시기 다양한 역할을 한 여성들을 제대로 표현하려는 것이었기 때문에 여기서 그들에게 특별한 관심을 보이지는 않을 것이다. Levin, Carney, Barrett-Graves 2003, 1988 참조. 카타리나 폰 보라 루터와 같이 저명한 종교개혁자의 동역자였던 여성들은 성인전기를 다루는 투와 논쟁적인 투의 양측으로부터 갖가지 다양한 관심을 끌었다. 비토리아 콜론나, 줄리아 곤차가, 카테리나 치보, 그리고 이사벨라 브레세나와 같이 가톨릭교회 안에서의 개혁을 후원하던 인문주의 성향의 귀족 부인들도 마찬가지다. 재세례파와 "급진적인" 여성들, 예를 들어 레바르덴의 엘리자베스와 우르술라 요스트와 같은 여성들은 거의 알려지지 않은 채 있고, 이는 덴마크의 루터파 여왕 도로테아를 위시한 스칸디나비아 여성들의 경우도 마찬가지다. 카타리나 쉬츠 젤, 아굴라 폰 그룸바흐, 마리 당티에르, 올림피아 모라타와 같이 대중적인 목소리를 내는 신학적인 성향의 여성들과 또한 잔 달브레, 르네 드 프랑스와 같은 유명한 귀족 여성들은 일찍이 19세기에 몇몇 긴 논문이 나올 수 있도록 고무시켰고 최근에는 더 큰 관심을 받고 있지만, 이들에 대한 대부분의 글은 영어가 아닌 다른 언어로 씌어졌다.

종교개혁 여성들에 관해 영어로 쓴 본격적이고 제대로 된 전기들은 거의 나와 있지 않다. 여성들이 쓴 글을 비판적으로 편집하고 번역하는 일도 마찬가지고, 특히 여성들의 신학을 깊이 분석하는 작업도 그러하다. 이 책은 이미 소중한 자료들을 영어로 번역한 학자들의 작업을 특별히 강조한다. 그래서 그 출처에서 인용할 때는 참고문헌에 자세히 소개되어 있는 최초의 번역자와 편집자에게 영광을 돌리는 것이다.

참고문헌 인용에 관해서 해둘 말이 있다. 마지막 편집 작업을 하면서, 본문의 명료성과 문맥을 해치지 않기 위해, 연구과정에서 축적된 많은 참고문헌을 본문 속에는 싣지 않기로 결정하였다. 자세하게 인용하는 경우나 특정한 학자가 특별히 가치가 있거나 독특한 해석을 제시하거나 특별한 의견을 내고 있는 경우에만 저자와 작품을 참고문헌뿐 아니라 본문에도 인용하였다. 그렇지 않은 경우, 독자들은 책 뒤쪽에 각 장별로 수록해 둔 참고문헌을 찾아보기 바란다. 참고문헌에는 가장 중요한 작품들과 이 책을 쓰면서 참고한 대부분의 작품을 수록해 놓았으며, 아울러 더 깊은 연구를 위해 읽을 만한 책들도 실었다.

이 책에서 다루는 여성들

이 책은 16세기 유럽에서 프로테스탄트 신앙을 수용하고, 전달하고, 이행한 여성들을 다룬다. 저술을 통해, 혹은 다른 지도력을 발휘함으로써 공개적으로 자신의 신앙을 밝혔고, 프로테스탄트 여성으로서 자신의 소명에 따라 살았으며, 자신이 속한 시대와 공간 속에서 종교개혁운동에 확실한 공헌을 한 여성들에게 초점을 맞추었다.

카타리나 폰 보라 루터는 가정 안에서 가족을 통해 신앙을 이행하는 사람이라는, 새롭게 고양된 어머니로서의 소명과 프로테스탄트 목회자의 배우자로서의 새로운 소명을 잘 예시해 주고 있다. 이전에 수녀로 있다가 개종한 마리 당티에르는 제네바에서의 개혁에 대해 평신도 여성의 꼼꼼한 해석을 내놓았다. 아굴라 폰 그룹바흐, 마리 당티에르, 카타리나 쉬츠 젤, 그리고 올림피아 모라타는 각각 여성들의 말할 권리와 행동할 권리를 옹호하였으며, 모든 여성의 그리스도교적인 의무에 대한 자신의 견해를 분명하게 표출하였다. 이들의 이야기는 몇 안 되는 학식 있고 거침없는 여성 신학자들과 여성 옹호자들의 능력과 도전, 둘 다를 잘 보여준다. 이들은 남성 비평가들의 조소를 받았으나 가르치고 신학적으로 논증할 수 있는 자신의 권리를 납득시켰다. 이들의 유산은 후세대에게 수많은 신학적 저술과 자신의 신앙에 대한 용감한 증언이다. 마르가리타 드 나바라와 그녀의 딸 잔 달브레는 르네 드 프랑스와 더불어 불안정한 정치적 권위에도 불구하고 용감한 종교적 헌신을 보여주었으며, 이것은 또한 위험한 상황에서 프로테스탄트들을 보호하기 위해 몇몇 귀족 여성이 지혜롭게 택한 바였다. 스트라스부르 출신의 우르술라 요스트 같은 예언자는 주류 프로테스탄트주의를 선호하고 신비적인 경험에 대해서는 의심의 눈초리를 보내는 일반적인 경향과 충돌하면서, 성령파 예언자들과 신비주의자들의 중세적인 전통을 유지해 나갔다. 나중에 결혼을 통해 엘리자베스 폰 브란덴부르크가 되는 덴마크의 엘리자베스 공주는 자신의 딸 엘리자베스 폰 브라운슈바이크와 더불어 신앙을 고백하는 말과 행동으로, 그리고 설득력 있는 법률 제정을 통해 자신들의 사적인 영역과 공적인 영역에서 종교개혁을 이행하였다. 이 책에 소개된 많은 여성들은 종종 불안정한 권력의 자리에서도 헌신된 개인의 모범을 보여주고 있고, 또한 프로테스탄트 신앙의 유익이라는 공적인 사명을 위해 기꺼이 개인적인 희생을 치를 수 있는 신실한 아내이자 어머니로서의 모범을 보여주고 있다. 마찬가지로 흥미로운 많은 여성들이 있지만 지면이 한정된 관계로 이 연구에서는 생략하였다.

이 책에서는 16세기 유럽 중남부 지역 프로테스탄트 여성들을 주인공으로 삼았다. 저작물이나 또 다른 명백한 종교적인 지도자 역할을 통해, 이 선택받은 여성들은 각기 여성의 소명의 다른 측면을 구현하였고, 처한 상황에서 자신의 소명에 특별한 의미를 부여하였으며, 공적인 지도자로서뿐 아니라 개인적 신앙인으로서도 공헌하였다. 여성 개개인의 이야기를 하나의 공통된 틀 안에서 고찰하기 위해 서론적인 글과 결론에서는 여성들의 선택과 관련된 다양한 주제와 개혁자들의 신학이 여성들의 삶에 대해 지녔던 태도를 간략하게 다루었다. 내가 바라는 바는 종교개혁이라는 복합적인 이야기 안에 여성 개개인의 이야기를 배치함으로써, 그리고 성별에 주목하는 이슈(gender issue)에 의도적으로 관심을 가지고 이 일을 함으로써, 이 작업이 종교개혁의 역사와 신학의 계속적인 재건에 기여하고, 여성들을 그들이 속한 교회와 전통 안에서 존중받는 지도자로 세우는 데 기여하는 것이다.

제1부

여성들의 선택지와 비전

제1장

예언자, 묵시가, 순교자:

우르술라 요스트와 그녀의 출판업자 마르가레테 프뤼스

서론 :
중세 여성 묵시가들

종교개혁은 여성들에게 종교적으로 지도적인 역할을 담당하고 공개적으로 신학적 목소리를 낼 수 있는 새로운 기회를 부여하였는가, 아니면 여성들의 선택권을 제한하였는가? 중세의 여성 신비가들과 묵시가들에게 무슨 일이 일어났는가? 프로테스탄트의 만인사제설이 여성들에게 어떻게 적용되었는가? 프로테스탄트 신학과 개혁은 종교적인 평등을 진작시켰으며 여성을 포함한 관련된 모든 것의 해방을 증진시켰는가? 그 답은 분명하지 않다.

한편으로는, 인간의 공로가 아닌 하나님의 선물인 믿음으로만 의롭게 된다는 개혁자들의 가르침 안에 급진적인 해방의 씨앗이 새겨져 있었다. 만인사제설은 영적 동등성의 자연스러운 표현이자 그 토대처럼 보였다. 많은 여성들이 열정적으로 프로테스탄트 신자가 되었다는 사실은 그들이 새로운 설교에서 반응할 만한 가치가 있는 약속을 들었음을 말해준다. 아마도 처음에는 그 약속이 여성인 그들에게 무엇을 가져다 줄 것인지 구체적으로 충분히 알지는 못했겠지만 말이다. 다른 한편으로는, 여성들의 집단적인 목소리가 없었기에 이것에 대해 공동으로 기록된 "여성들의 의견"이 없고 개인적인 응답에 관한 기록만 있었다. 종교개혁 여성들의 (그리고 여성들에 관한) 자료들은 그들에 앞선 중세 여성들에 의해 보존된 자료들과 비교해 볼 때 매우 빈약하다. 이와 같은 여성 작가들의 명백한 실종은 프로테스탄트주의자들이 중세시대 종교의 무대에서 종종 중요한 역할을 한 여성 신비가, 예언자, 성인들을 일소했던 것과 함께 일어났다. 이 중요한 대응 세력이던 여성들이 없었다면 아마도 남성 성직자와 스콜라 신학자와 남성 중심의 종교적 표현이 중세시대를 독점했을 것이다.

중세 후기의 상황과 그 안에서 여성들이 감당한 종교적 역할이 무엇이었나 하는 것은 이후 여성들의 상황이 좋게 혹은 나쁘게 어떻게 바뀌었는지를 검토할 수 있게 해주는 하나의 거울을 제공해 준다. 이러한 변화는 기본적으로 변하지 않은 성에 대한 관념, 사회적 요인, 새로운 신학적 강조점에 비추어볼 때에라야 이해될 수 있다. 여성의 운명과 관련된 가장 중요한 변화는 영성과 소명에 대한 새로운 시각에서 비롯되었다.

교회에서 여성들은 침묵하고 복종해야 한다는 바울의 가르침이 끈질기게 유지되었음에도 불구하고, 그리고 여성들의 가르침과 설교와 공적인 역할을 반대하는 규율이 제도적으로 시행되었음에도 불구하고 그리스도교 역사에서는 성에 따른 역할이라는 규정을 깨뜨리는 방식을 발견한 특별한 여성들이 존재해 왔다. 여성의 신학적 활동과 목소리를 제한하려는 규정에 대항하여 그들은 스스로 교사이자 지도자로 서려고 동기부여를 하였고, 또 그 일을 실현하는 데 성공하였다. 그들은 평신도로서, 그리고 개별적인 신자로서 그렇게 하였고, 종종 의미심장하게도 그들이 밝히는바 하나님의 거역할 수 없는 소명에서 비롯된 것이라는 그들의 독특한 영적 확신과 경험에 의해 "권위를 인정"받았다. 중세시대에는 특히 "신적인 메시지"를 지닌 놀랄 만한 수의 여성 묵시가들이 배출되었다. 그들의 행동과 정체성의 공적인 성격 때문에 이런 여성들은 이례적인 존재로, 그리고 그리스도인 여성들을 위해 규정된 수백 년 된 규범에 불복하는 존재로 두드러졌다. 규칙을 위반한 사람들의 행동은 하나님의 거룩한 행위에서 유래된 것으로 간주될 수 있었기에 그들은 용서받을 수 있었고 심지어 존경을 받기도 하였다. 반면에 명백한 초자연적 공인 없이 "스스로" 규칙을 깬 여성들에게는 동일한 자유가 허용되지 않았다.

그리스도교 역사의 가장 초창기부터 여성들이 종교적 지도자요 교사의 역할을 감당할 수 있다고 믿었던 특별한 여성들은 일반적으로 이와 같은 자신의 "여성스럽지 않은" 행위의 정당성을 자신들이 체험한 신비적인 성격의 변혁적인 종교적 경험에서부터 끌어내었다. 특별히 종교개혁 이전 상황에서 이러한 영적 경험은 결코 보기 드문 일이 아니었다. 오히려 반대로 중세 그리스도교 세계에서 신비주의는 남성들에 의해 주도된 공식적이고 제도적인 종교에 대한 하나의 중요한 대응물로서 융성하였다. 많은 수의 신비주의자들이 평신도였으며 또한 여성이었다는 사실은 결코 우연의 일치가 아니다. 신비주의는 그들에게 가르치고 설교하고 종교적인 권위를 지닐 수 있는 유일한 근거를 제공하였다.

"중세시대와 마찬가지로 16세기 전반에 여성들은 종종 그들의 묵시적이고 예언적인 경험으로 인해 영적인 권위를 지닌 것처럼 여겨졌다. 그들은 직책에 근거해서가 아니라 경험, 즉 특별한 부르심에 근거하여 권위를 주장하였다. 이러한 경험은 종종 예언적인 묵시의 형태를 띠었다." Snyder 1999, 282. 학자들은 다음과 같이 말한다.

묵시는 여성을 진정한 종교적 인물로 확인해 줌으로써 인습적인 여성의 역할로부터 자유롭게 만드는 사회적으로 인가된 활동이었다. 묵시는 여성에게 그녀가 가르치고 배우는 데 사용할 수 있는 공적인 언어를 제공함으로써 다른 사람들이 그녀를 주목하도록 만들었다. 그녀의 묵시들은 그녀에게 내적으로 성장할 수 있는 힘과 세상을 바꿀 수 있는 힘을 제공하였으며, 심지어 교회 안에 있는 부정의와 탐욕을 설파하고 공격할 수 있는 용기를 제공하였다. 묵시를 통하여 그녀는 다른 여성들에게 하나의 본보기가 될 수 있었고, 그녀 자신의 경험으로부터 다른 여성들을 보다 온전한 자아 계발로 이끌 수 있었다. Snyder 1999, 282. 그리고 Snyder and Hecht 1996도 참조.

오직 소수의 여성만이 자신의 이름으로 글을 쓸 수 있었다.(예를 들어 마르그리트 포레테는 14세기 초에 그녀의 책과 함께 화형을 당했으며, 크리스틴 드 피잔은 14-15세기의 전문 작가로서 생활비를 벌었다.) 여성들이 선호한 선택은 다른 사람들의 인정을 받기를 열망하면서 자신을 하나님의 메신저요 대변자로 밝히는 것이었다. "문서로 기록된" 초자연적인 부르심은 인간의 명령을 대체할 수 있었다. 하나님의 영에 의해 창조된 질서 안에서는 여성들이 묵시를 보고, 예언하고, 가르치고, 출판할 수 있었다.

신비적이고 예언적인 글쓰기 전통은 중세시대에 번성하였다. 예를 들어 힐데가르트 폰 빙엔(Hildegard von Bingen)과 헬프타(Helfta)수녀원의 묵시가들(12세기부터 13세기까지)과 노리치의 줄리안(Julian of Norwich), 시에나의 카테리나(Caterina da Siena), 스웨덴의 비르기타(Birgitta of Sweden)는 (14세기부터 15세기까지) 추종자들을 얻었는데, 그들은 신적인 메시지를 전하라는 하나님이 주신 사명(그들은 이렇게 받아들였다.)을 위해 자신의 삶을 바친 거룩한 여성들이었다. 그들은 사람들 가운데 추종자들을 얻었지만 동시에 교회 지도자들로부터 의심도 샀다. 그들이 생존하고 성공을 거두는 데에서 남성 지도자들, 종종 신앙고백자들과 저술가들의 지지가 도움이 되었는데, 특히 묵시가들의 정통성을 증명하고 그들의 고결함에 대한 공식적인 인정을 증진시키는 데 힘이 되었다. 더욱이 영적 지도자로서 묵시적 여성들의 특별한 권위의 증거는 그들의 비범한 삶과 "남성적인" 덕목의 현현에서 나왔다. 거룩한 여성들은 금욕생활과 묵상생활에서 남보다 두드러지기 위해 다양한 방식으로 자신의 여성성과 자기 정체성을 포기하고 인간적인 욕구와 관계를 끊어버려야 했다. 그 여성들에게서 이 과정은, 종교적인 역할과 경험이라는 면에서 여성들에게 가능한 것으로 간주되던 것들의 틀 안에서 영적인 해방을 의미할 수 있었던 것 같다.

중세 전성기와 말기에, 신비주의에 대한 관심이 고양되던 풍토에서, 한편으로는 사람들의 영적인 안녕에 관심을 가지면서 또 다른 한편으로는 교회 안에서 성직자의 힘이 커지고 많은 문제가 발생한 것에 대해 비판적인 평신도 교사들의 수가 급증하였다. 많은 평신도 환상가, 예언자, 그리고 신비주의자 들은 개혁에 대한 자신의 비전을 제시하였으며, 종종 자신이 그 출발점이 될 수 있는 영적이고 도덕적인 개혁을 구상하였다. 이러한 종류의 변혁은 이후 16세기에 가톨릭 종교개혁의 핵심을 특징짓게 된다. 중세 후기에 증대된 수도원과 수녀원은 신비주의자들과 환상가들에게 자연스러운 환경과 자극을 제공해 주었고, 이들 중 많은 이들이 프로테스탄트와 가톨릭 양측에서 종교개혁의 선구자가 되었다. 가톨릭의 경우에는 신비주의자들이 영적인 지도자로서 영향력 있는 역할을 계속해 나갔지만, 프로테스탄트의 경우에 신비주의자들은 거의 사라졌으며 그들과 함께 여성 예언자들과 환상을 보는 여성들도 사라졌다.

이것은 영적인 삶, 경건, 그리고 신학에서 우선권의 변화가 있었음을 말해준다. 영적인 경험과 개인의 육체적이고 카리스마적인 깊은 신앙심의 표현은 평가절하되었고, 개인의 삶에서 "우리 바깥에서"(extra nos) 오는 은혜의 효력이 강조되었다. 영성의 개념과 표현 모든 면에서 프로테스탄트 종교개혁에 참여한 남성과 여성 모두가 근본적인 변화를 겪었다. 강단과 공적으로 가르치는 자리에서 배제된 여성들은 프로테스탄트 교회에서 여성 예언자이자 신비주의자로서의 자신들의 역할 또한 상실하였다. 그곳에서 이들의 영적인 생활은 다소간 가정의 영역에 제한되었다. 이후 여성들은 "새로운" 교회에서 자신들이 기여할 다른 소명을 발견해야 했을 것이다.

종합하자면, 16세기 프로테스탄트들에게서 말씀을 순전하게 선포하는 일은 개혁의 핵심으로 여겨졌다. 새로운 강조가 말씀을 순전하게 선포하는 데, 그리고 각자의 소명대로 그것을 살아내는 데 주어졌는데, 첫 번째 측면은 오직 남성에게만, 두 번째 측면은 여성에게도 개방되었다. 프로테스탄트 여성들은 새로운 거룩한 땅으로 가정과 "세상"을 얻은 한편, 이들은 언뜻 보기에(어쨌든 우리가 보기에) 여성들에게 배타적으로 가르쳐진 가정중심적인 모델 안에 갇혔다. 동시에 수녀원을 잃음으로써, 여성들은 여성들의 개인적인 영적 발전과 신비적인 활동을 가장 본질적으로 뒷받침해 주고 환상을 보는 많은 작가들을 길러내던 환경을 상실하였다. 프로테스탄트 여성들은 예언과 신비적인 경험을 잊어버리게 되었고, 대신에 아내, 어머니, 그리고 가정을 돌보는 사람으로서 자신들의 가정 내의 거룩한 소명을 받아들이게 되었다. 일부 여성은 복음에 대한 이러한 해석을 귀하게 받아들였지만, 다른 여성들은 이를 거부하였다. 또 다른 여성들은 양자를 결합시키고자 노력하였다. 종교개혁 초기에는 소수의 여성들이 아내로서의, 그리고 어머니로서의 책무도 감당하면서 예언자의 역할을 계속하고자 애썼다. 이러한 "급진적인" 프로테스탄트 여성들의 이야기는 또 다른 비극적인 이야기, 즉 순교자들, 널리 행해지는 규범에 반하는 것을 믿고 행하는 여성들과 남성들의 이야기와 한데 얽혀 있다. 자신들의 신앙을 이유로 죽음을 맞이했고, 상당수는 이름도 남기지 못한 이 여성들을 기리는 의미로, 여기서는 가장 박해를 많이 받은 사람들에 대한 이야기에서 논의를 시작하겠다.

**재세례파와
순교자들**　재세례파 예언자들은 이 운동의 초기에 폭발적인 자
유를 경험하였지만, 이후에는 주류 프로테스탄트 전
통에 속한 이들의 자매들과 유사하게 제한을 받았다.
이들은 결혼이 선하다는 프로테스탄트의 가르침을 기꺼이 받아들였으
며, 이들 중 일부는 강단까지 공유함으로써, 말하자면 남편과 더불어 예
언자의 역할까지 함께 나누었다.

　영적으로 권위를 인정받은 평신도 교사들은 급진적인 종교개혁자들
사이에서 활동을 계속하였다. "급진적"이라는 용어는 성서의 해석에서 성
령의 독립적인 활동을 강조하면서 믿는 자들에게 세례(말하자면 한 사람
의 신앙에 대한 증거로 성인 세례)를 행하던 (대략 1520년대 이후 형성된) 프
로테스탄트 집단을 지칭하는 것으로, 재세례파가 그중 하나였다. 오직 성
서라는 원칙을 가지고, 이들은 자신들의 종말론적인 가르침에 따라 세속
의 권력을 거부하였으며 공직과 군복무, 그리고 맹세를 거부하였다. 이러
한 기본적인 교의를 중심으로 연합된 다양한 집단(스위스, 남부 독일과 오
스트리아, 그리고 북부 독일과 네덜란드)은 "세상"으로부터의 분리를 추구
하였으며, 유럽 전역에 걸쳐 박해를 받았다. 1685년의 『순교자들의 거울』
(*Martyrs Mirror*)은 전체 순교자의 30%가 여성이었다고 보고하였다.

　재세례파를 박해한 이유는 다양하였지만, 여성들과 관련해서는 영적
인 경험과 성령의 역사라는 이슈가 가장 중요하였다. 즉 프로테스탄트
역사에서 재세례파 여성들에게 독특한 지위를 새겨넣어 주고, 동시에 이
들에게 커다란 위난을 끼친 것이 바로 영적인 경험이었다.

　　이러한 "영적인" 것에 대한 근본적인 강조는 재세례파 여성들의 이야기에
　　서 결정적이다. 핵심적인 해석의 매개자로서의 성령에게 의지하는 것은
　　영에 충만하지만 무지하거나, 혹은 학문이 모자란 남자나 여자가, 성령을

결여하고 있는 학식 있는 교수보다 더 참된 성서 석의학자가 될 수 있다
는 것을 의미하였다. 성서에 대한 이러한 영적이고 인류평등적인 접근은,
바로 루터와 츠빙글리의 개혁운동에서 출현한 것으로, 급진적인 재세례
파 종교개혁에서 여성들과 배우지 못한 평범한 사람들의 참여에 문을 열
었다. Snyder and Hecht 1996, 3.

관주도적인 종교개혁자들(magisterial reformers)은 이를 인정하지 않았다.
급진주의자들에 대한 그들의 반대는 여성들의 가르침에 대한 금지보다
훨씬 더 맹렬하였다.

　주류 개혁자들은 말씀의 역사와 두 가지의 승인된 성례에 대해 새롭
게 강조하면서, 믿음만을 통해 의롭게 된다는 복음을 설교하였다. 그들
은 한편으로는 모든 믿는 자들의 책임의 중요성을 강조하면서도, 다른
한편으로는 제도적인 은총의 수단을 옹호하고 말씀을 전하는 특별한 직
무로서의 "정당한 소명"을 옹호하였다. 이렇게 해서, 오직 성서라는 원칙
에 뜻을 모았고 점차 자국어로 발간되고 있던 성서를 평신도에게 읽도록
권고했음에도, 종교개혁자들은 규율에 따른 교회 조직과 권한을 부여받
은 직무를 넘어서 자신들의 영적인 경험을 나누는 소위 성령 충만한 개
인들에 대해 여전히 의심스러운 눈초리를 보냈다. 불일치의 중심에 있던
것은 성령의 사역에 대한 이해와 무엇이 "영적인" 것을 구성하는가에 대
한 이해였다. 여성들의 경우에 위험은 더욱 커지기만 했다. 예언활동에
종사한 재세례파 여성들은 이단, 불순종, 혹은 질서의 교란에 대해 가톨
릭교회가 프로테스탄트 운동의 초기에 보였던 것보다 결코 더 나은 관
용을 보이지 못했던 새로운 교회에서 이중적으로 질서를 파괴하는 존재
들이었다. 가톨릭이든지 프로테스탄트(주로 루터주의자들과 그들의 아우크
스부르크 신앙고백을 받아들인 자들)든지 간에 일반적으로 인정을 받은 신
앙 형태를 신봉하지 않고, 제국 법을 무시한 채 성인 (재)세례를 시행하던

재세례파들은 법의 보호를 받을 수 없는 위치에 있었고 유럽 전체에 걸쳐 박해를 받았다.

주류 개혁자들과 급진적인 개혁자들이 합의점을 발견한 특별한 하나의 이슈가 있는데, 그것은 바로 하나님께서 여성들이 계속 남성들에게 종속적인 존재로 남기를 원하신다는 것이었다. 그럼에도 종교개혁운동 초창기 동안에, 재세례파 여성들은 종교적인 지도자로, 특별히 예언자로 일할 수 있는 예외적인 기회를 얻을 수 있었다. 비록 종교개혁운동이 제도화되면서, (몬타누스주의자들과 같은 초기의 "이단적인" 운동에서 여성들이 누리던 것과 같이) 여성들이 가시적으로 지도자의 역할을 할 수 있었던 초창기의 기회 가운데 상당수를 잃게 되었지만 말이다. 급진주의자들 사이에서 여성들이 얼마만큼 해방을 누렸는지에 대해 학자들이 의견의 일치를 보지 못한다는 것은 일반적인 여성사의 모호성을 반영하고 있으며, 모든 운동에 영향을 미친 성별을 둘러싼 규범의 복잡한 실체를 말해 준다. 대체로 성령의 사역만이 교회와 사회에서 성별의 관계를 규정하는 질서를 흔들어 놓을 수 있었다.

재세례파 서클들에서 여성들이 누린 자유의 정도는 장소에 따라, 그리고 스승에 따라(예를 들어, 멜히오르 호프만은 예언의 직무가 여성들에게 적합하다고 본 반면, 메노 시몬스는 성서가 여성이 순종할 것을 확인해 주고 있다고 해석하였다.) 다양했는데, 전반적으로 말해 재세례파들은 여성들에게 양면적인 메시지를 보냈다. 한편으로 이들은 교회 제도와 관계를 끊고 초창기에 종교적인 문제에 있어 주관성을 강조했는데, 이것은 개인의 삶 속에서 성령의 해방시키는 능력과, 그로 인해 제도적인 통제 너머 생길 수 있는 종교적인 자율성을 시사해 주었다. 성령으로부터, 그리고 카리스마적인 경험에 대한 확신으로부터 흘러나오는 인류평등주의자의 신학은 평신도 남성들과 여성들 모두에게 예언자 직무를 맡을 수 있도록 허용해 주어, 종교적인 권위를 지니고 공적인 목소리를 낼 수 있도록 해

주었다. "재세례파운동에 토대를 마련해 준 "성령의 부르심"은 비록 그것이 개인들을 공동체에 대한 헌신으로 이끌기는 했지만, 철저하게 인류 평등적이고 사적인 것이었다." Snyder and Hecht 1996, 8. 그렇지만 결국에 재세례파 여성들은 가부장제적인 질서의 결혼과 가정, 그리고 교회에서 성취를 발견할 수 있으리라는 기대만을 품은 채 다른 사람들처럼 성별에 따른 인습에 굴복하게 되었다.

한번도 완전하게 평등을 이룬 적은 없지만, 이 운동의 초기에 몇몇 요인이 재세례파 여성들로 하여금 일반 사회에서보다 교회생활에서 더욱 많은 참여를 할 수 있도록 기회를 제공해 주었다. 재세례파 역사의 전 기간에 걸쳐서, 여성들은 재세례파 신앙 공동체에서 유익한 기여를 하였다. 그들은 심지어 "지도자로 자처하였다. 아무도 그들에게 의문을 제기하지 않았다. 그들은 때때로 사도, 예언자, 그리고 환상을 보는 사람이 되었다. 그들의 메시지는 예측할 수 없는 것들이었다." Sprunger 1985, 53. 자신이 주장한 것을 좇아 레바르덴의 엘리자베스(Elisabeth of Leeuwarden)가 펼친 활동은 하나님의 성령에 의한 소명이었으며, 이것이 그녀를 유명하게 만들었다. 1549년 순교당하기 전에 그녀는 북부 네덜란드 재세례파 집단들에서 메노 시몬스의 동료이자 유명한 지도자였다. 엘리자베스는 수녀원 배경에서 벗어나 재세례파의 연결망에서 용감하게 조력하면서, 자신을 최초의 메노나이트 여자 집사로 확립하였기에, 학식 있는 독립적인 한 여성은 그녀의 "남성과 같은 용기"를 칭송하였다. Joldersma and Grijp 2001. 다른 여성들도 엘리자베스처럼 비공식적으로 개종을 권하는 일을 수행하고, 찬송을 만들고, 성경읽기 모임과 바느질 모임을 열었으며, 민중의 차원에서 적극적으로 사역하였다. 어떤 사람들은 구제를 베풀고 순회 목회자들과 피난민들을 자신의 집에 거두었다. 이들은 입으로 복음을 전파하였다. 이러한 모든 활동에서 재세례파 여성들은 특별한 평신도의 증언을 내놓았다. 예를 들어 암스테르담의 부유한 평신도 여성(Aeffgen Lystyncx)

은 비밀집회를 조직하였다. 슐라이덴에서는 두 여성(무아경의 비전을 보았던 Bernhartz Maria of Niederrollesbroich와 Maria of Monjou)이 순회 설교자로 현저하게 활동하였는데, 그들은 1552년 수장형에 처해졌다. 소수의 스위스 재세례파 여성들은 예언자로서 명성을 얻었는데, 취리히의 마르가리티아 하팅거(Margaritia Hattinger)와 막달레나 뮬러(Magdalena Muller), 바르바라 무르글렌(Barbara Murglen), 그리고 생갈의 프레나 부메닌(Frena Bumenin)이 그들이다. Sprunger 1985, 52-57; Snyder and Hecht 1996, 8, 10-11, 14-15, 97-98; Wiesner 1989, 15-17 참조.

재세례파의 역사에서 특히나 비극적인 장면은 뮌스터에서 일어났는데, 그곳에서 여성들은, 죽이거나 감옥에 투옥시키겠다고 위협하면서 일부다처제와 남편들에게 전적으로 복종할 것을 조장하던 얀 마티스(Jan Mathjis)와 라이덴의 얀(Jan van Leiden)의 전체주의적인 규범 아래 자신들이 학대당하고 있다는 것을 깨달았다. 순교자들의 삶과 죽음은 『순교자들의 거울』(The Martyrs Mirror, Thieleman Jansz van Braght[1625-64])에 기록되어 있다. 이 책은 또한 『유혈극장』(The Bloody Theater or Martyrs Mirror of the Defenseless Christians)으로도 불린다. 이 책에는 278명의 여성에 대한 정보가 들어 있는데, 이들은 전체 순교자의 3분의 1에 해당한다. 이들은 자신들의 신앙 때문에 익사당하거나, 화형에 처해지거나, 교살당하거나, 생매장당하였는데, 남편과 함께 혹은 남편 없이 혼자(예를 들어 Anneken Jans와 Weynken Claes) 그런 일을 겪었다. 박해받는 여성들은 자신들의 성별로 인해 특별히 더 위해를 당하기 쉬웠다.

개개의 여성들은 재가를 받은 권력을 상대로, 그리고 여성이라는 이유로 그 자신은 접근조차 허용되지 않았던 신학적인 학식이라는 세력에 대항하여 자신을 변호해야 하는 상황에 놓였다. 그렇지만 각각의 재세례파 여성들은 모든 믿는 자들, 남성뿐 아니라 여성도 독자적으로 성서를 탐구하고 진리에 대해 자신이 이해한 것을 다른 사람들과 나누라고 권고하는 재세례파의 원칙에 의해 힘을 얻었다. Joldersma and Grijp 2001, 27-36 at 27-28.

여성들의 답변은 신앙의 확신뿐만 아니라 자신들의 학식과 용기까지 드러내었다.

　순교는 재세례파에게만 국한되지 않았다. 만연한 마녀사냥에 덧붙여, 여성 순교자들의 이야기들이 온 유럽에서 들려왔다. 특별히 유혈이 낭자하던 시기는 프랑스 종교전쟁의 시기와 잉글랜드에서 튜더 왕조와 스튜어트 왕조에 걸친 종교전쟁의 시기로, 종교적인 집착으로 인해, 그리고 잇따른 변화를 겪은 국가 지도자들의 정책들로 인해 양측에서 수많은 순교자들을 양산해내었다. Bainton 2001b, 211-229, 159-209 참조. 잉글랜드에서 루터란, 칼뱅주의자, 혹은 재세례파 여성들을 상대로 한 재판 기록은 신념을 위해 기꺼이 죽고자 했던 용감한 여성들을 잘 묘사하고 있다.

　한 예로, 잉글랜드의 귀부인 앤(Anne Askew)은 개혁적인 시각을 지니고 활동했다는 이유로 고문을 당하고 철저히 조사를 받은 후에 1546년 처형당하였다. 그녀에게서 헨리 8세의 마지막 부인인 왕비 캐서린 파(Katherine Parr)가 이단에 연루되었다는 증거를 확보하려는 시도도 있었다. 캐서린 파의 개혁에 대한 공감은 당시 윈체스터의 강력한 감독이던 슈테판 가디너(Stephen Gardiner)에게 눈엣가시였다. 앤은 자신이 겪은 호된 시련에 관해 상세한 기록을 남겼는데(제일 이른 것은 1545년까지 거슬러 올라간다.), 이 기록에는 자서전적인 기술과 아울러 끔찍한 고문에 대한 묘사, 그리고 성만찬에서 그리스도의 임재와 같이 신랄한 논쟁의 대상이 되었던 신학적인 주제들에 대한 한 여성으로서의 해석이 담겨 있다. Beilin 1996 참조.

　또 다른 예로서, 잉글랜드에서 가장 유명한 여성 프로테스탄트 순교자는 헨리 8세의 참수당한 두 번째 아내, 앤 볼린(Anne Boleyn)이었다. 그녀의 이야기는 16세기 여성이, 심지어 왕비라 해도 자신의 종교적인 선택, 성별(gender and sexuality)로 인해 직면해야 했던 위험을 비극적으로 예시해 주었다. Warnicke 1989 참조. (그녀의 딸 엘리자베스 1세가 가능한 한 종교적인 사안들에서는 공개적으로 무성적[asexual]이고 중립적인 태도를 견지하려 한 이유가 있었던 것이다.) 권력층에 있던 종교개혁 여성들의 상당수는 박해를 중재하고 신자들의 처형을 막으려고 애를 썼다. 예를 들어 마르가리타 드 나바라와 그녀의 딸 잔 달브레, 그리고 그들의 친구 르네 드 프랑스는 프로테스탄트들을 위해 도피처를 마련해 주고 보호한 것으로 유명하였다. 폭력에 대항하는 태도를 공유했던 카타리나 쉬츠 젤과 아르굴라 폰 그룸바흐는 종교적인 관용을 위해 글을 썼으며, 자신들이 택한 신앙으로 인해 비난을 받는 사람들의 편에서 활동하였다. 남성들과 마찬가지로 여성들이 자신들의 신앙 때문에 죽어가는 동안, (메리 튜더와 카트린 드 메디시스는 예외로 하고) 많은 여성 지도자들은 종교를 빌미로 죽이는 것보다는 종교의 이름으로 행해지는 폭력을 종결시키는 데 더욱 관심이 있었던 듯하다.

재세례파 여성들과 순교자들은 종교개혁이 여성들에게 주는 약속이 얼마나 모호한지를 잘 밝혀준다. 이들은 또한 정치와 종교의 뒤엉킴, 그리고 종교와 정치에서 작용하는 성별의 원리를 드러내 보여준다. 마지막으로 언급하지만 결코 덜 중요하지 않은 점은, 이들의 이야기는 여성들이 결의, 끈기, 그리고 빈틈없는 태도를 지니고 지도자 역할을 감당했다는 증거를 제시하고 있고, 심지어 그런 태도를 그들에게서 기대하기 어려울 때조차 그런 모습을 보여주었음을 증언하고 있다는 것이다.

스트라스부르의 예언자들과 그들의 출판업자 마르가레테 프뤼스

관용이 있는 자유도시이자 카타리나 쉬츠 젤의 고향인 스트라스부르는 예언가적 활동을 위한 중심지였으며 많은 급진적인 평신도들의 저작 출판이 이루어진 중심지였다.(특별히 1522년부터 1534년 사이에) 이 도시의 여성들 중 상당수가 재세례파 혹은 영성주의자들(남성과 여성 모두 합쳐 인구의 10%에 달했다.)과 결혼하였다. 이들 중 일부는 예언자로 알려졌으며, 순회하는 재세례파 멜히오르 호프만과 연관을 가졌다.(1529) 그는 자신이 인정하는 예언적인 작품들의 출판을 도왔다. 학식을 갖추지 못한 여성 예언자들 중 가장 영향력 있는 사람들은 우르술라 요스트(Ursula Jost)와 바르바라 레브스톡(Barbara Rebstock)이었다. 레브스톡은 직공의 아내로서, 자신이 속한 재세례파 교회에서 "이스라엘의 장로"로 교회를 섬겼다. 두 사람은 호프만과 밀접한 연관을 맺고 있었으며, 한스 후트(Hans Hut)의 영향을 받았다. 이들이 본 환상은 열정과 성서적인 언급으로 가득 차 있었는데, 이것들은 멜히오르 호프만과 용감한 여성 출판업자 마르가레테 프뤼스(Margarethe Prüss)에 의해 출판되었다. 프뤼스는 스트라스부르에서 가장 용감하고 생산적인 출판업자였다. 인쇄업자의 딸이자 두 인쇄업자의 아내였으면서 자신 또한 인쇄업자였던 그녀는 예언자도 아니고 선생도 아니었지만, 예언자들의 작품을 출판하는 데 힘이 되어 주었다. 재세례파가 박해를 받고 있는 상황임에도 그녀가 재세례파 신자와 세 번째 결혼을 한 것은 "금지된" 혹은 잠정적으로 문제가 되는 작품들을 출판하기로 결정한 것과 마찬가지로 그녀가 박해받는 재세례파의 사정에 종교적으로 공감했음을 드러내 준다. 스트라스부르 종교개혁에서 출판업자로서 그녀가 한 역할에 관해서는 Chrisman 1972, 159-160 참조.

1510년에 그녀의 아버지 요한 프뤼스(Johann Prüss)가 죽자 그녀는 1504

년부터 아버지가 운영해 오던 인쇄소를 물려받았다. 그리고 라인하르트 베크(Reinhard Beck)와 결혼함으로써(1511-22), 두 사람은 이 "프뤼스-베크" 인쇄소의 공동 소유주가 되었다. 그녀의 아버지가 가톨릭 작품들을 출판한 반면, 마르가레테와 라인하르트는 고전이나 인문주의 서적들을 라틴어와 독일어로 펴내면서, 마르틴 루터나 안드레아스 카를슈타트(Andreas Bodenstein von Karlstadt)의 작품 같은 종교개혁 자료들을 펴내기로 결정하였다. 이 도시의 길드 규정이 여성이 혼자 사업체를 운영할 수 있는 기간을 제한해 두었기 때문에, 라인하르트가 죽은 이후 마르가레테의 사업 활동은 위협을 받았다. 그녀는 그럭저럭 또 다른 인쇄소를 열어, 나중에 사위가 되는 볼프강 포터(Wolfgang Foter)를 고용하기까지 혼자 인쇄소를 운영하였다. 그리고 1524년 요한 슈반(Johann Schwann of Marburg, 전[前] 프란체스코수도회 수사)과 결혼해, 1526년 그가 죽기 전까지 함께 종교개혁 서적을 출판하는 일을 계속하였다. 1527년 5월 그녀는 세 번째 결혼을 하는데, 이번에는 저명한 재세례파 발타사르 베크(Balthasar Beck)와 결혼하였다.

1530년대에 체포당할 위험을 무릅쓰고(발타사르의 경우에는 체포를 당하면서), 또한 재정적인 모험을 감수하면서 프뤼스-베크 인쇄소는 재세례파와 영성주의자들의 책을 출판해내었다. 이 가운데는 우르술라 요스트, 세바스찬 프랑크(Sebastian Franck), 그리고 멜히오르 호프만의 책도 포함되어 있었으며, 그 외에도 책 내용과 저자에 근거해 급진적이라고 평가되는 책들을 펴내었다.(예를 들어 이들은 보헤미아의 미카엘 바이스[Michael Weisse]의 노래집에 기초한 카타리나 쉬츠 젤의 찬송가를 출판하였다.)

마르가레테는 자신의 출판사에서 발간되고 있는 책들의 이념적 성향에 대해 확실히 알고 있었다. 사실상 마르가레테가 남편과 인쇄업자들을 선택한 것을 보면 그 선택은 급진적인 저작물을 계속 펴내겠다는 그녀의 방침에 영향을 받은 것으로 보인다. 이 여성은 자신이 처한 상황에서 가장 적절한 방식으로 초기 재세례파들의 운동과 급진적인 개혁 전반에 실질적으로 이바지하였다. Snyder and Hecht 1996, 259.

그녀는 자신의 인쇄소와 유산을 8명의 자녀에게 균등하게 넘겨주었으며, 이러한 뜻을 담아 1542년 5월 23일자로 된 자신의 유언에 서명하였다. 우리에게 얼마간 정보가 있는 네 자녀가 한 선택은 그 당시 종교적인 선택과 직업의 선택에 대해 예리하게 묘사해 주고 있다. 그녀의 아들 라인하르트는 바젤에서 출판업자가 되었고, 딸 줄리안은 가톨릭 수녀회에 가입하였으며, 딸 우리술라는 출판업자(그녀의 어머니가 고용했던 바로 그 볼프강 포터)와 결혼하였고, 딸 마르가레테는 영성주의자인 세바스찬 프랑크와 결혼하였다.

결론적으로 말하면 다음과 같다.

마르가레테 이야기에서 핵심은 그녀가 이 방면의 일을 계속할 수 있게 해주고 프뤼스 가문의 출판업이 얼마간 영향력을 유지하도록 해줄 출판업자와 결혼하겠다고 선택하였다는 것이다. 그녀는 당시 여성으로서 자신에게 가능한 최상의 수단을 활용하였다. 마르가레테는 스스로 남편을 선택함으로써 자신의 인쇄소에서 출판되는 자료들에 대해 영향력을 행사한 것이다.

그녀는 프로테스탄트에 우호적인 사람하고만 결혼하였고, 그에 따라 책을 출판하였으며, 점점 더 급진적인 책을 펴내었다. 이것은 그녀의 재세례파적인 경향을 드러내 주는 설득력 있는 증거가 된다. "인쇄소 소유주이자 여성으로서 마르가레테는 16세기 문화가 여성들에게 부여하던 역할의 한계를 극복하였으며, 그 결과 스트라스부르 시 경계 너머까지 초기 재세례파운동에 중요한 공헌을 하였다." Snyder and Hecht 1996, 270. 그녀의 용기와 의의, 그리고 다른 비슷한 출판업자들의 의의는 아무리 강조해도 지나치지 않다. 이들이 지니는 중요성은 "인쇄되는 글에 대한 그들의 영향력에 놓여 있다. 궁극적으로 특정한 책이나 논문을 출판하기로 하거나 출판하지 않기로 하는 그들의 결정은 제도상에 급격한 변화가 이루어지던 때에 정치적이고 종교적인 사건들에 즉각적인 영향을 미칠 수 있었다." 다른 말로 해서, "출판업자들은 사건의 향방을 결정짓는 데 기여하였다." Chrisman 1982, 29, 30. 그들은 우르술라 요스트와 같은 평신도 교사들을 위한 토론의 장을 여는 데 도움을 주었다. 우르술라는 영적으로 권위를 인정받은 여성 교사들과 신비주의자들이라는 강력한 전통에 연결고리를 제공하고 있다. 또한 그녀는 주류 프로테스탄트들이 신비주의자들과 예언자들을 불허하게 되면서 여성들과 남성들이 잃어버리게 된 것들을 구현하고 있다.

예언자 우르술라 요스트와 그녀의 환상

예언자의 직무를 자처한 평신도 여성 우르술라는 중세시대에 번성하던 신비주의자들과 예언자들의 오랜 전통을 이어갔다. 그녀는 설교의 직책이 남성에게만 속하는 것이라는 종교개혁자들의 견해에 대해, 그리고 신비적인 종교적 경험에 대한 그들의 존중의식 결여에 대해 항의하였다. 우르술라는 아무런 거리낌 없이 영적인 지도자의 위치를 떠맡았으며, 공개적으로 환상에 대한 자신의 열망을 밝혔다. "내 남편이 구금되었다가 풀려난 이후, 그와 나는 함께 하나님, 전능하고 자비로우신 아버지께 나에게도 그분께서 직접 행하시는 놀라운 일들을 보게 해달라고 열심히, 그리고 부지런히 기도하였다." Snyder and Hecht 1996, 282. 그녀는 예언자가 되기를 원했으며, 그녀의 권위의 원천인 성령과의 만남을 통해 예언자들 중 한 사람이 되었다. 그녀는 1524년 초엽부터 예언을 하였으며, 재세례파 역사에서 피비린내 나는 시기이자 전반적인 박해가 이루어지던 시기 동안 가장 활발하게 활동하였다. 갖은 고난을 무릅쓰고, 순교를 당할 수도 있었던 이 재세례파 여성 예언자는 출판업자 마르가레테가 그러했듯 명백히 자연사하였다. 두 여성에 대한 핵심적인 정보를 얻으려면 Snyder and Hecht 1996 참조.

우리가 얻을 수 있는 얼마간의 정보에 따르면 이렇다. 우르술라는 1500년대 전반기에 살면서 예언을 하였다. 그녀는 남편 린하르트 요스트(Lienhard Jost)와 함께 스트라스부르에 인접한 크루테나에서 살았다. 남편은 1524년 투옥된 바 있다. 그녀가 본 환상은 1530년대에 출판되었다. 그녀의 딸은 1543년에 결혼하였다. 하지만 이런 사실에 살을 붙여 구체화시킬 수 있는 정보는 거의 없으며, 우르술라가 태어나고 죽은 날짜와 그녀의 가문 배경은 여전히 분명하지 않은 상황이다.

푸줏간 주인이던 린하르트 요스트는 스트라스부르 남쪽의 일키르츠라는 마을 출신으로, 종교개혁 초기에 독일에서 예언활동에 종사하였다. 예언활동으로 인해 린하르트는 병원에 감금되었다가 1524년 방면되었는데, 그때 그는 이미 우르술라와 결혼해 있었다. 이들이 정확하게 언제 재세례파와 연관되었는지, 그리고 이들이 재세례를 받았는지는 분명하지 않지만, 우르술라의 예언활동은 그 남편이 방면된 이후에 시작되었다. 그녀는 자신이 본 환상을 상세하게 기록하였지만 1530년까지는 그것들을 출판하지 않았으며, 이 시기 이후에도 그녀에 대한 정보는 매우 드물게 나타난다. 1537년 이후 "아그네스"라는 이름이 우르술라의 남편과 관련한 재세례파의 기록에 나타나다가, 1539년경에는 린하르트의 아내로 인식되고 있다. 우리가 이혼이나 중혼의 가능성을 생각하지 않는다면(그 어느 것도 가능성이 없는데, 재세례파 교회에서는 간통 이외의 다른 어떤 이유로도 이혼이 허락되지 않았고, 또 성적인 것과 관련한 전반적인 입장 또한 당대 사회와 조화를 이루었던 것으로 여겨지기 때문이다.), 우르술라는 기록에서 린하르트의 새로운 아내가 언급되고 있는 1539년 전 언제쯤인가 죽었음에 틀림없을 것이다.

그녀는 보존되고 있는 77개의 환상 가운데 58개를 1525년 농민전쟁 시기에 받아 기록한 반면, 그 이후 3년간의 평화기에는 단지 1개만을 기록하였다. 그녀의 마지막 18개 환상은 기근과 재세례파 박해의 시기였던 1529년에 기록되었다. 이때까지 우르술라, 그녀의 남편 린하르트, 그리고 동료 예언자 바르바라 레브스톡은 상당한 추종자들을 거느린 "스트라스부르 예언자들"로 자리를 잡았다. 그녀는 또한 재세례파의 아버지들 중 하나로, 1529년 스트라스부르를 방문해서 이들 세 예언자를 만난 바 있는 멜히오르 호프만과도 연관을 맺게 되었다.

종말론적인 설교를 한다는 이유로, 그리고 (루터에 따르면) 적합한 준비나 소명 없이 그 일을 한다는 이유로 추방당한 평신도 설교자 호프만은 스트라스부르에 있는 다른 불찬성자들(dissidents)과 잘 어울렸다. 스트라스부르는 주류 종교개혁자들의 의견과 일치하지 않는 다양한 신앙적 표현에 관대하였으며, 그 시민들은 종교를 이유로 사람들을 죽이는 데 관심이 없었다. 스트라스부르에서는 오직 소수의 처형만 일어났고, 몇몇 사람만 추방되었다.(관용이라는 개념이 매우 낯설었던 때에 관용의 원칙을 적용한 카타리나 쉬츠 젤과 같은 작가들이 이 문제에서 상당한 영향을 미쳤다.) 카리스마 있는 평신도 지도자들이 이 도시에 체류하게 된 것은 결코 우연의 일치가 아니었다.(이질적인 주민들로 구성되어 있다는 사실과 더불어, 바로 이 점이 독일과 스위스의 제도화된 종교개혁과의 관계에서 스트라스부르를 특별한 장소로 규정하게 한다.) 다른 어느 곳에서도 우르술라와 같은 예언자들이 그렇게 오래 지속할 수는 없었다. Chrisman 1982 참조.

우르술라의 환상에 대한 멜히오르 호프만의 관심은 중요하였다. 그녀의 환상은 호프만으로 하여금 출판을 주선하도록 할 만큼 그에게 충분히 인상적이었다. 첫 번째 책은 1530년(재판은 1532년)에 나올 준비를 마쳤는데, 이 해는 루터주의자들이 처음으로 자신들의 공식적인 공동의 신앙변호문인 아우크스부르크 신앙고백(1530)을 펴낸 해였다. 가톨릭교회와 신성로마제국 황제가 이를 거부함으로 인해, 프로테스탄트들은 자신들의 신앙을 표현할 아무런 이론적인, 혹은 법적인 자유를 갖지 못하게 되었으며, 가톨릭 신앙으로 돌아오라는 요구를 받았다. 프로테스탄트들은 1555년에 와서야, 그리고 이때에도 독일 루터주의자들의 아우크스부르크 신앙고백을 신봉하는 사람들만 신성로마제국의 경계 안에서 자신들의 신앙에 대해 용인을 받았다. 우르술라는 루터란도 아니었고 가톨릭도 아니었다. 그녀는 양측 모두에 속하지 않았다. 게다가 그녀는 많은 점에서 의심을 받을 수밖에 없는 위치에 있었다. 그녀는 평신도로서 예언하는 글을 썼고, 공인받지 못한 자신의 환상을 출판하였고, 공개적으로 거부된 재세례파 신학을 신봉하고 있었으며, 여성으로서 가르치는 권위를 행사하고 있었다. 그렇지만 이런 일들은 우르술라가 활동하던 때(1524-34)에 불찬성자들의 작품 출간이 이루어지던 스트라스부르였기에 가능하였다. 그녀가 본 환상들, 예언자들의 모임에서 그녀가 한 역할, 그리고 그녀가 호프만과 맺은 연대는 곧 우르술라를 그 도시에서 유명하고 인기 있는 사람으로 만들었다.

우르술라의 책에 대한 첫 번째 기록은 1530년 4월 23일 나오는데, 이때 호프만은 여성의 환상을 출판했다는 혐의를 받고 마르가레테 프뤼스의 남편 발타사르 베크와 함께 체포되었다. 이후 우르술라의 이름은 호프만이 "여성 예언자 우르술라"의 것으로 추정되는 환상(그녀의 22번째 환상)을 포함시켜 1532년 펴낸 간행물에 붙인 서문에서 언급되었다. 우르술라의 출판물은 1537년 교회와 교황을 대적해서 일어날 수 있는 반란에 대한 경고로 스트라스부르 시의회에 보내진 14개의 재세례파 저작들 가운데 하나였다.

우르술라나 다른 예언자들이 본 환상의 기원과 성격에 대한 풀리지 않은 의문과는 관계없이, 우르술라가 그 환상들을 전하고 싶어했다는 점에서 그 환상들은 진가를 인정받을 수 있다. 그녀가 본 환상들의 본질이 어떤 것이었나 하는 것보다 더 중요한 것은, 그것들이 의식적이든 혹은 무의식적이든, 그녀의 상상, 망상, 꿈에 기반을 둔 날조물들이든 혹은 신비한 계시였든 간에, 우르술라 자신과 그녀 주변의 사람들에게 어떤 중요성을 지녔는지, 그리고 그것들이 특정한 종교적인 상황을 관찰할 수 있도록 제공해 주는 창은 어떤 것인지를 식별하는 것이다.

이 점에서 우리가 첫 번째로 고려해야 할 것은 대부분의 중세 환상가들과는 달리 우르술라 자신이 환상을 보기를 원했다고, 그리고 예언가로서의 소명이 어느 날 갑자기 임한 것이 아니고 그녀가 적극적으로 그것을 추구했다고 솔직히 밝혔다는 점이다. 그녀가 본 환상들은 자신이 탄원하지 않은 것이거나 원하지 않은 것이거나 의식하지 않은 것들이 아니었으며, 이 점이 자신의 의지가 아니라 하나님의 강권적인 힘 아래 활동하고 있다고 종종 힘주어 말했던 중세 여성들의 모델과 그녀가 다른 점이다. 우르술라는 자신의 서론에서 밝힌 대로, 환상을 보기를 원했다.

> 내 남편이 구금되었다가 풀려난 이후, 그와 나는 함께 하나님, 전능하고 자비로우신 아버지께 나에게도 그분께서 직접 행하시는 놀라운 일들을 보게 해달라고 열심히, 그리고 부지런히 기도하였다. 하나님의 은혜와 친절하심이 우리에게 이것을 허락해 주셔서, 여기 적어 놓은 모든 환상을 내게 보여주셨다. 나는 이 모든 환상과 놀라운 일들을 주님의 영광 가운데 목격하였으며, 그것들은 언제나 내 앞에서 밝히 드러났다. 그리고 그 안에서 나는 하나님의 경이로움을 나타내는 이러한 환상들이 지니는 의미에 대한 지식을 받았다. 그런 다음 그것은 항상 다시금 함께 찾아왔다가 사라져갔다. Ursula Jost in Snyder and Hecht 1996, 282.

1524년의 그녀의 첫 번째 환상은 "나는 처음으로 하나님의 영광이 내게 임해서 너무나 빛나는 광채 가운데서 자신을 드러내 보이시는 모습을 보았는데, 주님의 영광의 빛으로 인해 나는 그 형체를 알아볼 수 없었다."라고 밝히고 있다. Ursula Jost in Snyder and Hecht 1996, 283. 그녀의 말에 따르면, 그녀는 각기 다른 시간에, 즉 낮과 밤, 때로는 잠에서 깰 때 환상을 받았는데, 항상 의식이 있을 때였다. 그녀는 하나님에게서 비롯되었다고 느낀 환상들의 의미에 대한 깨달음을 부여받았는데, 이 의미가 그녀의 주된 관심이었다. 한 여성에게서 하나님으로부터 오는 예언은 공적인 가르침과 설교를 할 수 있는 최고의 가능성을 제공해 주었다. 정확히 왜 그녀가 환상을 보기를 원했는지, 하나님을 경험하기 위해서였는지, 아니면 가르칠 기회를 갖기 위해서였는지는 여전히 불분명한 채로 남아 있다.

우르술라와 그녀의 주변 사람들에게서 환상의 중요성이라는 관점에서 고려해야 할 두 번째 요점은 그녀의 환상에 나타나는 어둡고 종말론적인 비유가 전쟁이든 기근이든 혹은 박해이든 실질적인 위험 속에 있는 현실 상황을 반영하였다는 것이다. 예를 들어 "1525년 사순절 넷째 일요일에, 나는 하나님의 영광 가운데 물과 불이 하늘에서 내려오는 것을 보았다." 31번째 환상, Ursula Jost in Snyder 1999, 284. 전쟁, 피를 떨어뜨리는 구름, 무지개, 소용돌이, 두꺼비, 뱀, 주교, 기사, 그리고 처녀들과 같은 이미지들은 두 개의 왕국, 즉 서로 우주적인 전쟁을 벌이고 있는 선의 왕국과 악의 왕국에 관한 그녀의 비전에 의해 형성된 신학적인 시각을 전달하는 환상들로 가득했다. 두 왕국에 관한 환상은 그에 부합하는 상징과 더불어, 진노하셨지만 참으시는 하나님, 악한 자들에게는 심판을, 고난을 견디는 택함 받은 신실한 자들에게는 구원을 베푸실 준비가 되어 있는 하나님을 그렸다. 우르술라의 환상은 하나님께서 통제하고 계신다는 것과 하나님의 자녀들이 견뎌낼 것이라는 것을 전하고 싶어하였다. Snyder and Hecht 1996, 277-278.

우르술라의 환상은 성서구절에 대해서, 특별히 요한계시록의 구절에 대해, 그리고 심판, 회개, 구원, 저주, 죽은 자들의 부활과 같은 성서적인 주제에 대해서 상세히 설명하였다. 예를 들어 그녀는 불타는 화살을 쏘는 하나님(38번째 환상), 사람들을 질책하시면서도 승리로 이끄시는 구원자(35번째 환상), 겁에 질려 서로를 향해 달려드는 머리 없는 인간과 동물들(52번째 환상), 하늘을 피로 물들이는 피의 강물(67번째 환상), 물 위를 떠다니는 시체들(19번째 환상), 물, 불, 역청, 하늘에서 비로 내리는 황과 불타는 사람들(32번째 환상), 바람에 의해 파괴된 "위대한 도시"(51번째 환상), 흉하게 된 얼굴로 어두운 호수 속으로 처박힌 주교(21번째 환상), 목에 밧줄이 감긴 채로 어둠 속으로 질질 끌려가는 교황(41번째 환상), 죽은 사람을 되살리기 위해 그 위에 피를 뿌리려고 하는 우르술라와 방해하는 기사들, 하나님의 도구 역할을 하는 침공하는 터키족(74번째 환상), 아이를 데리고 있는 어머니, 새가 되는 어머니(10번째와 13번째 환상), 나뭇가지 위에 있는 커다란 독거미(47번째 환상), 햇살을 타고 오르락내리락하는 어린이들(49번째, 5번째, 76번째 환상)을 환상으로 보았다. Deppermann 1987, 207-209; Snyder and Hecht 1996, 282-284 참조.

결론   종교개혁 여성들 가운데 우르술라를 한층 흥미롭게 만드는 것은 그녀에 대한 기억을 지속하게 만든 바로 그 사실, 즉 그녀의 예언들이었다. 그녀는 설명하기 어려운 체험으로부터 얻어낸 영적인 권위로 설교를 했던 스웨덴의 비르기타와 같은 중세 환상가들의 양식과 직무를 계속 이어나갔다. 비르기타와 시에나의 카테리나와 그리스도교 역사에 나타났던 다른 예언자들과 마찬가지로, 우르술라는 강력한 개인적 신앙을 증언하였으며, 자신이 신적인 지혜의 전달자로 부름을 받았다는 것을 확신하였다. 개인적인 소명과, 예언자들처럼 신비한 성령의 능력을 부여받은 것과, 이와 더불어 상황의 긴급성이 우르술라와 같은 여성들을 그들만의 범주에 위치시켰다. 예언가 우르술라는 주류 프로테스탄트 지도자들이 그들 가운데서 환영하지 않았던, 그리고 그들이 다른 여성들의 모델로 용인하지 않았던 그런 부류의 여성을 대표하였다.

우르술라는 마치 두 세계 사이에 서 있는 것 같았다. 즉 한편으로는 환상과 개인의 영적인 경험을 인정하던 중세의 종교세계와, 다른 한편으로는 개인적이고 영적인 삶과 경험으로부터 "체험될" 필요가 없는 말씀의 외적인 사역으로 강조점을 옮긴 초기 근대교회 사이에 서 있는 것 같았다. 영적인 체험에 대한 존중이 사라지자, 그에 따라 신비가들과 예언자들, 프로테스탄트 평신도들, 특별히 여성들이 가르치고, 설교하고, 가정의 영역 너머로 신학적인 영향력을 행사할 수 있는 핵심적인 수단을 잃게 되었다.(우르술라의 이야기를 여기 이 책의 시작 부분에 넣은 것은 이 점의 중요성을 강조하기 위한 것이다.)

요컨대, 우르술라와 그녀의 출판업자 마르가레테 프뤼스는 급진적인 프로테스탄트 견해를 확산시키는 데 도움을 주었으며, 자신들이 활동하던 현장 너머에 있는 개인의 삶에 폭넓은 영향을 미쳤다. 이 두 여성은 다수의 견해와 충돌을 일으킨 신앙적 확신 때문에 자신의 목숨을 바친 수많은 순교자들과 마찬가지로 자신의 신앙을 고백하고 실천으로 옮기는 용감한 모델을 제시하였다. 이들은 자신의 신앙과 동시대 사람들의 영적인 안녕에 관해 열정적이었고, 그래서 공개적인 고백을 하는 엄청난 위험을 감수하였다. 이 특징들은 모두 이후의 프로테스탄트 "성인전(聖人傳)들," 영웅적인 그리스도인들과 복음적인 신앙의 옹호자들을 기리는 책들에서 칭송을 받았다. 안타깝게도 주류 프로테스탄트들은 자신들과 다른 신앙을 고백하는 사람들을 존중하는 데 실패하였으며, 도리어 자신들의 불관용과 통제력을 잃을까 전전긍긍하던 두려움으로 인해 순교자들을 더 늘리고 말았다.

제2장

수도자의 길 :

수녀원의 투쟁

서론:

수도원 폐쇄 사건

루터의 가장 급진적인 개혁사상 중 하나는 독신 주의적인 수도원생활을 궁극적으로 거부하고 결혼을 종교적인 소명보다 더 나은 것은 아니더라도 그와 동일하게 중요한 것으로 신성화했다는 것이다. 수녀원과 수도원의 폐쇄는 대부분의 도시에서 종교개혁과 더불어 이루어진 첫 번째이자 가장 가시적인 제도적 변화 가운데 하나였다. 그것이 갑작스럽게 강제된 변화이든 감축 과정을 통해 비교적 천천히 진행된 변화이든 말이다. 그 당시 상당수에 이르는 유럽 여성들이 수녀원에서 살고 있었던 데다가, 이러한 여성 공동체 안에서만 여성들이 종교적인 실천 중심의 생활이라는 그들에게 주어진 유일한 기회를 경험할 수 있었기 때문에, 또 이것이 결혼과 이를 통해 어머니가 되는 일반적인 삶의 길 대신 택할 수 있는 중요한 하나의 대안이었기 때문에, 독신생활과 수녀원에 반대하는 프로테스탄트들의 가르침은 여성들의 삶에 즉각적으로 관념적이고 실질적인 영향을 미쳤다.

전직 수사들은 개종할 경우 프로테스탄트 교회에서 목사가 될 수 있었지만, 전직 수녀들은 가톨릭 영토 내의 다른 수녀원에 들어가 수녀생활을 계속하기를 원하지 않는다면 결혼하는 것 이외에 다른 가능성은 거의 없었다. 수녀원에서 나온, 결혼하지 않고 전적으로 종교적인 일에 종사하던 여성들은 사회에서 혹은 새로 생기고 있는 교회생활에서 아무런 확립된 위치도 갖지 못했다. 이들은 새로운 소명과 새로운 가정을 찾아야만 했다. 덧붙여, 수녀원의 폐쇄는 온통 여성으로만 이루어진 환경이 그들에게 허락했던 기회, 즉 보다 높은 교육을 받고 자기표현을 할 수 있던 기회, 그리고 소중한 의식을 행하고 예식적인 역할을 수행할 수 있던 기회를 여성들에게서 빼앗았다. 종교적인 의식과 경건의 영역에서 존중받는 여성 인물들, 즉 동정녀 마리아와 여성 성인들을 추방하고, 그와 더불어 수녀들과 막강한 수녀원장의 직무를 제거해 버리는 것은 여성들의 종교적인 지도력과 영적인 역할에 대한 뚜렷한 모범이 사라진다는 것을 뜻하였으며 영적인 생활에서의 철저한 변화를 의미하였다. 다른 말로 하면 이렇다. "성인들의 상실은 남성과 여성에게 다르게 영향을 미쳤다. 개혁파의 기도(prayer)는 더는 여성을 향한 것일 수 없게 된 반면에, 하나님을 아버지와 아들과 같은 남성적인 존재로 칭하는 것은 그대로 남았다. 종교개혁기 동안의 종교적인 이미지에 나타나는 성적 정체성의 문제를 제기하는 것은 시대착오적으로 여겨질지도 모르겠으나, 그것은 그렇지 않다." "거룩한 어머니 교회를 떠나는 것이 남성들에게는 특정한 형태의 종교적인 정서를 제거한 것이었다면, 여성들에게는 그들의 정체성에 미치는 영향력이 훨씬 더 심각한 것이었다." Davis 1975a, 88, 86-89. (예를 들어 프랑스에서처럼) 여성들보다 비율적으로 더 많은 남성 종교인들이 회심하고 기꺼이 자신들의 독신을 지키는 소명을 버렸다는 것은 전혀 우연이 아니다. 여성들에 대한 사안이 개혁에 대한 남성 설교자들의 레이더망에 포착되지 못한 것이다. "사실상, 성직자들의 결혼에 대한 설교는 간음과 지옥 불에서 신랑이 어떻게 구원받을 것인지는 강조하면서 신부의 영혼에 대해서는 거의 언급한 것이 없었다." Davis 1975a, 89, 88.

종교적인 영역에 있는 여성들에게서 힘과 독립성에 대한 집단적이고 개인적인 경험은 수녀원과 그와 연관된 전통의 상실로 인해 약화되었고, 그에 따라 여성들의 자아인식과 영성에 대한 폭넓은 파생효과가 뒤따랐다. 따라서 종교개혁의 약속에 대한 여성들의 복합적인 반응 가운데 가장 매서웠던 것이 수녀원 여성들의 대응이었다. Blaisdell 1999, 160; Douglass 1974, 303-309 참조.

가족에 의해 수녀원에 맡겨져 생활해 왔지만 그러한 생활양식에 대해 특별히 종교적인 소명을 받지 못한 여성들은 "세상"에서 떠나 그리스도의 신부로 살고자 하는 신학적이고 영적인 근거를 지니고 있던 여성들과는 다르게 종교개혁자들의 부름에 응답하였다. "일부 수녀들은 결혼과 가족 생활에 대한 프로테스탄트의 옹호를 수녀원으로부터의 해방의 메시지로 받아들여 열렬히 환영하였지만, 다른 수녀들은 자신들이 지켜온 삶의 가치를 부정하는 것으로 여겼다. 따라서 이들은 자신들이 선택한 길을 계속 지키기 위해 온 힘을 다했다." Wiesner 2000a, 231, 또 228-231. 수녀원을 폐쇄하고, 거기 거주하던 사람들을 쫓아내고, 수도원의 자산을 몰수한 사건은 개인과 제도 양 측면에서 고통을 야기했다. 종교개혁자들이 아무리 열정적으로 독신제도의 속박과 교황청이 이끄는 종교체계로부터의 해방의 "복음"을 설파하였다고 하더라도, 수백 년 이어져 온 전통과 신념이 하룻밤에 바뀌지도 않았을 뿐더러, 수세기 내려온 수도원 제도를 대체하는 것도 쉬운 일이 아니었다.

하나의 특별한 길:
수도자로의 소명

수도원은 중세 사회에서 중심적인 역할을 하였다. 전체 그리스도교 공동체와 자신의 가족을 지키기 위해 기사와 군주는 전쟁을 치르고 통치하고 농부는 농사를 지었던 반면, 수도사와 수녀의 주요 책무는 기도하고 그리스도교의 미덕을 지키는 것이었다. 수녀원 또한 문서(특히 자신들이 펴낸 글과 보존하고 있는 자료)를 통해 지적이고 학문적인 활동과 작업을 위한 환경을 제공한 만큼, 기숙학교로 또 귀족들의 딸들을 위한 안전한 장소로서의 역할을 하였다. 중세 신학과 종교적인 저술의 대부분은 수도원에서 비롯된 것으로 추적할 수 있다.

수세기 동안 수도사로서의 삶은 대부분의 시민이 미칠 수 없는 최고 수준의 종교적인 길로서 그리스도인의 완전함에 대한 이상을 나타내었다. 그리스도인의 완전함에 대한 수도원적인 이상은 그리스도교 신앙 안에 있는 끊임없는 금욕적인 추진력에 그 뿌리를 두고 있으며, 이러한 금욕적인 추진력은 교회와 국가 사이에 존재해 온 역사적인 긴장관계에 의해 더욱 증대되었다. 초기의 그리스도인들에게 예수를 따르고 이 땅에 하나님의 나라를 위한 길을 예비하는 일은 어려운 선택을 의미하였고 자신들이 알고 있던 "세상"을 버리는 것을 뜻하였으며, 그들 중 많은 사람들은 박해를 당하였다. 시간이 흐르고 기대하던 예수의 재림이 지연되고, 4세기에 콘스탄티누스 황체 치하에서 그리스도교가 로마제국의 국가 종교로 공인되면서, 제도화된 그리스도교 신앙이 자리를 잡았지만 금욕주의적인 이상은 그대로 남았다. 교회의 제도화가 예수 전통을 보존할 수 있도록 도왔다고는 해도, 그리스도교적인 이상의 본래적인 철저함은 상실될 수 있다는 염려가 다양한 금욕주의 모델과 개혁의 목소리에 잘 드러나 있다.

수도회들은 전형적으로 개인의, 그리고 교회의 개혁에 관심을 지닌 개인과 집단의 영적인 완전함을 향한 비전을 중심으로 세워졌다. 그리스도인 "본래의" 순전한 생활방식에 대한 열정으로 불이 붙은 신자들은 대체로 경건하고 규율에 맞는 생활을 하기 위해 이 세상에 속한 자신의 집, 소유, 가족, 그리고 자유를 버렸다. 이들은 다른 사람들을 고무시켜 완전해진 영적인 상태를 본받고 또 이루어내는 것을 목표로 해서 세속적인 자아를 부정한다는 원칙에 합의한 바탕 위에 종교적인 공동체를 형성하였다. 이러한 원칙은 도처에서 모두 똑같지는 않더라도 일반적으로 서약으로 규정되었으며, 전형적으로 순종, 가난, 정절, 겸손을 내포하고 있었다. 16세기에 성 베네딕투스가 세운 수도회 규정은 이후의 몇몇 수도회를 위한 토대를 놓았으며, 그중 가장 유명한 것은 중세 전성기의 시토회, 프란체스코회, 도미니쿠스회였다. 수세기에 걸쳐 개혁운동은 여성들을 위한, 그리고 남성들을 위한 새로운 수도회의 확산을 이끌었다. 일부 수도회들은 온전히 남성만을 위한 것이었지만, 다른 수도회들은 독립된 거처에 여성을 받아들였으며, 심지어 이중적인 수도회로 설립되기도 했다. 처음에 여성을 거부했던 수도회의 대부분은 이후 독립적인 시설에 양성(兩性)을 다 받아들이기로 변경하는 과정을 거쳤다. 여성을 위한 수도회는 극히 적은 수만 창설되었다.(특히 1215년의 제4차 라테란 공의회가 새로운 수도원에 대해 부정적인 결정을 내린 이후 새로운 수도원의 창설은 극히 드물었다. 이 공의회 이후에 생겨난 수녀회의 대표적인 예는 14세기에 스웨덴의 성 비르기타[St Birgitta]가 세운 수도회이다. 비르기타는 살바토리스[Regula S. Salvatoris]를 따르는, 아주 예외적으로 여성을 위한 수도회 규칙을 만들고자 했는데, 그녀는 그리스도께서 불러주시는 대로 받아 적었다고 주장하였다. 수도원의 규정은 그리스도의 어머니 마리아에게 경의를 표하여, 분명하게 여성들을 대상으로 하였고, 수도원의 책임자인 수녀원장에게 놀랄 만한 권한을 주었다. 그럼에도 이 규정은 특정한 직무에는 남성들을 받아들였으며, 오랜 논쟁을 겪은 후 성 아우구스티누스 규정의 변형본 중 하나일 뿐인 것으로, 즉 영적인 인도에 관해 이 교부의 편지에 나타나는 종교적인 생활을 위한 느슨한 원칙에 기초하고 있는 것으로 승인받았다.)

수도원은 서구에서 지적인 생활과 신학에 중요한 공헌을 하였다. 중세 시기를 통틀어 수도원은 고등교육, 신학적인 작업, 그리고 신학적인 자료의 보존을 위한 중심지 역할을 하였다. 신학 논문들, 성서 주석, 경건 서적들을 쓰고 문서들을 복사하고 보존하는 일과 더불어, 수도원은 영성을 촉진시키면서 교회의 가장 중요한 스승들과 지도자들을 배출하였다.(마르틴 루터, 토마스 아퀴나스, 베르나르 드 클레르보, 마이스터 에크하르트, 시에나의 성 카테리나, 스웨덴의 성 비르기타, 아빌라의 성 테레사, 빙엔의 힐데가르트)

사막 모후들(Desert Mothers)과 유명한 카파도키아 교부들의 누이인 마크리나(Macrina: 카이사레아의 바실리오스와 니사의 그레고리오스의 누이) 시대 이후에, 수도원생활은 남성과 여성을 차별 없이 끌어들였으며, 중세 시대에는 수도원생활의 다른 가능성이 생겨났다. 예를 들어 여성들은 자유로운 베긴회(Beguine) 수녀로 살아가기로 선택할 수 있었다.(12세기 후반부터 13세기 초반까지) 독신 여성은 수도생활을 시작하는 서약을 하지 않고 한 수도원에 소속되지도 않은 채 공동생활을 하면서 함께 신학을 공부하였으며 노동을 통해 자활하였다. 그녀들의 이러한 선택은 수도원에 가두어 둔 수녀들처럼 여성들의 종교생활을 통제하고 싶어하던 교회로부터 의심의 눈초리를 받았다. 여성은 또한 특정 수녀원에 가입한 평신도 여성으로 살거나(예를 들어 이탈리아의 도미니칸 여성 신심회원들이 그랬듯이) 혹은 결혼하지 않은 신앙심 깊은 여성들을 위한 보다 자유로운 공동의 조직체에 속해 있으면서(예를 들어 "데보티오 모데르나"[Devotio Moderna: "근대적 경건"을 뜻하는 라틴어] 공동체), 교회에 부속된 작은 방에서 여성 은자(隱者)들로(노리치의 줄리안처럼) 살아갈 수 있었다. 이들은 결혼제도 안에서 독신생활을 시도할 수도 있었다.(스웨덴의 비르기타, 마저리 켐프, 안젤라 다 폴리뇨는 모두 서너 명의 아이들을 낳은 이후에 그런 생활을 하였다.) 신앙심이 깊은 여성들의 대다수는 남성들을 위한 수도원에 규율의 수정을 통해 소속되어, 엄격하게 수도원에 처박혀 세상으로부터 분리되었다.(이러한 모델은 트렌트공의회[1545-63]에서 더욱 강화된다.) 여성들에게 하나의 매력적인 선택지는 교단 수녀들의 집(canoness house)에 들어가는 것이었다. 이곳은 여성들에게 상대적인 자유를 허용하였으며 덜 엄격한 생활방식을 요구하였다. 이러한 존중받는 여성들의 종교시설에 가입하려면 일반적으로 일정 정도 가족의 재산이 요구되었기 때문에, 교단 수녀들의 집은 전형적으로 귀족의 딸들을 받아들였으며, 독립적인 시설로서 부와 권력을 지닐 수 있었다.(예를 들어 헬프타의 시토회수녀원)

여성을 위한 모든 종류의 종교적인 시설 가운데 교단 수녀들의 집이 가장 독립적인 시설이었다. 막강한 권력을 지닌 대수녀원장은 많은 사람들과 재산에 대해 상당한 권한을 행사하였으며, 보통 소수의 엘리트 남성이 쥐고 있던 권력을 행사하면서 관리적인 측면에서나 영적인 측면에서 지도자의 역할을 해내었다. 신앙심이 깊은 여성을 남성의 관리감독 아래 두려고 애쓰면서 교회가 가장 표적으로 삼기 쉬운 대상이 바로 이 여성들이었다. 또한 그들은 16세기의 종교개혁에 맞서 가장 시끌벅적하게 반항하던, 혹은 자신들의 기관을 변화시킬 독창적인 방식을 모색한 사람들이었다. "권력, 독립, 그리고 신망의 오랜 전통은 새롭게 소생된 영적인 생활과 결합하여, 개혁된 수도원과 교단 수녀들의 집으로 하여금 프로테스탄트 종교개혁을 상대로 가장 단호한 목소리를 내는 대적자가 되도록 하였다." Wiesner-Hanks 1996, 16, 14; idem 2000, 228-231 참조.

**자유를 향한
수녀들의 투쟁**
독일에서 종교개혁에 대한 가장 강력한 여성 항거는 수
녀원으로부터 나왔는데, 수녀원은 여성들이 종교적인
사안에 대해 자신들을 표출하던 곳이었고 그 안에서 그
들은 스스로를 영적인 집단의 구성원으로 여겼다. 따라서 프로테스탄트
종교개혁자들이 수녀원을 폐쇄하고 여성 평신도 조직을 금함으로써 아내
와 어머니로서의 여성의 역할은 옹호하였지만, 여성들로만 이루어진 환경
속에서 여성들이 자신들의 영성을 표출할 수 있는 기회는 제거해 버렸다.
Wiesner 1989, 26.

교육과 정신 수련을 위한 기회의 제한은 수녀원이 종교개혁에 저항할
수밖에 없는 또 다른 이유를 제공하였다. 지적인 중심지로서 수도원을
대체하기 시작한 대학들은 여성에게는 열려 있지 않았고, 이런 이유로 여
성들은 수도원을 지키기 위해 싸웠다. 수녀원생활은 다른 곳에서는 쉽게
얻을 수 없는 창조성, 자아 표현, 저술, 그리고 지도력을 위한 기회를 제공
해 왔다. 귀족 가문의 딸들을 받아들였던 수녀원은 더욱 대담하게 자신
들의 권리를 지키고자 하였다. 수녀원에 재정적인 투자를 하고 또 미혼이
거나 결혼 후 혼자가 된 자신의 딸들을 위해 "안전하고" 안락한 거처를
유지시켜 주는 데 관심을 가지고 있는 귀족 가문에게 수도원 폐쇄는 매
우 심각한 문제였다. 몇몇 수녀원들이 자신들과 같은 처지에 놓인 남성
들에 비해 개혁자들의 폐쇄 조처에 더욱 단호하게 대항하면서 성공적으
로 반동을 일으켰다는 것은 결코 우연의 일치가 아니다. 슬리퍼를 태우
고 문을 가로막는 것에서부터 프로테스탄트 방문자들에게 귀를 기울이
기를 거부하고 저항의 목소리를 내는 데까지, 강요된 회심을 피하기 위해
모든 방안이 동원되었다. 독창적으로, 몇몇 수녀원은 공동생활을 계속하
면서 루터란 신학을 받아들였으며, 종국에는 자신들의 수도원을 교육기

관으로 전환하였다. Wiesner-Hanks 1996, 14-16; Lowe 2003, 397.

　그렇지만 수녀원 여성들의 반응과 운명은 다양하였다. 일부는 강요
에 못이겨 떠났고, 또 다른 이들은 자신의 자유로운 선택에 따라 떠났
다. 카타리나 폰 보라와 마리 당티에르와 같은 많은 수녀들은 새로운 생
활을 위해 기꺼이 수녀원을 떠났으며, 이런 사람들은 대부분 금방 결혼
을 하였다. 많은 사람들은 새로 등장하는 프로테스탄트 목회자의 아내
라는 새로운 소명을 발견하였다. 그렇지만 카리타스 피르크하이머, 캐서
린 렘, 그리고 잔 드 주시와 같은 다른 사람들은 수도원생활을 계속할 권
리를 위해 싸웠다. 일부 여성은 신학적인 근거 위에서 종교개혁에 저항하
였지만, 귀족 가문 출신의 대다수 수녀들이 가져온 상당한 기부금을 가
지고 있던 일부 수녀원은 자신들의 개별적이고 공동체적인 독립성을 위
해 싸우는 등 다양한 이유로 저항하였다. 드물지만 새로운 신학을 포용
하면서 가능한 한 수녀원의 생활방식을 유지하는 가운데 수녀원을 여성
들을 위한 교육기관으로 전환시킴으로써 두 가지 선택지에서 가장 좋은
조합을 이루려고 애쓴 경우도 있다. 그 예로 크베들린부르크에 있던 자
유제국수녀원(a free imperial convent)은 아홉 개의 교회와 두 개의 수도원
을 감독하던 막강한 수녀원장 안나 스톨베르크(Anna von Stolberg)의 지
도력 아래 1540년대에 아우크스부르크 신앙고백을 받아들인 후 소년소
녀들을 위한 초등학교로 변모하였다. 그 뒤를 잇는 또 다른 독립적인 수
녀원장 안나 소피아(Anna Sophia von Quedlinburg)는 저술을 통해 자신의
루터주의 신앙과 수녀원 생활방식의 양립 가능성을 옹호하였다. 또 다
른 소수의 용감한 수녀원장들도 같은 길을 택하였다. 이와는 달리, 프로
테스탄트 수녀들이나 교단 수녀들은 프로테스탄트 종교개혁에 찬성하지
않는 지역에서 수도생활에서 놓여나기를 원하던 수녀들이 그랬던 것처
럼 힘들고 어려운 국면에 직면했다. 전체적인 면모를 판단하기는 여전히
어렵지만, 브라운슈바이크와 뤼네부르크 지역에서 나온 증거들은 이를

분명하게 말해주고 있다. 이 증거들에 따르면 그곳에 있던 14개의 수녀원이 프로테스탄트주의를 받아들여서 19세기까지 살아남았고, 근대 여성들을 위한 기관들의 기초를 놓았다고 한다. Blaisdell 1999, 148-149, 156-159; Wiesner-Hanks 1996, 17-18, 22; Wiesner 1989, 9-11 참조; 스트라스부르에서 서서히 진행된 수도원 폐쇄에 대한 연구로는 Chrisman 1972, 163-166 참조.

때때로 수녀원 성벽의 다른 측에 선 여성들 사이의 긴장관계는 종교개혁 전선에 대한 보다 깊은 차원을 드러내 주고 여성들의 관심에 대한 또 다른 통찰력을 제공해 준다. 예를 들어 특별히 흥미로운 충돌이 제네바에서 일어났는데, 프로테스탄트로 개종한 전(前)수녀원장 마리 당티에르가 가난한 클라라(Poor Clare)수녀원을 강제로 개종시키려고 대표단을 이끌고 갔다가 잔 드 주시의 지휘 아래 이루어진 완고한 저항에 맞닥뜨렸다. 잔 드 주시의 저항은 너무나 강력해서 힘으로 겨우 내몰 수 있었다.

제네바의 성 클라라수도원의 수녀였다가 나중에 수녀원장이 되는 잔 드 주시(Jeanne de Jussie)는 1535년과 1547년 사이에 『칼뱅주의의 누룩』(The Leaven of Calvinism) 혹은 『제네바의 이단의 시작』(The Beginning of the Heresy of Geneva)이라는 폭로성 연대기를 썼다. 1611년 출판되기까지 감춰져 있던 이 책에서 그녀는 "가련한 수녀들"에게 "독"을 퍼부으려고 했던 프로테스탄트들의 폭력적인 습격에 대해 이야기하였다. 그녀는 종교의식을 행하고 있는 도중에 세탁을 하거나 다른 일을 함으로써 가톨릭 신자들을 화나게 한 프로테스탄트 여성들이 있었다는 이야기를 전하면서, 난투극 중에 머리를 얻어맞은 루터란 여성도 있었다고 말했다. 비록 그녀가 수도원생활이라는 주제에 대해 공개적인 논쟁을 벌이는 것은 여성으로서 적절한 행동이 아니라고 생각해 그것은 거부하였지만, 수도원생활을 옹호할 때는 여성들의 행동에 관한 규율을 완전히 무시하면서 행동하였다.

잔 수녀가 바라본 종교개혁을 개관해 보면 결혼을 칭송하는 프로테스탄트 설교가 새로운 종교에서 상당한 중요성을 지니고 있고 전통으로부터는 철저하게 떠난 것이라는 데 대해서, 동시대인들이 그다지 공감하지 않았음을 알 수 있었다. 또한 우리는 비록 프로테스탄트들이 수녀들의 "자유"에 대해 이야기했지만, 그들은 새로운 형태의 구속, 즉 결혼해서 남편에게 복종하도록 만드는 구속을 가져다 주는 사람들로 여겨졌다는 것도 알았다. 더욱이 수녀 잔이 쓴 일지는 우리로 하여금 보통 사람들이 생각한 것보다 여성들이 종교개혁을 성취하는 데 있어 훨씬 적극적인 역할을 했다는 인상을 굳게 해준다. Douglass 1985, 101, 또 98-105 참조. Åkerlund 2003, 106-109, 117-119; Douglass 1974, 310-313.

수녀원생활을 지키든지 떠나든지 자신이 내린 결정에 대해 설명하고자 했던 몇몇 여성이 남긴 문서들은 문제가 된 이슈와 다툼에 대한 귀중한 통찰력을 제공해 준다. 이들의 저술은 여성들이 독자적으로 또 용감하게 자신들의 종교에 대해 어떻게 심사숙고해 결정했는지를 잘 보여준다. 출판된 해명서들 가운데 익명인 것도 있지만, 다른 것들은 저자를 밝히고 있다. 가톨릭과 프로테스탄트 모두 이러한 증언들을 선전물로 사용하였다. 예를 들어, 캐서린 렘이 자신의 수녀원생활을 옹호하면서 쓴 편지와 우르술라 폰 뮌스터베르크가 수녀원을 떠나는 이유에 대해 밝힌 글은 모두 통렬한 서문이 덧붙여져 출판되어 회람되었다. Jung 2002, 41-75 참조. 루터에 반대하는 논문을 출판한 엘리자베스 고트갑(Elizabeth Gottgabs in Obervesel)과 같은 많은 수녀원장들은 용맹한 전투를 개시하였다.

유명한 인문주의자 피르크하이머(Willibald Pirkheimer)의 누이로, 뛰어난 라틴어 학자이자 수녀원장(1503년부터)이던 카리타스(Caritas Pirkheimer)는 단지 가난한 클라라회에서 수도생활을 하는 소명을 계속할 자신의 권리를 옹호한 것만이 아니라, 종교개혁의 광포한 시기 내내 줄곧 수녀원의 안전한 생존을 확보하는 데도 성공적이었다. 그녀는 프로테스탄트들에 의해 저질러진 잔악한 행위(예를 들어 생필품의 보급을 방해하고, 수녀들에게서 성체를 빼앗고, 신체적인 폭행을 가하고, 수도원 안으로 밀고 들어간 행위)를 묘사하면서 클라라수녀회의 수녀들과 자기 자신을 옹호하는 책을 써서 출판하였다. 수녀들을 수도생활에서 자유롭게 풀어주라고 명한 1525년 6월 7일의 최후통첩에 대해 응답하면서, 그녀는 수녀들이 수녀원에 들어오면서 한 서원은 수녀원장인 자신에게 한 것이 아니라 하나님께 한 것이고, 따라서 자신은 그 누구도 내보낼 수 없다고 주장하였다. 또한 어머니들이 자신들의 딸들을 수녀원 바깥으로 강제로 끌어내던 장면에 대한 증언을 들어보라고 독자들에게 청하였다.

카리타스는 이렇게 설명하고 있다.

> 그렇지만 내가 그들을 불러들여 어머니들이 바로 지금 그들을 데리고 가려고 한다고 말했을 때, 그들은 모두 바닥에 넘어져 소리치고, 울고, 아우성을 치면서 너무나 애처로운 행동을 하였다. 하늘에 계신 하나님 자비를 베푸소서. …마찬가지로 수녀원 전체가 울부짖었는데, 그것은 기꺼이 우리와 남아 있었고 또 진정 우리를 떠나고 싶어하지 않던 이들이 모두 경건하고 영리한 아이들이었기 때문이다.

더 나아가

> 거친 이리들과 여자 이리들이 내 사랑하는 어린 양들 사이에 들어오고, 교회에 들어왔으며, 모든 사람들을 밖으로 몰아내었으며, 교회 문을 걸어 잠갔기에, 나는 유감스럽게도 예배당을 향한 수녀원의 문을 열어야 했다. …그러자 그들은 나로 하여금 아이들에게 자진해서 나갈 것을 명하

도록 요구하였고, 나는 이것 또한 거부하였다. Caritas Pirckheimer in Bryant 1987.

카리타스는 "이후에 이들은 수녀원에 대해서 어떠한 나쁜 말도 하지 않았고, 오히려 그 반대로 기회가 될 때마다 우리에 관해 가장 좋은 말만 하였으며, 큰 그리움 속에서 수도원으로 돌아가기를 소망하며 견디었다."는 것을 지적하고 있다. 같은 책, 301.

이 특별한 수녀원의 인상적인 저항으로 필립 멜란히톤은 이곳으로 와서 상황을 판단하지 않을 수 없었다. 그는 수도원생활의 선택이 필요한 것은 아니라 할지라도 수용할 수는 있는 것이라는 카리타스의 논리에 사실상 동의를 표하였지만, 수도원생활에의 서약이 구속력을 지닌다는 것에는 동의하지 않았다. 그의 평화적인 심성에 걸맞게, 멜란히톤은 폭력에 대해서는 용인하지 않았다. 결국 양측이 다 승리하였다. 성 클라라수도원은 1590년 마지막 수녀가 죽을 때까지 유지할 수 있다는 허락은 받았지만, 새로 수녀를 받아들일 수는 없었다. 이 공동체는 미사에 참여할 수도, 가톨릭 성례를 받을 수도, 고백성사를 할 수도 없었다. Bryant 1987, 292, 287-292; Jung 2002, 44-49, 77-120.

또 다른 증언은 캐서린 렘(Katherine Rem)에게서 나오는데, 그녀는 오빠인 베르나르두스에게 수녀원에 남겠다는 자신의 결정을 변호하는 글을 써 보냈다. 초조한 기색이 역력한 채로, 그녀는 여러 정보에 기초하여 논리적인 사고를 통해 자신이 남기로 결정했다는 것을 설명하고자 했다. "나는 오빠가, 오빠의 딸과 내가 수녀원이라기보다는 마치 매춘소굴에 있는 듯할 것이라고 말했다는 것을 잘 압니다. …" Katharina Rem in Wiesner-Hanks 1996, 29. "오빠가 이에 대해 더 깊이 생각했더라면 더 좋았을 거예요. 오빠는 좋은 사람이고 행복한 사람입니다. 우리는 오빠가 정말로 우리에게 오고자 했다는 데 많이 놀랐습니다. 만약 오빠가 우리와 같은 생각을 갖고 오는 게 아니라면 밖에 머물러 있으세요. 만약 우리를 타이르고자 한다면, 우리는 오빠의 [말을] 도무지 듣고 싶지 않습니다. 더는 우리에게 이런 것들을 보내지 말았으면 좋겠어요. 우리는 받지 않을 것입니다. 우리는 또한 [이미] 좋은 책을 많이 가지고 있습니다." 같은 책, 31. 더 나아가 그녀는 "오빠는 우리가 너무나 어리석어서 우리의 소망을 수녀원과 우리의 사역에 두고 있는 것이라고 생각해서는 안 됩니다. 오히려 우리는 우리 소망을 하나님께 두고 있습니다." 같은 책, 29. 그녀는 자신의 오빠를 거짓 예언자라고 부르면서 모욕하였다. 그녀는 자신의 신학과 종교개혁자들의 신학에 대한 자신의 응답에 대해 숙고하고 그에 따라 결론을 내린 것이다. 성서읽기와 자신의 신학적인 추론에 기초하여, 그녀는 수녀원 안에서 이전보다 더 잘 지냈다. 카타리나와 베로니카에 관해서는 Wiesner-Hanks 1996, 49-51, 22; Jung 2002, 51-53 참조.

이와는 상반되는 증언이 작센의 귀족 여성에게서 나왔다. 우르술라 폰 뮌스터베르크(Ursula von Münsterberg, 1491경-1534경)는 자신의 사촌들, 즉 작센의 공작인 조지(George the Bearded)와 하인리히(Heinrich the Pious, 조지의 계승자), 작센의 선거후인 요한(Johann Der Beständige/the Steadfast)과 서신을 주고받으며 자신이 수녀원을 떠나는 이유를 설명했다. 애초에 수녀원을 떠나기로 한 우르술라의 결정에 대해 찬반을 표하는 가족 구성원들 사이의 사적인 서신교류가 프로테스탄트 종교개혁자들에게 그럴 듯한 선전용 자료를 제공하는 것이 되어버렸다. 보헤미아의 왕 조지(George von Podiebrad)와 그의 아내 요한나(Johanna von Rosenthal)의 손녀인 우르술라는 부모가 죽은 이후 막달라 마리아 신심수녀원(Mary Magdalene the Penitent)에서 살고 있다가 거기서 루터의 가르침에 영향을 받게 되었다. 루터의 메시지는 설교를 통해 특별히 이 수녀원에 전해졌는데, 루터란 교리를 설교하는 두 채플린이 수녀들에게 배당되었고, 한 사람은 명백히 우르술라의 요청에 따라 배당되었다. 그러나 두 사람 중 누구도 가톨릭 공작 조지의 승인을 받고 임명된 것은 아니었고, 프라이부르크 지역과 수녀원을 관할하고 있던 조지의 동생 하인리히와 그의 루터란 아내 캐서린이 그 배후에 있었다.(이 부부는 조지를 계승한 이후 당연히 자신들의 영지에 루터란 신앙을 계속 이식해 나갔다.) 1528년 10월 6일 우르술라는 수녀원을 탈출해서 비텐베르크로 도망쳤다. 자신의 경험에 대해 쓰면서, 그녀는 자신의 결정이 가볍게 이루어진 것이 아니고 (적어도) 2년에 걸친 숙고와 고민을 통해 이루어진 것임을 밝혔다. "나는 친필로 진심을 담아 이 글을 썼습니다. …이 [글]을 통해 여러분은 이 일이 분별 없음에서 벌어진 일이 아니라는 것을 알게 될 터인데, 내 영혼에 대한 하나님의 심판에 내가 책임이 있기 때문입니다." Ursula von Münsterberg in Wiesner-Hanks 1996, 41. 그녀는 자신의 독자에게 "이 일은 무모한 기질이나 성급한 행동에서 기인한 것이 아니고, 모든 일이 심사숙고를 거쳐 깊이 생각한 끝에 이루어졌다는 것과, 하나님에 대해 알고 배운 사람 각자에게 확신은 신앙의 신적인 은혜를 통해" 온다는 것을 납득시켰다. 같은 책, 43. 그녀는 "우리가 떠나는 이유"를 신약성서에서 인용하였다. 막 16:5, 16, 요 3:16, 14:16.

자신의 글에서 우르술라는 세례와 수도원생활에의 소명 사이의 차이점에 대해서, 그리고 선물로서의 은혜와 믿음을 통한 칭의에 대해 자신이 이해한 것을 언급하였는데, 이것은 수도원생활에서 기대되는 것과는 대조적인 것이었다. 그녀는 자신의 루터란 신앙을 분명하게 밝혔으며, 자신이 겪은 영적인 혼란과 분투를 사람들과 함께 나누었다. "여러분은 우리의 구원이 오직 믿음에 달려 있다는 것을 압니다. 우리의 양심은 심각하게 교란되었고 우리의 육체는 타락했습니다. …누가 하나님의 진노에 맞설 수가 있겠습니까?" 자신의 딜레마에 대한 그녀의 해결책은 그리스도의 신부로 새롭게 규정된 소명이었다. "우리는 그리스도와 결혼하였으므로, 또 다른 것을 통해 구원받고자 하는 것은 불의한 것입니다. 수도원생활에 대한 세 가지 서약은 사람의 행위에 관한 것입니다. 우리의 양심을 구원할 유일한 길이 있는데, 그것은 깨끗하게 결별하는 것입니다. 우리는 그동안 영적인 고통을 너무 심하게 겪어왔기 때문에 더는 그것을 지속할 수 없습니다." 그녀는 자신의 "바빌론 유수"에 대한 기록을 하나님에 대한 믿음과 찬양에 대한 증언으로 나타냈다. 그녀가 글을 쓴 것은 단지 자신을 변호하기 위한 것만이 아니었고, 구원에 대해 확실한 것도 없이 죽어가는 위험에 처해 있으면서도 순전히 인간적인 관습에만 희망을 걸고 있는 동료 수녀들에 대한 사랑 때문이기도 했다. 이 소책자는 선전활동에 너무나 유용했기 때문에 루터의 서문이 덧붙여져 회람되었다. WA XXVI, 623이하. in Ursula von Münsterberg in Bainton 2001a, 51-52, 그리고 45-53. Wiesner-Hanks 1996, 39-63, 12-18 참조.

가톨릭과 프로테스탄트 여성들이 쓴 글들 가운데 상당수가 수도원 여성들에게서 나온 것이라는 사실은 필사본, 저술활동을 위한 기능, 신학적인 숙고를 위한 교육환경을 제공하는 데 있어 수도원 전통의 중요성을 입증해 준다. 귀족 가문 출신의 수도원 여성들은 대체로 평신도 수녀들보다 더 교육수준이 높았고 신학적으로 현학적이었다. 수도원은 당시 다른 어떤 기관보다 여성들의 지적인 추구와 저술활동을 장려하였으며, (특별히 도시에 있는 센터에서는) 다른 곳에 있는 여성들에게는 소용에 닿지 않았던 "지적인 공간"과 기회가 제공되었다. 다른 말로 해서, 수녀들은 자신들의 소명을 위해 많은 희생을 했지만, 그 대가로 이들은 가족과 가사일로 시간과 에너지를 다 쏟는 결혼한 여성들의 손이 미치지 않는 곳에서 발전할 수 있는 기회를 얻었다. 수도원 여성들 대다수가 자신들이 보기에 피할 수 없는 출산과 학대하는 남편을 포함한 여러 위험을 수반하고 있는, 미심쩍은 결혼생활의 즐거움을 위해 자신이 가진 것을 기꺼이 포기하리라는 것은 결코 자명한 일이 아니었다. 그렇지만 그것은 모든 실질적인 목적을 위해 프로테스탄트 종교개혁자들에 의해 제시된 유일한 선택지였다. Lowe 2003, 263-396 참조.

결론　　　더글러스에 따르면, 한편으로 이런 주장을 할 수 있다.

> 16세기 종교개혁에서 중요한 유일한 "여성들의 해방"은 여성, 성별, 그리고 결혼에 대한 수도원적인 견해를 제거하는 것이었다. …프로테스탄트들은 수도원을 떠날 기회와 더불어 삶에 대한 새로운 신학적 이해를 제공함으로써 평신도뿐 아니라 수사와 수녀에게도 세상에서 그리스도인으로서의 소명을 채택할 자유를 주고자 했다. 그렇지만 우리는 수녀 잔의 기록에서 프로테스탄트들이 "자유"에 대해서 이야기했지만, 수녀들에게 그들은 새로운 종류의 속박, 결혼해서 남편에게 복종해야 하는 구속을 가져온 것으로 여겨졌음을 보게 된다. Douglass 1974, 314.

다른 한편으로는 "그리스도인의 소명에 대한 프로테스탄트의 교리와 만인사제설은 결혼에 대한 새로운 견해와 더불어 사실상 여성의 이미지와 역할을 개인의 자유와 책임을 더욱 증대시키는 방향으로, 즉각적으로 또 수세기에 걸쳐서 변화시키는 경향이 있었다." 같은 곳.

　프로테스탄트 개혁자들이 여성들을 수녀원에서 해방시켜서 "세상" 속에서 경건한 삶을 살도록 하고자 했다면, 가톨릭 개혁자들은 종교적인 소명을 추구하여 은둔적인 환경에서 사는 여성들의 이상을 재차 천명하였다. 가톨릭 전선에서 수도원 전통은 예수회와 같은 새로운 종교적인 집단의 영향력과, 아빌라의 성 테레사의 카르멜수도회와 같은 기존 수도원들의 갱신과 더불어 강력하게 살아남았다. 다양한 방식으로 새롭게 된 수도회들은 가톨릭 종교개혁의 정신을 구현하였다. 가르치는 일과 뜨개질로 생계를 유지하면서 가난한 자들과 도움이 필요한 자들을 섬기기로 헌신한 독신 여성들과 과부들의 회합을 구상하면서, 안젤라 메리치(Angela Merici)는 예수회에 상응하는 여성들의 조직으로 우르술라회

(Ursulines)라고도 알려진 성 우르술라협회(the Company of St Ursula)를 창설하여, 가톨릭 여성들에게 새로운 선택지를 제공하였다. 또한 도시 가톨릭 여성들 사이에서는 또 다른 종류의 "조직적인 집단 활동"이 일어나고 있었던 것 같다. Davis 1975a, 92-93, 85. 일부 여성들의 활동과 특별히 특정 수도원의 "감호"나 남성들의 감독 없이 공동생활을 하는 독신 여성들은 계속적으로 문제를 일으켰다. 따라서 트렌트공의회는 여성들을 엄격하게 수도원에 가둘 것을 요구하였다. 예수회는 특히 소녀들에게 수도원 생활을 추구할 것을 강력하게 권고하였고, 심지어 그들이 반대에 부딪칠 때에는 그 부모의 의사에 반해서까지 그러하였다. 새로운 비전과 스스로 찾은 자유를 지닌 종교적인 여성들이 여기저기로 흩어져 구성한 작은 수도원들은 트렌트의 판결이 느리기는 하지만 확실히 이행되는 동안 유럽 전반에 걸쳐 지속되었다. Wiesner 2000a, 231-240; McNamara 1996 참조.

수도원의 다양한 반응은 어떻게 가톨릭과 프로테스탄트 전통 모두가 여성들에게 비록 서로 다르기는 하지만 흥미로운, 종교생활에 대한 모델을 제공했는지를 예시해 준다. "양측의 종교생활의 형태가 모두 성 역할의 변화와 사회의 변화에 기여하였다." 하지만 동시에 양쪽의 전통 모두에서 여성들은 "무력함"과의 분투를 계속했으며, 프로테스탄트 여성들은 (프랑스에서의 사례 연구에서 드러났듯이) 가톨릭 자매들에 비해 "조직적인 창조성"이 덜했다. Davis 1975a, 94, 85. 수도원의 해산과 더불어, 여성들은 집단적인 목소리를 내고 종교적인 집단행동을 할 수 있는 광장을 잃어버렸다. 수도원 여성들의 운명은 종교개혁과 함께 찾아온 혼란과 번민을 일정 정도 설명해 주며, 여성들의 시각으로 결과물을 조망하는 특별한 렌즈를 제공해 준다. 수도원 여성들의 저항의 목소리는 우리에게 트렌트공의회가 여성들의 열망을 굽혀서 절충하게 하는 것 이상이 아니었듯이 프로테스탄트 종교개혁 또한 모든 여성에게 순전히 "좋은 소식"만을 가져다 준 것은 아니라는 사실을 상기시킨다.

제3장

결혼과 어머니로의 길:

선호된 소명

서론: 오직 성서, 오직 믿음, 오직 은혜—은혜의 우선성, 값없

오직 결혼?   이 주시는 구원의 성격, 그리고 말씀을 통해 생기는 믿

              음을 통해 하나님과 새롭게 된 관계를 강조하는 프로

테스탄트 슬로건은 남성과 여성을 모두 매혹시켰다. 프로테스탄트 신학

자들이 설파한 이신칭의의 신비와 말씀의 효력, 세례와 성만찬이라는 성

례의 효력에 대한 가르침은 복음주의자들의 경건생활과 예배생활을 변

화시켰다. 여성과 남성은 모두 교회의 변화된 질서와 (적어도 원칙적으로

는) 모든 믿는 자들이 사제라는 주장과, 각자 스스로 성서를 읽고 자국어

로 예배드리게 되리라는 기대로(이러한 자유는 신앙고백이라는 체계를 통해

통제되었는데, 예를 들어 루터주의자들에게는 아우크스부르크 신앙고백) 들

떠 있었다. 그렇지만 프로테스탄트 운동에서 "그리스도교 여성이 성서와

맺고 있는 관계에 따라 아무리 새롭게 규정을 받아도," 그리고 그녀가 "성

서를 읽고 성서에 대해 이야기하는 순전하고 중대한 일에 종사할 수 있

는" "새로운 선택권"을 지니고 있어도, 그녀는 "단지" 한 사람의 아내로 남아, 성별에 따른 관계에서나 말씀을 해석하고 선포하는 데서나 불평등한 상태에 머물렀다. Davis 1975, 84, 78-79, 88-92. 선포된 모든 "새로운" 사상 가운데, 수도원생활 혹은 독신생활에 대한 종래의 경의 표시와 비교해 볼 때, 모든 믿는 자들이 사제라는 선포와 종교개혁자들이 아내로 맞아들인 모든 사람들이 영적으로 동등하다는 선포는 단지 이론적일 뿐이지만, 매일의 "일상적인" 삶의 거룩성에 대한 그들의 설교 가운데 여성에 대한 가장 심오한 약속을 담고 있었으며, 또한 가장 깊은 함정을 내포하고 있었다. 설교, 팸플릿, 이미지, 담화를 통해 전달되는 결혼과 어머니가 되는 것에 대한 새로운 비전, 특별히 그것이 여성을 향한 거룩한 소명이라는 비전이 열성적으로 설파되어서 일부 사람들에게 약속의 땅이 된 반면, 다른 사람들에게는 그것이 감옥과 같이 여겨졌다.

프로테스탄트주의에 찬성하는 도시들에서 수도원생활방식과 수도회에 대한 반대가 일어남과 더불어, 여성들은 영적인 조직을 이루고 일을 할 수 있는 중대한 기회를 상실하였다. "종교적인 여성들이 루터의 말에 유념해서 결혼과 손을 맞잡았을 때, 그들은 영적인 생활의 지도자로서의 역할을 내버린 것이고 수도원적인 공동체에서 발견했던 서로가 한 자매임을 확증해 주는 경험을 놓쳐 버린 것이다." Clark and Richardson 1977, 133. 동시에 "몇몇 소수의 여성들에게는…프로테스탄트 종교개혁이 세상에 대한 영적인 영향력과 사회적인 영향력을 행사할 기회를 더욱 열어주었다." 같은 곳. 여성들에 대한 특별히 프로테스탄트 "복음"의 부정적인 측면은 거룩한 소명을 위한 토대로서 결혼이 지니는 배타성이었다. 다른 어떤 선택지도 이와 같은 신학적인 복을 받지 않았다. 따라서 일반적으로 말해서 종교개혁 신학은 여성들을 가정에 길들이는 일을 행하였다.

어머니가 된다는 것과 결혼이라는 영예로운 소명에 여성들을 길들이는 일은 신학적인 논증을 통해 고취되었는데, 이 논증은 한편으로는 가정과 결혼을 사회의 초석으로 안정시키려는 프로테스탄트들의 정책과, 다른 한편으로는 여성 교사와 목회자를 거부하는 바울의 인식을 되풀이하는 시각과 결합되어 이루어졌다. 여성들을 공적으로 가르치는 자리와 공식적인 형태의 목회로부터 배제시키는 일이 계속된 것과 마찬가지로, 성별관계에서 이런 현상유지는 가정과 사회 모두에서 증진되었으며, 인간이 창조된 순서와 최초의 죄가 미치는 결과에 대한 성서적인 논증으로 뒷받침되었다. 남성, 아버지, 남편, 그리고 남성 목회자들에 대한 여성들의 예속은 사회적인 법률로 제도화되었으며 신학적으로 옹호되었다. 영적인 동등성이라는 신학적 원리와 믿음을 통해 의롭게 된다는 신학적인 원리는 사회, 문화, 이데올로기, 교회 혹은 신학의 어떤 영역에서도 위계적으로 확립된 성별관계를 좀처럼 깨뜨리지 못하였다. 이렇게 해서 영적인 동등성이나 복음에 기반을 둔 해방의 한계에 대한 모호한 메시지가 강단에서, 출판물을 통해, 그리고 공식적이거나 비공식적인 글, 말, 시각적인 전달수단 등을 통해 여성들에게 전해졌다. Wiesner 1989, 12-15; Wiesner-Hanks 2000a, 222-227, 253-254; Witte Jr. 1997; Witte Jr. 2002.

거룩한 결혼의 소명

결혼은 가톨릭교회에서 하나의 성례로 간주되었으며, 그리스도교 인문주의자들에 의해 사회의 도덕적인 기초 가운데 하나로 고양되었다. 게다가 프로테스탄트들은 한걸음 더 나아가 남성과 여성에게 결혼할 것을 지속적으로 권고하면서 독신생활의 가치를 부인하였으며, 결혼을 세속화시키는 동시에 영적인 것으로 만들었다.

어떤 의미에서 결혼은 강등되었는데, 더는 성례가 아니게 되었기 때문이다. 하지만 또 다른 의미에서 결혼의 지위는 고양되었는데, 그것이 독신생활과 동등하거나 그보다 더 우월한 것으로 여겨졌기 때문이다. 따라서 종교개혁자들은 이러한 두 가지 변화를 참작해서 결혼에 대한 새로운 신학을 만들어내지 않을 수 없었다. 그리고 그 새로운 신학의 관점에서 그들은 그리스도인들이 결혼생활과 어떤 관계를 가지는지에 대해 명확하게 입장을 재정리해야만 했다. 마르틴 루터는 이러한 결혼의 개혁에 있어 가장 선두에 섰다. Hendrix 2004, 170.

루터는 심지어 1525년 자신이 결혼하기 전부터 결혼을 주창하였다. 그는 많은 저술에서 이 주제에 대해 말했을 뿐만 아니라 구체적으로 이 주제를 다루는 논문을 쓰기도 했는데, 특별히 "결혼의 위상에 대한 설교"(Sermon on the Estate of Marriage：1519/LW 44, WA II), "결혼의 위상에 대하여"(On the Estate of Marriage：1522, LW 45, WA X), "교회의 바빌론 유수"(On the Babylonian Captivity：LW 36, WA VI), "창세기 1-5장에 대한 주석"(Commentary on Genesis 1-5：특별히 LW 1), 그리고 "창세기에 대한 설교"(Sermon on Genesis：1523/24, WA XIV)와 "결혼에 대한 설교"(Sermon on Marriage：1525, WA XVII/I)가 있다. 그는 인간이 두 개의 성별로 창조된 데서 결혼의 중요성이 비롯된다고 보았다. 구약성서의 창조 이야기에 대한 그의 해석에서, 여성(wo-man)은 첫 번째 사람의 반려자이자 조력자로, 그리고 사랑할 누군가로 창조되었다. 1519년까지 루터는 결혼을 성례로 간주하였지만, 1522년에는 사랑을 결혼의 중심적인 구성요소로 강조하였으며, 결혼을 하나님의 창조질서에 속하는 것인 동시에 공적이며 세속적인 제도라고 간주하였다. 거룩한 영역으로서 결혼의 영적인 특질은 창조자 하나님이 그것을 (독신생활보다 뛰어난) 참된 종교적인 삶의 패턴으로 제정하셨고, 그리스도인은 상호적인 사랑의 원칙에 따라 살아가야 할 특별한 책임을 지닌다는 데서 비롯되었다. 결혼을 모든 사람은 아니더라도 대부분의 사람을 위한 자연적이고 영예로운 소명으로 간주한 루터는 "결혼

배후에 있는 하나님의 의도를 강조하고, 결혼생활에 대해 특별히 그리스도교적으로 해석하고 받아들일 수 있도록 제시함으로써, 결혼의 존엄성을 회복"하기를 원했다. Hendrix 2004, 184, 178, 172-174, 181-182; Ozment 2001, 1-50; Karant-Nunn and Wiesner-Hanks 2003, 15-49, 88-136 참조.

따라서 여성은 그리스도교적인 결혼생활을 할 영예로운 임무를 지녔다. 이와 더불어, 거룩하게 규정된 결혼의 우선적인 목적이 자녀 출산이었기 때문에, 어머니 됨은 여성에게 가장 영광스럽고 자연적인 소명으로 여겨졌다. 성적인 영역에서—그 원래적인 아름다움은 타락으로 손상되었다—여성은 특별히 아내로서의 역할을 하면서 무절제한 (남성의) 성적인 욕구에 대한 안전장치이자 교정수단으로서의 중요한 역할을 담당하였다. 루터는 결혼이라는 거룩한 소명에서 여성의 역할은 남성의 동반자가 되는 것, 번성하게 할 인간적인 책임을 행사하는 것, 성적인 요구에 관해서 남성을 돕는 것이라고 주장하였다. 이러한 이해에 따르면, 여성은 하나님의 질서를 유지하는 데 있어 창조자를 돕는 셈일 것이다. 좋은 아내는 천국의 전조(前兆)이자, 영적인 삶의 실현이 될 것이다. 루터는 "자신이 소유한 것, 심지어 자신의 몸과 생명까지도 맡길 수 있고, 함께 아이들을 양육할 수 있는, 경건하고 하나님을 두려워하는 가정적인 아내"를 얻는 것이 가장 큰 축복이라고 말했다. WATr II transl. in Karant-Nunn and Wiesner-Hanks, 125-126. Karant-Nunn and Wiesner-Hanks 2003, 100-109, 119-120 참조.

사회적이고 영적인 질서에서, 남성은 아내와 가정을 다스려야 했다. 이미 창조에서 두 성별 간의 생물학적인 차이로 심겨진 남성의 지배는 타락을 통해 강화되었으며, 교회법과 세속 법률 가운데서 현실화되었다. "모든 프로테스탄트 지역에서는 아내의 복종과 올바른 그리스도인의 미덕을 강조하는 결혼 법령을 통과시켰다." Wiesner 1989, 14. 비록 결혼 관계 자체는 상호적인 사랑과 교제에 기반을 두고 있었지만, 여성은 기꺼이 남성에게 복종할 필요가 있었다. 남성은 관대함으로, 이 "약한" 그릇을 영생의 공동 상속인으로, 그리고 어머니로 존중하면서 아내를 다스려야 하는 도전에 직면하였다. 이브의 딸들은 여성의 더없는 영광인 어머니 됨을 통해 구속함을 입을 것이다. Blaisdell 1985, 16-17; Karant-Nunn and Wiesner-Hanks 2003, 88-89, 93-95, 147-148.

요컨대 루터의 모델을 좇는 프로테스탄트 개혁자들은 여성들에게 결혼을 우선적인 최고의 종교적 소명으로 제시하였으며, 이 소명 가운데서 그들이 하나님의 명령과 뜻을 수행하고 타락의 효력을 벌충할 수 있을 것이라고 하였다. 여성의 참된 정체성과 소명은 그의 기본적인 존재의 이유로부터 도출되었는데, 남성을 도와 자손을 낳고, 남성의 동반자가 되고, 가정을 꾸려나가고, 이런 역할을 하면서 육체적인 욕망을 막아주는 방어수단이 되는 것이었다. 종교개혁자들은 여성에 관해, 그리고 성별관계에 관해 새로운 어떤 것을 거의 제시하지 못하였다. 그렇지만 루터는 미처 검증되지 않은 자신의 성 관념에 대해서 알아채지 못한 채, 어머니 됨과 성적인 것에 대해 신학적인 평가를 하면서, 그리고 결혼관계에서 상호성과 사랑에 가치를 부여하면서 새로운 강조점을 제시하였다. 결혼과 여성의 역할에 대한 종교개혁자들의 견해의 새로운 점은 목회자 아내의 새로운 역할 부분에서 가장 명료하게 드러났다. Blaisdell 1985, 14-16과 Schorn-Schütte 1999와 1997.

목회자의 아내　　목회자의 아내 역할은 아주 새로운 것이었다. 그것은 한 편으로는 여성과 가족에 대한 특별히 프로테스탄트적인 이상을 나타내었으며, 다른 한편으로는 다른 사람들에게 그리스도교인 가족의 모델을 제시하면서 목사관을 관리해야 하는 의무와 더불어, 여성들에게 상대적으로 독립적인 종교적 사회적 역할을 약속하였다. 그렇지만 실상은 이 역할을 통해 여성들에게 특별한 종교적 여지를 제공할 수 있는 가능성은 거의 실현되지 못하였으며, 목회자의 아내라는 신분은 본질적으로 그 남편의 목회자 직무에 예속되어 있었다.
Schorn-Schütte 1999, 256-257, 276-277.

목회자의 아내라는 새로운 역할은 많은 도전과 함께 주어졌다. 많은 종교회의들이 사제의 결혼과 축첩의 관습을 억제하려고 시도하던 11세기 이래 서구 교회는 사제들에게 의무적인 독신생활을 부과하였지만, 실상은 많은 사제들이 계속해서 배우자나 첩을 두고 혼외관계에서 아이를 낳았다. 이 문제에서 성직자들의 "계율 위반"은 불법적인 짝을 두고 사생아를 낳은 데 대해 주교가 매기는 징벌적인 "세금"의 형태로 교회에 고정적인 수익을 가져다 주었다. 이것은 프로테스탄트 성직자의 아내 1세대들이 자신들이 첩으로 비쳐지는 데 대처하는 투쟁과, 또 자신들이 맺은 부부관계와 태어난 아이들의 합법성을 주장하는 싸움에 직면했다는 것을 의미하였다.(카타리나 쉬츠 젤은 목회자의 결혼 일반에 대해서, 특히 자신의 결혼에 대해서 변호하는 글을 쓰기까지 하였다.) 그 시대에 많은 초기 목회자들의 결혼을 심지어 수치스러운 것으로 만든 것은 초기 목회자들의 아내 중 몇몇이 (카타리나 폰 보라 루터와 같이) 전직 수녀였다는 사실이었으며, 따라서 이 여성들은 목회자와 결혼한 일반 여성들에 비해 이중적인 불명예를 당해야 했다. 비록 이들이 수녀원에서 배운 많은 기능으로 인해 그 직무에 가장 적합한 여성들이었음에도 불구하고, 전직 수녀들은 자신들이 누려온 것보다 더 낮은 사회적 지위에 처한 채 현실에 맞닥뜨렸으며, 동시에 자신들의 손길이 필요한 많은 새로운 책임에 직면하였다. 특히나 귀족 여성들에게 이것은 하나의 배움의 과정이었다. 동시에 그들의 자신감과 그들이 받은 교육은 능력의 한 부분이자 배우자로서의 동역에 성공적으로 기여하게 해주는 요소가 되었다. 새로운 프로테스탄트 사회에서는 이들의 동역에 대한 기대가 있었다. Mager 1999; Janowski 1984 참조. 결국 많은 목회자들의 아내들은 지배계급에 속하는 부르주아 도시의

가문에서 나왔으며, 따라서 새로운 관리자로서의 역할을 담당할 준비가
되어 있었다. 현재 목회자 가족의 딸들 또한 장래 교회의 어머니이자 목
사관을 관할하는 역할을 할 수 있도록 특별히 그리스도교적으로, 교리
적으로 품격을 갖추게 될 것이다. Schorn-Schütte 1999, 262-265.

자신의 가정을 꾸린 카타리나 폰 보라 루터와 같은 여성들은 세상의
경계하는 눈초리 아래 자녀들(과 종종 다른 사람들의 자녀들)을 양육하면
서, 남편에 대한 계속적인 지원과 끊임없는 방문객에 대한 환대를 제공
하였으며, 프로테스탄트 성직자 가족과 목사관 전통을 위한 모범을 세
웠다. 이 여성들은 개신교 목사관 제도를 만들어내었다. "비록 이 목회
자들의 아내들이 오늘날 우리가 높이는 독립적이고 전문적인 여성은 아
니었다고 하더라도, 이들은 귀족이 아닌 여성으로서 세속 생활에서 인
정을 받는 직책을 지닌 최초의 경우였다. 이들이 남편과의 관계 덕택으
로 그 직책을 맡은 것은 사실이다. 그럼에도 불구하고 이들이 한 역할
은 순전히 가정적인 지위만을 지니는 아내에 대한 전통적인 관념에 어떤
근본적인 변화를 요구하였다." Clark and Richardson 1977, 134. (Nielsen 1999, 128;
Schorn-Schütte 1999 참조.)

목회자 아내의 책무는 가사의 범위 너머로까지 확장되었다. 특히 저명
한 개혁자들과 결혼한 사람들은 변화하는 많은 "회중"에게 자신의 집을
개방하고 음식과 처소를 제공하고 돌보기만 한 것이 아니라, 구빈원, 고
아원, 학교를 창설하고 운영하는 일을 도우면서 피난민들과 학생들에게
기거할 장소를 제공하였으며, 전반적으로 사회생활과 교회의 선교에 참
여하였다. 이들 중 일부는 개인적인 상담과 "목회적인" 상담에도 관여하
였다. 대모로서 이들은 개인을 후원하고 문화생활과 교회 사역의 여러
측면에 참여하였다.(이런 식으로 이들은 자신들의 살롱을 통해 활동하던 르
네상스 귀부인들과 유사한 역할을 하였다.) "이러한 가정들은 그 공동체의
문화적, 지적, 사회적인 중심이 되어, 인간생활의 모델을 제시하였다. …"

Clark and Richardson 1977, 133과 134. (Schorn-Schütte 1999, 260-271에 따르면, 목회자의 아내들은 그 다양한 기능을 통해, 사적인 것과 공적인 것 사이의 경계가 불분명한 사회에서 목회자와 목사관의 지명도와 공적인 역할에 크게 기여하였다.)

목사관을 운영하는 여성들에게 거는 주된 기대는 다른 여성들에게 기대하는 것과 동일하였다. 즉 가능한 한 많은 자녀를 낳고, 남편에게 순종하고 그를 사랑하며, 가족을 돌보는 것이었다. 목회자들의 아내들은 그들을 말씀의 종으로 바라볼 때조차도, 말씀을 선포하는 임무를 수행하거나, 성례를 주재하거나, 어떤 공식적인 공적 지도력을 지니는 것으로 기대되지는 않았다. 이들은 다른 여성들과 마찬가지로 남편들과 남성 목회자들에게 종속되어야 했다. Schorn-Schütte 1999, 266, 275-277 참조. 더욱이 목회자들의 아내들에게는 황제의 아내가 다른 사람들에게 모범을 세우는 것과 같은 모범적인 순종이 요구되었을 것이다. 몇몇 아내, 특히 수녀원 생활이나 귀족 신분으로 자유를 누리던 사람들에게 이것은 상당한 태도의 조정을 요구하였다. 일부 여성들은 낙담하여 자신들의 역할과 권위의 영역을 확대하고자 하였고, 다른 여성들은 가정주부의 역할에서 만족을 찾고 그 안에서 탁월함을 보였다.

예를 들어 카타리나 폰 보라 루터는 자신의 에너지 대부분을 남편을 지원하고 가정을 꾸리는 데 쏟아부었으며, 신학적인 관심은 오직 암묵적으로만 드러내었다. 카타리나 쉬츠 젤은 공적인 목회사역에 대한 소명을 행하였으며 남편과 동등한 동역자로서 교회생활에 관여하면서 신학적인 담론에도 관계하였다. 비브란디스 로젠블라트(Wibrandis Rosenblatt)는 한 여성이 결혼을 통해 지원할 수 있는 프로테스탄트 개혁자들이 얼마나 많을 수 있는지 기록을 세운 것 같다. 그녀는 첫 번째 남편이 죽은 다음 세 번이나 결혼했지만 모두 그녀보다 먼저 죽었다! 라인하르트 츠빙글리(Anna Reinhart-Zwingli), 카타리나 멜란히톤(Katharina Melanchthon), 그리고 이들레트 드 뷔르(Idelette de Bure)

에 대해서는 별로 알려진 것이 없는데, 아마도 이들과 이들의 남편들이 보다 내성적인 성품이었기 때문인 듯하다. Mager 1999, 117, 121-122; Nielsen 1999, 128-129, 147-148 on Walburga Bugenhagen, Elisabeth Cruciger, Ottilie Müntzer, Anna Rhegius, Agnes Roettel-Capito, Wibrandis Rosenblatt[-Keller, -Oecolampadius, -Capito, -Buzer], Katharina Firn, Anna Reinhart-Zwingli; 또한 Mehlhorn 1917; Bainton 2001a, 159-162; Bainton 2001b, 87-88, 159-162 참조.

"그 남편이 가진 신념의 살아 있는 논거"로서 목회자들의 아내들은 "아내로서의 순종과 그리스도교적인 사랑"의 모범이 되어, 남편과 교회를 침묵과 겸양 가운데서 섬기도록 요구되었다. Wiesner 1989, 20. 이 여성들은 신학논문을 쓰지 않고서도 개신교 신앙을 확산시키는 데 도움을 주었다.(자녀를 두지 않았던 카타리나 쉬츠 젤과 결혼하지 않고 남자 형제의 목회를 도왔던 마가레타 블라레[Margaretha Blarer] 같은 여성들은 가정 밖의 영역에서도 활발하게 활동하였다.) 프로테스탄트 신앙은 설교를 통해서만큼이나 가정을 통해서도 수행되었으며, 어머니들은 가정에서 주교이자 사도로서 자녀들에게 거룩한 소명을 실천하였다. Mager 1999, 122, 129; Clark and Richardson 1977, 103-107; Karant-Nunn and Wiesner-Hanks 2003, 17-49, 108.

결론적으로, 목회자 아내의 역할은 교회나 사회에서 분명하게 여성의 지위를 끌어올렸다고는 할 수 없지만, 그것은 특별한 소명, 참으로 가시적인 소명을 제시하였다. 스칸디나비아 상황에서 여성과 종교개혁에 대한 결론은 이렇게 정리할 수 있을 것이다.

종교개혁을 통해 여성들은 제도적인 교회 안에서 가시적이고 사회적으로 용인할 수 있는 역할을 얻었다. 그렇지만 이 새로운 역할은 대체로 여성의 역할 가운데 가정적인 측면을 사회 안으로 확장한 것이었다. 여성은 교회의 사안에서 혹은 신앙에 관한 토론에서 목소리를 낼 수 없었다. 그것은 남성의 특권으로 남았다. 결국 이러한 명백한 현실과 더불어, 다른 여성들에 대한 모범으로서 목회자의 아내에게 가정적인 역할을 강조함으로써 가정 바깥에서 여성들의 공적인 역할과 사역에 대한 수용 가능성을 훼손시키는 데 일조하였다. Jacobsen 1989, 54.

어머니 됨, 매춘, 이혼

여성들에 대한 통제와 지배의 강화는 결혼과 연관된 다른 영역과 법률의 모든 영역에서 나타난다. Witte Jr. 1997; Witte Jr. 2002; Karant-Nunn and Wiesner-Hanks 2003, 13-47 참조. 무엇보다 결혼의 중요한 부분인 어머니 됨은 전통적으로 여성들이 통제력을 더 갖고 있는 영역이었다.(아이러니컬하게도, 어머니 됨과 분만과 임신에 대한 많은 글이 여성들보다는 남성들에 의해 쓰어졌다. 특별히 루터는 이 문제에 대한 자신의 권고와 의견을 기꺼이 개진하였다.) 세례에 대해 새롭게 강조하고, 특별히 유아세례를 강화하면서, 출산과 그와 연관된 세례와 같은 의식은 더욱 강력하게 남성적인 권위에 의해 통제되었다. 개혁자들은 비상시의 응급 세례가 "잘못 행해질까" 걱정하였기 때문에 산파들은 더욱 의심을 받았다.(산파들이 아이에게 제대로 세례를 주는 데 실패하면 어쩌나? 혹은 재세례파 산파라면 어쩌나?) 종교적인 의식의 면에서 보면, 출산하는 여성을 돕던 가톨릭 의식의 상당수가 사라졌고, 그들이 의지하며 부르던 여성 성인도 사라졌다. 여성 성인들과 성모 마리아에게 도움을 청하는 것은 더는 용납할 수 없는 일이었다. 그리스도의 이름과 삼위일체 하나님으로 충분해야 했다. 많은 방식으로 남성들의 지배력은 여성들의 육체뿐만 아니라 영혼까지 포함하여 그들의 생명을 상대로 행사되었다. Wiesner-Hanks 2000a, 78-89, 171-185; Karant-Nunn and Wiesner-Hanks 2003, 171-172, 183-185; Jacobsen 1989, 60-61; Davis 1975, 88.

매춘에 대한 불관용에 따라 혼외 출산에 대한 태도 또한 강화되었다. 공개적으로 매춘업소와 그와 유사한 시설로 여겨진 것들은 도시 바깥으로 내쫓겼다. 이러한 조처는 매춘을 종식시킨 것이 아니라 개인을 "자유롭게 활동하도록" 이끌었는데, 이것은 이전에 매춘업소에서 일정한 보호와 더불어 통제를 받던 독신 여성들에게 더욱 위험한 선택지였다. 매춘과 그것이 불러일으킬 도덕적인 해악에 대한 두려움이 모든 독신여성을 "음란" 행위를 하는 사람으로 의심받도록 만들었다. Roper 1989/2001, 89-131.

결혼을 존중하고 모든 여성-남성관계를 일부일처제로 만들려고 노력한다면, 이혼을 택할 수 있는 가능성은 여성이 현실적으로 독신생활을 택할 가능성만큼이나 아주 희박하다. 세속법정이 이혼을 명할 수는 있었지만, 그것은 최후의 수단에 불과한 것으로 결코 선호되지 않았다.(이에 대한 가장 극단적인 예는 프로테스탄트 군주인 헤센의 필립에게 아내와 이혼하기보다는 이중결혼을 하라고 한 루터의 "고백적인" 권고였다!) 성적인 혹은 신앙과 관련된 불평은 거의 이혼이나 결혼무효를 위한 유일하게 타당한 근거였다. 만약 누군가의 배우자가 성적으로 허약하여 성관계를 맺을 수 없거나, 그럴 뜻이 없거나, 간통을 했거나, 재세례파라면, 이혼이 하나의 선택지였다. 아무리 세속화되어 이혼이 가능하게 되어도 이혼을 저지시키는 한 가지 원리는 그녀가 행복하든 그렇지 않든 상관없이 여성을 아버지이든 남편이든 한 남성과의 위계관계에 묶는 이론적 원리였다. 이혼녀 혹은 독신여성은 사회구조 안에서 이례적인 존재였으며, 존경할 만한 여성이 그중 어느 하나를 취하는 것은 장려되지 않았다. 성행위를 통제받지 않고 있다고 여겨지는 여성, 다시 말해 일부일처제라는 법적인 관계 안에 속하지 않은 여성은 사회질서에 특별한 위협을 제기하였다. 과부는 예외로, 특별한 자유와 특권을 누렸지만, 종종 재혼하라는 상당한 압력을 받았다. 일반적으로 독신여성으로서의 삶은 결혼과는 달리 하나의 종교적인 선택으로 제시되지 않았다. 결혼과 따로 떨어진, 따라서 남성과 따로 떨어진 성관계는 거부되었다. Karant-Nunn and Wiesner-Hanks 2003, 88-170; Wiesner 1989, 11-20; Chojnacka and Wiesner-Hanks 2002, 113-143, 42-71 참조.

결론   아이를 낳아 키우고, 가정을 관리하고, 아이들에게 요리문답과 시
편을 가르치는 일은 어머니의 훌륭한 역할이자 의무가 되었다.
프로테스탄트 어머니들의 이러한 책무는 아마도 가톨릭 어머니들의 그것
과 그다지 다르지 않았을 것이다. 하지만 프로테스탄트 목회자들은 설교
와 훈계를 통해 의식적으로 아내와 어머니의 역할을 그 중요성과 존중의
측면에서 새로운 차원으로 고양시켰다. 소명 혹은 그리스도인으로의 부
르심은 수녀원의 종교적인 생활보다 많은 것을 포함하였다. 아내와 어머
니의 소명은 하나님께서 주신 것으로 종교적으로나 사회적으로 매우 중
요한 것으로 인정을 받았다. Blaisdell 1985, 20, 22.

설교자들이 여성들에게 준 메시지는 결혼이 이제 가장 높고 가장 바람직
한 위치에 있다는 것이었다. 대부분의 여성은 종교개혁 이전과 이후 모두
결혼을 했기 때문에(수도원생활은 오직 소규모였다.), 이 메시지는 틀림없
이 대부분의 여성들에게 기분 좋게 들렸을 것이다. 그렇지만 이들은 아내
의 위치를 고양시킨 대가를, 원해서든 원치 않아서든 결혼하지 않거나 홀
로 남게 된 여성들이 지불하게 되리라는 것을 예견하지 못했다. 그리고
결혼생활에서 남편의 우위는 아마도 이전보다 더욱 강조되었다. Jacobsen
1989, 56, 57.

수십 년 전의 결론은 여전히 이런 내용을 담고 있다. "확실히 종교개혁의
해법은 일정 정도 사회의 성차별적 요소의 배제를 증진시키고, 소통의
형태와 특정한 종교적인 지위를 어느 정도 중립화시켜서 여성들을 용납
할 수 있게 한 것이 사실이다." Davis 1975, 93-94. 이런 것들은 남성과 여성에
게 손실뿐만 아니라, 새로운 기회를 가져다 주는 중요한 성과였다.

세계 내적 금욕주의(this-worldly asceticism)는 평신도 남성과 여성에게

가톨릭에 의해 허용된, 공동으로 오락을 즐기는 명랑한 생활을 상당 부분 허락하지 않았다. 그것은 개인적인 가정생활 대신 택할 수 있는 하나의 제도화된 훌륭한 대안인, 수도원에서의 공동생활을 차단해 버렸다. 양성 모두에게 모범이 되는 존재인 여성 성인들을 폐함으로써, 그것은 정서와 활동의 폭넓은 영역을 끊어버렸다. 그리고 종교생활에서 여성들의 독자적인 정체성과 독립적인 조직을 배제시킴으로써 그들을 모든 영역에서 보다 종속적인 위치에 놓이기 쉽도록 만들었다. Davis 1975, 94-95.

종교개혁자들을 가부장적인 환경 속에서 강한 여성혐오증과 성차별적인 견해와 실천을 용인했다고 비난하는 것은, 그들에게 여성의 해방을 설교하고, 남녀관계의 차별을 철폐하고, 그것을 통해 사회에서 여성의 역할을 바꿀 것이라고 기대하는 것만큼이나 소용없는 일이다. 여성들을 향해 종교개혁이 약속하고 이행하지 않은 것과 관련한 불명료함은 학자들의 상충되는 평가에서 나타난다. 여성들이 점차 더 가정에 매이게 되었고(한 가지 이유는 통제를 받지 않는 여성의 성행위에 대한 염려에서), 결혼에 대한 이상과 실천이 여성들의 삶, 정체성, 그리고 그들 자신이 꿈꾸는 미래에 대해 계속 부정적인 영향을 미치면서, 여성들의 억압을 경감시킨 것이 아니라 지속시켰다는 결론이 내려져 왔다. 동시에 "새로운" 신학에 여성들이 (전반적이지만 획일적이지는 않은) 만족을 표했다고 증언되는 듯하다.

결혼의 결점(잦은 임신, 육아, 남편에 대한 복종)에도 불구하고, 그 당시 여성들은 모르는 사람이나 친척들의 집에서 독립적으로 살면서 가사도우미로 일하는 것보다 결혼을 통해 주부가 되는 것을 선호한 것으로 보인다. 이들은 또한 보모로서 행사하는 권위를 즐긴 것 같은데, 이것은 개종한 수녀들의 말에 따르면 여자 수녀원장이나 부원장이 되는 운 좋은 극소수를 제외하고는 수도원에서는 그에 상응하는 것이 없는 그런 것이었다. Ozment 2001, 39; 또한 같은 책, 38도 참조.

여성들이 기대하는 것이 무엇이었든지 간에, 그들은 중요한 가르침과 관습에 집단적으로 저항하지 않았다. 비록 예외는 있었지만 말이다.

여성들은 종교개혁 설교와 신학을 듣고, 그것을 받아들이고, 또 자신들에게 적절한 방식으로 그것을 행하였다.

> 요약하면, 칼뱅과 루터는 근대 초기에 여성들에 대한 혹은 그들에게 허용되는 역할에 대한 태도에서 어떤 중대한 변화도 일으키지 않았다. 그렇지만 여성들은 수동적이고 순종적으로 행동하라는 전통적인 남성적 가르침에도 불구하고 개혁파 교회 체계의 바깥에서 공헌하였다. 이들은 얼마간 여성들의 복종을 요구하는 남성들의 규범이 마치 자신들에게는 적용되지 않는 것처럼 행동하였으며, 종교개혁운동이 자신들의 상황을 바꾸었든 그렇지 않든 간에 그 운동 안에서 개인적인, 영적인, 그리고 정서적인 만족을 찾은 듯했다. Ozment 2001, 35.

르네상스 여성들에 관해 언급되어 온 것들 또한 종교개혁 여성들에 대해서도 사실처럼 들린다. "르네상스 [그리고 종교개혁] 시기 동안 비록 여성들의 사회적인 상황은 거의 변한 게 없거나 조금도 나아진 게 없다고 하더라도, 여성들의 자기인식에서는 어떤 변화가 있었다. 그러한 변화는 여성들의 영적인 경험에 그 뿌리를 두었으며, 르네상스 [그리고 종교개혁] 최초의 페미니스트들에 의해 말로 표현된 자의식에서 그 정점에 다다른다." King 1991, 238-239. 요컨대, 이야기는 복잡하고, 그에 대한 대답도 그러할 것이다.

제4장

학식과 권력 :

어려운 선택

서론:
신학적인 저술에 대한 자극제와 장애물

그리스도교 전통에서 여성 저술가들이 쓴 작품의 수는 남성들이 저술한 분량과 비교해 볼 때 너무나 보잘것없었다. 이것은 종교개혁 시기에 특별히 그러하였다. 인지된 신학자들의 목록 가운데 여성의 이름은 그동안 극히 드물었다. 거기에는 이유가 있다. 불평등은 신학자로서는 말할 것도 없이, 저술가로서도 여성의 성공을 막는 커다란 이유가 되어 왔다. 무엇보다 첫째로, 한 여성의 저작물이 보존되거나 혹은 출판되기 위해서 그녀는 사람들과의 교우관계, 귀족이거나 수도원적인 배경, 그리고/혹은 비범한 종교적인 열정이나 영적인 체험과 특출한 경건의 습성으로 검증받은 은사가 필요하였다. 둘째, 여성들은 전통적으로 신학적인 글로 인식되지 않는 장르로 글을 썼다. 셋째, 여성의 지적인 능력이 남성의 그것보다 덜하다는 뿌리 깊은 믿음이 여성들로 하여금 대중적인 목소리를 내지 못하게 하는 이데올로기적이고 실천적인 장벽과 결합하여, 여성 신학 저술가들을 가로막는 빗장을 높이 쳤다. 사실상 "문화가 여성들에게 침묵을 강요하였고" 여성들은 공적인 역할로부터 배제되었다. King and Rabil 2006, xxii. 넷째, "예외적인" 혹은 "거룩한" 여성들의 생활과 경건에 대한 매혹은 신학자로서 여성들의 공헌에 그늘을 드리웠고, 여성들은 신학서적을 저술하지 않는다는 환상을 만들어내다 시피했다.(예를 들어 캐롤 티셀은 마르가리타 드 나바라를 한 사람의 신학자로 검증하면서 자주 제기되는 이 딜레마를 진단하고 있다. "1974년 롤란드 베인튼은 '왜 16세기 여성들은 조직신학을 저술하지 않았는가?' '나는 이 현상을 어떻게 설명해야 좋을지 난감하다.'라고 썼다. '여성들이 신학을 삼간 것은 그들이 자신들의 영역을 벗어나도록 기대되지 않아서인가, 아니면 관심이 없어서였는가?'" 2001b, 3.) (또한 Davis 1975, 80-81, 85 참조.)

첫인상이 드러내 보여주는 것이 무엇이든지 간에, 여성들은 신학을 저술하였고 자신들의 신학적인 견해를 다른 사람들에게 전달하는 데 관심을 가지고 있었다. 우리는 그렇게 행한 몇몇 사람에 대해 알고 있으며, 또한 다른 사람들의 저술을 후원한 여성들의 지원활동에 대해서도 알고 있다. King and Rabil 2006, xxii-xxiii. 종교는 사람들의 삶에서 계속적으로 중심적인 역할을 하였다. 16세기에 신앙심이 한층 강화된 분위기는 프로테스탄트이든 가톨릭이든 남성과 여성 모두에게 깊은 종교심을 불러일으켰다. 여러 수단을 통해 종교적인 계발이 이루어졌다. 책은 그 여러 방법 중 하나일 뿐이었고, 사람들의 신앙심과 정체성은 또한 예배(남성들뿐 아니라 여성들도 설교를 듣고 새로운 찬송을 불렀다.)를 통해서, 그리고 다양한 형태의 예술, 종교적인 상징주의, 종교의식을 통해서 형성되었다. 종교개혁자들은 남성들뿐만 아니라 여성들도 새로운 신학에 응답하고, 자신들의 신앙을 살아내고, 새로운 요리문답과 그들 자신의 모범을 통해 그것을 자녀들과 "하인들"에게 주입시킬 것을 요청하였다. 그렇지만 그들은 여성들로 하여금 대중적인 담화와 신학적인 작업, 혹은 교회의 지도력에 참여하도록 촉구하지는 않았다. 여성들이 종교적인 생활에 참여하고 영적으로 발전하는 일은 그들의 가정과 가정 내의 소명을 통해 노선의 조정을 받아야 했다. 여성들이 초보적인 학문 너머로 나아가게 하는 자극을 거의 받지 못했고, 여성들 자신의 신학적인 학식과 자신감을 심화시킬 수 있는 여성들의 관계망이나 토론의 광장을 종종 결여했음을 볼 때, 아주 극소수만이 학술적인 글을 써서 자신들의 신학적인 진가를 인정받았다는 것은 조금도 놀라운 일이 아니다.

어떤 종류이든 신학적인 글을 남긴 소수의 프로테스탄트 여성들은 이례적인 기량과 결단력을 보여주었으며, 좋은 인맥을 지닌 행운의 사람들이었다. 여성들의 대중적인 신학 작업과 출판 앞에 놓인 난관은 많았다. 여성들에게 침묵을 강요하는 문화에서 "큰소리를 내는 것"은 "정숙하지 못한 행동"으로 간주되었다. King and Rabil 2006, xxii. "글을 쓴 소수의 여성들은 출판을 위해서는 돈, 인맥, 그리고 특별한 센스가 필요하다는 것을 알았기 때문에 작품을 쓸 때 좀처럼 출판을 염두에 두지 않았다. 또한 편지나 일기와 같은, 여성들의 출판되지 않은 작품들은 가치 있는 것으로 간주되지 않았기 때문에 거의 보존되지 못하였다." 출판되었을 때도 그것들은 "항상 무엇보다 성별의 기초 위에서 평가받았다." Wiesner-Hanks 1998a, 149; 2000a, 223. 성별의 이슈는 도처에 존재하였다.

성별과 성별에 적합한 역할에 대한 여러 견해는 종교개혁 기간 동안 거의 변하지 않았다. 사실은 정반대로, 점차적으로 여성들에게 지적인 소명보다 가정적인 소명을 강조하였다. 그 결과, 대다수 여성들은 출판을 위해 필요한 고등교육의 산물과 그에 따른 기량과 자신감을 누릴 만한 특전을 지니지 못했다. 특별히 프로테스탄트 여성들은 자신들의 교육과 신분의 부족함, 그리고 성별의 불리한 조건을 상쇄시켜 줄 수 있는, 중요한 권위의 형식도 결여하고 있었다. 가톨릭 영성에서는 존중받는 신비적인 경험도 프로테스탄트 신학자들은 평가절하하였다. 더 나아가 "모든 믿는 자들이 사제"라는 원칙은 더욱 충분한 평등성을 주장할 수 있었는 데도, 의심의 여지 없이 성별이라는 편견의 시각을 지닌 채 해석되었다. 수도원 철폐 또한 프로테스탄트 여성들에게서, 수세기 동안 여성들의 영적이고 지적인 발전과 그에 따른 저술활동이 가능하게끔 교육시켜 온 하나의 선택지를 빼앗은 셈이다. 마지막으로 매우 중요한 것은, 여성들은 저술을 할 때, 중세시대에서와 마찬가지로, 전통적으로 존중받아 온 신학적인 글들, 즉 학문적으로 훈련을 받은 남성 신학자들이 쓴 신학적인 글들과는 다른 장르를 택했다는 것이다. 후기 중세와 초기 근대 여성들의 신학적인 저술은 전형적으로 경험에 기반을 둔 사적인 글의 형태를 취하고 있었다. 따라서 그들의 작품에 대해 건설적인 평가를 하기 위해서는 중요한 이슈들을 신학적으로 성찰할 때 사용되는 기준, 관점, 그리고 자료에 관한 철저한 시각의 전환이 요청된다.

환상을 담은 저술과 그렇지 않은 저술

자신들 이전의 가톨릭 어머니들과 현재의 가톨릭 여성들과는 달리, 종교개혁 여성들은 초자연적인 환상을 보았다고 주장하는 사람들에게 부여되는 종교적인 권위를 지니지 못한 채 글을 쓰지 않으면 안 되었다. 동시에 그들은 특별한 해명 없이, 다시 말해 수긍할 만한 정당성도 없이 그냥 글을 쓸 수는 없었다. 종교개혁자들이 여성들의 가정 내의 의무에 대해 강조한 것을 생각할 때, 이들이 어머니로서의 소명 이외에 다른 그 무엇으로부터 자신들의 정당성을 끌어낼 수 있었겠는가? 어머니로서, 넓은 의미에서 "직무"로 간주되는 역할을 지닌 사람으로서, 많은 종교개혁 저술가들은 자녀들과 부양가족, 그리고 자신들의 교회의 안녕을 돌보는 것을 그들의 소명으로 생각하였다. Wiesner-Hanks 1998a, 144; Wiesner

2000a, 222, 222-224. 초자연적인 현상에 대한 경험을 정당성의 근거로 인용하지 않는 것이 보통이었으며, 심지어 자녀를 두지 않은 여성들도 그러한 초자연적인 경험을 어머니로서의 의무에 반(反)하는 것으로 간주하지 않았다. 예를 들어 자녀를 두지 않았던 저술가 카타리나 쉬츠 젤은 공적인 역할을 수행하면서 자신을 교회의 어머니로 분명하게 밝혔다. 유사하게 엘리자베스 폰 브라운슈바이크도 자신의 글에서 어머니로서의 자신의 의무와 직무에 대해 언급하였으며, 과부가 된 자신의 처지도 밝힘으로써, 그것을 자신에게 소명과 특별한 책임을 부여하고 또 권한을 부여하는 것으로 활용하였다. 여성들이 자신들의 저술활동을 용인하도록 만들어 주는 것들이라고 제시한 다른 근거들은, 한편으로는 그리스도인들에게 철저한 방책을 요구하고 다른 한편으로는 그 자신들의 그리스도교 신앙과 소명을 진정으로 요구하는 특수한 상황이었을 것이다. 예를 들어 마리 당티에르와 아굴라 폰 그룸바흐는 구체적인 상황에 자극을 받아, 여성들의 설교하고 가르칠 권리에 대해 매우 페미니스트적인 논증으로 응수하였다.

종교개혁 여성들이 활용한 몇몇 장르는 중세 여성 작가들의 그것과 유사하였다. 작품목록에서 분명하게 빠져 있는 한 장르는, 급진적인 프로테스탄트 여성들은 예외로 하고, 환상과 예언에 관한 문헌이다. 여성들은 다양한 경건서적, 자서전적 문헌, 기도문, 찬송, 또 성서에 대한 묵상과 해석, 심지어 가끔 (결혼, 세례, 장례를 위한) 연설문까지 썼다. 대부분의 여성들은 개인적인 교류를 위한 편지뿐 아니라 정치적, 신학적, 그리고 목회적인 목적을 위한 편지도 썼다. 명목상으로 사적인 편지들은 출판할 수도 있고 팸플릿(카타리나 쉬츠 젤)으로 발행하거나 혹은 선전물(우르술라 폰 뮌스터베르크)로도 활용할 수 있었기 때문에, 편지는 여성들에게 가장 안전하고 받아들여질 수 있는 글쓰기의 장이었다. 사실상 "사적인" 글들은 종종 대중을 염두에 두고 쓰어졌으며 "대중적인 글과 사적인 글 사이의 경계는 분명하지 않았다." Wiesner 2000a, 189, 191. 어떤 여성들은(엘리자베스 폰 브라운슈바이크와 잔 달브레 참조) 교회법과 다른 공식적인 문서들의 저술에 관련되었다. 일부 여성들(아굴라 폰 그룹바흐와 카타리나 쉬츠 젤)은 의도적으로 자신들의 논증을 출판하였다. 예외적으로 여성들은 역사적인 상황, 혹은 성서에 대한 주석을 쓸 수도 있었고, 명백하게 신학적인 글을 쓰기도 했다.(마리 당티에르, 올림피아 모라타, 마르가리타 드 나바라, 카타리나 쉬츠 젤이 모두 이런 글을 썼다.)

다른 말로, 여성들은 자신들이 전할 메시지가 있고, 자신들의 관심을 피력하고 자신들의 지혜를 나눌 책임이 있다고 확신했을 때, 그리고 불평등한 상황에도 불구하고 자신들이 그렇게 행할 충분한 열정을 지니고 있을 때 글을 쓸 수 있는 창조적인 방법을 찾아내었다. 점차적으로 그들이 남긴 자료와 신학적인 기여는 이미 확립된 방법론과 기준의 확대를 요구하는 일련의 과정 속에서 확인되고 있다. 탐구과정에서 "우리는 또한 여백(margins)에서 여성들에 관한 통찰력을 찾아야 할 것이다." Davis 1995, 151. 이러한 여백의 가장자리가 저자들의 삶과 사상에 대해 훌륭한 통찰력을 제공할 수 있다. 장르의 차이와 여성 저술가들의 각기 다른 삶의 경험, 훈련, "삶의 자리"(Sitz im Leben), 그리고 그와 관련된 관심사를 생각할 때, 여성 저자들과 기존의 남성 신학자들에 대한 그동안의 극단적인 단순 비교는 조금도 건설적이지 않았다고 할 수 있다. 무엇보다 차이점이 인식될 필요가 있다.

교육적 요소 중세시대에는 때때로 거의 정규교육을 받지 못한 사람도 신비주의적인 교사로 출현할 수 있었다. 아무리 교육을 받지 못하고 신분이 낮아도, 혹은 여성들의 경우에도 그들의 성별에 따른 역할에 상관없이 그것을 상쇄시키는 영적인 체험과 카리스마로부터 이들의 권위가 나왔다. 거의 예외없이 이런 개개인 가운데 여성들의 저술은 좋은 교육을 받은, 영향력 있는 열성적인 남성들의 후원을 받았다. 이 남성들은 대필해 주거나 편집을 해줌으로써 도움을 주었을 것이다. 만약 그렇지 않다면, 책을 출판한 여성 저술가들의 대부분은 아니더라도 많은 수가 교육과 서적에 접근할 수 있는 학식 있는 귀족 여성이었거나, 아니면 여성의 영적인 정체성과 지적인 성숙을 계획적으로 육성시키는 환경에서 자란 수도원 여성이었을 것이다. 교육은 남성과 여성 모두에게 중요한 요소였다. 그렇지만 여성들의 교육은 가부장적인 중세 사회에서 특별한 문제를 제기하였다. 교육을 받은 여성들은 행동과 저술을 통해 현재 상황과 현존하는 성별에 따른 관습을 교란시킬 수 있었기 때문이다.

넓게 생각해서, 후기 중세와 초기 근대 시기의 여성들은 두 가지의 기본적인 이력 가운데 하나, 즉 결혼하거나 수녀원에 들어가거나를 택할 수 있었다. 배움은 후자를 택할 때는 양립이 용이했지만 전자의 경우에는 그렇지 않았으며, 배움을 추구하는 것은 항상 여성을 불확실한 위치에 처하게 했는데, 그것은 "학식 있는 여성들이 자신들의 성별에 대한 기대치 너머까지 나아갔기 때문이다." Labalme 1980, 4. "지적으로 뛰어난 여성은 자신의 성별이나 지적 능력의 한계를 고려하지 않았다. …그녀는 지적인 성도착자(transvestite)가 되었다." 학식 있는 여성들은 종종 결혼하지 않는 경향이 있었는데, 이들은 소위 정상적인 상황을 방해하였고 순결하지 않다는 혐의를 받았다. 정상적이고 순결한 여성은 학문이 아니라 남성과 결혼하였다. 순결서약에 묶여 있으나 영적으로 자유롭게 된 여성들, 즉 수녀들은 그들만의 범주에 속하였다. 그들에게 순결은 "심적인 자유를 가져다 주었다. 그것은 종종 학식 있는 여성들을 겨냥한 잔인한 비난을 막아주는 울타리 역할을 해주었다." 매춘부의 경우, 이들은 대부분 여성들의 가정적인 정숙에 대한 규범을 명백히 깨뜨렸으며, 가장 운이 좋은 경우에는 배움을 포함한 삶의 다른 영역에서도 자신의 자유를 표출할 수 있었다. 매춘부의 자유와 학식 있는 여성의 자유가 항상 일치된 것도 아니고, 근대사회에서 이 둘이 동일시될 수도 없었지만, 여성에 관한 규범이 억압적이던 세계에서 이 둘 사이에는 지각적으로 부합되는 바(perceptual correspondence)가 있었다. 결국 "능변인 여성은 정숙하지 못하다는 평판을 얻었고, 학식 있는 여성은 남성의 자존심을 위협하였다." Labalme 1980, 4-5. 성인 여성은 당연히 행복하게 결혼한 아내여야 한다는 이상적인 종교개혁 사회에서 수녀나 매춘부 모두 설 자리가 없었다. 수녀와 매춘부 모두 남성과 맺는 일부일처 관계로부터 벗어난 여성들이었으며, 때로는 보통 이상의 유별난 교육을 받은 여성들이었다.(매춘부보다는 수녀의 경우에 이런 경우가 더 많았고, 매춘부는 항상 비극적인 선택지였다.) 여성들의 통제되지 않는 성과 고등교육의 결합은 질서를 유지할 권력을 부여받은 남성들에게는 견딜 수 없는 일이었다. Stock 1978, 13; King and Rabil 2006, xxvi-xxvii. 정숙한 프로테스탄트 여성들은 남성들과 결혼하고 어머니 역할을 하는 데서 성취감을 찾아야 했다. 이들은 고등교육이나 다른 "유희"에 빠져 노닥거려서는 안 되었다.

메리 위즈너-행크스(Merry Wiesner-Hanks)의 말대로 결론은 다음과 같다.

근대 초기 유럽에서 학식 있는 남성들이 많은 것에 관해 의견의 일치를 보지 못했지만, 여성들이 침묵해야 한다는 견해에 있어서는 한 뜻이었다. 예외는 있지만 우리는 한편으로는 이탈리아인, 영국인, 독일인 남성들이, 다른 한편으로는 프로테스탄트, 유대교, 가톨릭 남성들이 이상적인 여성이란, 홀(Suzanne Hull) 전집의 제목을 인용해 표현하자면, "순결하고, 말이 없고, 순종적인" 여성이라는 데 동의하였다고 생각할 수 있다. 후기 중세와 초기 근대 시기의 수세기 동안 유럽 문화 전반에 걸쳐 다른 많은 것들은 극적인 변화를 맞았는데도 남성들의 이상적인 여성상은 조금도 바뀌지 않았다. Wiesner 1998a, 143.

그와 동시에 "종교개혁 자체는 유럽 전체에 걸쳐 교육에 대한 엄청난 추진력을 제공하였다. 가장 중요한 것은 보편적인 교육을 향해 첫발을 뗀 것이었다." Stock 1978, 60.

종교개혁자들의 비전에 따라, 프로테스탄트 도시들은 모든 어린이가 자국어로 성서를 읽고 요리문답을 공부할 수 있도록 보장하는 법률을 제정해 사용하였다.

> 하나님의 말씀, 자국어로 성서를 읽는 것, 그리고 가정에서 아이들에게 성서와 요리문답을 가르치는 것을 강조하는 프로테스탄트는 16세기에 남성과 여성의 교육의 중요성을 강조하였다. 인문주의 또한 교육으로 나아가는 경향을 가속화시켰다. …여성들의 영적인 동등성에 대한 프로테스탄트의 강조와 더불어, 여성들의 교육수준이 개선되길 기대할 수 있었다. Blaisdell 1985, 21.

그렇지만 이것이 성차별 없는 동등한 교육을 의미하지는 않았다. 남성들은 여성들보다 더 빨리 교양의 수준을 높였고, 교양의 확산 범위도 여성들보다는 남성들 가운데서 더 크게 이루어졌다. 남자아이들의 교육은 그들이 장차 사회에서 감당하게 될 역할을 반영하는, 일련의 다른 기대치에 바탕을 둔 커리큘럼을 가지고 보다 학문적인 엄밀성을 띠고 이루어졌다. 예를 들어, 예외는 있지만, 기초교육과는 별도로 여자아이들에게 수학에 관한 고등 지식을 제공하는 것은 필요없는 일이라고 간주되었다. Blaisdell 1985; 또한 Stock 1978, 60-66.

초보적인 수준에서 여자아이들에게 시행된 정확한 교육과정에 대한 포괄적인 데이터는 지금 없지만, (츠비카우와 스트라스부르에서의 연구들에 기초해 보면) 프로테스탄트 종교개혁의 교육에 관한 조항은 겸손과 순종 등과 같은 전통적인 여성의 가치를 육성하면서, 소녀들의 교육을 초보적인 읽고 쓰기 능력을 길러주는 것으로 제한하였으며, 일반적으로 말해 여성들이 수녀원에서 받았던 것보다 더 형편없는 수준의 기초교육을 제공한 것으로 보인다. 여성들은 좀처럼 고등교육을 받지 못했다. 인문주의 교육의 혜택을 받은 여성들조차 결국에는 학문과 결혼 사이에서 선택해야 했다. 교육에서의 동등성 대신에 "이렇게 하여 16세기 남성의 교육과 여성의 교육 사이의 간격은 기본적인 교육의 영역에서뿐만 아니라 고등교육의 수준에서도 점차 커져갔으며, 특히 라틴어와 고전 교육에서의 간격은 그 틈이 더 깊게 갈라졌다." Wiesner 2000a, 158, 159. 이것이 진정 1세대 종교개혁자들이 마음속에 그렸던 일인가?

여성들에 대한 교육이 수도원 해산으로 인해 상실되고 다른 무엇으로도 대체되지 않았다는 것을 알고 있던 루터는 소녀들이 종교에 대한 교육뿐 아니라 언어, 그가 좋아하던 음악, 수학, 문학, 그리고 역사에 대한 교육도 받아야 한다고 생각하였다. 그는 모든 어린이에게 의무적으로 학교에 출석하고 교육을 개시하는 것이야말로 권력을 지닌 사람들이 마땅히 해야 할 의무라고 보았다. 목표는 젊은이들로 하여금 사회구조 안에서 자신들이 감당할 역할을 찾도록 돕고, 그 역할을 하는 데 필요하게 될 가내수공업 기능과 기술을 갖추도록 해주는 것이었다. 여기서 남성에 대한 기대와 여성에 대한 기대는 확연히 달랐다. 루터의 비전에 따라, 1533년 소녀들을 위한 학교가 비텐베르크에 설립되었다. 같은 해에 모든 도시에서는 소녀들을 위한 학교를 설립해서 그들에게 읽기, 쓰기, 노래, 그리고 산수까지 가르치라는 명이 내려졌다. 여성 교사들에 대한 수요가 늘어난 것을 알고 있던 루터는 적절한 자격을 갖춘 여성들이 한 단계 높은 교양과목을 공부하는 데 찬성한다고 발언하였다. Green 1979, 96-97. 그의 협력자 필립 멜란히톤은 독일에서의 교육개혁에 대해 누구보다 열성적이던 사람들 중 하나로, 소년들을 위한 라틴어 학교와 더불어 소녀들을 위해 별도의 학교를 되도록이면 그들의 집 가까이에 설립해 읽기, 신앙생활, 찬송 부르기와 같은 실질적인 교육과정을 개설하고, 필요할 때에는 상대적으로 수업일수를 짧게 할 것을 명하였다. 여성들에게 필수적인 교양을 갖추게 하기 위해서는 여성 교사들의 채용이 불가피하였는데, 더욱이 남성 동료들보다 적은 돈으로 채용할 수 있었다. 여성 교사들의 학문적인 능력과 관련해서는, "잠재적인 교사의 지적인 능력은 종종 소녀들을 위한 학교를 설립하는 시의회 의원들의 마음속에서 세 번째 자리를 차지했는데, 그녀들의 '명예로운 생활방식'과 가정에서 필요한 기술을 가르치는 능력 다음 순위였다." Wiesner 2000a, 148. 칼뱅 또한 인정받는 학교 프로그램을 열었는데, 이는 장차 제네바에서 유명한 아카데미가 된다. 칼뱅도 소녀들과 소년들은 초등교육을 위해 각기 분리된 학교가 필요하다고 믿었으며, 오직 소년들만이 중등교육의 혜택을 받아야 한다고 생각하였다. 스트라스부르에서 마르틴 부처는 요하네스 브렌츠가 그랬던 것처럼 교회법령을 작성해 몇몇 소녀 학교의 창설을 도왔다. 안드레아스 무스쿨루스(Andreas Musculus)는 특별히 소녀들에게 읽기, 쓰기, 기도, 노래를 배울 수 있는 학교를 제공해야 한다고 주창하였다. 요하네스 부겐하겐(Johannes Bugenhagen)은 자신이 작성한 교회법령을 통해, 독일과 덴마크에 학교를 설립하는 데 폭넓게 관여하였다.(학교에 관한 조항을 담고 있는 교회법령은 1526년 Hessen의 첫 번째 교회법령 이후, Hamburg 1529, Lübeck 1531, Bremen 1542, Pomerania 1535 등이 뒤를 이었다.) Green 1979, 96-103; Luther, Address to the German Nobility 1520; Stock 1978, 60-63 참조.

이러한 초기의 비전과 법령 중 일부는 거의 한낱 종이 이상의 의미가 없었지만, 교육이 발전하면서 중요한 조처가 취해졌다. 진보는 다른 장소, 다른 상황에서 이루어졌는데, 국가, 시의회, 군주, 그리고 교회가 같은 비전을 공유하고 협력한 곳에서 가장 능률적으로 이루어졌다. "18세기 말엽까지 소년들을 위한 교육뿐 아니라 소녀들을 위한 교육이 가장 잘 확산된 곳은 교육이 의무화되고 국가의 후원을 받은 독일의 영토였다." 농촌 지역에서는 소년들의 학교와 소녀들의 학교 사이에 교육과정이나 수업시간에 거의 차이가 없었다. 이런 학교들에서는 라틴어나 웅변술에 대한 고등교육은 이루어지지 않았다. Wiesner 2000a, 148-149. 종합하자면, 아직 해소되지 않은 성별 간의 긴장관계는 양성을 대상으로 한 보통교육이라는 잠재적으로 해방적인 비전과 충돌하였다. 이런 현상은 평등한 교육의 기회가 실현되기 전까지, 그리고 소녀들에게 기본적인 읽기와 쓰기 능력을 갖추고 요리문답과 시편을 익히고 장차 좋은 아내가 되기 위해 겸손과 순종의 미덕을 계발하는 것 이상의 것을 기대하기 전까지 한동안 지속되었다.

교육받은 여성들 여성들이 초등교육 이상의 교육을 받을 수 있는 경로는 다양했는데, 대체로 그들의 사회적인 위치와 가족의 재정 상태에 달려 있었다. 라발므(Patricia Labalme)는 여성들이 누릴 수 있었던 네 가지 교육 형태를 대략적으로 제시하고 있는데, (예를 들어 조산소나 수녀원에서의 산파들의) 비공식적인, 그리고 공식적인 도덕교육, (부모나 남편에 의한) 직업교육, (가정교사, 부모에 의한) 지적인 교육과 성품 형성, 사회나 궁정에서의 역할을 위한 혹은 개인적인 자아실현을 위한 지적인 교육(사회가 베풀어 준 어린이 교육 혹은 경력을 위한 교육)이 그것이다. Labalme 1980, 11-17. 여성들이 처한 출산과 혼인 상황이 일반적으로 어떤 길을 선택할 수 있을지 정해주었다. 마지막 범주에 속하는 교육 형태로부터 인문주의 교과목, 대체로 라틴어이지만 때로는 그리스어와 드물게는 히브리어 같은 언어를 공부한 여성들이 등장할 수 있었다.

예를 들어 카타리나 쉬츠 젤, 올림피아 모라타, 마르가리타 드 나바라, 잔 달브레, 그리고 마리 당티에르는 히브리어와 문법에 관심이 있었다.

　근대 언어에 정통하다는 것은 드문 일이 아니었으며, 특별히 외국 땅으로 시집가서 왕가의 외교술을 훈련받은 왕가의 여성들 사이에서 그러하였다.(영국의 엘리자베스 1세는 영어, 라틴어, 이탈리아어, 프랑스어로 기도문을 썼으며, 스웨덴의 카타리나 자겔로니카 왕비는 7개 국어로 서신교류를 하였다.) 일부 여성들(예를 들어 올림피아 모라타)은 각별히 언어 능력을 높이려 애썼으며, 여성들에게 허용되는 저술 작업인 번역 일을 하였다. 특히 영어로는 몇몇 여성이 이런 간접적인 형태로 신학 저술 작업에 종사하였다.(엘리자베스 1세는 앤 로크가 그랬던 것처럼 마르가리타 드 나바라의 『죄 많은 영혼의 거울』을 영어로 번역하였다.) 일부 여성들은 대담하게도 역사적인 주석서, 대화록, 시집, 행정 관련 글 등과 같은 "세속적인" 글을 내놓았다.(마르가리타 드 나바라는 사랑 이야기를 썼고, 엘리자베스 폰 브라운슈바이크는 "법령집"을, 올림피아 모라타는 대화록과 시집을 썼다.) Bainton 1980, 117-125; Wiesner 2000a, 175-210, 143-158 참조.

　정치적이고 신학적인 대화, 목회적인 돌봄과 영적인 권면을 위해 여성들이 다각적으로 활용한 편지들과는 별개로, 여성들은 다양한 경건 작품도 내놓았다. 이들의 종교적인 저술들은 아빌라의 테레사가 쓴 신비적인 작품들과 캐서린 파의 "한 죄인의 애가"(Lamentation of a Sinner)에서부터 마르가리타 드 나바라의 "영적인 노래들"과 신비주의적인 논문들, 비토리아 콜로냐의 "신앙적인 시(詩)", 카타리나 쉬츠 젤의 시편과 목회서신 묵상집, 그리고 엘리자베스 폰 브라운슈바이크의 찬송집과 그녀가 자녀들에게 쓴 『규범서』(Mirrors)에 이르기까지 다양한 종류가 있었다. 공통적으로 여성들의 종교적인 저술들은 그들의 놀라운 성서 지식을 드러내 보여주며, 그들이 그러한 권위를 신중하게 사용했음도 보여준다. 성서에 대한 이들의 날카로운 통찰력은 이들이 지은 찬송가와 시가에서도 나타난다.(카타리나 쉬츠 젤과 엘리자베스 폰 브라운슈바이크는 특별히 주목할 만하다.) 여성들의 능숙한 성서 활용은 또한 여성들의 예언자적 작품(우르술라 요스트와 바르바라 레브스톡과 같은 급진적인 여성들을 제외하고는 프로테스탄트들 가운데서는 거의 중단된 활동)과 앤(Anne Askew)과 레바르덴의 엘리자베스(Elisabeth van Leeuwarden) 같은 순교자들의 작품에서도 분명하게 나타났다. Wiesner 1988, 148-151 ; Bainton 1980, 118-119, 125 ; Wiesner 2000a, 222-224, 189-202, 143-158 참조.

결론적으로 말하면 다음과 같다.

> 여성들의 교육은 항상 있었다. 물론 오직 선택된 소수의 사람들에게만 가능했고 사적인 가정교사들에 의해 귀족과 부유한 집안의 딸들에게만 행해질 때도 있었지만 말이다. 그렇지만 종교개혁 이후에 소녀들을 위한 교육은 훨씬 더 폭넓게 확산되어, 종국에는 서방의 대부분의 여성들의 손이 미치는 범위 안에 있게 되었다. 이러한 변화가 일어나는 과정에서 우리는 사회에서 여성들의 역할에 대한 인식과 그들의 사회적인 지위에 어울리는 교육 혹은 훈련에 관한 인식이 점진적으로 발전하였음을 간파할 수 있다. Green 1979, 101.

특별히 16세기에서 18세기에 이르는 동안 소녀들에 대한 초등교육은 대부분 도덕교육으로서, 기초적인 읽기 능력을 제공하고 가끔은 직업훈련을 하는 데 맞춰져 있었다. 여성들을 교육시키는 가치는 개인의 지성을 계발하는 데 있다고 간주되지 않았고, 그보다는 오히려 미래의 어머니와 아내의 도덕적인 성품을 보증하는 데 있다고 간주되었다. 어머니와 아내가 되는 것이야말로 모든 프로테스탄트 소녀들에게 가장 고귀한 소명을 성취하는 것으로 간주되었던 것이다. Green 1979, 80.

교육과 권력의 면에서 특권층에 속한 여성들에게도 똑같은 것이 기대되었다. 자신이 직접 글을 쓰거나 다른 사람들의 저술활동을 후원하는 (제한된) 권력을 소유한 자리에 있던 귀족 여성들도 마찬가지였다. 종종 교육을 받았으며 학식 있는 사람들에게 둘러싸여 있던 이들은 학문적인 활동이나 새로운 신학을 퍼뜨리는 것과 같은 위험한 계획을 후원할 수 있는 위치에 있었다. "스스로 글을 쓰지 않고 다른 사람들에게 글을 쓰도록 북돋운 여성들은 대안적인 전통의 발전을 부채질하였다. 높은 지위의 여성 후원자들이 작가, 미술가, 음악가, 시인, 그리고 학식 있는 남성들을 후원하였다." 몇몇 저자들은 여성 후원자들(matrons)을 위해, 때로는 그들의 권유를 받아 글을 썼다. "그들 자신은 침묵하고, 아마도 심지어 응답조차 않고, 이들 지체 높은 여성들은 다른 목소리를 내는 전통의 형성을 도왔다." King and Rabil 2006, xxiii. 여성 후원자들의 후원은 결정적이었으며, 그렇지 않다면 빛을 볼 수 없었을 많은 작품이 세상에 나오도록 만들어 주었다.

귀족 여성들의 인간관계와 재력이 그들에게 특권을 부여하였으며, 그들을 종종 새로운 사상과 출판에 대해 처음 알게 되는 사람들 틈에 속하게 해주었다. 가장 목소리를 높인 여성들 가운데, 그리고 가장 눈에 띄는 자리에서 종교개혁을 촉진시킨 여성들 가운데 귀족 출신 여성들이 다른 계층 여성들보다 훨씬 많았다는 것은 결코 우연의 일치가 아니다. 이들의 특권적인 지위는 부담감과 책임감 또한 동반했으며, 이들의 개인적인 신앙은 종종 공개적인 파급 효과를 불러오거나 혹은 그 반대이기도 했다.(예를 들어 엘리자베스 폰 브란덴부르크와 엘리자베스 폰 브라운슈바이크, 르네 드 프랑스와 잔 달브레, 앤 볼린, 그리고 엘리자베스 1세, 이들 모두는 박해와 파문의 위협에 시달렸으며, 더 심한 일도 겪었다.) 프로테스탄트 신앙을 지키고 그것을 성취하는 데에서 이들이 감당한 역할은 아무리 강조해도 지나치지 않으며, 이들이 사적인 생활에서 견딘 비극적인 일들도 결코 잊혀질 수 없다.

귀족 여성의 특권적인 지위를 누리거나 고등교육과 대중적인 글쓰기가 가능한 특권적이고 남성 지배적인 세계에 들어가려고 애쓰는 것을 제외하고, 일반 여성들은 프로테스탄트 선포에 응답해서 그것과 "더불어" 무엇을 할 수 있었는가? Davis 1975, 92-93. 그들은 가톨릭의 성일에 맞춰진 전통을 공개적으로 지키지 않음으로써 가톨릭 수녀들을 "화나게" 할 수도 있고, 스스로(적어도 이론적으로는 내밀하게) 성서를 읽을 수도 있고, 종교모임을 위해 자신들의 집을 제공할 수도 있고, 인쇄업자와 관계를 맺으면서 인쇄물을 낼 수도 있고, 성상들과 관행을 깨뜨리고 공개적인 행진을 하면서 프로테스탄트 노래를 부르고 메시지를 선포할 수도 있으며, 신앙을 위해 순교자로서 죽을 수도 있었다. 무엇보다도 각자의 상황에서 가능한 한 그들은 프로테스탄트 자녀를 양육할 수 있었고, 동료들과 친구들과 조력자들을 후원할 수 있었으며, 자신들의 정체성과 삶을 새로운 신앙에 맞추어 변경시킬 수 있었다.

제2부

종교개혁의 모델, 지도자, 교사로서의 여성

제5장

"박사" 카타리나 폰 보라:

루터란 교모

❖ 부모

  - 카타리나 혹은 안나 폰 하우비츠(Katharina/Anna von Haubitz/Haugwitz, 1505
    년 사망)

  - 한스 폰 보라(Hans von Bora, 1523년 사망)

❖ 형제자매

  - 한스, 게오르크, 그리고 이름이 알려지지 않은 남녀 각 한 명

❖ 배우자(1525-46)

  - 마르틴 루터(Martin Luther, 1483-1546)

❖ 자녀

  - 요하네스(한스, 1526-75): 엘리자베스 크뢰지거와 결혼해 딸 카타리나를 두었
    으나, 손자는 두지 못함

  - 엘리자베스(1527-28)

  - 막달레나(1529-42)

  - 마르틴(1531-65): 안나 헤일링거와 결혼

  - 파울(1533-93): 안나 폰 바르벤과 결혼해 여섯 자녀를 둠

  - 마르가레테(1534-70): 게오르크 폰 쿤하인과 결혼해 아홉 아이를 낳았는데
    그중 세 명만 살아남음

서론　카타리나 폰 보라 루터(Katharina von Bora Luther, 1499-1552), 즉 캐티는 개혁을 위한 논문을 쓰지도 않았고 강단에서 설교를 하지도 않았다. 우리는 그녀의 신학적인 관심과 소양에 관해 별다른 단서를 갖고 있지 않지만, 그녀는 당대 가장 저명한 종교인사들 중 한 사람의 배우자이자 그를 보좌한 사람으로서 종교개혁운동에 확실한 공헌을 하였다. 그녀는 자신의 삶을 바꾸어 놓은 새로운 복음주의적인 "루터란" 신학과 영성을 위해 자신의 전부를 내주었다. 카타리나는 여성들을 향한 특별한 다차원적인 소명, 배우자이자 어머니로서의 소명에 대한 모범을 보여주었으며, 저명한 목회자요 교수의 아내로서, 저명한 개혁자의 동역자로서, 그리고 독특하고 혁신적인 목사관을 "꾸려나가는 사람"으로서 보이는 곳에서 이런 일들을 감당했다. 다른 개혁자들의 아내들과 마찬가지로, 그녀는 프로테스탄트 종교개혁을 성공적으로 육성하고 수행하는 데에 필수적인 역할을 하였다. 카타리나의 사역은 여성들에게 새롭게 조직된 프로테스탄트 신앙생활에서 공식적이지는 않지만 매우 실질적인 직무를 제시해 주고 있다. 카타리나의 인품, 재능, 자의식, 그리고 결단이 그녀를 마르틴 루터의 탁월한 아내라는 부인할 수 없는 사실 그 이상의 존재로 만들어 주었다.

카타리나는 종교개혁의 역사에서 그녀 나름의 공헌을 하였다. 유명한 화가 루카스 크라나흐(Lucas Cranach the Elder)가 그린 마르틴과 카타리나의 초상이 벌써 그녀의 각별한 수준을 말해준다. "그러므로 카타리나 폰 보라 초상의 독특성은 우선은 루터의 배우자로서 그녀의 공적인 역할과 관련이 있지만, 또한 그녀가 남편 옆에서 드러내는 그녀의 개성과도 불가피하게 연결되어 있다." Treu 1999a, 175-176; 또한 1995a, 5. "비록 그녀가 아무런 학술적인 저술도 남기지 않았지만 카타리나의 삶은 남편의 이론에 대한 실물교육으로 볼 수 있다. '카타리나 폰 보라가 마르틴 루터의 아내로서 그녀의 역할을 감당하지 못했다면…그들의 결혼은 프로테스탄트 운동에 해를 끼쳤을 것이다. 하지만 그녀는 자신의 위치를 영예롭게 했으며 그녀 역시 존경을 받았다.'" 그녀는 멜란히톤과 로테르담의 에라스무스가 종교개혁의 목표와 원칙이 앞으로 나아가는 데 그녀가 미치게 될 부정적인 영향력에 대해 언급한 우려의 말들이 잘못된 것이었음을 입증하였다. Edith Deen 1959, 83, 754-758을 인용하고 있는 Smith 1999, 767; MacCuish 1983, 1.

카타리나의 인품과 행동은 주로 루터의 저작들을 통해 알려졌다. 우리는 『탁상담화』(Table Talk)와 루터가 그녀에게 보낸 현존하는 21통의 편지(특별히 코부르크[1530]와 아이슬레벤[1546]에서 보낸 편지)에서 다채로운 사적인 정보를 얻어낼 수 있다. 카타리나가 구술한 편지 8통이 남아 있지만, 그녀가 루터에게 보낸 편지는 지금껏 하나도 발견되지 않았다. Smith 1999, 746과 카타리나의 편지들에 대한 부록; Thoma 1900 참조. 종교개혁 당시부터 루터의 아내에 대해 부정적인 견지에서의 비판적인 평가가 묘사되어 왔다. 루터를 비난하는 자들의 눈에 그녀는 (새 신부의 성품에 의문을 던지는 코클래우스와 로테르담의 에라스무스의 조롱하는 묘사에서 볼 수 있듯이) 어떤 것도 올바로 할 수 없는 인물이었다. 그렇지만 프로테스탄트 세계에서 그녀는 특별한 숭배를 받아왔다. 카타리나의 일생을 가장 신뢰할 만하게 복원하는 일은 1차적인 자료의 부족으로 인해 방해를 받아왔다. Smith 1999, 758-768 참조.

카타리나: 카타리나 폰 보라 루터는 1499년 1월 29
수녀에서 개혁자의 아내로 일부터 1552년 12월 20일까지 살았다. 그
녀는 라이프치히 근교 리펜도르프에 영
지를 둔 역사 깊은 보라 가문에서 태어났다. 그녀의 어린 시절에 대해서는 별로 알려진 바가 없다. 카타리나의 어머니 안나 폰 하우비츠는 1505

년에 죽었고, 아버지는 한스 폰 보라였으며, 한스, 게오르크, 그리고 또 한 사람의 형제와 아마도 여자 형제가 하나 더 있었던 듯하다.

대여섯 살 정도로 어린 나이에 카타리나는 브레나에서 어린 여자아이들을 교육시키는 베네딕투스수녀원에 보내졌다. 그녀는 9살 혹은 10살 때 님프센에 있는 마리엔트론 시토회수녀원으로 보내져 그곳에 있던 친척 아주머니 두 사람과 합류하였다. 거기서 16살이 되던 1515년에 일 년의 수련기간을 거쳐 수녀가 되었다. 카타리나가 계속 수녀원에 머문 것이 그녀 아버지의 결정 때문이었는지, 혹은 의붓어머니가 그것을 선호한 때문인지는 확실하지 않다. 특히나 가난한 귀족 가문에서는 딸을 일정 기간 동안, 혹은 무기한으로 수녀원으로 보내는 일이 드문 일이 아니었기 때문에, 수녀원에 머문 것이 꼭 카타리나가 수녀원생활을 개인적인 소명으로 받아들였다는 것을 의미하지는 않는다. 브레나에 있는 수녀원과 같은 많은 수녀원에서는 입회하는 여성들로부터 상당한 지참금을 기대했지만, 님프센에 있는 수녀원과 같은 수녀원의 경우는 거의 아무런 지참금 없이도 초심자를 받아들였다. 카타리나는 집안도 가난했고 그녀가 수녀원에 들어가던 즈음에 어머니를 잃었다. 몇몇 18-19세기 자료를 보면, 카타리나의 의붓어머니가 카타리나를 집으로 데려오는 데 별다른 열심을 보이지 않았음을 암시해 주는 내용이 들어 있다.

근 20년 동안 카타리나는 수녀원생활을 했는데, 그녀가 시토회수녀원에서 대부분 귀족 가문 출신인 40여 명의 수녀들과, 그리고 어머니 쪽 친척인 대수녀원장과 아버지 쪽 친척인 수녀와 더불어 보낸 15년이라는 기간은 그녀가 인간적으로 또 영적으로 형성되는 데 특별히 중요하였다. 자족하는 수도원의 여러 일을 해나가는 법을 배울 뿐 아니라, 이 기간 동안 규율과 종교적인 관습, 노래, 그리고 기도하고 성서 읽는 법을 배웠다. 카타리나의 고유 업무가 무엇이었는지는 명확하지 않지만, 수녀로서 그녀의 일상생활은 아침 3시부터 밤 8시까지 기도와 성서암송, 독서, 노래,

그리고 공부로 짜여져 있었다. 육체적인 노동은 실제 수녀들의 일상생활에 포함되어 있지 않았고, 평신도 자매들이나 하인들이 그런 일을 수행하였다. 그녀는 전례를 통해 라틴어를 배웠는데, 신학적인 대화(여기서는 라틴어가 일상이었다.)에 참여할 정도로 숙달되었던 것 같다. 그녀의 독해력은 그녀로 하여금 루터의 저작들을 직접 읽고 정통하게 해주었다. 그녀는 고등교육을 받은 여성들, 예를 들어 요한 폰 슈타우피츠의 누이 막달레나 폰 슈타우피츠, 그리고 엘사 폰 카니츠와 수녀원 시절부터 교제했는데, 이 두 사람은 비텐베르크로 도망친 후에 젊은 여성들을 가르치는 학교에서 교사 일을 맡았다. 수도원에서 받은 "훈련"과 그녀 자신이 귀족 가문이라는 자각은 그녀에게 자존감을 불어넣어 주었으며, 이것은 이후 비텐베르크에서 그녀가 새로운 생활을 할 때 명백해진다. Treu 1999b, 12-13; Kroker 1906, 23-25; Rüttgardt 1999, 47-49 참조.

카타리나의 탈출 이야기는 유명하다. (다른 자료들에서는 4월 5, 6, 7일이라고 달리 언급하고 있기도 하지만, Thoma 1900, 32에 따르면) 1523년 4월 4일 부활절 토요일 밤에 루터가 주도한 계획에 따라 12명의 수녀들이 시의원이자 상인인 코프(Leonard Koppe)와 함께 님프셴에 있는 마리엔트론 수녀원에서 탈출하였다. 공작 게오르크의 사법권 관할 하에 있던 영토에서 수녀들을 유괴하는 중대범죄를 저지르면서, 코프는 수녀원에서 카타리나, 엘리자베스(엘사) 폰 카니츠, 라네타 폰 고흘리스, 아베 그로스, 아베와 마르가레타 폰 쉰펠트, 막달레나 폰 슈타우피츠, 베로니카와 마르가레트 폰 제샤우를 물고기 운반 수레에 숨겨서 몰고 나왔다. 이 대담한 여성들은 가족들이 자신을 받아들여 주지 않을 경우에 무엇을 할지 혹은 어디로 가야 할지 확실히 알지도 못했다. 수도원에서의 생활은 그들이 이제 합류하게 된 마을의 여성들의 삶과는 다른 "이력"을 제공했고, 전반적인 교육과 종교적인 지도력을 위한 기회와 더불어, 강요된 결혼, 위험한 출산, 군림하는 남편으로부터의 자유도 가져다 주었다. 이제

가족에게 돌아가는 것 이외에, 도망친 수녀들에게 유일하게 가능한 선택은 급히 결혼하거나 일하는 여성의 불안정한 운명에 처하는 것이었다.(실제로는 말할 것도 없이, 생각만으로도 어려운 일이었다.) "그리스도와 결혼했다."라는 것이 수도원 바깥에서 그들에게 어떤 지원도 제공하지는 않을 것이기 때문이었다. Köhler 2003, 117-118, 127-134; Jung 2002, 33-40 참조.

카타리나가 수도원에 들어가거나 거기서 나오는 것과 관련해서 자신의 종교적인 소명을 어떻게 분별했는지 혹은 그렇게 오래 수녀로 있었던 의미에 대해 그녀 자신이 어떻게 이해했는지에 대해 통찰력을 제공해 주는 어떤 기록도 없다. 수녀가 되려고 한 선택이 그녀에게 행복한 것이었든지 혹은 그렇지 않았든지, 종교적인 선택이었든지 혹은 실용적인 선택이었든지 간에, 그녀가 이전에 따르던 매우 영예로운 "천사의" 길 대신에 취하게 된 새로운 대안은 미지의 것과 마주치는 것을 의미하였고, 생물학적인 가족과 떨어진 이후로 모든 실질적인 면에서 자신의 유일한 가족이 되었던 것을 떠나는 것을 의미하였을 것이다. 그녀는 이 여성들과 더불어 자라왔고, 이들 중 많은 수는 귀족 가문의 교양을 갖춘 사람들이었으며, 이들과 더불어 집안일보다 책에 관해 더 많이 배웠다. 그래도 그녀가 수녀원에서 보낸 시간을 전반적으로 만족한다는 것을 암시해 주는 글이 있는데, "수녀원에서 보낸 시절에 대해 카타리나가 부정적인 말을 한 적이 없었으며, 심지어 이후에 루터의 테이블에 모여든 사람들이 그런 소리를 듣고 싶어 했을 텐데도 그러하였다." Treu 1999c, 159, 172. 그녀가 자신의 수도원 소명과 관련해 어떤 내면적인 갈등을 겪었으리라고 볼 수 있는 유일한 증거는, 신학적인 논증이 그녀에게 그럴 듯한 대안을 제시하자마자 즉시 수녀원을 떠나기로 결정한 카타리나의 실제적인 결단에서 나온다. 카타리나가 다른 확실한 대안도 없이, 자신의 동료들과 비텐베르크에 있는 루터의 지지만으로, 그동안 자신이 알고 있던 유일한 세계를 떠나기로 위험한 결정을 할 수 있었던 것은 1519년 이후 수도원생활에 반대하는 글로 수녀들 사이에 불안을 조장하던 루터의 저작들을 접하면서 그녀가 한층 성숙한 단계에 오른 덕분이었다. Köhler 2003, 118; Beste 1843, 14-15, 18 참조. Hansrath 1993, 250; Thoma 1900, 25-32; Rüttgardt 1999, 49-51.

카타리나는 일단 마리엔트론을 떠나자 자신이 취할 수 있는 대안이 무엇인지 열린 마음으로 모색하였다. 이미 그 아버지가 죽고 없었기 때문에, 가족들이 있는 집으로 돌아가는 것은 그녀가 선택할 수 있는 길이 되기 어려워 보였다. 그녀가 비텐베르크에 도착했을 때에도, 루터의 개입으로 이 생기 있는 도시에 도착하는 사람들을 위해 신속한 중매가 이루어질 것이라는 사실에도 불구하고, 그녀가 비텐베르크에 오자마자 결혼을 서둘렀다는 어떠한 징후도 없다. 게다가 이 주제에 관한 루터의 저작들에 고무된 1세대 개혁자들이 1521년부터 결혼하기 시작했다고 하더라도, 루터 자신은 결혼을 서두르려고 하지 않았다. 하지만 그는 자신의 도시로 피신해 온 수녀들에게 책임감을 느꼈으며, 그들 중 한 사람에게 빠져들게 되었다. 그러나 그가 행동을 개시하기 전에 아베 폰 쉰펠트는 도시의 약제사 조수와 결혼해 버렸다. WA Br 6:169; Kroker 1906, 47, 50-52.

카타리나와 루터의 결혼으로 이끈 시나리오를 둘러싸고 많은 억측이 난무했다. "루터가 남겨진 가련한 수녀를 헌신과 신념의 발로에서 구제했다."라는 견해부터, "야심찬 카타리나가 루터에게 밀고 들어가서 정략결혼을 했다."라는 견해까지 다양했다. 카타리나의 아름다움 혹은 아름답지 못함 역시 이 결혼을 설명하려는 시도들에서, 특별히 가톨릭 측의 논쟁적인 글들에서 관심의 주제가 되었다. Kroker 1906, 57-58; Beste 1843, 32-33 참조. 루터는 자신이 사랑 때문에 결혼한 것도 아니고 카타리나의 압도적인 아름다움에 반해 결혼한 것도 아니라고 분명하게 밝혔지만, 신부가 처음에 어떤 감정을 가졌는지 또 어떤 것들을 고려했는지에 대해서는 우리에게 알려진 바가 없다. 카타리나가 취할 수 있었던 다른 대안들로부터 우리는 얼마간 통찰력을 얻을 수 있다. 루터는 그녀에게 청혼한 첫 번째 사람이 아니었고, 카타리나가 처음 마음에 두었던 사람도 아니었다.

비텐베르크에서 카타리나는 처음에 라이헨바흐의 집, 멜란히톤의 집, 그리고 대부분은 화가이자 약사인 루카스 크라나흐(아버지)의 집에 머물면서, 가정 일을 돌보는 데 있어 중요한 것들을 배웠다. 그녀는 수녀원에서 자란 귀족 태생의 여성에게는 그다지 익숙하지 않았던 삶의 방식과 의무에 대해 배웠다. 그녀는 일상적으로 이루어지는 가사일에 참여해야 했다. 그녀는 루카스의 아내를 비롯해, 추방당한 덴마크의 왕 크리스티안 3세, 멜란히톤의 제자인 히에로니무스 바움가르트너, 그리고 멜란히톤의 친구 중 하나인 요아킴 카메라리우스와 같은 많은 사람들과 친구가 되었다.

대부분의 결혼이 중매로 이루어지던 시대에, 카타리나는 자기 마음에 따라 선택한 사람과 결혼할 수 있는 예외적인 기회를 누렸다. 그녀는 1523년 초엽에 공부를 위해 비텐베르크에 돌아와 있던 히에로니무스 바움가르트너(1498년 3월 9일 출생)를 만났고, 두 사람은 많은 소망을 품고 관계를 발전시켰다. 그렇지만 1523년 6월이 되자 이 남성 구애자는 고향으로 돌아가서 자신이 사랑하는 상대인 카타리나와 결혼하고자 하는 자신의 꿈을 굴복시키려는 가족들의 압력에 항복해 버렸다. 그의 가족들은 가난할 뿐 아니라 당시 기준으로 볼 때 신붓감으로는 혼기를 놓친 전직 수녀를 새로운 며느리로 맞을 의향이 전혀 없었다. 만약 그가 자신의 계획을 실행에 옮겼다면, 그것은 (이전에 실행에 옮긴 사람들이 있기는 하지만) 당시의 세속 법률과 종교적인 법률 모두를 어기는 행동이 되었을 것이다. 비텐베르크 핵심부에 있던 사람들에게서 나온 일화에 따르면 카타리나는 실연의 고통으로 앓아누웠다고 한다. 이때 루터가 직접 나섰다. 루터는 젊은 히에로니무스에게 1524년 10월자 편지에서 그를 향한 카타리나의 사랑이 여전하지만 만약 그가 카타리나와 결혼하지 않는다면 다른 사람이 그녀와 결혼하게 될 것이라고 말하였다. 이 문제에 대해 히에로니무스가 어떤 생각을 했는지 알려져 있지 않지만, 실상은 그가 더 젊고 부유한 다른 아가씨, 즉 "고위공직자" 베른하르트 디히텔의 딸인 시빌레 디히텔과 결혼했다는 것이다. 그래도 분명한 것은 그가 카타리나와 루터의 결혼식 이후인 1526년 1월 23일에 결혼하였다는 사실이다. 이 커플은 비록 먼 관계이기는 해도 따뜻한 관계를 유지했는데, 이는 서로 간에 주고받은 편지와 인사말에서 알 수 있다. 루터가 아내의 "옛 열정"에 대해 그녀를 가끔씩 놀렸다는 것은 카타리나가 결국에는 루터의 곁에서 자신의 상처를 이겨냈다는 것을 말해준다. Kroker 1906, 57-60; Luther to Hieronymus, WA Br 3:358, 5:641, 9:529.

"옛 열정" 이야기는 카타리나가 가련한 처지에 있었다거나 매력적이지 못한 사람이었다는 끈질긴 오해를 교정해 준다. (그녀가 1523년 10월에 처음 만난) 덴마크의 왕이 그녀에게 금반지를 주었다는 이야기(전해오는 다른 이야기에 따르면 이 반지가 그녀의 결혼반지로 사용되었다.)도 같은 역할을 한다. 카타리나는 결혼에 혈안이 된 그런 여성처럼 행동하지 않았다. 자신감이 있는 여성으로서 구애자를 거절할 만한 여유를 지니고 있었다. 그녀는 남자가 위로하려고 자신에게 청혼하는 것 또한 원하지 않았다. 루터는 그녀가 실연한 직후에 카타리나를 대학 학장이기도 했고 1524년 이래로 오를라뮌데의 목회자이기도 한 가스파르 글라츠 목사에게 중매하려고 몹시 노력하였다. 그는 열성을 내었지만 그녀는 그렇지 않았다. 이 청혼으로 인해 카타리나는 아주 유명한 말을 루터의 가까운 친구인 니콜라스 폰 암스도르프에게 내뱉게 되었다. 절망적인 상황에서 그에게 도움을 간청하던 카타리나는 글라츠나 다른 구애자들로부터 자신은 자유롭다고 선포하면서, 자신은 폰 암스도르프나 루터 이외의 다른 누구와도 결혼할 생각이 없다고 말하였던 것이다. 다른 말로 하면, 그녀는 선의를 지닌 이 남자들 스스로가 기꺼이 상대가 될 생각이 없다면 자신을 중매하려고 애쓰는 일은 그만두라고 말한 것이다! Kroker 1906, 53, 57-62;

Treu 1999c, 161, 21-29; Thoma 1900, 39-42 참조. (중매와 구혼에 관해서는 Treu 1995a, 21-29; WA Br 3:455).

이것이 카타리나가 루터를 "대단한 결혼상대"로 보았다는 뜻이 될 수 있는가? 만약 그렇다면 그것이 그녀에게 실현 가능한 소망처럼 여겨졌는가, 아니면 터무니없이 실현 가능성이 희박한 것으로 여겨졌는가? 카타리나에게 루터는 유일한 최상의 상대였는가, 아니면 가능한 최후의 선택이었는가? 그녀는 가능성 있는 자신의 진로로 뛰어난 개혁자의 아내 역할을 미리 생각해 본 적이 있는가? 폰 암스도르프는 명백히 독신주의자였으며 처음에는 카타리나의 각별한 친구가 아니었기 때문에, 카타리나는 자신이 분명하게 원하는 것을 얻었다. 1525년 초반이 될 때까지 자신의 결혼에 대해서는 한마디도 없던 루터는, 일찍이 아르굴라 폰 그룸바흐가 그에게 조언한 대로 이제 이 고집 센 여성과의 이야기에 보조를 맞출 준비가 되었다. 그 자신의 말에 따르면, 그는 도시에 남은 마지막 전직 수녀와 결혼함으로써 자신의 부모들은 기쁘게 하고 교황과 마귀는 화를 내도록 하고자 했다. 1525년 5월, 42살의 루터는 "그의" 카타리나에 대해 말하고, 봄에는 고향에 가서 부모의 축복을 구했으며, 손자를 볼 수 있게 된 부모들은 기뻐하였다. 혼인은 도중에 어딘가에서 이루어졌는데, 아마도 루터보다는 카타리나의 선택에 따랐을 가능성이 높다. Kroker 1906, 57-58, 67, 72:슈팔라틴에게 보내는 1525년 6월의 편지에서 루터는 이미 카타리나를 자신의 "주인 카타리나"라고 부르고 있었다. WA Br 3:900, 892, 911; WATr 2:2129; Lindberg 2000, 134, 138 참조.

1525년 6월 13일 화요일에 두 사람이 결혼서약을 하고 서로 결합하였을 때 처음에는 누구도 사랑에 대해 말하지 않았다. 오직 적은 수의 증인들만 아우구스티누스수도원에 모였는데, 크라나흐 부부, 법률가 요한 아펠, 유스투스 요나스, 그리고 결혼식을 집전한 비텐베르크 시 교회의 목사 요하네스 부겐하겐이 그들이다. 바르바라 크라나흐는 참석자 중 유일한 여성 하객이었다. 멜란히톤이 참석하지 않은 것은 놀라운 일이었으며, 루터는 자신의 글에서 이에 대해 어떤 언급도 하지 않았다. 친구들과 함께 저녁식사를 하였고, 그 다음날 아침에 카타리나는 자신의 새로운 영역인 아우구스티누스수도원에서 아침을 대접하였다. 비텐베르크 시의회는 와인을 선물로 보내왔다. 2주 후에 관례에 따라 교회까지 축복하는 의미의 행진을 한 다음에 비텐베르크대학 사람들과 큰 규모의 잔치가 열려 두 사람의 결합을 축하하였고, 더 많은 맥주와 와인이 선물로 들어왔다.

이 부부를 기꺼워하는 사람들과 아울러 이들의 결합을 순전히 수치스러운 일로(영적인 우주적 병리현상으로: Lindberg 2000, 134, 134-138.), 그리고 로테르담의 에라스무스가 예언한바 적그리스도의 출생과 같은 악운을 가져올 처방전쯤으로 간주하는 사람들도 있었다. 그러나 루터 부부는 자신들의 첫 아이가 출생하길 오히려 기대하였다! Brecht 1999, 198-199; Kroker 1906, 67-72; Beste 1843, 44-47 참조. 이들의 결혼을 둘러싼 스캔들은 확실히 신랑의 유명세로 인해 더 부추겨졌지만, 초창기 성직자들의 결혼을 향한 전반적인 부정적인 태도를 반영하는 것이기도 했다. 대중들이 목회자의 아내를 적법한 것으로 받아들이는 데에는 오랜 시간이 걸렸다. 이 여성들은 자신들의 결혼을 바라보는 렌즈 아래서 뜨거운 열기를 느꼈을 수 있으나, 관심의 초점은 그들의 됨됨이와는 아무런 관련이 없고 논쟁의 대상이 되고 있던 원칙과 더욱 관련 있었다. Mager 1999a, 122; Wahl 1999, 179 참조.

카타리나에게서 루터와의 결혼은 더 좋은, 그리고 더 나쁜 평판으로 한 걸음 나아가는 것, 그리고 사회적인 잣대로는 한 단계 내려가는 것을 의미하였다. 말하자면 세상의 눈들이 그들을 바라보고 있었고, 일부 "선정적인 매체"는 이들을 상처 입히고자 하였다. 예를 들어 요하네스 코클래우스, 히에로니무스 엠저, 시몬 램니우스, 그리고 요한 하젠베르크의 견해를 포함해, 16세기와 그 이후 루터의 결혼으로 야기한 논쟁들에 관해서는 Smith 1999, 754-758 참조. "우리가 살펴본 대로, 그 남편이 가진 신념의 살아 있는 상징으로서, 카타리나 루터는 일생 동안 많은 대중들의 조롱과 비방을 견뎠다. 그렇지만 결국 그녀의 옹호자들로 하여금 그녀의 일생을 깊이 들여다보도록 동기를 부여해 준 것이 바로 이 비방이다." Smith 1999, 758. 역사상 광포한 시기, 특별히 폭발하는 농민전쟁으로 인해 그러하던 때인데도 이들의 결혼생활은 흔들리지 않았으며, 아무리 두 사람의 결합이 이미 시작되었더라도, 결혼식은 온정적이고 애정이 깊은 결혼생활을 위한 기초였다. 루터가 자신의 "캐티"에게 보낸 편지들과 친구들에게 그녀에 관해 쓴 편지들은 카타리나가 그리고 결혼생활의 행복이 얼마나 빠르고 강력하게 자신을 사로잡았는지 말하고 있다. 그가 가장 사랑했던 "카리시마"(carissima: 선물)이자 "헤르츨리베"(Herzliebe: 사랑)는 그에게 다른 어떤 것보다 더 귀한 것이었다. WA Br 4:1032, 4:1043, 8:3253, 6:1908; Bainton 1971, 26; Thoma 1900, 186, 51-61.

루터가 아내에게 보낸 편지들(그 가운데 21통이 남아 있다.)은 두 사람의 사랑이 넘치는 결속력을 보여준다. 다른 근엄한 개혁자들과는 달리, 루터는 자신의 말과 편지에서 아내에 대한 애정을 거리낌없이 드러내 보였다. 루터는 카타리나를 "비텐베르크의 샛별"(Morgenstern von Wittenberg)이라고 불렀으며, WATr 2:650 Nr 2772. 자신이 가장 사랑한 신약성서인 갈라디아서를 "자신의 캐티 폰 보라"라고 불렀다. 그가 자신의 편지에 서명했듯이 이 "사랑에 빠진 늙은이"는 자신의 아내를 프랑스나 베네치아와도 바꾸지 않을 것이고, 자기 앞에 "여왕"을 데리고 온다고 해도 다른 아내를 취하는 일은 없을 것이라고 했다. WA Br 3:900, 4:1032, 8:3253, 3:428, 9:168, 11:276; Bainton 1971, 33, 26; Mühlhaupt 1986, 11-12; Kroker 1906, 273-274. 또한 1529년 10월 4일과 1546년 2월 14일 사이에 대부분 독일어로 루터가 카타리나에게 써 보낸 편지에 대해서는 Stolt 1999, Ihlenfeld 1964; Pearson 1983; Mügge 1999를 참조.

루터의 편지들은 두 사람 사이의 역동적인 관계와 카타리나의 성품에 대해서 귀중한 정보를 제공해 준다. 보다 정확하게 "주부"(Hausfrau)보다는 "집안의 안주인"(the lady of the house)으로 불린 카타리나는 루터로부터 몇 가지 명예로운 칭호를 얻었다. 성모 마리아, 박사, 심지어 설교자(적어도 1545년 7월에 한 차례)가 그것이다. 루터는 사실을 그대로 기술하여 그녀에게 술 만드는 사람, 정원사, 돼지 기르는 사람, 그리고 자신들의 농장을 언급해서 쵤스도르프의 여주인이라고 부르기도 하면서, 더욱이 "아내"와 "부인"이라는 일상적인 호칭을 사용할 때도 다정다감한 경의를 담았다. 루터의 "친구처럼 사랑스러운 주인"(Meiner freundlichen lieben Herrn)이자 "주부"는 그의 닻과 같은 존재였으며, 그가 안전하게 자기 자신, 자신의 아픔과 고통, 걱정과 즐거움을 드러낼 수 있는 친밀한 대화 상대였다. 유머와 다정다감한 사적인 이야기로 가득한 편지들에서 루터는 자신의 "가장 거룩한 여성 박사"(Allerheiligest Frau Doctorin)로 하여금 자신이 현재 연루되어 있는 신학적인 대화에 대해서, 그가 마신 맥주의 양과 질에 대해서, 그리고 배변활동에 대한 재미있는 소식에 대해서 다 알도록 했다. 그는 아이들 챙기는 일을 기억했고, 자신이 관심을 가지고 있다는 것을 보이기 위해, 카타리나에게 이런저런 집안일을 상기시키는 것("포도주를 돌리고 오디를 따는 것을 기억하시오." 등)도 잊지 않았으며, 아이들에게 젖을 먹이고 젖을 떼는 일에 대해서 마치 카타리나가 첫째 아이 때 이미 그런 일을 다 치러내지 않기라도 한 양 사랑스러운 충고를 하는 일도 빠뜨리지 않았다. WA Br 11:4203, LW 322, Pearson 1983, 289에 인용. 루터는 남편의 건강과 안전에 대해 ("마르틴 박사가 납치되었다는 루머가 이곳에 돌고 있소."와 같은 괴롭히는 말들 때문에 Pearson 1983, 290에 인용된 WA 11:4207, LW 324) 계속 염려하는 카타리나를 점잖게 타일렀으며, "당신이 걱정하는 일을 멈추지 않아 우리가 땅 속으로 삼켜질까 두렵소. 이것이 당신이 요리문답에서 배운 것이요?…기도하고 그리고 하나님으로 하여금 걱정하도록 하시오!"라고 그녀에게 권고하였다. 그는 아내에게 성서와 요리문답을 읽는 일의 중요성도 상기시켰다. WA 5:1582, LW 211, Pearson 1983, 288에 인용.

Pearson 1983, 286-290; Stolt 1999, 28-31 참조.

편지들은 우리에게 두 사람의 친밀한 관계, 함께 나눈 관심사, 그리고 계속적인 대화를 들여다 보게 하는 창을 제공해 준다. 예를 들어 그는 아내를 추켜세우기를 좋아했는데, 아내가 베푸는 사랑에 감사했기 때문이다. (그의 추켜세움은 1534년 7월 29일 데사우에서 카타리나에게 보낸 편지에 명백하게 나타난다. WA Br 7 no. 2130, Karant-Nunn and Wiesner-Hanks 2003, 18에 번역되어 있다. "어제 나는 좋지 않은 맥주를 마시고 노래를 해야 했소. 내가 잘 마시지 못할 때는 유감이오. 즐기려고 했는데 말이오. 그리고 나는 우리 집에 얼마나 좋은 포도주와 맥주가 있고, 게다가 아름다운 아내, 아니 내 주인이 있는가 하고 생각했소." 그는 마치 항상 그녀가 걱정하고 있는 자신의 부재에 대해 카타리나의 마음을 조금이라도 편하게 만들어 줄 양으로 자신에게 급히 맥주 한 통을 보내달라고 청하였다.) 그의 편지들은 또한 그들이 공유하고 있는 관점, 좋아하는 것과 싫어하는 것에 대해서도 드러내 준다. 예를 들어 이 부부는 유대인에 대해, 현대의 독자들에게는 적어도 문제가 있다고 여겨지는 태도를 보여주었는데, 이것은 아이슬레벤에서 보낸 1545년의 편지에 분명하게 나타나 있다. February 1, 1545; WA Br 11 no. 4195, pp. 275-276. Karant-Nunn and Wiesner-Hanks 2003, 193에 번역되어 있다. "내 사랑하는 아내, 카타리나 루터, 박사님, 쵤스도르프의 거주민, 그리고 뭐라고 불릴 수 있든 간에 그녀에게 그리스도 안에서 은혜와 평강이, 그리고 나의 오랜 보잘 것없는 사랑이, 그리고 당신이 아시다시피 허약한⋯그렇지만 만약 당신이 여기에 있었다면 당신은 그것이 유대인들의 잘못 혹은 그들의 신의 잘못이라고 말하였을 것입니다⋯." 그리고 그는 마차를 타고 50명의 유대인들이 살고 있는 마을을 지나갈 때 자신이 어떻게 아프게 되었는지, 바람이 자신의 머리를 스치고 마차로 불어와 머리를 얼음처럼 차갑게 만들고 현기증을 느끼며 자신이 어떤 느낌을 받았는지를 기술하였다. 유대인들이 자신을 아프게 만들었다는 암시를 하면서, 그는 자신의 아내 또

한 이 특정한 유대인들을 향해 화를 내도록 만들었다. 그는 "주된 이슈
가 해결되면, 나는 유대인들을 내쫓는 데 힘을 쏟아야 할 것입니다. 알브
레히트 백작은 그들에 대해 적의를 품고 있으며 이미 그들을 포기하였습
니다."라고 말하며 이 이야기를 끝맺었다. 명백히 이것은 두 사람 사이에
일치된 관심의 영역이었다. (루터는 쉬지 않고 음료와 육체의 문제에 대한 논
의를 계속했다. "나는 나움부르거 맥주를 마시고 있습니다.…그것은 나를 매
우 즐겁게 해주고 아침에 아마도 세 시간에 세 번 화장실에 가게 해줄 것입니
다….") 우리는 카타리나가 루터에게 보낸 편지를 갖고 있지 않지만, 루터
의 서신교류는 그녀가 매우 바쁜 일상 중에서도 그에게 편지를 쓸 시간
을 내었다는 것을 알려주고 있다.

카타리나는 아이들로 가득 찬 집안을 꾸린 어머니였다. 그녀가 낳은
6명의 아이들과 6-7명의 조카, 그리고 4명의 고아와 더불어 카타리나
의 지붕 아래로 많은 사람들이 들어왔다. 아이들은 앞다투어 태어났다.
1526년과 1534년 사이에 루터 부인은 여섯 번의 임신과 출산을 겪었다.
요하네스("한스")는 1526년 6월 7일 태어났으며, 전직 수녀의 자궁에서 기
형으로 태어날 것이라는 예상과는 반대로 정상적인 아이로 태어나 기쁨
이 되었다. 한스는 루터의 편지에 뛰어난 아이로 그려지는데, 그의 아버
지에 필적하려고 애쓰는 부담을 안았다. 엘리자베스는 18개월 뒤인 1527
년 12월에 태어났고, 막달레나는 1529년 5월 4일, 마르틴은 1531년 11월 9
일(혹은 11월 7일), 그리고 파울은 1533년 1월 29일(파울은 카타리나가 아직
젖을 먹이고 있을 때 잉태되었는데, 그 어머니의 생일날 혹은 그보다 하루 빠
른 1월 28일 태어났다.), 마지막으로 마르가레테(이후 루터 자손의 어머니)
는 1534년 12월 17일에 태어났다. 루터가 멜란히톤에게 썼듯이, 1540년에
는 힘겨운 유산으로 인해 카타리나가 거의 죽을 뻔했다. Treu 1999c, 163; WA
Br 9:70.35; WATr 4:4885; 5:5407; WA Br 9:68. 카타리나의 영적이고 정신적인 끈
기는 육체적인 강인함과 동일한 것이었다. 이에 대한 루터의 과장된 증

언은 막달레나를 낳고 이틀 후에 카타리나가 "아이를 가진 적도 없었던 것처럼" 말짱했다고 그가 놀라움을 표현한 데에서 들을 수 있다. WA Br 5:1417; Bainton 1971, 36, 34-37. 루터의 자녀에 대해서 더 알고 싶으면 Mehlhorn 1917, 11-13; Kroker 1906, 122-162; Treu 1999b, 15-20; Thoma 1900, 61-72 참조.

아이들은 기쁨과 슬픔을 가져다 주었다. 엘리자베스는 태어난 지 8달도 채 되지 않은 1528년 8월 3일에 죽었다. 더 큰 충격이 된 것은 첫째딸 막달레나("렌헨")가 1542년 10월 20일 13살의 나이로 죽은 것이다. 이러한 비극은 이들의 신앙을 시험하였으며, 종국에는 이들로 하여금 영적인 위기를 이겨내게 해주었다. Ozment 1993, 167-168. 아버지로서의 슬픔이 그의 편지에 나타나 있는데, 그 어머니의 고통도 드러나 있다.

> 아내와 나는 이와 같은 행복한 죽음과 축복된 마지막에 대해 기쁨으로 감사해야만 합니다. 이를 통해 막달레나는 육체의 권세, 세상, 투르크족, 사탄으로부터 벗어났기 때문입니다. 그러나 우리의 자연적인 사랑이 너무나 커서 우리는 가슴으로 흐느끼고 탄식하지 않고는, 아니 우리 스스로가 죽음을 겪기라도 한 것처럼 하지 않고서는 이 일을 견딜 수가 없습니다. … 그리스도의 죽음조차도 … 이것을 전부 덜어주지는 못합니다.
> WA Br 10:3794, LW 299, Pearson 1983, 292에 인용됨.

일찍이 엘리자베스 때문에 탄식할 때 그는 "이 아이에 대한 슬픔이 저를 너무 압도해, 놀랍게도 제 심장은 크게 상처를 입어 거의 여자 같은 심장이 되었습니다. … 전에는 아버지의 가슴이 자녀를 향해 이다지도 여린 마음이 될 수 있다는 것을 몰랐습니다."라고 울부짖었다. WA Br 4:1303, LW 185, Pearson 1983, 29에 인용됨. 『탁상담화』는 "루터의 아내가 너무 슬퍼하고 울부짖어, 그가 그녀에게 '사랑하는 캐티, 그 애가 어디로 가는지 생각해 봐요! 그 애는 좋은 곳으로 가는 것이오!'라고 말하였다."라고 전해주고 있다. WATr 5 no. 5490, Karant-Nunn and Wiesner-Hanks 2003, 198-199에 번역. 루터는 그 자신과 아내를 위로할 말을 찾으려고 애쓰고 있었던 것 같다. 아이들을 잃고 난 후, 카타리나는 확실히 "아이들을 집에 붙들어 두기 위해 모든 것을 다하려고" 했다. Treu 1999c, 164. (자녀들에 대해서는 Thoma 1900, 134-136; Bainton 1971, 34, 36, 37; Treu 1999c, 163-165; Luther's words, WA Br 4:1303; 10:146-149, 156; WATr 5:5459-502; Lindberg 2000, 138 참조.)

카타리나의 많은 친구들은 비슷한 비극을 겪었으며, 여러 번 힘겨운 임신과 유산을 경험하였다. 아픈 아이들을 키우고, 돌보고, 어려서 죽은 아이들을 묻는 일은 여성들이 가임기에 빈번하게 임신을 하는 것과 마찬가지로 그들의 삶에서 일상적으로 일어나는 일이었다. 카타리나와 다른 개혁자들의 아내들, 카타리나 멜란히톤, 발부르가 부겐하겐, 그리고 카타리나 요나스는 거의 모든 가족에게 영향을 미치는 이런 비극이 일어날 때 서로 힘을 북돋아 주었다. 루터 부부와 주기적으로 함께 지낸 부겐하겐의 아내와 카타리나는 특별히 돈독한 우정을 쌓았다. 한번은 두 여성이 거의 같은 시기에 아이를 가져 출산을 하기도 하였다. Kroker 1906, 121, 195-219; Nielsen 1999, 147.

카타리나는 대체로 가장 저명한 목사관 중 하나인 루터 집안을 실제로 끌고나가는 역할을 한 사람으로서 기억되어 왔다. 카타리나의 남편의 책무는 일반적인 목회자의 그것과는 달랐기 때문에 그녀의 집은 "단지" 목사관이라기보다는 더 정확히 말해 교수의 집이었다. 루터 부부는 자신들의 집을 스스로 목사관이라고 생각했으며, 다른 비슷한 기관을 위한 하나의 모범을 만들었다. 그들의 집과 이에 필적하는 다른 개혁자들의 집은 하나의 근거지이자 모델이 되어 다른 가정에서도 복음적인 신앙이 육성될 수 있게 했으며, 개혁자의 아내들은 자신을 위해, 그리고 자신의 사명을 위해 독특한 장소를 만들어낼 필요가 있었다. 카타리나와 결부된 모든 칭호와 직무 가운데 그녀는 개혁자의 아내 동역자로 불리는 게

가장 적절할 것이다. 이 "직무"에 대해서는 새로운 연구인 Nielsen 1999a; Nager 1999;

Janowski 1984; Oehmig 1999 참조.

개혁자의 아내로서 역할을 하면서 카타리나는 일반적인 아내, 그리고

특별히 목회자와 교수의 아내로서의 신학적 소명의 모본을 만들었다. 이

런 새로운 목사 아내의 직무는 프로테스탄트 여성들에게만 별도로 있

는 것이었다. 만인사제설의 맥락에서 이해할 때 이 소명은 다양한 차원

을 지니고 있었는데, 특히 실천적인 신학과 돌봄의 목회의 영역에서 그러

하였다. 카타리나가 가진 소명의 한 차원은 어머니이자 아내가 되는 것

이었다. 이 소명은 프로테스탄트 여성들에게 최고의, 그리고 가장 선호하

는 소명이었다. 이 소명은 그녀의 남편이 분명하게 밝혔듯이, 신학적이고

성서적인 근거를 지니고 있다. 카타리나의 경우에 이 소명의 보다 공적인

차원은 자신들의 목사관과 "아카데미 하우스"(domus academus)를 돌보

는 역할이었다. 목회자/교수의 아내로서 카타리나는 자신의 (생물학적 그

리고 확장된) 가족, 친구, 그리고 끊임없이 몰려드는 방문자, 다시 말해 그

녀의 "회중들"을 먹이고, 돌보고, 입히고, 사랑하고, 교육하고, 훈육함으로

써 그들을 보살피고 "가르쳤"다. "어려움에 처해 있는 배우자"를 돕기 위

한 카타리나의 헌신의 한 부분으로, 그녀는 많은 일상의 허드렛일을 감

당하였으며, 그럼으로써 루터로 하여금 그 자신이 해야 할 일을 할 수 있

도록 해주었다. 이러한 집안일을 감당함으로써 루터의 사역과 교회의 안

녕에 그녀가 참여한 것은 매우 중요한 일이었으며, 특히나 목사관이 프

로테스탄트 목회를 위한 요람의 역할을 할 수 있도록 그 일상을 꾸리는

일을 책임짐으로써 비슷하게 남편을 도왔던 다른 목회자들의 아내들에

게 모범이 되었다. 그곳에서 다양하고 구체적인 방식으로 프로테스탄트

아내들은 더 넓은 범위의 교회의 사역에 이바지하였다. Nielsen 1999, 128,

147-148; Gause 1999, 75, 91 참조.

마르틴 루터의 아내, 그 자녀들의 어머니, 그리고 아우구스티누스수

도원의 운영자, 혹은 루터가 칭했듯이 "신학자"이자 "박사", "내 사랑하는 아내 카타리나 폰 보라, 설교자, 술 만드는 사람, 정원사, 그리고 그녀를 칭할 수 있는 어떤 것이든" 그녀는 루터의 집안에 체계를 세웠다. WA Br 11:4139, 4203, 9:3519; WA Br 9:168, 518-519; 11:149; Gause 1999, 75. 카타리나는 생계를 꾸리고, 사람들로 가득한 집안을 돌보고, 신학생들을 위한 기숙학교와 방문자들을 위한 숙소, 남편을 중심으로 신학적인 대화를 하기 위한 심포지엄을 관리함으로써, 그리고 때로는 자신의 집을 구빈원으로 전환시키고, 피난민들을 받아들여 음식과 잠자리를 제공하고, 모든 비용을 충당할 돈을 마련함으로써 루터의 가르치는 사역의 동역자가 되었다. 또한 그녀는 맛있는 맥주를 만들었다. 카타리나는 일상생활의 여러 영역에서, 여성의 가정적인 소명에 대한 남편의 가르침과 화합하면서, 목회자의 아내이자 교수의 아내로서 무엇을 열망해야 하는지, 또 무엇을 열망해서는 안 되는지에 대한 (야심차고) 다차원적인 모범을 제시하였다. 카타리나의 남편은 실천적인 일들에 있어서 그녀의 지혜를 알아차렸고, 그래서 이런 영역에서 그녀의 지도력을 환영하였다. 하지만 그는 집 바깥의 일에 그녀를 불러들이지는 않았다. 비록 그가 장난스럽게 그리고 다감하게 그녀를 박사, 설교자, 그리고 주인이라고 부르기는 했지만, 카타리나는 가정 밖에서 신학자나 말씀 선포자로 어떠한 권위도 행사하지 않았다. 루터도 자신의 아내가 그런 활동을 하는 것을 권하지 않았다. Stolt 1999, 25-26; Oehmig 1999, 97-108, 114-116 참조.

루터는 자신의 아내가 신학적인 논쟁에 대해 어떤 공개적인 목소리를 내거나 설교하는 일을 감당하도록 돕기 위해, 자신이 다른 여성들에게 했던 것 이상의 어떠한 움직임을 보이지 않았으며, 그녀도 그런 역할을 하려고 했던 것 같지 않다. Treu 1999a, 18. 이 시점에서 여성의 무능력에 대한 논쟁이나 여성의 공개적인 가르침을 금하는 성서적인 금지에 대한 논의는 제쳐두고, 루터는 당시의 실질적인 권력구조와 의사결정구조에 여성들의 접근이 제한된 상황에서 여성을 교회 정치(그리고 신학적인 논쟁과 정치적인 영역 전반)에서 배제시키는 것은 논리적으로 필연적인 것이라고 본 듯하다. 그러면서도 루터는 여성이 그 성별로 인해서 신학자가 "되거나" 신학적으로 생각할 수 없다고 말하지는 않았다. 그는 아르굴라 폰 그룸바흐와 같이 신학자로 등장한 여성들을 진정으로 존중하였다. 루터가 자신의 아내가 집 밖에서 신학적인 목소리를 내는 것을 분명히 권하지 않았다고 해서, 그리고 카타리나가 교회 정치나 공개적인 신학 논쟁에 뛰어들 권리를 찾으려고 하지 않았다고 해서, 그녀가 신학적인 사고를 할 역량이 없었다고 생각할 이유는 아무것도 없다. 카타리나의 저녁 식탁은 별개의 문제였다!

스트라스부르 출신의 저명한 목회자이자 개혁자의 아내인 카타리나 쉬츠 젤과는 달리, 그리고 자신의 영향력과 인간관계와는 상관없이 카타리나 폰 보라 루터는 그 길을 걷지 않았다. 아마도 그녀는 그것이 자신이 공헌할 수 있는 우선적인 영역이 아니라고 보았거나, 어쩌면 자신의 식탁에서 그녀가 정례적으로 신학적인 담론을 충분히 나누고 있었는지도 모르겠다. 그녀는 논문은 쓰지 않고 편지를 썼으며, 그중 8통이 남아 있는데 모두가 실질적인 이슈를 다루고 있다. 거기서 카타리나의 명백한 신학적인 활동이나 관심사의 증거를 찾을 수는 없다. 그녀는 결혼한 가정주부에 대한 루터의 사상 범위 안에서 자신의 "신학적인 실존"을 경험하였다. Treu 1999b, 17-20. 카타리나의 입장에서 보면, 그녀는 믿을 수 없을 정도로 바빠서 가만히 앉아 숙고하고 글을 쓸 만한 한가한 시간이 없었던 것도 분명한 사실이다. 그리고 그녀가 가장 관심을 두었던 것은 신앙대로 "살아내는" 것이었지 그에 대해 글로 쓰는 것이 아니었던 것 같다. 올림피아 모라타처럼 학문 쪽으로 기울던 여성들과는 달리, 그녀는 자신의 우선권을 학문에 두지 않았고, 어쨌든 수녀원을 떠난 이후에는 그러하였다. 루터는 그녀가 성서를 읽는다고 하면 50굴덴의 돈을 상으로 주겠다고 장난스럽게 말하였다. 그녀는 자신은 이미 충분히 읽었고, 지금은 그 것을 살아내고 싶다고 말했는데, 이 대답은 우리에게 카타리나가 자신의 시간을 사용하는 데 있어 어디에 우선권을 두었는지에 대해 많은 것을 시사해 준다. WA Br 7:317, 322; Treu 1999b, 18.

카타리나의 관심사가 무엇이었든지 상관없이, 그녀의 남편은 자기 자신의 결혼생활에 남성 중심적인 이분법적 인간관을 적용시키면서, 그녀를 "정신"보다는 "물질"과 관련시켰다. 이 인간관에서 남성은 영적인 것과 또 이성적인 것과 연관되고, 여성은 물질적인 것과 연관된다. 가정의 일에서는 자신이 아내의 지배를 받지만, 성서와 지식의 문제에서는 성령의 지배를 받는다는 그의 신랄한 표현은 결혼생활에서 카타리나의 권위에 대한 긍정적인 암시로 해석될 수도 있지만, 또한 자신의 아내를 성령과 나란히 놓는 무례한 일로 해석될 수도 있다. 그녀가 아무리 성서를 많이 읽었더라도 성령의 영역은 카타리나의 영역이 아니었다. 카타리나 자신은 삶의 영적인 차원과 물질적인 차원을 구별한 것 같지 않다. 실천이 카타리나의 책무의 영역으로서 그녀와 관련이 있었고, 그 안에서 그녀는 자신의 영성을 살아내었다. Treu 1999b, 16, 18-19.

카타리나 자신의 관심사와는 상관없이 우리가 그녀에게서(혹은 다른 목회자의 아내들에게서) 너무 많은 신학적인 연관성을 기대해서는 안 된다. 그녀도 교회 안에서 여성들의 본분과 관련한 일반적인 기대치를 부여받고 있었다. 자녀를 둔 어머니는 특별히 자녀를 양육하는 거룩한 임무에 사로잡혀 있게 된다. 모든 여성은 남성 목회자의 가르침을 받아야 했다. 공공연한 신학의 무대에서 여성들을 배제시키는 것은 모든 계급의 모든 여성에게 적용되었다. 오직 특별한 야망, 유리한 환경, 그리고 지지해 주는 남편을 둔(그리고 전형적으로 자녀가 없는) 여성만이 시도라도 할 수 있었으며, 몇몇 여성은 그렇게 했다. 이것은 카타리나와 그녀와 비슷한 여성들의 공헌을, "글을 쓰는" 여성들의 그것에 비해 낮잡아보는 것이 아니다. 다른 어머니들이 감당한 일들과 마찬가지로 카타리나의 일은 신학적으로 중요했으며, 그것은 루터의 아내로서, 그리고 프로테스탄트 신자로서 새로운 신학대로 살아내는 그녀의 역할이었다. 만약 루터 부부가 자신들의 삶을 바꾸어 놓은 복음 선포와 더불어 그것을 실천하는 삶을 살아내지 않았더라면, 그들 부부의 신학이 누군가에게 어떤 유익이라도 끼칠 수 있었겠는가? Nielsen 1999, 129; Mager 1999a, 122.

버려진 아우구스티누스파 수도원을 카타리나가 손을 보고 수리해서 만든(예를 들어 우물을 파고 새로운 출입문을 설치했다.) "검은 수도원"은 그녀의 신학교이자 교회였다. 그곳에서 그녀는 정기적으로 40개의 방을 채운 큰 규모의 "회중"을 "관리했으며" 통상적으로 30-40명의 식사를 대접하고 종종 120명이나 되는 사람들을 위해 연회를 베풀었다. 루터 부부의 집은 인기 있는 회합의 장이자 파티를 위한 장소였다.(명백히 멜란히톤 부부만이 다른 사람들에게 공을 들이는 것으로 루터 부부보다 더 유명하였다.) 이들의 모범을 따라 목사관은 프로테스탄트 문화에서 모임, 여흥, 대화, 그리고 영성 형성을 위한 장소로서 초석이 되었다. Wahl 1999; Nielsen 1999, 147; Thomas 1900 Thoma 1900, 126, 154-173; Oehmig 1999, 97-116; Janowski 1984, 83-107 참조.

카타리나는 자신의 힘과 몇몇 고용된 사람들의 힘으로 재정적인 창조성을 발휘해 대체로 그곳이 자체 유지되도록 가계를 꾸려나갔다. 그러기 위해 그녀는 채소와 과일을 키우면서 과수원을 가꾸었고(사과, 복숭아, 체리, 배, 견과류, 포도, 오디, 그리고 무화과를 수확), 가축(돼지, 소, 송아지, 닭, 비둘기, 거위, 그리고 사랑스러운 개)을 키웠으며, 식물을 심고, 고기를 잡고, 빵을 굽고, 버터와 치즈를 만들고, (허가를 받아) 맥주를 양조하였다. 더 나아가 그녀는 토지를 구매해 재산을 늘렸다. 귀족으로서 카타리나는 땅의 가치를 알았으며 자신들의 재정적인 근심에 대한 장기적인 해결책을 거기서 찾고자 했다. 그녀는 눈물로 루터를 설득시켜 두 개의 농장과 두 개의 과수원을 손에 넣었다. 그녀가 아끼는 것은 폰 보라 친척들에게서 구입한(다른 소통은 결여한 흥미로운 상호작용) 췰스도르프(비텐베르크에서 마차로 이틀은 걸리는 거리)의 가족 농장이었다. 그녀에게서 루터 자신을 돌볼 시간을 빼앗아간다는 강박관념 때문에, 루터는 종종 "췰스도르프의 부유한 여성, 박사 카타리나 루터, 몸은 비텐베르크에, 정신은 췰스도르프에 두고 살고 있네, 나의 사랑"이라고 놀렸다. Letter 1540; WA Br 10:3519, p.205; Karant-Nunn and Wiesner-Hanks 2003, 192에 번역; Bainton 1971, 33. Treu 1999c, 168-169; Thoma 1900, 84-85 참조.

　카타리나는 다른 1세대 목사들의 아내들과 마찬가지로 권위의 영역과 의무의 구분이라는 도전에 직면하였다. 종교개혁자들의 성서해석에 따르면, 그리고 "오이코노미아"(oeconomia: 가정살림)와 "폴리테이아"(politeia: 정치) 사이에서 의무를 구분한 고대의 구분에 따르면, 여성들은 실질적인 필요성에 따라 가정을 돌보고, 남성 지도자의 권위에, 즉 남편(혹은 아버지)의 법적인 권위와 남성 목회자의 영적인 권위에 복종하도록 요청되었다. 카타리나는 주도권을 지니고 있고, 할 말을 참지 않는 주도적이고 다루기 어려운 여성으로 여겨졌다. 공정하게 말해, 자신의 목소리는 하나도 내지 않은 채 잘 드러나지도 않고 굴종적이고 순종적인 아내의 역할만 하라는 요청에 순응하지 못하는 어떤 여성이라도 당시의 여성에 대한 성차별적인 관념 아래서는 비난을 면키 어려웠을 것이다. 그녀에 대한 비판자들 역시 귀족의 딸이자 전직 수녀라는 카타리나의 훈련된 자의식(과 계급의식)을 알아차리는 데 실패했던 것 같다. Ranft 1999, 72, 60-62, passim. 드물게 공적인 카타리나의 역할로 인해, 가정에서 "여주인" 루터의 자율성과 주도자로서의 신분은 그녀 당대에도 이미 특별한 관심의 대상이었다. 루터는 설교하고 "세상에서" 목회를 행하는 데에서는 그녀를 자신의 파트너로 여기지 않았지만, 그럼에도 다른 점에서는 그녀를 파트너이자 "그리스도 안에서" 동등한 존재로 여겼다. 특별히 그는 카타리나의 어머니로서의 소명을 사도들과 주교들의 그것과 동등한 것으로 여기고 그 진가를 높이 평가하였다. 두 사람의 관계에 대해 알려진 모든 것에 비추어볼 때, 비록 그 책무에 대해서는 전통적인 구분을 따르기는 했지만, 그것은 드물게 평등하고 서로를 존중하는 그런 관계였다. 카타리나는 루터의 삶에서 성령 바로 다음으로 영향력을 행사하였다!

남편에 대한 카타리나의 존경과 사랑은 그녀가 그를 일관되게 "박사님" 그리고 "당신"이라고 공식적으로, 심지어는 공손하게 부른 데서 찾아볼 수 있다. 이것은 루터가 보다 가볍게 비공식적인 "너"라는 호칭과 그녀에게 사용한 다양한 애칭과 "선생님"이나 "여박사님" 그리고 "지극히 거룩한 분" 같은 억지스러운 호칭을 보완해 준다. 두 사람의 관계의 동력이 잘 작동했고 어느 쪽도 억눌린 것 같지 않아서, 개성이 강한 두 사람은 해를 거듭할수록 성숙하고, 존중하며, 온정적인 사랑 안에서 결합했던 것 같다. Stolt 1999, 23-28; Thoma 1900, 153, 171-194; Lindberg 2000, 138, 141, 142 참조.

루터처럼 신경 쓸 일이 많은 배우자와 결혼하면서, 카타리나는 솔선수범하고 준비하고 단련을 받아야 했다. 그녀는 루터를 위해 많은 일을 해야 했으며, 특별히 돈 문제에 관해 사전 대책을 강구해야 했다. (혹은 루터에게 "안 돼"라고 말하는 법을 가르쳐야 했다.) Bainton 1971, 32-33. 예를 들어 루터는 카타리나가 그에게 확인시키기 전까지는 자신의 책들에 대한 사례금을 모으는 일에 익숙하지 않았다. 그녀는 (다른 목회자들의 아내들과 마찬가지로) 고정된 급료가 없는 가운데서 가족을 위한 수입을 확보하기 위해 기적을 행해야 했다. Wahl 1999, 179; Treu 1999c, 166, 169 참조. 루터는 아내의 지도력과 자율성, 그리고 효율적이고 전반적인 "보살핌"으로부터 큰 도움을 받았다. (루터가 모든 면에서 카타리나에게 의존했다는 것을 보여주는 한 예로서, 그는 그녀에게 아이들에게 줄 기념품을 자기 대신 찾아보라고 요청하였다. "일 년에 한 번 열리는 장이 섰는데도 나는 이 도시에서 아이들에게 줄 적절한 선물을 찾을 수가 없소. 나를 위해 아이들에게 줄 뭔가를 집에서 찾을 수 있는지 보시오.") WA Br 6:1908; Bainton 1971, 39. 그녀는 또한 지속적인 근심거리였던 루터의 많은 질병을 보살폈으며, 식사와 치료효과가 있는 조제약을 마련하였다. 루터가 죽기 일주일 전 카타리나에게 보낸 마지막에서 두 번째 편지에서 그는 그녀에게 돌멩이 하나가 거의 자신의 머리에 떨어졌는데 천사들이 어떻게 자신을 보호해 주었는지에 대해 말했다. 그는 또한 만약 카타리나가 걱정을 멈추지 않는다면 "땅이 우리를 집어삼킬 것"이라고 말하였다. 이 편지에는 전형적으로 "거룩한 당신의 기꺼운 종, 마르틴 루터"라는 말로 서명이 되어 있다. WA Br 11:4203 LW 322, Pearson 1983, 288에 인용; Ihlenfeld 1964, 133-134.

카타리나의 소명은 전(全)시간제 사역이었다. 카타리나의 역할 가운데 상대적으로 덜 알려진 부분은 그녀가 유명한 탁상담화에 참여한 것이었다. 그녀는 자신의 집에서 이루어지던 탁상담화에 참여할 수 있을 정도로 (수녀원생활로 인해) 라틴어와 성서에 대해 잘 알고 있었다. 카타리나의 식탁에서 식사한 사람들 중 그런 행동이 여성에게 부적절하다고 생각한 몇몇 사람에게 이 일은 곤혹스러운 일이었을 것이다. 루터는 그녀로 하여금 침묵을 지키게 하려고 아무런 실제적인 노력도 하지 않았으며, 오히려 정반대였다. 카타리나는 탁상담화에서 자신의 목소리를 내었다. (예를 들어 한때 그녀는 하나님께서 아브라함이 그 아들을 희생 제물로 바치기를 정말로 원하셨는지에 대해 루터와 논쟁을 벌였다. 그녀는 또한 일부다처제에 관해 그와 의견을 교환하기도 하였다.) (아르굴라 폰 그룸바흐와 카타리나 쉬츠 젤과 같이 왕성한 집필활동을 한 것으로 알려져 있는 당대의 프로테스탄트 여성들과 부적절하게 또 노골적으로 비교하면서 Thoma 1900, 191-192, 138-154.) 그녀를 특별히 학식이 뛰어나지는 않은 경건한 독일 주부로 묘사하는 것은 적절하지 않으며, 신학적인 사안들에 있어 카타리나의 교양의 정도는 루터와 다른 개혁자들과 더불어 "집안에서" 배우는 동안 좀 더 성숙되었다고 생각하는 것이 보다 적절하다. 게다가 그녀는 언변이 유창하고 언어를 잘 다루었기 때문에, 한번은 루터가 자신의 영국인 손님인 로버트 반즈에게 자신의 아내가 좋은 독일어 선생이 되어줄 수 있을 것이라고 말할 정도였다. Treu 1999c, 172; Bainton 1971, 37-38; WATr 4:4860, 5:5659, 1:1033, 2:2754b, 2:1461 참조. 루터는 그녀에게 대부분 독일어로, 라틴어도 약간 섞어서 글을 써 보냈으며, 아마도 좀 더 복잡한 라틴어는 그녀를 위해 번역해야 할 것이라고 가정했던 것 같다. 이것으로 미루어 우리는 카타리나의 라틴어 읽는 수준을 짐작할 수 있다. 그녀가 정확하게 어떤 수준의 교육을 받았는지에 대해서는 아직 분명하지 않은 점이 있다. 결혼생활로 옮겨간 다른 많은 수녀원 출신 여성들의 경우와 마찬가지로 그녀가 쌓은 지식과 지혜는 아이를 기르고 가사를 돌보면서 대부분 퇴색되어 버렸다. Mager 1999a, 122; Treu 1999a, 19; Stolt 1999, 26, 83; Kroker 1906, 275-277.

카타리나와 동시대인들은 루터에 대한 그녀의 영향력에 대해 알고 있었고 또 그것을 몹시 싫어하였다. 어떤 사람들은 그녀가 집을 통솔하는 것과 같은 수준으로 이 개혁자를 "좌지우지"한다고 염려하였다. 이런 점에서 카타리나의 인성에 대한 묘사는 그녀 당대의 것이든 사후의 것이든 모두 서로 충돌하며, 그녀를 잘 묘사하고 있다고는 할 수 없다. 한편으로 그녀는 자존심이 세고, 의지가 강하고, 거침없이 말하고, 지나치게 검약한 주부의 모습으로 묘사되고, 다른 한편으로는 씩씩하고, 활발하고, 힘이 넘치고, 매력과 재치와 지혜, 그리고 건전한 자기 확신을 지닌 유쾌한 사람으로 기억되어 왔다. 당대의 여성을 평가하는 전형적인 틀로 인해 카타리나의 외모는 부정적인 평가를 받았고, 그녀의 자기 확신은 유순함의 결여로 비판적으로 적대시되었다. 이것은 놀라운 일이 아니다. 학식이 있고 교양 있는 여성들에게서 나타나기 쉬운 자기 확신이 어떻게든 드러나면, 이에 대해 사람들은 여성의 거만함이라며 싫어하고 꺼렸다. 더욱이 그녀가 루터와 맺고 있는 긴밀한 결속력과 강한 성품은 그녀가 루터를 지배하지 않을까 걱정하는 사람들과 관련이 있었다.

그렇지만 우리가 카타리나에 대해 알고 있는 것은 대부분 루터의 저작들로부터 알게 된 것, 즉 그의 시각을 통해 본 그녀의 모습이다. 1546년 2월 18일 루터가 죽고 난 이후 1552년 12월 20일에 카타리나가 죽기까지 그녀의 말년이 여러 종류의 어려움으로 곤란했다는 것 외에는 그녀에 대해 거의 알려진 바가 없다. 이 비탄에 잠긴 부인이 크리스티나에게 보낸 편지는 그녀에 대한 일면을 엿볼 수 있는 중요한 자료이다.

우리 주 예수 그리스도의 아버지이신 하나님의 은혜와 평화가 내 사랑하는 자매에게 임하기를 기도합니다. 당신이 나와 가련한 내 아이들을 진심으로 염려하고 있다는 것을 믿습니다. 내 사랑하는 주인과 같이 그처럼 훌륭한 사람에 대해 누가 그에 걸맞게 슬퍼하고 마음을 쓸 수 있겠습니까. 그분은 단지 한 도시나 한 나라가 아니라 온 세상을 너무도 잘 섬겼습니다. 나는 정말이지 너무 슬퍼서 내 마음의 커다란 고통을 누구에게도 표현할 수가 없고 내가 지금 어떤 상태인지 나조차 알 수가 없습니다. 나는 먹지도 마시지도 못합니다. 잠도 자지 못합니다. 설사 내가 공국이나 제국을 소유하고 있다가 그것을 잃어버렸다고 해도, 우리의 사랑하는 주 하나님께서 이 사랑하고 존경하는 사람을 내게서, 아니 나뿐 아니라 온 세계로부터 데려갔을 때 내가 느꼈던 것처럼 그렇게 힘들지는 않았을 것입니다. 이 일만 생각하면 비탄과 눈물만 나와, (하나님께서 잘 아시는 대로) 나는 말을 할 수도 없고 다른 사람에게 내 생각을 쓰도록 시키지도 못할 지경입니다. 사랑하는 자매여, 당신이 기꺼이 판단해 주십시오. Katharina von Bora Luther in Smith 1999, 771, appendix, letter C., Humphrey and Rundell 번역. Thoma 1900, 194-216 참조.

더 나아가 그녀의 슬픔은 덴마크의 크리스티안 3세에게 보낸 1547년 2월 9일자 편지에서도 엿볼 수 있다. 이 편지는 남편을 먼저 보낸 아내로서의 상황에 대해 힘주어 말하고 있으며, 하나님의 과부들을 돌보는 사람들에게 하늘의 보상이 있을 것이라고 말하고 있다. 이 편지는 비텐베르크에서 전쟁과 전염병을 상대로 분투했던 모진 시간에 대해서 많이 언급하고 있다.

> 폐하, 폐하와 당신께서 행하신 모든 선행과 선정을 위해 주 하나님께 제가 항상 얼마나 뜨겁게 또 열심히 기도하고 있는지 믿어주시기 바랍니다. 은혜롭기 그지없는 군주여! 올해 무엇보다 사랑하는 남편의 죽음(그렇지만 이는 우리 주 예수 그리스도에게로 그분이 복되고도 기쁘게 되돌아간 일입니다.)으로 저와 제 자녀들에게 불행이 닥쳐와 제가 너무나 크고 극심한 슬픔과 비탄을 겪은 후에, 이제 2월 18일로 그 1주기가 다가오고 있습니다. 그리고 그 일 이후에 위험한 전쟁들과 우리 영토의 황폐화가 뒤따랐으며, 이러한 참화와 불행이 아직 눈앞에서 끝나지 않고 있습니다. 폐하께서 저와 제 아이들이 편하게 지내도록 자애로운 문서와 더불어 급히 은화 50을 보내주신 것은 제게 너무도 크고 귀한 위안이 되었으며, 더 나아가 폐하께서 홀로 남겨진 과부인 저와 아비를 잃은 불쌍한 제 아이들에게 너무나도 자애로운 마음을 나타내 주셔서 영광입니다. 이에 대해, 그리고 자애롭게 베푸신 다른 많은 은혜에 대해 저는 폐하께 깊이 감사를 표합니다. 자신을 과부와 고아의 아버지라 칭하시는 하나님 아버지께서 제가 매일 기도하고 있는 대로 당신께 풍성하게 갚아주실 것입니다. 더불어 저는 항상 폐하와 폐하의 아내인 자애로운 왕비, 그리고 모든 자녀들과 폐하의 나라와 백성을 보호하고 지켜달라고 하나님께 열심히 기도하고 있습니다.

이 편지에는 "폐하의 종 카타리나 루터, 고인이 된 마르틴 루터 박사의 홀로 남겨진 과부"라고 서명되어 있다. Katharina von Bora Luther in Smith 1999, 773, appendix, letter F1.

카타리나의 목소리는 그녀가 직접 쓰거나 다른 사람에게 받아쓰게 하여 덴마크의 크리스티안 3세와 프로이센의 알브레히트에게 보낸 다른 얼마간의 편지들에도 기록되어 있다. 1550년 10월 6일자 편지에서 그녀는 다시금 자신의 귀족 후원자들과 친구들에게 과부이자 아이들의 어머니로서의 자신의 처지뿐 아니라 루터의 공헌을 강조하면서 재정적인 도움을 청하였다. 그녀는 "공손히 청하옵건대, 전하, 저의 편지를 인자하게 받아들여 주십시오. 제가 가난한 과부이고, 저의 사랑하는 남편으로 고인이 된 마르틴 루터 박사가 진정한 그리스도교의 종이었고 특별히 전하의 자비를 받을 만하다는 사실을 참작해 주십시오." 그녀는 "매년 은화 50을 지급해 달라고" 언급하면서 그에 대해 왕에게 감사를 표하고 있다.

> 그렇지만 저와 제 아이들이 지금 더 적은 원조를 받고 있고, 그리고 요즈음의 어려움이 많은 시련을 불러오고 있기 때문에, 저는 폐하께서 자비롭게 이제부터 그 원조금을 계속 하사해 주시기를 요청합니다. 저는 폐하께서 제 사랑하는 남편이 짊어졌던 짐과 그가 이룬 위대한 일을 잊지 않으셨다는 것을 믿고 있습니다. 그러므로 폐하는 우리 가난한 그리스도인들이 기댈 수 있는 이 땅의 유일한 왕이십니다. 그리고 하나님께서는 폐하께서 가난한 그리스도인 선구자들과 그들의 가난한 과부와 고아에게 베푸신 선행으로 말미암아 의심의 여지 없이 폐하께 특별한 은혜와 축복을 내리실 것입니다. 이에 대한 복을 저는 참으로 간절히 탄원할 것입니다. 전능하신 하나님께서 폐하와 왕비와 자녀들을 자애롭게 지켜주시길 기도합니다. 비텐베르크, 1550년 10월 6일. Katharina von Bora in Smith 1999, 773-774, appendix, letter F2.

2년 후인 1552년 1월 8일 그녀는 같은 왕에게 편지를 써서, 자신의 남편이 사랑했던 "그리스도인 왕"에게 자신을 낮추면서 간청하였다.

폐하께서는 여전히 제가 가장 따르고 순종하는 분이고 하나님께 미력하나마 항상 기도드리는 분입니다. 인자한 왕이시여! 폐하께서는 필리푸스 씨와 포메라누스 박사뿐 아니라 고인이 된 제 남편에게도 매년 하사금을 주셔서, 그 돈으로 가계를 꾸리고 아이들을 키우게 하셨던 것을 기억해 주십시오. … 그런데 고인이 된 제 남편은 항상 폐하를 아끼고 그리스도인 왕으로 생각했으며, 폐하 또한 제 사랑하는 남편에게 많은 은혜를 베푸셨기 때문에(이에 대해 폐하께 정말이지 감사를 드립니다.), 너무나 비참한 처지에 놓여 다급한 마음에, 폐하께서 이제는 모두에게 버림받은 가난한 과부가 쓴 보잘것없는 제 편지를 자비롭게 봐주시기를 바라면서 폐하께 간곡한 부탁을 드리게 되었습니다. 더불어 자비롭게 제게 그 돈을 희사해 주실 것을 간곡히 청합니다.

억압받는 자들, 다른 과부들과 고아들의 고통을 기술하면서, 그녀는 "모든 사람들이 저에게 너무나 다르게 행동했고 아무도 저를 딱하게 여기지 않을 것이기에 폐하께 간곡히 구하지 않을 수 없었습니다. 폐하께서 저의 이 탄원을 자애롭게 보시고 전능하신 하나님, 과부와 고아의 아버지가 되고자 하시는 그분으로부터의 보상을 내려주시리라 믿습니다." 이 편지에는 "폐하의 변함없이 충실한 카타리나 루터, 홀로 남겨진 마르틴 박사의 아내"라고 서명이 되어 있다. Smith 1999, 774, appendix, letter F3.

우리는 그녀의 모든 편지에서 점차 필사적이 되어가는 카타리나의 모습을 볼 수 있다. 또한 그녀가 이전의 남편 친구들과 후원자들로부터 받고 있는 냉대에 대한 비애도 읽을 수 있다. 한편으로 그녀는 자신을 낮추어 겸손하게 간청하였고, 다른 한편으로는 담대하게 왕족 후원자들에게 그들의 그리스도인으로서의 의무와 루터 가문과의 개인적인 유대관계를 상기시켰다. 그녀는 의도적으로 자신을 덕망 있는 루터의 홀로 남은 아내로 밝히면서, 하나님께서는 사람들이 재물로 특별히 과부들을 돌보기를 원하신다는 분명한 주장을 하기도 하였다. 이렇게 고투해 나가면서, 그녀는 자신의 생존본능과 실제적이고 용감한 사고방식을 계속해서 보여주었다. 그녀는 포기하려 하지 않았다. 그녀는 루터가 죽고, 그가 그녀에게 남긴 유산 외에는 자신들의 보장된 수입이 사라져 버린 현실에 담대하게 맞섰다. 그녀는 "시혜"(alms)를 기대할 수 없었으나 개혁자의 아내를 향한 처음의 동정심이 시들해졌을 때조차도 그녀를 계속 도운 소수의 사람들에게 적극적으로 도움을 청하였다. (남편을 먼저 보낸 아내들을 위한 특별연금이 없다는 사실이 비슷한 처지에 있던 많은 개혁자 아내들의 아픔이 되었는데, 그녀는 최악의 경우는 아니었다.) Thoma 1900, 194-261; Mager 1999b, 특히 124-125 참조.

루터는 1545년 7월 28일자 편지에서 이러한 어려움을 예견하여, "루터의 다정한, 사랑하는 아내 카타리나 폰 보라, 설교자, 술 만드는 사람, 정원사에게" 언급하였다. 루터는 자신이 아직 살아 있을 때 서둘러 쵤스도르프로 옮겨가라고 카타리나를 재촉하였는데, 왜냐하면 자신이 죽고 나면 "비텐베르크의 네 가지 요소가 당신을 참아주지 않을 것"이라고 예상하였기 때문이다. WA Br 9:4139, pp.149-150; Karant-Nunn and Wiesner-Hanks 2003, 194에 번역. 다행히 카타리나는 자신의 친구 모두를 잃지는 않았다. 멜란히톤과 폰 암스도르프(처음부터 그녀의 친구는 아니었던)와 부겐하겐과 요나스(오랫동안 루터 가정과 밀접한 관계를 맺었으며 그녀가 홀로된 이후에는 가장 좋은 협력자들이 되어준)는 그녀의 친구 크리스티안 3세가 계속적으로 그녀를 지원한 것과 마찬가지로 마음을 다해 카타리나의 요청에 응해 후원해 주었다. Thoma 1900, 244-245; Kroker 1906, 245-247, 251; Mager 1999b, 128.

이러한 어려움을 예견하면서, 그리고 자신들의 결혼생활에서 각별한 동등성을 지켜온 표식으로서, 루터는 자신의 아내가 성직록의 주된 수령인이 되고 그들이 이룬 가족의 가장이 될 것을 적극적으로 주장하였다. 이것은 당시로는 매우 급진적인 것이었으며, 여러 가지 실제적인 문제들로 인해, 자신의 아내가 계속 자기 집안의 독립적인 가장이 되게 하고자 한 루터의 강력한 소망은 실현 불가능하였다. 작센 법률가들은 법률에 위배되고 사회에 편만한 통념에도 맞지 않는 안건에 대해 온종일 논박하였다. 그들은 단지 루터가 그 아내를 사랑한다는 것 때문에 자신들의 세계가 교란되는 것을 허용하지 않으려 하였다. Treu 1999a, 17. 유언 집행자 브룩(Chancellor Bruck)은 막내딸을 제외하고 자녀들을 카타리나에게서 떼어내 보내고, 일체의 자치권을 비롯해 그녀가 축적해 온 대부분의 재산과 그들이 소유한 땅을 그녀에게서 박탈한다는 조정안을 지지하는 판결을 내렸다.

그녀에게 남겨진 것은 무엇이었는가? 한 평가에 따르면, 루터는 1,500 굴덴, 작은 집, 쵤스도르프의 농장, 그리고 그녀가 자녀들을 돌보고 뜻대로 사용할 수 있도록 1,000굴덴을 남겼다. 다른 기록에 따르면, 검은 수도원과 농장들과 과수원들은 팔렸는데, 검은 수도원은 비텐베르크대학에 팔렸고, 유일하게 이익을 남기고 팔린 쵤스도르프 농장을 제외한 모든 것이 애초에 그들이 구입했던 것보다 더 낮은 가격에 처분되었다. 책과 세간은 카타리나가 살아 있는 동안 손대지 않고 그대로 남겨졌는데, 그녀 사후에 아들들이 책을 물려받고 침구류를 비롯한 모든 것은 그들의 살아남은 딸 마르가레테에게 갔다. 그녀는 약 3,000굴덴 가치의 자금과, 수천 굴덴 가치의 금과 은을 지니게 되었다. Kroker 1906, 238-247; Thoma 1900, 217-240; Mager 1999b, 124-127 참조.

실제적인 상속재산이 얼마 정도였는지에 대해서는 의견이 분분한데, 루터가 극빈 상태로 그 아내를 남겨둔 것은 아니고, 어쩌면 그 반대였다. 이 부부는 그동안 상당한 부를 축적해 왔다. 가장 심각한 사안은 홀로된 루터의 아내가 그 재산에 대해, 그리고 자녀들에 대해 권한을 가질 수 있는지의 여부, 또 그 재산이 소모되고 나면 어떻게 생활비를 충당할 수 있는가 하는 것이었다. 카타리나는 외교적으로, 그러나 필사적으로 싸웠다. 그녀는 당국자들에게 편지를 보내고, 후원을 당부하는 로비를 하였으며, 종국에는 그녀의 바람이 유언 집행자 브룩의 결정을 상대로 승리를 거두었다. 그녀는 (공부를 위해 집을 떠나 있던) 첫째아이를 제외하고 모든 자녀를 지킬 수 있게 되었다. 온화한 멜란히톤을 그녀의 후견인으로 두고 그녀는 자신의 생활과 재산에 대해 계속적으로 독자적인 결정을 해나갈 수 있게 되었다. 그렇지만 카타리나의 상황은 결코 그리 좋지 않았으며 시간이 갈수록 점점 더 나빠졌다. 그로 인해, 그리고 크리스티안 3세와의 좋은 관계로 인해, 그녀는 언젠가 덴마크로 옮겨갈 계획을 했던 것 같다. Kroker 1906, 247-248; Treu 1999b, 19.

자신의 경제적인 미래에 대한 카타리나의 관심과 자녀들을 위해 싸워야 할 필요성에도 불구하고, 다른 어려움이 그녀의 말년을 어렵게 만들었다. 먼저, 반복적으로 발생한 역병으로 인해(1527, 1535, 1539) 그녀는 한 차례 이상 집을 떠날 수밖에 없었다. 전염병이 그 지역의 모든 사람을 힘들게 한 데다가 뒤이어 1547년 슈말칼덴 전쟁의 후반기 전투가 발발하였다. 1552년 카타리나는 다시금 역병이 횡행하는 비텐베르크를 탈출하려고 하다가 수레에서 떨어져 부상을 입었다. 아마 그녀는 폐렴에도 걸렸던 것 같다. 이 부상으로 인해 그녀는 1552년 12월 20일 토르가우에서 사망하여, 그녀의 딸 마르가레테가 함께한 가운데 묻혔다. Thoma 1900, 241-247, 258-265; Mehlhorn 1917, 18-20 참조.

카타리나의 가장 중대한 염려는 자녀들의 행복과 장래였다. 너무나 많은 기대를 한 몸에 받았던 아들 요하네스(1526-75)는 법률가가 되어 엘리자베스 크뢰지거와 결혼해 카타리나라는 딸을 하나 두었으나, 손자는 없었다. 마르틴(1531-65)은 신학자가 되었으나, 34살의 나이에 알코올 중독으로 죽어, 아내 안나 헤일링거를 남겼으나 자녀는 없었다. 파울(1533년 출생)은 성공적인 궁정 의사이자 대학 의사가 되어, 안나 폰 바르벤과 결혼하여 6명의 자녀를 두었다. 막내딸 마르가레테(1534-70)는 프로이센 귀족인 게오르크 폰 쿤하인(1555)과 결혼했다가 36살이라는 젊은 나이에 죽었지만 행복하게 살다 갔다. 9명의 아이를 낳아 그중 3명만 살아남았지만, 마르틴과 카타리나의 가계를 계속 이어 종교개혁의 아버지를 근대시기와 연결시킨 것은 바로 그녀를 통해 이루어진 일이었다. Thoma 1900, 234-237; Treu 1999b, 20.

카타리나는 루터에게 바위와 같은 토대였으며, 루터는 마지막까지 그녀의 스승이 되어주었다. 멀리 떨어져서도 그에 대한 걱정으로 초조해하던 카타리나에게 쓴 루터의 마지막 편지는 분명한 통찰력을 제공해준다. "당신은 요리문답과 신조를 가르치고 있지 않소? 기도하고, 하나님께 걱정을 맡기시오. 당신은 나를 위해 혹은 당신 자신을 위해 근심해서는 안 되오." "거룩한 당신의 기꺼운 종, M. L."이라고 서명되었다. Eisleben, February 10, 1546; WA Br 11:4203, p.291; Karant-Nunn and Wiesner-Hanks 2003, 195-196. 마르틴 루터와 자녀들을 향한 그녀의 사랑은 카타리나가 결코 염려를 그치지 않았다는 것을 뜻하였다.

결론   카타리나는 부지런하고, 재능 많고, 힘 있는 여성이었다. 우리는 그녀의 활동과 결혼생활을 통해 카타리나의 성품과 신학적인 사고를 일별하고 간접적으로 간파할 수 있었다. 일화 같은 정보는 실천적이고, 또 당연히 "루터주의적인" 것으로 규정지을 수 있는 카타리나의 영성을 밝혀준다. 복음서와 요리문답으로 양육을 받았고, 남편과 남편 동료들의 신학을 통해 영적으로 훈련을 받은 그녀는 자신의 신앙을 매일의 삶 속에서 실현하고 또 표출하고자 했다. 돈을 줄 테니 성서 전체를 다시 읽으라는 루터의 요구에 대해 그녀가 보인 반응, 즉 공부는 이미 충분히 했고 이제 행하고 살아내는 일이 더욱 필요하다는 그녀의 대답은 카타리나의 영성의 성격을 잘 드러내 준다. 그녀는 명백히 삶을 사랑했으며, 남편, 교회, 종교개혁을 지원하고자 하는, 마음에서 우러나오는 에너지로 충만해 있었다. 그녀는 루터의 배우자로서도, 그리고 그녀 자체로 한 사람의 신자로서도 종교개혁에 매우 깊이 연루되어 있었다. 임종 시에 그녀는 확신을 갖고 자신의 루터주의적인 그리스도교 신앙을 선포하였다. "나는 겉옷에 달라붙는 식물의 잔가시처럼 그리스도에게 달라붙어 있을 것이다." Bainton 1971, 42; Thoma 1900, 193; Treu 1999b, 31; WA Br 7:2267, WATr 4:5008, 3:3835; Brecht 1999, 235.

카타리나는 루터의 신학 작업에 어떤 영향력을 행사했는가? 이는 흥미롭지만, 그 답을 알 수 없는 수수께끼 같은 질문이다. 이전의 평가들에서 카타리나의 영향력은 경시되어 왔다. 예를 들어 그녀의 전기작가 크로커(Ernst Kroker)는 루터가 카타리나의 신학적 통찰력을 한계가 있는 것으로 평가했다는 점은 그가 몇몇 소수의 편지에서만 신학적인 문제들을 언급하였다는 사실에 반영되어 있다고 주장하였다. Kroker 1906, 282-284. 그는 루터가 카타리나에게 라틴어를 제한적으로만 사용했다는 데 대해서도 비슷한 주장을 하여, 두 사람 사이에서 본질적인 문제들은 논의되지 않았다고 주장하였다. (토마[Albrecht Thoma]의 이전 작품에 의존하고 있는) 크로커의 해석은 "다른" 문제들에서는 루터에 대한 카타리나의 영향력을 강조하면서도 그녀의 신학적인 영향력에 대해서는 그 가능성을 낮게 보고 있다. 그렇지만 카타리나가 전반적으로 루터에게 영향력을 미쳤다는 사실을 말해주는 암시들이 있다. 루터가 자신의 서신에서 그랬던 것처럼 그의 동료들도 때때로 그렇게 언급하였다.(카타리나에 대한 화려한 이야기 하나가 요하네스 아그리콜라와 쾨지거[Keuziger] 사이에 주고받은 편지에 나온다. 쾨지거는 카타리나를 하늘과 땅의 통치자로, 그리고 남편을 좌지우지했던 제우스의 아내로 불렀다.) 크로커는 여하튼 카타리나의 영향력이 권력에 대한 그녀의 갈망에서 나온 것이 아니라 두 사람 사이의 사랑과 우정에서 비롯된 것이었으며, 그 잘 알려진 예로 루터를 고무시켜 의지의 자유에 대한 에라스무스의 논문 『자유의지론』(De Libero Arbitrio)에 응답하도록 만든 것이 그녀의 역할이었다고 긍정적인 결론을 내렸다. 이 20세기 전기작가는 루터의 신학에 대한 카타리나의 영향력은 부인하면서도, 루터가 카타리나의 "사랑스러운 박사님"(lieber Herr Doktor)으로 존재했던 결혼생활을 통해 다양한 면에서 발전했다는 것을 인정하였다. Kroker 1906, 277-285; Treu 1999b, 19; Stolt 1999, 25.

카타리나가 남편의 영적이고 신학적인 영향력 아래에 있었던 것은 확실하지만, 적어도 두 사람이 어느 정도 서로 영향을 주고받고 서로의 시각을 형성했다고 가정하는 것은 그럴 법하다. 카타리나는 루터의 신학적인 조망과 실생활적인 측면에서 중요한 역할을 감당하였으며, 이것은 특별히 결혼, 사랑, 가족, 성별 역할에 대한 개혁자의 근본적으로 중요한 관념과, 신적인 사랑과 하나님의 부성과 모성에 대한 그들의 이해와 관련해서 더욱 그러하였다.(예를 들어 루터가 하나님의 어머니적인 사랑과 카타리나의 어머니로서의 사랑을 비교하는 데서 나타나고 있다.) "그의 결혼은 인간관계에 대한 그의 신학에, 특별히 사랑의 상호성의 관점에 영향을 미쳤으며, 여성의 존엄성과 책무에 대한 새로운 시각을 갖는 데 일조하였다." 이러한 견해는 루터의 성서주석만큼이나 그 자신의 결혼에 의해서 무르익었다. Lindberg 1997, 101-102; 2000, 134, 138, 141-142; Bainton 1971, 38, 42-43; WATr 1:189, Nr. 437; WATr 3:1237; 4:49104.

우리가 이용할 수 있는 이 부부의 신학적인 대화에 관한 드물게 보이는 단편적인 자료들이 카타리나의 신학적인 관점에 대해 얼마간의 정보를 제공해 주었다. 예를 들어 루터는 한때 카타리나에게 과거에 그녀 자신이 거룩하다고 믿었는지 물은 적이 있고, 이에 대해 그녀는 죄인인 자신이 어떻게 그럴 수 있겠느냐고 되물었다. 카타리나가 이신칭의에 대해 정확한 답을 하는 데 "실패"했다고 판단을 내리는 대신, 우리는 그녀의 되물음을 수사학적인 것으로 볼 수 있다. 또 다른 경우에 카타리나는 복음을 충분히 설파하지 않는 목사를 비난하였는데, 이에 대해 루터는 그 목사가 복음은 제대로 설파하고 있지만 율법은 충분히 전하고 있지 않다고 응답하였다. 이 대화는 복음과 율법의 균형에 대한 프로테스탄트의 논쟁을 둘러싼 긴장을 보여주고 있다. 그렇지만 자료에 의하면 또 다른 때에 카타리나는 다른 사람들과 더불어, 하나님이 참으로 아브라함이 그 아들을 희생제사로 바치기를 원하셨는지 그렇지 않은지를 둘러싸고 루터에 반대하였다. 그녀는 또한 일부다처제를 옹호하는 성서적 논증에 질색을 하고 반대하면서 루터와 논쟁을 벌였다. 일반적으로 카타리나의 대답들은 그녀의 이해력 부족을 말해주는 예로 하찮게 여겨져 왔으나, 그것들은 그녀가 스스로 생각하는 능력과 자신의 경험에서 끄집어내는 능력을 지니고 있다는 것을 실제적으로 잘 보여주고 있는 예들이기도 하다. Treu 1999c, 172; Bainton 1971, 37-38; WATr 4:4860, 5:5659, 1:1033, 2:2754b, 2:1461 참조. Kroker 1906, 272, 276; Thoma 1900, 191-193, 182-183, 174-194, 138-154.

프로테스탄트와 가톨릭을 막론하고 많은 종교개혁 여성들 사이에 중요한 연결망과 우정관계가 형성되었으며, 그들은 종종 종교개혁 인사들의 모임을 열곤 하였다. 카타리나는 도시 바깥의 여성들과 연락을 주고받으려고 하지 않았고, 왕족 여성들과 어울리거나 그들에게 편지를 쓰지도 않았다. 그렇지만 왕족 여성 한 사람이 그녀에게 왔다. 지체 높은 방문자와의 개인적인 접촉이었는데, 바로 엘리자베스 폰 브란덴부르크였다. 엘리자베스는 덴마크의 국왕 크리스티안 3세의 누이였다. 그녀와 카타리나는 좋은 관계를 맺었고, 이것은 그녀가 젊을 때부터 과부가 된 후까지도 그녀 인생에서 하나의 토대가 되어주었다. 자신의 가톨릭 남편에게서 도망친 엘리자베스는 종교개혁을 이행하기 위해 고향으로 다시 돌아가기 전까지 루터의 집에서 기거했다. 카타리나는 엘리자베스를 (적어도 비교적) 건강하게 부양함으로써 그녀의 사역에 간접적으로 기여하였다. 그녀가 아르굴라 폰 그룸바흐를 만난 적이 있는지는 불분명하다. 아르굴라는 바이에른 출신의 저명한 팸플릿 저자로서, 루터를 만나러 코부르크에 와서, 그를 통해, 카타리나에게 모유수유에 관해 조언을 해주었다. 마찬가지로 카타리나가 스트라스부르의 또 다른 카타리나인, 카타리나 쉬츠젤, 즉 활동적인 목회자 아내이자 작가를 알고 있었는지도 분명하지 않다. 문제는 단순히 여행하고 서신교류를 할 시간과 기회가 부족한 것이었을지도 모른다. 아니면 다른 여성들이 루터의 아내에게 관심이 없었고, 그녀가 가정을 벗어나 말씀을 전하고자 하는 자신들의 열정을 공유할 사람으로 보이지 않았던 건지도 모른다. 그녀는 비텐베르크에 있는 개혁자들의 아내들, 카타리나 멜란히톤, 발부르가 부겐하겐, 카타리나 요나스와는 밀접한 우의를 다졌으며, 이들과 아내, 어머니, 초기 프로테스탄트 여성으로서의 많은 어려움과 특권에 대해 나누었다.

우리의 증언을 도출해낼 수 있는 다양한 자료들은 그녀의 성격과 공헌에 대한 서로 상충하는 평가들과 더불어 강하고, 용감하며, 독립적인 여성의 이미지를 그려준다. 카타리나는 자신이 맺고 있는 여러 관계에 충실하였고, 지치지 않고 일하였으며, 검은 수도원의 책임자로서 임무를 수행하면서 놀라운 창조성과 지혜와 실질적인 지식을 보여주었다. 루터주의 신학과 영성에 대해 참으로 이해하고 수용하면서, 그녀는 자신의 매일의 삶으로부터 분리된 또 다른 관심사로 신학을 추구하지는 않았다. 그녀는 자신의 신학을 살아내고자 하였다. 교회 정치, 신앙고백 투쟁, 그리고 다양한 방향, 즉 제국과 교황청 모두에서 다가오는 여러 위험에 대해 식견을 갖추고 있던 그녀는 남편을 조언하는 일에 자신의 상식을 행사하였다. 그녀는 "정치"(politeia)에 관한 이슈에 대해서는 그를 신뢰하였으며, 그녀에게는 "가정살림"(oikonomia)으로 충분하였다. Kroker 1906, 273-278; Thoma 1900, 191-193 참조.

그녀는 신학용어에 정통했으며 당시 중요한 이슈들이 그녀의 저녁식탁에서 논의되었다. 그녀는 가정 내의 일에 자신의 힘을 쏟았고, 그곳에서 지도자로서, 그리고 야심차고 유능한 프로테스탄트 어머니이자 개혁자의 아내의 모범으로서 두각을 나타내었다. 그녀는 자신이 탁월함을 보이고 확실히 만족했던 일에서 직무의 한 모범을 만들어내었다. 그녀는 그리스도교 여성에 대한 중세적인 관념, 즉 고결한 수녀라는 이상을 추구하던 데서 자기 자신을 변모시켜, 루터의 곁에서 아내이자 어머니로서 자신의 역할을 하면서 프로테스탄트 여성을 위한 하나의 모범이 되었다. 개혁자의 아내는 모든 믿는 자들이 사제라는 사상과 모든 소명, 특별히 부모로서 자녀를 양육하는 것이 거룩하다는 생각을 가정 내의 차원에서 구현하였으며, 가정 바깥으로까지 야망을 드러내지는 않았다. 교회의 설교단과 대학의 강단과 공적인 일은 그녀의 남편에게 속했다. 두 사람은 함께 자녀들을 양육함으로써 (루터가 부모의 소명을 설명하고 있는 대로) 자녀들에게 사도, 사제, 그리고 제사장의 역할을 수행하였으며, 가장 밀접한 관계를 유지하면서 삶의 세속적인 측면들 속에서 각자가 나름의 방식으로 어떻게 프로테스탄트들이 복음이 인도하는 삶을 살 것인지에 대한 모범을 보여주었다. Lindberg 2000, 140-142, 145; LW 45:46; Gause 1999, 75 참조.

자료와 참고문헌에 관한 언급

핵심적인 전기적 자료를 위해서는 Treu 1995a와 1999와 Kroker 1906, 그리고 여기서 언급하고 추천한 다른 자료를 참조하라.

가장 최근의 전기적인 입문서로는 Treu 1995a와 그의 1999년 논문들, 그리고 Smith 1999를 보라. 후자는 특히 카타리나의 현존하는 편지들을 영어로 번역했다는 점과 방대한 주를 단 참고문헌을 구비하고 있다는 점에서 가치가 있다. Bainton 1971년 논문과 더불어 Treu 1999a에 수록된 글들(an anniversary collection)과, Peter Freybe가 쓴 서문과 더불어 한데 묶은 논문집(Evangelisches Perdigerseminar collections)인 *Mönschure und*

Morgenstern, Katharina von Bora, die Lutherin(1999)와 *Frauen mischen sie ein*(1997)이 카타리나의 생애와 종교개혁에서의 역할에 대해 중요한 해석을 제공해 주고 있다. 이러한 작품들은 Walsh 1752와 1754, Hansrath 1883, Beste 1843, Jo. Frid. Mayeri 1698뿐 아니라 Thoma 1900과 Kroker 1906이 연대순으로 기록한 세부사항에 근거하고 있으며, 잘못된 것을 정정하기도 한다. 소설과 같은 접근을 한 책으로는 MacCuish 1983, Sachau 1991, Winter 1990, Markwald 2002를 참조하라. 루터의 편지들과 사적인 관계에 대한 연구인 Stolt 1999, Pearson 1983, Mühlhaupt 1986, 그리고 발전하는 목사관 제도에 대한 연구인 Nielsen 1999, Mager 1999a, Janowski 1984에도 귀중한 정보가 담겨 있다.

제6장

아르굴라 폰 그룸바흐:
바이에른의 변증가이자 팸플릿 작가

❖부모

　-카테리나 폰 테링(Katherina von Thering/Törring)

　-베른하르딘 폰 슈타우프(Bernhardin von Stauff)

❖삼촌이자 후견인

　-히에로니무스 폰 슈타우프(Hieronymus von Stauff)

❖형제자매

　-아르굴라 이외에 7명이 있으나, 이름이 알려지지 않음

❖배우자 1(1516-30)

　-프리드리히 폰 그룸바흐(Friedrich von Grumbach, 1530년 사망)

❖자녀

　-게오르크(1539년 사망)

　-한스 게오르크(1544년 사망)

　-고트프리트

　-아폴로니아(1539)

❖배우자 2(1533-35)

　-포포 폰 슐리크(Poppo von Schlick, 1535년 사망)

서론　　"나는 루터의 추종자로 불렸으나, 나는 그의 추종자가 아니다. 나는 그리스도의 이름으로 세례를 받았으며, 내가 신앙을 고백하는 대상은 그분이지 루터가 아니다. 하지만 나는 마르틴 루터 역시 신실한 그리스도인으로서 그분에 대한 신앙을 고백한다는 것을 밝히는 바이다." 이상은 바이에른의 귀족 여성인 아르굴라 폰 슈타우프 폰 그룸바흐(Argula von Stauff von Grumbach, 1492[1490/1493]-1568[1554/1563])가 백작이자 노이부르크에 있던 팔츠의 행정관인 "사랑하는 사촌" 테링(Adam von Thering)에게 보낸 1523년 편지에서 주장한 것이다. Argula von Grumbach in Matheson 1995, 145, 앞으로 AvG/Matheson으로 표기. 아르굴라는 루터파 "이단"이라고 고발당한 한 학생을 변호하고, 대학 측의 학식 있는 남성들이 그녀가 보기에 성서의 진리에 반하는 어떤 것도 믿은 바가 없는 결백한 신자들을 박해하고 있다고 공개적으로 질책하면서 악명을 얻게 되었다. "루터주의자" 중 한 사람이자 종교개혁자들과 한 패라고 낙인찍힌 아르굴라는 교회의 사안들에 개입하고 자신의 편지를 출간해 널리 유통시킴으로써 자신의 견해를 퍼뜨렸다는 이유로 박해를 당했다. 자신이 어떤 무리에 속한다고 낙인찍히는가에 대해서는 개의치 않고, 그녀는 그리스도교 신앙과 정의에 대해 열정적으로 임하였다. 복음에 대한 관심은 그녀로 하여금 상당한 위험도 기꺼이 감수하도록 하였다.

"저는 모든 것, 심지어 목숨과 사지까지도 잃을 각오가 되어 있습니다. 하나님, 부디 제 곁에 계시옵소서! 저 자신으로는 죄를 범하는 것 이외에 아무것도 할 수 없습니다." 더욱이 그녀는 이렇게 말하고 있다. "저는 제가 쓴 글을 사적으로 간직하고자 했습니다. 하지만 지금 저는 하나님께서 그것이 공개되는 것을 원하신다는 것을 압니다. 제가 지금 이것으로 인해 능욕을 당하고 있다는 바로 그 사실이, 이것이 하나님의 것이라는 점을 잘 말해줍니다." "노이부르크에 있는 팔츠의 행정관이자 백작, 고결하고 영예로운 아담 폰 테링에게…아르굴라 폰 그룸바흐가 보내는 공개편지," "Adam von Thering", in AvG/Matheson, 141-149 at 149.

독일에서 종교개혁을 옹호하는 글을 쓴 가장 눈에 띄는 여성들 중 한 사람으로서, 독자들에게 자신이 폰 슈타우프 가문 출신의 귀족이라는 것을 상기시키기를 좋아하던 아르굴라는 제네바의 마리 당티에르와 스트라스부르의 카타리나 쉬츠 젤과 마찬가지로 신학적인 이슈를 다룰 수 있는 자신의 특권을 의심치 않았던 프로테스탄트 평신도 팸플릿 작가였다. 아르굴라는 삶 속에 종교개혁자들의 두 가지 핵심 원칙을 받아들여서 적용하였는데, 모든 믿는 자들이 사제라는 것과 성서가 유일한 권위를 지닌다는 것이 그것이다. 그녀는 권위를 가지고 성서를 해석하였으며, 첫 번째 원칙에 근거해서 공개적으로 발언하였다.

아르굴라의 편지는 모두 1523년부터 1524년까지 일 년 동안에 작성된 것들로 출간된 뒤 폭넓게 읽혔다. 아르굴라의 첫 번째 편지는 1523년 9월 잉골슈타트(Ingolstadt)대학에 보낸 것으로, 두 달 만에 14판이나(12개월 만에 29판) Halbach 1992, 187. 출간되었으며, 그녀를 가장 유명한 여성 루터주의자이자 베스트셀러 팸플릿 작가로 만들었다.

그녀의 인쇄된 팸플릿 2만 9,000장이 농민전쟁 직전에 유포되었다는 계산이 얼추 맞고, 그것을 의심할 별다른 이유가 없다면, 그녀는 진정으로 종교개혁의 핵심 팸플릿 작가 중 한 사람으로 간주되어야 한다. 그녀의 첫 번째 저작이 14판까지 나왔다는 것은 아무런 의심 없이 그녀를 대단한 "베스트셀러 작가" 반열에 올려놓을 수 있는 너무나 놀라운 성공이었다. Matheson 1995, 53-54.

그녀가 친구들, 가족들, 종교적이고 정치적인 지도자들, 그리고 설교자들에게 보낸 다른 광범위한 서신들은 유실되었다. 아르굴라의 편지들을 파괴시켜 버렸거나 아니면 보존할 만큼 충분히 중요하지 않다고 간주했던 것이다. "그녀의 삶의 대부분은 여전히 알려지지 않은 채로" 있고 그녀를 둘러싼 영어로 된 문헌도 얼마 되지 않는 실정이지만, "아르굴라 폰 그룸바흐에 대한 학문적인 연구는 상당히 변화하고 있는 추세이다." Matheson 1995, 57, 3; Joldersma 1997, 90, 93. 만약 그녀가 남성이었다면, 지난 세기 동안 그녀는 독일 종교개혁의 가장 중요한 인물 중 하나로 인정받았을 것이다. 그녀에 대해 정통한 많은 사람들이 말했듯이, 그녀의 성별이 차이를 만들고 있는 것이다. Wiesner 1989, 22; Wiesner 1988, 169 참조.

아르굴라의 생애에 대한 이야기는 현존하는 그녀의 8개의 편지를 충실히 따르고 있다. 1523년 9월 20일 잉골슈타트대학에 보낸 편지("Wie ain Christliche Fraw des Adels…")는 아르굴라의 인생에 엄청난 영향을 미치는 논쟁을 유발시켰다. 그녀는 같은 날 빌헬름 공작(IV)에게 보내는 편지("Ein Christennliche schrifft…")로 논쟁을 이어나갔고, 1523년 10월 27일 혹은 28일에는 잉골슈타트의 시장과 시의회에게 편지를 보냈다.("An ain Ersamen Weysen Radt der stat Ingolstat…") 그리고 1523년 12월 1일에는 팔츠 백작 요한 폰 시메른(Johann von Simmern: "Ermanung an den Durchleuchtigen…")과 현자 프리드리히(Fredrick the Wise: "Dem Durchleuchtigisten Hochgebornen Fürsten…")에게 편지를 썼고, 같은 달에 백작 아담 폰 테링에게 공개편지를("An den Edlen…") 썼다. 몇 달 후인 1524년 6월 29일에 그녀는 행동을 재촉하려는 열망에서 다시금 편지를 썼는데, 이번에는 레겐스부르크 시에 썼다.("Ein Sendbrieff…") 그리고 같은 해 여름에 자신에 대한 익명의 여성차별주의자의 공격에 대응하는 글("Eyn Antwort…")을 썼다. 그녀의 편지들은 대학 관계자들을 대화에 끌어들여서 그들이 결백한 그리스도인 학생을 박해하는 잘못을 범했다는 것을 입증하고자 한 그녀의 집요한 시도를 보여주었지만, 별다른 효과를 거두지는 못하였다. 편지들은 아르굴라의 루터주의적인 그리스도교 신앙을 진술하고, 그녀 자신의(그리고 다른 여성들의) 그리스도인으로서의 권리를 변호하고, 성서에 대한 그녀의 인상적인 지식을 드러내는 기회가 되었다. 그 내용에 대해서는 Halbach 1992, 192, 102-184 참조.

신앙의 변호자로서 아르굴라: 영웅적인 그리스도인인가, 악마 같은 여성인가?

아르굴라 폰 슈타우프 폰 그룸바흐는 폰 슈타우프 가문에 태어난 적어도 8명의 자녀 중 하나였다. 그녀가 태어난 날과 죽은 날에 대해서는 다양한 날짜가 언급되고 있는데, 태어난 해에 대해서는 1490, 1492, 1493년 등이 제시되고 있고, 죽은 해에 대해서는 1554, 1563, 혹은 1568년 등이 언급되고 있다. 아르굴라의 가문은 호엔슈타우펜 가문(house of Hohenstaufen), 즉 오직 황제에게만 의무를 지는 독립적인 프랑코니안 "자유군주들"(Freiherren)의 후손이었다. 그녀의 어머니 카테리나는 바이에른의 뛰어난 귀족 가문인 테링(Therings 혹은 Törrings) 가문 출신이었다. 이 가족은 그녀의 아버지 베른하르딘(Bernhardin)과 삼촌 히에로니무스(Hieronymus)가 연관된 논쟁으로 인해 상당한 재산을 잃었지만, 나중에 아르굴라의 아버지가 공작에게 충성함으로써 쇤베르크(Schoenberg)에 대한 통할권과 얼마간의 재산을 얻었다.

특권층이자 교양 있고 종교적인 집안의 아이로서 아르굴라는 개인교습을 받았으며, 많은 책을 읽을 수 있었다. 10살 때 그녀는 아버지에게서 유명한 코베르거 성서(Koberger Bible)의 1483년 독일어 번역판을 받았다. 그녀는 어머니와 마찬가지로 이 책을 평생 동안 계속 연구하면서, 상당한 성서 지식을 얻었다. 그녀의 종교교육은 뮌헨의 궁정에서 계속되었는데, 그곳에서 15-16살의 그녀는 황제 막시밀리안의 누이이자 알브레히트 공작의 어머니인 쿠니군데(Kunigunde)의 시녀로 섬겼다. 아르굴라는 이때 루터의 영적인 아버지 요한 폰 슈타우피츠(Johann von Staupitz)를 만나 루터에게 관심을 가지게 되었다.

많은 동시대인들과 마찬가지로 아르굴라는 생애 동안 유럽 전체를 휩쓴 역병의 참화를 겪었다. 1509년 아직 어렸을 때, 그녀는 5일 만에 양친 모두를 역병으로 잃었고, 궁정에서 저명한 사람이던 삼촌 히에로니무스 폰 슈타우프가 그녀의 후견인이 되었다. 아르굴라는 삼촌이 정치적인 음모에 관여되었다는 혐의를 받아 1516년 4월 8일 처형되었을 때 다시 한 번 상실감을 맛보아야 했다. 이후 같은 해에 아르굴라는 명문가인 프랑코니안 가문 출신으로 북부 바이에른의 부유한 지주인 프리드리히 폰 그룸바흐(Friedrich von Grumbach)와 결혼하였다. 이 부부는 게오르크, 한스 게오르크, 고트프리트, 그리고 아폴로니아라는 네 자녀를 두었는데, 아이들의 아버지는 가톨릭 신자로 남았으나 아이들은 아르굴라의 지도 아래 모두 프로테스탄트 신앙으로 양육되었다.

프리드리히에 관해서는 알려진 것이 거의 없다. 일생 동안 병약하던 그는 1530년 죽었는데, 루터에 대해 잘 알지도 못했고 그를 지지하지도 않았다. 이들 부부가 (소유지를 갖고 있던) 잉골슈타트 근처의 렌팅으로 옮겨간 이후, 그는 루트비히 공작 치하에 있는 알트뮈탈의 디트푸르트에서 행정관으로 일하였다. 루터의 아내 카타리나가 그러했듯이, 아르굴라 역시 아이들을 양육하는 것뿐만 아니라 경제적인 문제까지도 담당하였다. 이들의 결혼생활에 대해 거의 알려진 것이 없다는 사실이 아르굴라가 아담 폰 테링에게 보낸 편지에서 넌지시 비추고 있듯이, 폭력으로 발전할 수도 있었을 일촉즉발의 긴장상황(1524년 아르굴라가 쓴 시에 암시되어 있는데, 그녀는 이 시에서 자신이 집안일을 소홀히 했다는 비난에 대해 자신을 변명하면서 남편을 상대로 자신이 어떻게 처신해야 할지 가르쳐 달라고 하나님께 기도했다고 말하고 있다.)의 징후이다. 테링에게 보내는 편지에서 그녀는 남편이 "자신 안에 있는 신앙"을 박해하고 있다고 하면서 하나님과 자신의 친구 백작에게 도움을 요청하였다. Kolde 1905, 145, 147, 192; Matheson 1995, 8-9.

그럼에도 불구하고, 그것이 아무리 자신의 결혼생활에 긴장을 유발하는 원인이 된다고 하더라도, 아르굴라는 종교개혁에 대한 자신의 공감을 숨기지 않았다. 그녀는 성인이 된 이후 줄곧 비텐베르크의 종교개혁자들, 특히 멜란히톤, 루터, 그리고 슈팔라틴과 개인적인 접촉을 이어나갔으며, Kolde 1905, 169-170, 64, 115, 62 참조. 아르굴라의 논증들은 확실히 그녀가 기본 신학을 공유하고 있던 프로테스탄트 종교개혁자들의 주장을 그대로 되풀이하고 있었다. 그녀는 특별히 모든 믿는 자들이 사제라고 가르치는 종교개혁자들에게 가르침을 받아, 이것을 더욱 발전시켜 나갔다. Halbach 1992, 119, 218-224. 자신이 직접 쌓은 지식과 개혁자들에게 배워 확신하게 된 것들에 근거해서, 그녀는 대학교육을 받은 남성들과 논쟁을 할 수 있었다. "루터나 멜란히톤이 당신들에게 하나님의 말씀 이외에 무엇을 가르치던가요? 당신들은 그들을 반박해 보지도 않고 정죄하는군요. …저로서는, 하나님의 이름과 제 영혼의 구원을 걸고, 제가 루터와 멜란히톤의 글을 부인한다면 그것은 하나님과 그분의 말씀을 부인하는 것이 되리라는 점을 말씀드리지 않을 수 없습니다." "복음을 따르는 어린 학생에게 하나님의 말씀을 부인하라고 강요하는 잉골슈타트대학을 향해 거룩한 성서에 기초한 논증을 담아 공개편지로 비판하는, 바이에른의 한 그리스도인 귀족 여성의 진술," "The Account", in AvG/Matheson, 71-91 at 76-77 참조.

아르굴라의 개인적인 인간관계망과 그녀가 거주하던 지역은 그녀의 신앙적인 발전에 중요한 요소였다. 아르굴라의 가족은 프로테스탄트와 가톨릭 모두에 연결되어 있었으며, 그녀는 결혼을 하면서 잉골슈타트대학이 가까이 있는 렌팅으로 이주하였다. 이 대학에는 가톨릭 학자 요하네스 에크가 학장으로 있었으며, 아르굴라의 형제가 그곳에 루터란 설교자를 임명한 1522년부터 그녀의 형제 마르셀루스(Marcellus)가 이 학교에서 공부하게 되어 있었다. 아르굴라의 삼촌 히에로니무스의 딸들 중에 셋이 프로테스탄트 신앙을 이유로 수녀원을 떠났다. 우리는 가족 구성원들 사이에 신학적인 대화가 있었으리라는 것을 상상할 수 있다. 일찍이, 뮌헨의 궁정에서 슈팔라틴을 만난 직후에, 아르굴라는 뉘른베르크에 있던 루터의 협력자인 안드레아스 오시안더(Andreas Osiander)라는 독일인 개혁자와 교류를 맺었다. 그는 아르굴라의 좋은 친구가 되었으며, 더욱이 이후에는 아르굴라의 아이들이 이 도시에서 공부하는 동안 그들의 보호자가 되어주었다. 또한 그녀는 급진적인 개혁자들, 예를 들어 레겐스부르크시 설교자인 후프마이어(Balthasar Hubmaier), 로체(Sebastian Lotzer)와도 접촉하였다. 로체의 글은 아르굴라의 글과 많이 닮아 있었다. 그녀는 적어도 1519년 이후부터 루터의 저작들을 구해 읽을 수 있게 되어 1523년까지 루터가 독일에서 펴낸 책을 모두 읽었다고 밝혔다!

그녀가 루터와 비텐베르크를 처음 접하게 된 것은 슈팔라틴을 통해서, 더욱 중요한 것은 뷔르츠부르크의 대성당 설교자 슈페라투스(Paul Speratus)를 통해서였다. 그녀는 슈페라투스에게 프로테스탄트 독서목록을 추천해 달라고 부탁하였다. 그와의 서신교류는 비텐베르크 신학자들에 대한 그녀의 관심에 불을 지폈다. 아르굴라는 오시안더, 슈팔라틴, 루터와 편지를 주고받았으며, 이들이 그녀에게 쓴 편지들 중 남아 있는 것에 근거해서 보면, 그녀가 당시의 논쟁뿐만 아니라 성서에 대해서도 상당한 지식을 갖추고 있었음을 알 수 있다. 불행하게도 그녀가 루터에게 보낸 편지들은 발견되지 않고 있다. WA Br 2:559-562; Matheson 1995, 10-12 참조.

특권층 자녀이던 아르굴라는 개인교습을 받는 기회를 누렸다. "아르굴라는 독학을 했다기보다는 이제 여성들과 평신도들도 누릴 수 있게 된 새로운 '원거리 학습'을 통해 특별히 훌륭한 효과를 거두었다. 부분적으로는 루터와 다른 사람들의 저작들이, 또한 의심할 여지 없이, 우리에게 기록으로 남아 있지는 않지만 수많은 담론이 한마디로 일축해 버린 여성들의 성서연구를 그녀가 의도적으로 꾀했다는 것은 분명하다." 그녀는 이 점에서 자신이 특별하다고 생각하지는 않았으며, 오히려 그와 정반대였다. "서로 견해를 공유하고 있던 여성 그룹에 대한 아르굴라의 언급들을 제대로 보면, 그녀 또한 자신을 새로운 여성들의 운동—그 자체의 사조와 특별히 축적된 경험을 소유하고 있는—의 한 부분으로 보았다." Matheson 1995, 27.

종교개혁, 그리고 특히 "오직 성서"라는 원리에 대해 아르굴라가 공헌한 바는 성서에 대한 그녀의 사랑, 어린 시절부터 그녀가 지속해 온 독자적인 연구에 그 뿌리를 두고 있었다. 이러한 성서에 대한 지식이 이후에 루터의 책들을 접하면서 그녀를 "진리"에 관한 결론으로 이끌었다. 잉골슈타트대학에 보낸 편지에 다음과 같은 분명한 구절이 나온다.

하나님을 위해 당신들에게 간청하고, 하나님의 심판과 정의로우심으로 당신들에게 권고하는 바는 이것입니다. 마르틴이나 혹은 멜란히톤이 쓴 글들 중에 어떤 것을 당신들이 이단적이라고 생각하는지 글로 써서 제게 답해주십시오. 독일어로 된 글들 중 어느 것 하나도 제게는 이단적으로 보이지 않습니다. 그리고 사실상 상당한 양이 독일어로 출판되었고, 저는 그것을 다 읽었습니다. …저는 언제나 진리를 찾고자 했습니다. 비록 최근에는 성서에 몰두해 있느라 그들의 저작을 읽지 못했습니다만, [루터의 저작 모두는 어쨌든 우리로 하여금 그것[성세을 읽도록 인도하고 있습니다. 사랑하는 아버지는 제가 10살 때 성서를 주시면서 읽으라고 강조하셨습니다. 불행히도 저는 전술한 목회자들, 특별히 제가 길을 잃게 될 것이라고 말한 엄수파들(Observants)의 꾐에 빠져, 그분에게 순종하지 않았습니다. 아, 그렇지만 하나님의 영이 우리를 가르치고 우리로 이해하게 하실 때 얼마나 기쁜지요. …주께서 제게 은혜를 베푸신다면 저는 제 재능을 썩히고 싶지 않습니다. "The Account," 1523, AvG/Matheson, 86-87. 또한 Classen 1989, 140.

아르굴라는 독서를 통해 정신을 형성하고 확신을 갖게 되었으며, 성서에 궁극적인 권위를 두는 프로테스탄트의 원칙과 (적어도 이론적으로) 평신도에게 영적인 동등성의 자격을 부여하는 것을 받아들이게 되었다. Halbach 1992, 118-119, 204-207, 212-226. 성서에 기반을 둔 해방으로 인해, 그녀는 당시의 영적인 지도력에서 보이는 실패들을 비판하고 권력자들에게 자신의 조언을 제공하기에 충분한 자신감을 지니고 있었다. 그녀는 빌헬름 공작에게 보내는 편지에서 다음과 같은 것들을 상기시켰다. "하나님의 말씀만이 모든 것을 통치해야 합니다. 그들은 그것을 루터의 말이라고 하지만, 그 말은 루터의 것이 아니라 하나님의 것입니다." "하나님은 군주와 통치자들이 소위 이러한 영적인 지도자들에 의해 더는 사슬에 묶인 원숭이들처럼 끌려다니지 않도록 하십니다." "A Christian Writing by an honourable noblewoman in which she exhorts all Christian estates and authorities to remain true to the truth and to the word of God and to take most earnestly their Christian duty in this regard", Argula von Stauff AD 1523, in AvG/Matheson, 100-112 at 101과 108 참조.

정규 교육을 받지 않은 여성은 신뢰성이라는 문제에 부닥치게 된다. 라틴어를 못하는 것은 학계에서는 하나의 결함이었지만, 아르굴라는 그것이 자신의 발목을 잡도록 내버려두지 않았다. 학문적 언어 영역에서 자신이 결여하고 있는 것들을 그녀는 자신의 신념과 그리스도인의 의무감으로, 놀랄 만한 성서지식으로, 그리고 모국어로 독서와 저술을 뛰어나게 해냄으로써 상쇄시켰다. 그녀는 또한 자신의 "폰 슈타우프" 신분을 의도적으로 과시하였다. 바울 사도의 고린도전서 3장을 특별히 내세우며, 어리석은 인간의 지혜와 자격증을 경시하였다. "저는 라틴어를 모르지만,

당신들은 독일어권에서 태어나 양육을 받아 독일어를 알지 않습니까. 제가 당신들께 써 보낸 글은 여자의 수다가 아니고, 하나님의 말씀입니다. 그리고 그리스도교 교회의 한 구성원으로서 지옥문이 횡행하는 것을 막기 위해서 이 글을 쓰고 있는 것입니다." "The Account," in AvG/Matheson 1995, 90, 그리고 89.

아르굴라는 1523년에 쓴 편지들로 종교개혁 무대에 들어서 그 다음 해에 악명을 얻었다. 그녀가 주목을 받던 시기는 평신도 팸플릿 저술활동이 가장 활발하던 시기였으며, 이때는 1523년 3월 5일 뮌헨의 바이에른 법정이 프로테스탄트 서적에 대해 토론하거나 심지어 소유하는 것을 불법으로 선포한 때였기 때문에 프로테스탄트 활동이 금지된 상황이었다. 아르굴라의 저술활동에 자극제가 된 것은 "아르사시우스 시호퍼 사건"(Affair of Arsacius Seehofer)이었다. 평신도 팸플릿 저술활동에 대해서는 Russell 1986; Chrisman 1982; Jung 2002, 169-221 참조.

18살의 아르사시우스는 잉골슈타트대학의 학생이었다. 아르사시우스는 1521년 비텐베르크에서 새로운 사상과 팸플릿들을 가지고 그곳에 도착했는데, 비텐베르크에서는 멜란히톤과 카를슈타트와 공부하였다.(이때는 루터가 바르트부르크에서 강요된 "휴식"을 취하고 있던 때였다.) 잉골슈타트대학의 요하네스 에크 교수는 그의 루터주의적인 경향을 잘 받아들이지 않았다. 에크는 루터의 대표적인 적대자로서, 이미 1519년 라이프치히 논쟁에서 루터의 가르침을 공개적으로 논박한 바가 있었다. 1522년 12월에 아르사시우스는 경고를 받고 집 수색을 당했는데, 그의 집에서 프로테스탄트 자료들이 발견되었고, 이 소년은 (세 차례) 투옥되어 루터의 가르침을 부인하라는 강요를 받았다. 그는 이단에게 예정되어 있던 화형에 직면했지만, 그의 아버지의 개입으로 이 사건은 주교의 사법관할로부터 국가의 사법관할로 이관되어, 결국 공개적인 변절이 이루어졌다. 비텐베르크의 신학자들과 연관된 17개에 달하는 오류 목록이 아르사시우스에게 제시되자 9월 7일 그는 눈물을 흘리면서 자신의 신념을 철회하며 루터주의 교리와 관계를 맺지 않겠다고 약속하였다. 그리고 자신을 이처럼 관대하게 대해준 대학 측에 감사를 표하였다. 그는 감금되었다가 에탈(Ettal)의 수도원으로 보내졌다. Kolde, 49-58과 Halbach 1992, 35-47 참조.

그 누구도 아르굴라처럼 공개적으로 아르사시우스를 변호하지 못했다. 아르사시우스에게 일어나고 있는 일들에 대해 그녀는 비성서적이고, 정의롭지 못하며, 명백한 권력의 남용이라고 생각하였다. 격분한 아르굴라는 먼저 오시안더의 조언을 구했는데, 그는 뉘른베르크에서 교사이자 설교자로 섬기고 있었다. 이때 어린 자녀들을 데리고 이곳을 찾아간 아르굴라는 성서에 대한 날카로운 통찰력으로 그에게 감명을 주었다고 전해진다. 1523년 9월 20일 그녀는 대학 측과 학장과 위원회에게 노골적이면서도 분명한 어조로 편지를 보내어, 그녀 자신(과 대중들)에게 아르사시우스가 어떤 이단 혐의가 있는지 정확하게 설명해 줄 것을 요구하였다. 그녀는 박해를 당하는 소년이 아직 어리다는 점을 그들에게 상기시켰다. "당신들은 한 가지를 잊고 있습니다. 그는 아직 18살밖에 되지 않은 어린 아이라는 점입니다. 다른 사람들이라면 그것을 잊지는 않을 것입니다." 아르굴라는 하나님은 잊지 않으시고, "아르사시우스에게 자비를 베풀 것입니다."라고 선언하였다. 더 나아가 그녀는 "우리가 성서가 아니라 힘으로 주장을 펼칠 때는 논쟁을 쉽게 승리로 이끌 수 있는 법"이라고 덧붙였다. "The Account," in AvG/Matheson, 82-83, 그리고 81-84.

아르굴라는 하나님으로 인해, 그리고 자신이 목격한 불의로 인해 행동하지 않을 수 없었다. 그녀는 자신이 주장하는 바의 기초를 성서의 수위성 위에 두었으며, 자신의 주장을 80개 이상의 인용문과 훌륭한 문장으로 뒷받침하였다. 그녀는 남성들이 침묵할 때 여성들이 복음을 전파해야 할 필요성에 대해 루터가 한 말(Vom Missbrauch der Messe, 1521)에 고무되었을지도 모른다. 아르굴라는 대학 측 인사들이 스스로 그녀의 말에 귀를 기울일 뿐 아니라 응답해야 한다고 담대하게 요구하였다. 아르굴라의 평신도 신분뿐만 아니라 여성이라는 성별과 라틴어의 미숙함 또한 그녀에게 어떠한 장애도 되지 않았다. 성서를 기반으로 한 권위로써, 그리고 공적인 자금을 부여받은 대학이 잘못 행하고 있을 때 개입해야 하는(에스겔 33장을 인용하면서) 그리스도인의 도덕적인 의무감으로 그녀는 격분했던 것이다. "당신들과 당신 대학은 하나님의 말씀에 반하여 그다지도 어리석은 폭력을 전개하면서 어떻게 하나님의 이름으로 널리 인정받으리라 기대할 수 있는지요. …저는 한 사람의 그리스도인으로서 당신들에게 편지를 쓰지 않을 수 없습니다." "The Account," in AvG/Matheson 1995, 75, 77.

아르굴라는 또 다른 담대한 몸짓으로 재판에 회부되어 있던 루터의 견해를 옹호하는 입장을 취하였다. 아르굴라에게 루터의 성서 번역은 그의 정통성과 거룩성의 증거였다. 그녀는 그 번역을 찬양한 초창기 사람들 중 하나였으며 그것을 순전하고 뛰어난 것으로 칭송하였다.

> 당신들은 [아르사시우스 시호퍼개] 신약성서를 순전히 그 내용에 따라 독일어로 옮긴 마르틴의 모든 저술을 부인해야 한다는 것이 부끄럽지도 않습니까? 그것은 거룩한 복음서와 서신서와 사도들의 이야기 등이 모두 당신들에 의해 이단적인 것으로 버려지는 것을 의미합니다. …하나님께서는 우리의 세 군주와 전체 공동체가 지켜보는 가운데 제가 당신들과 토론하는 것을 허락하십니다. "The Account," in AvG/Matheson, 89.

테링 공작에게 보내는 다른 편지에서 그녀는 "결국 루터가 의도한 것은 우리가 그의 책들에 대하여 믿음을 가져야 한다는 것이 아닙니다. 그 책들은 단순히 하나님의 말씀으로 우리를 인도하는 안내서로서 작용해야 합니다."라고 썼다. "Adam von Thering," 1523, in AvG/Matheson, 148. 이 모든 점에서, 그녀는 자신이 보기에 불의하게 보이는 요구들에 대해 명확성을 요구한 것이다. "제가 하나님을 위해 당신들에게 간청하고, 하나님의 심판과 정의로우심으로 당신들에게 권고하는 바는 이것입니다. 마르틴이나 혹은 멜란히톤이 쓴 글들 중에 어떤 것을 당신이 이단적이라고 생각하는지 글로 써서 제게 답해주십시오. 독일어로 된 글들 중 어느 것 하나도 제게는 이단적으로 보이지 않습니다." "The Account," in AvG/Matheson, 86. 그녀는 자신의 신분을 드러내는 "폰 슈타우프"라는 가문의 이름으로 서명하였다. Schöndorf 1983, 190. 그녀는 동시대인들에게 루터의 작품이 하나님의 말씀에 관한 것이라는 점을 상기시켰다. Halbach 1992, 203-204.

대학에 보내진 1523년 9월 20일자 편지는 처음에는 필사본으로 회람되다가 나중에는 오시안더(혹은 Balthasar Hubmaier 혹은 Sebastian Lotzer)의 서문과 더불어 인쇄되었는데, 두 달 만에 14판을 발행할 정도로 베스트셀러가 되었다. "The Account," 1523, in AvG/Matheson, 71-91; Schöndorf 1983, 193-194; Bezzel 1987 참조. (내용에 대해서는 Halbach 1992, 102-122 참조.) 아르굴라는 (1524년 스트라스부르에서 재개된) 이 출판으로 인해 무슨 일이 일어날지 거의 알지 못했다. 그녀가 자신이 유명해져 루트비히 라부스(Ludwig Rabus)의 1556년 판 『순교자들의 역사』(History of the Martyrs)에 이름을 올릴 운명에 처할 줄을 생각이나 했겠는가?

첫 번째 편지를 쓴 날과 같은 날인 1523년 9월 20일 아르굴라는 또 다른 편지를 썼는데, 이번에는 그녀의 가족과 연을 맺고 있는 공작 빌헬름에게였다. 이 편지는 대학에 보낸 편지에 대한 설명서 역할을 하고 있으며, 여기에서 "종교개혁을 요청하는 강령"을 분명하게 밝혔다. Kolde 1905, 70; Bainton 2001, 101. 개혁자 아르굴라는 종교 기관과 세속 당국 사이에 복잡하게 뒤얽힌 관계를 인지하고, 세속 당국에게 참된 복음의 설파를 보장할 것(과 무엇보다도 목회자의 결혼을 장려해 줄 것)을 권고하였다. 이 편지는 인쇄되어 신분이 높은 그리스도인들에게 전해졌는데, 1520년에 루터가 쓴 『독일 귀족들에게 고함』과 유사한 것이었다. 이로부터 얼마 지나지 않아, 그리고 아르굴라의 승인을 받지도 않은 채, 그녀의 다른 서신들이 출간되었는데, 이번에는 그녀가 요한 폰 시메른(Johann von Simmern)과 현자 프리드리히(Fredrick the Wise)에게 보낸 편지들이었다.

광범위하게 회람된 편지들이 이렇게 축적되었다는 것은 아르굴라의 요구에 대학 측이 부응하지 않고 완고하게 버티는 데 대한 그녀의 좌절을 반영하고 있다. 그녀는 자신이 보낸 어떤 편지에 대해서도 공식적인 답변을 받은 적이 없었고 논쟁을 일으키지도 못했다. 대신 아르굴라는 대학 측 남성들에 의해 "이단적인 계집"으로 그리고 "간악한 마녀"로 묵살당하였다. 당시의 관습에서 여성은 정말이지 인격적인 대접을 기대할 수 없었으며, 그녀가 먼저 언급했던 다음과 같은 말대로 아르굴라는 이것을 알고 있었다.

> 제가 당신들께 써 보낸 글은 여자의 수다가 아니고, 하나님의 말씀입니다. 그리고 (제가 글을 쓰는 것은) 그리스도교 교회의 한 구성원으로서 지옥문이 횡행하는 것을 막고⋯하나님께서 우리에게 은혜를 베풀어 우리 모두가 구원을 받도록, 그리고 (하나님께서) 자신의 뜻대로 우리를 다스리도록 하기 위해서입니다. 이제 그분의 은혜로 그날이 오기를 바랍니다. "The Account," in AvG/Matheson, 90.

루터주의와 하나님의 그릇으로서의 그리스도인의 소명에 대한 그녀의 변호는 성서에 기반을 두면서도 논지가 잘 선 확신에 찬 것으로 대담하고 도발적이었다. Classen 1989, 142, 145; Bezzel 1986, 202. 여성의 목소리와 경험을 포함시키라는 아르굴라의 부가적인 요구는 그녀를 루터보다 훨씬 더 급진적이지는 않더라도 루터만큼이나 급진적인 사람으로 만들었다.

여성으로서 학식 있는 남성들에게 도전하는 것도 무시 못할 일이었지만, 루터주의적인 견해가 정죄를 받던 지역에서 루터주의자를 변호하는 것은 한층 더 위험한 일이었다. 바이에른에서 주어진 상황, 즉 루터의 가르침을 논의하는 것은 법률에 반하는 것이고 여성이 공개적으로 논쟁을 벌여서는 안 되는 그런 상황에서 아르굴라는 이중적인 위법행위를 범한 것이었다. 격노한 잉골슈타트 신학자들은 이 여성에게 공개적으로 대응하는 것은 거부하면서, "어리석은 계집을 길들이고" 그녀의 남편을 통해 이 "여성 사탄"을 간접적인 방식으로 처벌하기로 결정하였다. 빌헬름 공작은 루트비히 공작의 조언에 따라 행동하면서, 복음주의자들에게 조금도 공감하고 있지 않던 그녀의 남편을 1524년 행정관의 직위에서 해임시켰다. 이것은 이미 뒤틀려 있던 이들의 결혼관계, 혹은 경제적인 상황을 더욱 악화시켰다. 아르굴라가 대학 측에 보낸 편지 필사본과 함께 잉골슈타트 시의회와 시장에게 보낸 편지들은, 영주들이 그녀를 지원하기를 거절한 이후, 재정적인 지원에 대한 요구도 담고 있었다. Kolde 1905, 97-98; Bezzel 1986, 202; Bainton 2001, 104-105 참조.

그녀는 시의회가 성서에 입각해서 아르사시우스 문제를 고려해 줄 것을 간청하였다. 그녀는 여성으로서 소리 내어 말할 자신의 권리와 의무에 대해, 그리고 자신이 죽을 각오가 되어 있다는 점에 대해―그녀가 박해를 당하는 상황에서는 실제적으로 가능한 일이었다―거듭 말하였다. "제가 듣기로 몇몇 사람들이 저에게 너무나 노한 나머지 어떻게 해야 가장 빨리 저를 죽일 수 있을지 몰라 하고 있다고 합니다. 그렇지만 저는 그들이 그렇게 할 수 있는 권한을 하나님께로부터 받지 않는 한 제게 어떤 해도 끼칠 수 없다는 것을 확실히 압니다. 그분은 그분의 이름을 위해 저를 안전하게 지켜주실 것입니다." 그녀는 "그들이 지금 당장 저를 죽이기로 하고 얻는 것이 무엇인지 정말이지 알고 싶습니다."라고 궁금해했다. 그리고 다시금 그녀는 순교를 목격할 가능성을 보았다. "저는 또한 그분의 이름을 위해 제가 죽임을 당할 은혜를 입게 된다면, 많은 심령들이 깨우침을 받을 것이라는 것을 확신하고 있습니다." "To the honourable, wise Council of the town of Ingolstadt, an open letter from Argula von Grumbach, née von Stauffen. To the honourable, prudent and wise Magistrates and Council of the town of Ingolstadt, my good friends," 1523, in AvG/Matheson, 117-122, 특히 119-120. 마지막 때에 그리스도를 위해 겪는 고난은 아르굴라의 글에서 여전히 핵심 주제였다. Halbach 1992, 119, 226.

비록 그녀 혼자 행동하고 있었지만, 그녀는 자신이 혼자라고 느끼지 않았다. 그녀는 "일단의 여성들," 즉 같은 목적을 위해 싸울 준비가 되어 있는 다른 여성들로부터 힘을 부여받았다. "그렇습니다. 비록 저는 혼자 글을 썼지만, 이후 많은 여성들이 나타나 그들을 상대해 글을 쓸 것입니다. 그들 중에는 저보다 더 능력 있고 더 학식 있는 여성들이 많기 때문에, 그 결과 그들은 '여성들을 위한 유파'라고 불리게 될 것입니다. …우리는 공개적으로 우리의 의견을 표명해야 합니다. …" "To the honourable," in AvG/Matheson, 120-121; Joldersma 1997, 93. 사실, 그녀는 편지를 통해 자신이 소망한 것을 아무것도 이루어내지는 못했지만 자신의 주장을 표명하였다. 그 대신 아르굴라와 그녀의 가족은 디트푸르트(Dietfurt)에서 추방되었다.

아르굴라의 편지는 하우어(Hauer) 교수를 자극해 "적의에 찬" 설교들을 쏟아내게 만들었다. 그는 1523년 12월 8일 아르굴라와 같은 "이브의 딸들", "이단적인 계집들과 어쩔 도리가 없는 바보들"에 관해 분노하며 설교하였다. Kolde 1906, 101. 악의에 차서 쏟아낸 "여자 악당", "가엾고 애처로운 이브의 딸", "오만한 사탄", "건방진 바보", "이단적인 계집", "부끄러움을 모르는 매춘부"와 같은 모멸적인 말은 분명히 대부분 아르굴라를 겨냥한 것이었다. Matheson 1995, 19-20. 대학 구성원들은 이런 비방에 가담해 지독한 반응을 보였으며, 자신들 측의 군주들에게 "저 마녀를 굴복시키라고" 호소하면서 "die Vettel zähne" 혹은 "eam vetulam compescat," in Kolde 1905, 97. 아르굴라의 편지와 같은 불경스러운 편지들을 더는 출판하지 못하도록 금해줄 것을 요구하였다. 아르굴라의 손가락을 자르거나 교살시켜서 더는 글을 쓰지 못하게 하는 일의 유익을 논의하는 군주들에 대한 이야기가 그치지 않았지만, 사실 여부는 아직 입증되지 않았다. 하지만 (특히 그녀로 인해 해임을 당하고 난 뒤) 아르굴라를 향한 그 남편의 분노는 그녀의 편지에 잘 나타나 있다. 아르굴라는 남편이 자신을 가두어 두었다는 소문에 대해서는 논박하였지만, 그가 자신 안에 있는 그리스도를 박해하기 위해 할 수 있는 모든 짓을 했다고 하소연하였다. 그녀의 1523년 "A Christian Writing," in AvG/Matheson, 100-122; Bainton 2001, 104-105; Matheson 1995, 18-19 참조.

소란의 와중에 아르굴라는 자신의 용감한 처신에 대해 찬사를 보낸 바 있는 루터에게 편지를 썼다. 다른 무엇보다도 아르굴라는 그에게 결혼할 것을 권고하였다. 이들 사이에 나중에 오간 편지에서 그녀는 아이의 젖을 떼는 법에 대해 조언해 주고, 루터는 이 정보를 기꺼이 자신의 아내 카타리나에게 전달해 주었다. 그것과는 달리, 신학적인 이슈들은 이들의 대화에서 절박한 것이었다. 루터는 아르굴라의 전투를 존중하였으며, 그녀의 어려운 가정 상황을 알아차리고 있었다. 그래서 그는 아르굴라를 만나보라고 위촉한 슈팔라틴에게 보내는 편지에서 이렇게 썼다. "당신에게 그리스도의 제자, 아르굴라 폰 그룸바흐의 편지를 보냅니다. 당신은 아담의 죄 많은 딸이 회심을 하고 하나님의 딸이 된 데 대해 천사들이 얼마나 기뻐하는지 알게 될 것입니다." WA Br 2:503; Bainton 2001, 106; Kolde 1905, 114-115.

경건하기 그지없는 아르굴라는 루터에게 그리스도의 특별한 도구이자 제자였다. 루터는 이렇게 썼다.

> 바이에른의 공작은 지나치게 격분해 날뛰며 죽이고 복음을 파괴하고 박해하는 데 온 힘을 다하고 있습니다. 가장 고귀한 여성 아르굴라 폰 슈타우프는 위대한 정신, 대담한 언변, 그리고 그리스도에 대한 지식으로 용감히 싸우고 있습니다. 그녀는 모두가 그녀에게 그리스도의 승리가 임하

기를 기도할 만한 여성입니다. 그녀는 잉골슈타트대학이 아르사시우스 시호퍼라는 젊은이의 변절을 강요한다는 이유로 이 대학을 비난했습니다. 그녀를 포악하게 다루는 그녀의 남편은 행정관 직위에서 해임되었습니다. 그가 무슨 일을 할지 여러분은 짐작할 수 있을 것입니다. 이런 괴물들 사이에서 그녀 혼자, 비록 내적인 동요가 없지는 않다고 그녀가 인정하고 있기는 하지만, 확고한 신앙을 지니고 싸워나가고 있습니다. 그녀는 그리스도의 뛰어난 도구입니다. 당신께 그녀를 위탁하는바, 그리스도께서 이 연약한 그릇을 통해, 자신들의 힘을 자랑하는 자들과 그 권력을 물리쳐 주실 것입니다. Bainton 2001, WA Br IV:706; II:509. (Matheson 1995, 18, 21, footnotes 48, 58; WA Br III:247/25-34, 235, IV:605 참조.)

아르굴라와 루터는 아우크스부르크 제국회의에 앞선 1530년 6월 2일 코부르크(Coburg)에서 아르굴라의 주도로 만났다. 이들은 오랜 기간 일련의 편지를 교환하였으나, 편지 원본은 모두 유실되었다. 루터의 편지에 비추어보면, 그는 아르굴라에게 존경과 애정을 보여주었다. 시호퍼 사건과 "바이에른의 돼지들"에 대해 잉골슈타트대학에 마지막으로 글을 쓸 때에 비록 루터가 아르굴라의 이름을 일절 언급하지는 않았지만 말이다. 이것은 루터가 "개인적으로 그녀는 칭송과 격려를 받을 만하지만, 신학과 같은 진지한 영역에서는 그녀의 자리가 없다." Matheson 1995, 21, 그리고 21-23. 라고 생각했음을 의미하는가, 아니면 여성과 혹은 여성에 대해 직접적인 의사소통을 하는 것이 고매한 남성에게는 너무 파격적이고 "방탕한" 것이라고 생각했다는 것을 의미하는가? Joldersma 1997, 90. (루터와 아르굴라에 관해서는 Stupperich 1955, 221-223; Kolde 1905, 114, 169-170; Bainton 2001, 101, 106-109; WA Br II:509; IV:713, 800; V:1581-1584를 보라.)

이렇듯 루터가 아르굴라를 자신의 동료 개혁자들 중 하나로 인정하는 것만큼이나 그녀의 성별이 문제가 되었다. 아르굴라가 신학적으로, 그리고 교회의 부패를 비판하는 일에 루터에게 동조하고 있었던 반면, 그녀의 "여성스럽지 않은" 행동은 규범을 벗어나 있었고, 따라서 프로테스탄트 운동에 해가 될 수도 있는 것으로 간주되었다. 실상은 이러했다.

> 그녀는 여성으로서 자신의 종교적인 견해를 논하고, 자신의 신앙을 공개적으로 설명하고, 독일어로 된 성서를 읽을 수 있는 자신의 양도할 수 없는 권리를 주장하고 있는데, 물론 이 모든 것은 사도 바울에게 거스르는 것이다. 그녀는 자신이 거룩한 성서를 개인적으로 해석할 권한을 위임받았다고까지 주장하고 있으며, 따라서 프로테스탄트와 가톨릭교회 모두에게 위험한 전례를 만들고 있다.

루터는 아마도 여성에 대한 당대의 관념과 규범에 도전할 뿐만 아니라 "그녀의 주석적인 해석에 기초해서…지역 농민들이 일으킬 수도 있는 폭동의 혁명적인 기반"을 제공하기까지 하는, 논쟁의 대상이 되는 인물과 공개적으로 연대하는 것을 삼가는 것이 보다 안전하다고 생각했을 것이다. Classen 1989, 146-147. 아르굴라는 프로테스탄트 여성들에게 제시된 틀을 빠져나왔다. 그녀는 가정 내의 관계에서는 순종적으로 보였을 수 있지만, 자신의 종교적인 견해가 문제가 되었을 때에는 누구에게도 굴복하지 않았다.

아르굴라의 저술들은 여성으로서, 선지자로서, 그리고 종교개혁자로서 자신의 특별한 정체성을 드러냈다. Halbach 1992, 216-218, 213. 흥미로운 것은 그녀가 자기 자신을 유별난 사람으로 여기지 않았다는 점인데, 그녀는 "여성을 위한 일단의 무리"가 그리스도의 제자로서 활발하게 활동하고 있다는 것을 확신했다. "To the Honourable," in AvG/Matheson, 120. 그녀는 여성이 교회 안에서 침묵해야 한다는 바울의 말을 잘 알고 있었지만(딤전 1:2), 다른 선지자적인 여성들의 목소리와 상황이 성별에 따른 구분을 바꾸어 버린 이야기들을 되풀이해 반복하였다. "이를 감당할 수 있는 남자는 하나도 볼 수 없고, 기꺼이 말할 자도 말할 수 있는 자도 없으니, 나는 '누가 있어 나를 고백하겠는가?'라고 말할 수밖에 없다. …이사야 3장, 내가 소년들을 그들의 고관으로 삼고 여성들, 혹은 여성처럼 연약한 사람들로 하여금 그들을 다스리게 하리라." "The Account," in AvG/Matheson, 79. 아르굴라는 그리스도교 역사에 나타난 여성 선지자들의 오랜 전통을 따랐다. 여성 선지자들은 종말론적인 상황에 직면해서 영적인 지도력을 발휘하고 신학적인 목소리를 내지 않을 수 없도록 강제된다고—그들의 주장에 따르면 하나님에 의해—느꼈다. 다른 말로 하면, 그들은 성서, 상황, 그리고 신적인 개입이 명하는 대로 그리스도교의 제자도를 표출하였다. 실로 그리스도교 역사 내내 여성들의 일파가 있었다. 아르굴라가 옳았다.

아르굴라의 생생하고 직접적인 성서읽기는 그리스도교 교회에 대한 그녀의 포괄적인 견해와 여성의 권리에 대한 그녀의 확신을 형성하였다. 성서의 각 권을 폭넓게 사용하고(그리고 루터의 번역으로부터 유익을 얻어), 시편과 복음서에 가장 관심을 가지면서, 그 전체에 대해 철저하게 기억하고 있으면서, 아르굴라는 다른 개혁자들과 더불어 "하나님의 말씀만이 가득해야" 하고 "그 자체가 최상의 해석자"라고 강조하였다. 루터와 마찬가지로 아르굴라는 성서에서 전거본문(proof-text)을 찾지 않고, 성서의 지혜로 아르굴라의 시대를 해석할 변증법적인 해석학 렌즈를 채택하였다. 마리 당티에르와 마찬가지로, 그녀는 모든 것을 감찰하시는 하나님에게 신뢰와 소망을 두고, 성서의 이야기들을 자신이 처한 상황에 적합한 모본 혹은 거울로 읽었다. 자신의 경험과 성서의 이야기들 사이에서 이루어진 아르굴라의 "계속적인 대화"는 그녀만의 독특한 평신도 여성의 신학적인 관점을 형성하였다. "교육자, 도덕주의자, 신앙고백자, 그리고 종교개혁자로서 그녀는 성서에서 자신의 영감을 끌어내었다." Matheson 1995, 38-39, 27-39, 158, 132, 181. 또한 Halbach 1992, 195-202, 226.

1524년 6월 29일 그녀는 마지막으로 출간된 편지(앞에서 얼마간 논의한), "레겐스부르크 시에 보내는 묵시론적인 호소"를 보냈는데, 이것은 레겐스부르크의 사람들에게 올바른 신앙을 고수하라고 권고하는 편지였다. 스트라스부르 전집에 포함되지 않은 이 문서는 급하게 쓰였고, 신비하고 신앙고백적인 어조를 띠고 있다. Kolde 1905, 150-159, 164-165; Stupperich 1955, 224. "An open letter by the noblewoman, Argula von Stauff to the people of Regensburg. To the honourable, prudent, and wise magistrates and council of the city of Regensburg, my good friends," June 29, 1524, in AvG/Matheson, 154-159 참조. 그녀에 대한 압박, 특별히 가정적인 영역에 대한 압박이 지나치게 강해짐에 따라, 이 편지는 수년간의 아르굴라의 공개적인 항거에 종지부를 찍는 것과 진배없었다. 그렇다고 이것이 그녀가 종교적인 영역에 대한 관심이나 관계를 잃었다는 것을 의미하지는 않았고, 오히려 그 정반대였다. 검열이 강화되고 출간되는 팸플릿이 줄어드는 풍토에서, 아르굴라는 그녀를 계속 품어준 개혁자들을 포함한 친구들에게 계속해서 편지를 썼다.

종교개혁운동을 진전시키기 위한 그녀의 마지막 공개적인 시도 중 하나로, 아르굴라는 공적인 모임에 참석하였으며, 뉘른베르크회의(1523년 11월 24일부터 1524년 4월 18일까지)와 레겐스부르크회의(1524년 6월 27일)에 참석한 것은 종교개혁 무대에서 아르굴라의 위상을 말해준다. 참석한 군주들의 마음을 움직일 수 있는 절호의 기회를 활용함으로써 결국에는 비난을 받게 되었지만, 이후 그녀는 성만찬이라는 이슈를 둘러싸고 아우크스부르크에서 멜란히톤과 부처를 화해시키려는 소망으로 그녀 스스로 모임을 소집하기까지 하였다. 그런 일을 행하는 초기 프로테스탄트 여성들 중 한 사람으로서 그녀는 적극적으로 로비를 벌였으며, 가난한 사람들에게 유익을 끼치고 평신도들에게 힘을 불어넣기 위해 자신의 영향력을 사용하고자 하였다. "그녀는 자신의 신학적인 경험을 사용하여 정치적이고 자신의 사회적인 요구들을 뒷받침하였으며, 그 역으로 후자가 전자를 뒷받침하기도 하였다." Matheson 1995, 124-125; Classen 1989, 145.

　로비스트로서 그녀는 1523년 12월 1일 요한 폰 시메른뿐 아니라 현자 프리드리히에게도 편지를 써서, 복음을 파괴하고 있는 자들에게 맞서서 견고하게 신앙을 지키라고 촉구하였다. 프리드리히에게 보낸 편지, AvG/Matheson, 129-134, 그리고 시메른에게 보낸 편지 "To the noble Prince and Lord Johann, Count Palatine of the Rhine, Duke of Bavaria, Count of Spanheim…" 1523, in AvG/Matheson, 125-128 참조. 그녀가 아담 폰 테링(Adam von Thering, 1523년 12월)과 다른 군주들에게 보낸 편지들에서 한탄하듯이, 아르굴라는 참석한 남성들이 진지한 문제들보다는 술 마시는 데 더 흥미가 있다는 결론을 내리고, 실망한 채 회의장을 떠났다. 아르굴라의 최후의 방책 중 하나인 레겐스부르크 시에 보낸 편지는 이 도시가 프로테스탄트 신앙을 상대로 취했던 조처들에 대한 그녀의 좌절된 저항을 표출하였으며, 행동할 만한 위치에 있는 남성들의 지도력 결여에 대해서도 견해를 표하였다.

　아르굴라와 연관되어 마지막으로 물의를 일으킨 사건은 1524년의 "란트스후트 논쟁"(Landshut controversy)이었다. 그 해 익명으로 자신을 풍자한 시가 나오자 아르굴라는 이에 대응해 가을에 장문의 시를 출판하고자 하였다. 130행(4절 판형으로 4장)으로 된 반(反)아르굴라 시는 익명으로 나왔지만 글 안에 저자를 드러내고 있었으며, 이 여성에게 하나님의 말씀을 주물럭거리는 일을 중단하고 돌아가 실을 짜는 일이나 하라고 요구하고 있었다. 이 시는 루터와 아르굴라가 성적인 데 기반하여 호감을 갖는 것이라고 넌지시 비추면서, 표지에서부터 아르굴라를 논쟁을 일삼는 전혀 여성스럽지 못한 사람으로 묘사하였다. 이 문학을 빙자한 대적자에 대응한 아르굴라의 의욕 넘치는 장문의 시(300행 이상)는 란트스후트의 요한(Johann of Landshut)의 원본 시와 함께 출판되었다. 본문은 종말론적인 낮은 목소리로 성서에서 여성을 강력히 옹호하는 말들을 찾아 되풀이하고 있으며, "다가올" 약속으로 끝을 맺고 있다. "하나님께서는 다른 [시]가 뒤따라 나오게 하실 것입니다." A.V.G. née von Stauffen, "An Answer
in verse to a member of the University of Ingolstadt in response to a recent utterance of his
which is printed below. The year of our Lord 1524," in AvG/Matheson, 173-195 참조. (Bezzel
1986, 204, 206-207; Becker-Cantarino 1987, 106-107 참조.)

　1524년 이후 1530년 재등장하기까지 아르굴라는 공적인 무대에서 사
라지기 시작하였다. 잉골슈타트 소동 이후 그녀가 거의 자신을 드러내지
않았다는 것은 그녀가 전반적인 상황에 대해, 그리고 정중한 응대를 받
지 못한 데 대해 낙심했다는 것과, 스스로 로비에 실패했다고 생각했다
는 것을 말해주는 듯하고, 1525년의 농민전쟁이 불러온 소란, 잉골슈타
트와 바이에른에서의 "구"교회의 재출현, 아니면 순전히 점차 악화되는
아르굴라의 가족 상황에 대해 말해주는 듯하다. 아르굴라와 그녀의 스
트라스부르 동시대인인 (가장 장기간 출판 경력을 지닌) 카타리나 쉬츠 젤
처럼 다작인 데다가 폭넓은 독자층을 지닌 여성 프로테스탄트 작가들
은 극소수뿐이었다. 그리고 1524년부터, 특히나 1530년부터 검열이 더욱
강화된 이후에는 오직 소수만이 그들을 따랐다. 아르굴라와 카타리나
는 서로의 저작들에 대해 알고 있었던 듯하다. Matheson 1995, 23, 44-47; Jung
2002, 180-190.

　아르굴라의 이름은 1530년 아우크스부르크 제국회의 기간에 다시 등
장하였다. 이 회의에서 그녀는 스위스인들과 독일인들이 성만찬에 대해
합의에 이를 수 있을 것이라는 희망을 갖고 멜란히톤과 부처의 만남을
주선하려고 노력하였다. 성만찬 문제는 루터 측 사람들과 그 영향을 받
은 다른 비텐베르크 신학자들에 맞서 츠빙글리와 칼뱅의 가르침을 따르
는 사람들이 마지막까지 합의하지 못하고 있던 사항이었다.(양측의 내부
적인 불일치를 말하는 것이 아니다.) 그녀는 1530년 6월 2일 코부르크에서
루터를 만나, 그의 성례신학에 찬동하였다. 아우크스부르크 제국회의 이
후, 아르굴라가 종교개혁에 적극적으로 가담해 공개적인 활동을 펼치는

것은 끝이 난 듯하며, 가족의 영지가 있는 잉골슈타트 인근의 렌팅에서 말년을 보낸 것 같다. 그녀의 활동에 대해서는 정확한 정보가 남아 있지 않다.

몇몇 전승(예를 들어 "Zeilitzheim tradition")에 따르면, 아르굴라는 새로운 지역 교회를 설립하는 데 일조했으며, 유사한 사역을 위해 지역 이곳저곳(Gerolzhofen, Schallfeld, Krautheim, Brünnstadt)을 여행하였다.(Leonard von Eck는 그녀가 디트푸르트에서 대중들에게 설교를 했다고 의심하였다.) 우리가 1524년 이후의 그녀에 관해 아는 것은 극히 적지만, 그것들도 모두 그녀가 아이들과 주고받은 편지, 그리고 종교개혁에 연관된 사람들과 교류한 편지에서 간간이 나오는 아르굴라에 대한 언급에서 비롯된 것들이다. 그녀가 1533년 재혼했다는 사실은 확인되었다.

아르굴라의 첫 번째 (反프로테스탄트적인) 남편 프리드리히가 1530년에 죽자, 아르굴라는 종교개혁에 보다 동조하는 인물인 포포 폰 슐리크(Poppo von Schlick) 백작과 결혼하였다. 백작은 2년 뒤인 1535년(아마도 짧은 별거를 거친 이후에) 죽었다. 다소 모호한 점이 있는 아르굴라의 죽음이 있기 전에 그녀의 세 아이가 죽었다.(게오르크는 1539년, 한스 게오르크는 1544년, 아폴로니아는 1539년) 그녀가 정확히 언제 죽었는지, 그리고 죽기 전까지 그녀가 어떤 활동을 했는지에 대해서는 아직 분명하게 결론이 난 바가 없다. 1586년 나온 한 보고서는 아르굴라가 1554년 죽었다고 주장하였으며, 몇몇 사람은 그녀가 말년에 프로테스탄트 운동에 더는 적극적으로 관여하지 않았다고 주장하고 있다. 1563년부터 시작된 또 다른 전승은 방황하는 사람들을 모아 (그룸바흐 집안 사람들의 도움으로) 그들에게 프로테스탄트 신학을 가르치고 장례식을 집행함으로써 다시금 그들을 이끌고 있는 폰 슈타우프 가문의 한 "불굴의" 늙은 여성에 대해 보고하고 있다. 동시에 1563년 바이에른의 공작이 시의회에 보낸 편지는 평범한 사람들을 불순종하도록 부추기고, 프로테스탄트 서적들을 회람시키며, 개인적으로 집에서 예배를 열고 묘지에서 장례예식을 집전하고 있는 "늙은 슈타우프 집안 사람"의 (두 번째) 투옥에 대해 말하고 있다. 문제의 여성은 시의회에 의해 방면되었는데, "슈타우프 집안 사람"이 너무 몸이 약하고 우둔하여 그대로 혼자 내버려두는 게 더 나으며 고령이라는 점이 이유였다. 가톨릭교회에 대항해 반역을 일으키도록 사람들을 부추기고 적극적으로 선교활동을 하는 여성 선동가는 편지들에 나타나는 아르굴라보다 한층 과격하게 느껴질 수도 있지만, 나이를 먹으면서 그녀가 변화했을 수도 있고 또 그녀 자신의 안전 혹은 자녀들의 안전에 대해 좀 더 초연해졌을 수도 있다. 몇몇 사람이 제시한 대로, 정말이지 그녀가 1568년까지 살았을 수도 있다는 것을 의심할 이유는 없다. 그러했더라도 그녀는 71살밖에 안 되었을 테니까.

수집된 모든 자료를 살펴보면, 그녀가 1563년에 죽었다는 것이 확실하지는 않지만, 그렇다고 해서 그녀가 1554년에 죽었다고 생각할 아무런 이유도 없다. 그녀가 생을 어떻게 마감했는지는 미스터리로 남아 있으며, 루터란 그리스도교 신앙에 대한 그녀의 헌신이 돌연 중지된 것은 아니라고 보는 것이 그렇지 않은 것보다 훨씬 개연성 있는 추측일 것이다. 왜냐하면 그녀는 한창 때에도 그리고 어린 자녀들을 둔 어머니일 때도 상당한 위험을 감수했기 때문이다. (특별히 그녀에 대한 기억을 지우려는 암묵적이고도 노골적인 노력이 있었음을 생각해 볼 때) 1554년보다 더 후대의 시기에 사망했을 가능성이 커 보인다. 아르굴라는 자신의 남아 있는 생애 동안 같은 생각을 지닌 신자들의 사적인 조직 안에서 개신교 신앙고백자로서 계속 일하였으며, 자녀들의 양육에 집중하면서 가족 바깥 세계와는 편지를 통하여 접촉하였을 것이다. 그녀는 평신도 신학자이자 여성 개혁자였다. 아르굴라의 종교개혁 성명서는 그녀의 편지들을 통해 공적인 것이 되었다. Becker-Cantarino 1987, 109-110.

결론　　아르굴라는 반항적인 말썽꾼으로, 신실한 신앙고백자로, 심
　　　　　지어 순교자로 묘사되어 왔다. 어느 정도 이 모든 평가는 맞
는 것 같다. 그녀는 확실히 공적인 저술활동과 논쟁을 떠맡아 하면서, 여
성들의 삶을 규제하는 가부장제적인 관습에 저항하였다. 자신을 존중해
줄 것과 더불어 공식적인 응답, 공개적인 논쟁을 요구한 것, 그리고 학식
있는 대학 측 남성들을 교정하기 위해 자신의 성서해석을 제시한 것은
비록 그녀가 귀족 태생이기는 하지만, 평신도로서 특히 한 사람의 여성
으로서 행하기에는 대담한 행동이었다. 이런 점에서 그녀는 프로테스탄
트와 가톨릭의 관습 모두를 무시하였다. 더욱이 그녀는 가톨릭교회에 대
항하여, 루터주의 견해를 진정으로 그리스도교적이고 성서적인 것으로
옹호하였다. 그녀는 가정 밖에서 자신의 역할을 감당하면서 남편에게 저
항하였다. 신학자로서 그녀는 독학하면서 종교적인 열정으로 추진력을
얻고 신학적인 질문에 흥미를 느낀 사람들 중 하나였다. 그녀는 공적인
목소리를 발한 신학자였다.

　카타리나 쉬츠 젤이 신봉한 주장과 매우 유사하게, 아르굴라에게 그리
스도교 신학은 폭력이 아니라 정의를 장려하였다. 그녀는 폭력을 반(反)
성서적인 것으로 규탄하였다. 그녀는 자신이 믿는 바가 비록 소수의 사
람들의 것이라 할지라도 그것을 대중 앞에서 대담하게 고백한 신앙고백
자였으며, 그녀가 믿는 바에 따라, 다른 사람들이 자신들의 믿음과 신앙
고백을 지킬 권리 또한 지켜주지 않으면 안 된다고 느꼈다. 신앙고백자는
나름의 성인전기를 만들어내는 프로테스탄트들 사이에서 순교자와 성인
의 한 형태였다. 그녀는 자신의 신앙을 고백할 수 있는 그리스도인으로
서의 권리를, 자신에게 침묵을 요구하는 사람들에 대항하는 방패로 사
용하였다. 자신이 고백하는 내용에 대한 아르굴라의 확신은 그녀의 직접
적인 성서 지식과 그것에 대한 자신의 해석에 기반을 두고 있었으며, 신

앙적인 자유를 위한 신학적인 비전을 요청하는 위급한 정치적 그리고 종교적인 상황을 그녀가 인식하게 됨으로써 더욱 고양되었다. 유사하게 공적인 목소리를 내던 동시대인 여성들과 마찬가지로, 아르굴라는 성서에서 자신의 권위와 그리스도인 여성으로서 자신의 정체성을 끌어내었다. 또한 그녀는 자신의 귀족 가문 신분과, 더욱이 만인사제설이라는 신학적 원리가 자신에게 말할 수 있는 자유를 준다고 믿었다. 올림피아 모라타의 경우처럼, 지식과 성서에 대한 접근은 아르굴라에게 있어 힘을 주는 중요한 수단이었다.(이것은 교육에 "위험"이 내재되어 있다는 생각이 옳다는 것을 입증해 준다. 교육은 자기 확신을 증대시키고 기존의 규범과 체제에 대한 질문 또한 더 늘어나도록 이끌기 때문이다.)

아르굴라는 순교자로 죽었는가? 그녀의 수난, 심지어 그녀가 남편에게 당한 고통에 대한 추측도 있었지만, 정확하게 얼마나 그리고 어떤 방법으로 그랬는지에 대해서는 베일에 싸여 있다. 아르굴라는 라부스(Ludwig Rabus)의 1572년 판『순교자들의 역사』(History of the Martyrs)에 언급되었으며, "신앙고백자"로 그리고 "바이에른의 유디트"로 불렸는데, 이는 위험이 끊이지 않던 초기에 프로테스탄트 신앙을 용감하게 고백한 사람들에게 경의를 표한 칭호였다.(루터도 이 목록에 포함되었다.) 그럼에도 불구하고 아르굴라는 곧 잊혀졌으며, 그녀를 언급하는 일은 드물었다. 그녀는 1688년 루터의 대적인 코클래우스에 대항해 이루어진 아르굴라 변호에서 언급되었으며, 또한 살리그(Christian Salig)의『아우크스부르크 신앙고백의 역사』(Historie der Augsburgischen Confession)와 1737년 리게르(Georg Rieger)가 쓴 그녀의 첫 번째 전기에서도 언급되었다. Matheson 1995, 26-28, 48, 각주 144.

아르굴라의 편지와 청원과는 상관없이, 바이에른은 가톨릭 신앙을 고수하였다. 아르사시우스 사건을 둘러싸고 그녀가 공개적으로 쓴 논쟁적인 많은 글들이 널리(비록 일시적이기는 했지만) 출판되었다는 사실과 그녀가 주류 개혁자들의 개인적인 칭송을 누렸다는 사실은 아르굴라의 성공을 말해준다. 성서의 수위권과 만인사제설의 타당성에 대한 아르굴라의 진술은 프로테스탄트 신앙에 대한 중요한 선언문이 되었는데, 이는 여성의 입에서 나온 이례적인 것이었다. 그녀는 루터와 동일한 근본적인 주장을 위해 말로써 그리고 몸소 싸웠다. 비록 그녀가 결코 루터주의자라고 시인한 적은 없지만, 루터가 그러했듯 그녀도 스스로를 그리스도인이라 칭했다. 아르굴라는 루터가 주는 자극을 자신의 삶에 기꺼이 받아들였다. 그녀는 한 가지 중요한 부문에서 루터와 선을 그었는데, 여성이 신학과 교회 정치의 영역에 들어갈 권리가 있다고 주장한 점이 그것이다. 루터는 그녀의 개입에 대해 결코 비난한 적이 없으며, 정반대로 그녀는 루터의 존경을 받았다. 비록 그녀가 (폭넓게 생각하면) 루터 서클에 받아들여지기는 했지만, 그녀는 여성이었기에 앞에서도 이야기한 대로 종교개혁 이야기에서 그녀의 자리는 내부인과 외부인 사이의 중간 어디쯤에 머물러 있었다. 종교개혁 이야기에서 아르굴라는 최근에 와서야 비로소 중심적인 관계망에서 그녀의 역할에 대해 제대로 인정을 받고 있다.

아르굴라는 역사상 딱 적절한 때에, 즉 평신도 팸플릿 저술이 가능했던 때에, 아직은 그러한 기회가 심하게 통제되기 전에 태어났다. 아르굴라와 카타리나 쉬츠 젤은 16세기 프로테스탄트 여성들에게 그리고 보다 일반적으로 "가능했던" 것들을 보여준다. 그녀의 이야기는 또한 여성 작가들과 교사들이 직면했던 장애물을 말해준다. 그녀는 해방된 평신도, 보다 엄밀히 말해 한 평신도 여성의 소망을 구현하였다. 그녀는 초기 프로테스탄트로서의 열정을 구현했는데, 그리스도인으로서, 성경 교사로서, 그리고 사람들의 종교적인 권리를 옹호하는 사람으로서 자신의 신념과 신앙고백을 거리낌 없이 털어놓으면서, 신학적인 지파뿐 아니라 급진적인 사회적 분파까지도 낳을 수 있는, 성서를 보는 하나의 렌즈를 제공하였다. 아르굴라의 활동과 말의 범주 안에 내포된 것은 여성들의 해방과 농민들과 같이 억눌린 자들의 반란을 위한 잠재적인 영향력이었다. Matheson 1995, 43-44, 55; Jung 2002, 221 참조.

20세기 초에 그녀의 이야기에 대한 관심이 잠깐 밀어닥친 이후, Kolde 1905; Thoma 1900. 최근 학자들이 기쁨과 흥분 가운데 아르굴라를 재발견하였다. "그러므로 지금 우리 앞에 놓인 목표는 그녀의 목소리가 오랫동안 들리게 하는 것이고, 여성을 위한 그녀의 개척자적인 역할뿐 아니라 그녀의 사회적인 비판, 성서해석, 그리고 혁신적인 로비와 출판활동을 종교개혁의 주류 학문에 통합시키는 것이다." Matheson 1995, 56. 신학적인 작품과 그와 관련된 담화에 아르굴라의 저술들을 포함시키는 것은 신학적인 자료와 관점의 풍성함을 확장시키는 과정에서, 그리고 "중요한 문제들"을 명확하게 하는 과정에서 중요한 한걸음이다.

자료와 참고문헌에 관한 언급   영어로 된 아르굴라의 글들과 비판적인 전기적 정보를 위해서는 Matheson 1995를 보라. 이 책은 가장 최근에 전기적인 자료를 충분히 담은 책으로서 핵심적인 정보와 더불어 다른 주요한 전기적인 자료들에 대한 참고문헌 목록을 제공하고 있다. Halbach 1992 학위논문도 참조하라. 두 책은 모두 Kolde 1905를 따르고 있다.

보다 세세한 정보를 담고 있는 초창기 저작으로는 Theobald 1936; Rieger 1737; Engelhardt 1860; Pistorius 1854를 보라. 작가이자 종교개혁자로서 아르굴라에 대한 기초적인 해석에 대해서는 Classen 1989, 1991a, 1991b; Stupperich 1955, 1956, 1984; Bainton 1971/2001; Jung 2002를 보라. 고백적인 개혁자로서의 아르굴라에 대한 중요한 시각은 Heinsius 1951, 1928; Bezzel 1986, 1987; Becker-Cantarino 1987; Joldersma 1997를 보라. 아르굴라의 글들과 그녀에 관한 현존하는 문서들에 대한 서술로는

Schöndorf 1983; Halbach 1992, 9-13을 비롯한 몇몇 페이지; Matheson 1995, 3-4, 49를 보라. 대중적인 상세한 인물묘사는 Heinen 1981과, 아르굴라 탄생 500주년을 기념하기 위해 여러 사람이 함께 저술한 "기념논문집" 『아르굴라 폰 그룸바흐』(*Argula von Grumbach:selbst ist die Frau, 1992*)를 보라.

제7장

엘리자베스 폰 브란덴부르크와
엘리자베스 폰 브라운슈바이크:

추방당한 어머니들, 개혁적인 통치자들

서론　　어머니 엘리자베스와 딸 엘리자베스, 두 엘리자베스는 북부
독일 지역에서 루터주의 신앙의 확산에 일조하였다. 특별히
딸 엘리자베스는 자신의 공국에서 종교개혁을 든든하게 정착시키는 데
주요한 역할을 하였다. 두 사람은 개인적으로 엄청난 대가를 치르고 프
로테스탄트 신학을 받아들였는데, 자신들이 확신하는 바에 의해 힘을 얻
은 두 사람은 각자의 영향력을 행사해 자신들의 영토인 브란덴부르크와
브라운슈바이크에서 신앙의 합법화를 이루어냈다. 이들의 이야기는 종
교개혁의 성공 여부가 귀족이든 시민이든 간에 개인의 위험을 무릅쓴 선
택에, 그리고 권한을 지닌 사람들의 결정에 얼마나 많이 좌우되었는지를
잘 보여준다. 두 여인 모두 어머니였고, 가톨릭 남편을 두었지만, 마침내
성공적으로 종교개혁의 용감하고 결연한 옹호자이자 수행자가 되었다.
비슷하게 핵심적인 권력층에 속해 있던 다른 여성들과는 달리, 이 두 귀
족 여성은 자신들의 사회적인 신분이 개인적인 신앙의 헌신을 방해하도

록 내버려두지 않았다. 그와는 정반대로, 두 사람은 스스로 택한 신앙을 위해 적극적으로 그 신분을 활용하였으며, 아무런 변명도 없이, 그리고 다른 사람들을 개종시키려는 목적을 갖고 개인적인 신앙적 확신을 널리 알리고자 했다.(이와 비교하면, 르네 드 프랑스와 마르가리타 드 나바라는 자신들이 처한 정치적 상황과 자녀들의 안녕을 고려해 종교적인 견해를 훨씬 신중하게 피력하였다.)

두 엘리자베스는 프로테스탄트 신앙을 확산시키는 데 여성들이 끼칠 수 있는 근본적이고 철저한 영향력을 잘 보여준다. 이들의 이야기는 어머니들이 자신들의 신앙을 위해 견디어냈던 비극적인 일들을 상기시켜 준다. 일시적으로 자녀들에게서 격리당하는 처분을 받으면서도 그것을 개의치 않고, 이들은 더 넓은 의미에서의 어머니의 역할을 감당하고자 하였다. 사람들의 영적인 안녕에 대한 이들의 관심, 그리고 자신들의 모든 "아이들"을 향한 관심이 이들의 용기를 어느 정도 설명해 준다. 이들은 어머니들이 사적으로뿐 아니라 공적으로도 자신들의 선택에 따라 신앙을 실행하는 데 중요한 역할을 했다는 것을 증언해 주고 있다. 이런 어머니들의 말과 행동, 특히 작가이자 왕조의 역사에서 정치적으로 탁월한 영향력을 행사한 딸 엘리자베스의 언행이 기록으로 남아 있다.

엘리자베스 폰 브란덴부르크:

추방당한 개혁자

❖조부모

-크리스티안 올덴부르크(Christian I Oldenburg, 1426-81)

-도로티아 호엔촐레른(Dorothea von Hohenzollern[von Brandenburg], 1430-95)

❖외조부모

-에른스트 작센(Ernst von Sachsen, 1441-86)

-엘리자베스 오베르마이어(Elisabeth von Obermeyer von Bayern, 1461년 결혼)

❖부모

-프레데릭 1세(Johann Friedrich, 덴마크, 스웨덴, 노르웨이의 왕, 1455-1513)

-크리스티나 작센(Christina von Sachsen, 1461-1521)

❖(외)삼촌

-현자 프리드리히(Friedrich Der Weise/the Wise)

-한결같은 자 요한(Johann Der Beständige/The Steadfast)

-볼프강(Wolfgang)

-알브레히트(Albrecht)

-에른스트(Ernst, 마그데부르크의 추기경)

❖고모(이모, 숙모)

-크리스티나

-마르가레타

❖형제자매

-요한, 에른스트, 크리스티안 2세(1481-1559, 카를 5세의 동생인 이사벨라
[1501-26]와 결혼), 야콥, 프란츠

❖배우자(1502-35)

-요아킴 1세(Joachim I, 1484-1535, 브란덴부르크의 선거후)

❖자녀

-요아킴 2세(1505-71)

-안나(1507-67)

-엘리자베스(1510-58)

　　-마르가레타(1511-77)

　　-요한(1513-71)

　　덴마크 공주이자, 덴마크, 스웨덴, 그리고 노르웨이의 왕 프레데릭 1세의 외동딸인 엘리자베스(Elisabeth von Brandenburg, 1485-1555)는 1527년 루터란 목사가 집전하는 빵과 포도주 두 가지 모두를 베푸는 성만찬에 참여함으로써 파장을 불러일으켰다. 엘리자베스의 사회적인 위치, 그리고 민감한 신학적인 이슈가 젊은 그녀에게 불러일으킨 격동적인 감정은, 다른 시기 다른 사람의 경우였다면 단지 개인적으로 영적인 결과만 초래할 뿐이었을 그녀의 선택과 행동을 훨씬 더 심각하고 중요한 행동으로 만들고 말았다.

　　그녀는 1485년 코펜하겐에서 덴마크 왕가의 후손으로 태어났다. 그녀의 할아버지는 크리스티안(Christian I Oldenburg)이었고 할머니는 도로티아(Dorothea von Hohenzollern: Dorothea von Brandenburg로도 알려졌으며, 덴마크의 잇따른 두 왕, 크리스토퍼 바바리아와 크리스티안 1세와 결혼한 정치적으로 영향력 있는 여성)였다. 그녀의 어머니 크리스티나(Christina von Sachsen)는 엘리자베스(Elisabeth von Obermeyer)와 에른스트(Ernst von Sachsen)의 딸로서, 유명한 영주들인 현자(der Weise)로 알려진 프리드리히 3세(Friedrich III)와 요한(Johann Der Beständige: John the Steadfast), 그리고 추기경 에른스트(Ernst von Magdeburg)의 누이였다. 이 가족 구성원들, 특히 그녀의 오빠 크리스티안 2세는 덴마크와 독일에 루터주의를 심는 데 일조하였다. Kirchner 1866, 215-217; Riedel 1865, 66-67.

　　17살 혹은 18살이던 1502년 4월, 어린 나이의 엘리자베스는 브란덴부르크의 선거후로서 그녀와 나이가 비슷한 요아킴 1세(Joachim I, 1484년 출생)와 결혼하였다. 마인츠와 마그데부르크의 추기경 호엔촐레른(Albert von Hohenzollern: 미성년자로서 성직자 신분도 아니면서 돈으로 그 직책을 샀고, 그 빚을 갚기 위해 자신의 영토 내에 터무니없는 면죄부 판매상들을 받아들였으며, 이런 일련의 사건이 루터로 하여금 비텐베르크성 교회 문에 95개 조항을 내걸도록 만들었다.)의 형제인 요아킴은 루터와 그가 선포한 종교개혁에 격렬하게 반대하였다. 충절을 지키는 대상이 다른 두 가족 사이에 종교개혁 직전에 이루어진 결혼이라는 점에서 불화는 처음부터 예견 가능한 일이었다.

처음 몇 년 간은 평화롭고 행복했지만, 곧 어머니로서의 역할이 엘리자베스의 시간을 전부 채웠다. 요아킴이 제일 먼저 태어나는데(1505), 그는 이후 1535년 아버지를 계승해 선거후가 된다. 뒤이어 딸들인 안나(1507), 엘리자베스(1510), 그리고 마르가레타(1511)가 태어났다. 1513년 막내 아이 요한이 태어났을 때 엘리자베스는 겨우 28살이었다. 아이들은 아버지의 신앙이자 그 지역의 신앙인 가톨릭 안에서 양육되었다. 엘리자베스는 자녀들이 자라난 바로 이 지역에서 해가 갈수록 더욱 강력하게 자신의 자주성과 권한을 주장하였다. 그녀가 중년여성으로서 주장할 수 있었던 자치권은 결혼 계약에서 사전에 합의사항으로 보장된 것으로 여겨진다. 이로 인해 엘리자베스는 가까운 슈판다우성과 더불어 그 주변 마을과 토지에 대한 권한(사냥의 권리까지 포함해서)을 넘겨받았으며, 더욱이 그녀가 남편보다 오래 살게 되면 매년 6,000굴덴을 받기로 되어 있었다. 이 중요한 계약서는 당시 가장 뜨거운 이슈였던 종교개혁의 문제로 그녀가 남편에 맞서게 됐을 때 그녀에게 엄청나게 유익한 가치를 입증하였다.

엘리자베스가 루터주의를 채택하게 되자 이들 부부 사이에는 심각하게 금이 가기 시작했다. 그녀는 공개적인 회심을 통해 막강한 가톨릭 남편에 맞서 정치적으로 또 종교적으로 반대 진영에 서게 되었다. 비록 그녀가 대단한 권한을 지니고 있고 국내외에 유력한 친구들과 가족을 두고 있는 왕족 여성이라 해도 이것은 위험한 일이었다. 자신의 신앙을 지킬 권리를 주장하는 그녀의 완고함과 그녀를 "루터란 이단"으로부터 빼내려고 시도하는 와중에 후작이 보여준 강압성은 두 사람 사이에 메울 수 없는 깊은 골을 만들고 말았다. Riedel 1865, 69-72; Kirchner 1866, 220-225.

엘리자베스는 어떻게 루터주의 신앙에 몰두하게 되었을까? 그녀에게 가장 영향을 미친 사람은 그녀의 오빠인 국왕 크리스티안 2세와 그 아내 이사벨라(가톨릭 황제 카를 5세의 누이로 루터주의자)였는데, 이들은 1513년 왕위에 오른 후 덴마크에 종교개혁을 합법화하였다. 스웨덴 귀족들이 그의 스웨덴 통치에 격렬히 저항하는 일이 있은 후 망명 중에 있으면서도 개혁을 밀어붙였던 그는 비텐베르크를 방문하였고, 거기서 루터의 신학을 받아들였다. 그는 수년에 걸쳐 이 개혁자와 사적인 연락을 주고받았고, 크리스티안과 이사벨라와 친밀하던 엘리자베스는 이들의 루터주의 신학에 영향을 받았다. 엘리자베스는 사적인 대화를 통해서뿐만 아니라, 찬송가와 논문들, 순회 설교자들로부터도 루터주의 신학을 접할 수 있었다. 엘리자베스는 루터가 번역한 성서와 그 밖에도 당시 널리 읽히고 있던 그의 글들을 직접 읽을 수 있었다. 그녀는 특권층 지위와 친분관계로 인해 많은 출판물을 접할 수 있었고, 그녀의 결단력과 호기심은 루터 신학에 대한 찬양과 가르침 혹은 루터의 작품들을 읽지 못하도록(심지어 루터의 성서를 인쇄하는 일까지) 금하는 남편의 명령을 어기게 만들었다. 요아킴은 엘리자베스의 관심이 점점 커지고 있다는 것도 알고 있었고 그녀가 무슨 책을 읽고 있는지도 알고 있었음에 틀림없다. 하지만 그는 그녀가 새로운 신앙을 공개적으로 선포하기 전까지는 그녀를 통제하려는 어떠한 시도도 하지 않았다. Kirchner 1866, 225-232; Bainton 2001, 113-115 참조.

요아킴이 여행 중이던 1527년 부활절 직전에, 엘리자베스는 루터란 목사에게서 떡과 포도주를 모두 받는 성만찬에 참여할 결심을 하였다. 이 일은 미리 계획되었던 것 같다. 확실히 엘리자베스는 자신의 행동이 상징적으로, 그리고 실제적으로 얼마나 중요한지 알고 있었다. 그것은 남편과 봉건 영주로서 그녀 자신을 지배해 온 남성의 종교적인 관습과 관련된 명백한 질서에 대한 도전이었기 때문이다. 프로테스탄트 계열 내에서도 성만찬의 본질과 실행을 둘러싼 논쟁이 계속되고 있었고(예를 들어 성만찬에서 그리스도의 임재가 실재적인지 영적인지를 둘러싼 루터와 츠빙글리의 불일치), 가톨릭과 프로테스탄트 사이에서는 이것이 얼마나 결정적인 이슈인지 말할 필요도 없던 이때에, 그녀의 이러한 개인적인 신앙행위는 피할 수 없는 정치적인 반향을 불러일으켰다. Riedel 1865, 68-69; Kirchner 1866, 235-244; Baur 1873, 528-530 참조.

전해오는 이야기로는 그녀의 어린 딸 엘리자베스가 아버지인 요아킴에게 어머니의 행동을 알려주었다고는 하지만 그것을 입증할 수 있는 것은 아무것도 없다. 엘리자베스는 이미 그 남편과 떨어져 슈판다우에 살고 있었고, 어머니와 딸 사이에 어떤 적의가 있었다는 증거도 없다. 딸 엘리자베스는 결혼하고 나서 아버지의 바람과는 달리 종종 어머니를 방문하고 서신교류도 하였다. 딸이 성만찬을 받는 어머니를 목격했든 그렇지 않았든 간에, 그런 행동은 사실상 눈에 띄지 않고 넘어갈 수 없는 일이었을 것이다. 오히려 엘리자베스가 의도적으로 이런 방식으로 자신이 루터주의자임을 선포하려 한 것이고, 자신의 선택을 숨기려 하지 않았다고 보는 것이 더 개연성이 있다. 어머니가 루터란 신앙에 빠져 있다는 것을 안 딸 엘리자베스 또한 루터의 저작들에 정통했다. 1538년 그녀는 어머니의 뒤를 이어 회심을 하고 자신의 영지 내에서 모반을 꾀하게 된다. Becker-Cantarino 1983; Wiesner-Hanks 2000, 41-42 참조.

격노한 요아킴은 일단의 학식 있는 자들(감독들과 박사들)에게 자문을 구하였는데, 이들은 투옥시키거나 수장시키는 것에서부터 추방시키거나 이혼하라는 것까지 여러 다른 처벌 방법을 제시하였다. 요아킴은 온건한 길을 택해서, 아내에게 6개월 내에 옛 신앙으로 돌아오거나 그렇지 않으면 교회의 치리에 따를 것을 요구하였다. 그녀는 1527년 11월 1일 만성절 미사에 참석하라는 요구를 받았다. 이날이 지나가 버리자 1528년 부활절이 새로운 기한으로 정해졌다. 요아킴이 아내를 거칠게 다루었다는 증거는 없지만, 그가 "항복해, 그렇지 않으면!"이라고 협박한 것은 확실하다. 학대를 피할 수 있는 조건으로 그녀가 요구받은 한 가지, 즉 이종배찬(both kinds communion)으로 성만찬을 받지 말라는 요구에 그녀는 동의할 수 없었다. 엘리자베스의 계속적인 저항은 아마도 요아킴을 놀라게 한 것 같다. 신앙을 지키기 위해 싸우는 엘리자베스는 그가 결혼한 어린 신부와는 다른 여성이었다. 이번에는 남편의 마음이 바뀌기를 기대하는 것이 얼마나 헛된 일인지 그녀가 알아야 할 차례였다. 하지만 그녀는 편지에서 자신의 신학적이고 영적인 논거에 대해 설명하면서, 남편의 마음을 바꾸고자 노력하였다. 엘리자베스는 남편에게 편지하여(그녀가 남편을 떠난 그 해 10월 15일에), 왜 자신이 하나님의 뜻 혹은 하나님의 말씀에 따를 수밖에 없고, 그것을 위해 자신의 목숨과 사랑하는 모든 것을 내놓을 수밖에 없는지에 대해 썼다. Riedel 1865, 69-72, 80; Kirchner 1866, 235-245 참조.

요아킴은 굽히려 하지 않았다. 엘리자베스는 사위들인 에리히 폰 브라운슈바이크(Erich von Braunschweig)와 메클렌부르크의 알베르트(Albert of Mecklenburg)로부터, 그리고 오빠 크리스티안이 보낸 편지들과 외삼촌 요한(Johann Der Beständige)이 보낸 편지(1528년 2월자)로부터 지지를 받았다. 외삼촌 요한은 요아킴의 요구와 자신의 조카딸에 대한 그의 처분에 단호하게 맞섰다. 엘리자베스는 결국 도망칠 것을 권고한 외삼촌 요한과 오빠 크리스티안(당시 베를린에 있던)의 보호를 받을 수 있는 은신처로 피하였다. 그녀의 도피는 고위층 남성들이 모의한 결과였다. 1528년 3월 24-25일 밤에 요아킴이 브라운슈바이크의 딸을 방문하고 있을 때, 엘리자베스는 작센에 있는 그녀의 궁을 떠났다. 그녀는 시녀 우르술라(Ursula von Zedtwitz)를 데리고 휴대할 수 있는 귀중품을 챙겨서 처음에는 마차로, 그 다음에는 배로 토르가우로 갔다. 요아킴은 즉시 이 소식을 접하고 격분하였다. Berbig 1911, 380-394; Bainton 2001, 115 참조.

　그 다음날인 1528년 3월 26일 엘리자베스는 작센의 선거후에게 글을 써서 변론하였다. 요아킴은 3월 30일 아무 조건 없이 돌아올 것을 요구하는 것으로 대응하였다. 그녀는 다른 편지들을 몇 통 썼는데, 그중 하나는 4월 1일에 추기경 알브레히트에게 쓴 편지였다. 2년이 흘러 1530년에 요아킴은 아우크스부르크에 있던 황제 카를 5세에게 덴마크 왕이 아무런 조건 없이 여동생을 돌려보내 주어야 한다고 하소연하였다. 그녀를 변호하면서, 그녀가 떠나야만 한 몇 가지 이유가 제시되었다. 성서에 대한 그녀의 새로운 통찰력과 부부 사이의 종교적인 차이가 일차적인 이유였고, 일종배찬으로만 성만찬을 받아야 한다는 남편의 요구가 부인으로 하여금 자신의 양심을 거스르는 "죄를 범하도록" 강제하는 참기 어려운 상황에 직면했다는 것이 또 다른 이유였다. 그녀는 개인적인 차원에서 자신의 신앙을 향한 열정을 피력하였지만, 또한 백성들의 유익을 위한 책임감에 따라 행동하기도 하였다. 비록 그녀의 도피가 수많은 사람들, 심지어 (헤센의 필립과 같은) 프로테스탄트 지도자들을 화나게 했고, 이들이 한 여성에게서 보게 되는 이러한 불순종을 좋게 여기지 않았지만, 그녀는 자신의 여성성을 장애물이나 논쟁거리로 생각하지 않았다. 버림받고 굴욕을 당한 요아킴은 요한이 자신의 아내를 떠밀어 돌려보내야 한다고 주장하였지만, 아무런 소용도 없었다. 요한은 요아킴이 무력을 쓰는 것을 용인하지 않았으며, 그가 엘리자베스에게 성만찬 예식과 관련해서 요구하는 것들도 인정하지 않았다. 그런 종류의 신학적인 원칙은 너무나 중요한 문제여서 단순히 한 가정의 일로 다룰 수 없는 문제였다! 그렇지만 엘리자베스가 자신이 계속 떠나 있을 수밖에 없는 이유로 언급한 또 다른 심각한, 보다 사적인 이유는 요아킴의 불륜문제였다.

요아킴의 불륜은 엘리자베스가 떠날 결심을 하는 데, 또 자신의 귀환에 관한 협상을 하는 데 영향을 미쳤다. 적어도 2년 동안 요아킴은 다른 여성들, 즉 유부녀, 독신녀와 관계를 맺었다. 돌아오라는 그의 요구에 대응해서 엘리자베스는 역으로 자신의 요구사항을 제시하였다. 그녀는 안전과 재산에 대한 보장, 목회자를 불러올 수 있는 권리와 그리스도의 가르침에서 볼 때 적절하다고 생각되는 방식으로 자주 성만찬을 받을 수 있는 권리를 요구하였으며, 부부관계의 회복도 기대하였다. 마지막 요구사항이 흥미로운데, 비록 근대 초기 유럽인들이 이혼에 대해 부정적인 견해를 지니고 있기는 했지만, 결혼생활에서 성적인 차원이 결여될 때는 용인될 수 있는 것으로 간주되었기 때문이다. 요아킴과 엘리자베스는 모두 이혼을 원하지 않았다. 요아킴은 자신의 아내가 가톨릭 신앙으로 돌아오기를 바랐고, 엘리자베스는 자신의 남편이 침상으로 돌아오기를 원했다. Bainton 2001, 117-118; Berbig 1911, 381-394; Kirchner 1866, 235-352.

엘리자베스의 요구의 논거는 복잡했다. 그녀는 불륜은 용서할 수 있었지만 종교문제에 대해서는 타협할 수 없었다. 엘리자베스는 남편을 되찾고 싶었으나, 자신의 새로운 신앙을 그 대가로 치를 생각은 없었다. 요아킴이 부부의 침상으로 돌아온다는 것은 그녀의 종교적인 선택을 인정하는 것이 될 것이고, 자신의 지역에서 다소간 루터주의를 용인하는 것이 될 것이다. 그녀는 새로운 신앙에 대한 흔들림 없는 헌신을 표명하였고, 공적인 인물로서 자신의 선택이 시사하는 바가 무엇인지 알고 있었으며, 자신의 위치를 불리한 것으로 보기보다는 하나의 자산으로 보았다. 그녀는 개인적인 차원에서 신앙에 대한 열정을 표현하면서도 백성들의 유익을 위한 책임감도 도외시하지 않았다. 그녀는 자신의 여성성을 어떠한 장애물이나 문젯거리로도 간주하지 않았다.

귀환하라는 요구를 무시하고, 엘리자베스는 수년간 망명생활을 계속하였다. 그녀는 망명생활이 그리 오래 지속되리라고는 미처 예상하지 못했거나, 아니면 신앙을 위해 그 대가로 치르지 못할 만큼 값비싼 것은 없다고 생각하였다. 그녀는 자신의 왕족 혈통과 결혼을 통한 위상이 통상적으로 제공해 주던 것들에 비해 터무니없이 적은 것들로 삶을 꾸려나가야 했다. 아들들이 은밀하게 물품과 재정적인 지원을 해주었지만, 그녀는 만성적인 궁핍함을 겪으면서 꽤 많은 빚을 지게 되었다. 그녀는 토르가우에서 비텐베르크로, 또 바이마르로 옮겨갔다. 그녀는 작은 집에 살면서, 배고픔과 병마를 겪었는데, 이가 빠지고, 경련, 관절염, 통풍을 앓았다.(특별히 1532년에서 1533년 사이에는 위중하였다.) 정신건강 또한 악화되어, 심한 정신적인 스트레스의 징후가 변덕스러운 행동으로 나타났다.

루터 부부가 1537년 약 넉 달 동안 엘리자베스를 돌본 후에 증언하였듯이, 그녀는 비용이 많이 드는 손님이었다. 그녀는 자신의 몫으로 주어진 공간과 자원보다 더 많은 것을 차지하였기 때문에, 그들은 엘리자베스가 오래 머무는 것을 달가워하지 않았다. 그녀의 짜증도 힘겨웠지만, 어머니를 돌보러 오겠다는 딸의 달갑잖은 요청을 정중하게 거절했는데도 이를 무시하고 그녀의 딸 엘리자베스가 와서 몇 주간 같이 머물기까지 했다. 엘리자베스가 얼마나 힘든 손님이었는지 너무 잘 보여주는 내용이 루터의 편지에 들어 있다. 루터는 그녀의 유치하고, 무례하고, 변덕스러운 행동과 헤픈 씀씀이에 대해 하소연하면서 WA Br 3:3188, November 16, 1537. 자신은 더는 그녀를 모실 수도 없고 그리고 싶지도 않다고 말하고 있다. Bainton 2001, 120; WA Br 7:2160, 2164, 547년 12월 11일. 루터의 편지 캠페인이 —예를 들어 그는 선거후 요한에게 썼다—마침내 성과를 거두어, 선거후 요한 프리드리히에 의해 엘리자베스가 리히텐베르크의 성으로 옮겨가도록 조정되었다. 루터는 그녀를 방문해서, 그녀가 잘 지내는지 돌아보았으며, 그녀의 안타까운 처지에 대해 유스투스 요나스(Justus Jonas)에게 편지하였다. 집에서 손님으로 모시기는 어려운 사람이었지만, 루터는 "좋은 집안 출신의 고귀한 여성이 저다지도 심한 괴로움을 당하는" 것에 대해 연민을 느꼈다. WATr 3:3644, 4:4647 이하. Bainton 2001, 118.

1532년 8월 16일 요아킴이 죽자 엘리자베스의 신상에 변화가 생겼다. 이 시점에 홀로 남은 과부가 브란덴부르크로 돌아오는 일이 가능해졌고, 아들들은 즉시 이 목표를 향해 움직이기 시작했으며, 그녀에게 이를 간청하였다. 그녀 쪽에서는 죽어가는 아버지의 바람에 따라 아들들이 약속한 내용과는 반대로, 이번 기회에 아들들이 개혁신앙으로 돌아올 것을 기대하였다. 그들은 그녀에게 슈판다우에 안전한 거처를 마련해 주고 결혼계약대로 매년 6,000굴덴을 주기로 약속하였지만, 그녀는 종교적인 문제가 해결될 때까지 이 제안을 받아들이려고 하지 않았다. 그녀가 내건 귀환 조건은 브란덴부르크 전체가 아우크스부르크 신앙고백에 담긴 대로 루터란 신학을 받아들여야 한다는 것이었다. 아들들의 순종만으로는 충분하지 않았던 것이다. 그녀는 브란덴부르크의 영주와 귀족들이 "거룩한 복음을 성스럽게 실현시키기 위해" 루터란 신앙을 공식화해 줄 것을 요구하였다. 아들들에게 보낸 1535년 8월 8일자 편지에서 그녀는 루터란 목회자, 복음의 설파, 그리고 작센 전체가 아우크스부르크 신앙고백을 받아들일 것을 요구하였다. 엘리자베스는 아들에게 이렇게 주장하였다. Kirchner 1866, 260.

지극히 높은 군주이자, 가장 친밀하고 가장 사랑하는 아들이여, 우리가 온화하고 신실한 사랑 안에서 행한 것들이 무엇이었는가? 존경할 만하고 많은 교육을 받은 마르틴(루터) 성서 박사를 좇아, 종교적인 의식을 행할 수 있도록 우리를 위해 좋은 루터란 설교자를 보내달라고 요청하였다.…우리는 앞에서 언급한 박사와 이 문제를 논의하였고, 그와 직접 이야기했다.…이것은 친구로서 또 어머니로서 하는 우리의 요구이다. Stjerna 번역.

아들들은 이 부탁을 들어줄 수 없는 처지였다. 자신들의 지역에 새로운 신앙을 받아들이지 않기로 죽음을 앞둔 아버지와 약속하였기 때문이기도 하고, 요아킴 2세가 가톨릭 교인인 폴란드 왕의 딸, 헤트비히(Hedwig)와 결혼했기 때문이기도 했다. 더욱이 오스트리아의 페르디난트는 그에게 가톨릭 통치자들의 할레연맹(Halle alliance) 내에 있는 사람들에게 온당치 않은 종교개혁자들에 동조하지 말라고 경고한 바 있었다.

또 다른 편지에서 엘리자베스는 아들들에게 다시금 "어머니의 호의적인" 마음에서 "진리"에 대해 썼다. 그녀는 거룩한 의식을 개혁하는 일을 돌보라고 권고하면서 그들이 하나님의 말씀을 공부하기를 원했다. 그녀가 사랑으로, 하나님의 은혜로, 그리고 "손으로 직접" 정성껏 쓴 편지는 명문가 출신 엘리자베스의 서명, "덴마크의 왕가에서 태어난 브란덴부르크 후작의 홀로 남은 아내"라는 서명으로 끝을 맺고 있다. Elisabeth von Brandenburg in Kirchner 1866, 260-261.

그녀의 차남 요한은 정치적으로 잃을 게 적어서 형에 비해 좀더 빨리 루터란 신앙으로 개종하는 일에 호의를 가졌다. 어머니의 영향을 더 많이 받은 그는 어머니를 기쁘게 해드리고 싶은 마음에 종교개혁의 친구가 되었다. 요아킴의 경우 더 많은 것들이 걸려 있었으며, 타협을 하고 난 이후에도 결코 어머니가 바라는 만큼 충분히 따르지는 않았다. 그녀가 생각하기에 요아킴은 "좋은 루터주의" 종교개혁을 진작시키지 않았다. Baur 1873, 535. 1539년 요아킴 2세가 마음을 바꾸어 이종배찬으로 성만찬을 받긴 했지만(그리고 바로 베를린에서 이를 다시 행하지만), 어머니를 집으로 데려오지는 못했다. 그가 개종하기로 마음을 정하자마자, 엘리자베스는 요아킴에게 브란덴부르크를 위한 교회법을 제정하라고 재촉하였다. 그녀는 자신의 아들이 다방면에서 압력을 받고 있다는 것을 이해하지 못했거나 이해하려고 하지 않았다. 엘리자베스는 아들이 처음 채택하려고 하던 교회법이 지나치게 물렁하다고 주장하였는데, 이 법은 루터와 멜란히톤의 동의를 얻어 몇몇 옛 가톨릭 의식을 계속 행하는 것을 허용한다는 내용을 담고 있었다.

루터는 이 문제를 중재해 줄 것을 부탁받았을 때 중도적인 제안을 하였다. 그는 그리스도인의 삶에서 누려야 하는 자유에 대해서, 또 사람들로 하여금 몇몇 옛 종교적인 관습(심지어 비텐베르크에서 허용되지 않은 것들까지도)을 유지하도록 허용하는 것이 아무런 해가 없다는 데 대해서 썼다. 그는 엘리자베스에게 양심의 자유에 대해서, 그리고 복음을 순수하게 설파하고 성례를 올바로 행하는 일의 우선성에 대해 상기시켰다. 미사가 폐지되고, 그와 더불어 성인들에게 기원하는 것도 폐지되는 한, 모든 일이 순조롭다고 말하였다. 엘리자베스는 루터만큼 관용적이지 않았다. (혹은 베인튼의 말대로, 엘리자베스는 "루터만큼 폭이 넓지 않았다. 그녀는 성직자의 예복을 '적그리스도의 누더기'라고 불렀던 영국 청교도들의 선구자였다.") Bainton 2001, 122; WA Br 7:3421, December 4/5, 1539. 요아킴과 그 남동생은 마침내 어머니에게 원하는 대로 하라고 말하면서 자신들도 자신들의 땅에서 필요한 일들을 행하도록 내버려 두라고 요청하였다. 이 일격은 그녀의 사랑하는 아들들이 보낸 "우리는 당신의 사랑하는 아들들로 당신에게 매여 있을 것입니다."라는 인삿말로 한결 누그러졌다. Bainton 2001, 121; Riedel 1865, 92-95; Kirchner 1866, 264, 268-269.

점점 건강이 악화되었고 (1540년부터 1541년까지는) 위독해지기까지 했는데도 엘리자베스는 자신의 완강한 뜻을 굽히지 않았으며, 이는 교회법을 둘러싼 논쟁에서 볼 수 있다. 그녀는 계속해서 돌아갈 뜻이 없었고, 수년이 지난 후(남편 사후의 몇 년을 포함해 약 18년간을 해외에서 지낸 후) 1545년 8월이 되어서야 돌아갔다. 요한은 어머니에게 500마리의 말로 보상하였다. 더욱 인상적인 것은 요한이 그녀가 내건 조건에 동의하였으며, 상당한 빚을 갚아주고, 엘리자베스가 지내게 될 슈판다우에 대한 그녀의 통치권을 보장하고, 재정적인 지원을 제공하고, 그녀가 택한 목사와 그녀에게 좋은 대로 종교의식을 행할 수 있는 권리를 주기로 약속했다는 것이다. 돌아올 때에 그녀는 자신의 집에서 "가족 예배를 시행했으며," 종교적인 사안에 계속 적극적이었다. 그녀는 성서와 교리문답을 연구하였다. 그렇지만 그녀가 정상적인 생활로 복귀하는 일은 쉽지 않았다. 엘리자베스의 의지는 강했지만 "그녀의 영혼은 치유되지 않았다." 그녀는 과거에서 벗어나지 못했으며 "좀 신경질적"이었다. Bainton 2001, 122. (Jakobi 1989, 181-273; Kirchner 1866, 262-273; Baur 1873, 536-539 참조.)

육체적으로 또 정신적으로 건강하지 못한 그녀는 70세에 이르렀을 때 자신을 베를린으로 옮겨달라고 요청하였다. 그녀는 1555년 6월 1일 그곳에 도착해서, 고작 열흘 후에 죽었다. 그녀가 남긴 글에서 알 수 있듯이, 그녀는 자신의 죽음을 맞을 준비가 되어 있었다. 엘리자베스는 아들 요한에게 이렇게 썼다.

나는 사랑하는 하나님 우리 하늘 아버지께서 내게 무거운 십자가를 내려놓으셔서 병, 가난, 고통, 고난, 두려움, 그리고 내가 말할 수 있는 것보다 더 많은 것을 주셨다는 것을 어머니로서의 사랑 때문에 네게 숨길 수가 없구나. 나는 그런 시련이 이 세상에 있을 수 있다는 것과, "주께서 주셨고, 주께서 취하셨다. 주님의 이름이 찬송을 받으실 것이다."라는 욥의 말로 나 자신을 위로하게 될 것이라고는 믿지 않았을 것이다. 너는 내가 얼마나 오래 고통 가운데서 심각한 병을 앓으며 지냈는지, 그리고 내가 연로한 가운데 동전 한푼 지니지 못할 정도로, 내 입에 소시지 한 조각 물지 못할 정도로 수치스러운 가난을 겪어야 했는지를 알아야 할 것이다. 만약 하나님께서 특별한 은혜로 나를 붙들어 주지 않으셨다면, 내 심장이 순전한 고통으로 인해 둘로 쪼개졌다고 해도 놀랄 일이 아니었을 것이다. Bainton 2001, 122-123; Kirchner 1866, 279-283.

마음을 드러내는 말은 이렇게 이어진다. "누가 '일식'을 두려워하는가? 나는 해와 달과 모든 별을 만드시고 모든 피조물에게 생명을 주신 그분을 믿는다. 그분은 나를 붙들어 주실 것이다. 부디 그분께서 나를 데려가기를 지체하지 않으시기를 바란다. 나는 그분께 갈 것이다. 나는 삶에 너무 지쳤다." Bainton 2001, 123; Kirchner 1866, 281. 이 편지는 강력한 신앙적 확신, 강인함, 그리고 죽을 준비가 되어 있음을 말해주고 있다. 엘리자베스는 고백자이자 신자로, 그 땅의 거룩한 어머니로 죽었다. "eine heilige Landesmutter"; Baur 1873, 538-539. 그녀는 그녀가 원한 대로, 소원하게 지내던 남편 요아킴의 옆에 묻혔다. 두 사람 사이에 일어난 27년간의 분쟁은 간통이나 애정의 결여보다는 종교를 둘러싼 것이 훨씬 많았다. 이들의 결혼생활은 요아킴이 다른 여성들과 불륜을 행한 것만큼이나 엘리자베스가 프로테스탄트 신앙에 헌신한 것 때문에 깨졌다고 결론을 내리는 것이 공정할 것 같다. 종교적인 논쟁에서 이긴 후 죽음에 이르러, 엘리자베스는 비로소 젊은 시절의 남편과 화해하게 되었다. Riedel 1865, 98-100 참조.

엘리자베스의 유언은 자신의 신앙을 표명하는 것이었다. Riedel 1865, 99. 종교는 유언의 핵심이었다. 그녀는 자신의 신앙고백으로 시작해서, 삼위일체 하나님에 대한 믿음을 밝히고, 모든 지도자는 하나님의 뜻을 따르라고 간청하였다. 그런 다음 자녀들에게 옳은 일을 행하라고 권고하였다.

그들 자신의 영혼을 구원하기 위해, 그들은 거룩하고 신적인 말씀과 예수 그리스도의 복음을 받아들여야 한다. 그분만이 우리에게 구원을 가져다 주실 분이다. 이 복음이 아우크스부르크 신앙고백을 통해서 우리에게 와서, 하나님의 특별한 은혜를 통해 독일의 이 지역에서 빛나는 그대로, 그들은 이것을 마음으로 참되고 확고한 신앙으로 받아들이고, 끝까지 소중하게 지켜야 한다.

그녀는 하나님의 말씀이 자신의 영토에서 아우크스부르크 신앙고백에 따라 전파되기를 바란다는 것을 강조하였다. 그리고 자신이 가고 난 후에 자녀들이 정의와 자비에 따라 살고 또 통치하기를 바랐다. Baur 1873, 538; Kirchner 1866, 274-279 참조.

어머니로서 그녀는 자녀들에게 유산을 남겼다. 장남 요아킴(1505-71)은 아버지를 이어 선거후가 되었다. 그는 오데르 동쪽까지 이르는 브란덴부르크 땅인 퀴스트린 지역을 아버지에게서 물려받은 요한 1세(1513-71)와 더불어, 브란덴부르크 영토 전역에 걸쳐 루터란 신앙을 이행하였다. 엘리자베스의 딸 안나(1507-67)는 메클렌부르크의 공작부인이 되었고, 막내딸 마르가레타(1511-77)는 안할트의 공작부인이 되었으며, 둘째딸 엘리자베스(1510-58)는 브라운슈바이크의 공작인 에리히와 결혼하였다. 그곳에서 공작부인 엘리자베스는 프로테스탄트 신앙을 위한 자신만의 전쟁을 수행하였으며, 1542년 프로테스탄트 교회법을 시행하였다. 그녀는 어머니의 영향을 많이 받았고, 루터와의 만남으로부터도 많은 영향을 받았다. 그녀의 아이들, 즉 엘리자베스 폰 브란덴부르크의 손주들인, 에리히 2세, 안나 마리아, 그리고 또 다른 엘리자베스는 자신들의 영토 안에서 종교개혁을 위한 중요한 역할을 계속 감당해 나갔다. 둘째딸 엘리자베스는 독일의 종교개혁 역사에서 하나의 중요한 장(chapter)을 제공하게 된다.

엘리자베스 폰
브라운슈바이크-뤼네부르크(칼렌베르크)

❖부모
- 요아킴 1세(Joachim I von Brandenburg, 1484-1535) "Nestor"
- 엘리자베스(Elisabeth Oldenburg of Denmark, 1485-1555)
❖형제자매
- 요아킴, 안나, 마르가레타, 요한
❖배우자(1525-40)
- 에리히 1세(Erich I von Braunschweig-Calenberg, 1470-1540)
❖자녀
- 엘리자베스(1526-66, 1543년 Ernst zu Henneberg와 결혼)
- 에리히 2세(1528-84)
- 안나 마리아(1532-68, Albrecht von Preussen과 결혼)
- 카타리나(1534-59)

어머니 엘리자베스 폰 브란덴부르크와 마찬가지로 공작부인 엘리자베스 폰 브라운슈바이크(Elisabeth von Braunschweig, 1510-58)는 자신의 영지에 아우크스부르크 신앙고백의 도입을 강행하기 위해 망명길에 올랐다. 그녀는 "심지어 그 어머니보다 더욱…종교개혁의 정치적 영역에서 보다 영향력 있는 여성들" 중 한 사람으로 특징지어져 왔다. "그녀의 망명으로 인한 영향력을 누가 손상시키는가"; Bainton 2001, 125. 또한 Stelzel 2003, 12. 통치자로서, 정치인으로서, 그리고 브란덴부르크와 브라운슈바이크 가문 최초의 작가로서 그녀는 새로운 르네상스 통치자의 화신이었으며, 그 지역 루터란 개혁자들과 루터와 멜란히톤으로부터 존중을 받았다. 영어로 된 번듯한 전기는 아직 나와 있지 않지만, 엘리자베스의 생애와 그녀가 다양하게 기여한 바에 대해서는 귀족 가문의 역사에 기록으로 남겨져 있다. 그 기록들은 그녀가 1510년 8월 24일 "선거후"(Kurfürst) 가문에서, 선거후 요아킴 1세와 엘리자베스 올덴부르크의 다섯 아이들 중 하나로 태어났다고 적고 있다.

그녀의 어머니가 1527년 프로테스탄트 신앙으로 개종하였을 당시, 엘리자베스는 이미 아버지처럼 확고한 가톨릭 신자인 한 남자와 2년째 결혼생활을 하고 있었다. 엘리자베스가 쓴 작품들과 그녀가 보여준 언어구사력을 보면 그녀가 얼마나 폭넓은 교양을 갖추고 있었는지 잘 알 수 있다.(이것은 그녀 아버지의 궁정에 있던 프랑크[Fabian Frangk]의 덕이었다.) 엘리자베스의 교육은 집안의 풍족한 재원과 부모의 식견으로 인해 읽기, 쓰기, 종교, 지리를 비롯해, 라틴어와 같은 몇몇 언어에 대한 교육까지 포함되었다. 라틴어에 얼마나 능숙했는지는 분명하지 않지만, 서고에 라틴어 서적이 별로 없다는 것이 그녀가 그 언어에 능숙하지 못했거나 그것을 싫어했다고 말해주는 것일지도 모른다. Mengel 1952. 그녀가 받은 교육은 학문적인 것이라기보다는 도덕적이고 실질적인 성격의 것들이었다고 규정되어 왔다. Stelzel 2003, 13-15; Becker-Cantarino 1983, 204, 241, 239; Mengel 1954a, xx-xxi 참조.

1525년 7월 7일(루터와 카타리나가 결혼한 여름), 15살의 엘리자베스는 55살의 에리히 공작(Erich von Braunschweig-Calenberg, 1470-1540)과 결혼하였다. 그는 뤼네부르크, 칼렌베르크-괴팅겐, 볼펜뷔텔, 그리고 그루벤하겐 지역을 소유하고 있었다. 결혼식은 에리히의 첫째 부인인 카타리나(Katharina von Sachsen: 오스트리아 공작 지기스문트의 홀로 남겨진 아내였던)가 죽은 지 1년 뒤에 거행되었다. 카타리나와 에리히 사이에 하나밖에 없던 자녀가 일찍 죽어, 엘리자베스가 빨리 후계자를 출산하기를 바라는 기대가 있었는데, 그녀는 이것을 해내었다. 그녀는 자녀 넷을 두었는데 1526년에 엘리자베스(1543년 Ernst zu Henneberg와 결혼)를, 1528년에 에리히 2세를, 1532년에 안나 마리아(Albrecht von Preussen과 결혼)를, 그리고 1534년에 카타리나를 낳았다. 자녀 중에 후계자 에리히는 그녀에게 너무나 소중한 존재였다. 그녀가 셋째 안나 마리아와 그 남편 알브레히트와 맺은 관계 또한 매우 각별하였다. 엘리자베스는 특별히 이 두 자녀의 삶에 관심을 가지고 그들의 형편을 살피고 행복을 지켜주려고 하였다. 예를 들어 그녀는 결혼생활의 문제에서부터 통치와 종교에 관한 이슈에 이르기까지 어머니로서의 조언을 아끼지 않고 글로 써 보냈다.

처음에 엘리자베스와 에리히 부부는 뮌덴에 있는 성에서 대부분 생활하였다. 행복했던 결혼 초기가 지나자, 에리히의 오랜 정부였던 안나(Anna Rumschottel)로 인해 문제가 생겼다. 안나는 에리히의 짧은 홀아비 시절 동안 그에게 위안을 주었는데, 에리히는 엘리자베스가 딸 안나 마리아를 출산하고 오랫동안 회복하고 있던 때에 정부와의 관계를 재개했다가 그녀가 건강해지고 난 다음에 또 한 번 관계를 이어나갔다. 그가 정부의 품으로 달려간 시기는, 그때마다 "아내 역할을 잘 감당할 수 없는 처지에 있던" 엘리자베스에게는 특별히 고통스러운 시기였다. Bainton 2001, 125; 엘리자베스는 1549년 Albrecht von Preussen에게 보낸 편지에서 이에 대해 격분해서 썼다. 또한 Mengel 1954a, 52, Letter No. 35 from September 21, 1549 참조. 엘리자베스는 남편의 정부가 상당한 돈을 받고 "물러났거나" 혹은 죽었다고(에리히는 그녀를 위해 가짜 장례식까지 치르면서 이렇게 주장하였다.) 착각하고 있었지만, 정부인 안나가 멀리 떨어진 성에서 남편의 아이까지 낳았다는 것이 밝혀졌다. 엘리자베스는 이들의 관계가 깨끗이 정리되기를 바랐다. 안나를 종교재판에 세우거나 마녀사냥하는 것이 그녀에게는 당연한 조처로 보였지만 그녀의 남편은 이에 동의하지 않았고 그 정부는 도망쳐 버려, 결국 엘리자베스는 아버지가 와서 자신을 변론해 줄 것을 간청할 수밖에 없었다. 결국 사태는 이렇게 정리되었다. 그녀는 남편과 실질적인 모든 의미에서 헤어져, 괴팅겐과 뮌덴의 반(半)독립적인 영토를 다스릴 권한을 부여받았다. 뮌덴에 거주하면서, 그녀는 직접 다스리는 경험을 하면서 능력을 키울 수 있는 기회를 가졌고, 이 능력은 나중에 그녀의 삶에서 꼭 필요한 것이 되었다.

처음에 엘리자베스와 에리히는 가톨릭 신앙을 따랐으나, 1524년부터 엘리자베스가 루터의 저작들을 읽기 시작하면서 그녀의 시각은 점점 더 바뀌게 되었다. 그녀에게 전환점이 된 때는 그녀의 어머니와 근래 루터란 신앙으로 개종한 동생 요한이 그녀를 방문한 1538년 무렵이었다. 같은 해에 그녀는 루터와 헤센의 필립과 서신을 교류하였다. 필립은 루터의 동료 프로테스탄트로서 그녀에게 설교자 코르비누스(Antonius Corvinus)를 "잠시 조달해" 보내주었다. 코르비누스의 설교와 또 다른 루터주의자들과의 접촉을 통해 영향을 받은 엘리자베스는 1538년 자신을 루터주의자로 선포하였다. 어머니가 베를린으로 탈출한 지 대략 10년 정도 후에, 그녀는 궁정의 여인들과 함께 루터란 의식에 따라 이종배찬으로 성만찬에 참여하였다.(1535) (그녀의 공개적인 회심은 애초에 사적인 회심이던 그 어머니의 회심과는 달랐다. Brenneke 1925, 153.) 에리히는 처음에는 아내의 회심을 무시하려고 들었지만, 그리 오래가지는 못했다. 10년간의 결혼생활 이후 이 부부 사이에 존재하고 있던 다툼 가운데 종교가 추가되었다.

어머니의 결혼생활과는 대조적으로, 엘리자베스의 남편은 처음에 상호존중의 방침에 동의하였다. 에리히의 말에 따르면, "내 아내는 우리의 신앙을 훼방하거나 간섭하지 않으며, 따라서 우리도 그녀의 신앙을 방해하거나 간섭하지 않고 그녀에게 맡겨둘 것이다." Kurs 1891, 11; in Bainton 2001, 126-127. 에리히는 개인적으로 루터의 진가를 인정하였으며, 보름스 회의 이후에는 그에게 맥주를 보내기까지 하였다. 하지만 그럼에도 불구하고 그는 자신의 옛 신앙을 지키다 죽고 싶어했으며, "새로운" 신학에 조금도 관심이 없었다. 아마도 에리히에게는 놀라운 일이었을 텐데, 엘리자베스는 자신의 신앙을 지킬 수 있는 평화 이상의 것을 원했다. 그녀는 영토

내의 모든 사람을 루터주의자로 만들고자 하는 대담하고도 지속적인 일에 선봉을 맡고자 하였다. 독일 지역에서 자신의 권력이 항상 미심쩍었던 황제 카를 5세는 사회적인 이슈뿐 아니라 종교적인 이슈에 있어서도 다양한 회의를 개최하고, 정치적이고 군사적인 압박을 가함으로써 자신의 권력을 강화하고자 하였다. 그는 독일이 프로테스탄트 국가가 되기를 원하지 않았다. 프로테스탄트인 현자 프리드리히와 그 동료들이 형성한 구역을 상쇄시키고 그것과 균형을 이루기 위해서는 에리히와 하인리히가 접하고 있는 브라운슈바이크-칼렌베르크와 브라운슈바이크-볼펜뷔텔이 가톨릭으로 남아 있는 것이 그에게 절대적으로 필요했다. 따라서 (재정적인 영향력을 지닐 뿐만 아니라) 엘리자베스와 그녀의 영지가 어떤 종교를 허용하기로 하는가가 큰 그림에서 볼 때 매우 중요했다. 에리히는 원래 중립을 지키는 것을 선호했지만, 긴박한 정치적 정황과 아내의 적극적인 프로테스탄트 진영에의 개입으로 인해 그것은 불가능하다는 것이 드러났다. 엘리자베스의 종교적인 헌신은 에리히와 그의 영토를 모두 위태로운 상황에 처하게 하였으며, 결혼생활에도 긴장을 불러일으켰다. 서로의 종교에 간섭하지 않겠다던 이 부부의 합의는 엘리자베스가 신앙고백전쟁에 전폭적으로 개입하게 되면서 끝나고 말았다.

에리히는 아주 어려운 상황에 봉착하였다. 그 자신은 루터주의 신앙을 지지함으로써 황제를 당혹하게 만들 수 없는 처지인데, 그의 아내는 적극적으로, 그리고 공개적으로 루터주의자 편에 가담하고 있었던 것이다. 자신의 운명에 대한 걱정과 폭발 직전의 긴장감으로, 에리히는 1536년 2월 4일 유언장을 미리 작성하였는데, 자신이 죽을 경우 영지에 대한 권한을 위임한다는 내용이었다. 그가 황제를 방문하던 와중에 하게나우에서 죽자(1540년 7월 30일), 이 유언장은 엘리자베스가 모든 실제적인 일에서 실질적인 섭정을 맡고, 자녀들의 후견인까지 맡도록 해주었다.(자녀들을 보호하는 책임은 헤센의 필립과 엘리자베스의 오빠인 요아킴 2세와 공유하도록 하였다.) 비록 관습적으로 여성들이 혼자 통치할 수는 없었지만, 에리히의 유언장은 엘리자베스에게 홀로 남겨진 아내로서, 그리고 상속자인 당시 12살짜리 아들의 어머니로서 그 일을 감당할 수 있는 권한을 주었다. 상당한 어려움을 겪어야 했지만 엘리자베스는 "여성 통치자"(Landesmutter)로서 그 일을 해내었다. Stelzel 2003, 18.

이 유언장은 종교적으로 대립하고 있는 양측에서 후견인들을 임명해 놓았고, 이것은 복잡한 변수였다. 모든 실질적인 권한은 엘리자베스에게 있었지만, 자녀들에 관해서 그녀는 헤센의 필립, 그녀의 오빠이자 브란덴부르크의 선거후인 요아킴, 그리고 에리히의 조카이자 프로테스탄트들의 적인 하인리히 폰 볼펜뷔텔에게 설명할 의무가 있었다. 또 다른 긴장관계가 생긴 것은 하인리히가 삼촌의 영토, 즉 엘리자베스가 계속해서 아이를 낳게 되면서 점차 자신에게서는 멀어져 간 유산을 탐냈기 때문이다. Aschoff 1984, 30-34, 56. 엘리자베스와 하인리히 사이의 전투는 엘리자베스가 공국의 사안들을 주도하면서 자신의 목표를 추진해 나가자 곧 곪아터질 지경에 이르렀다. 그녀의 목표란 그녀 자신과 그녀의 영지를 독립적이고 자립할 수 있도록 만들고, 브라운슈바이크-칼렌베르크를 그대로 지켜 아들 에리히 2세에게 물려주고, 루터의 영성으로 종교개혁을 단행하는 것이었다. 다른 후견인인 헤센의 필립은 엘리자베스와 루터주의 신앙을 공유했으며, 그녀와 파트너 관계를 유지하였다. 아들이 미성년자인 동안(1540-46) 필립의 지지와 합법적인 섭정의 권위로 엘리자베스는 의연하게 자신의 영지를 돌보는 일에 몰두하였으며, 재정적으로 풍족하지 않은 상태에 있던 영지에 몇 가지 개혁적인 조치를 단행하였다. Sprengler-Ruppenthal 1984, 30-38; Aschoff 1984, passim 28-31, 34, 37.

엘리자베스는 "열정적으로" 자신의 일을 감당하였다. Goltz-Greifswald 1914, 153. 그녀는 뮌덴과 괴팅겐을 다스려 본 초기 경험을 보유하고 있는 데다가 재정적으로도 독립적인 위치에 있어 그로 인한 혜택을 누렸다.

그녀의 이러한 재정적인 독립성은 그녀가 "버림받은" 아내로서, 홀로 남은 아내로서, 그리고 정치적인 권력에 대한 야망과 "잘못된 신앙"을 지닌 여성으로서 자기 자신을 위해 지혜롭게 미리 확보해 둔 것이다. 그녀는 자신의 목적을 이루기 위해 과부로서의 신분을 활용하였다. 자신의 영지 전체에 광범위한 개혁을 도입하면서 그녀는 여러 곳을 방문하고 수도원을 개혁하는 법령과 무엇보다도 교회법에 관련된 글을 썼는데, "홀로 남은 과부"라는 서명을 사용함으로써 그 어조를 좀 완화시키는 효과를 거두었다. Mager 1994, 212; Stelzel 2003, 16, 18; Becker-Cantarino 1983, 240. 그렇다 하더라도 그녀는 사회 각계의 권력층, 즉 귀족, 성직자, 마을, 시의회의 협력을 얻어야 했고, 황제의 승인도 얻어야 했다. 이러한 여러 어려움을 뚫고, 엘리자베스는 귀족들로부터 개혁이 지속적이고 유익하다는 인정을 받는 데 성공하였다. Stezel 2003, 16-19; Brenneke 1928, 320-321; Brenneke 1924, 120-121.

문제의 하인리히 공작이 엘리자베스의 영지에 대한 통치권을 확보하기 위해 끈질기게 자신의 권리를 주장하며 갖은 짓을 다하면서 벌인 꺾일 줄 모르는 그의 전유화 시도들은(황제에게 도움을 간청하기도 하고, 무위로 그쳤지만 엘리자베스의 백성들 가운데 폭동을 선동하려 하기까지 하면서) 1542년 여름 슈말칼덴 동맹군에 의해 자신의 군대가 포위되면서 황망한 중에 끝을 맺었다. 엘리자베스의 요청에 따라, 필립은 루터란 신앙을 대적해 무장하여 음모를 꾸민 죄로 하인리히를 (1547년까지) 투옥시켰다. 엘리자베스의 오빠 요아킴 2세가 하인리히를 대신해 아들의 후견인이 되었고, 이로 인해 엘리자베스는 5년간 아들을 대신해 통치할 수 있었다. 그녀는 이 기회를 십분 활용하였다. 자신의 영지 안에서 개혁자로서 조치를 취하면서 열정적으로 루터란 개혁을 이끌었으며, 자녀들과 자기 땅의 백성들과 지주들에게 권면하는 내용의 글을 썼다. 어머니로서의 사랑과 결합된 선교적인 열정이 그녀의 활동의 특징을 이루었다. Becker-Cantarino 1987, 207-209; Wiesner 2000, 41; Stelzel 2003, 17-22; Brauch 1930;

Havemann 1839, 49-51 참조.

  평화가 정착되자 엘리자베스는 안토니우스 코르비누스 목사의 도움을 받아 자신의 땅에서 종교개혁을 계속 이행해 나갔는데, 1530년대 이래 4개 도시만이 개혁신앙을 받아들인 상태였다. 그녀의 활동은 방문, 사적인 접촉, 그리고 교회법을 통해 이루어졌다. 그녀가 코르비누스와 주고받은 편지는 이 일련의 과정에서 그녀가 발휘한 지혜, 사랑, 철저함을 잘 보여준다. 교회의 일들을 감독하는 역할을 맡았던 코르비누스는 엘리자베스의 명령 하에, 그리고 그녀의 의견을 담아 실제적인 교회법을 작성하였다. 이 교회법은 1542년 5월 모든 지주, 수도원, 귀족에게 보내졌고, 공작부인 자신의 명령과 권고의 편지가 뒤따랐다. Sprengler-Ruppenthal 1984, 36-52; Tschackert 1900 참조.

  네 개의 부분으로 구성된 교회법은 (성직자 교육을 포함한) 교육과 교리문답에 대한 가르침에 관해서, 이종배찬의 성만찬 집례에 관해서, 말씀 선포에 대한 조언의 말과 더불어, 아우크스부르크 신앙고백의 가르침을 고수하는 내용을 담고 있었다. 교회법은 보호장치 없이는 피해를 당하기 쉬운 여성들의 상황과 영지 내 빈민들에게 필요한 것들에 대해 각별히 민감한 태도를 보이면서 수도원의 변화에 대한 방침을 담았다. 교회법은 또 인간의 통치와 신적인 의지의 역동성, 직무의 권위, 그리고 순종의 미덕에 대해서도 검토하였다. 이 교회법은 제시된 변화를 수행할 수 있는 권한을 지닌 엘리자베스 자신의 통치권자 신분에 대한 그녀의 비전에 의존하고 있었다. 당혹스럽게도, 큰 도시들은 처음에 이 교회법을 호의적으로 받아들이지 않았다. 그렇지만 1544년 최고법정의 승인을 얻어냈다. Sprengler-Ruppenthal 1984, 41, 47-52; Havemann 1839, 55-60 참조.

  엘리자베스의 저술 중 중요한 것은 "공개서신"(Sendbrief)으로서, 1544년 작성해 백성들에게 보낸 공식 편지로 1545년 인쇄되었다. 이 공작부인과 백성들, 특별히 귀족들 사이에는 팽팽한 긴장관계가 형성되었는데, 영지에 재정적인 어려움이 닥치거나 새로운 개혁을 추진할 때에 이 긴장감은 더욱 증대되었다. 그녀는 백성들과 상호 이해에 이를 수 있도록 애쓰면서 동시에 그들의 복종을 조장하였다. 72쪽에 이르는 "공개 서신"의 첫 번째 부분은 그리스도인의 삶을 위한, 그리고 보다 나은 삶을 위한 일반적인 권고의 내용을 담았다. 두 번째 부분은 상이한 집단, 즉 목회자들, 수도원 사람들, 귀족들, 네 개의 큰 도시(괴팅겐, 하노버, 노르트하임, 하멜른), 그리고 작은 마을과 농촌을 향해 그녀가 말하는 내용이었다. 그녀는 이 모든 계층에게 하나님의 이름으로 자신들의 의무를 따를 것을 촉구하였는데, 사제들은 회개의 중요성을 설교하고, 귀족들은 죄악된 "쾌락주의적인" 삶의 방식을 버리고, 대도시들은 "고리대금" 사업을 그만두라고 촉구하였다. 전반적으로 그녀는 백성들에게 자신들의 죄와 비도덕적인 행위를 떠나라고 권고하면서, 특별히 이자를 받는 업자들을 질책하였다. 사제들에게는 내연녀들과 정식으로 결혼하라고 명하였다. Becker-Cantarion 1987, 207; Tschackert 1899, 8-9, 13-14/Jahrbuch 52-57; Stelzel 2003, 30-33, 57; Sprengler-Ruppenthal 1984, 49-52; Havemann 1839, 59-60 참조. (Elisabeth von Braunschweig-Lüneburg, *Der Durchleuchtigen Hochgebornen Fürstin und Frawen/Frawen Elisabeth geborne Marckgravin zu Brandenburg u. Hertzogin zu Braunschweig und Lueneburg beschlossem und verwilligtes Mandat inirem Fürstenthum Gottes Wort auffzurichten/Und irrige verfürte lerr außzurotten belangent*[Münden 1542], 그리고 *Ein Christlicher Sendebrieff der Durchleuchtigen Hochgebornen Fuerstinnen und Frawen F. Elisabeth geborne Marggraffinnen zu Brandenburg, etc. Hertzoginnen zu Braunschweig und Luneburg etc. Witwen/an alle irer F. G. und irer F. G. Hertzlichen Sons Erichs Untertanen geschrieben/Christliche besserung und newes Gottseliges leben/so in dieser letsten bösen zeit/Die hohe nod fordert/belangend*[Hannover 1545] 참조.)

엘리자베스와 코르비누스는 개혁에 대한 비전을 공유하였고, 개혁이 성공하기 위해서는 확고한 법률 제정이 필요하다는 것을 알고 있었다. 또한 평신도들에게 무엇이 필요한지에 관심을 보였으며, 교리문답을 가르치는 일을 시행하고자 했다. 더욱이 코르비누스는 엘리자베스를 위해 찬송가를 썼으며, 사제들로 하여금 내연녀들과 결혼하도록 명하는 법령도 저술하였다. 수도원의 개혁과 관련해서 엘리자베스는 수녀원 여성들의 딜레마에 특별히 민감하게 주의를 기울였으며, 이는 1542년의 수도원법에서 분명하게 표현되었다. 엄격하게 규제하고 강제력을 동원하는 대신, 그녀는 수도원에 머물고 싶어하는 사람들에게는 그렇게 하도록 허용하고, 원하는 사람들은 자신들의 뜻에 따라 떠나도록 하는 것이 더 현명하다는 것을 알았다. 그녀의 이러한 공감하려는 태도는 이후 아들을 권면하는 데서 더 분명하게 나타나는데, 그녀는 "집없는" 여성들에게 필요한 것이 무엇인지 이해하면서 어떻게 물리력을 동원하지 않고 수녀원을 해산할 수 있을지에 대해 아들에게 조언하였다. Klettke-Mengel 1986a, 110; Havemann 1839, 58, 67, 78 참조.

시끄러운 일은 계속되었다. 즉 반(反)슈말칼덴적이고, 따라서 반(反)종교개혁적인 귀족 집단이 칼렌베르크-괴팅겐을 휘저어, 엘리자베스로 하여금 그녀의 친구이자 슈말칼덴연맹의 설립자 중 한 사람인 헤센의 필립의 지지에도 불구하고 그 연맹에 가입할 수 없도록 만들었다.(이 두 사람 사이의 연대를 더 밀접하게 하기 위해 엘리자베스의 첫째 아들과 필립의 딸 사이에 결혼이 고려되었다. 이 계획은 필립이 루터의 조언을 받아들여 첫 부인이 아직 살아 있는 데도 다른 여성과 중혼을 감행하고 난 후 겪어야 했던 추문으로 인해 포기되었다. 에리히는 그 대신 시도니아 폰 작센[Sidonia von Sachsen, 1518-75]이라는 어린 소녀와 결혼하였는데, 엘리자베스는 프로테스탄트의 적으로 잘 알려진 그녀의 삼촌 게오르크 폰 작센[Georg von Sachsen] 공작이 죽은 후 그 지역을 루터주의 지역으로 만들려고 추진하였다. 시도니아가 1575년에 죽자 에리히는 도로티[Dorothée de France]와 재혼했지만 자녀는 한 명도 두지 못했다.)

에리히를 프로테스탄트 가문과 결혼시키는 것은 개인적으로도 또 정치적으로도 중요한 일이었다. 에리히의 종교적인 성향은 그의 성심을 얻기 위해 경합을 벌이는 많은 사람들에게 큰 관심의 대상이 되었는데, 그는 루터에 의해 직접 검증된 신앙을 소유하고 있었으며, 1554년 비텐베르크를 방문한 사람들은 에리히를 확실한 루터주의자로 선언하였다. 엘리자베스는 에리히가 자신의 영지 안에서 통치하면서 프로테스탄트를 정착시키도록 하는 데 성공하였다. 하지만 이후 드러난 대로 싸움이 완전히 끝난 것은 아니었다. 에리히는 어머니가 자신을 위해 예비한 길을 따르려고 하지 않았다. 그 후 몇 년간 에리히와 엘리자베스는 고통스러운 다툼을 겪어야 했다.

에리히 2세는 1545년 12월 22일, (지나치게) 보호하는 어머니의 질투어린 보살핌 아래 칼렌베르크-쾨팅겐을 통치하기 시작했다. 엘리자베스는 어머니로서의 사랑의 표현으로, 그리고 그를 통제하려는 의도에서 아들에게 통치에 관한 글을 써주었다. 이 글의 중심에는 "하나님께, 황제에게, 그리고 네 어머니에게 순종하라."는 엘리자베스의 권고가 울려퍼지고 있었다. 에리히가 어머니의 말을 듣기만 했더라면! Bainton 2001, 133; Tschackert, 1899, 33, 10; Stelzel 2003, 21.

하지만 에리히는 어머니에게 순종하지 않았다. 말썽이 생기기 시작한 것은 이제 갓 성년에 이른 18살의 공작이 1546-47년에 개최된 레겐스부르크 회의에 참석하러 가서, 거기서 프로테스탄트를 상대로 한 논쟁에서 가톨릭 군주들에게 가담하면서였다. 이런 일은 엘리자베스가 그의 여행을 위해 프로테스탄트 예식에 따라 성만찬을 준비해 주고 어머니로서 강력한 권고를 하고 난 이후에도 일어났다. 에리히가 어머니의 궤도를 벗어나 다른 영향력에 노출되자마자 태도를 바꾸었다는 것은 어쩌면 놀라운 일이 아닐지도 모른다. 어머니와 아들 사이가 멀어진 것을 보여주는 첫 번째 조짐 중 하나는 에리히가 어머니와 백작 포포(Poppo von

Henneberg-Schleusingen, 1513-74)의 결혼식에 불참했을 때 벌써 나타났다. 엘리자베스는 자신의 사위의 형(그녀보다 두 살 연하)과 뮌덴에서 결혼식을 올렸는데 결혼 축하행사가 계속되던 5월 말엽부터 6월 초순까지 에리히는 레겐스부르크에 머물러 있었다.

2년 후인 1548년 스페인을 방문하던 중 에리히는 가톨릭 신앙으로 돌아갔다. 더욱이 그는 황제의 아우크스부르크 임시협정(Augsburg Interim)을 받아들였는데, 이것은 프로테스탄트들에게 부드러운 타협책(성직자의 결혼할 수 있는 권리와 평신도들이 이종배찬으로 성만찬을 받을 수 있는 권리와 같은 것들)을 제시하고 있었지만, 주로 가톨릭 신앙으로 복귀하는 것을 재가해 주면서, 타협할 수 없는 사람들은 떠날 것을 강요하는 정책이었다. 엘리자베스의 참담함과 분노가 사위이자 막역한 친구인 알브레히트(Albrecht)에게 보낸 편지들에 나타나 있다. 헤센의 필립과 다른 사람들이 저항을 위해 모이는 동안, 어린 에리히는 아우크스부르크 임시협정을 받아들이는 데 그치지 않고 손위의 프로테스탄트 군주들에게 이를 따르라고 설득하려 들기까지 하였다. 그는 종국적으로 가톨릭을 재건하고자 하는 열망에 한껏 부풀어 여행에서 돌아왔다. 예를 들어 1549년 그는 그 지역의 수도원들을 복원하고자 하였으며, 코르비누스를 칼렌베르크성에 격리, 구금시켰다. Stelzel 2003, 23, 57; Brenneke 1933, 163-164 참조.

복종하지 않는 프로테스탄트 아내들이라는 가문의 전통에 따라, 에리히의 아내인 시도니아(Sidonia)도 그에게 대적하다가 "쫓겨났다." 엘리자베스는 장성한 아들, 그리고 이제는 그녀의 군주가 된 아들을 상대로 얼마간 무력할 수밖에 없었으며, 훈계하는 편지를 쓰고, 그를 위해 기도하고, 칼렌베르크-괴팅겐 영지에서 개혁신앙을 강화하는 길을 모색하는 것 외에 달리 더 할 수 있는 것이 없었다. 그녀는 자신이 어머니로서 겪는 번뇌에 대해 썼다.

오 주 하나님, 제가 누구를 낳았습니까? 제가 누굴 키웠습니까? 명백한 진리를 부인하는 것은 이 땅에서나 하늘에서나 용서받을 수 없는 죄입니다. 하나님의 말씀의 종들을 박해하고, 학대하고, 매도하는 것은 우리 죄를 지신 그리스도 예수, 우리의 유일한 구세주, 중보자, 중재자를 박해하는 일입니다. 제 아들이 저를 잠재웠습니다. 그가 계속한다면, 그는 저를 무덤으로 이끌 것입니다. Elisabeth von Braunschweig in Bainton 2001, 136, 그리고 135, 138; Tschackert 1899, 127-129.

은유적으로 말해, 어떤 아들이 자기 어머니를 죽이고 싶어하겠는가? 누가 감히 어머니의 진노로는 충분하지 않다는 듯이 하나님의 진노를 무릅쓰는 모험을 하겠는가?

어떻게 네가 하나님, 그분의 말씀, 그분의 종들, 그분의 교회를 대적하고 또 네 어머니인 나를 대적하고, 온 나라와 가련하게 억압받는 백성들을 대적해 그런 미친 소리를 하고 날뛰는 지경이 되었느냐?…하나님께서는 너를 가엾게 여기신다. 만약 네가 돌이키지 않으면, 하나님께서 너를 치실 것이다.…네가 변하지 않으면 정녕 화가 미치리라. 너로 인해 눈물 흘려 너무 병들고 약해져서 내가 쓸 힘도 없고 불러줄 힘도 없게 되었구나. 내가 이 말을 하지 않으면 내 심장이 터져버리고 말 것이다. 내가 말하지 않으면 돌들이 소리칠 것이다.

격노한 후에, 엘리자베스는 눈물로 간청하였다. "네 어머니로서 나는 네가 불경건한 악행을 중단하기를 빈다." Elisabeth von Braunschweig in Bainton 2001, 136; Tschackert 1900 참조. 에리히의 대답은 부정적이었다. 어머니의 개입은 그를 더 나쁜 쪽으로 기울게 만들었다. 그는 그녀에게 권력의 위계질서에 대해 상기시켰다. "나는 전능하신 하나님과 황제에게 책임질 수 있도록 처신할 것입니다." 다른 말로, 어머니가 하나님과 황제를 지배하는 것은 아니라는 것이다. 또한 에리히는 아무리 고통이 따르더라도, 어머니가 그 문제를 포기하지 않더라도 자신은 실행에 옮길 것이라고 협박하였다. 베인튼에 따르면, 에리히는 세상 돌아가는 법에 대해서는 알고 있었지만 어머니의 고통에 대해서는 전혀 무지했다. 그는 종교문제에서 반발하는 감각은 지녔으나 "에리히는 결코 어머니가 되어 본 적이 없기 때문에 그녀를 이해할 수는 없었다. 그는 자신이 그녀 자궁의 산물임을 이해하지 못했다. 그녀는 요리문답의 토대 안에서 그를 가르쳤고…그의 신앙이 건전하다는 것을 루터가 인정했을 때 그녀의 얼굴은 빛이 났다." Elisabeth von Braunschweig in Bainton 2001, 137, 138. Koch 1905-1906, No 50; Goltz-Greisfwald 1914, 154-157 참조.

　어머니와 아들의 관계는 1552년 일련의 사건이 일어나 파사우 평화조약으로 이끌기까지 악화되었다. 책략가이자 중재자인 루터주의자 공작 모리츠 폰 작센(Moritz von Sachsen)이 에리히를 무시하고 독일 땅에서 스페인 사람들을 쫓아내려고 한 사건이 그것인데, 결과적으로 그는 독일에서 루터란 신앙을 확고하게 하는 데 중요한 역할을 하게 되었다. 이 사건으로 인해 정치적으로 변화하는 동맹관계, 불안정한 권력관계, 기묘한 제휴관계가 생겨났다. 이전에 서로가 적이던 하인리히 폰 볼펜뷔텔과 헤센의 필립이 국가적인 통일을 이유로 제휴한 반면, 엘리자베스와 에리히는 잠정적으로 알브레히트 알키비아데스(Albrecht Alcibiades von Brandenburg-Kulmbach)와 제휴해 하인리히 볼펜뷔텔과 그 동맹자들에 맞섰다. 엘리자베스는 이처럼 정치적으로 불안한 시기에 에리히가 그녀의 딸 안나 마리아의 남편인 알브레히트 폰 프로이센(Albrecht von Preussen)과 중요한 연대관계를 맺도록 중재하였다. 브라운슈바이크 영지가 분명한 입장을 취할 필요가 있던 상황에서, 에리히는 어머니와 평화를 이루었다. 그는 어릴 적 신앙으로 복귀하였다. 1553년 5월 21일 명령을 내려, 에리히는 프로테스탄트 종교를 자신의 영토 안에서 합법적인 종교로 확정하였다. 아우크스부르크 임시협정(1548)이 시행되는 동안 칼렌베르크성에 격리되어 있으면서 많은 괴로움을 당했던 코르비누스는 얼마 지나지 않아(1553년 4월) 죽어 1555년 아우크스부르크 평화조약이 시행되는 것을 보지 못했다. 평화조약은 이 영토에서 루터란들에게 법적인 신분을 보장해 주었는데, 이것은 그가 엘리자베스와 더불어 크게 공을 들인 목표였다. 비록 평화조약이 루터란 프로테스탄트들에게 제국 내에서 법적인 신분을 제공해 주기는 했으나, 결코 종교적인 전쟁들이 끝난 것은 아니었으며, 1618-48년의 30년전쟁으로 다시금 발발하였다. Elisabeth and Albrecht:Mengel 1953, 1954a, 1973 참조.

얼마 지나지 않아 어머니와 아들 사이의 긴장관계가 다시 야기하였다. 에리히 2세와 알브레히트가 가톨릭 군대에 패배하고 모리츠가 죽음에 이르게 된 1553년 7월 9일의 국토를 유린한 전투(Sievershausen battle) 이후에, 엘리자베스는 하인리히가 평화를 위한 조항들로 제시한 받아들이기 어려운 조항들을 받아들일 수밖에 없었으며, 그녀와 그녀의 딸 카타리나는 자신의 공국에서 남편의 영지로 내쫓기게 되었다. 저항에도 불구하고, 엘리자베스는 영지 내에서 자신이 누리던 영향력을 모두 상실했으며, 일메나우(Ilmenau)의 성은 별개로 하고 거의 모든 소유를 빼앗겼다. 그녀의 몸 상태는 매우 악화되었으며, 아마도 혼외정사로 인해 남편이 그녀와 함께 가기를 거부했기 때문에 그녀의 결혼생활도 순탄하지 않았던 것 같다. Elisabeth's Letter to Albrecht, Brief No. 205 from July 14, 1553, about the Sievershausen, in Mengel 1954a, 208 참조.

시련의 시기를 겪는 동안 그녀에게 늘 위안을 준 것은 그녀의 사위 알브레히트(1490-1568)와 딸 안나 마리아(1532-68)였다. 18살의 안나 마리아보다 40살가량 많은 60살의 알브레히트는 나이로는 프로테스탄트 신앙을 공유한 친구 엘리자베스에게 더 가까웠다.(안나 마리아 부부의 나이 차이는 그녀 부모의 나이 차이와 비슷했다.) 엘리자베스와 알브레히트의 우정은 두 사람이 인척관계로 맺어지기 전에 시작된 것 같으며, 알브레히트를 사위로 맞이하는 일은 자신의 어린 딸을 위해 프로테스탄트 짝을 적극적으로 찾고 있던 엘리자베스에게 너무나 기쁜 일이었다. 알브레히트의 첫 번째 아내 도로티아가 병을 앓다가 1547년 4월 11일 죽자 곧 새로운 결혼계약이 1548년경 이루어졌고, 2년 후에 결혼식이 거행되었다. 엘리자베스는 거의 만성적인 파산에 이른 지경이었기 때문에, 결혼지참금뿐 아니라 1550년 2월 16일 거행된 호화로운 결혼식 비용은 안나 마리아의 오빠 앞의 가계도로 미루어볼 때 오빠가 아닌 외삼촌으로 여겨진다—옮긴이 주 요한이 감당하였다.

결혼식이 있고 며칠이 지난 후, 엘리자베스는 결혼선물로 딸에게 결혼관계, 자녀양육, 성별 역할에 대한 충고를 담은 글을 써주었다. 그녀는 딸에게 역할과 권위가 달라진다는 점을 상기시키면서, 순종하고 "빈정대는 일 없이 남편을 사랑과 분별력으로 잘 다루어야 하는" 아내의 의무에 대해 일러주었다. 14장으로 구성된 장문의 글(8절판 종이로 136장)에서 그녀는 결혼에 대한 루터주의적인 정의를 제시하고, 아내로서의 생물학적이고 도덕적인 역할을 하나님께 대한 봉사의 한 형태로 해석하였으며, 성서의 수위성에 대해 일반적인 신학적·윤리적 권고를 하면서 성서에 나오는 여성들의 모범을 들었다. 다른 책에서와 마찬가지로, 그녀는 자신을 저자로 밝혔다. 그녀는 안나 마리아와 계속해서 좋은 관계를 맺었던 것 같으며, 두 사람의 관계는 에리히와의 관계에 비해 훨씬 덜 복잡했다.

Tschackert 1899, 48, 62-64/Jahrbuch, 18-21, 18-65; Wiesner 2000, 44; Stelzel 2003, 36-38, 57; Becker-Cantarino 1987, 209 참조.

하노버로 축출되어 아무런 수입도 없이 다른 사람들의 도움에 의지해 지내던 3년의 망명생활 동안 엘리자베스는 찬송가와 편지를 쓰는 데 자신의 시간을 바쳤는데, 그 편지들 중에는 사위인 알브레히트에게, 그리고 자신을 지지하는 다른 사람들에게 재정적인 지원을 부탁하는 편지도 있었다. 이때의 글들은 우리에게 엘리자베스의 생각, 신앙, 그리고 신학적인 성향을 짐작할 수 있게 해주며, 또한 그녀의 관점으로 조망된 당시의 사건들에 대해서도 알려주는 소중한 자료가 되어왔다. 그녀는 자신의 형제(1543-45), 알브레히트, 코르비누스, 그리고 개혁자들인 뮐린(Mürlin)이나 루터 등과 서신을 교류하였다. 루터가 엘리자베스에게 보낸 편지 2통이 남아 있는데, 하나는 1538년 9월 4일자 편지로 그녀에게 선물에 대한 감사를 표하고 있고, 다른 하나는 1540년 1월 29일자 편지이다. Stelzel 2003, 42-47; copy in Havemann 1839, 53 참조. 현존하는 그녀의 편지들 가운데는 그녀의 첫 번째 남편, 남자 형제들인 요아킴과 요한(1535-55년, 11통), 딸 안나 마리아(1553), 사위 알브레히트, 조카들, 시아버지, 헤센의 필립(1540-55년, 4통)과 그의 아내 크리스티나(1544, 1546)에게 보낸 편지들이 있다. Stelzel 2003, 42-56; Havemann 1839, 105-110. (헤센의 필립과 그녀의 관계에 대해서는, Stelzel 2003, 56; Sprengler-Ruppenthal 1984, 37, 28-29 참조.)

엘리자베스의 신앙에 대한 정보를 제공하는 또 다른 자료는 그녀가 1553년에서 1555년 사이에 감정을 충분히 담아 쓴 노래 모음집이다.(출판되지는 않았다.) 예술가적인 독창성은 부족할지 모르지만, 이 노래들은 엘리자베스가 자신에 대해, 그리고 세상에서 자신의 위치에 대해 어떻게 인식하고 있었는지를 보여준다. 엘리자베스의 편지들이 그녀의 "애가"(哀歌)라면, 그녀의 찬송들은 "한결같음, 사랑과 기쁨을 표현하는" "시편"이라고 할 수 있다. Bainton 2001, 141. 예를 들어, 그녀는 "나는 기뻐하고, 그분의 거룩한 이름을 찬미할 것이다. 그분은 나의 도움이시고 버팀목이시며, 내 이름을 기뻐하신다. 그분이 가까이 계시기만 하면 내가 기뻐하리라. 십자가가 싸움을 이겼으니, 나는 아무것도 두려워할 필요가 없다."라고 노래하였다. Wiesner-Hanks 2000, 145; Goltz-Greifswald 1914, 155; Becker-Cantarino 1987, 213-215 참조.

3년간의 망명생활 이후에, 그녀는 알브레히트와 요아킴 2세의 도움으로 뮌덴으로 돌아갔다. 에리히 2세의 지시에 따라, 그녀는 1년에 5,000 굴덴의 연금을 받았지만, 칼렌베르크-괴팅겐에 있는 자신의 영지를 돌려달라는 그녀의 요구(1552년 3월 21일)는 받아들여지지 않았다. 그 어머니의 운명을 그대로 반복하면서, 엘리자베스의 말년은 가련했다. 육체적·정신적으로 건강상태가 악화되었으며, 그녀와 남편 시기상, 그리고 문맥으로 미루어볼 때 남편이 아니라 아들 에리히 2세로 여겨진다—옮긴이 주 사이의 갈등 관계도 더 심해졌는데, 특히나 1556년부터 더욱 그러했다. 그녀를 비탄에 빠뜨린 최후의 모욕행위는 1557년 그녀의 막내딸 결혼식과 함께 발생했는데, 그 어머니의 동의도 없이, 이제 20대 초반인 어린 카타리나를 뵈멘의 가톨릭 성주 빌헬름(Wilhelm von Rosenberg, 1535-92)과 결혼시킨 것이다. 카타리나는 엘리자베스가 망명과 어려움을 겪는 동안 그녀 곁을 지켜준 딸이었다. 이러한 모욕에 덧붙여, 엘리자베스는 결혼식을 볼 수도 없었다. (그녀가 잔치를 망칠까 두려워한 아들 에리히 2세로 인해) 엉터리 날짜를 통보받아 늦게 도착한 것이다.

말년에 이처럼 어려운 시기를 보내면서도, 공작부인은 또 다른 책을 저술할 만큼 회복하였다. 이번에는 홀로된 과부들을 위로하는 책을 썼다. Elisabeth of Braunschweig, *Der Widwen Handbüchlein durcheine hocherleuchte fürstliche Widwe/vor vielen Jahren selbst beschrieben und verfasset/Jetzt aber wiederumb auff newe gedruckt/Allen Christlichen Widwen/hohes und nieder Standes/zu besonderem Trost.* 1555년 12월 11일부터 12월 26일까지 단시일에 쓰어진 이 책은 그녀의 꺾이지 않는 확고한 신앙을 표현했다. Goltz-Greifswald 1914, 162. 여동생을 위한 결혼선물로 계획된 책으로, 그녀는 남성의 보호가 없어 어려움을 당하기 쉬운 처지에 놓인 과부들을 위로하는 성서의 말씀으로부터 자신이 말하고자 하는 것들을 이끌어내어 썼다. 원고는 일찍이 1556년에 처음 출판되어 1598년 재판을 찍었는데, 1571-79년에 중북부 독일에 널리 배포되었으며, 1609년에는 5판까지 찍게 되었다. 이 책은 성서 지식을 갖춘 평신도 신학자로서 엘리자베스의 역량을 다른 어떤 것보다 잘 입증해 주었다. 그녀의 가문에서 이런 정도의 신학자가, 특히나 십자가의 신학자가 나온 것은 처음이었다. Mager 1994, 218, 223-224.

엘리자베스는 종교개혁자로서의 열정과 비전을 다양한 글에 담았다. "공개서신"(Sendbrief), 아들을 위해 쓴 통치자를 위한 편람서(Regierungshandbuch), 안나 마리아를 위해 결혼에 관해 어머니로서 조언하는 글, 홀로된 여인들을 위해 쓴 책, 많은 편지, 그리고 찬송가가 있었다. 이것들 가운데 두 가지는 정치적·개인적·영적인 차원으로 인해 많은 관심을 받았는데, 아들과 딸을 위해 쓴 글들로서, 둘 다 사후에 출판되었다. *Unterrichtung und Ordnung für Herzog Erich d. J.*, in Fürstenspiegel aus dem 16. Jahrhundert in 1824, 57-130. (Becker-Cantarino 1987, 216-217; Wiesner 1998, 146-147; Wiesner 2000, 40, 46-47; Tschackert 1899, 13-22/ Jahrbuch 57-64 참조.)

엘리자베스는 어머니이자 그 자신도 엄연한 통치자로서 아들에게 종교적이고 정치적인 조언을 해주고자 1544년 봄에 아들을 위한 편람을 쓰기 시작했다. 이 글은 1545년 1월 1일에 완성되었다. 이 글을 그녀가 썼다는 것은 부인할 수 없는 사실인데, 그것은 엘리자베스가 서문과 마지막 부분에서, 어머니로서의 의무이자 소임으로 자신이 이 글을 썼다고 말하면서 자신을 밝히고 있기 때문이다. 참고:이 글은 20개의 개혁적인 글을 모아 전부 은으로 "제본"하거나 묶은 값비싼 "은 장서"(Silberbibliothek)에 포함되어 실렸는데, 제2차 세계대전 중에 분실되었다가 이중 15개가 이후에 발견되었다.

이 글은 그녀가 살아 있는 동안은 출판되지 못하다가, 1824년에야 초판이 나왔다. 손으로 쓰인 이 책은 46개의 장(4절판 종이 195장을 넘는 양), 서문, 결론, 그리고 부록으로 구성되어 있다. 철저하게 루터주의적인 이 책은 신앙, 종교, 윤리적인 숙고, 정치적인 고찰을 다루었다. 이 책의 3분의 1은 종교적인 이슈를 다루면서 복음, 교리문답, 그리고 성서 전반에 대해 고찰하였으며, 영지와 가정(결혼에 대한 지침을 포함해서)을 어떻게 다스려야 할지에 대한 실질적인 조언도 담고 있다. 성례전에 대한 루터란 신학, 법의 작용, 신앙, 성례, 참회, 성만찬, 그리고 성서에 대한 개념 또한 논의되었다. 어떤 의미에서 이 책은 엘리자베스의 "신학대전"이었다.

Becker-Cantarino 1987, 207, 210; Stelzel 2003, 33-36; Wiesner 2000, 43-44; Tschackert 1899, 14-15/Jahrbuch 59-61, 68.

다른 여성 통치자들도 이와 유사한 『규범서』(Mirrors)를 썼는데, 그들은 전형적으로 자녀들에게 종교적이고 도덕적인 일반적 지침을 주고자 했다. 여성들이 쓴 이러한 규범서들은 실질적인 요소와 교훈적인 요소를 겸비하고 있었으며, 자신들의 경험과 상황에 따라 씌어졌기 때문에, 종종 어떤 동기에서 저자가 이 글을 쓰게 되었는지 설명하는 내용이 무엇보다 먼저 다루어졌다. 이들이 아마도 가족, 친구, 동료 개혁자, 그리고 백성이라는 일정 범위 내의 닫힌 청중을 대상으로 글을 썼다는 사실이 이들의 행동을 용납할 만한 것으로 만들어 주었을 것이다. 예를 들어 엘리자베스는 이렇게 밝혔다. "나는 너를 위해 처음부터 끝까지 직접 내 손으로 이 책을 썼다.…나는 너의 유익을 위해, 어머니로서의 사랑과 선한 의도를 가지고 이것을 썼다.…내가 여기서 말한 것들을 비웃지 말 것이니, 네 어미를 비웃는 것은…네 자신의 수치가 되기 때문이다." Elisabeth von Brauschweig in Wiesner 1998, 146-147. Wiesner 2000, 43-44; Mengel 1954a, xxii-xxiii 참조.

엘리자베스가 글에서 자신의 이름을 얼마나 공개적으로 사용했는지 주목해 볼 필요가 있다.(예를 들어 마리 당티에르는 처음에는 작자미상으로 쓰기로 했다가 나중에는 자기 이름의 약자만 썼다.) 엘리자베스의 사회적인 지위, 그녀의 권위와 중요성에 대한 감각은 확실히 중요한 요소였으며, 자신이 활용할 수 있는 모든 수단, 자신의 가문과 과부로서의 신분까지 포함한 모든 수단을 동원해 루터란 신앙을 퍼뜨리고자 한 그녀의 열정 또한 그러하였다. 자신에게 속한 그 많은 것들, 자녀들, 자신의 지위와 토지, 권력까지 잃으면서도, 그럼에도 불구하고 그녀는 종교에 우선권을 두었으며, 이것이 그녀를 진정한 "신앙고백자"로 만들었다. 그녀의 "신앙고백"은 그녀가 교회법과 더불어 보낸 "공개서신"에서 읽어볼 수 있는데, 교회법은 그녀가 자신의 영지에 있는 백성들에게 루터란 신앙이 옳다는 것과 그것을 이행할 필요성을 설득하기 위해 코르비누스와 함께 작성한 것이다. 저술가로서 또 통치자로서 엘리자베스는 좋은 가문 배경을 지닌 고귀한 여성으로, 흔치 않은 교육수준을 갖추었으며, 재량에 따라 행할 수 있는 특별한 권력 수단을 소지한 여성으로 활동하였다. 그녀는 행동, 성별, 혹은 자신의 종교적인 선택에 대해 변명하지 않았다. 그녀는 자기 자신을 "단지" 한 여성일 뿐이라고 여기지 않았으며, 따라서 자신이 종속적인 처지에 있다고 여기지도 않았다. 그녀는 종교개혁운동에서 다른 주류 활동가들처럼 독립적으로 활동하면서, 자신의 권리와 능력에 대한 확신을 지니고 그 지역의 어머니, 즉 "여성 통치자"로서, 또 모든 자녀를 보살핀 어머니로서 자신만의 독특한 목소리와 관점을 제시하였다. Wiesner 2000, 41; Becker-Cantarino 1987, 213-216 참조.

엘리자베스는 공개적인 루터주의자였으며, 루터란 신앙은 그녀의 말과 행동에서 중심적인 주제였다. 자신의 영지인 브라운슈바이크-칼렌베르크 전체에 종교개혁을 도입해서 정착시킨다는 그녀의 사명이 온통 그녀의 관심을 빼앗았다. Mengel 1954a, xxii에 따르면 거의 광신적이라고 말할 정도였다. 이 점에서 그녀의 노력은 그녀를 적극적으로 지지하던 남성 종교개혁자들의 인정을 받았다. 그녀는 루터의 성서, 특히 자신이 그 내용을 매우 잘 이해하던 시편에서 자신의 깊은 영감을 끌어내었다. 어머니와 궁궐의 여성들 덕에 좋은 교육을 받은 여성으로서, 그녀는 고지 독일어(High German)로 글을 쓰는 데 능숙하였다. 그녀의 개인 장서 중 남아 있는 것을 보면 적어도 그녀가 읽은 것이 무엇인지 알 수 있을 텐데, 상당한 분량의 종교개혁 서적, 루터, 부처, 레기우스(Rhegius) 등의 저작을 포함하고 있지만, 라틴어로 된 책은 하나도 없다. Mengel 1986a, 67-72; Mengel 1954a, xxii; Klettke-Mengel 1986a, 68-71; Becker-Cantarino 1983, 206. 그녀 생전에 출판된 두 권의 책을 포함해 그녀가 쓴 네 권의 책과, 얼마간의 노래와 편지들로 볼 때, 그녀는 브란덴부르크와 브라운슈바이크에 뿌리를 둔 두 명문가에서 으뜸가는 저자였다. 초기 프로테스탄트 통치자들 가운데, 그녀는 아들을 위해 스스로 "통치자를 위한 규범서"(Fürstenspiegel)를 쓴 첫 번째 사람 이었다. Becker-Cantarino 1983, 208-209; Tschackert 1899, 5, 49; Wiesner 2000, 40. 또한 Klettke-Mengel의 작품들 참조.

그녀의 신학적인 권위와 성서 지식에 대해서는 다른 것들보다 그녀가 유명한 오시안더 논쟁에서 보여준 활발한 역할을 통해 입증되고 있다. 믿음으로 의롭게 된다는 것은 신적인 그리스도가 내재한다는 것을 의미한다는 오시안더의 견해에 대해 그녀가 어떻게 생각했는가 하는 것은 자신의 사위인 알브레히트와 주고받은 서신에서 읽어볼 수 있다. Klettke-Mengel 1986a, 75-81, 또한 1954. 그녀는 1551년 오시안더에 관해 두 가지 "견해"(Gutachten: 조언의 편지)를 써서 프로이센으로 보냈다. 오시안더의 해석을 둘러싼 논쟁에 엘리자베스가 개입했다는 것은 그녀의 신학적인 학식의 깊이를 말해주며, 그녀가 당대의 신학적인 이슈들에 정통했다는 것을 밝혀준다. 이 문제에서 그녀가 취한 입장을 통해 우리는 그녀의 루터주의에 대해서 그리고 거기서 그녀의 핵심 원칙이 무엇이었는지를 통찰할 수 있다. 예를 들어 (그녀가 읽어본 바에 따르면 오해를 받고 있는) 오시안더를 변호하면서, 그녀는 스스로 성서를 읽고 해석할 수 있는 개인의 권리를 인정한 루터주의의 기본 정신을 다시금 진술하였다. (그녀는 1551년 6월 16일 오시안더를 변호하는 글을 썼고, 1551년 8월 10일에는 칭의론에 관해 썼다. 1551년 그녀가 쓴 편지들 중에는 오시안더가 쓴 신앙고백에 대한 대답을 담고 있는 것들도 있으며, 1551년 10월 24일자 편지에서는 같은 해 좀 더 일찍 나온 칭의론에 대해 논하고 있다. Klettke-Mengel 1986a, 1986b, 75-81.)

엘리자베스는 1558년 5월 25일 일메나우 성에서 48세의 나이로 죽었다. 그녀가 죽을 당시 브라운슈바이크 지역의 루터란 신앙의 운명은 아직 결론이 나지 않았다. 그녀는 헨네베르크에 있는 가족묘지에 안장되었다가, 나중에 슐로이징겐에 있는 성 요한교회로 이장되었다. 어머니로서 또 개혁자로서 그녀의 성공은 사후에 입증되었다. 엘리자베스에게 풀리지 않는 적대심을 갖고 있던 하인리히까지도 접경지역의 공국들과 협상에 동의하였으며, 이렇게 해서 루터주의를 위한 토양이 마련되었다. 브라운슈바이크에서 1530년의 루터주의 아우크스부르크 신앙고백이 폭넓게 받아들여졌는데, 이것은 엘리자베스가 (여성 통치자와 남성 목회자 사이의 전형적인 "협력관계" 속에서) 목회자 코르비누스와 함께 목표로 삼고 그 토대를 놓았던 것이다. 브라운슈바이크에서 종교개혁의 성공은 단지 "위로부터의" 특정한 지시 때문만은 아니었으며, 최초의 프로테스탄트 신자들, 목회자들, 그리고 부모들의 용감한 신앙고백과 확고한 신념의 결과이기도 했다.

결론　　자신의 땅에서 복음주의 신앙을 공고하게 하려 한 엘리자베스의 행동과 확신은 사적인 영역에서 또 공적인 영역에서 그녀가 진정한 개혁자임을 입증해 주었다. 개인적인 신앙생활에서 프로테스탄트로 돌아선 평신도이자 여성으로서, 그녀는 자신의 영지에서 종교개혁을 공개적으로 활발하게 부추기는 사람이 되어, 가능하고 또 필요한 모든 법적인 조처를 취했으며, 더불어 자신의 자녀들을 같은 신앙으로 강력하게 이끌었다. 엘리자베스가 여성 개혁자로서 보여준 권력에 대한 뛰어난 감각과 용기는 그녀의 귀족 신분과 그와 연관된 "정치적 영향력" 그리고 교육을 통해 그녀가 더욱 능력을 갖춘 데서 설명될 수 있다. 더욱이 개혁을 향한 그녀의 열정이 맨 처음 타오른 것은 그녀가 성서와 종교개혁자들의 책을 읽게 되면서, 그로 인해 루터란 신앙을 가지게 되면서였으며, 두 번째는 어머니로서의 소명과 본능 때문이었다. 개혁자로서 그녀의 행동은 생물학적 자녀이든 그녀 치하의 백성이든 자신의 모든 자녀들의 영적인 복지를 지키려는 어머니의 행동으로 해석될 수 있다. 그녀는 자신을 교사, 설교자, 혹은 선지자로 여기지 않았으며, 자신의 가족에 속한, 그리고 자신의 공국에 속한 자녀들에게 다할 의무를 지닌 어머니로 생각하였다. 그녀는 "어머니–개혁자" 혹은 (카타리나 쉬츠 젤처럼) 교모(church mother)라는 칭호를 받을 만했다. 그녀가 자신을 교육받은 사람, 확고한 루터란, 그리스도인 어머니로서 내적으로 스스로 공인하면서, 그 땅의 매우 유능한 어머니, 혹은 "여성 통치자"(Landesmutter)가 되었으며, 종교적인 주장을 싸워 지킨 강력하고 성공적인 여성 통치자들 가운데 속하게 되었다. Wiesner 2000, 47-48; Becker-Cantarino 1987, 213-214 참조. 그녀가 거둔 성공의 증거는, 에리히가 죽은 이후에도 그녀가 평생 쌓아놓은 바로 그 토대 위에서 종교개혁이 계속되었다는 것이다.

엘리자베스 폰 브라운슈바이크는 그녀의 어머니와 마찬가지로 역사 속에서, 그녀의 개인적인 용기와 종교적인 확신에 관한 이야기로 빛난다. 그 용기와 확신으로 인해 그녀는 가난, 자녀들로부터의 격리, 공개적인 비웃음, 그리고 다른 형태의 형벌을 기꺼이 견뎌내었다. 그녀의 이야기는 사적인 일이 공적인 것이 될 때, 그리고 정치적인 관심과 종교적인 확신이 충돌할 때 때때로 어떤 비극적인 전환을 야기할 수 있는지 잘 드러내 준다. 두 엘리자베스 모두 아내의 종교적인 확신이 남편의 그것과 다를 때 얼마나 상황이 어려워지는지, 가정 내에서 그리고 정치적인 영역에서 이루어지는 권력 투쟁이 얼마나 어려운지를 잘 설명해 준다. 두 엘리자베스는 권력층 여성으로서 자신들에게 주어진 가능성 안에서 자의식을 갖고 행동했으며, 자신들의 재량에 맡겨진 모든 수단을 잘 활용하였다. 또한 두 사람은 망명 중에 있거나 중요한 위치에 있던 프로테스탄트들 사이의 관계망에 효과적으로 기대었으며, 권력의 중심부와 주변부 모두와 잘 연결되어 있었다. 이들은 모두 루터에게서 영감을 받았으며, 삶 속에서 그와 개인적인 연관을 맺으면서 계속 그의 일을 진전시켰다. 이들은 전략적으로 중요한 북부 독일의 공국들에 루터주의 신앙을 도입하고 정착시킬 수 있는 길을 구체적으로 준비하였다. 두 사람은 종교적인 소명에 따라, 자신들이 속한 교회나 지지자들로부터 공식적인 위임을 받은 일 없이, 자신들의 성별에 구애받지 않고, 성서적인 지식과 개인적인 신앙의 확신에 충만해서 일했다. 이들의 이야기들은 독일의 공국들에서 이루어진 종교개혁의 복잡한 과정에 대해 개인적이고 여성적인 시각, 그리고 가정 차원에서의 시각과 더불어 정치적인 시각을 제공해 준다.

**자료와 참고문헌에
관한 언급**
신뢰할 만한 전기가 없으므로 전기적인 정보는 다양한 자료를 통해 모을 수 있다. 보다 최근의 작품들 중에 가장 중요한 작품으로는 두 엘리자베스에 관해 영어로 된 귀중한 저술인 Bainton의 1971/2001 글들과 더불어, Klettke-Mengel 1986a, Wiesner 2000, 그리고 Becker-Cantarino 1983이 있다.

개혁자로서의 엘리자베스 폰 브란덴부르크에 관한 초기의 선구적인 연구와 묘사는 Kirchner 1866과 Riedel 1865; Berbig 1911; Jakobi 1909; Baur 1873에게서 나왔다. 엘리자베스 폰 브라운슈바이크에 관해서는, 권위 있는 19세기 작품인 Tschackert 1899가 있었고, 그녀를 신앙고백적인 개혁자로 그린 중요한 작품들인 Brenneke 1933, 1924, 1925, 그리고 Brauch 1930이 그 뒤를 이었다. 엘리자베스의 삶, 작품, 관계, 서신에 대한 Mengel(이후에는 Klettke-Mengel)의 1952, 1953, 1954, 1958, 1959, 1973년의 기초적인 연구들이(이 가운데 많은 것이 1986년 모음집에 다시 수록되었다.) 어머니로서, 중요한 관계망을 확립한 개혁자로서, 그리고 종교 저술가로서 그녀가 공헌한 것들에 대한 보다 최근의 고찰, 즉 Stelzel 2003; Spengler-Ruppenthal 1984; Mager 1994; Becker-Cantarino 1983과 1987; 그리고 Wiesner 1998을 위한 길을 예비하였다.

제8장

카타리나 쉬츠 젤:

스트라스부르의 출판인이자 교회의 어머니

❖ 부모

－엘리자베스 게스터(Elisabeth Gester, 1525년 사망)

－야콥 쉬츠(Jacob Schütz, 1453년 출생)

❖ 형제자매

－아르굴라 외에 이름이 알려지지 않은 5명

❖ 배우자(1523-48)

－마태우스 젤(Matthias/Mathaus Zell, 1477-1548)

❖ 자녀

－생존한 자녀 없음

서론　　　카타리나(Katharina Schütz Zell, 1497/98-1562)는 스스로를 교회
　　　　　　의 어머니(Kirchenmutter)라고 불렀다. 그녀는 하나님께서 교
회와 그 백성을 돌보라고 자신을 부르셨다고 생각하였다. 당대에 가장 많
은 책을 출판한 여성 평신도 신학자로서 그녀는 그리스도인 남성과 여성
의 다양한 무리를 돌보았다. 그녀는 프로테스탄트 여성들에게 그들 대부
분이 성취하려고 들지 않았던 하나의 옵션을 제공해 주었는데, 그것은

218　제2부 종교개혁의 모델, 지도자, 교사로서의 여성

공적인 직무와 목소리를 지니는 일이었다. 카타리나 폰 보라(Katharina von Bora Luther)와 비브란디스 로젠블라트(Wibrandis Rosenblatt) 등과 같이 목회자의 아내라는 고귀한 부르심 하에 가정의 범위 안에서만 종교개혁을 지원하는 데 만족하지 않았고, 그녀는 기질적으로 바이에른과 제네바에서 각기 팸플릿 저자로 활동하던 아르굴라 폰 그룸바흐(Argula von Grumbach)와 마리 당티에르(Marie Dentière)에 가까웠다. 더욱이 그녀는 아내라는 자신의 위치를 신학적으로 의미 있는 소명으로 발전시켜서, 목사관 바깥에서 활동하고 지도력을 발휘하는 것까지 포괄하였다. 그녀는 그리스도인 배우자(Ehefrau)가 된다는 것이 무엇을 의미하는지에 대해 폭넓은 해석을 제공하였다. Becker-Cantarino 1987, 101.

카타리나는 비범한 16세기 여성이었고, 여러 가지 이유에서 "가장 흥미로운" 여성 종교개혁자로 여겨졌다. Jung 2002, 231. 한 가지 예를 들면, 그녀는 목회에서 자신을 남편과 동등한 동료이자 동역자로 명백하게 내세웠으며, 그러한 자신의 역할을 가정 바깥으로까지 확장시켰다. 그녀는 여성에 대해 배우자, 어머니, 가정을 돌보는 사람 등 가정 내의 동반자로 보는 개혁자들의 여성관을 교회와 사회에서 복음과 이웃의 복지를 위해 "의견을 당당하게 표현하고" 행동하는 것까지 포괄하는 여성관으로 확장시켰다. McKee 1992 참조. 그녀는 자신의 역할이 교회의 어머니로서의 역할이고, 책임과 더불어 권위도 따르는 직무(Amt)라고 생각했다. 어려서 죽은 자신의 아이들을 땅에 묻고 다른 사람들의 아이들을 양육한 카타리나의 어머니로서의 역할은 스트라스부르 사람들의 행복을 위해, 특별히 목회적으로 사람들을 돌보고 구제하는 영역에서 목회자 남편과 적극적으로 동역하는 것이었다. 종교가 관용과 관련이 없던 시대에 종교적인 관용의 옹호자였던 그녀는 자신이 만나거나 자신의 조언을 구하는 모든 사람들의 필요를 그들의 신학적인 견해와는 상관없이 껴안았다. 그녀는 자신의 모든 "자녀들"을 사랑하였고, 자신의 돌보는 사역에 있어서 어떤 걸림돌도 용인하지 않았다. 그렇지만 이 모든 자녀들의 견해의 "오류"는 인정하지 않았다. 그녀는 교회와 사회의 일에 개입하는 데 주저하지 않았으며, 글을 쓰고, 말하고, 개인적인 교류와 돌보는 사역을 통해 복음을 선포하는 데도 주저하지 않았다. 교회의 어머니로서의 자신의 소명을 그녀는 만인사제설과 여성들에게 제시된 소명의 신학 안에 창조적으로 자리매김했는데, 이러한 소명은 그리스도 중심적 신학 안에 그 기초를 두고 있고, 그녀의 모성적인 통찰력에 의해 구체화되었다.

직접적인 성서읽기, 삶의 경험, 다른 개혁자들과의 상호적인 교류에 근거하여, 카타리나는 종교개혁을 에큐메니컬적으로 그리고 관대하게 시행하였다. 다양한 저술들에서 그녀는 실제 삶의 상황과 이슈를 신학적으로 다루었다. 그녀는 자신의 말과 결정으로 인해 자칫 소원해지고 불화를 겪을 수도 있던 동시대인들로부터 그 선한 행위로 인해 존경을 받았다. 거리낌 없이 말하는 여성으로, 프로테스탄트 목회자의 아내로, 그리고 점차 엄격한 신앙고백적 분위기가 강해지던 상황에서 관용적인 영향력을 행사하던 사람으로서, 그녀는 연이은 논쟁과 갈등으로 그늘진 삶을 살았다. 신학자이자 종교적 관용의 옹호자로서 그녀가 공헌한 바는 아직 온전한 평가를 받지 못하고 있다.

**교회의 어머니,
목회적 돌봄의 제공자,
저술가, 설교자**

카타리나의 환경은 역사적인 주교좌와 성직자, 수도사, 그리고 다른 종교인들이 현존하고 있던 스트라스부르크라는 자유도시였다. 이 도시는 아우크스부르크 신앙고백의 편에 서서 루터파 프로테스탄트주의 외의 모든 것을 거부하기 이전까지는 종교적인 사안들에 대해 관용을 취한 것으로 유명해, 다양한 집단의 설교자들과 신자들을 매혹시켰다. 스트라스부르크는 알자스 지방에서 가장 큰 (인구 2만 명의) 도시로서 하나의 독립적인 정치 단위로 (예를 들어 세금, 국방, 그리고 대외정책에 있어) 많은 특권을 누렸는데, 이것은 분명 종교적인 자유를 위한 토양을 제공하였다. 비록 정치적인 권력이 지주 귀족계급과 성직자계급에 속해 있긴 했지만, 상인 가문과 장인 가문(카타리나가 속한 계급)은 그 사회의 중추였다. 시민권은 선망의 대상이었는데, 돈으로 사거나 결혼으로 얻을 수 있었다. 이것은 초기 성직자들의 결혼이 불러일으킨 불평의 소리들의 한 이유가 되었을 것이다. 특히, 스트라스부르는 1520년대 초기 출판의 중심지로서 사람들에게 다양한 저자들의 팸플릿과 책을, 주로 독일어로 제공했는데, 주류들은 이 저자들 중 많은 사람들을 정통으로 간주하지 않았다. Chrisman 1982, xxii-xxix ; McKee 2006a(Elsie McKee가 번역 편집한 카타리나의 작품집으로, 이후로는 KSZ/McKee로 쓰겠다.), 4-14 참조.

카타리나는 1497년 7월 혹은 1498년 초에 부유하고 좋은 장인 가문인 쉬스터와 테일러 집안에서 태어났다. 엘리자베스 게스터(1525년 사망)와 목공업자인 야콥 쉬츠(1453년 출생)의 여섯 자녀 중 하나로, 그녀의 이름은 14세기 이탈리아의 성인 시에나의 카테리나(Caterina da Siena)의 이름을 따서 지어졌다. 신앙심이 깊고 지적인 카타리나는 신앙적인 가정교육과 시내의 여학교에서 모국어 교육으로 유익을 얻었다. 그녀의 초기교육에는 라틴어가 포함되지 않았지만 이후 연습과 대화와 예배를 통해 기초를 배우게 된다. 카타리나는 독일어를 유창하게 읽고 쓸 수 있었고, 따라서 그리스도교 역사와 문헌에 대하여 상당한 지식을 갖출 수 있었다. 그녀가 공식적인 고등교육을 받지 못했다는 것이 그녀를 물러나 있게 하지는 않았으며, 오히려 그 반대였다. 그녀는 일생을 통해 독자적으로 배워나갔다. 그녀는 교회 성구집과 루터의 1522년 신약성서 번역본(1485년부터 사용되어 온 이전의 독일어 성서를 대체)과 루터의 다른 저작들을 연구하였다. 부처, 카피토, 헤디오, 칼뱅, 그리고 루터와 같은 주요한 개혁자들과의 서신왕래는 그녀에게 "원거리 교육"이라는 중요한 형태가 되었다. 결혼생활은 신학적인 사상이 형성되는 데 핵심적인 기간이 되었고, 이 기간에 그녀는 신학자로서의 자기 목소리를 발견하였다. 이 점에서 그녀의 남편은 어떠한 "구실이나 핑계"도 없이 카타리나의 열정과 진취적인 기상을 환영하고 지지해 주는 아주 중요한 역할을 해주었다.

카타리나가 프로테스탄트 신앙으로 회심한 것은 1521년 혹은 1522년경으로, 루터의 작품들을 읽고 프로테스탄트 설교들을 들은 후였다. 카타리나에게서 영적이고 종교적인 소명을 받는다는 것은 사회에서의 책임을 배제하는 것이 아니라, 오히려 그 반대였다. 카타리나는 길드에서 직물을 짜는 기술을 배웠는데, 이것은 다른 많은 저명한 개혁자들의 아내들이 전형적으로 가정 밖에서 직업을 갖지 않았던 것에 비추어, 그녀가 구별되는 점이다.(그리고 이 사실은 우리에게 이름이 알려지지 않은 많은 여성들이 상이한 직업들에 종사했다는 것을 상기시켜 준다.) 결혼을 하거나 혹은 수녀원이나 베긴회와 같은 경건한 평신도 여성 집단에 입회하려는 의사 없이, 그녀는 직물사업에 투신할 계획이었다. 결혼과 종교개혁이 그녀의 삶의 방향을 바꾸었을 때, 그것들은 그녀에게 스스로 또 다른 소명의 길을 열도록 해주었다. 많은 중세 여성 신비가들처럼, 그녀는 자신이 종교적인 삶으로 기울기 시작한 때를 10살 정도로 거슬러 추산했으며, 그때 교회와 하나님의 복음의 선포에 자신을 헌신하였다고 말하였다. 그녀는 교회의 어머니가 되고자 하였다. "10살 이후로 나는 교회의 어머니(7), 강단과 학교의 양육자였다." KSZ/McKee, 226.(카타리나가 자칭하는 칭호들을 McKee가 세세하게 열거해 놓은 데 대해서는 그 이하를 참조.)

카타리나의 초기 영성은 동시대인들의 구원에 대한 깊은 불안과 사회에 편재한 죽음에 대한 근심으로부터 영향을 받았다. 은혜로 말미암은 구원이라는 루터의 신학은 그녀로 하여금 초점을 바꾸어 다시금 삶 속에 복음을 끌고 들어올 수 있도록 해주었다. 그녀는 자신의 구원을 걱정하는 데서 변화되어, "사람들을 낚는 어부"가 되고 다른 사람들에게 그들의 구원과 하나님의 은혜를 확신시키는 데로 나아갔다. 그녀의 영적인 성숙은 교회에서 자신의 소명을 발견함으로써 시작되었는데, 그녀는 처음에는 직물 직조공으로, 그 다음에는 에큐메니컬적인 목회와 구제에서 목회자의 아내이자 동역자로, 다시 말해 교회의 어머니로 일하는 것을 자신의 소명으로 생각하였다. KSZ/McKee, 15-16; Jung 2002, 126-127, 252-253, 163-265; McKee 1999a, 11-29; Moeller 2005, 46-47 참조.

이미 청소년기에 카타리나는 경건한 삶을 추구하는 신실한 사람이라는 명성을 얻었고, 특별히 여성들이 그녀에게서 조언을 얻고자 하였다. 그녀는 결코 자신을 교회의 지도자나 성직자라고 주장한 적이 없고, 평신도로서의 정체성과 종교성을 지니고 있었다. 동시에 그녀는 교회생활에서 여성들이 적극적으로 개입하여 활동할 수 있도록 돕고자 하였다. 카타리나는 자신을 개혁자로, 주연으로, 다시 말해 다른 사람들에 의해 선포된 개혁을 단순히 수용하는 사람이 아니라 주체적으로 활동하는 사람으로 자각하게 되었다. 그녀는 만인사제설이라는 프로테스탄트 원리를 마음에 새겼고, 그 원리에 따라 목회자의 아내라는 소명을 감당하면서 그리고 다른 여성들로 하여금 이와 같은 소명을 발견하도록 격려하면서 살아갔다. 그녀는 성서적인 지식과 남녀평등이라는 생각에 기초한 확신을 가지고 말하고 글을 썼으며, 그리스도교 공동체의 관심사를 공유하였다. 그녀는 복음이 무엇을 요구하는지에 대한 그녀 나름의 해석을 지니고, 스스로 프로테스탄트 개혁자로 발전해 나갔다. 스트라스부르에 있는 개혁 지향적인 신학자들과 그들의 아내들(부처 부부, 카피토 부부, 헤디오 부부 등) 가운데서 카타리나는 자신의 사상을 출판한 매우 보기 드문 여성 중 하나였다. 그녀는 또한 개혁을 위한 통찰 속에서 교회적 사안들과 목회적인 돌봄을 독창적으로 결합시킨 두드러진 신학자였다. Jancke-Pirna 1997, 56-69; Mager 1999a, 88-89; KSZ/McKee, 15-17 참조.

카타리나는 처음에 한 사람의 교구민으로서 남편을 만나게 되었다. 그녀는 해방의 복음에 대한 그의 설교에 호의를 품었다. 마태우스 젤 (Matthias Zell)은 1518년 성 로렌츠 대성당의 새로운 신부이자 주교의 고해신부로 스트라스부르에 와 있었다. 루터주의자로 자처하지는 않았지만, 그는 (볼프강 카피토와 카스파르 헤디오와 더불어) 현재의 가톨릭 신학과 중요한 몇 가지 교회예식의 부패에 대해 공개적으로 비판한 도시의 주요 설교자들 중 한 사람이었다. 유럽의 다른 지역에서와 마찬가지로, 스트라스부르에서 목회자들의 결혼은 종교개혁에 의해 도입된 가장 눈에 띄는 변화 중 하나였다. 카타리나는 목회자들이 결혼하기 시작하자마자, 존경받는 시민으로서 이와 같은 결혼을 한 최초의 사례가 되었다. 결혼에 대한 루터의 가르침에 영향을 받았으면서도, 정작 마르틴 루터보다 그녀가 먼저 결혼했다는 것과, 그녀가 소명을 이유로 결혼했다는 사실은 주목할 만하다. "카타리나 쉬츠는 하나님에 대한 자신의 믿음과 다른 사람들에 대한 사랑의 표현으로 마태우스 젤과 결혼하도록 부르심을 받았다고 확신하였다." McKee 1999a, 48, 49. 그들의 협력은 종교적인 열정과 신앙고백의 공유에 기초를 두고 있었고, 카타리나는 마태우스의 동등한 동역자가 되었다.

마태우스와 카타리나는 종교개혁자 마르틴 부처의 주례로, 1523년 12월 3일 목요일 이른 아침 6시에(아마도 대중들의 눈을 피하여), 몇몇 친구들만 참석한 가운데 결혼하였다. 대성당 문에서 결혼서약을 한 뒤 카타리나가 반지를 받았으며, 이어서 이들 무리는 교회로 들어가 아침 미사를 드렸다. 그녀는 무엇보다 먼저 프로테스탄트 성직자와 결혼함으로써, 둘째로는 빵과 포도주 둘 다로 성만찬을 받음으로써 자신의 프로테스탄트 신앙을 고백하였다. ("카타리나는 이때 생애 최초로 포도주를 받았다!") McKee 1999a, 49. 이 일은 공동체 안에 알려졌고, 애초에 결혼이 야기한 소동을 더 심화시켰다. 카타리나와 같이 훌륭한 신앙인이 도대체 왜 결혼하려고 하는지, 그것도 하필이면 성직자와 결혼하려고 하는지 모든 사람이 이해하는 것은 아니었다. (이에 비해 그녀의 친구 아그네스 뢰텔[Agnes Roettel]은 훨씬 논란이 적은 가운데 마태우스의 동료인 카피토와 결혼하였다.) 일반적으로 성직자의 결혼의 도입은 도시에 문제를 일으켰다. 대부분의 초기의 비판은 특별히 젤의 결혼을 반대하는 데서 최고조에 달하였다. 나이 어린 신부가 신학적인 근거 위에서 자신의 결혼과 다른 사람들의 결혼을 공개적으로 옹호한 것이 불에 기름을 끼얹었고, 그녀가 목회자의 아내로서 자신의 새로운 역할을 위해 세운 방침 또한 그러하였다. 스트라스부르에서 초기 성직자들의 결혼에 대해서는 Chrisman 1972, 151-154를, 새로운 목회자들의 아내들 가운데 카타리나의 독특한 위치에 대해서는 156-158을 참조. 교회의 어머니가 되고자 하는 자신의 소명을 완수하려는 노력에 사로잡힌 그녀의 생애에서 끊임없는 논쟁이 항구적으로 자리하였다.

카타리나의 결혼은 그녀의 계속적인 신학적 발전과 성숙을 위한 토양을 제공해 주었다. 자신을 지지하는 남편과 더불어—확실히 그녀는 그런 협력적인 남편이 아니었다면 결혼하지 않았을 것이다—카타리나는 책을 통해서뿐만 아니라 종교개혁의 다양한 경향을 띤 지도적인 인물들, 즉 마르틴 부처, 카스파르 헤디오, 볼프강 카피토, 요하네스 오이콜람파디우스, 카스파르 슈벵크펠트와 같은 사람들과의 개인적인 관계를 통해 계속 배워나갔다. 그녀는 남편과 함께 여행하면서 비텐베르크의 루터를 방문했고(1538), 필립 멜란히톤과 니콜라우스 폰 암스도르프를 만났으며(1538), 레기우스(Urbanus Rhegius)와 (남편이 죽은 후) 저명한 독일의 인문주의자이자 신학자인 펠리카누스(Conrad Pellicanus)를 만났다. 그녀는 츠빙글리와 칼뱅을 자신의 집으로 초대했으며, 많은 종교개혁자들(칼뱅, 세바스찬 프랑크, 레기우스, 파울 파기우스, 펠리카누스, 요하네스 츠빅, 요하네스 브렌츠, 오토 브룬펠, 세바스티앙 카스텔리옹, 요하네스 부겐하겐, 에라스무스, 요하네스 아그리콜라, 요하네스 마르바흐)과 적극적으로 서신교류를 하였다. 폭넓은 서신 교류자로서의 카타리나에 대해서는 McKee 2007, 90-101을 보라.

종교지도자들과 서신 왕래를 했던 다른 여성들과는 달리, 카타리나는 자신을 위한 영적인 조언을 구하고 받기"만" 한 것이 아니었다. 그녀는 자신의 편지에서 다른 사람들에게 목회적인 돌봄과 조언을 제공하였다. 그녀는 개인적인 관계와 지속적인 독서를 통해 잘 알고 있는 이슈들에 대해서도 글을 썼다.(예를 들어 그녀는 관용에 대한 카스텔리옹의 작품들과 멜란히톤의 『신학총론』에 대해 알고 있었고, 아우구스티누스와 사보나롤라를 인용하였고, 루트비히 라부스의 성인전과 마르부르크 조항을 사용하였고, 슈뱅크펠트, 요한 폰 슈타우피츠와 플라키우스 일리리쿠스를 언급하였으며, 재세례파와 영성주의자들뿐만 아니라 주류 종교개혁자들과도 교류하였다.) 성만찬을 둘러싼 갈등에 대해 카타리나가 언급한 내용은 그녀가 다양한 입장의 주장에 정통했음을 보여준다. 그녀의 폭넓은 독서와 직접적으로 또는 편지로 이루어진 다양한 담화들은 그녀의 신학적 사고를 풍부하게 하였고 일찍이 그녀의 에큐메니컬적인 시야를 형성해 주었다. Jung 2002, 134, 152-158, 165; KSZ in McKee 1999b, 94-153; McKee 2007 참조.

이렇게 해서 카타리나는 루터로부터 츠빙글리, 부처, 슈뱅크펠트에 이르기까지 매우 다양한 부류의 종교개혁자들로부터 영향을 받았다. 그녀는 평생에 걸쳐 특별히 루터의 신학에 몰두하였다. 비록 스트라스부르에서 그녀의 역할과 그녀의 신학의 특정한 측면이 "개혁전통" 혹은 스위스 프로테스탄트들과 관련되어 있기는 했지만 말이다.("카타리나는 '존경하는 루터'에게는 칭송만을 돌렸다. 심지어 그녀가 성만찬에 관해 다른 견해를 말할 때조차도 그러하였다. 그녀에게서 루터는 가장 탁월한 개혁자였고, 그 바로 뒤에 마태우스 젤이 있었다. 루터와 그녀의 남편 뒤에 볼프강 카피토가 있다고 보았지만, 그녀는 또한 헤디오와 부처도 높이 평가하였다." McKee 1992, 252.) 그녀는 루터의 초기 작품들을 알고 있었고, 두 가지 성례전에 대한 루터의 저술들을 읽었으며, 특별히 그의 시편 해석(예를 들어 시편 118편 해석)을 좋아하였다. 루터는 1530년 출판된, 시편 110편과 사도신경의 두 번째 항목에 대한 설교문의 서문에서 카타리나를 언급하였다. 그녀는 당돌하게도 루터에게 동의하지 않았고 심지어 그에게 충고하기까지 하였다. 예를 들어 성만찬에 관한 편지에서 그녀는 성만찬에 대한 해석의 차이를 가볍게 취급하고자 했다. 이것은 그녀가 미묘한 차이를 이해하지 못했기 때문일 수도 있지만, 더욱 가능성이 높은 쪽은 일치에 대한 그녀의 헌신 때문이었을 것이라는 추측이다. 그녀는 당대의 신학자들 중에서 드물게 참으로 에큐메니컬적이라 불릴 만한 인물 중 하나였다. KSZ/McKee, 67-71; Moeller 2005, 47-49. 그녀가 루터에게 자신의 작품들을 보냈을 가능성이 높다. 루터는 아마도 (간접적으로) 이에 응답했을 것이고, 카타리나의 변증문이 출판된 직후인 1524년 12월에 그녀에게 편지를 보낸 것은 확실하다.(그녀의 소책자들 중 일부는 루터와 다른 개혁자들의 저술들과 함께 묶여 출판되었다.)

루터가 카타리나의 신학적 조망의 한 축이라면, 다른 축에는 루터의 승인을 받지 못한 신학자들이 서 있는데, 이들은 영성주의적 경향을 띤 슈벵크펠트(Kaspar Schwenckfeld)와 프랑크(Sebastian Franck) 같은 자들이다. 그녀는 루터가 놓은 기초 위에 자신의 프로테스탄트 신학을 세웠지만, 예를 들어 성례전과 같이 개개인 모두와 관련이 있는 문제들에 관해서는 사람들과 대화를 나누어 보고 그 결과 보다 포괄적인 신학으로 확장시켜 나갔다. 불일치자들과 박해받는 자들이 흔히 거주하고 있던 스트라스부르라는 자유도시가 그녀의 사역의 장으로 주어진 상황에서, 복음에 대한 편협한 해석이 초래한 결과를 알고 있던 평신도 여성으로서 그녀의 성서해석은 일정 정도 에큐메니컬적인 감성과 관용을 보여줄 것이라 기대할 수 있는 것이었다. 다양한 방향에서 그녀에게 압력이 있었으며, 많은 길 가운데 "중도"에—평신도와 직업 신학자 사이에, 루터주의 신학과 영성주의 신학 사이에, 1세대와 2세대 종교개혁자 사이에—처했던 경험에서 생성된 그녀의 시각이 다른 집단들과 공동의 이해를 끊임없이 추구하면서 대화하도록 자극을 주었을 것이다. 긍휼히 여기는 마음과 자신이 그리스도인의 사명으로 간주한 것들이야말로 그녀에게 가장 중요한 것이었다. Conrad 1998, 130, 126; Mager 1999b, 88.

이들 부부는 같은 소명과 하나님과 복음과 교회와 이웃을 섬기려는 열정으로 살았다. 카타리나에게서 개혁자의 아내가 된다는 것은 목회사역에서 그의 돕는 배필(Gehilfin)이 된다는 것을 뜻했다. 개혁자들이 너무나 칭송한 어머니 역할이라는 소명은 그녀가 보기에 가정에 국한된 것이 아니었고, 그녀의 사고 속에서 그것은 그 자체로 하나의 직무인 교회의 어머니 역할로 발전하였다. 그녀의 남편은 전적으로 이를 인정해 주었다. "마태우스 또한 카타리나를 '가난한 자들과 피난민들의 어머니'로 위임하였다." 교회의 어머니로서 카타리나의 직무는 남편의 직무와 밀접하게 얽혀 있었는데, 말씀의 사역이 가장 핵심적인 것이라는 인식을 바탕으로, 그녀는 복음을 섬기는 하나의 방편으로서 남편을 돕고자 하였다. McKee 1999a, 39, 48-50; Jancke-Pirna 1997, 62-67 참조. 그녀의 사역을 위한 자극제가 되어 주고 동시에 정당성을 부여해 준 것은 복음이었다. 복음은 다른 모든 위계질서 혹은 우선권을 뒤집어엎는다.

개혁자와 결혼하면서 카타리나는 스스로 신학적인 입지와 영적인 소명을 정립해서 이웃들과 남편의 회중들에게 유익을 끼쳤다. 그녀는 자신의 재능과 동시대인들의 곤경에 공감하는 마음을 지니고 스트라스부르의 종교개혁 사역에 중요한 특징을 제공하였다. 그녀의 사역에서 중요한, 그리고 사회적으로 가장 수용 가능한 특징은 그녀가 가정 안에서 그리고 밖에서 수행한 집사의 직무와 목회적 돌봄(Seelsorge)이었다. 그녀는 초대교회의 집사제도와 성서에 나오는 강인한 여성 인물들에 감흥을 받았다. 그녀의 다차원적인 소명 안에서, 그녀는 여성과 아이들이 하나님 나라의 사역에 참여하도록 부르심을 받던 변화의 시대에, 사도, 집사, 심지어 선지자의 정체성을 모두 포용하였다. Moeller 2005, 61 ; Jancke-Pirna 1997.

그리스도교 역사 전반에 걸쳐, 설교의 직무가 교회의 임명을 받은 남성의 배타적인 직무였던 데 반해, 그리스도교 여성들은 예언의 소명을 받았다고 주장함으로써 공개적으로 가르치고 설교하는 일에 종사하였다. 특별히 "마지막 때"가 가까워 기존의 사회구조와 질서가 붕괴될 조짐이 있을 때 그러하였다. 주류 종교개혁 여성들은 거의가 스스로를 선지자로 생각하지 않았지만, 카타리나는 스스로를 복음을 위해 일하라는 하나님의 저항할 수 없는 소명에 붙들린 여성으로 생각하면서 자신을 선지자들과 동일시하였다. 그렇지만 그녀의 관심은 미래를 예언하는 데 있다기보다는 현재에, 미래를 위해 지금 이 자리에서 일하는 데 있었다. Jancke-Pirna 1997, 71-72 참조. 카타리나의 주된 관심은 말로뿐 아니라 행동으로 다른 사람들을 실제로 섬기는 것이었다. 이 점에서 카타리나의 예언적 기능은 경고하는 성격이 약해 보였고, 그녀의 활동은 여성에게 잘 어울리는 것으로 보여, 이론적으로나마 교회의 여성들이 선택할 수 있는 것으로 여겨졌다. 카타리나의 다방면에 걸친 지식, 많은 재능, 사람들의 삶에 대한 자연스러운 이해력, 공감하는 능력, 그리고 다른 사람들의 삶에 변화를 일으키고자 하는 열망으로, 그녀는 회중들의 삶에, 그리고 스트라스부르 종교개혁의 전반적인 발전에 핵심적인 공헌을 하였다. 그녀에게 자녀가 없었다는 것은 이 점에서 하나의 비극적인 축복이었다. Becker-Cantarino 1987, 102.

두 아이를 어려서 잃은 비극은(한 아이는 1527년에, 한 아이는 1534년 이후에) 카타리나에게 일생 동안 지속되는 슬픔을 가져다 주었다. 책을 출판하는 일과 에큐메니컬적인 사역은 이러한 상실감을 얼마간은 상쇄시키는 데 도움이 되었을 것이다. 그녀의 텅 빈 둥지를 보상하기 위해 의식적으로 영적인 어머니로서 특별히 가정적인 활동에 초점을 맞추었든 그렇지 않든 간에 확실히 그녀는 자식이 없었기 때문에, 4명의 남편과 그에 따른 대가족을 보살펴야 했던 로젠블라트(Wibrandis Rosenblatt)나, 자신이 낳은 아이들과 입양한 아이들 그리고 비텐베르크 전체 주민까지 포괄하는 듯한 광범위한 가족을 돌보았던 카타리나 루터 같은 사람들보다 시간적 여유가 많았던 것은 사실이다. 아이가 없었던 카타리나는(결혼하지 않은 마가레타 블라러 역시 아이가 없었다.) 예외적으로 신학적인 담화와 저술에 참여한 여성으로 두드러진다. 따라서 그녀는 남들과는 "다른" 목회자 아내였다. Nielsen 1999, 129; Becker-Cantarino 1987, 9, 102. (Chrisman[1972, 156]은 카타리나가 "자기 확신을 지니고 있었고, 의식적으로 개혁에 몰두하고 헌신했다는 점으로 인해" 모든 목회자 아내들 가운데 "독특한" 사람이었다고 규정한다. 그리고 자녀가 없다는 점이 마태우스의 조력자로서 "스스로 정한 역할을 하는 데 영향을 미친 하나의 요인이 되었다."고 말하고 있다.)

마태우스와 카타리나 부부는 비텐베르크의 루터 부부와 마찬가지로 스트라스부르에서 프로테스탄트 목사관에 대한 하나의 모범을 세웠다. 젤 부부는 루터 부부의 정신에 따라 자신의 집을 개방하고 사람들을 극진히 환대함으로써 목사관에 대한 모델을 제시하였다. 이들은 모든 사람들에게 집을 개방하여, 언제든 먹이고 재워줄 준비가 되어 있었으며, 별도로 "아직 그리스도의 절대성과 오직 믿음을 제대로 알지 못하는 사람들과 성심껏 논의하는 일"도 수행하였다. McKee 1999a, 50. 이들의 목사관은 피난민들(부처, 플라키우스, 카피토, 슈벵크펠트), 가난과 질병으로 고통을 당하는 사람들뿐만 아니라 (한때 칼뱅을 포함해) 여행 중에 있는 신학자들에게도 개방적이었으며, 한번은 이 도시에서 곤경에 빠진 일단의 병사들을 대접하기도 하였다. 이들 부부의 집은 성 로렌츠에서 이들의 교구가 그랬던 것만큼이나 이들의 활동을 위한 중심 센터가 되었고, 이들의 사역은 널리 뻗어나갔다. 이들의 신학의 집 그리고 난민들의 집은 사람을 가리지 않고 환대하고, 인도주의적으로 보살피고, 그리고 그 집에서 이루어지는 신학적인 논쟁을 평화롭게 중재하는 것으로 유명해졌다. 젤 부부의 에큐메니컬적이고 관대한 정신은 다양한 색깔의 사람들을 맞이하고, 대접하고, 더불어 논의하고, 돌볼 수 있도록 해주었다. 카타리나는 "그녀의 도움을 받고자 하는 누구에게나 아낌없는 친절을 보여주었다. 어떤 사람들은 카타리나가 종교적인 견해를 나누고 자선을 베푸는 데에서 명백한 이단이 아닌 이상, 그 누구도 차별하지 않는다고 생각하였다." McKee 1992, 246. (이 부분에서 카타리나의 주도권에 대해서는 부처가 "카타리나가 끌어당겼기 때문에 마태우스는 뒤따라갔다."[Bainton 2001, 66]라고 표현한 것과 같은 동시대인들의 관찰에서 읽을 수 있다.)

  "자기 자신을 개혁자로, 남편의 동역자로, (스트라스부르뿐 아니라 국외에서도) 복음 안에서 남편 친구들의 동료로 생각한 카타리나는 그녀가 돕던 많은 사람들로부터 존경과 사랑을 받았으며, 그녀의 강인함, 결단력, 그리고 때때로 그녀의 매서운 지적에 혼쭐이 난 사람들에게는 두려움의 대상이었다." McKee 1992, 246, 또한 245, 258-261 참조. 그녀의 사역은 신학적이고 묵시적이었지만, 그녀는 다른 어떤 허식도 없는 인간적인 사람이었다. 철저하게 원칙을 고수할 때에도, 그녀는 사람들에게 친절하고 수용적인 태도를 보여주었다. 그렇지만 그녀가 사람들의 신앙이나 지위 혹은 성별에 상관없이 그들을 받아들일 때도, 그녀는 신학적 근거에 기초한 자신의 반대의견을 내는 데 주저하지 않았으며, 그로 인해 결국 신경을 곤두세우게 되는 일도 있었다. 그녀의 관대함에도 한계가 있었던 것이다. 그녀는 그릇된 교리는 "말로 싸워야" McKee 2007, 104. 하는 대상이라고 믿었다. 많은 동시대인과 마찬가지로, 카타리나도 외국인혐오로부터, 특별히 유대인에 대한 정죄로부터 자유롭지는 못하였다. 하지만 그녀는 박해나 강압을 용인하지는 않았으며, 그녀의 정죄는 "개인"에 대한 것이 아니라 신앙의 원칙에 대한 것이었다. 그녀는 사람과 신조를 구별해야 하며, 사람들을 돌보는 것이 신조에 대한 불일치보다 더 중요하다고 믿었다. 한계를 분별하지 못하는 무분별한 교제를 옹호하지는 않았지만, 그녀에게서 자비와 그리스도의 사랑에는 어떤 한계도 없었다. 그녀는 자신이 설교한 대로 행하였다. 그녀는 어떤 특정한 신학적 고백도 가장 강력한 고백, 즉 복음과 네 이웃을 사랑하라는 복음의 요청보다 상위에 있지 않기 때문에 누구에게든 도움을 베푸는 것을 거절하지 않았다. McKee 1992, 245-261; Jung 2002, 144-149 참조.

마태우스가 설교하느라 바쁜 동안, 카타리나는 심방 사역을 통해 초대교회 집사의 직무를 이어갔다. "목회자의 아내"로 또 교회의 어머니로 부름을 받았다는 그녀의 생각은 포괄적이고 광범위하고 위험을 감수하는 것이었다. 가정 안에 머무르는 대신, 카타리나는 자신의 목회사역 안에서 하나님의 모든 자녀를, 특별히 (아이들을 포함하여) 도움이 필요한 사람들, 갇힌 자, 병든 자, 그리고 피난민을 자신의 양떼로 삼았다. 그녀는 아무런 제한 없이 병자들과 갇힌 자들을 돌아볼 수 있는 권리를 얻기 위해 권력자들과 싸웠다. 그녀는 슈벵크펠트에게 특별한 관심을 가졌는데, 그는 성만찬과 성령의 독자적인 사역에 관한 독자적인 견해를 밝힘으로써 소동을 일으킨 사람이었다. 카타리나는 그가 "오해를 받고" 있다고 여겼으며, 자신의 집에 거처를 마련해 주었다.(1531-33) 그녀는 어떤 이유로 인해 두려움이나 혐오의 대상이 되고 있는 사람들을 피하지 않았다. 예를 들어 그녀는 흑사병이 창궐할 때 수많은 병자를 돌보았으며, 1558년에는 스트라스부르의 행정장관 중 한 사람인 펠릭스 암브로시아스터(Felix Ambrosiaster)가 한센병에 걸렸을 때에도 그를 방문해 위로하였고, 매독에 걸려 고통당하던 그의 조카에게도 찾아갔다. 이러한 심방 활동으로 카타리나는 신학적으로 중요한 작품을 쓰게 됐는데, 자녀들을 잃은 어려운 시기에 그녀에게 위로가 되어주었던 성서 본문인 시편에 대한 해설집이 그것이다.

교회의 어머니는 목회적으로 돌보는 사람으로서 그 역할로 인해 존경을 받았는데, 예를 들어 카스파르 헤디오는 임종 시에 카타리나가 함께

해 줄 것을 특별히 요청하였다. 그녀는 실용적인 정신을 지니고 있었고 일을 떠맡아 하는 타고난 성향의 소유자였다. 그녀가 구빈원을 방문하고 그 형편없는 실정을 개선하기 위해 제시한 지시사항에서, 무엇보다 목회적 돌봄과 제대로 된 식사를 요구한 데서 알 수 있다. 시민들의 영적인 필요와 관련하여, 그녀는 가난한 사람들과 병든 자들을 위해 특화된 목회자가 필요하다고 주장하였다. 그녀가 제안한 것들 중에는 실현되기 어려운 것도 있었지만, 사람들은 그녀의 말에 귀를 기울였다. 카타리나는 다른 곳에서도, 즉 전혀 보살핌을 받지 못하는 곳이나 복음의 실현이 위기에 봉착한 곳에서도 적극적으로 지도력을 행사하였다. 변화를 위한 그녀의 제안은 신학적인 근거를 지녔다. 그녀에게 사회적인 활동과 구제활동은 신학과 설교의 자연스러운 한 측면이었다. 지역의 일에 참여함으로써 그녀는 복지와 병든 자와 가난한 자에 대한 보살핌이 긴급하고 이 일들이 올바른 예배와 복음 선포의 연장이라는 개혁자들의 본래적인 통찰력을 계속 이어나갔다. 일부 좌절된 것들도 있지만, 그녀는 목회자들에게 기대하던 것들을 실행하였으며, 복음의 유익을 위해 집사직에서 나타나는 여성의 역사적인 직무를 확장된 형태로 실천하였다. Jung 2002, 133, 145-148; Moeller 2005, 61, 50.

마태우스의 목회사역에 참여하면서 자신에게 맡겨진 양떼를 돌보고 목회적 돌봄이라는 사역을 전개하는 것과 더불어, 그녀의 섬김 지향적인 사역은 저술활동도 포함하였는데, 이것은 그녀의 가장 멀리까지 미치는 항구적인 "돌봄"의 표출이었다. 그녀는 평신도 신학자요 여성 팸플릿 작가로서 실제적인 두 가지 관심, 즉 도움이 필요한 사람들을 돌보는 것과 에큐메니컬한 다리 놓기에 관심을 가지고 분명한 목소리를 내었다. 그녀는 다른 사람들이 그렇게 하지 못할 때 교회의 어머니로서 이런 일들을 스스로 떠맡았다. 카타리나는 아르굴라 폰 그룸바흐와 마리 당티에르와 더불어 책을 펴낸 보기 드문 프로테스탄트 여성 신학자들 중 하나였다.

이들은 모두 이 일로 인해 괴롭힘을 당했지만, 다른 사람들과 달리 카타리나는 남편의 보호를 받았다. 공식적인 훈련을 받지 않은 평신도 신학자인 그녀는 자신을 신학자 혹은 목회자로 명시적으로 규정하지는 않은 채, 자신이 창조적으로 규정한 직무를 해나가면서 경험한 것들의 관점에서 성서를 해석하였다. 그 남편은 그녀의 활동을 인정하고 자신과 동역하는 것을 환영한 것으로 보이지만, 다른 사람들에게는 그녀가 매우 성가신 존재였다. KSZ/McKee, 17-20; Jung 2002, 159-164, 128-133; Conrad 1998, 130-131; Jancke-Pirna 1997, 56-61 참조.

카타리나의 저작들은 대부분 논쟁의 와중에 쓰어졌는데, 현재 독일어와 영어로 된 비평본들이 나와 있다. McKee 1999b와 KSZ/McKee. 대부분의 평신도 저술가들이 팸플릿 출간이 봇물을 이루던 1521-25년에 글을 쓴 것과는 달리, 카타리나는 (평신도의 팸플릿 출간이 현저히 줄어든) 1530년대의 중대한 분기점 이후부터 죽을 때까지 출판을 계속해 나갔다. 카타리나가 자신의 출판물에 아버지의 성(姓)인 쉬츠(Schütz 혹은 Schützin)를 계속 사용한 것은 흥미로운데, 1530년대부터는 남편의 성의 여성형(Zellin)도 사용하였다.

대부분의 여성 저술가들과 마찬가지로, 그녀는 "스콜라 신학"의 형식으로 신학 총서를 쓰지는 않았다. 오히려 그녀는 구체적인 상황에 적합성을 지니는 분명한 글을 썼는데, 그 안에는 모두 풍성한 신학이 상세하게 펼쳐져 있었다. 그녀가 대중을 위해 쓴 저작들에는 세 가지 범주가 나타나고 있다. 그녀의 저작들은 대체적으로 논쟁적이고, 교육적이고, 목회적인데, 목회적인 성격이 가장 지배적이다. (작가로서 그녀의 목회자적인 성향을 보여주는 가장 중요한 예는 켄징겐의 여성들과 펠릭스 암브로시아스터를 위로한 글인데, 아래서 논의하게 될 것이다. Moeller 2005, 58.) 카타리나는 신학 저술가로서 자신에게 부과된 성별에 따른 제한에 대해 잘 알고 있었지만, 그럼에도 그녀는 설교, 대중 연설, 신학적이고 성서적인 소논문에

버금가는 글을 써내었다. 다른 말로 하면, 그녀는 남성들의 독점적인 영역에 도전하였다. Wiesthaus 1993, 126. 보다 많은 대중들에게 전해야 할 메시지가 있을 때 카타리나는 자신의 사적인 단상을 담은 글과 편지글도 출간하였다. 그녀는 개인적인 목적보다는 다른 사람들을 위해 글을 쓸 때가 많았다.(예를 들어 새로운 종교적 사상과 실천에 대한 평신도 교육이 대부분 설교와 교리문답을 통해 이루어지고 있어 교육적인 매체가 절실히 필요하던 때에, 카타리나는 찬송가를 써서 제공함으로써 새로운 교육적인 자료에 대한 요구에 응답하였다.) 그녀의 다차원적인 저술활동은 다양한 요소와 논조를 지녔다. 그녀는 사적인 편지와 공적인 편지, 목회상담을 위한 글뿐 아니라 변증적이고 논쟁적인 글, 그리고 교훈적이고, 성서적이고, 교육적이고, 경건에 관한 작품, 개인적인 묵상, 역사적이고 자서전적인 글, 심지어 설교까지 남겼다. McKee 1999b, vii-ix; Conrad 1998, 125-126 참조.

카타리나는 결혼 직후 2년 동안 처음으로 두 권의 소책자를 썼는데, 하나는 가톨릭 적대자들에게 패한 후 스트라스부르에 피신해 있던 사람들의 아내들을 위로하려는 목회적인 관심에서 썼고, 다른 하나는 일반적으로 성직자의 결혼과 또 특별히 그녀 자신의 결혼을 강하게 옹호하려는 생각에서 썼다.

첫 번째 소논문인 "남편 마태우스 젤을 위한 카타리나 쉬츠의 변증"(Entschuldigung Katharina Schützinn/für M. Matthes Zellen, 1524)은 마태우스와 그들의 결혼에 대한 생생한 변호였다. KSZ in McKee 1999b, 15-47; KSZ/McKee, 56-82. 이 글은 스트라스부르에서 이루어진 초기 성직자들의 결혼에 뒤따른 폭풍을 불러일으키는 계기가 되었다. 성직자의 결혼은 종교개혁이 진행되고 있던 모든 곳에서 쉽지 않은 전개과정을 겪었지만, 스트라스부르에서는 그 도시의 지지와 상관없이 1524년까지도 성직자가 결혼 때문에 처벌받을 수 있었다. 또한 이 소논문은 논쟁의 와중에서 출발한 카타리나의 사적인 결혼생활에 대해서도 알 수 있게 해준다. 이 도시의 시민의 첫째딸이 사제와 결혼한 일은 특별한 관심을 끌었다.

> 하나님의 도우심으로 저는 스트라스부르에서 성직자의 결혼을 위한 길
> 을 연 첫 번째 여성이 되었습니다. …성직자의 결혼에 대한 엄청난 두려
> 움과 격렬한 반대를 목격하였고, 또한 성직자들 사이에 만연된 성적 타
> 락을 보았기 때문에, 저는 모든 그리스도인을 위한 하나의 길을 격려하고
> 제시하려는 의도로 사제와 결혼하였습니다. …많은 사람들이 저의 결혼
> 에 매우 놀랐습니다. KSZ/McKee, 77.

1525년 1월 말에 카타리나는 주교 빌헬름(William von Honstein)에게 편지
를 보내 성직자의 결혼을 옹호하는 성서적 논거를 제시하였다. 카타리나
의 편지는 "명백히 '소동을 일으켰다.'" Bainton 2001, 57, 55-57. 주교는 화를 내
면서 카타리나를 사제의 불법적인 첩이라 칭하였는데, (성직자의 불법적인
상대와 그 자녀들에 대해 부과된) 세금을 마태우스가 아직 내고 있지 않다
는 이유에서였다. 이것은 카타리나에게 적절한 비난은 아니었다.

자신의 결혼에 대한 강력한 변호에서 카타리나는 또한 무엇이 좋은 목
회자의 요건이고, 성서는 결혼에 대해 무엇이라고 말하며, 믿음으로 의롭
게 된다는 것은 무엇인지를 근거로 하여 일반적으로 성직자의 결혼을 편
들었다. 예를 들어 그녀의 결혼은 바로 영혼들을 구원하기 위한 방책이
었다. 그녀는 결혼할 수 있는 권리와, 그리스도 안에서 남성과 여성이 동
등하다고 이야기하는 성서구절에 대한 자신의 해석을 말할 수 있는 권
리를 옹호하였다. 그녀에 따르면 성서는 여성을 향하여 교회생활에 참
여하라고 초청하고 있다. 그녀의 "과감하고" "독창적인" 변호는 프로테스
탄트의 가르침을 전반적으로 옹호하였고 평신도의 발언권을 주장하였
다. 또한 그녀는 나쁜 가르침에 나타나는 다양한 "악"의 근거에 대해 지
적하는 기회도 가졌다. "참으로 악한 가르침은 사악한 삶보다도 더 위험

하다." KSZ/McKee, 69. 그녀는 잘못된 가르침과 "오류"가 불필요한 고통을 야기한다고 결론지었다. 반면에 진리와 그리스도를 위한 고통은 우리가 바라는 것이지만 말이다. 이 격렬한 편지는 처음에는 작자미상으로 출간되어 유통되었다.(1524) 시 의회는 마태우스에게 아내를 조용히 시키라고 요구했는데, 이 여성이 관련되지 않아도 충분히 어지러운 상황이었기 때문이다. 그녀는 이 문제에 관해서 시의회와 의견의 일치를 보지 못했다. 이것은 그녀의 일이었고, 카타리나는 "진리"를 알고 있었다. KSZ/McKee, 56-62, 77-82; 1999b, 15-20; Jung 2002, 129, 152-153.

카타리나는 자신이 마태우스의 지식에 기대지 않고 자신의 지식에 기반하여 쓰고 있다는 것을 설명하려고 세심한 주의를 기울였다. 그녀는 남편의 이름으로 쓰지 않았고, 남편이 자신의 활동으로 인해 피해를 입는 것도 바라지 않았다. 카타리나는 중요한 문제에 관해 침묵하는 것은 잘못된 것이고 그리스도인다운 태도도 아니라고 주장하였다.

> 따라서 나는 지금까지는 침묵을 지켜왔지만, 이후로는 나에 관해 말과 글로 행해진 이러한 엄청난 거짓말들에 대해 침묵해야 한다고 내 양심을 설득하고 가만히 있을 수 없다. 그렇다. 내 이웃을 사랑하라는 명령이 나로 하여금 행동하지 않을 수 없도록 만드는 것처럼, 다음과 같은 이유 때문에 나는 역시 가만히 있을 수 없다. 다시 말해 고난당하는 것은 그리스도인에게 지당한 것(이고 그 한 부분)이지만, 그리스도인이 침묵하는 것은 전혀 타당한 것이 아니다. 왜냐하면 침묵하는 것은 거짓말이 참이라고 반쯤 시인하는 것이기 때문이다. KSZ/McKee, 64.

그리스도인의 소명이 다른 모든 질서나 규칙을 대체하였다. 그녀는 자신의 독자들이 삶의 궁극적인 우선권을 상기하기를 원했다. 같은 소논문에서 카타리나는 요하네스 코클래우스를 비롯한 루터의 적대자들을 상대로 루터와 그의 가르침을 옹호하였다. 그녀의 궁극적인 관심은 은혜와 용서였고, 그녀는 가혹한 상황 가운데서도 자신의 삶에서 이 원리를 구현하고자 했다. "나는 모든 사람을 용서한다. 왜냐하면 하나님 또한 나를 용서하신다고 믿기 때문이다." KSZ/McKee, 69-71, 82.

성직자들의 결혼 이외에도, 종교개혁의 다른 중요한 이정표들이 예배 생활과 성례전 예식에 변화를 불러왔다. 전례와 기도가 자국어인 독일어로 진행되었고, "성인 담화"와 희생제사적 언어가 가능한 한 제거되었으며, 성만찬에서 이종배찬이 이루어졌고, 성만찬을 받기 위해 고해를 하는 것은 더는 의무가 아니게 되었다. 이런 변화는 평신도의 눈으로 볼 때 대단히 급진적인 것이었지만, 그 가운데 가장 격렬한 논쟁의 대상이 된 것은 성직자의 결혼문제였다. 본보기를 만들기 위해 카피토, 헤디오, 그리고 부처 또한 결혼을 결심하였다.

또 다른 개혁자의 결혼이 카타리나의 이야기에 흥미로운 각주를 제공하였다. 마르틴 부처의 아내 마르가르타가 죽어가면서 카타리나에게 중매자로 나서서 자신의 남편을 세 번이나 홀로된 경험이 있는 로젠블라트(Wibrandis Wibrandis Rosenblatt)와 재혼하게 해달라고 부탁하였다. 로젠블라트의 첫 번째 남편은 인문주의자 루트비히 켈러(Ludwig Keller)였는데, 두 사람 사이에 한 명의 아이가 있었다. 켈러가 죽자 그녀는 오이콜람파디우스와 결혼하여 자녀 셋을 두었다. 그마저 죽자 이번에는 카타리나의 가까운 친구 뢰텔(Agnes Roettel)의 남편이던 카피도와 다시 결혼하여 한 명의 아이를 낳았다. 세 번째 남편마저 죽어 홀로 남겨진 로젠블라트는 카타리나의 중매 덕분에 부처와 결혼하여 마르틴과 엘리자베스라는 두 자녀를 두었다. 로젠블라트에 대해서는 Mager 1999a, 128-129, 147을 보라; Bainton 2001, 79-95; Chrisman 1972, 154-156. 확실히 로젠블라트가 개혁자이자 목회자인 사람의 아내의 삶에 대해 보여준 모습은 카타리나의 그것과는 매우 다르지만, 우리는 카타리나가 로젠블라트의 기여를 왜 높이 평가했는지 짐작할 수 있을 것이다!

카타리나의 평생에 걸친 여성 돌봄 사역의 또 다른 예는 켄징겐의 여성들에게 보낸 위로의 편지로, 그녀의 두 번째 출판물인 "켄징겐에서 고난당하는 여성들에게 보내는 편지"(Den leydenden Christglaubigen weyberen der gmein zu Kentzigen minen mitschwestern in Christo Jesus zu handen [Strasbourg, 1524])이다. KSZ in McKee 1999b, 1-13; KSZ/McKee, 47-56. 대부분 그렇듯이 카타리나의 저작은 고통스러운 상황에서 나왔는데, 이번에는 전쟁의 와중이었다.

1524년 중반에 가톨릭 주교는 1521년의 보름스 칙령을 강요하기 시작했고, 1524년 6월 24일 200명의 복음주의자들이 가톨릭 군대가 점령한 켄징겐에서 추방당했다. 그 결과 전쟁에 참여한 프로테스탄트 남성들은 집으로 돌아가지 못하고 스트라스부르로 피신하였으며, 카타리나는 100여 명에 이르는 사람들에게 3주 동안 피난처와 음식을 제공하였다. 켄징겐에 남아 있는 아내들을 염려하여 카타리나는 그들을 위해 목회적 관심을 담은 편지를 썼다. 1524년 7월 8일자 편지에서 그녀는 여성들을 향한 연민을 표현하였으며, 켄징겐에 있는 자신의 "자매들"이 이와 같은 시련을 자신들이 하나님의 자녀라는 증거로 또 신앙의 성숙을 위한 시련으로 받아들일 것을 제안하였다. 그녀는 그들에게 "영적 근심"(Anfechtung)이 없이는 참된 신앙도 없다는 것과 하나님의 사랑이 그들을 고통 가운데서 보호하고 도우실 것임을 상기시켰다. 이 모든 고난 가운데서 켄징겐의 여성들은, 자신의 아들을 죽이라는 하나님의 명령으로 인해 고통당한 아브라함이 보여준 믿음의 본을 따라 우뚝 서야 한다고 말했다.

그녀는 "사랑하는 그리스도인 여성들"이자 "사랑하는 자매들"에게 이렇게 썼다.

나는 신실한 믿음의 자매들인 당신들이 이와 같이 행하기를 간청합니다.

당신들도 고통 가운데서 또 온갖 모욕과 고난을 당할 때 대담하게, 아브라함 같은 용기로 대처하십시오. … 당신들과 남편들이 죽임을 당할지라도, 우리 믿음의 아버지인 담대한 아브라함을 기억하십시오. [롬 4:16 참조] 착한 아이가 아버지의 믿음과 같은 믿음 안에서 아버지를 따르듯이 아브라함을 좇아 선한 싸움을 싸우십시오. KSZ/McKee, 51.

그녀는 "자매들"에게 성서의 말씀이 성취되어야 한다는 것과, 그리스도를 따르는 데는 필수적으로 고통이 수반된다는 것을 상기시켰으며, 그들에게 이러한 특권과 "부르심"을 기뻐하라고 말하였다.

만일 당신들이 그리스도인이 되기를 원하고 그리스도와 함께 그의 영광에 들어가기를 원한다면 당신들은 또한 그와 함께 고난을 당하고, 이로 인해 능욕을 당하게 될 것입니다. 그리스도를 위해 당신들이 사슬에 매인다 할지라도 얼마나 복될 것입니까. [마 5:11 참조] 하나님께서 그와 같은 은혜와 호의로 나를 대하시고, 또 내게 그런 큰 영광을 허락하셔서 내가 당신들과 같은 선물을 받아, 그분의 사랑하는 그리스도와 당신들과 더불어 그러한 고난을 당한다면 좋으련만. 그러면 나는 스트라스부르의 모든 귀족보다 더 행복하고 자랑스럽고 기쁠 것입니다. … 그렇습니다, 나는 신성로마제국 황제의 아내가 된 것보다 그 고난 가운데서 더 행복할 것입니다. … 왜냐하면 나는 [박해와 같은] 그런 것들이 하나님의 아버지와 같은 사랑의 표지이고 (실로) 가장 신뢰할 만한 표식이라는 것을 알고 또 확신하기 때문입니다. KSZ/McKee, 52, 53.

더욱이 그녀는 그들의 시련에 하나님이 관련되어 있다는 것을 확신시켰다. "그러므로 사랑하는 그리스도인 여성들이여, 이것이 나의 말이 아니라 하나님의 성령으로부터 온 것이라는 점을 생각하세요. 그리고 하나님께서 주신 그러한 선물을 감사하고 기쁘게 받아들이세요."(54쪽) 또한

"그분께서는 여러분을 내버려두지도 않으실 것이고, 잊지도 않으실 것입니다. 그분은 선지자를 통해 말씀하십니다. [사 49:15] '젖먹이 자식을 잊는 어미가 거의 없듯이 나 또한 너희를 잊지 않으며, 설사 어미는 잊는다 할지라도 나는 너를 잊지 않을 것이다.'"(54-55쪽) "그러니 사랑하는 그리스도인 여인들이여, 나는 지금 여러분에게 이러한 고난을 올바른 인내와 영적인 즐거움을 가지고 받아들이라고 충고하는 것보다 더 여러분을 잘 위로하고 권면할 수는 없을 것입니다. 왜냐하면 이런 것들은 성령의 열매이기 때문입니다. … 그분은 여러분의 위로자, 신뢰받는 보호자, 방어자[요 14:16 참조]가 되고자 하십니다. 아멘."(56쪽) 이 편지는 1524년 두 차례 출판되었다.(처음에는 스트라스부르크에서, 다음에는 아우크스부르크에서)

다른 사례들에서도 카타리나는 자신의 집을 피난자들의 거처로 개방하였고 신학적인 의견절충의 장으로 내놓았다. 1529년 헤센의 필립(Philip von Hessen)은 일단의 독일인들과 스위스인들을 함께 마르부르크에 소집하였다.(이 모임으로 성만찬 때에 그리스도의 실제적인 임재의 이슈에 대한 것만 제외하고 나머지 14개의 신학적인 요점에 대한 합의를 표명하는 1529년의 마르부르크 조항이 탄생했다.) 마르부르크로 가는 길에, 츠빙글리와 오이콜람파디우스는 스트라스부르크에 머물렀는데, 거기서 젤 부부의 집 외에 달리 어디에 머물렀겠는가. 카타리나가 2주 동안 그들을 위해 요리를 했기 때문에, 우리는 이들이 저녁식사 자리에서 열심히 참여하는 안주인과 더불어 신학 토론을 했으리라고 확신할 수 있다. 1538년 이들이 장 칼뱅을 맞아들였을 때도 비슷한 기회가 왔다. 이런 일들은 그녀가 후히 대접하는 사역을 감당하면서 식사 중의 대화를 통해 배울 수 있는 기회였다.

카타리나는 교육을 받는 데만 관심을 두지 않았고 그것을 전해주는 데도 관심을 가졌다. 그리고 설교와 교리문답 이외의 교육 자료에 대한 평신도들의 요구를 감지하고, 거기에 부응해 그녀의 가장 영향력 있고 가장 널리 사용된 저술 중 하나인 찬송 모음집을 써냈다. 이 찬송 모음집은 그녀가 초기 보헤미안 형제단의 찬송가를 편집해서 만든 것으로, 『우리 구주 예수 그리스도를 찬송하는 그리스도인의 위안이 되는 노래들』이다. *Von Christo Jesus unserem saligmacher/ seiner Menschwerdung/ Geburt/ Beschneidung/ etc. etlich Christliche und trostliche Lobgsang/auß einem vast herrlichen Gsangbuch gezogen/ Von welchem inn der Vorred weiter anzeygt würdt,* Strasbourg:J. Froelich, 1534-1536, KSZ/McKee, 82-96; KSZ in McKee 1999b, 55-64.

카타리나는 경건의 훈련과 교육적인 훈련에 필요한 충분한 자료를 갖지 못한 일반 그리스도인들이 어떻게 신앙 안에서 양육될 수 있는지에 대해 관심을 가지고 있었다. 사람들은 스스로 "신앙에 대해 배우고 알" 수 있어야 한다. McKee 2007, 85. 자신이 활용할 수 있는 자료를 지혜롭게 이용하면서, 그녀는 받아들이기 어려운 노래들을 성서적인 노래와 프로테스탄트 신학과 공명하는 시가로 대체시켰다. 그녀의 찬송은 평신도들을 거룩한 소명 가운데 교육시키면서 힘을 북돋아 주었으며, 그들을 고무시켜 복음을 선포하도록 하였다. 비싸지 않은 찬송가집으로 인해 평신도들은 어린 시절부터 영성을 양육할 수 있었고, 빌려서 집에서 사용할 수도 있었으며, 예배에 더욱 열중할 수 있었다. 그녀는 1536년과 1539년 사이에 찬송가집을 준비해 네 권의 작은 책으로 출간했는데, 159곡(85곡은 주석이 달려서)으로 구성된 이 책은 미카엘 바이스(Michael Weisse)의 1531년 보헤미안 형제단의 찬송가에서 비롯되었다.(이 찬송가집은 독일어로 출판된 보헤미안 형제단의 최초의 찬송집이 되었으며, 스트라스부르에서 출간된 유일한 찬송집이었다.) 그녀는 이렇게 썼다. "나는 이 노래집에 하나님의 섭리에 대한 이해가 나타나 있음을 발견했는데, 모든 사람이 그것을 이해하게 되기를 바란다. 실로 나는 이 책을 노래집이라기보다는 가르침의 책, 기도의 책, 그리고 찬미의 책이라고 불러야 마땅하다. 그렇지만 '노래'라는 작은 단어가 적절한데, 왜냐하면 하나님에 대한 최상의 찬미는 노래에서 표현되기 때문이다." KSZ/McKee, 93, 82-96 참조. (McKee 1994, 17-21, 26-37

참조.) 교회 어머니로서 카타리나의 목표와 그녀의 "페미니스트적인 내면적 경향"은 놀랍도록 여성적인 비유 표현에서 분명하게 드러난다. 책을 편집하면서 카타리나는 여성들의 이슈에 대한 관심을 피력하였다. 아이를 잃은 어머니의 감정을 예로 들 수 있는데, 이것은 그녀가 직접 겪은 경험이기도 했다. McKee 1999b, 55-57; 1994, 39-40, 61-62 참조.

찬송가집은 다음과 같았다.

> 한 사람의 강인하고, 재능 있고, 기민하며, 신념을 지닌 평신도 개혁자에게 매혹적인 기념비였다. 한 여성이 성직자와 평신도 사이의 경계에 서서, 전례와 대중적인 경건 사이의 연속성을 위해 일하면서, 평범한 그리스도인들의 다양한 관심사를 이해하고 나누면서, 그리고 고무시키고 격려하기 위해서 자신이 자유롭게 쓸 수 있는 모든 자원을 동원하여 활동하면서, 사랑하는 동료 시민들에게 노래를 통해 그들의 삶 전체를 종교적으로 새롭게 하라고 설득하고 있다. McKee 1994, 63. Conrad 1998, 130 참조.

아마도 찬송가집은 다른 어떤 작품보다 카타리나가 개혁자로서, 신학자로서, 교리문답 교사로서, 목회적으로 돌보는 자로서, 그리고 평신도들에게 힘을 불어넣는 사람으로서 공헌한 그녀의 다양한 차원을 보여주고 있다. 무엇보다 첫째로, 그녀의 찬송가집은 평신도들의 영적인 필요에 대해 말하면서, 그녀만의 색깔을 띤, 성서에 기초를 둔 실천 지향적인 신학적 시각을 제시하였다. 찬송의 재료는 삶의 경험뿐만 아니라 성서였으며, 이 것은 사람들에게 알려진 대로 사실상 신학이 바탕에 깔려 있다는 것을 의미하였다. 둘째로, 그녀는 사람들에게 자신의 영성을 새롭게 하고 또 깊이를 더하게 하는, 배우게 하는, 그리고 목소리를 내게 하는 구체적인 도구를, 찬송가를 통해서 제공해 준 것이다. "그녀의" 찬송을 부르면서, 스트라스부르의 사람들은 신학을, 그녀의 신학을 노래하게 되었다. 셋째로, 카타리나의 찬송은 영혼을 치유하고 회중에게 일치를 가져다 주는 매개체를 제공해 주었다. Moeller 2005, 50, 55-57, 59.

카타리나의 신학 작업 대부분은 그녀의 방대한 서신교류를 통해 이루어졌는데, 그녀가 주고받은 편지는 그녀가 사람들과 맺은 관계와 그녀의 광범위한 관심 영역에 대해서 잘 보여준다. 이 모든 서신 교류 중에서 그녀에게 가장 곤혹스럽고 깊은 상처를 남긴 것은 라부스(Ludwig Rabus)와의 서신교류였다. 이 특별한 서신교류의 와중에, 이 일이 아니었다면 너무나 자애로운 "목회적 돌봄을 행하는 사람"(Seelsorgerin)으로 남았을 카타리나는 인신공격에 대항해 교회의 어머니로서 자신의 성취와 제1세대 개혁자들을 강력히 옹호하면서 인내심에 한계를 드러내고 말았다. 편지들은 당시의 신앙고백 사이의 투쟁을 조명해 줄 뿐만 아니라 중요한 자서전적인 회상까지 제공해 준다. Wiesner-Hanks 1998, 144-145 참조.

라부스(1524-92)는 마태우스가 죽자 그 뒤를 이어 대성당 목회자가 된 사람으로, 카타리나가 평생에 걸쳐 대항해 싸운, 완고한 신앙고백주의를 표방하는 인물이었다. 두 사람 사이의 긴장관계는 신앙고백주의가 증가하고 있었다는 것과, 다른 곳에서처럼 스트라스부르에서도 서로 다른 프로테스탄트들 간에 신학적인 불일치가 있었음을 말해준다. 예를 들어 라부스는 1530년 아우크스부르크 신앙고백 지지자들을 제외한 모든 사람들에 대하여 비판의 목소리를 높였다. 그는 이 신앙고백 문서가 오로지 루터주의자들만 만족시켰고 다른 프로테스탄트 집단, 예를 들어 츠빙글리주의자들과 칼뱅주의자들과 재세례파에는 해당되지 않았다는 사실을 조금도 헤아리지 않았다. 이 마태우스의 계승자는 특별히 카타리나에 맞서서, 종교적이고 신앙고백적인 차이 전반에 대해 관용적으로 접근한 젤 부부를 비판하였다. 라부스는 자신을 "아들"로 양육시켜 준 카타리나를 공격하였으며, 그녀가 소란을 일으키고 이단으로 기울고 있으며 슈벵크펠트파와 같은 이단을 지지하고 있다고 고발하였다. 카타리나는 라부스의 엄격한 신앙고백주의에 대항하면서, 초기 종교개혁자들의 유산과 복음 자체를 자신이 본 그대로 옹호하였다. 카타리나와 라부스의 관계가 소원해졌다고 말하는 것은 사태를 지나치게 약화시켜 말하는 것이다.

1556-57년에 라부스는 별안간 도시의 허가도 받지 않은 채 떠나 울름 시에 있는 교회의 감독자가 되었다. 카타리나는 편지를 보내 그에게 이유를 물었다. 라부스는 그녀를 이단, 츠빙글리주의자, 슈벵크펠트주의자, 악마 같은 자, 지독한 거짓말쟁이, 바리새인, 거짓 증인, 소문을 내는 사람, 악마의 부추김을 받고 있는 자, 유해한 자, 이교도, 교회에 문제를 일으키는 바보, 하나님의 진노가 임박한 자라고 비난하면서, 그녀의 편지를 뜯어보지도 않고 돌려보냈다. 그는 카타리나에게 어쨌든 그녀의 일이 아닌 사안에 쓸데없이 참견하지 말라고 말하였다. 카타리나는 갈라디아서 3:28과 요엘 3:1 말씀에 근거하여 자신과 자신의 권리를 옹호하였다. 어린 시절부터 교회의 어머니로 부름을 받았다는 것을 언급하면서, 그녀는 독자들에게 이렇게 상기시켰다. "나는 모든 성직자를 사랑하고, 많은 사람들을 방문하였으며, 그들과 하나님 나라에 대해…대화를 나누었습니다. 그래서 내 아버지, 어머니, 친구들, 그리고 동료 시민들과 많은 성직자들은 나를 큰 사랑, 영예, 존중 가운데 품어주었습니다." KSZ/McKee, 226.

그녀는 자신의 도시 스트라스부르가 자신의 모든 봉사와 사역에 대해 기억해 주기를 바랐다.

주께서 나를 내 어머니의 자궁에서 이끌어내어 어릴 때부터 나를 가르치셨기 때문에 나는 그분의 교회와 그것을 꾸리는 일들로 바쁘게 일했고, 기쁨으로 쉬지 않고 일했습니다. 나는 내가 이해하는 만큼 그리고 나에게 주신 은혜의 분량대로 신실하게, 아무런 속임수 없이 일했습니다. …그러므로 끊임없이, 기쁘게, 열심히, 모든 선한 뜻으로 나는 내 육체, 힘, 명예, 그리고 소유물을 사랑하는 스트라스부르를 위해 내놓았습니다. 나는 그것들을 스트라스부르를 위한 발판으로 삼았습니다. …나의 신실한 남편 또한 이것을 너무나 기쁘게 허용해 주었고, 그는 이 일로 인해 나를 더욱 사랑하였습니다. …나는 지금 이렇게 늙어 거의 60살이 되어서도 그렇듯이, 젊은 시절부터 당신, 스트라스부르를 사랑해 왔습니다. KSZ/McKee, 224-225.

신앙고백주의자인 "성미 급한 인물"에 대항해 변론하는 편지에서 그녀는 무엇보다 사람들이, 특히 구원과 은혜의 문제에 대해 근심하는 중에 얼마나 자신의 조언을 구했는지(그 반대 방향이 아니라), 둘째로, 루터의 글들이 그 문제에 대해 어떻게 밝혀주었는지 회상하였다.

하나님께서 우리에게 그리고 많은 사람들에게 자비를 베푸셨습니다. 그분은 지금은 고인이 된 사랑하는 마르틴 루터 박사님을 일깨워 말과 글을 겸비시켜서 파송하셨습니다. 루터 박사님은 나를 포함한 여러 사람을 위해 우리 주 예수 그리스도를 너무나 훌륭한 방식으로 설명해 주어서, 나는 이 땅 깊은 곳 곧 냉혹한 지옥으로부터 불려나와, 멋진 하늘나라로 끌어올려졌다고 생각합니다. KSZ/McKee, 226.

그녀는 마태우스와의 결혼, 그의 곁에서 자신이 감당한 일들, 자신의 목회적 돌봄의 사역, 그녀가 동역자요 스승이라고 생각하였던 다른 많은 선배 개혁자들과 맺은 좋은 관계와 서신왕래에 대해 추억하였다. "나는 그들의 말과 설교를 들었고, 그들의 책을 읽었고, 기쁨 가운데 그들의 편지를 받았으며, 그들도 내 편지를 기쁘게 받아주었습니다." "요컨대 내가 이런 글을 쓰고 있는 것은 내가 젊은 시절 훌륭한 학식 있는 연장자들과 그리스도의 교회를 세운 사람에게 얼마나 사랑스러운 존재였는지 보여주는 것이 필요하기 때문입니다.(5) …그분들은 거룩한 문제에 대한 대화에서 결코 나를 배제하지 않았고 기꺼이 (진심으로) 내 의견을 들어주었습니다.(히 4:10)" KSZ/McKee, 227, 228. 이와 같은 진술만이 카타리나의 권위를 지지해 주었다.

개혁자들의 신학에 대한 변호 이외에도, 라부스에 답한 그녀의 응답 또한 종교적인 관용에 대한 그녀의 일관된 시각을 보여주었다. 그녀는 젊고 무지한 라부스에게 자신의 분수를 알게 하려고 애썼으며, 불순종하는 아이를 다루는 엄한 어머니로 처신하였다. 그녀는 다음의 편지를 자신의 신앙에 대한 증언이자 고백으로 생각하였다. "카타리나 젤이 … 루트비히 라부스에 관해 스트라스부르의 모든 시민들에게 보내는 편지" (Strasbourg, December 1557)는 스트라스부르 시 전체에 보내진 것이었다. KSZ in McKee 1999b, 155-303. (KSZ/McKee, 215-231.) 여기에는 여러 편지가 한데 묶여 있었는데, 라부스가 그녀에게 보낸 편지와 스트라스부르 시에 보낸 편지까지 포함하고 있었다.(1555년 12월에 쓴 첫 번째 편지는 라부스가 스트라스부르에 있을 때 그에게 보낸 것이고, 이어 1556년 2월에 짧막한 편지를 보냈다. 1557년 3월의 세 번째 편지는 라부스가 울름에 있을 때 보냈다. 라부스의 회신은 1557년 4월 19일자로 되어 있고, 1557년 12월에 스트라스부르에 보내는 카타리나의 편지가 그 뒤를 이었다.)

우리는 카타리나가 우선적으로 라부스와 편지왕래를 한 이유가 무엇인지, 그리고 그렇게 부정적인 어조로 그런 일을 한 이유에 대해서 추측해 볼 수 있다. 가장 명백한 이유는 그녀 스스로가 밝힌 것처럼 "진리"를 말하고자 하는 그녀의 열망이었다. 그녀는 "진리"를 위해 "비방을 당하고" "힐난을 받는" 모든 사람들을 변호하였다. McKee 1992, 251-257; KSZ/McKee, 23; Wiesner-Hanks 1998, 145-146. 자신이 비난하는 사람들에 대해 개인적으로 알지 못한 라부스와는 달리 그녀는 그들을 "알고 있었다."

고발당한 이단들 가운데 그녀와 개인적으로 가장 가까웠던 사람은 슈벵크펠트였다. 그와 젤 부부는 수년 동안 친구로 지냈으며 그녀는 아마도 알려진 것보다 더 그의 신학을 공유하였을 것이다. (그녀는 자신의 반론에도 불구하고 종종 "슈벵크펠트주의자들"과 비판적인 관계로 또 긍정적인 관계로 관련을 맺었다. KSZ/McKee, 23.) 그녀는 츠빙글리와 오이콜람파디우스에 대해서는 그들의 저작을 통해서만 알다가, 1529년 그들이 그녀의 집에 2주간 머물게 되면서 좀더 잘 알게 되었다. 이들을 잘 알지 못하는 라부스에 반해, 그녀는 자신이 잘 알고 있는 이 사람들을 변호하면서, 신앙의 기초와 관용의 한계에 관심을 기울였다. 개인적이고 또 시대적인 이슈가 신학적인 원칙과 마찬가지로 문제가 되었다. 카스텔리옹(Sébastian Castellion)의 유명한 『이단론』(De heretics, 1554)을 참조하여, 그녀는 독자들에게 "핵심 사항," 신앙의 원칙, 즉 그리스도 구주께서 참 하나님이고 참 인간이라는 것을 상기시키면서 종교적인 관용을 주장하였다. 더욱이 영적인 주제인 신앙은 행정장관이 관리하거나 통제하려고 해서는 안 되는 대상이었다. 그녀는 시 당국과 시의회에 이 도시가 그동안 지켜온 신학적인 관용의 오랜 역사를 상기시켰다! 그녀는 심지어 라부스에게까지 이전의 "어머니"로서 호소하였다. 모든 것은 허사였다. 어쨌든 종교적인 사안들에서 나타난 폭력에 대항한 그녀의 진술이 아무리 매서운 것이라도, 한 여성의 논증은 종교적인 관용을 향한 계속적인 노력 가운데서 채택되지 않았다. Wiesner-Hanks 1995, 252, 245-247, 254-261 ; McKee 1992, 251-252 참조.

관용과 사람들 간의 긴장상태라는 이슈에 덧붙여, 그녀는 또한 성례문제를 논의하였다. 루터주의자들, 츠빙글리주의자들, 그리고 칼뱅주의자들 사이에서 가장 분열을 야기한 주제인 성만찬에 관해서 그녀는 보다 "츠빙글리적인" 해석에 의지하면서, 빵과 포도주의 본질의 변화와 관련해서 그리스도의 "실제적인" 임재를 말하는 루터의 가르침과 가톨릭의 화체설 교리에서 벗어나, 거룩한 의식에서 그리스도의 영적인 임재를 강조하였다. 마찬가지로 세례에 관해서도 그녀는 보다 츠빙글리적인 시각을 채택하여, 세례가 비록 내적으로 새로 태어나게 해주기는 하지만, 은혜를 나누어 주는 능력은 지니지 않은 하나의 표지라고 간주하였다.(그녀가 그리스도인의 생활에서 율법의 역할에 대해서 밝힌 견해도 "개혁주의적인 풍미"를 지녔다. KSZ/McKee, 127.) 모든 어머니의 가장 커다란 두려움을 겪은 카타리나는 미처 세례를 받지 못하고 죽은 아이들의 운명에 대한 위로와 보증을 추구하고 있다. 성례에 대한 그녀의 시각은 이 도시가 루터주의자들의 아우크스부르크 신앙고백을 (그 이후 1536년에는 비텐베르크 협약을) 표준으로 받아들이고 난 이후에 그녀를 보다 어려운 처지로 내몰았다. 그녀는 1557년에 칼뱅주의자들의 예배가 금지되는 것은 보지 못하고 죽었다.

이 글에서 우리는 카타리나가 자신의 자의식과 그 당시 여성에 대한 제한 사이에서 어떻게 균형을 잡았는지에 대해 간파할 수 있다. 카타리나는 그녀의 글에서 "여성적인 자아를 만들어서 그것을 당대에 가능한 여성적인 역할의 스펙트럼 가운데 위치시키고 있다." 그녀는 자신을 "자신이 아는 다른 어떤 여성과도 다른 사람"으로 묘사하였다. 그녀는 이전에 중세 여성 성인들과 신비주의자들이 자서전적으로 상용하던 표현(topos)을 썼는데, 그중 하나는 어린 시절부터 하나님의 선택을 받았다는 것이다. 그리고 이 모델을 그녀는 정숙하고, 남성에 의해 규정되는 여성성이라는 개혁자들의 관념과 융합시켰다. 그녀는 남성과 맺는 관계에 따라 규정되는 여성들의 삶의 세 국면, 딸, 아내, 과부라는 세 국면에 맞추어 자신의 삶을 기술하였다. 그러면서도 그녀는 스스로를 다른 존재라고 느꼈다. "자신이 다른 여성들과 뚜렷이 구별된다는 카타리나의 생각은 '영광스럽고' '친애하는' 남성 개혁자들에게 보여준 흔들리지 않는 충실성에 의해 보완되고 있다." Wiethaus 1993, 127, 128. 결국 그녀는 아내로서, 마태우스의 갈비뼈 중 하나로서 자신의 역할을 강조하였다. 개혁자로서 그녀의 정체성과 권위는 부부관계에 묶여 있었다. 되돌아보면, 그녀의 결혼 옹호는 결국에는 자신에 대한 변호였다. 더욱이 카타리나가 개혁자로서의 자기이해를 발전시킨 것은 확실히 결혼에 따른 남편과의 동역관계 안에서 이루어진 일이었다. KSZ/McKee, 224-228; Wiesner-Hanks 1995, 249-252 참조.

맥키는 카타리나가 자신을 지칭한 명칭의 목록을 제공한다. KSZ/McKee, 220. 카타리나는 자신을 (1) 마태우스의 "결혼한 동료", (2) "그의 사역을 신실하게 돕는 자", (3) "가난한 자와 추방당한 자들의 어머니", (4) "마태우스의 갈비뼈", (5) "동역자", (6) "사람을 낚는 어부", (7) "교회의 어머니", 그리고 (8) "과부"(혹은 과부들과의 동일시)로 이해하고 표현하였다.

교회 안에서 여성의 침묵에 관한 디모데전서 2:12의 전통적인 해석을 잘 알고 있던 그녀는 "성서의 권위가 여성들이 '통상적인' 설교 사역을 하는 데 제한을 두는 바울 계열의 방침을 거부하고 있다고 깊이 확신하였다." 그녀는 그러한 금지를 "좁게" 해석하였다. 그녀는 자신의 성별을 숨기려는 어떠한 시도도 하지 않았고, 그것을 강조하지도 않았다. McKee 1999a, xvi-xvii; Wiesner-Hanks 1995, 252. 그녀의 초점은 행해야 하는 사역에 있었다. 이 점에서 그녀는 자신을 성서의 여성들과 남성들(욥, 다윗, 유디트, 안나, 다니엘, 아비가일)과 동일시하였으며, 자신이 한 사람의 여성으로 기억되기를 바라지 않고, 도시를 위해 베푼 사랑과 봉사의 행동으로 기억되기를 바랐다.

카타리나는 35년에 걸친 활동 기간에 몇 개의 소논문을 썼다. 목회적인 돌봄 사역자로서 그녀의 은사뿐 아니라 여성 신학자이자 작가로서 그녀의 목소리는 특히 마지막 출판물, 시편과 주기도문에 대한 명상록에 분명하게 나타나 있다.(305-366) 제목은 "카타리나 젤이 다윗 왕과 더불어 시편 51편을 묵상하고 기도하고 쉽게 풀어 써서 그리스도인 형제 펠릭스 암브로시아스터 경에게 보내는 글"(The Miserere Psalm Meditated, Prayed Over, and Paraphrased with King David by Katharina Zell…Sent to the Christian Man Sir Felix Armbruster)이다. KSZ in McKee 1999b, 305-366; KSZ/McKee, 123-173.

신앙적이고 교훈적인 글들의 모음집인 이 작품은 세 부분으로 나누어져 있다. 먼저 펠릭스 암브로시아스터 경에게 헌정하는 편지가 나오고, 그 다음에 시편 51편과 130편에 대한 묵상이 나오며, 마지막으로 주기도문에 대한 해설이 나온다. 카타리나가 펠릭스를 방문한 것이 1558년이었다는 점에 반하여, 그녀가 처음 시편 묵상을 쓴 것은 1540년대나 그 이전이었을 것이다. 시편은 카타리나가 자녀들을 잃을 당시 특별한 중요성을 지녔으며, 여러 어려움으로 그늘졌던 그녀의 말년에, 특별히 1548년 1월 마태우스가 죽은 이후에도 그러했다. 이 실질적인 작품은 1558년 스트라스부르에서 출판되었다.(처음에는 1536년에 쓰인 주기도문 해설은 빠진 채로 출판되었다가, 나중에 포함되었다. McKee 1999b, 305-309.)

신학적으로 가장 풍성한 그녀의 작품인 이 논문집은 그녀의 지칠 줄 모르는 심방 사역에서, 그리고 고통당하는 친구에 대한 특별한 애정에서 비롯되었다. 스트라스부르의 중요 행정장관 중 한 사람인 펠릭스 암브로시아스터가 한센병에 걸리자 카타리나가 그를 심방하기 시작했고, 그래서 위로의 글, 주기도문에 대한 묵상을 썼던 것이다. 이 논문집은 "신앙의 여성이자 영적인 어머니 혹은 친구로서 그녀의 개인적인 성장"을 나타낸다. 이 작품이 하나님의 모성성과 그리스도 안에 있는 하나님의 은혜에 대해 말하고 있다는 것과 "영적 지도자"로서 그녀 작품의 뛰어난 모범을 남겼다는 것은 결코 우연의 일치가 아니다. 이 작품은 또한 편지를 통해 목회적 돌봄 사역을 한 여성의 모델을 제시해 준다. McKee 1999b, 305-306또한 KSZ/ McKee, 44-46; Moeller 2005, 53, 56-58. 의도적으로 "펠릭스 경을, 신실한 그리스도인이 고난을 마땅히 다루어야 하는 방식을 보여주는 한 모델로" 제시하면서, 카타리나는 두 가지 특별한 주제에 대해 말하였다. 먼저는 위로를 주는 데 있어서 인간의 역할과 하나님의 역할이라는 주제로, 전자는 후자, 즉 궁극적인 위로자이신 성령에 종속된다는 것이다. 그리고 자신의 고난의 경험과 하나님의 위로가 두 번째 주제였다.

그녀는 "성령의 찾아오심은 모든 인간적인 심방, 대화, 그리고 위안을 뛰어넘으며…마음속 깊이 파고들어, 사람들은 기꺼이 자신의 몸을 십자가에 달리신 그리스도에 순종하여 내맡기게 된다."라고 썼다. 또 이렇게 썼다.

> 우리는 서로를 향해 (하나님께서 우리에게 명하신) 우리의 소임, 돌보고 사랑하는 직무를 행하고 실천해야 합니다. …왜냐하면 그리스도로 인해 많은 고난이 우리에게 임하는 것과 마찬가지로, 그리스도를 통해 우리에게 많은 위로가 오기 때문입니다. 그렇습니다. 성서에서 한 몸의 지체가 병에 걸린 서로를 돕는 것처럼 우리에게 이웃을 사랑하고 섬기라고 가르칩니다. …그래서 하나님의 성령이 틀림없이 오셔서 우리의 말, 기도, 위로, 모든 것을 도우시고, 우리가 사람들을 섬기고 도우려고 행동할 때 우리에게 힘을 주시고, 생기를 주시고, 생명을 주십니다. KSZ/ McKee, 131-132.

그녀는 저술을 통해, 행동을 통해 "평신도 목회자가 이러한 사랑의 책무를 행할 성서적인 근거를 지니고 있다."라고, 다시 말해 하나님의 말씀으로 고난당하는 자들을 위로할 수 있다고 주장하였다. 젊은 시절 자신이 지식과 경험이 부족하다는 것을 바로 인정했던 그때와는 달리, 그녀는 자신의 지식과 "동시대의 고난당하는 자로서의 실존적인 정당성"에 확신을 가지고 목소리를 내었다. KSZ/ McKee, 124-125. 그녀를 찾는 많은 눈물 흘리는 자들에 대해 말하면서, 그녀는 자신의 어두운 경험으로부터 다른 사람들을 위로하고자 하는 열망에서 글을 쓴다고 설명하고 있다.

> 바로 이 간구하는 시편(51편)을…나는 엄청난 고통 가운데 있을 때 하나님 앞에서 혼자 묵상하였습니다. 내 심장과 의식이 심한 고통을 당했을 때, 또한 하나님의 진노하심과 은혜 사이에서 내적으로 갈가리 찢겨졌을

때, 시편 130편(De Profundis: "깊은 곳에서")과 더불어 이 시편을 놓고 기도하며 쉽게 풀었습니다.…또 다른 사람을 통해 너무나 많은 고통을 경험했기 때문에, 그리고 하나님께서 내게 많은 위로를 주셨기 때문에…나는 이 두 시편을 글로 써서 당신들과 나누고 싶었습니다. KSZ/ McKee, 133-134.

이 글은 신학적인 동시에 사적인 것이다. 이 책의 두 번째 부분에서 카타리나는 "펠릭스 경과 다른 독자들을 카타리나의 가장 사적인 기도의 자리로 초대하고 있다. 사실상 친구들을 위로하기 위해서, 남편 마태우스를 잃고 홀로 남아 가장 외로울 때, 아마도 남편의 죽음 이후 몇 달 동안 시편을 통해 기도하고 흐느끼고 애통해하던 것들을 기록한 소책자를 꺼내놓은 것이다." KSZ/ McKee, 127. 흥미롭게도, 이 책의 세 번째 부분에 있는 주기도문 해설에서 카타리나는 "아픈 영혼들을 위한 위로의 가장 기본적인 원천은 참된 가르침, 즉 그리스도인들은 그리스도의 은혜를 통해서만 하나님과 바른 관계를 가질 수 있다는 것이다."라고 결론을 내리고 있다. KSZ/ McKee, 128. 자신의 고통의 경험에서 끌어내었기 때문에 그녀의 작품은 여성적인 얼굴을 하고 있다. 이 책을 읽으면서 우리는 "그리스도에 대한 여성적인 언어"와 맞닥뜨리게 된다. "여기서 어머니 카타리나는 아마도 이 글을 쓸 당시에 자신의 아이들을 잃은 지 얼마 되지 않았을 것인데, 그리스도께서 자신의 형제들과 자녀들을 구원하면서 보여주시는 그분의 모성적인 사역에 대해 생생하게 숙고하고 있다." KSZ/McKee, 128-129. 그녀는 이렇게 썼다.

한번도 아이를 가져보지 못한 여성, 출산의 고통과 젖먹이를 키우는 사랑을 경험해 보지 못한 여성은 결코 이해할 수 없습니다. 누가 무력한 어린 아이에게 참된 어머니가 하듯이 사랑하고, 온화하게 다루며, 긍휼을 품을 수 있겠습니까? 하나님도 이와 같습니다. …예수 그리스도를 통한 하나님의 은혜는 참된 어머니와 같아서, 그리스도가 하나님 안에, 하나님이 그리스도 안에 계십니다.

그리스도께서 육신을 입고 인성을 취하셔서 인생과 고통을 직접적으로 아시기 때문에, 그리스도는 아이를 낳는 어머니의 경험과 비슷한 경험으로 인간을 알고 사랑하신다. 동시에, 그리스도께서는 자신의 고통을 통해 인간을 구원하셨고 자신의 젖으로 그들을 양육하셨기 때문에, 그리스도인들은 하나님 아버지의 자녀이자 상속자들이 되었다. KSZ/McKee, 152-154.

이 글은 말씀과 카타리나의 신학 원칙에 대한 그녀의 애정을 명확하게 표현하였다. Jung 2002, 135-137, 140-147 참조. 그녀는 대단히 말씀 중심적이었으며, 당시 여성 작가들과 개혁자들이 보통 그랬던 것처럼 그녀 또한 성서를 자신의 모든 논증의 기초로, 진리를 분별하고 위안을 찾는 기준으로 사용하였다. 마지막으로, 이 역시 중요한 것인데, 그녀는 성서를 한 사람의 여성인 자기 자신에게 힘을 주고, 다른 여성들에게 힘을 북돋아 주는 주된 원천으로 삼았다. 페미니스트적이라고 불릴 수 있는 의도를 지니고, 그녀는 여성들에 관한 성서구절에서 얻은 지혜를 스트라스부르에 있는 한 여성으로서의 자신의 상황에 적용하고자 했다. 예를 들어 마태우스의 장례에서 그를 기념하면서 자신을 막달라 마리아, 그리스도의 어머니 마리아, 그리고 마르다와 동일시하였다. 또한 선지자 안나와, 자신이 뜻한 바와는 달리 자녀를 두지 못했던 한나, 사라와 리브가와 자신을 동일시하기도 했다. 동시에 그녀는 성서에 나오는 남성들과 동일한 일을 행하는 데 아무런 문제가 없다고 보았다.

이 글은 예수를 카타리나의 신앙과 고백의 중심으로 묘사하였다. 특별히 요한복음에서 끌어내어, 그녀는 그리스도의 인성을 강조하였다.(요

2:19-22와 10:17 이하) 그녀는 사망과 고난을 이기시는 하나님의 영의 역사하심에 대한 신뢰로부터 위안을 제공하였는데, 이것은 그녀에게 개인적으로 또 신학적으로 중심 주제였다. 그녀의 기독론은 목회적인 돌봄에 필요한 기초를 제공해 주었다. 그녀의 중심적인 위안은 그리스도인들이 하나님과 올바른 관계 위에 세워져 있다는 확신에서 나왔으며, 그녀는 그분을 어머니의 이미지를 통해 오직 은혜로 이해하였으며, 올바른 가르침은 우리로 하여금 삶 가운데서 악과 위험에 직면하도록 도울 것이라고 확신했다. KSZ/ McKee, 126-129; Jung 2002, 135-137, 140-147.

카타리나의 모든 저작 가운데 주기도문 해설과 특히 서문은 그 페미니스트주의 신학적인 가치와 이 평신도 신학자의 특별함을 두드러지게 나타낸다. 카타리나는 슈파이어의 두 여성이 목회적인 돌봄을 요청하자 그에 대한 응답으로 이 전통적인 기도문에 대한 해설을 제시하였다. "교리문답을 겸한 신앙적인" 이 논문은 "한 프로테스탄트 평신도 신학자, 여성과 어린이들을 위한 목회자로서 글을 쓰는 어머니의 세심하고 의식적인 사상을 제시하고 있고, 청중들로 하여금 핵심적인 성서적 기도에 대해서 그리고 그 기도가 신뢰와 확신을 갖고 언급하고 있는 하나님에 대해서 생각해 보도록 권하고 있으며, 독자들을 가르치고 그들과 기도하기 위해 성서적인 지혜와 가정적인 이미지를 조화롭게 사용하고 있다." 맥키의 분석이 말해주는 대로, "쉬츠 젤의 주기도문 서문의 가장 두드러진 특징은 그리스도의 사역을 설명하기 위해 사용된 생생한 어머니의 이미지이며, 이것은 심지어 때때로 하나님 아버지에게까지 넘치고 있다." 그녀가 주기도문을 다루면서 보여준 "십자가 위에서 커다란 산고를 겪고 아이들을 낳고, 기르고, 어머니가 젖먹이를 돌보듯이 그들을 사랑으로 돌보시는 그리스도에 대해 그녀가 사용한 모성적인 언어의 범위와 특징은 특별히 주목할 만하다." 이 모든 것에서 그녀의 핵심은 자신이 선포하고자 하는 복음의 메시지이다. "실천적인 사람이자 프로테스탄트였던 이 평신도 신학자는 주된 강조점을 우리와 함께하시고 우리를 위하시는 하나님께 두었다." "그리스도의 구속 사역"에 대해 놀라우리만치 "모성적인 은유"를 사용했기 때문에 그분의 수난은 산고를 겪는 여성의 산통으로 읽힐 수 있는데, 이런 것들을 통해 그녀는 자신의 독자들이 얼마나 "이 아버지께서 우리를 사랑하시는지, 그리고 비록 어머니가 그 젖먹이를 잊어버릴지라도 이분은 우리를 잊지 않으실 것이라는 것과, 이 그리스도께서 우리를 새로운 피조물로 태어나게 하셨고, 이 성령의 능력이 우리에게 바르게 살도록 가르치고 하나님의 사랑하는 자녀로서 그분의 가족 안에 머물도록 우리를 지키신다."는 것을 확신시키고 있다. McKee 1999c, 240-247.

카타리나의 작품에 나타난 신학은 그리스도와 그리스도의 사역에 대한 프로테스탄트의 핵심적인 원칙, 신앙의 은혜적 성격, 복음이 명하는 긍휼, 그리고 그녀가 특별히 강조한 그리스도의 영의 사역에 의지하고 있었다. 그녀의 신학적인 해설은 성서에 의존하였다. 그녀는 평신도 신학자로서 자신에게 힘을 북돋아 주는 가장 접근이 용이한 자료를 해석하였다. McKee 2007, 86. 자신이 살고 경험하고 목격한 삶에 비추어, 그리고 자신이 들은 설교, 자신이 읽은 글, 그리고 자신이 나눈 대화를 통해 형성된 이해력으로 성서를 해석하였던 것이다. 그녀는 반복해서 자신이 궁극적으로 중요하다고 생각하는 이슈에 대하여 논증을 개진하였으며, 이 일을 성서적인 "탄약"을 가지고 행했다. 평신도, 가난한 자들, 도움이 필요한 고난당하는 사람들에 대한 사랑, 말과 행동으로 복음을 바르고 제대로 선포하는 일, 관용과 긍휼의 가치는 그녀가 계속 설파하고 신학화한 원칙이었다. Jung 2002, 205, 135-150, 194-197, 158-168 참조.

카타리나의 전체적인 신학은 긍휼과 사랑의 견지에서 형성되었다. 예를 들어(Natalie Zemon Davis가 맥키를 인용하면서, 그녀의 사상의 특징을 기술한 대로) 카타리나에 따르면 성만찬에 대한 그녀의 묵상과 "윤리적인 행동"에 대한 그녀의 장려는—그리스도가 "우리 가운데 계셔서 우리가 그분 안에 있고 죽지 않게 되기를"이라는 기도—믿는 자들을, 그리스도의 몸인 성만찬의 빵으로 영적 자양분을 얻은 대로 자선을 행하도록 인도해야 한다. 왜냐하면 "이웃을 사랑하라는 명령은 프로테스탄트 신앙의 주요 교리만큼 중요한 것이기" 때문이다. Davis 2000, 125-126. 이웃을 사랑하라는 그리스도의 명령은 모든 그리스도인이 다른 사람들과 함께 정의에 대한 사랑으로 큰 목소리를 내지 않을 수 없도록 만든 동기였다. McKee 1992, 1997 참조. 또한 Wiesner-Hanks 1995.

하나님의 사랑을 어머니의 사랑으로 그리면서, 카타리나는 특별히 여성적인 신학이나 영성을 발전시키려는 관심을 표출하지는 않았다. 그녀는 성서의 여성들과 자신을 동일시하였지만, 하나님 안에 소망과 신뢰를 두는 "아브라함의 남성적인 신앙"을 모든 사람에게, 즉 남성과 여성, 학식 있는 자들과 평신도들, 1세대 개혁자들과 2세대 개혁자들, 루터주의자들과 영성주의자들, 그리고 자신이 신학자로서 중간에서(between) 활약한 모든 집단에게 확실한 이상형이라고 주장하였다. 이 "중간"이라는 위치에서 그녀는 독특하게 그리스도 중심적인 신학을 발전시켜, 개인의 소명에 있어서 성령의 역사와, 모든 믿는 자의 성화와, 교회의 영적 개념을 지지하였다. Conrad 1998, 130; Jung 2002, 194-196. 개인적이고 영적인 묵상이나 경건을 넘어서, 카타리나는 핵심적인 프로테스탄트 원칙과 성서적인 모범을 채택하여서, 실천하라고 말하도록 고안된 신학, 삶을 이해하도록 돕고 더 나은 삶이 되도록 도우며 주변 사람들의 고통을 덜어주는 신학을 제시하였다. 그녀는 자신의 프로테스탄트 신앙의 원칙과 직접적인 성서해석을 특별히 어려운 상황에서, 종종 논쟁의 와중에서, 그리고 "스콜라 신학자"의 신분이나 훈련도 없이 적용시켰는데, 따라서 당대의 다른 신학자들과 그녀를 비교하는 것은 도무지 공평한 일이 아닌 것 같다. 그녀의 신학적 저술은 그녀에게만 유일한 독특한 특징을 보여주는데, 카타리나는 성서적인 권위를 사용하면서 타협하지 않는 저자로서의 자기 확신을 나타내고 있다. 이것은 실질적일 뿐만 아니라 실존적인 것으로서, 본질적으로 종교적인 성격을 띠고 있다. 그녀는 대중을 향해 글을 쓰면서도 일정 정도 자서전적인 내적 성찰을 담았다. KSZ/McKee, 25-29.

젤 부부의 결혼은 목회사역에서 일생 동안 지속되는 협력관계였다. 스트라스부르에서의 사역을 떠나 두 사람은 루터와 멜란히톤, 니콜라우스 폰 암스도르프를 비롯한 다른 사람들을 만나기 위해 비텐베르크로 같이 간 적이 있다. 긴 여정 동안 두 사람은 스위스, 슈바벤, 뉘른베르크, 팔츠를 거쳤으며, 많은 학식 있는 사람들을 만났다. 이들은 종교개혁의 주된 참여자들(카피토, 부처, 헤디오, 칼뱅, 그리고 츠빙글리를 포함하는)을 접대한 적도 있으며, 시 당국과 가톨릭 측을 상대로 변화를 협의하기도 하였다. 모든 측면에서 카타리나는 스트라스부르에서 종교개혁이 활발하게 이루어지는 현장에 있었으며, 신앙고백에 따른 분열을 넘어 사람들과 연대하였다. 그녀는 마태우스의 동역자의 자리에서, 아내로, 철저하게 동등한 조력자로 공헌하였다. 이론상 그녀는 "조력자"로 활약했지만, 실제적으로는 비전을 지닌 지도자로 두드러졌다. 그녀가 결혼한 이상 적어도 이론적으로는 남편에게 종속되었다는 말이 가능하다. 하지만 남편이 죽자 현실은 확연히 달라졌다.

마태우스가 죽자 카타리나는 비탄에 잠겼으며 고독했다. 아무리 그녀가 노력했고 또 성과를 내었어도, 젤의 홀로된 아내에게는 결국 명확한 지위도 충분한 지원도 없었다. 카타리나 폰 보라 루터의 경우에서와 마찬가지로, 충실한 친구들은 당연히 그녀가 원조를 간청할 때 그들이 할수 있는 일들을 감당했다. 그럼에도 그녀의 기쁨과 생기발랄함은 마태우스와 함께 사라져 버렸다. 마태우스가 없자 그녀의 개입에 대한 반대가 더욱 거세졌으며, 이러한 반대에 그녀는 너무나 담대하게 그리고 강력하게 홀로 맞섰다. 말년에는 전반적으로 정치적인 입지 역시 미약해졌다. 1540년대는 위험한 시대로, 가톨릭과 프로테스탄트 사이에 긴장이 고조되었으며, 황제의 세력이 독일 남부 도시들을 점령하여 스트라스부르 가까이 접근해 오고 있었다. 이러한 모든 불확실성의 한가운데서, 카타리나는 자신의 목회를 계속하였으며, 1세대 종교개혁자들을 옹호하는 일 또한 계속하였다.

마태우스는 1548년 1월 10일 죽었다. 그 다음날 쿠르바우에 그를 묻을 때 운집한 많은 청중들 앞에서 카타리나는 즉흥적인 설교를 하였다. 부처의 설교에 이어 이 연약한 여인은 남편의 아름다운 죽음과 그의 목회 사역과 보살핌에 대해, 그리고 24년간 남편의 조력자로서 자신이 해온 역할에 대해서 이야기하였다. 이 연설문의 필사본이 있고, 카타리나의 문체와 일치하지만, 다음 세기가 될 때까지 출판되지 않았다. 마태우스의 장례식에서 행한 그녀의 담화는 나중에 "마태우스 젤의 무덤 앞에 모인 사람들을 향한 카타리나 젤의 탄식과 권고의 말"(January 11, 1548)이라는 제목으로 출판되었는데, 저자에 대한 어떠한 의구심도 제기되지 않았다. KSZ/McKee 1999b, 65-94; KSZ/McKee, 96-123.

묘지에서 드리는 예배에 그녀가 참여한 것은 인문주의자 뢰세르를 비롯한 여러 사람들도 목격하였다. 하지만 그렇게 추운 겨울 아침에 그녀가 미리 써온 문서 전체를 읽었을 것 같지는 않다. 그녀가 무덤 주변에서 자유롭게 이야기한 것을 나중에 출판을 위해 기록했을 가능성이 크다. (글을 마무리하면서, 또 나중에 출판하는 과정에서 이 문서에 변경사항이 생기고 추가되는 내용이 있었다 할지라도, 맥키에 따르면 "우리는 현재의 문서가 쉬츠 젤이 쓴 내용에 충실하다고 볼 수 있다." KSZ/McKee, 99, 각주 68.[KSZ/McKee, 98-99 참조.]) 어쨌든 여성이 이런 행동을 하는 것은, 비록 카타리나처럼 자신감이 강하고 잘 준비된 여성이라고 할지라도 너무나 유별난 일이었다. (소문에 따르면 그녀의 동시대 독일인 아르굴라 폰 그룸바흐가 이와 유사한 일을 했다고 하는데, 이를 증명해 줄 어떤 문서도 없다. 두 여성 모두 맹렬한 공격을 당하고 조롱을 받았다는 사실이 우연의 일치는 아니다.)

그녀가 연설한 이후에, 목격자들은 이 홀로된 여인이 어떻게 쓰러져서 친구 집으로 옮겨져 보살핌을 받았는지 말하고 있다. 부처는 많은 사람들에게 "그리스도의 지극히 낮아지심과 고난당하심에 대한 그녀의 열정은 믿을 수 없을 정도입니다. 그녀는 그리스도의 신비를 알고 있고 또 찾고 있습니다. …"라고 썼다. Bainton 2001, 67, 66. 그녀는 종교개혁의 변화가 중단되고 가톨릭 의식과 미사가 종교개혁의 불을 끄려는 궁극적인 목표를 가지고 복원되고 있던 중간기를 살았다. 그녀는 도시에 재차 출현한 흑사병(1553, 1553, 1541)을 견뎌냈으며, 다른 개혁자들과 계속 연락을 주고 받았다.(예를 들어 그녀는 부처와 파기우스에게 4주 동안 은신처를 제공해 주었다.) 1555년 아우크스부르크 평화조약은 "지역마다 다른 종교"라는 원칙에 따라 가톨릭과 프로테스탄트 영주들과 도시에서 두 종교 전통 가운데 하나를 선택할 수 있게 허용하고, 각각의 지역이 상호 간섭하지 않고 공존할 수 있게 함으로써 표면적인 평화를 불러왔다. 정치적인 합의가 참된 의미에서 종교적인 관용을 말하는 것은 아니었지만, 적어도 이 조약은 1618년 30년전쟁의 시작과 더불어 다시금 종교적인 다툼이 발발하기까지 프로테스탄트와 가톨릭이 서로를 죽이는 일은 중단시켰다.

　　카타리나는 생애 마지막까지 보살피고 심방하고 가르치고 위로하는 자신의 사역을 계속하였다. 아마도 그녀의 가장 급진적인 행동이었을 일이 이제 일어났다. 목회적인 관심 때문에 그녀는 여성으로서는 터무니없는 성직자 역할을 떠맡아, 저명한 의사의 아내로 슈벵크펠트주의자로 알려진 엘리자베스 해클레렌(Elisabeth Häckleren)의 장례식을 집례한 것이다. 그녀는 복음을 전하고 목회적인 돌봄을 행한다는 자신의 소명에 충실하다가 "규율"을 어긴 것이다. 이 장례식을 기꺼이 거행하려는 다른 목회자가 없었기 때문에 그녀가 그 역할을 해야만 했다! 다시 말해, 공식적인 장례를 위한 조건으로, 그 지역의 목회자는 그 아내가 참된 신앙에서 벗어났다고 천명할 것을 요구했던 것이다. 홀로 남겨진 남편은 이를 거부하고 대신에 카타리나를 불러 아침 6시에 은밀히 예식을 행해줄 것을 요청하였다. 이미 걷지 못할 정도로 약해져 있던 카타리나는 사람들에 의해 무덤으로 옮겨져, 이 일이 불러올 후폭풍을 충분히 알고 있으면서도 의식을 수행하였다. 도시의 관리들에 따르면, 그녀는 아주 위독한 상황에 처했다가 한때 회복되었으나, 결국 같은해 9월 6일 죽고 말았다. 그 당시 카타리나는 또다른 죄로 고발을 당한 상태였다. 그녀가 다른 장례식장, 그녀의 친구이자 조력자인 카스파르 헤디오의 장례식장에서도 설교를 했다는 것이 이유였는데, 그는 죽기 직전에 카타리나를 불렀다. 논쟁은 그녀의 무덤까지 따라갔다. 그녀가 사적인 교류관계로 인해 슈벵크펠트주의자로 간주되었음에도 교회 묘지에 교회 예식대로 묻힐 수 있었던 것은 오직 그녀의 친구들과 후원자들의 강력한 회합이 불러온 결과였다.

카타리나에 대한 기억은 흐릿해졌고, 그녀가 종교개혁자로서 공헌한 바는 모두 최근에 와서야 종교개혁기에 저술한 다른 여성들, 아르굴라 폰 그룸바흐, 올림피아 모라타, 마리 당티에르와 더불어 인정을 받고 있다. 그녀는 그리스도교 신앙과 복음에 대한 헌신으로 말미암아 교회 안에서 여성의 발언을 금하는 규율을 깨뜨렸다. 카타리나의 전 생애에 걸친 모토는 그리스도인들이 침묵할 수는 없다는 것, 그들의 의무와 소명은 정의를 위해 일하고 정의를 위해 소리치는 것이었다. 그리스도인의 사랑은 믿는 자들에게 어떤 희생을 치르더라도 침묵을 깨뜨릴 것을 요청하고 있으며, 그것이야말로 카타리나 자신이 행한 일이었다.

결론   종교개혁기의 모든 여성들 가운데 카타리나 쉬츠 젤은 특별히 두드러진 사람이다. 목회자 남편의 "조력자"로서 자신의 역할을 잘 해내면서, 그녀는 자신의 인품, 학식, 그리고 열정에 적합한 책무를 감당하면서 교회 어머니로서의 고유의 소명을 발전시켜 나갔다. 그녀의 소명은 얼마간 그녀의 성별에 의해, 그리고 그녀가 처한 상황에 의해 규정되었다. 그녀는 여성으로서 그녀가 속한 도시에서 도움이 필요한 사람들에게 응답하였다. 그녀는 도움이 필요한 사람들에게 그리스도교적인 긍휼을 베풀고 기꺼이 목회적으로 보살피는 데에서 아무런 차별도 두지 않았으며, 신학적으로 서로 일치하지 않는 목소리들을 중재하는 목소리였으며, 복음을 위해 일치와 평화를 추구하였다. 자애롭고 에큐메니컬적인 활동과 1세대 종교개혁자들에 대한 옹호는 그녀가 복음과 프로테스탄트 신앙에 헌신했음을 잘 말해준다. 카타리나의 저작물들은 그녀가 재능 있고 유능한 신학자였다는 것을, 그래서 신학적인 원리를 권고의 말로 쉽게 풀어서 일상의 삶 속에, 특별히 고난을 당하는 사람들에게 위안, 지침, 그리고 의미를 가져다 주었을 뿐만 아니라, 그것을 실천하는 데서도 전념했다는 것을 증명해 준다. 도시에서 그리고 스트라스부르의 종교개혁 그룹(과 그 너머)에서 그녀가 행한 활동은 그녀의 소명이 얼마나 폭넓은 것이었는지 그리고 카타리나의 신학이 얼마나 통전적인 성격을 띠었는지를 말해준다. 세상은 그녀의 교회였으며, 그녀는 자신이 만난 모든 사람을 자신의 집에, 자신의 "회중"에 기꺼이 받아들였다.

카타리나의 성별에 대한 자각과 그녀의 신학에서 성별이 미친 영향은 제각기 다른 강조점에 따라 평가되어 왔다. 우리가 카타리나에게서 특별한 소명과 남성에 의해 규정된 여성성이 뒤섞여 있는 것을 볼 수 있는지 그렇지 않은지, 또 특별히 여성적인 신학이나 영성을 발전시키는 데 그녀가 무관심했다고 볼 수 있는지 그렇지 않은지 평가하기는 쉽지 않다. Wiethaus 1993, 127. 이와 유사하게, 우리는 얼마만큼 그녀가 여성에 대한 부정적인 이미지를 내면화했는가 하는 것을, 그녀가 "아브라함의 남성적인 신앙"을 여성들에게도 긍정적인 모델로 내세웠다는 데서부터 도출해 낼 수는 없다. Conrad 1998, 130. 그녀가 어떻게 자신의 신학에 여성의 시각을 적용시켰는지는—예를 들어 하나님을 이해하면서 어머니와 같은 사랑을 말한 데서 Mager 1999b, 88.—그녀가 자라난 가부장적인 상황에 비추어 평가하는 것이 필요하다. 그녀는 해방된 여성들에 대한 실제적인 동시대의 모델도 없고 페미니스트 신학적인 시각을 위한 아무런 기초도 없는 가부장적인 상황에서 살았다는 것이다. 우리는 그녀가 활동을 통해 남성에게만 허락된 역할인 말씀과 성례의 사역과 동등한 영적인 직무를 자신이 감당하고 있다고 생각했다는 것을 알 수 있다.

여성이자 평신도 저술가로서 특별한 담대함을 보여준 카타리나는 예를 들어 자신의 저술활동에 대해 정당성을 부여하는 데서도 중세의 여성 교사들과 달랐다. 초자연적이거나 신비한 경험에 의존하지 않고, 자신의 권위를 성서와 소명의 깨달음(어린 시절 경험한 어떤 것으로, 종종 비슷하게 소명을 받았던 중세의 묵시가들에 가깝다.)에서 끌어내었다. 그녀의 프로테스탄트 신학은 말씀의 수위성을 강조하였으며 모든 사람에게 책무를 가져다 주었다. 비록 자신의 소명이 그녀에게 특별한 것이었지만, 그녀는 모든 사람이 그와 같이 행하도록 부름을 받았다고 생각하였다! 말과 행동으로 복음을 선포하라는 소명이 주어졌지만, 현존하는 성별에 따른 규범은 그녀에게 적절하지 않았고, 심지어 성서적이지도 않았다. 그녀는 종교개혁의 초기 비전의 결과로 여성들 일반에게 어떤 일이 있을 수 있었는지에 대한 모델을 제시하였다. 그녀는 자신만의 자리에서, 여러 활동을 통해 자신의 목소리, 영향력, 자기 자신과 자신의 소명에 대한 자각을 사용함으로써, 여성이자 한 사람의 그리스도인으로서 자신의 권리를 분명하게 주장하였다.

자료와 참고문헌에 관한 언급

핵심적인 전기적 자료와, 카타리나의 저작에 대한 독일어와 영어로 된 비평적인 편집본을 위해서는 2006년과 1999년에 나온 맥키의 필수적인 저작들을 보고, 다른 자료들을 위해서는 이 책에 나오는 참고문헌을 참조하라.

1992, 1994, 1995, 1997, 1999, 2006, 그리고 2007년에 나온 엘지 맥키의 핵심적인 저작들은 실질적인 전기적인 연구와 더불어 카타리나의 저작들에 대한 비평적인 편집과 분석을 제공하고 있다. 카타리나의 삶과 소명에 대한 소중한 글로는 Bainton 1971/2001; Becker-Cantarino 1987; Conrad 1998; Janke-Pirna 1997; Wiesner-Hanks 1995; Douglass 1985가 있다. 작가, 개혁자, 그리고 신학자로서 그녀의 역할은 Jung 2002가, 개혁자이자 목회자의 아내로서의 역할에 대해서는 Mager 1999b와 Nielsen 1999가, 목회적 돌봄을 제공한 역할에 대해서는 Moeller 2005가 평가하였다. 더 오래된 자료들로는 Meyer 1960, Heinsius 1951과 Stupperich 1954가 있는데, 이 자료들 또한 중요한 통찰력을 제공해 준다. Haase 2002와 같은 보다 대중적인 작품들은 카타리나에 대한 관심이 현재진행형이라는 것을 보여주고 있다.

제9장

마리 당티에르:

제네바의 개혁자이자 저술가

❖부모
 -제롬 당티에르(Jérome d'Ennétiéres/Dentiére)
 -어머니의 이름은 알려져 있지 않다.
❖배우자 1(1528-33)
 -시몽 로베르(Simon Robert, 1533년 사망), 다섯 명의 자녀를 두었으나 이름은
  알려져 있지 않다.
❖배우자 2(1533)
 -앙투안 프로망(Antoine Froment, 1508-81)

서론   "제가 이 편지를 쓰는 것은 사랑하는 당신을 위한 것일 뿐
             아니라 억눌린 삶을 살고 있는 다른 여성들에게 용기를 주
어, 그들이 하나님의 말씀을 위해 고국에서 추방당해 친척과 친구들로부
터 멀어지는 것을 두려워하지 않게 하기 위함이기도 합니다. 제가 하나님
의 말씀을 위해 그렇게 했듯이 말입니다." 이것은 제네바의 상황에 대해
간절히 듣기를 원하던 유명한 왕비 마르가리타 드 나바라(Marguerita de
Navarra)에게 마리 당티에르(Marie Dentiére, 1495-1561)가 쓴 글이다. 비록

문구에서 저자 마리가 여성 청중을 염두에 두고 있는 것 같아 보이지만, 실상 이 편지는 사적인 것만도 아니고 "오로지" 여성만을 대상으로 한 것도 아니다. 보다 폭넓은 독자층을 염두에 두고 문학적인 표현을 능숙하게 구사하면서 저자는 여성이 공적으로 가르칠 수 있다는 것을 강하게 옹호하고 있다. Marie Dentiére in McKinley 2004, 53, 56 참조. 이후로는 MD/McKinley로 표시한다.

마리는 초기 페미니스트 중 한 사람이라고 할 수 있다. 수도원을 떠나 동료 개혁자와 결혼한 이후로, 그녀는 공공연한 프로테스탄트였다. 저술가로서의 자신감과 페미니스트적이고 프로테스탄트적인 확신은, 프랑스 왕의 누나이자 인문주의자들과 종교개혁자들의 후원자로 알려진 마르가리타 왕비에게 보낸 편지에서 분명하게 나타나고 있다. 칼뱅과 파렐이 축출당했다가 귀환하게 되고, 개혁주의 신앙과 실천이 제네바에 처음으로 정착되는 등 제네바가 혼란스러운 종교개혁의 와중에 있을 때 이 글을 쓰면서, 그녀는 여성 청중에게 자신이 목격하여 증언하는 바에 따라, 그리고 자신의 여성중심적인 성서해석에 따라 행동할 것을 주문하고 있다. 그녀 이전의 많은 여성들처럼 마리도 비상상황에서 논의를 시작하였다. 혼란스러운 상황 가운데서 여성들은 그리스도교 신앙의 유익을 위해, 사람들이 정해둔 인위적인 한계를 넘어설 필요가 있었다.

그녀는 이렇게 쓰고 있다.

하나님께서 당신에게 주신 것과 우리 여성들에게 계시해 주신 것들을 남자들보다 우리가 더 감추고 땅에 묻어야 할 필요는 없습니다. 그리고 비록 우리가 모임과 교회에서 공개적으로 설교하도록 허용되고 있지 않다고 하더라도, 우리가 사랑 안에서 서로를 권고하고 글을 쓰는 것까지 금해진 것은 아닙니다. 제가 이 편지를 쓰는 것은 사랑하는 당신을 위한 것일 뿐 아니라 억눌린 삶을 살고 있는 다른 여성들에게 용기를 주어, 그들이 하나님의 말씀을 위해 고국에서 추방당해 친척과 친구들로부터 멀어지는 것을 두려워하지 않게 하기 위함이기도 합니다. 제가 하나님의 말씀을 위해 그렇게 했듯이 말입니다. 그리고 무엇보다 진리를 알고 이해하기를 고대하고 있는 저 가련한 작은 여성들[femmelettes]을 위해서 이 글을 씁니다. 그들은 더는 내적인 고통을 당하지 않고, 기뻐하고 위로를 받으며 예수 그리스도의 복음인 진리를 따르도록 인도받는 삶을 살기 위해서 어떤 길을 걸어야 할지 알지 못하고 있습니다.

지금까지 성서는 그들에게 숨겨져 있었습니다. 그 누구도 감히 그것에 대해 한마디도 하지 못했으며, 여성들이 성서 안에 있는 무엇이라도 읽거나 들어서는 안 되는 것처럼 여겨져 왔습니다. 바로 이 사실이 제 마음을 움직여, 이제부터는 여성이 옛날처럼 그렇게 모멸을 당하지 않게 되기를 하나님 안에서 바라면서 당신에게 이 글을 쓰게 되었습니다. MD/McKinley, 53-54; Douglass, 1985, 103-104; Herminjard 1965-66, Epistre 5:297-298.

마리 당티에르는 그리스도교 역사에서 여성의 지위에 대한 여성차별적인 해석을 부정하고자 하였으며, 교회 안에서 생기는 재난에 대해 여성들이 불필요한 죄의식을 갖는 것으로부터 그들을 해방시키고자 하였다. 그녀는 특별히 여성에게 주어진 그리스도인으로서의 책임감을 성서로부터 논증하고자 하였고, 여성해방을 위한 성서적인 기초와 더불어 놀랍도록 페미니스트적인 소리를 발하였다.

비록 모든 여성이 다 결점을 지니고 있지만, 남성이라고 해서 여기서 제외된 적은 없습니다. 어떤 여성도 예수를 팔거나 배반한 적이 없고 유다라는 이름의 남자가 그랬는데도 왜 여성들이 그토록 비난을 받아야 합니까? 이 땅에 그토록 많은 의식, 이단, 그리고 그릇된 교리를 지어내고 고안한 자들이 남성들이 아니라면 누구입니까? 그리고 그들이 가련한 여성들을 꾀어냈습니다. 여성이 거짓 선지자였던 적은 한번도 보이지 않고, 여성들이 그들에 의해 잘못 인도되었던 것입니다. …그런 까닭에, 하나님이 몇몇 선한 여성들에게 은혜를 베풀어 그들에게 성서를 통해 거룩하고 선한 것을 드러내시는 데도, 진리를 훼방하는 자들로 인해 여성들이 그에 관해 서로를 향해 글로 쓰고, 말하고, 선포하는 것을 망설여야 합니까? 아, 그들을 막으려고 하는 것은 너무나 뻔뻔한 일이 될 것이고, 하나님께서 우리에게 주신 재능을 우리가 숨기는 것 또한 너무나 어리석은 일이 될 것입니다. 하나님께서는 우리가 끝까지 견딜 수 있도록 은혜를 베푸시는 분입니다. 아멘. MD/McKinley, 55-56.

마리는 (아르굴라 폰 그룸바흐가 바이에른에서 그랬던 것 이상으로) 자신의 재능을 숨기고자 하지 않았다. 그녀는 제네바 종교개혁에 특유의 관점을, 그리고 그녀 자신만의 영역을 제공하였다. 또한 특별한 신학적 비전을 제시하였고, 여성으로서의 자신의 경험에서 나온 성서해석학적 렌즈를 활용하였다.

마리 당티에르:
페미니스트 개혁자이자 성서해석자

"인내함"(perseverance)과 "담대함"(boldness)이라는 단어야말로 자신감과 확신에 차서 힘이 넘치는 목소리를 발하는, 수녀에서 개혁자이자 역사가가 된 이 여성을 잘 표현해 준다. 그녀는 페미니스트 신학적인 목소리와 여성의 말할 권리에 대한 옹호와 더불어 교회의 일들에서 나타나는 부패현상, 폭력, 종교문제에서 보이는 위선적인 행위를 상대로 가차없이 비판하였으며, 이로 인해 호된 비판의 대상이 되기도 했다. 그녀의 이야기는 일종의 도전과 생존에 관한 것이었다. 제네바의 개혁활동에서 그녀의 역할, 특별히 여성들의 지도자로서 그녀가 한 역할과 한 사람의 여성 목격자로서 일련의 사건에 대해 그녀가 내놓은 해석은 아무리 강조해도 지나치지 않을 것이다. 하지만 그녀는 최근에 와서야 비로소 학자들의 관심을 끌기 시작하였다.

마리의 생애에 대해서는 거의 알려진 바가 없고, 심지어 그녀가 태어난 날에 대해서도 정확히 알려진 바가 없다. 그녀는 1495년쯤에 프랑스 투르나이에서 귀족 가문인 제롬 당네티에레(Jérome d'Ennetiéres) 가에서 태어나서 1561년경에 죽었다. 문서들에 나타나는 그녀 가문의 이름조차 그 철자가 일정하지 않은데, 당티에르(d'Entiere)도 널리 쓰이고 있지만 당네티에레(d'Ennetiéres) 혹은 당티에르(Dentiére)가 더욱 빈번하게 나타나고 있다. 1521년 그녀는 투르나이에 있는 아우구스티누스수도회에 들어갔는데, 이곳에서 나온 몇몇 자료를 보면 그녀가 높은 직위를 맡았던 것 같다. 그녀는 루터의 글에 매료되어 프로테스탄트 신앙으로 회심한 후에 이곳을 떠났다.(1524년 무렵) 스트라스부르를 거쳐 제네바로 옮긴 이후부터는 그녀의 발자취를 추적할 수 있는데, 이 일은 (그녀의 글에서 지적하고 있듯이) 1526년 이후에 일어난 일이며, 이 해는 그녀가 종교적인 견해로 인해 집과 교회에서 "내쫓긴" 해였다. 1528년경 그녀는 동료 프로테스탄트이자 투르나이에서 온 전직 사제인 시몽 로베르(Simon Robert, 1525년 이후 프랑스 개혁자들과 제휴하고 있었다.)와 결혼하였다.

스트라스부르는 마리의 여정에서 중요한 중간 체류지였다. 이 독립적이고 관용이 넘치는 도시는 박해받는 많은 프로테스탄트들에게 피난처를 제공해 주었고, 마르틴 부처나 장 칼뱅과 같은 핵심적인 종교개혁자들, 그리고 저명한 목회자 마태우스 젤(Matthias Zell)과 그의 "조력자"이자 아내인 카타리나 쉬츠 젤(Katharina Schütz Zell)을 필두로 한 그 지역의 유력인사들과 공식적으로 또 비공식적으로 만날 수 있는 장을 제공해 주었다. 마리는 같은 작가이자 개혁자이며 활동가인 카타리나와 서로 알고 지내기는 했지만, 친구관계로 발전하지는 못했다. 그렇지만 마리가 카타리나에게 영향을 받았을 것이라고 짐작할 수는 있다. 마리와 시몽 로베르는 발레(Valais)에서 칼뱅의 동료인 파렐의 사역을 따르기 위해 1528년 스트라스부르를 떠났다. 같은 해 4월부터 아내라는 뜻의 "uxor"라는 단어가 파렐에게 보내는 부처의 편지에서 언급되고 있다. "그들은 개혁교회를 위해 목회 일을 맡은 최초의 프랑스인 부부였다." 시몽은 파렐과 그의 제자 앙투안 프로망(Antoine Froment)과 계속 교류하면서 1528년 벡스(Bex)에서 교회목사로 사역하다가 아내와 가까이 있는 도시인 에이글(Aigle)로 옮겨갔다. 1533년 로베르가 죽고 나서 홀로 남은 마리는 다섯 명의 어린 아이들을 데리고 프로망과 결혼하여 1535년 제네바로 옮겨갔다.

1536년 프로테스탄트 도시로 선언한 이후에 종교개혁의 2단계 와중에 있던 제네바는 장 칼뱅이 예배에서의 권한문제와 다른 교회문제들을 둘러싼 시의회와의 다툼으로 추방되었다가 귀환함과 동시에 그 활동의 중심무대가 되었다. 칼뱅의 지도력 아래 제네바는 유럽에서 프로테스탄트 선교의 중심이 되었다. 이 도시에서는 여성의 지위문제에 대한 칼뱅의 입장이 모호하다는 이유로 말미암아 다양한 평가가 이루어졌다.

1550년부터 1800년까지 제네바에서 여성이 처한 사회적 상황에 대한 연구들은 다음과 같은 결론으로 이끌었다. "칼뱅 시기에 컨시스토리는 consistory: 칼뱅이 1541년 제네바로 귀환하면서 만든 치리기구로 목회자와 평신도로 구성되었다—옮긴이 주 대체로 엄격하기는 했지만 전체적으로 볼 때는 상당히 인류 평등적이어서 남성과 여성을 똑같이 다루었다. 사실상 컨시스토리의 공평한 일 처리는 더는 전통적인 이중 잣대(double standard)의 혜택을 얻지 못하게 된 남성들로 하여금 많은 불평불만을 쏟아내게 만들었다." 그와 동시에 "소녀들을 위한 교육이 마련되어 기본적인 읽고 쓰는 능력은 얼마간 고양시켜 주었지만 여성들로 하여금 장차 문화생활에서 중요한 역할을 감당할 수 있도록 해주지는 못하였다." 마리 당티에르와 당대의 수녀 잔 드 주시(Jeanne de Jussie) 이후에 다른 어떤 여성도 저술가로서 명성을 얻지 못하였다. 다른 경우에서 볼 수 있듯이, "종교개혁이 견고하게 확립되어 각종 제도화가 이루어짐에 따라 여성들은 점차 설 자리를 잃었다. 여성들의 특별한 역할은 '위급한' 상황에서만 허용되었고 새로운 질서가 세워지고 나면 더는 용인되지 않았다." Douglass 1985, 105. 전반적으로 볼 때, 비록 약간의 제한은 있었다 하더라도 여성을 계속적으로 분명하게 예속시켜 온 것이 제네바 개혁교회의 부인할 수 없는 특징이긴 하였다. Head 1987, 266; Thompson 1992, 187-226. 하지만 그와 동시에, 칼뱅 시기 이전부터 있었던 여성 설교자들의 오랜 역사로 인해 여성들의 상황은 보기 드물게 인류 평등적이었던 것으로 보인다. 칼뱅은 아마도 처음으로 여성들의 설교사역을 인정한 사람일 것이다. Douglass 1985, 104-105, 83-107; Monter 1980; Davis 1975, 65-95 참조.

마리 당티에르는 여성과 제네바와 연관된 두 가지 이야기에 관여했는데, 그것은 종교개혁에 대한 제네바 수녀들의 격렬한 반대와 종교개혁을 후원하는 여성들과 칼뱅의 관계였다.

마리는 수녀들에게 수녀원을 떠나 종교개혁의 가르침에 따라 새로운 삶을 맞이하라고 설득하는 사역에 적극적으로 가담하였다. 이런 활동은 그 도시에서 그녀와 정반대의 목적을 위해 마찬가지로 열정적으로 투쟁하던 또 다른 여성 종교지도자 잔 드 주시와의 사이에 폭풍우 치는 관계를 조성시켰다. 마리에게는 또 다른 육체의 가시가 있었는데 그는 바로 칼뱅이었다. 비록 같은 도시에서 같은 목적을 위해 왕성한 활동을 하면서 목소리를 내고 있었지만, 그리고 제네바 바깥에서는 (르네 드 프랑스와 잔 달브레와 같이) 지도적인 위치에 있는 프로테스탄트 여성들에게 많은 관심을 기울였지만, 칼뱅은 마리와는 결코 가까운 관계를 맺지 않았다. 마리가 시의회에 대항하여 개인적으로 변호한 사람이 그녀 때문에 화가 났던 것 같다. "한 여성이 제도에서 벗어난 방식으로 글을 통해 그리고 선술집이나 길거리에서의 공개적인 설교를 통해 개혁을 주창하면서, 칼뱅의 분노를 초래하였다. 칼뱅은 그녀를 이단이라고 칭함으로써 공개적으로 그녀에게 치욕을 안겼다." Blaisdell 1999, 154. (파렐이 1540년 칼뱅에게 보낸 편지와 마리가 그녀의 남편을 망치고 있다는 그의 논평이 전해지고 있다.[Rilliet, 333] Bothe 1993, 18; Skenazi 1997, 13-15 참조.)

칼뱅이 그녀에 대해 어떤 생각을 했는지와 관계없이, 마리는 전반적으로 종교개혁의 상황 가운데서, 특별히 프랑스어를 사용하는 여성들 가운데서 여성의 신학적인 견해를 글로 펴낸 드문 경우에 속하였다. 그녀는 아마도 제네바에서 일어난 일들을 눈으로 목격하고 증언한 최초의 프로테스탄트 저술가였을 것이고, 프랑스어로 개혁신학을 이야기하고 옹호한 (최초의 인물이 아니라면) 최초의 여성들 중 하나였다. Åkerlund 2003, 111; McKinley 2004, 2. 제네바에서 일어난 일들에 대해 그녀가 기록한 내용은 출판되기는 하였지만 꼭 환대를 받은 것은 아니었다. 이는 그녀가 여성이라는 점과 그 도시의 남성 지도력에 대해 직설적인 비판을 가했다는 사실에서 기인한다. 이 이야기를 하기로 작정하고, 무엇보다 수도원의 여성들과 도시의 여성들 간의 싸움에 초점을 맞추기로 했을 때 그녀는 조금도 열등감을 보이지 않았다. 그녀가 신학적인 견해를 공개적으로 밝힐 수 있는 권리를 주장하기 위해 제시한 논거는 성서에 대한 그녀의 해석에 기반을 두고 있었다. "그녀는 그리스도인의 자유에 대한 개혁교회의 가르침을 깊이 내면화하고, 또 역사 가운데 나타난 하나님의 자유하게 하시는 사역에 대한 성서적인 관점에 자신을 깊이 뿌리박은 나머지, 자신이 쓰고 말하도록 부름을 받았다고 느끼는 것 같다. 이런 역할이 교회적으로도, 문화적으로도 여성들에게 허용된 것이 아니라는 것을 너무나 잘 알고 있었으면서도 말이다." Douglass 1985, 103.

마리가 제네바에 머물던 때는 장 칼뱅과 (그녀가 1526년부터 알고 지내던) 기욤 파렐과 더불어 시작된 비바람 몰아치는 사건들이 발생한 때와 시기적으로 일치하였다. 그녀는 이곳에서 가톨릭 성직자들에 대한 이 도시의 반란과 프로테스탄트 종교개혁의 전개과정, 그리고 칼뱅의 지도력을 직접 목격하였다. 곳곳에서 성직자들의 결혼, 예배에서의 자국어 사용, 그리고 성례전의 변화를 둘러싼 문제들이 많은 혼란을 야기하였다. 마리는 거기서 목격한 것들을 기록하였는데 가장 먼저 기록한 것으로 추정되는 것은 제네바의 프로테스탄트 개혁자들의 역사이다. 『제네바 시에서 살고 있는 한 상인이 충실히 준비해서 기록한 제네바 시의 전쟁과 구원』(*La guerre et déslivrance de la ville de Genesve fidèlement faicte et composée par un Marchand demourant en icelle*)은 제네바 종교개혁의 형성기라 할 수 있는 1532-36년의 사건들에 대하여 다채로운 역사를 제공하고 있다. 1536년 초판본은 하나도 남아 있지 않다.

1536년 2월과 5월 사이에 기록된 이 글은 1532년 파렐이 제네바에 도착하면서 비롯된 일련의 사건에서 시작해서, 1504-36년의 시기에 대해 논평하면서 제네바의 상황과 성서에 나오는 이야기들을 비교하고 있다. 마리는 연대기와 세부적인 사실보다는 사건의 해석에 더 관심을 가졌다. 이 글은 은유적인 언어를 사용해, 무슨 일이 일어났는가보다는 어떤 이야기들이 있었는가를 더 강조하였다. 그녀에게 종교개혁을 둘러싼 소동은 사람들이 가슴과 영혼으로 싸우는, "총을 쏘는 전쟁이라기보다는 목소리로 외치는 전쟁"이었기 때문이다. Head 1987, 261. 마리는 제네바에서 일어난 사건들을 종교적인 전투로 해석하였고, 그녀 자신도 말로 하는 이 전쟁에서 무장하였다.

마리가 전제적인 지도력에 대해 자신이 본 대로 기술하고 사람들의 실명을 들어 범죄자라고 칭한 것은 용감하고 과격한 일이었다. 제인 더글러스가 밝혔듯이, "당티에르가 묘사하는 하나님의 구원이 거의 예외없이 공동체적인 것이라는 점은 놀랍다." "16세기의 상황에서 볼 때, 하나님이 당티에르 편에 서서 상대해 싸우는 적들이 매우 구체적이고 역사적인 적들이라는 점 또한 놀랍다." 사탄이 고통을 준 범죄자가 아니라, 그 사람들이 고통을 유발시킨 장본인이었다. Douglass 1991, 231. 동시에 그녀의 목표는 위로의 메시지를 전하는 것이었다. 그녀는 전체적인 상황에 대한 자신의 신학적인 해석을 제시하면서, 다가오는 하나님의 정의와 구원의 승리를 예고하고자 하였다. 오직 은혜(sola gratia)라는 프로테스탄트 원리에 의지하여, 그녀는 히브리 성서의 약속을 고통받는 제네바 사람들에게 적용시켜 해석하였다. 그녀는 이스라엘의 고통받는 어린이들의 이미지를, 신앙의 요새와 같은 제네바에서 선과 악의 계속되는 전투 가운데 고통당하는 사람들에 대한 하나의 모델로 제시하였다. (더글러스가 지적하고 있듯이, 마리는 출애굽기 1-2장과 사도행전 7장에 나오는 이야기, 심지어 왼편에는 십계명 판을 든 모세가 있고 오른편에는 금송아지를 숭배하는 이스라엘 사람들이 있는 그림까지 곁들여 자신이 필사한 해설의 글에서 도출해내고 있다.) Douglass 1991, 233. 그녀는 하나님께서 어떻게 자신이 사는 세상까지 포함해 이 세상에 개입하시는지, 그리고 하나님께서 어떻게 선과 악 사이에, 하나님을 섬기는 일과 우상숭배 사이에 벌어지는 계속적인 전투에 현존하시는지에 관한 실마리를 출애굽기에서 찾고자 했다. 그녀는 대담하게도 (그릇된 선포의 말씀에 귀를 기울이던 동시대 제네바인들의 고난이 입증하듯이) 사람들의 고난은 그릇된 설교에서 비롯된 것이라고 주장하였다. 또한 그녀는 복음을 파괴하고 그에 대한 정당한 선포를 방해하려는 어떠한 시도도 결국은 사람들로 하여금 더 많은 것을 갈망하게 하는 역효과만 내게 할 뿐이라고 예고하였다. 다른 말로 해서, 좋은 설교는 결코 억압될 수 없는 필연적인 것이었으며, 사람들 사이에 그에 대한 열망이 있기 때문에 결국에는 이것이 변화를 불러와, 출애굽 이야기에서 이스라엘 민족에게 일어난 일과 같이 제네바에서 고통을 종식시키게 될 것이다. 그녀는 이스라엘 민족에게 그러했듯이 제네바 사람들에게 소망의 근원이 되는 것도 바로 하나님이기 때문에 계속 낙관적인 입장을 취하였다. "모든 소망을 이기는 소망"에 대한 그녀의 강조는 그녀 특유의 강조점이었고, 그녀는 오직 성서라는 원칙에 입각해 히브리 성서를 적용하였으며, 그녀가 한 말은 실제 장소와 실존 인물에 기초하고 있었다. 마리와 그 동시대인들에게 하나님은 소망의 하나님이었다. Douglass 1991, 231-237, 228.

마리의 이 글은 제네바에서 프로테스탄트들의 선전활동에 사용되었다. 그렇지만 출판되고 얼마 지나지 않아 이 저작은 거의 사라졌다. 초판 인쇄본은 하나도 남아 있지 않으며, 이 글은 19세기가 될 때까지 당티에르의 것으로 간주되지도 않았다. 그녀가 이 글의 저자인가 하는 이슈는 최근 학계에서도 제기된 바가 있다. Head 1987, 262; 또한 Backus 1996, 474; McKinley 2004, 7 참조. (그녀의 개성과 도시의 지도층과의 의견충돌이 아마도 이러한 소실의 한 요인이 되었을 것이고, 또한 여성의 저작을 보존하는 일에 너무나 관심이 없었던 점도 한 요인이었을 것이다. 더욱이 당시에는 귀중한 문서를 여성들이 쓰리라는 기대가 없었고 여성들 자신도 자신들의 진정한 정체를 익명성 뒤에 숨기고자 했던 그런 시대와 전통 속에서 나온 자료에 대해 정확하게 그 저작자를 밝히는 일에 논란이 없을 수는 없다.) 작품 자체가 저자의 성별에 대해 많은 것을 암시하지도 않고, 성별의 이슈를 다루면서 저자의 편에서 특별한 관심을 피력하고 있는 것도 아니다. (비록 양해를 구하는 글이 그 당시 대부분의 여성 저자들에게서 예상되는 것이기는 했지만) 오로지 저자가 세련된 문체를 구사하지 못한다는 데 대해서 양해를 구하는 부자연스러운 글이 실려 있을 뿐이다. 더욱이 이 문서는 성서의 여성들을 "영웅적인 이야기"에서 어떤 역할도 하지 않는 "수동적인 희생양들"로 조명하고 있다. 이 점에서 볼 때 이 글은 (예를 들면 카타리나 쉬츠 젤과 같은) 여성 저자가 쓴 것이라고 기대하기 어렵다. 더 나아가 "저작자의 1인칭 목소리가 단 한 차례 나오는데 자신을 남자(man)로 밝히고 있다." 이런 점에서 마리의 동시대인들은 이 작품을 쓴 사람이 그녀의 남편인 앙투안 프로망일 것이라고 추측하였다. 무엇보다 이 문서는 "나 같은 상인이 그것에 대해 정확하게 쓸 수 있다는 것은 불가능하다."라고 말하고 있다. McKinley 2004, 7.

학자들은 저자문제에 대해 의견의 일치를 보지 못하고 있다. 어떤 사람들은 이 작품(『전쟁』[La guerre])을 마리에게서 나온 것으로 생각하고 더글러스 1985, 103 그리고 Åkerlund 2003, 111. 사건들에 대한 보기 드문 동시대 여성의 견해이자, 당시 제네바에서 최초로 출판된 프로테스탄트 글들 중 하나로서 그 의미를 강조한다. 이 견해를 지지하는 근거가 되는 것은 『전쟁』과 마리의 후기작 『편지』(Epistre)가 여러 유사점을 지니고 있다는 것인데, 그 가운데서도 주목할 만한 것은 이 두 작품이 "읽어보고 판단하라." 는 똑같은 머리말을 싣고 있다는 점이다.(Rilliet는 이 두 작품을 다 마리에게 돌린다. Åkerlund 2003, 111; McKinley 1997, 87.) 또 다른 사람들은(Denomme) 마리와 프로망의 공저 가능성을 제시하기도 하는데, 오늘날 마리가 저자라는 사실에 회의적인 태도를 취하는 사람들도 있다. McKinley 2004, 6, 각주 16; 1997, 87. 마리의 동시대 적대자들도 이미 이런 의심을 품고 있었다. McKinley 2004, 25, 각주 50과 15-16 참조. 프로망이 그 아내와 공조했다면 프랑스 출신 개혁자들 사이에 알려지지 않았을 리는 없을 터인데, 마리가 저자라는 것, 심지어 그녀가 이 작품에 관여했다는 것마저 은폐하는 것은 (McKinley 2004, 15에서 밝히고 있듯이) "여성들에게 공개적인 목소리를 금하던 근대 초기의 분위기"와 관련이 있다. 지금 이 문제에 대하여 진실을 찾는 것은 복잡한 일이다. 그녀의 작품에 대한 더욱 진전된 연구를 기다리면서, 여기서는 이 작품을 공저자가 있든지 없든지 간에 정말로 마리의 펜에서 나온 것으로 추정할 것이다. Bothe 1993, 16; Douglass 1991, 228, 230; Rilliet 1881(La guerre), 339, 343; Backus 1991, 181.

마리의 작품일 가능성이 높은 첫 번째 글이 소동을 야기했다면, 3년 뒤인 1539년에 나온 그녀의 두 번째 작품은 뚜렷한 물의를 일으켰다. 이 소논문의 경우 저자가 손수 이름의 머리글자를 왼쪽에 써넣었기 때문에 그녀의 신분, 성별, 혹은 페미니스트적인 관심에 대해서, 혹은 그녀가 도시의 개혁자들과 맺은 협력관계에 관해 어떠한 의심도 있을 수 없었다. 『투르나이의 그리스도인 여성이 준비하고 기록해 나바라의 왕비이자 프랑스 왕의 누나에게 보낸, 터키의 이슬람교도들, 유대교인들, 이교도들, 거짓 그리스도인들, 재세례파와 루터주의자들에게 대항하는, 가장 유익한 편지』(Epistre tres utile faicte et composée par une femme Chrestienne de Tornay, Envoyée à la Royne de Navarre seur du Roy de France, Contre Les Turcz, Iuifz, Infideles, Faulx chrestiens, Anabaptistes, et Lutheriens)라는 제목의 이 소논문에는 "여성에 대한 변호"라고 불리는 급진적인 글이 실려 있다. 나바라의 마르가리타에게 보내는 편지 형식의 이 글은 개신교 신학에 대해서뿐만 아니라 신학의 영역에서 여성의 지위에 대해서도 분명하게 옹호하였다.

시몽 로베르(Simon Robert)에 의해 마리의 딸의 대모가 된 왕비는 마리에게 제네바의 상황에 대해 물어왔다. 그녀는 왜 설교자들이 추방되었고 서로 불일치하는 문제는 무엇인지 알고자 하였다.(1538) 마리는 "진리"를 선포하고 사태의 실상을 숨김없이 전하고 싶었다. 책의 속표지는 독자들에게 "읽어보고 판단하라."고 독려하고 있다. 그녀는 어려운 상황에 대해 (이전에 만나 서신왕래를 한 적이 있던) 왕비에게 서술하고 도움을 청하였으며, 심지어 그녀의 동생인 왕에게까지(비록 1534년 10월 프로테스탄트들이 가톨릭 미사를 비판하는 벽보를 파리 주변과 심지어 궁정에까지 붙이는 플래카드 사건이 있은 이후로 그의 인내가 이미 동이 났지만) 호소하였다. 비록 이 편지가 공공연하게 왕비 마르가리타의 사적인 지지를 구하고 있기는 하지만, 문장 하나하나는 더 큰 청중을 염두에 두고 있음이 분명하다. 이 작품의 사본 가운데 보존된 것은 두 개뿐이다. 다른 사본들은 아마도 저자가 여성이라는 이유로 인쇄업자 장 지라르(Jean Girard)의 가게에서 압수되어 파괴되었다.

마리는 자신의 성정 그대로, 비록 대화의 상대가 왕비일지라도 점잔을 빼며 완곡하게 말하지 않았다. 마리가 보기에 왕비에게는 충고도 필요하였다.

> 그런데 친애하는 왕비여, 제가 이 글을 쓰는 것은 당신을 가르치려고 함이 아닙니다. 하나님께서 왕에게 다스리라고 맡기신 지역과 사람들 가운데서 맹위를 떨치고 있는 모든 분열을 없애기 위해 당신의 동생인 왕과 더불어 당신이 수고를 아끼지 않도록 하기 위해 이 글을 씁니다. 백성들은 하나님께서 당신에게 먹이고 돌보라고 맡기신 사람들입니다. 하나님께서 당신에게 주신 것과 우리 여성들에게 계시해 주신 것들을 남자들보다 우리가 더 감추고 땅에 묻어야 할 필요는 없습니다. MD/McKinley, 52-53.

마리는 마르가리타가 다른 여성들에게 애정을 지니고 있고, 그들과 박해받는 그리스도인들을 보호하는 일을 하고 있다는 것을 알고 그녀의 도움을 구하는 기회를 붙잡은 것이다. 게다가 마리는 왕비에게 권고의 말과 격려의 말을 해줌으로써 왕비가 용기를 잃지 않고 책임감을 갖고 자신의 지위를 활용할 수 있도록 했다.

> 그러므로 자지 말고 깨어 있으라. 고난의 때가 오니 나로 인해 모든 사람들이 너를 미워하게 될 것이고, 네가 내 이름으로 진리를 증언함으로써 왕들과 군주들, 지배자들 앞에 끌려나갈 것이다. …그들이 나를 핍박하였은즉, 너 또한 핍박할 것이다. 종이 그 주인보다 크지 않다. …경계하고 깨어 있으라. …완전히 정신을 잃지 않는 한 더욱더 주위를 경계해야 하지 않겠는가? …MD/McKinley, 57.

저자의 성별문제가 중요하다. 더 이른 시기에 마리가 쓴 것으로 여겨지는 작품은 "이 도시에 사는 상인"이라고만 밝히고 익명으로 나왔는데,

앞에서도 지적했듯이 1539년 판에 나온 두 번째 작품의 속표지에는 자기 이름의 첫 글자인 "M. D."를 손수 써넣었다. 이렇게 이름 첫 글자를 써넣었다는 것은 그녀가 자기의 이름을 밝히고 편안히 글을 쓸 수 있을 만큼 저술가이자 개혁자로서 자신감이 고양되고 성숙했다는 것을 말해준다. 또한 이 시기쯤에 그녀는 사람들과 시의회가 그들 역시 여성에게서 나온 존재라는 것을 깨닫는다면 그녀 자신의 저작물들을 받아들일 수 있을 것이라는 자각을 했을 것이다. 자신을 은폐하는 것이 그녀에게 더는 중요하지 않았다. 그녀는 남성의 이름을 필명으로 내세우고 숨으려고 하지 않았고, 첫 페이지에 저자가 투르나이에서 온 그리스도인 여성이라는 것을 명시하였다. 더 나아가 표지의 설명글은 한 사람의 여성으로서 자신의 저작물을 정당화하고 있다. 그녀는 진리를 사랑하는 모든 사람은 이단이 성행하는 위험한 시대에 조언이 필요하다고 주장하였다. 그녀는 크게 두 가지 관심을 가지고 있었다. 여성들이 공개적으로 설교하고 말할 수 있는 권리를 옹호하는 것과, 칼뱅을 추방하는 과실을 범한 현재의 지도층을 비판하는 것이었다. 그녀의 어조는 논쟁적이고 설교 투인 데다가 호전적이기까지 하여, 심지어 표지에서부터 가톨릭과 비그리스도인들뿐 아니라 루터란들과 재세례파들까지 정죄하였다. McKinley, 2004, 49, 10-21; Head 1987, 264; Douglass 1991, 240, 228-229 참조.

『편지』는 마리가 신학과 교회에 깊이 스며든 강한 여성혐오증에 정통하다는 것을 보여주었다. 이것은 또한 성서에 대한 그녀의 프로테스탄트적인 신뢰를 드러내주었다. Denommé 2004, 186-188. 그녀의 "여성에 대한 변호"는 여성이 종교적인 문제들에 관해 공개적인 목소리를 낼 수 있는 권리를 성서에서 입증해 보였다. 마리는 꿰뚫는 말과 당당하고 비판적인 어조로 목소리를 높였으며, 마땅히 해야 할 신학적인 해석도 내놓았다. "하나님이 지금 여성들에게 신학에 대해서 기술하고 복음을 설파할 수 있는 은혜를 주고 계시고, 그래서 지금 여성들은 그 달란트와 은혜의 선물을 사용해야 할 의무가 있다는 당티에르의 이 확신이야말로 현재 하나님께서 이 세상에서 하고 계시는 일에 대해 그녀가 품고 있는 비전의 핵심이다. 이 비전은 제네바의 목회자들에게는 거슬리는 것이었다." Douglass 1991, 243. 당티에르의 두 번째 책이 나오기 석 달 전, 당시 파렐과 칼뱅 모두 추방 중이던 1539년에 파렐은 칼뱅에게 심지어 여자들까지 마음먹고 "바로 이것들"을 논의하려 하고 있고 목회자들을 비난하려 한다고 써 보냈다. 따라서 당시에 다른 여성들도 자신들의 그리스도인으로서의 자유를 비슷하게 실행에 옮기고 있었던 것으로 보인다.(Douglass 1991, 243) 칼뱅의 『기독교강요』가 (제네바 사람들이 종교개혁에 찬성투표를 한 해인) 1536년 3월 출간되었고, 마리는 같은 해 부활절과 오순절 사이에 자신의 논문을 끝냈는데, 두 사람 다 서로의 작품에 대해서는 알지 못했다는 것이 흥미롭다.

『편지』에서 마리는 글을 쓰고 목회자로 활동할 수 있는 여성의 권리를 옹호하는 주목할 만한 논증을 전개시켰다. 비록 여성이 (딤전 2:11-12에서 제시된 질서를 따라) 회중 가운데서나 교회에서 설교할 수 있도록 허용되지는 않았지만, 그들 아니 마리가 말하는 대로 "우리"는 사랑의 영 안에서 글을 쓰고 권고하는 일을 금지당한 것은 아니라는 것이다. "여성에 대한 변호" 시작 부분과 전체 『편지』에서 마리는 "놀라울 정도의 페미니스트적인 메시지, 여성들이 성서를 해석하고 그 해석을 비록 공개적으로 설파하는 것은 금지되어 있다 하더라도 사적으로 서로에게 가르칠 수 있는 권리는 지니고 있다고 옹호하는 메시지"를 내놓았다. 그녀는 여성들을 설교단에서 배척하고 여성들 스스로 성서를 해석하는 일을 금하는 교회 안의 여성혐오적인 원칙과 행습을 분명하고도 의도적으로 논박하였다. 또한 신구약성서에 나오는 여성들을 재해석함으로써 성서를 여성혐오적인 방식으로 읽는 것을 바로잡고자 하였다. 또한 Head 1987, 264; McKee 2004, 24-25, Denommé 2004, 195-196.

(흥미롭게도, "여성에 대한 변호"는 헤르민야드의 19세기 판에서 배제되어,

이에 대한 어떠한 언급도 없었다. 이후에 릴리엣이 펴낸 판은 "여성에 대한 변호"를 『전쟁』의 부록으로 포함시켰지만, 역시 이에 대해 어떠한 언급도 하지 않고 있다. 헤르민야드와 릴리엣 이후에, 마리의 작품들은 약 100년 동안 편집되거나 발행되지 않았다. 마리의 작품에 대한 이러한 "갑작스러운 누락"은 맥킨리의 말에 의하면, 마리의 글이 얼마나 급진적인지, 그리고 검열 식의 편집의 영향이 얼마나 대단한지를 말해준다.) McKinley 1997, 86; Rilliet, 337-380 참조.

그녀의 논증을 보면 마리는 교회에서 여성이 목회적인 돌봄을 실천해 온 오랜 전통을 알고 있었다. 그녀는 모든 여성에게 영감을 주는 대상으로, 그리고 여성이 약하다고 주장하는 사람들에게 반대하는 증거 자료로, (주로 구약성서로부터) 성서의 강한 여성들에 대한 기억을 환기시켰다. 종교개혁의 핵심적인 원칙인 만인사제설은 마리가 생각하기에 남성들뿐 아니라 여성들까지도 포함해야 마땅했다. 의식적이든 무의식적이든 마리는 페미니스트적인 시각을 지니고 여성의 본성과 권리에 대한 오랜 논쟁에 기여하였다. Head 1987, 263-264; Bothe 1993, 15-16; Skenazi 1997, 8-13.

마리는 한 여성에게서 나오는 말이 일부 사람들을 언짢게 하리라는 것을 알고 있었다.

어떤 사람들은, 여성은 즐거움을 위해 만들어진 존재이므로 여성이 이런 일을 하는 것은 부적절하다고 믿으면서, 여성이 이런 말을 한다는 이유로 화를 낼 것입니다. 하지만 저는 부디 당신이 불쾌하게 여기지 않기를 바랍니다. 당신은 제가 증오나 원한 때문에 이런 일을 한다고 생각해서는 안 됩니다. 제가 이 일을 하는 것은 오직 제 이웃, 이집트의 암흑보다 더 분명한 저 끔찍한 어둠 속에 사로잡혀 있는 그 **남성**을 교화하기 위함입니다.

어떤 남성도 이것을 충분히 밝혀주지 못했습니다. 그런데 어떻게 한 사람의 여성이 그 일을 하겠습니까? 그럼에도 불구하고, 주의 깊게 문서를 검토하고 그것이 말하는 결론을 음미하는 일에 매진하면 당신은 제가 진리를 말하고 있다는 것을 알게 될 것입니다. MD/McKinley, 76-77.

그녀는 "진리"라는 말을 사용함으로써, 짐짓 설교자의 권위를 취할 수 있었다. 그녀 자신에 대해 "설교자"(prescher 또는 prescheresse)라는 말을 사용하면서 그녀는 "여성들이 사적으로 다른 여성들에게 단지 교리를 가르칠 것이 아니라 '모든 사람 앞에서 공개적으로' 남성과 여성 모두에게 설교해야 한다는 확신을 전달하고" 있었다. McKinley 2004, 25.

"단지" 사적인 영역에서의 영적인 동등성에 만족하지 않고, 자유와 정의, 그리고 여성의 신학적인 역할이라는 이슈에 깊이 관심을 가지고, 마리는 그녀의 기독론의 기초(갈 3:26-28)와 성서의 여성들의 모범에 근거하여 공개적인 목소리를 내고, 신학자로서 성서를 해석하고 설교할 수 있는 여성의 권리를 논증하였다. Skenazi 1997, 3, 5, 11-12, 16, 26-28; Backus 1991, 182-185; Bothe 1993, 17-18 참조. 그녀는 자신의 요지를 뒷받침해 주는 설득력 있는 논거들을 제시하였다. "우리가 영과 진리로 하나님을 예배해야 한다는 예수의 말을 듣자마자 그분을 모든 사람들 앞에서 공개적으로 고백하면서 예수와 그분의 말씀을 설교하기를 부끄러워하지 않던 사마리아 여인보다 더 위대한 여성 설교자가 있었습니까? 막달라 마리아가 아니면 누가 예수 부활의 엄청난 신비에 대해 최초로 밝혀 말했다고 자랑할 수 있겠습니까? 그분은 막달라 마리아에게서 일곱 귀신을 내쫓으셨고, 일찍이 남성들이 아니라 다른 여성들에게 천사를 통해 선포하고 명하시기를, 그것을 다른 사람들에게 말하고, 설파하고, 선포하라고 하셨습니다." MD/McKinley, 55. 또한 그녀는 자신의 아들을 구하기 위해 파라오의 칙령을 무시한 모세의 어머니와 부활하신 예수의 무덤에 있던 여성들의 예도 들었다. 그녀의 대담한 논증은, 여성은 순결하고 남성은 중죄인이라고 선포하였다. 그녀의 성서읽기에 따르면 어떤 여성도 예수를 배반하지 않았고 이단이나 그릇된 예언을 만들어내지도 않았다. 이와 반대로 남성들은 그런 일을 행했다. MD/McKinley, 56, 『편지』 Rilliet, 378-380; Douglass 1991, 243.

한 여성에 의해 똑같이 공개적으로 창피를 당한 종교 지도자들과 시민들의 반응은 우리가 예상할 수 있는 바대로 부정적이었다. 그녀의 페미니스트적인 주장과 더불어 도시의 성직자들을 자극하는 비판, 그리고 그녀가 단지 여성이라는 사실 그 자체가 그들의 진노를 불러왔다. 출판업자 장 지라르는 체포되고 책은 몰수되었으며, 이미 진행되던 검열은 강화되었다. 속표지에 앤트워프에서 온 "마르탱 랑페러"(Martin L'Empereur)를 인쇄업자로 기록함으로써 관계당국의 눈을 피하려던 계획은 발각되었고 실제 인쇄업자인 장 지라르는 체포되고 책은 압류되고 말았다. 초판 1,500권 가운데 450권이 안전을 위해 마리의 남편이 목회자로 사역하고 있던 토농으로 보내졌다. 이후 장 지라르는 방면되었지만 책은 그렇지 못했고, 프로망이 책의 재판을 찍어내기 위해 계속해서 로비를 했지만(그가 책의 저술에 참여했다는 데 대해서는 부인하는 입장이지만) 그것도 허용되지 않았다. 살아남은 책들의 대부분이 신중하게 파기되었고 책의 보급도 철저하게 방해를 받았지만, 몇몇 권은 살아남았다. Head 1987, 265; McKinley 2004, 14-15 참조. 마리의 책 출간으로 인해 제네바의 출판 법규가 후속적으로 강화되었고(이때부터 사전에 관계당국의 허가 없이는 어떤 책도 출판할 수 없었다.), 그녀의 성별이 이 사건의 핵심에 있었다고 결론을 내리는 것이 좋을 듯하다. "프로망은 나중에 이 작품에 대해 시의회 의원들이 품은 가장 큰 유감은 자신들이 '한 여성으로 인해 상처 입고 감정을 상하고 명예를 훼손당했다.'라는 것이라고 언급하였다."라는 내용이 밝히고 있는 것처럼 말이다. Head 1987, 265, 각주 28.

마리의 남편 프로망은 이 고난의 시기 동안 그녀 곁에 머물렀는데, 처음에는 그녀의 책 어떤 부분에도 자신이 관여한 게 없다고 일관되게 부인하였다. 출판업자인 지라르는 마리의 작품이 루터란 성격의 책이 아니라 그리스도교적인 작품이라고 마리를 옹호하였다. 마리의 『편지』가 출간되고 나서 2년 뒤인 1541년 9월, 추방되었다가 (파렐과 동행하지 않고 혼자) 돌아온 칼뱅은 마리가 자신을 위해 변호해 준 데 대해 어떠한 감사도 표하지 않았다. 마리와 그 남편 둘 다 더는 파렐이 아끼는 사람들의 명단에 없었다. 상반되게도, 파렐은 남편인 앙투안 프로망에게는 아내의 행동을 좌지우지하면서 공모하고 있다고 매도하고, 마리에게는 남편을 "도덕적인 혼탁함"으로 이끈다고 비난하였다. 무엇보다 이 부부와 별로 우호적인 관계를 맺지 못했던 제네바의 목회자들과 지도자들은 단지 마리만 질책한 것이 아니라 그녀의 남편을 비웃고 그에게 벌을 과할 방책을 모색하였다. 프로망은 목회자 사역을 하면서 동시에 기름과 포도주를 파는 일에 관여했다는 이유로, 그리고 아내의 혀를 재갈물리고 억제시키지 못했다는 이유로 비난을 받았다. 이러한 부정적인 주목을 받음으로 인해 이들의 결혼생활에 어려움이 있었으리라는 것은 예상할 수 있는 일이다. 두 사람의 관계가 정확하게 어떤 식이었는지 우리가 알 수는 없지만, 아마도 마리가 좀더 완강하고 지적이고 확실히 더 거침없이 말하는 편이었을 것이다. 그녀의 대적자들이 한 여성으로서 또 배우자로서 그녀의 성품에 대해 진술한 것들은 좀처럼 믿기 어렵고 제대로 평가한 것 같지가 않다. 나중에 앙투안이 재혼한 것은 확실하지만, 이 일이 마리가 죽고 난 이후인지 아니면 이혼한 이후인지 말하기는 어렵다. Head 1987, 265-266, 1538년과 1540년의 파렐의 편지들; McKinley 2004, 16-19, 21 참조.

마리의 역할에 대해 전체적으로 평가한다면, "마리 당티에르가 그 당시 사건들에서 적극적인 역할을 하고, 종교개혁운동에 거침없이 참여하고, 종교적인 독신주의에 대한 반대를 설파하고, 새로운 교회에서의 여성들의 목회적인 역할을 옹호하였다는 것은 분명하다." McKinley 2004, 8; 또한 Bothe 1993, 15-16 참조. 사건들에 대해 보고하면서 종교개혁에 대한 지지를 호소하는 것과 더불어, 그녀는 특별히 여성들에게 종교개혁 신학을 적극적으로 고취시키는 것이 필요하다고 생각하였다. 그녀는 결혼에 대한 복음을 선포하였고, 특별히 독신주의와 수도원적인 생활에 반대하는 설교를 행하였다. 그녀는 여성들을 개종시키면서, 그들에게 교회에서 인습에 구애받지 말고 해방된 역할을 찾으라고 권면하였으며, 수녀들이야말로 그녀의 사역에서 특별한 주제였다. 그녀의 노력에 대한 목격담은 그녀의 최대 적수였던 잔 드 주시 측에서 나오고 있다. 잔은 수녀들의 종교적인 소명과 삶의 방식에 대한 프로테스탄트 종교개혁의 사상에 저항하던 수녀들의 지도자였다.

마리가 다른 종교개혁자들과 마찬가지로 결혼생활의 미덕과 즐거움에 비교하면서 독신주의와 수도원생활의 해악에 대해 설파했기 때문에, 가난한 클라라수녀회(the Poor Clares: 성 클라라클로스터에 있는 수녀들)와 이 수녀회 소속인 잔 드 주시 수녀가 그녀의 주된 표적이었다. 프로테스탄트들은 이 수녀원에 강압적으로 붙들려 있는 사람이 없다는 것을 확인하기 위해 그곳을 방문해야만 했다. 파렐과 더불어 마리 당티에르 역시 1535년의 소위 "침입자들" 가운데 있었다. 마리는 왜 여성들이 기뻐 뛰면서 수녀원에서 몰려나오지 않는지 이해할 수 없었다. 그녀는 이렇게 쓰고 있다. "아, 가련한 사람들, 당신들이 잘생긴 남편 옆에 있는 것이 얼마나 좋은 것인지 알기만 한다면, 그리고 하나님께서 그것을 얼마나 기뻐하시는지 알기만 한다면 좋을 텐데. 나도 오랫동안 당신들이 있는 곳과 같은 어둠과 위선 속에 있었지만, 오직 하나님께서 나로 하여금 내 비참한 삶의 오욕을 깨닫게 해주셨고 나는 진리의 참 빛으로 나아왔다." 그녀는 500두카트(13세기 베네치아에서 주조된 주화)의 금화를 가지고 다니면서 "나는 불행을 떠났고, 오직 하나님께 감사하게도, 다섯 명의 예쁜 아이들을 두었으며, 유익한 삶을 살고 있다."라고 말하는 것을 자랑으로 여겼다. MD/McKinley 94-95. 마리가 결혼을 해방의 복음으로 해석한 것에 반해, 수녀들은 결혼의 형식 안에 주어진 "새로운 강제력"을 보고 그것을 정반대로 생각했다. 그들은 침을 뱉고 소리를 지르고 문을 닫아버리는 것으로 반응하였다. Douglass 1985, 100-101; Head 1987, 263; 또한 Skenazi 1997, 13, 12.

특별히 마리와 잔 드 주시의 싸움은 인신공격으로 치닫고 한층 가열되었다. 두 여성은 서로에 대해 불만사항을 써 내려갔다. 잔이 마리를 묘사한 것을 보면 실제보다 더 나쁘게 표현하고 있다. "그 무리 중에는 주름지고 악마적인 말들을 쏟아내는 거짓 수녀원장이 한 사람 있는데, 남편과 아이들을 두고 있고, 피카르디의 마리 당티에르라 하는 자로, 설교를 하면서 사람들로 하여금 신앙에서 벗어나도록 하는 일에 관여하고 있다." Jeanne de Jussie, *Le levain du calvinisme, ou commencement de l'heresie de Geneve*, Chambery, 1661, reprrepr. 1853 Geneva; McKinley 1997, 94와 95; 같은 책 2004, 8-9 참조. Åkerlund 2003, 특히 106-110, 117-119; Lazard 1985 참조.

제네바에서 오랫동안 책을 펴낸 두 여성, 마리와 잔은 특별히 두 가지 이슈에 대해 반목하였다. 순결과 덕에 관한 관념이 하나이고, 다른 하나는 여성의 설교할 권리이다. Head 1987, 264. 잔은 여성이 수도원에서 독신생활을 선택할 수 있는 권리는 옹호하면서, 여성들이 대중에게 가르치고 말하는 역할을 하는 데 대해서는 마리 못지않게 강한 목소리로 반대의 견을 피력하였다. 잔에게서 결혼은 종교적인 자유와 기회를 약속해 주는 것이 못 되었고, 종교개혁 신학 자체도 그녀 자신의 신학이나 생활방식에 어떠한 중요한 진전도 가져다 주지 못했다. 그녀에게서 "루터주의"는 "성례의 모욕, 성상파괴, 그리고 결혼에 대한 새로운 찬미"와 같은 부정적인 변화를 의미하였다. Douglass 1985, 100, 98-101 참조. 반대로 마리는 독신생활을 게으르고 해로운 것으로 판단하였으며, 대중을 향해 말하도록 여성이 부름을 받았다는 것을 분명하게 주장하였다. 두 여성 사이의 불일치는 종교개혁의 "좋은 소식"과 그에 대해 여성들이 보여준 다양한 반응의 복잡성을 잘 드러낸다.

주시가 묘사한 마리의 초상은 또 다른 동시대인인 장 칼뱅이 마리에 대하여 비슷하게 내린 부정적인 평가를 그대로 반영하고 있다. 마리와의 만남(1546)에 대한 1546년의 기록에서 칼뱅은 그녀를 "제멋대로 구는" 여성으로, 그녀가 지지하려고 하는 사람들로부터 따돌림을 당하고 있고, 그래서 경멸밖에 받을 게 없는 여성이라고 조소하였다. McKinley 2004, 19. 마리의 공적인 역할에 대해, 혹은 비교적 최근에 그녀가 공개적으로 자신을 지지한 데 대해 고마움을 표하는 대신, 그는 그녀를 멸시하는 사람들 가운데 한 사람이 되었다.

> 당신께 재미있는 이야기 하나를 하려고 합니다. 프로망의 아내가 최근에 이곳으로 왔습니다. 모든 여인숙에서, 거의 모든 거리의 모퉁이에서 그녀는 긴 의복에 반대하는 장광설을 늘어놓기 시작했습니다. 저와 등을 맞대게 된 것을 알아채고 그녀는 웃으며 사과하면서, 우리가 교회를 크게 욕되게 하면서 꼴사납게 긴 옷을 입고 있는 것이거나, 아니면 거짓 선지자들을 그들의 긴 의복으로 분별할 수 있다고 가르칠 때 당신이 잘못 가르친 것이라고 말했습니다. …그녀는 우리의 압력을 받는다고 느끼면서 전횡에 대해 불평하였습니다. 더는 어떤 것에 대해서도 떠들어대는 것이 누구에게도 허용되지 않고 있다는 것입니다. 저는 그 여인을 제가 마땅하다고 여기는 방식대로 대했습니다. McKinley 2004, 19, 또한 16-18.

마리의 강한 개성과 크고 작은 소동을 불러일으키는 능력에 대한 증언이 정반대의 종교 진영에 있는 두 사람, 즉 잔 드 주시와 칼뱅 사이에 이처럼 예기치 못한 희미한 연대를 이루게 했다는 것은 아마도 기묘한 일일 것이다. 이들은 마리를 경멸하는 일에서 하나가 되었으며, 마리를 거침없이 말하고 분열을 일으키는 여성이라고 부정적으로 단언하면서, 자신들이 합의하고 있는 여성의 자리에 여성들을 붙잡아 두기를 소망하였다. 그렇지만 이들이 마리를 비난하는 동기는 달랐다. 잔 드 주시는 무엇보다 여성을 향한 신적인 소명을 구성하는 것이 무엇인지에 대한 상이한 비전에 근거해서 마리에 대적하였고, 여성이 공적인 목소리를 내는 데 반대하는 논쟁에는 오직 이차적인 관심만 두었다. 마리를 비방하는 칼뱅의 근거는 반드시 신학적인 것은 아니었으며, 오히려 마리의 강한 성품과 여성으로서 순종적이지 않은 성품에 대한 칼뱅 자신의 노여움에서 야기한 것이었다. 그는 마리의 신학적인 야망과 "자신의" 도시에 확립된 남성 중심적인 성직자 지도계층에 대한 그녀의 공개적인 비판을 참을 수 없었다. McKinley 2004, 10, 19; 1997, 94-95 참조.

이렇듯 칼뱅과 마리 사이에 냉랭한 관계가 형성되어 있는데, 1561년에 칼뱅이 그녀에게 여성의 의복에 관한 자신의 설교에 서문을 써달라고 요청할 거라고 혹은 마리가 이 요청을 수락할 것이라고 어느 누가 짐작할 수 있었겠는가! 그녀가 쓴 내용은 어쨌든 그녀가 썼다는 그 사실만큼이나 놀라운 것이었다. 그녀는 서문에서 "여성의 악덕"에 대해 말하면서, 여성의 탐욕을 드러내는 지나치게 화려한 장식과 사탄의 역사에 쉽게 넘어가는 약점을 지적하였다. 그녀는 도를 넘어서는 옷차림은 하나님의 질서에 위배되는 것이고 화장은 하나님의 이미지를 지우는 것이라고 주장하였다.(여기서 그녀는 교회 교부들의 지혜에 의지하였다!) 그녀는 하나님의 의지의 우선성과 현세적인 것들을 탐내는 일의 해악을 강조하였다. 이 짤막한 글과 이전에 나온 마리의 작품들, 특히 "여성에 대한 변호"에서 그녀가 여성에 관해 사용한 단어와 비전 사이에는 얼마간 불일치하는 점이 있다. "M. D."라는 이니셜이 붙은 이 글은 1561년 디모데전후서에 대한 칼뱅의 설교와 함께 『행동과 미덕』이라는 제목으로 출간되었다. *The Behavior and Virtues Required of a Faithful Woman and Good Housekeeper: Contained in chapter XXI of the Proverbs of Solomon. Rendered in the form of a song by Théodore de Béze. Plus a sermon on the modesty of Women in their Dress, by Monsieur John Calvin. In addition, several spiritual songs with music. M. D. LXI* McKinley 2004, 89 참조. (McKinley 1997, 91-94, 98; MD/McKinley, 89 참조.)

마리의 글과 그녀의 성서에 대한 관점에 대해 몇 가지 관찰을 할 수 있다. 무엇보다, 마리의 글은 그녀의 성서 지식이 얼마나 깊이가 있는지, 그리고 자료를 다루는 신학적인 이해력이 얼마나 뛰어난지를 잘 보여준다. 그녀는 자신이 다루는 문서가 담고 있는 신학에 대해 자신만의 페미니스트적인 해석을 발전시켰으며, "성서적인 암시와 뜨거운 도덕적 의분으로 물든" 노골적인 산문체로 퉁명스럽고도 대담한 글을 썼다. 예를 들어 그녀는 제네바의 종교 지도자들을 "바퀴벌레"라고 불렀다. 자신만의 방식을 발전시키면서, "당티에르는 성서적이고도 대중적인 암시로 넘치는 설교를 하는 훌륭한 웅변가로 부상하였다." Head 1987, 262, 264-265. 그녀는 선전문뿐 아니라 설교 양식을 효과적으로 사용하는 데 익숙해졌으며, 실로 어떤 글에는 "종종 입으로 전하는 듯한 힘과 리듬"이 드러나고, 비밀리에 서둘러 인쇄된 논쟁적인 작품들을 연상시키는 특징(예를 들어 원본에는 문단구분이 되어 있지 않다.)을 지니고 있다. McKinley 2004, 38-39; Bothe 1993, 17-18 참조. 이런 점에서 그녀의 작품을 전통적인 연대기나 신학 논문들과 비교하는 것은 공정하지 못할 것이다. 마리는 한 사람의 프로테스탄트 여성 저술가로서 자신만의 범주 안에 서 있다.

그녀에게 성서 자료를 다룰 수 있는 능력이 얼마나 있었는가 하는 것은 당시 개혁적인 사상을 지닌 여성들과 그녀가 맺은 흥미로운 관계에서 입증된다. 몇몇 개혁파 귀족 여성들과의 서신교류는 그들이 공통적으로 히브리어에 관심이 있었음을 밝혀준다. 그들은 편지를 통해 서로 히브리어와 문법에 관한 책들을 편지에서 논의하였다.(예를 들어 마르가리타 드 나바라는 자신의 "mem"이라는 글자를 사용하면서 언어와 연관된 질문을 제기하였다.) 그 무렵 어린이들을 대상으로 하는 것까지 포함하여 문법에 관한 몇몇 소책자가 출판되어(종종 히브리-라틴 대조) 친구들 사이에 유통되었다. 마리는 히브리어에 관심을 가진 여성들 중 하나였으며 적어도 기초적인 이해력은 갖추고 있었던 것 같다. 마르가리타와의 서신교류에서 마리는 자신의 딸 잔이 소녀들을 위해 쓴 히브리어 문법에 관한 소책자를 언급하였고, 이 책을 마르가리타의 딸 잔에게 보내고 싶어하였다. 마리의 첫 번째 남편 시몽 로베르가 1525년과 1528년 사이에 구약성서의 번역작업에 공동으로 참여했지만, 마리는 스스로 히브리어에 대해 분명한 식견을 지니고 히브리 성서를 연구했다. Kemp and Desrosiers-Bonin 1998, 126-127, 129-134; McKinley 2004, 23-24, 53, 71.

신학에 관해서는, 마리는 완연한 프로테스탄트였으며, 반드시 칼뱅의 추종자는 아니었지만 스위스 종교개혁자들과 같은 계열에 속했다고 말할 수 있다. 그녀는 자신을 복음주의자로 또 그리스도인으로 불렀다. 복음에 대해 포괄적인 견해를 지니고 있었기에(이러한 견해에 따라 그녀는 추방당하고 박해를 받는 개혁자들을 옹호하였다.), 아르굴라 폰 그룸바흐나 카타리나 쉬츠 젤과 마찬가지로 그녀는 자신에게 어느 한 파당에 속하는 사람이라는 꼬리표를 달고 싶어하지 않았다. 성서는 이들 모두에게 그리스도인의 정체성을 심어주는 원천이었다. 특히 마리에게 하나님의 말씀은 그녀 신학의 중심이자, 영감을 주고 길을 안내하며 권위를 부여하는 원천이었다. Head 1987, 264-265; Skenazi 1997, 11 참조.

그녀는 성서를 활용하고 거기서 영감을 얻으면서 "괴롭히는 예언자의 목소리, 새롭게 개혁된 교회를 계속해서 개혁하라고 압박하는 예언자의 목소리와 대화하기를" 이어갔다. Douglass 1991, 244, 243; Denommé, 192-194 참조. 그녀가 쓴『전쟁』은 단순히 사건들을 연대기적으로 기록한 것이 아니라, 제네바에서 일어난 일들에 대한 신학적인 해석을 제시하고 해방에 대한 소망을 담고 있다. "억눌린 자를 해방시키는 '하나님의 순전한 말씀'의 능력이 마리 당티에르의 역사신학의 핵심 주제이다." Douglass 1991, 227, 228. 마리에게 성서는 율법에 대한 책이 아니라 "하나님의 값없이 베푸시는 구원활동에 관한 이야기"이고, 바로 이 관점에서 그녀는 자신의 시대를 해석하였다. 믿음을 통해 오직 은혜로 주어지는 칭의와 하나님의 사랑과 돌봄의 한 표현인 예정의 관점에서 출발해서, 마리는 하나님의 말씀을 설파하는 것이야말로 세상을 다스리고 절망과 곤궁에 빠져 있는 사람들에게 소망을 가져다 줄 수 있는 유일하고 정당한 방법이라고 보았다. 그녀는 하나님 말씀의 해방시키는 능력, 특별히 여성을 해방시키는 능력을 믿었는데, 여성들이야말로 가장 억눌린 자들이요, 또한 말씀이 필요한 사람들이라고 보았다. Kemp and Desrosiers-Bonin 1998. (그녀의 신학에 대해서는 Backus 1991, 177-189, 192-195와 Denommé 2004, 184-192 참조.)

제네바에서 중심무대에 발을 들여놓은 여성으로서 많은 사람들의 눈에 띄고 이런저런 평판을 듣고, 제네바에서 가장 먼저, 그리고 가장 오래 저술하고 있는 여성 중 하나로 부각된 후에, 마리는 생애 마지막 즈음에 무대에서 사라져 버렸다. 그녀가 죽은 날짜조차 정확하지 않다. 그녀에 대한 추모는 억압되었다. 마리에 대한 반감이 어떤 식이었는가 하면, 프랑스어권 나라들에서 일어난 종교개혁에 관한 19세기의 중요한 작품인 헤르민야드(Aimé-Louis Herminjard's)의 『서신』(Correspondance)에서 마리는 거의 언급되지 않고 있다. 얼마 안 되는 언급 가운데 "독단적으로 말하는 자"라는 경멸적인 묘사가 있을 뿐, 그녀의 "여성에 관한 변호"에 대한 언급은 찾아볼 수 없다. 헤르민야드의 책이 출간되고 7년이 지난 뒤에야 알베르 릴리엣이 마리의 작품들을 편집하면서, 저자에 대한 어떠한 부정적인 언급도 없이 "여성에 대한 변호"를 포함시켰다. McKinley 2004, 34-35; McKinley 1997, 97. 과거 학자들(헤르민야드)에 의한 "당티에르에 대한 가혹한 취급"은 강한 여성혐오증에서 기인된 것이라고 설명하는 것이 타당하게 여겨진다. "그녀는 다른 사람들의 저항은 아랑곳하지 않고 자신의 확신을 강력하게 표출하는 데 집착한 여성이어서, 자신의 분노를 표현하기 위해 다채롭고, 심지어 조야한 말투를 사용하였으며, 제네바 종교개혁을 위한 투쟁에서 거침없이 말을 쏟아내는 활동가였고, 심지어 극단주의자였다." McKinley 1997, 96; 또한 2004, 37. 또한 Åkerlund 2003, 112-115. 남성이라면 칭송받았을 성취와 불굴의 정신을 그녀는 여성이라는 이유로 오히려 비난을 받았다.

결론　　　"아이러니컬하게도 논객으로서 당티에르의 성공은 저작 목록에서 그녀의 이름이 탈락되는 결과를 낳았다. …[그녀]와 발행이 금지된 그녀의 저작들은 거의 잊혀졌다." 이것은 우연이 아니었다. "마리 당티에르는 자신이 택한 도시에서 개신교 종교개혁이라는 대의를 위해서뿐만 아니라 그 운동에서의 여성의 지위를 위해서도 싸웠다." 이 두 가지 대의는 위험을 동반하였다. 특별히 당국이 골치 아픈 것은 그녀가 "여성들에게 스스로 복음의 메시지를 설파하고 해석하는 열망을" 가지라고 말하는 것이었다. 특히 종교개혁이 서서히 자리를 잡아가고 제도화됨에 따라, 여성들의 권리는 견고하게 제한을 당하였다. Head 1987, 266. 마리와 같은 여성들은 "잊혀지고" 그들이 쓴 저작물은 마치 그것들이 만들어낸 효력을 지우기라도 하려는 듯 발행이 금지되었다. 마리와 같은 여성들의 공헌에 대한 부인은 특정 역사에 대한 전체적인 기억을 왜곡하는 한 측면이 되어 왔고, 이후의 신학 전통에서 페미니스트적인 모범과 자극을 박탈해 왔다.(마리의 저작들이 사라졌다가 재출현한 것을 묘사하기 위해 맥킨리가 "생략"이라는 단어를 사용한 것은 아주 적절하다.) 그녀가 죽고 난 후 여러 세기가 지난 오늘날, 그나마 보존되어 온 그녀의 저작들로 인해, 마리는 강력한 평신도적인 관점과 비판적인 여성의 목소리를 제시하고 있으며, 그것을 기초로 설파되던 제네바 종교개혁과 프로테스탄트 신학을 해석할 수 있게 해주고 있다.

　마리의 생애는 종교개혁에 대한 그녀의 대응에 의해 규정되었다. 루터의 부름에 적극적으로 반응하여 수도원의 독신생활을 떠나 결혼을 하고 아이를 낳고 책을 써내었으며, 칼뱅의 세력권 안에서 종교개혁을 위한 의욕적인 대변자가 되었다. 자신의 개인적인 모범과 글을 통해 그녀는 자신의 현장에서 개혁신앙의 이행과 보급에 기여하였다. 장 칼뱅과의 기이하게도 냉담한 관계 속에서(이것은 종교적인 사안에서 여성의 역할을 평가하는 칼뱅의 한계가 정확하게 무엇이었는지 밝혀줄 수 있을지도 모른다.), 그녀는 모든 실제적인 목적을 위해 칼뱅의 동료이자 제자로 활약하였지만, 그의 인정이나 승인을 받지는 못했다. 칼뱅이 "여성들의 이슈인 복장"에 관한 설교에 마리의 서문을 넣은 것을 하나의 작은 긍정의 신호로 볼 수 있는 것이 아니라면 말이다. 그녀는 자신의 성별로 인해 결코 교사나 설교자로 인정받지는 못했지만, 그럼에도 불구하고 오직 성서와 만인사제설이라는 개혁자들의 두 원칙을 마음에 품은 교사요 설교자였다. 그녀는 성서를 동료 그리스도인들에게 해석해 주고, 성서의 이야기들을 청중들이 처한 삶의 정황에 맞게 설교로 전하는 일에 부르심을 받았다고 표명하였다. 그녀는 한 사람의 여성으로서 분명하게 그 일을 감당하였다. 직접 목격하고 기록한 내용과 페미니스트적인 성서해석으로 구성된 연대기와 더불어 그녀는 제네바 종교개혁의 역사에 대한 평신도 여성의 관점을 제공하였다. 그리스도인 프로테스탄트 여성으로서 그녀의 열망은 어떤 대가를 치르더라도 "진리를 말하는" 것이었고, 또한 입으로든 글로든 자신의 말을 통해 다른 사람들을 설득하는 것이었다. 그녀에게 진리란 성서에서 발견되는 것이었으며, 그녀와 다른 여성들에게 진리란 다른 저명한 종교개혁자들과 동등한 위치에서 성서를 해석하는 것이었다. 그녀는 인내와 열정을 가지고 성서를 해석했다. 2002년 마리의 이름은 마침내 제네바의 종교개혁자들의 벽에 추가되었다.

자료와 참고문헌에 관한 언급　　핵심적인 정보를 위해서는 최근에 나온 풍성한 전기적인 작품인 McKinley 2004를 보라. 다른 주요한 자료들의 자세한 사항에 대해서도 이 책의 참고문헌을 참조하라.

마리의 생애에 대한 중요한 개관과 그녀의 신학에 대한 연구는 McKinley 1997, Douglass 1991, Head 1987, Bothe 1993에 담겨 있다. 마리의 작품과 역할에 대한 페미니스트적인 해석을 위해서는 Backus 1991, Skenazi 1997, Kemp and Desrosiers-Bonin 1998, Wengler's 1999와 같은 논문을 보라. 마리와 잔 드 주시의 관계에 대해서는 Åkerlund 2003, Lazard 1985, 그리고 Douglass 1985를 보고, 마리와 칼뱅의 관계에 대해서는 Thompson 1992(40-45, 187-226), Douglass 1985와 McKinley 2004를 보라. 1차 자료들과 더불어 프랑스어로 된 기본적인 자료는 1866-97년에 헤르민야드에 의해 출판되어 1965년에 재판으로 나왔다.

제10장

마르가리타 드 나바라와 잔 달브레:

프랑스 종교개혁자들의 옹호자들

서론   마르가리타 드 나바라는 프랑스 왕의 누이라는 눈에 띄는 자리에서 유럽을 무대로 외교가로, 저술가로, 예술과 문학, 그리고 종교개혁운동의 후원자로 자신만의 위치를 다졌다. 그녀는 프랑스에서 종교개혁 초기에 그 운동을 결정적으로 보호하면서 격려하였다. 그렇지만 공개적으로 루터주의자 혹은 칼뱅주의자로 자처하지는 않았다. 그녀의 딸 잔 달브레는 나중에 프로테스탄트 신앙에 공개적으로 가담하여 프랑스 개혁자들 편에서 투쟁하였다. 영향력 있고 개혁 지향적인 남성들 및 여성들(예를 들어 르네 드 프랑스, 안 드 브르타뉴, 잉글랜드의 엘리자베스, 그리고 마리 당티에르)과 각기 좋은 관계를 맺은 어머니와 딸은 비록 그 전략은 달랐지만 모두 종교와 연관된 일에서 지도자가 되어, 신앙으로 인해 박해받는 사람들이 찾아가야 할 사람으로 여겨지게 되었다. 두 여성은 (르네 드 프랑스와 다른 귀족 여성들의 소그룹과 더불어) 프랑스어 사용 지역에서 프로테스탄트 사역에 핵심적인 위치를 점하였고, 장 칼뱅은 이들을 확보하려고 애를 썼다. 마르가리타는 잔 달브레의 광범위한 활동을 위한 길을 예비하였다. 진정한 프로테스탄트 종교 지도자로서, 예외적인 종교개혁 여성으로서 달브레의 공헌은 그 어머니, 남편, 그리고 아들이 성취한 것에 가려 빛을 잃어왔다. 하지만 여기서는 잔 달브레에게 초점을 맞출 것이다.

어머니와 달리, 잔은 철저하게 프로테스탄트로 자랐으며, 공개적으로 자신의 신앙을 고백하여 자신의 종교적인 소속에 대한 어떠한 의심도 남기지 않았다. 그녀는 (그 어머니가 하던 대로) 박해받는 동료 신자들에게 도피처를 마련해 주는 데 만족하지 않고, 위그노파와 그들의 조직에 가담했으며, (당시로서는 드물게) 종교적인 관용과 신앙표현의 자유에 대한 너그러운 입법 활동을 통해 종교개혁에 도움을 주었다. 비록 그녀의 삶이 여성으로서, 프로테스탄트로서, 왕비로서 "적들"과의 계속적인 전투였다고 할지라도, 그녀는 자신의 시대에 누구라도 그 신앙으로 말미암아 죽임을 당하거나 순교하는 일이 없기를 바란 드문 군주였다. Bainton 2001, 43; King 1991, 141. 그녀는 자신이 다스리는 영토인 베아른과 나바라에서 법의 공포를 통해 모범적으로 사회적이고 종교적인 개혁을 이끌었으며, 프로테스탄트 아카데미를 설립하여 개인적으로 후원함으로써 프로테스탄트 설교, 예배, 그리고 복지실행이 가능하도록 만들었다.

프랑스에서 위그노파의 기대는 잔의 권위가 절정기를 누리는 동안 최고조에 달했다. 결국 그녀는 "칼뱅주의자가 된 최고위층 프랑스 여성"(혈통으로 왕족이고 이후 프랑스 왕의 어머니)이었으며, 왕궁에서(특별히 1561년과 1568-70년에), 그리고 자신이 다스리는 땅에서 상당한 영향력을 행사하였다. 그녀가 역경과 드라마로 가득한 짧은 생을 마감하고 44세의 젊은 나이로 죽자, 도비네(Agrippa d'Aubigne)는 극단적인 찬사를 돌렸다. "성별로 여성인 이 여왕은 죽었지만 그 남성적인 정신은 역경에 대적하여 무적이다." 그녀의 삶에 대한 이야기는 성별문제와 정치적이고 종교적인 이슈들이 뒤얽힌 복잡한 양상을 보여준다. 그녀는 거친 물살을 헤치고 성공적인 항해를 했지만, 그녀의 공적은 그 성별로 인해 대부분 무시되어 왔다. Roelker 1972a, 180, 183 참조.

마르가리타 드 나바라/당굴렘:
저명한 왕비, 작가, 그리고 영적인 어머니

❖부모
  -루이 드 사보이(Louis de Savoy, Savoie, 1476-1531)
  -샤를 도를레앙(Charles d'Orleans, Charles d'Angoulême, 1459-96, 루이 12세의 사촌)
❖형제자매
  -프랑수아 당굴렘(François d'Angoulême, 1494-1547)
❖배우자 1(1509-25)
  -알랑송의 샤를 공작(Charles Duke of Alençon, 1489-1525)
❖배우자 2(1527-49)
  -앙리 달브레(Henri d'Albret, 1503-55)
❖자녀
  -잔(Jeanne, 1528-72)
  -장(Jean, 1530년 태어나 같은 해 사망)

알랑송의 공작부인이자 나바라의 왕비인 마르가리타(Margarita de Navarra/ Marguerite d'Angoulême, 1492-1549)는 1492년 4월 11일 루이 드 사보이(1476-1531)와 앙굴렘의 백작 샤를 도를레앙(1477-98) 사이에서 태어났다. 그녀와 두 살 아래 남동생인 프랑수아(1494-1547)는 최고의 교사들에게 교육을 받았는데, 이는 특히 프랑수아를 왕으로 준비시키기 위한 것이었으며, 1515년 루이 12세가 죽자 이 일은 실현되었다.

마르가리타는 "두 가지 큰 열정을 지녔는데, 하나는 하나님을 향한 사랑이고, 다른 하나는 남동생을 향한 사랑"이었다. Bainton 2001, 13. 그녀는 또한 프랑스를 사랑하였다. 국가에 대한(그리고 형제에 대한) 충성심의 발로에서, 그녀는 표면적으로는 가톨릭 신앙을 계속 신봉하였다. 동시에 프랑스의 종교개혁을 위해 그녀가 펼친 활동은 그녀의 사적인 선택과 공적인 선택이 항상 일치하지는 않았다는 것을 입증해 준다. 프로테스탄트 운동에 대한 그녀의 공헌은 결코 부인할 수 없는 절대적인 것이었다.

남동생의 막역한 친구이자 조력자로서(특히 1531년 어머니의 죽음 이후), 마르가리타는 1510년에서 1540년까지 핵심 정치권에 참여하여 상당한 카리스마와 권위를 행사하였다. 1517년 프랑수아가 그녀를 베리의 여공작으로 만들어 자신의 봉신(封臣)으로 삼아 공작의 반열에 올려놓자 그녀는 남동생 곁으로 가서 여성으로서는 극히 드물게 프랑스의 고관으로서 유례가 없는 권력을 행사하게 된 것이다. 이 남매는 서로간의 종교적인 차이에도 불구하고 내내 밀접한 관계를 유지하였으며, 마르가리타는 남동생의 뜻에 따라 자신의 외교력을 사용하였다. 예를 들어 1525년 그녀는 프랑수아가 파비아 전투에서 신성로마제국 황제 카를 5세에 대적해 싸우다 체포된 후에 (그의 아들들과 교환하는 조건으로) 그가 스페인에서 풀려나도록 협상하였다. 1509년 17살의 나이로 결혼한 이후 행복하지 않은 결혼생활을 해온 상대인 남편 알랑송의 샤를 공작은 이 전투가 끝나고 2개월 후에 늑막염으로 죽었다. 얼마 지나지 않아(1527) 마르가리타는 11살 연하의 앙리 달브레와 결혼하였다.(약혼은 한 해 전에) 이 결혼은 각자의 영토 보호와 확장이라는 점에서 양측에게 득이 되었다. 그녀의 남편들 중 어느 누구도 종교와 개혁에 대한 그녀의 관심을 공유하지는 못했다. 결혼을 두 번 했지만 그녀는 1528년 태어난 딸 잔밖에 얻지 못했다. 아들 장은 1530년 크리스마스에 죽었고, 아이를 더 가지기를 간절히 바랐지만 몇 차례의 유산과 사산이 뒤따랐다. 그녀의 결혼과 나바라의 왕비로 보낸 시간에 대해서는 Cholakian 2006, 171-206, 207-241.

마르가리타는 남동생의 궁정에서 핵심적인 위치를 점하였는데, 여기서 프랑수아, 루이, 그리고 마르가리타는 권력의 "삼위일체"를 이루었다. Blaisdell 1972, 199. 왕은 정치 일선에서 이끌었고, 카리스마적인 마르가리타는 지식인과 예술가들을 궁궐에 초대해 접대하면서, 계속되는 임신으로 올케 클로드가 감당할 수 없었던 "왕비로서의 지도력"을 보여주었다. 그녀는 박해받는 개혁자들 편에서 조정하는 일을 하였으며, 개인적으로는 교회개혁을 꿈꾸는 일단의 지식인들(모 그룹, the Circle of Meaux)을 환대하고 때때로 보호해 주면서 그들의 작품을 출판하고 보급하는 일을 도왔다. 그녀의 혈통, 개인적인 카리스마와 야망, 그녀에 대한 남동생의 존경은 마르가리타에게 궁정에서 이례적인 권력을 부여했다. 더불어 그녀는 단지 "왕을 추종해 돕는 여성이 아니었고, 마르가리타는 '명예' 남성이라는 특유의 지위를 점했으며, 프랑스 내에 있는 극히 드문 여성 고관 중 하나였다." Stephenson 2004, 3. "왕에게 기댄 것이기는 하지만 그녀의 정치적인 위치와 개인적인 카리스마가 결합해 그녀를 학자들뿐 아니라 왕과 그 조언자들도 무시하지 못하고 진지하게 여기는 여성으로 만들었다." 같은 곳.

존경받는 왕의 누이, 왕의 막역한 친구이자 조언자로, 나바라에 관한 사항에서 왕비 마르가리타는 남동생의 동역자였다. 그녀의 성별은 프랑스 왕좌를 차지하지 못하게 한 것 외에는 아무런 실제적인 장애도 되지 못한 것으로 보인다. "일단 마르가리타가 제후로 인식되고 나자 그녀는 '명예 남성'이 되었고, 그 직위에 수반되는 대등한 지위와 부속령의 권리를 부여받았다. 마르가리타는 자신의 여성성을 부인하지 않고도 남성의 지위를 취할 수 있었고, 따라서 남성의 역할도 할 수 있었다." Stephenson 2004, 111. (Stephenson 2004, 8-9, 113-147; Jourda 1930, 43-59 참조.)

진정한 르네상스 여성, 마르가리타는 어머니와 좋은 가문 덕에 폭넓은 교육을 받았다. 그녀는 성서와 고전철학을 공부한 것에 더불어 라틴어, 스페인어, 히브리어, 프랑스어, 그리고 영어에 능통하고 이탈리아어와 독일어도 얼마간 이해하고 있었다. 그녀의 저술을 보면 그녀의 재능뿐만 아니라 박식함도 알 수 있다. 일생 동안 번뜩이는 정신과 지적인 호기심으로 가득한 학자로서 그녀는 플라톤과 단테뿐 아니라 루터의 글도 읽었으며, 칼뱅과 서신을 교류하면서 시와 논문을 썼다. 그녀의 교육에 관해서는 Cholakian 2006, 8-39 참조.

편지를 쓰는 것(예를 들어 기욤 브리소네와의 교류) 이외에도 그녀는 비록 출판은 추후에 이루어졌지만 1520년대에 이미 종교서적들을 쓰고 있었다. 1530년에 아들이 죽고 얼마 지나지 않아 어머니까지 잃고 나서야 그녀는 비로소 자신의 시를 출판하였다. 그녀가 처음으로 펴낸 시, 『죄 많은 영혼의 거울』(*Miroir de l'âme pécheresse*, 1531)은 "복음주의 문학에 대한 공헌"이었다. Roelker 1972a, 173. 이 시는 1544년 잉글랜드 출신의 11살짜리 소녀가 영어로 번역했는데, 바로 미래의 엘리자베스 1세가 그녀의 어머니 앤 볼린이 소유하고 있던 프랑스어 원고를 번역한 것이다.(앤은 마르가리타의 궁궐에서 시녀로 섬겼는데, 그녀에게는 뿌리 깊은 변화의 시간이었다. 앤은 나중에 헨리 8세의 두 번째 부인으로 죽게 된다.) 소르본대학은 저자의 지위에 개의치 않고 이 시를 정죄하였는데, 그것은 이 시가 물의를 일으키는 내용을 담고 있다는 것과 신학적인 글로서 가치가 있다는 것을 분명하게 암시해 준다. 그렇지만 왕의 중재 덕분에 이 시는 계속 출판되었다. 일찍이 1523-24년에 파리대학은 궁궐에 프로테스탄트들과 "이단들"이 있다는 사실에 놀란 적이 있으며 마르가리타를 그들의 두목으로 겨누고 있었다. 그녀는 고소고발과 징계 움직임에서 남동생인 왕의 중재를 통해 헤쳐나올 수 있었다. 위험을 잘 알고 있었지만, 그럼에도 불구하고 그녀는 자신에게 소중한 신학과 종교 관련 이슈에 관여하는 일을 멈추지 않았다. 특히나 신비주의에 심취하여, 교회개혁이 개개인의 영적인 회복을 통해 전개되기를 꿈꾸었다.

　1521년부터 루터의 저작들이 프랑스에 들어와 그중 일부가 프랑스어로 번역되었는데, 대부분은 마르가리타가 관여해 이루어졌다. 그녀 자신이 루터의 주기도문 묵상을 프랑스어로 번역하였고 그의 『교회의 바빌론 포로』(*On the Babylonian Captivity of the Church*, 1520)에 흥미를 느꼈다. 종교개혁의 역사에서 1521년과 같이 이른 시기에 마르가리타는 개혁 지향적인 인문주의자들, 특히 모(Meaux)의 주교인 기욤 브리소네(Guillaume Briçonnet), 자크 르페브르 데타플(Jacques Lefèvre d'Etaples), 기욤 베데(Guillaume Bedé), 그리고 그녀가 좋아하는 설교자들 브루시오(Arnauld Broussio)와 다란데(Michel d'Arande)와 서신을 교류하고 교제하였다. 다란데는 이전에 아우구스티누스 수도사였던 인물로 마르가리타의 사적인 보호 아래 있는 동안 이단 심사를 받기 위해 종교재판소에 끌려가야 했던 사람이다. 또한 그녀는 궁궐 예배당 목사 제라르 루셀(Gérard Roussel), 피에르 카롤리(Pierre Caroli), 기욤 파렐(Guillaume Farel), 그리고 프랑수아 바타블(François Vatable)과도 친구였다. 그녀는 기욤 브리소네가 이끄는 소위 모 그룹을 후원하였다. 이 그룹에는 개혁과 "복음주의적인" 신학을 지지하는 프랑스의 총명한 그리스도인 인문주의자들과 종교 지도자들이 가입해 있었다. 교회 "안에서의 개혁"이라는 비전과 이신칭의 교리에 대한 이들의 숙고는 마르틴 루터의 혁명적인 성서 다시 읽기와 그 결과로 나타난 비텐베르크에서의 종교개혁과 뜻을 같이하였다. 여러 위험에도 불구하고, 마르가리타는 면죄부 판매와 프랑스 영토 내에 성인들의 유골을 전시하는 일을 반대하는 브리소네의 사상을 유포하는 일을 지원하였다. 그리고 신약성서를 프랑스어로 번역한 자크 르페브르가 소르본 대학의 정죄를 받아 처형당하는 일을 막아내었다. 그녀의 보호 아래 프랑스 궁정에서 지내는 일이 점점 위험해지자 마르가리타는 많은 박해받는 개혁자들을 페라라로 보내, 한때 르네 드 프랑스(Renée de France)였던 레나타 디 페라라(Renata di Ferrara)의 보호를 받게 했다. (특별히 그녀가 브리소네와 주고받은 현존하는 편지는—이 편지에서 그녀는 글을 단지 "지식과 영적인 위안의 원천으로뿐만 아니라 자기표현의 수단으로" 사용하는 법을 배웠다—그녀의 내적인 진보와 개혁운동에 대한 관련성에 대해 알게 해준다. Cholakian 2006, 103.)

프랑스에서의 종교개혁은 1533년 소르본대학의 새 학장 니콜라스 콥의 유명한 만성절 설교에서 발화했으며, 그 직후 콥과 칼뱅은 어느 누구보다도 마르가리타의 보호를 받고자 하였다. 칼뱅은 그녀의 궁정을 떠난 후, 다른 사람들이 그랬던 것처럼 마르가리타와 서신교류를 하였다. 칼뱅주의자들과 루터란 모두 자신들의 안전과 프랑스 종교개혁의 성공을 위해 마르가리타에게 소망을 두었다. 그러나 왕이 복음주의자들에 대한 처음의 조심스러운 관심을 잃고 난 이후에 상황은 변했고 그들은 뿔뿔이 흩어졌다. 이러한 일의 계기가 된 사건은 1534년 10월 가톨릭 미사를 모독하는 포스터가 궁정에 출현한 저 유명한 플래카드 사건이었다. 이 사건은 프로테스탄트들의 개혁 요구에 호의적이던 사람들까지도 오싹하게 만들었다. 이 무도한 사건으로 말미암아 마르가리타가 한동안 궁궐을 떠나는 일까지 생기고 말았다.

마르가리타는 1535년 돌아와서 반목하는 종교 파당들 사이를 중재하는 일을 계속하였다. 상황은 그녀의 노련한 중재가 필요하였고, 이로 인해 그녀는 어느 한쪽 편을 들 수가 없었다. 그러자 자신들의 편에서 보다 호전적인 지도력을 발휘해 줄 것을 기대하던 프로테스탄트들은 실망할 수밖에 없었다. 마르가리타의 "우유부단함"에 누구보다 칼뱅이 우려하고 노여워하였다. "우리의 가장 큰 소망이 나바라의 왕비에게 있지만 우리는 그녀를 너무 의지해서는 안 된다." Bainton 2001, 29. (1534-39년에 정치와 종교에서 그녀의 역할에 대해서는 Cholakian 2006, 171-206을 참조.) 박해 아래 일부 프랑스 위그노들이(특히 궁궐에 있는 사람들이) 가톨릭의 경건 양식에 순응하고 타협하기 시작했다는 사실과, 칼뱅이 보기에 신비주의와 반(反)권위주의에 미혹된 "미심쩍은" 리버틴들(Quintin du Hainault, Antoine Pocquet, Claude Perceval)이 왕궁에 받아들여지고 있다는 사실이 칼뱅을 괴롭혔다. 마르가리타는 칼뱅의 비난을 거부하면서 외견상으로 가톨릭의 종교적인 의식을 지키는 일을 계속해 칼뱅을 경악케 했다. 그녀가 쓴 글들 중 일부는 칼뱅에 대한 그녀의 답변서처럼 보인다. Stephenson 2004, 178-179; Blaisdell 1982, 75-76 참조. (두 사람 사이의 서신에 대해서는 Marguerite to Calvin, July 25, 1540, CO, XII, co. 64-68, nol. 634; Calvin to Marguerite, April 28, 1545, CO, XII, col. 64-68, no. 634; Blaisdell 1982, 76.)

마르가리타에 대한 칼뱅의 비난은 거칠어 보인다. 마르가리타는 자신의 세력과 선택권을 조심스럽게 계산하면서 수많은 위험을 무릅써 왔다. 그녀는 정말로 종교적인 이유로 그 운동을 신뢰했기 때문에 개혁을 지지한 것이다. 칼뱅은 다음과 같은 점을 알아채는 데 실패했다.

> 정통과 이단 사이에서 불명료한 노선을 취했기 때문에, 하나의 신앙고백적인 충절을 강요받는 것을 거부했기 때문에, 그리고 성별을 넘나들고 정치적인 경계를 넘나들었기 때문에, 마르가리타는 프랑스에 종교개혁을 불러일으킨다는 자신의 목적을 촉진하기 위해, 16세기 초반에 가동되고 있던 정통주의, 인문주의, 그리고 개혁파의 조직망 사이에서 가교역할을 할 수 있었던 것이다. Stephenson 2004, 183. (또한 Bainton 2001, 183 참조.)

그녀의 보호를 받은 프로테스탄트들이 미몽에서 깨어난 것만큼, 마르가리타 역시 종교박해를 종식시킨다는 자신의 소망에 관한 미몽에서 깨어났다. 그녀의 남동생은 더는 그녀의 말에 귀를 기울이지 않았다. 모 그룹은 흩어졌고, 그녀와 가깝게 지내던 사람들은 추방당하였다. 그녀는 궁궐을 떠나 나바라로 가서 프로테스탄트 피난민들(Clement Marot, Michel d'Arande, Lefévre d'Etaples 등)을 위해 자신의 집을 개방하였다. 그녀는 프로테스탄트 목사인 제라르 루셀과 예배를 드리기 시작했는데, 그의 설교는 한때 이단적이라는 정죄를 받은 바 있었다. 그녀는 병원을 설립하고, 자선을 베풀고, 자신의 영토를 돌아보았다.(개혁을 위한 준비로 지역 도시와 교회를 "방문"하는 것과 비슷하다.) 그녀는 교회 안의 폐해에 대해 관심이 있었고, 제 나라 글로 된 자료를 제공하는 일에 공을 들였으며, 지역 교회들의 목회적, 교리문답적, 전례적인 필요에 대해 말하였다. 왕비는 다양한 방식으로 자신의 영토 안에서 개혁자로 활동하였고, 여전히 개개인이 접촉할 수 있는 사람으로 남았다.

886통이라는 마르가리타의 방대한 편지는 다방면에 걸쳐 그녀가 맺은 폭넓은 인간관계에 대한 정보를 제공해 왔다. "가장 빛나는 최고의 그리스도인 제후 나바라의 마르가리타 왕비"에게 보내진 많은 편지들이 보존되어, 그녀의 정보망이 어떠했는지, 그리고 그녀가 어떻게 종교개혁에 지속적인 관심을 기울였는지, 그 과정에서 그녀가 감당한 역할이 무엇인지 밝혀주고 있다. 이 편지들 중에 186통은 남동생과 주고받은 것이지만, 그녀는 또한 프로테스탄트 도시들(제네바와 베른), 개개인의 인문주의자들과 개혁자들, 남자들과 여자들(칼뱅, 멜란히톤, 파렐, 부처, 루터 ; 비토리아 콜론나, 마리 당티에르, 르네 드 프랑스), 그리고 몇몇 교황(레오 10세[재위 1513-21], 하드리아누스 6세[1522-23], 클레멘스 7세[재위 1523-34], 파울루스 3세[재위 1534-49]와 전부 36통의 편지 교류)과도 서신을 교류하였다. Stephenson 2004, 149-183, 15-43; Jourda 1930, 247-249 참조.

정치적으로 강력하고 좋은 관계망을 형성하고 있던 마르가리타는 또한 영적인 어머니의 역할을 하나의 방침으로 채택하였다. 이 점은 그녀가 만들어 유지하던 연계조직과 그녀의 편지에서 명백하게 드러난다. 특히 여성들은 그녀에게 지도와 후원을 받고자 하였는데, 그녀는 자신의 동역자들과 멀리 떨어져 있으면서도 밀접한 친교관계를 발전시켰고, (그녀는 마리 당티에르의 딸 중 하나의 대모였다. McKinley 2004, 402.) 더불어 자신보다 신분이 낮은 여성들에게 관심을 기울였다. 그녀 사후에 출판된 『헵타메론』(Heptaméron, 72개의 이야기)은 성직자들에 의해 능욕을 당한 여성들의 세세한 이야기를 포함하고 있다. 그녀의 작품은 부패한 성직자들에 대한 부글부글 끓어오르는 비판에 가담하였으며 여성들의 복지에 대한 관심을 보여주었다. 그녀는 악폐를 중단시키기 위한 수단으로 이야기들을 기록하는 일에 자신의 권력을 사용하였다. 그리스도인이자 같은 여성으로서의 "소명"감이 이 일에 원동력이 되었던 것 같다. 『헵타메론』, 특히 그 열 번째 이야기는 그녀가 어머니와 맺은 관계에 대한 자전적인 내용으로 해석될 수 있다. Cholakian 2006, 21, 37-38.

마르가리타의 『헵타메론』은 "사제들에 의해 강간당하고, 위협당하고, 괴롭힘을 당한 여성들에 대해 담담하게 이야기하였다." 마르가리타의 글은 단순한 이야기 이상의 것으로, 희생자의 고통에 대한 깊은 통찰력을 제공할 뿐만 아니라 이러한 폭력을 막기 위한 전략도 담고 있다. 그녀는 "단지 희생자의 경험에 목소리를 부여하기만 한 것이 아니라, 또한 그녀 자신이 속해 있는 사회가 성범죄 희생자를 공범자로 몰아가는 데 대해 도전하였다." 그녀는 교회가 성직자들의 성폭력에 대해 다루어야 한다고 주장하면서, 희생자들에 대한 목회적인 돌봄을 위한 근거를 성서에서 끌어왔다. "그녀는 성령께서 여성들과 남성들에게 힘을 주셔서 교회 안의 도덕적인 개혁과 다른 필요한 변화를 위해 일하게 하실 것이라고 믿었다." Schroeder 1993, 171. 종교개혁자들이 은혜를 통한 칭의를 강조하는 견지에서, 마르가리타는 "성폭력은 그리스도께서 위해서 죽으신 여성의 가치나 명예를 파괴할 아무런 힘도 지니고 있지 않다."라고 주장하였다. 같은 책, 175. 더 나아가 이 책에서 그녀는 교회의 개혁된 모습에 대한 자신의 전망을 밝혔다. "마르가리타가 꿈꾼 교회는 여성들과 남성들이 성서와 성령의 감동을 받아 자신들의 생활에 대해, 그리고 하나님의 은혜에 대해 진리를 말할 수 있는 공동체였다." 같은 책, 187. (Jourda 1930, 661-676 참조.)

마르가리타의 종교적인 글들과 신앙적인 글들은 얼마간 신플라톤주의적이고 칼뱅주의적인 색조를 띠고 있었고, 그중 일부는 중세 신비주의자들의 글들과 공명하는 바가 있었다. 새로운 시대의 신비주의 작가, 숨어 있는 복음주의자이던 그녀는 이신칭의의 시각에 흥미를 느꼈으며, 이 주제는 그녀의 신학 서클들에서 굉장히 자주 논의되었다. 그녀는 그리스도인들의 삶에서 성화와 선택을 이해하고 싶어하였다. 종교개혁 신학의 핵심적인 몇몇 주제에 대해서는 마르가리타의 『공주들의 진주 목걸이』(The Pearls of the Pearl of Princesses)에서 볼 수 있는데, 여기서 그녀는 성서 수위권, 이신칭의 개념, 그리고 선택이라는 주제를 숙고하고 있다. Bainton 2001, 21, 25; 또한 Cholakian 2006, 279-314 참조.

마르가리타의 종교적인 시에는 상당한 일관성이 있지만, 거기에는 신앙중심주의(solafideism)에 따라 살아가는 사람을 닮고자 하는 정신에 근거한 영성에서 나오는 분명한 흐름도 있다. 후자의 예로, 주석적인 비평과 설명에서 떠나 신적인 내재성과 초월성, 내적인 음성, 황홀과 같은 신비적인 주제를 표현하는 데로 나아가는 게 보인다. 신비주의와 신비적인 단계에 대한 마르가리타의 점증적인 관심은 불가피하게 시에 대한 그녀의 평가와 작가로서의 그녀의 역할에 대한 인식에 영향을 미치고 있다. Sommers 1989, 102.

루터나 칼뱅 혹은 재세례파의 신학으로 개종하지 않고서 교회를 개혁하는 일에 투신한 많은 가톨릭 여성들처럼, 마르가리타는 교회의 개혁이 개개인의 개혁에서 시작된다고 보았다. 그녀는 신비적인 지식의 전통을 존중하면서 영적인 진전의 힘을 믿었다. 마르가리타의 영성과 저술에 나타나는 신비적인 측면이나 성향은 특히 그녀가 그리스도와의 개인적인 관계를 말하는 데서 분명하게 나타났다. "마르가리타는 체감적인 용어로 그리스도와의 신비적인 합일을 기술하고 있고" 그녀의 "시는 하나님과의 신비적인 합일에 대한 강한 열망을 묘사하였다." Schroeder 1993, 174. 예를 들어 『거울』에서 그녀는 합일에 대해, 그리고 "거룩해져서" 그리스도의 형제, 자매, 어머니, 그리고 아내로 "신적인 존재가 되는" 일에 대해 신비적인 용어를 사용하고 있다. 그렇지만 신비주의에 대한 마르가리타의 관심이 그녀를 금욕주의로 이끈 것은 아니었다. 신학은 그녀를 어떤 특정한 영적인 실천으로 이끄는 일 없이 단지 지적으로 그녀의 관심을 끌었던 것이다. 더욱이 그녀는 인간 육체의 신성함과 완전성을 인정하는 몽상가였고, 이 분야에 대한 그녀의 강조는 근대 페미니스트 신학의 관심(예를 들어 육체와 영혼의 신성함, 사랑과 우정의 경험으로부터 하나님과의 합일을 이해하는 것)과 공명하는 바가 있다. Schroeder 1993, 174-175; Bainton 2001, 25-26; Lerner 1993, 148-149; Jourda 1930, 887-912 참조.

마르가리타의 신비적이고 때로는 경건한 어조는 그녀의 편지들에서도 발견되고 있다. 예를 들어 그녀는 자신과 마찬가지로 개인의 영적인 변화를 통한 교회의 개혁에 관심을 갖고 있던 사촌 비토리아 콜론나(Vittoria Colonna)에게 보낸 편지의 발췌문에서 다음과 같이 쓰고 있다.

육체에 관해서라면 나는 당신이 오래전에 죽었다고 믿으며, 당신의 아담이 자신의 모든 욕망과 더불어 죽어서 우리 주 예수 그리스도 안에서 십자가에 못 박혔다는 것을 믿으며, 그분과 더불어, 그리고 그분을 위해 당신이 죽었다가 다시 살아나, 어린양 예수—세상의 창조 이전에 죽었던 그분을 통해 당신은 성령 안에서 새롭게 되었다—의 새로운 육체 안에 살면서 새 땅을 걸으며 새 하늘을 기다리면서, 이전의 외적인 질서는 지나갔다고 생각하고 있다고 믿는다. 표면적인 것들은 종말을 고하고, 내적인 것이 아니고는 어떤 것도 더는 지속하지 않을 것이기 때문에, 어떤 세속적인 것도 자신들의 심장을 영원한 하나님과 그분의 영원성을 향유하는 데 고정시킨 사람들이 바라고 소망할 만한 가치는 없다. Collett 2000, Appendix B.

1545년 비토리아에게 보낸 다른 편지에서 그녀는 제도적인 개혁이 개인의 개혁에서 출발할 필요가 있다고 언급하였다. "교회의 목회자들이 사도적 신앙의 계승자들이라고 인정되는 사람들을 말과 행동으로 따른다면, 그리스도인 통치자들과 백성들은 자신들의 잘못을 바로잡을 것이고, 목회자들을 멸시하고 힐난하는 사람들의 비판도 잠잠해질 것이다." Collett 2000, Appendix B.

마르가리타는 신비적인 저술가로 간주될 수 있다. 더욱이 "마르가리타의 글은 그리스도인이 말씀을 탐색하는 데 대한 비유"이며 "마르가리타의 시는 말씀이 인간의 언어로 작용하는 데 대한 비유이다." 그녀가 성서중심성을 성령중심성과 결부시키긴 했지만, 성서는 그녀 관심의 초점이었다. 그녀의 시는 명상적인 삶을 증진시키는 신비적인 전통에 기초하고 있으며, 그녀는 자신이 지은 시들을 하나님께 "바쳤다." 외향적인 충동과 사회적인 관심을 드러낸 신비주의자들의 무리 가운데서, 마르가리타의 신비주의는 정치적인 차원과 변화된 현실에 대한 비전을 내포하였다. "침묵의 회복, 즉 이야기의 의미 사슬보다 앞서는 근본적인 메타포의 회복을 추구하면서, 마르가리타의 글들은 하나하나가 다 구조적으로 혹은 은유적으로 말씀의 '절대적인 완전성'으로의 최종적인—비록 계속적으로 연기되기는 했지만—귀환에 대한 약속을 제시하고 있는 강론이다." Cotrell 1986, 312와 Thysell 2000, 124 참조.

동시에 마르가리타의 사상과 "당대의 종교적이고 정치적인 논쟁에 대한 그녀의 기여"에는 특별한 "사회적 차원"이 있다. 캐롤 티셀이 결론을 내리고 있듯이, "그녀가 본질적으로 '정적주의적인' 영성을 지녔다고 규정하는 초기의 성격 규정으로부터, 그리스도교의 공동체적인 측면을 빠뜨리고 있는 점이 그녀의 개인주의적인 경건을 나타낸다는 보다 최근의 주장에 이르기까지," 그녀의 신학이 영적인 것과 정치적인 것, 비유적인 것과 사회적인 것을 연결시키는 방식에 대해서는 한 가지 결론을 내릴 수 있을 것이다.

> 마르가리타 드 나바라에게 비유적인 어법은 칼뱅에 대한 그녀의 반응이 이처럼 기본적으로는 신학적이지만 또한 정치적인 측면까지 내포하게 해줌으로써, 단지 지금 당장의 정치적인 입장만을 고지하는 것이 아니라 어떠한 개인적인 확신보다 더 깊은 유대관계를 통해 공동체의 영적이며 정치적인 차원을 "연결시키는" 계속적인 과업을 촉진시키는 일에 자리를 잡게 해준다. Thysell 2000, 124.

그녀의 신비적인 글에서는 자신의 삶의 고뇌와 경험이 문학적으로 표현되었다. 예를 들면 다음과 같다.

> 그녀는 그리스도와 하나님 때문에 모베르 광장의 화재, 메랭돌에서의 대학살, 계속적인 추방과 귀환, 당당한 행렬, 호화로운 식사와 화형당하는 사람들의 비명, 감옥, 고문과 화형, 그리고 모든 것을 겪어내었다. 그녀의 가장 길고 위대한 시 『감옥』은 지상의 기쁨의 무상함을 표현한 이야기인데, 정말이지 이 기쁨은 종국에는 탐욕, 욕망, 야망과 자기애로 인해 퇴색되는 감옥이라는 것이다. Bainton 2001, 36-37.

다른 경우와 마찬가지로, 1547년 마르가리타의 사랑하는 남동생 프랑수아 왕이 죽고 그 후계자인 앙리 2세가 즉위하고 나자, 그녀의 개인적인 파멸을 둘러싼 사건들이 마르가리타로 하여금 1548년에 『왕의 죽음에 관한 코미디』(Comedy on the Passing of the King)를 쓰도록 자극하였다. 1년 뒤인 1549년 12월 21일 마르가리타는 죽음을 맞아 자신이 원하던 "평온한 잠"에 들었다. 그녀가 하던 일은 그녀의 딸 잔 달브레가 이어받았다. Blaisdell 1982, 76; Jourda 1930, 80-82; Roelker 1968, 11.

잔에 따르면 그녀의 어머니는 가톨릭 신앙을 지닌 채, 스스로 "자신의 내적인, 영적인 신앙에는 논리적으로 맞지 않다."라고 여기던 외적인 종교 의식을 치르면서 죽었다. 그럼에도 불구하고 해결되지 않고 남는 의문은 그녀가 마음속으로는 정말로 칼뱅주의자나 루터주의자였는가 하는 것이다. 그녀가 가톨릭에 제기한 의심과, 프로테스탄트들과 나눈 교제와 그들로부터 받은 존경에 주목하면, 비록 그녀가 드러내 놓고 고백한 적은 없을지라도 그녀는 선을 넘은 것이 분명하다. 마르가리타의 글들은 비록 루터의 이신칭의(자크 르페브르 데타플 또한 이 사상을 프랑스 궁정에 소개하였다.)가 그녀의 신앙을 급진적으로 만들긴 했지만, 신학적으로 성례신학에서 칼뱅에 더 가까웠다는 것을 말해준다. 신비주의의 측면에서 보면, 그녀가 가톨릭 전통과 여성으로서의 자신의 경험에서 끌어내던 모든 것이 그녀를 개혁파 동료들과 구별지었다. 예를 들어 "그녀는 몇몇 신학적 견지에서는 칼뱅에 동의했지만 다른 점에서는 명백하게 그에게 동의하지 않았다. 그러나 그녀가 신비적인 조명을 통해 이해한 진리는 칼뱅의 즉각적이고 예언적인 메시지보다 더 폭넓은 것이었다." Thysell 2000, 123. 그녀는 실제로는 사람들이 인식하는 것보다 루터에게 더욱 가까웠다. 루터의 신학은 핵심적인 신비적인' 차원을 수반하였다.(특별히 그리스도와 인간 사이의 합일의 실재를 그린다는 점에서, 그리고 말씀과 성례전에서 그리스도의 실제적인 임재를 구상한다는 점에서 그렇다.)

마르가리타가 택한 장르 때문에, 그리고 그녀의 성별 때문에 신학적 저술가로서의 그녀의 역할은 최근까지 제대로 인식되지 못하였다. 그녀는 신학적인 내용에 대한 체계적인 저술(summa)을 하지는 않았다. 성별이라는 이슈가 왜 우리가 마르가리타나 다른 동시대 여성들에게서 (좁은 의미에서의) "조직신학"을 볼 수 없는지(수십 년 전 롤란드 베인튼이 제기한 예리한 질문)를 충분히 설명해 주지는 않는다. Thysell 2000, 125. 그녀는 확실히 사회가 여성에게 기대하는 바를 모르고 있지는 않았지만, 이러한 외부의 압력이 그녀를 가로막지는 않았다. 그렇지만 그러한 것이 실제로 그녀 자신의 비전과 경험이 그랬던 것만큼이나 그녀의 신학적인 사고에 영향을 미쳤을 수는 있다. 최종적으로 볼 때, 그녀는 자신의 성별이 자신을 제한하도록 내버려두지는 않은 것으로 보인다. 그리고 그녀는 자신의 선택권을 최대한 이용하는 법을 알았고, 전형적으로 남성의 영역으로 간주되던 곳에서 자신을 표현하고 영향력을 행사하는 방법을 발견하였던 것 같다. 지적이고, 교양 있고, 특권층에 속한 재능 있는 여성으로서 그녀는 학구적인 남성들이 전통적으로 사용하던 문체로 신학적인 저술을 하는 기량을 가지고 있었으며, 그 장르를 매우 잘 알고 있었다. 또한 그러한 저술을 하려고 노력하는 (특별히 프로테스탄트) 여성에게 수반되는 장애물과 위험을 알고 있었다. 그래서 그녀가 의도적으로 직업적인 신학자들을 우선적인 대상으로 삼고 글을 쓰지 않았고, 내심 숨어 있고 싶어 했다는 것은 매우 그럴 듯한 추론이다. 그녀는 평신도로서, 자신에게 개인적으로 와 닿는 형식으로, 그리고 잠정적인 많은 청중을 대상으로 저술하고자 했다. 그녀의 전형적으로 우화적인 문체는 그녀 자신의 신학적인 함의를 영리하고 독창적으로 숨길 수 있게 해주었다. 편지, 시, 소설 들에서 그녀는 한 사람의 신학자로서 자신만의 문체로 썼다. 소르본대학의 남자들은 그녀의 신학적 중량감을 알아차렸다. "그녀의 시들은 명백히 신학적인 것으로 이해된다. 만약 그렇지 않았다면 소르본이 그 시들을 질책하지 않았을 것이다." Thysell 2000, 125, 또한 94-95, notes 34, 35, 37.

그녀의 인상적인 이력과 더불어 삶의 경험, 축적된 지혜, 그리고 프로테스탄트 신학과 인문주의 사상뿐만 아니라 신비적인 전통에 의해 형성된 시각에서 나온 풍성한 문서들은 확실히 왕비 마르가리타가 신학적인 숙고와 토론을 위한 기준에 도전하던 여성들의 최전선에서 두드러지도록 해준다. 그녀의 목소리는 신학적인 표준과 방법론의 확대를 요구하는 목소리 가운데 하나이다. 그녀는 프랑스뿐 아니라 유럽의 다른 지역에서도 종교개혁을 위한 가장 중요한 후원자들 중 한 사람으로 인식되어야 한다.

잔 달브레:

프로테스탄트 왕비이자 위그노파의 지도자

❖부모
 -마르가리타 드 나바라(Marguerita d'Angoulême de Navarra, 1492-1549)
 -앙리 달브레(Henri d'Albret, 1503-55)
❖형제자매
 -장(Jean, 1530년 태어나 같은해 사망)
❖배우자 1(1541-45, 이혼)
 -빌헬름(William, Duke of Cleves, 1516-92)
❖배우자 2(1548-62)
 -앙투안(Antoine de Bourbon de Vendôme, 1518-62)
❖자녀
 -앙리(Henri, 1551-53)
 -프랑스의 앙리 4세(King Henri IV of France, 1553-1610)
 -루이 샤를(Louis Charles, 1555-57)
 -마들렌(Madeleine, 1556)
 -카트린 드 나바라(Chatherine de Navarra, 1559-1604, 로렌의 공작 앙리 1세와
  결혼)

잔(Jeanne d'Albret, 1528-72)은 1528년 11월 포(Pau)에서 나바라의 왕 앙리 달브레와 프랑스 왕의 누나인 마르가리타 당굴렘의 외동딸로 태어났다. 나바라 왕국은 비록 작은 나라이지만 피레네 산맥 경사면에 자리해 프랑스와 스페인 둘 다를 접하는 전략적인 위치로 인해 많은 나라들이 몹시 탐내는 곳이었다. 그녀의 남동생 장은 1530년 태어나 몇 달 되지 않아 죽었고, 어머니 마르가리타의 계속적인 유산으로 인해 외동이자 너무나 소중한 후계자가 되었다. 권력 있는 가문의 딸이자 황제 카를 5세(스페인 왕)와 영국의 헨리 8세, 그리고 교황과 권력 다툼의 와중에 있던 프랑스 왕의 조카딸로서 그녀는 왕족들의 결혼시장에서 전략적인 위치를 점하였다. 잔의 결혼에 대한 전망은 당시 프랑스에서 악화일로에 있던 종교분열의 색채가 더욱 짙어진 파당싸움과 변화무쌍한 국가 간 연대의 영향을 받았다. 더불어 1512년 스페인에 빼앗긴 땅을 되찾으려는 그녀 아버지의 야망까지 결부되었다.

"잔의 결혼은 왕족의 지배적인 이슈 중 하나가 되었다." Stephenson 2004, 107. 그녀의 아버지와 프랑수아 왕은 결혼 저당물로서의 그녀의 가치를 깨달았다. 앙굴렘의 공작부인이 죽은 후 마르가리타와 앙리는 딸을 데리고 궁궐을 떠나 자신들의 땅인 포와 베아른(Béarn)으로 돌아가려고 하였는데, 왕이 그 계획을 알아채고 잔이 궁궐을 떠나는 것을 허락하지 않아 결국 그녀 혼자 프랑스에 남게 되었다. 앙리를 통제하고 자신에게 득이 되는 제휴관계를 맺으려는 욕심에서, 프랑수아는 권리를 주장할 수 있게 되자마자 아마도 카를 5세와 자신의 딸을 결혼시키려던 앙리의 소망에 끼어들어 간섭하기 시작하였다. 자기 누나가 겪은 어머니로서의 열망과 비탄(그녀는 50대 후반까지도 상상임신을 계속하였다.)을 잘 알고 있었으면서도, 프랑수아는 봉신(군주에게 영지를 받은 제후)과의 관계에서 자신이 누릴 수 있는 특권을 행사하였고, 이렇게 해서 잔은 처음에는 프랑수아의 손에, 나중에는 그 아들의 손에 결혼 볼모로 잡히는 운명이 되었다.

정치적인 권위가 부모의 권위를 눌렀기 때문에, 마르가리타는 비록 궁정에서 가장 강력한 여성이었다고는 하나 굴복하지 않을 수 없었다. 궁궐의 관습을 잘 알고 있던 마르가리타는 자신에게 주어진 직위와 왕의 누이로서의 특권이 얼마나 멀리 가버렸는지를 알아챘다. 약혼을 하기까지, 잔의 양육은 제대로 관리 감독될 필요가 있었다. 프랑수아는 자신의 누이에게 일임해 왕은 그녀의 친구 중 하나인 에이메(Aimée de la Fayette 혹은 Aymée de Lafayette)를 택해 잔의 가정교사로 삼았다.

프랑수아가 10살짜리에게 플레시스-레-투르(Plessis-les-Tours)로 옮기도록 조처를 취하기 이전에도, 당시 가장 화려한 "경력"의 이 여성(Roelker 1968)은 유년기부터 부모와 떨어져 지냈다. 그녀 신분에 속한 아이들에게는 드문 일이 아니었지만, 그녀는 양친 중에 어느 쪽도 좀처럼 보지 못하였고, 그마저도 거의가 어머니와 보낸 시간이었다. 그녀는 종종 자신의 삼촌을 방문하여, "궁궐의 귀염둥이"(La Mignonne de Deux Roi)가 되었지만, 그렇다고 이것이 반드시 사랑이 넘치는 관계를 의미하는 것은 아니었다. 아름답다는 찬사를 받긴 했지만 허약한 공주는 자주 아팠다. 그녀는 아마도 어린 시절 정서적으로 방치된 채 지냈을 것이고, 금방 울 것 같고 고집불통인 성격 탓에 주변 사람들을 마음으로부터 멀리하였을 것이다. 그렇지만 물질적으로는 멋대로 할 수 있는 풍족한 삶을 살았다.

우선 잔은 개인 가정교사, 니콜라 드 부르봉을 두었고, 과자 만드는 사람을 비롯해 그녀의 모든 필요를 살피는 수행원들, 이국적인 애완동물들, 그리고 최고급 오락을 누렸다. "궁궐의 귀염둥이"는 개인 가정교사들로부터 양질의 교육을 받았는데, 이들 중 다수가 개혁파 신앙의 대표자들이었으며, 이것은 교양 있는 어머니의 보살핌 안에서 공부하던 어린 시절에 더욱 그러했다. (비록 구체적인 증거는 결여되어 있지만, 이것은 분명히 추정할 수 있는 일이다. Cholakian 2006, 152-153.) 정확하게 그녀가 무엇을 배웠는가 하는 것은 잘 알려져 있지 않지만, 그녀와 같은 위치에 있는 젊은 여성에게는 라틴어와 자국의 문헌과 고대 문헌에 대한 공부가 기대되는 바였을 것이다. 그녀가 그리스어나 이탈리아어 혹은 히브리어를 얼마나 공부했는지는 분명하지 않으나, 스페인어에는 매우 정통했으며, 신학과 종교적인 문제들에 대해서도 가르침을 받았다. 어머니의 영향 아래 그녀는 어릴 때부터 줄곧 인문주의자들과 종교개혁자들의 사상과 그들의 작품을 접했으며, 프로테스탄트들과의 교제가 얼마나 위험할 수 있는지에 대해서도 목격하였다. 아직 어린아이일 때 그녀는 그 유명한 1534년의 플래카드 사건과 그 결과로 이루어진 위그노파에 대한 박해를 경험하였다. 그녀는 (시를) 집필하는 데 있어 어머니의 우아한 문체를 보유하지는 못했지만, 자신의 명민한 지성과 강력하고 독립적인 정신은 잘 드러내었으며, 첫 번째 결혼에 격렬하게 저항할 때에는 이런 것들을 특히나 날카롭게 표현하였다.

최고의 짝을 찾으면서, (잔의 아버지는 물론이고) 프랑수아는 잔을 프랑스의 대적 가문인 카를 5세에게 출가시킬 생각을 잠시 동안 품은 적이 있었다. 프랑수아 왕의 아들인 앙리의 이름도 언급되었지만, 왕은 결국 "카를 5세의 옆구리의 가시 같은 존재"인 독일의 프로테스탄트, 클레베의 빌헬름 공(Wilhelm of Cleves)으로 마음을 정했다. (빌헬름의 누이 앤은 영국의 헨리 8세와 결혼하였는데, 잔의 어머니와 르네 드 프랑스 모두 헨리 8세의 첫 번째 아내인 아라곤의 캐서린에 대한 신의 때문에 헨리 8세의 청혼을 거절한 바 있다.) 잔의 부모는 처음에 그 의도나 목적이 스페인과의 전쟁 선포를 뜻할 뿐인 이 결혼에 반대하였지만, 왕의 봉신이자 달브레 가문의 구성원으로서, 굴복하지 않을 수 없었다. 고위층의 결혼 약정에서는 봉건제도 아래에서의 의무가 형제로서의 충정이 설 자리를 빼앗았다. 앙리가 다스리던 땅인 나바라와 베아른의 대표들의 저항도 아무 소용이 없었다. 이들은 처음에 외국의 통치자가 장차 나바라의 왕위 계승자가 될 사람을 결정할 수 있다는 생각 자체에 반박했던 것이다.

마르가리타는 딸의 운명을 둘러싸고 남편과 남동생 사이에서 어정쩡한 위치에 놓여 있었다. 마르가리타, 앙리, 그리고 잔은 프랑수아 1세와 카를 5세 사이의 미묘한 국제적인 경쟁의 와중에 말려들어 있었다. 마르가리타는 공개적으로는 왕의 뜻을 따르면서 개인적으로 잔을 위해서 사적인 편지 캠페인을 하는 것이 지혜롭다고 생각했다. Stephenson 2004, 132, 108, 각주 140-142; de Ruble 1877, 80-119. 어린 잔은 스스로 말과 글로 싸웠고, 또 몸으로는 결혼식장에서 제단을 향해 걷기를 거부하였다. 그녀는 공개적인 저항을 계속하면서, 자신은 강요된 결혼의 정당성을 인정하지 않았다는 사실을 기록에 남겼다. 그녀는 저항을 계속해서 나중에는 하나님 앞에 맹세까지 할 작정이었다. 수도원으로 가거나 자살할 것이라는 그녀의 협박은 왕을 격노시켰지만, 그녀는 꿈쩍도 하지 않았다. 왕은 그녀의 편지에 처형시키겠다는 협박으로 응답했고, 이 시점에서 마르가리타는 딸을 위해 사죄의 편지로 중재에 나섰다. 마르가리타는 자신의 남동생에게 그녀 가족이 해온 봉사를 상기시키면서, 그가 왕으로서 원하는 대로 할 수 있는 권리가 있다는 것을 인정하면서도 이 결혼 계획이 과연 지혜로운 것인지 경계할 것을 겸손하게 권고했다.

담당 의사와 궁정 인사들의 입회 하에 잔은 이렇게 기록하였다.

나, 잔 드 나바라는 이미 밝힌 나의 입장을 그대로 고수하면서, 이 글로써 여기서 다시 분명히 표명하고 이의를 표하는 바이다. 클레베의 공작과 나 사이에 성사시키고자 하는 결혼은 나의 뜻과 상반되는 것이고, 나는 거기에 결코 동의한 적이 없고 이는 앞으로도 그럴 것이다. 그리고 지금부터 내가 말하고 행하게 될지도 모를 모든 것은, 이것들로 그들은 내가 동의했다는 것을 증명하려 들지 모르겠는데, 내가 왕, 나의 아버지, 나의 어머니에 대한 두려움 때문에 내 뜻이나 바람과는 반대로 강요에 못이겨 이루어질 것이라는 점을 밝혀둔다. 이들은 캉 지방의 행정관, 나의 가정교사로 하여금 나를 길들이도록 위협한 바 있다. 왕비인 내 어머니의 지시를 받고, 앞서 말한 나의 가정교사 역시 몇 차례 이렇게 천명한 바 있다. 내가 왕이 바라는 이 결혼과 연관해서 아무것도 하지 않으면, 그리고 내가 동의를 표하지 않으면 나는 죽음에 이를 정도로 가혹한 처벌을 받게 될 것이라고, 그리고 그것을 거부함으로써 나는 아버지와 어머니, 그리고 그들 가문의 파멸과 몰락의 원인이 될 것이라고 말이다. 아버지와 어머니의 파멸의 원인이 될 것이라는 이러한 위협은 내게 너무나 큰 공포와 두려움을 불러일으켰지만, 나는 결코 클레베 공작을 사랑할 수 없고, 그렇기 때문에 그와 결혼하지 않을 것이라고 밝혔으며, 그래서 그것을 잘 알고 있는 아버지와 어머니가 나를 버렸기 때문에 나는 하나님 이외에는 달리 그 누구도 의지할 데가 없었다. 그러므로 나는 미리 밝혀두는 바이다. 만약 내가 어떤 식으로든 클레베의 공작과 약혼하거나 결혼하는 일이 일어난다면, 그것은 내 마음에 반하여, 내 뜻과 무관하게 이루어진 일이 될 것이다. 그는 결코 내 남편이 되지 못할 것이고, 나는 그를 결코 내 남편으로 여기지 않을 것이며, 나는 어떤 유효한 결혼도 이루어진 게 없다고 간주할 것이다. 하나님과 여러분을 증인으로 하여 내가 호소하는 것들에 대한 증거로…앞에서 상술한 결혼문제와 관련해 강요, 폭력, 그리고 압박이 내게 가해졌다는 것을 여러분 각자가 기억해 주기 바란다.

Jeanne d'Albret in Freer 1855, 20-21; 또한 Roelker 1968, 54.

마르가리타가 그녀의 딸을 복종시키기 위해 때리기까지 하려고 했는지는 알 수 없다. 잔의 글은 아무 소용도 없었다. 계획된 대로 약혼식이 개최되었다. 그녀는 정성들여 두 번째 편지를 썼다.

나, 잔 드 나바라는…어머니와 가정교사가 클레베의 공작이 요구한 나와의 결혼을 받아들이라고 나에게 강요하고 있다는 것을 자각하고…이전에 내놓았던 항의문서에 서명하였다. 그리고 그들은 나의 뜻과는 반대로, 우리 사이의 결혼식을 밀고나갈 계획을 가지고 있다. 앞서 말한 클레베 공작과 나 사이의 겉치레의 결혼식 당일, 나는 이전에 내가 여러분 앞에 내놓았던 반대의 뜻을 지금까지 굽히지 않고 있고, 이것은 내가 항상 입으로 혹은 손으로 항의해 온 사항들 모두에 해당한다는 것을 다시 한 번 여러분에게 밝히는 바이다. 게다가 나는 앞에서 말한 결혼식과 그것과 관련해 예정된 다른 모든 것이 나의 뜻에 반해서 이루어진 것이고, 따라서 지금부터 나는 그것들을 무효라고 여길 것이다. 그것들이 폭력과 속박 아래 강제로 나의 동의를 얻는 식으로 행해졌기 때문이다. 여러분 모두를 증인으로 요청하고 있다는 데 대한 표식으로, 여러분께서 하나님의 도움으로 언젠가 이 문서가 내게 도움이 될 것으로 기대하면서 나와 함께 이 문서에 서명해 주기를 바라는 바이다. 나바라의 잔이 서명하다.

Jeanne d'Albret in Freer 1855, 21-22.

결혼식은 1540년 7월 15일 샤텔로에서 거창하게 거행되었다. 보석들로 무거워진 금색 예복을 입고, 담비 모피로 된 망토를 걸치고, 금관을 머리에 쓴 신부는 장신구들의 무게에 짓눌려 마치 걸을 수 없기라도 한 양 멈춰 서 있었다. 화가 난 왕은 국내장관 몽모랑시(Anne de Montmorency)에게 명령해서 머뭇거리고 있는 신부를 제단을 향해 이끌도록 했다. 이로 인해 두 사람 다 창피를 당하게 되었다.(특별히 몽모랑시에게 피해가 컸다.) 거대한 파티와 그에 연이은 8일 간의 화려한 축하연은 신랑을 회피하는 신부를 조금도 흥겹게 하지 못했다. 그녀는 강요된 결혼이 자신이 본 바로는 절대적으로 무효라는 것을 계속해서 알렸다.

신랑이 신방에 드는 일은 결코 없을 것이기 때문에 결혼식은 실제로 효력이 없었다. 신랑은 신방 침대에 겨우 발만 들여놓았을 뿐이고, 잔의 부모는 그들의 딸이 월경을 하기 전까지 부부관계를 하지 않겠다는 약속을 받았다. 결혼을 무효로 만드는 가장 강력한 근거 중 하나가 신방에

드는 일이 행해지지 않았다는 것이라는 점을 생각할 때, 이것은 마르가리타 측에서 결혼 후에 잔을 자신 곁에 두고자 한 영리한 계획이었음을 보여준다. 이 일과 더불어 결혼 무효를 압박하는 마르가리타의 계속적이고 빈틈없는 편지 캠페인은 이 결혼에 대한 그녀의 사적인 반대를 잘 드러내 준다. 동시에 마르가리타는 1541년 6월 고향으로 돌아간 자신의 사위에게 외교적 의례에 따라 친절한 편지를 썼다. 계속 편지를 보내 그녀는 딸이 병들어 긴 여행을 할 수 없다고 변명을 하면서 공작을 달래려고 하였다. Stephenson 2004, 68-69.

잔 또한 그녀의 남편에게 선물과 함께 무엇보다 친절하게 편지를 써 보내어, 자신의 병에 대해 상술하고, 조만간 가서 만나고 싶다는 소망을 반복적으로 피력하고, 그의 어머니에게 안부도 전하면서, 조금은 익살스럽고도 간사하게 "당신의 너무나도 비천하고 순종적인 아내"라고 편지 말미에 적어넣었다. Roelker 1968, 60-61, 각주 36. 단지 2년 뒤에 그녀의 어조는 철저하게 달라졌는데, 강요당한 결혼에 대한 처음의 저항에 그녀가 다시금 불을 붙였기 때문이다. 그녀는 부모와 왕에 의해 자신이 이 결혼에 "방기되었고," 또 이로 인해 유일한 "위안"이 되시는 하나님을 향해 나아가게 되었다고 말하고 있다.

나는 이미 행해진 의식을 부인할 수도 없고 국왕이 샤텔로에서 [공작에게] 베푼 영예를 부인할 수도 없다. 더욱이 앞서 언급한 왕과 나의 아버지와 어머니인 나바라의 왕과 왕비가 [행한 일을] 부인할 수는 없는 일이다. 그렇지만 왕이 내 말은 들으려고도 않은 채 나를 그에게 주기로 작정했고, 그리고 내가 그 일에 대해 나바라의 왕과 왕비에게 말하려 했을 때 그들은 내 말을 들으려고도 하지 않고 내 의견이 자신들의 뜻과 상반된다는 이유로 나에게 기이하기 짝이 없는 압박을 가하였기 때문에, 왕과 내 아버지와 어머니에게 버림을 받았다고 느낄 수밖에 없던 나는 나의 유일한 위안이 되시는 하나님을 향해 나아가기로 작정하였다. Jeanne d'Albret in Roelker 1968, 63.

그녀의 편지는 당시 이 결혼으로 유익을 얻지 못하던 왕에게 훨씬 우호적으로 받아들여졌다. de Ruble 1877, ch. 3, 139-204.

이 편지가 씌어진 1543년경에 프랑수아는 클레베와 독일과의 제휴에 관심을 갖지 않게 되었다. 그 해 9월 빌헬름은 가톨릭 신앙으로 돌아가고 황제에게 순종하였으며, 그에 따라 조약을 맺었다. 그는 이제 프랑스의 동맹자가 아니었다. 1545년 4월의 편지에서 잔은 1541년부터 지속해온 항의를 계속하였다. 결국 그녀의 결혼무효선언 청원은 받아들여졌고 독일로 떠나지 않아도 되었다. 왕의 호의에 대하여 그녀는 이렇게 썼다.

추기경님, 그리고 여기 모인 여러 주교님, 여러분 앞에서, 그리고 여기 있는 서기들 앞에서 저는 이전에 제 손으로 두 편의 항의문을 쓰고 서명했다는 것을 밝히면서…그것을 지금, 그리고 장래를 위해 주장하려고 합니다. 즉 저는 앞에서 언급한 클레베의 귀족에게 결혼제도 아래 묶이거나 그를 제 남편으로 받아들일 의사가 전혀 없었고, 그것은 지금 이 순간에도 마찬가지라는 것입니다. 그러므로 저는 여기 모인 추기경님, 주교님들 앞에서 제가 공표한 내용에 대해 여기 자리한 서기들이 그 소임대로 법적인 증언을 해줄 것을 요구하는 바입니다. Jeanne d'Albret in Freer 1855, 31-32.

마침내 1545년 10월 12일 교황은 이 결혼이 폭력에 의해 강요되었고 신랑이 신방에 드는 일이 없었다는 것을 근거로 결혼무효선언을 내렸다.

잔의 결혼을 둘러싼 이야기는 많은 귀족 여성들이 처했던 미묘한 상황을 잘 보여준다. 잔의 어머니는 비록 왕이 사랑하는 누나였음에도 딸의 결혼문제에서 왕의 봉신으로서 그에게 복종할 수밖에 없었다. 잔도 자신과 같은 처지에 놓인 다른 신부들과 마찬가지로 강요된 결혼에 대해 너무나 무력했고 마음의 아픔을 겪었다. 이 결혼은 정치적인 사정의 변화에 따라 새롭게 짜인 제휴관계에 힘입어 급작스럽게 무효화될 수 있었다. 신부의 의사는 보통 아무런 관심의 대상이 되지 못하였지만, 잔은 탐탁하지 않은 결혼에 저항할 수 있는 자신의 권리에 대한 확고한 신념을 지녔다는 점에서 예외적인 인물이었다. 이 점에서 그녀가 어릴 때부터 이미 강한 성품을 지녔음을 알 수 있다. 첫 번째 결혼을 둘러싼 드라마틱한 상황이 그녀라는 사람을 어떻게 형성했는지 궁금증을 갖지 않을 수 없도록 만든다. 그녀는 정치적인 문제뿐만 아니라 종교적인 문제에서도 힘과 폭력의 사용을 혐오하는 군주로, 그리고 자신의 영토에서 관용과 평화를 옹호하는 군주로 점차 전진해 나아갔다!

더욱이 결혼을 둘러싼 호된 시련은 어머니와 딸의 복잡한 관계에 대해서도 밝혀준다. 잔이 어머니의 책략을 항상 이해했든지 혹은 용서했든지 간에(이 문제와 관련해서든 혹은 프로테스탄트를 다루는 그녀의 방식과 관련해서든), 우리는 이 두 문제에서 반쪽짜리 충심밖에 보여줄 수 없어서 결국은 진퇴양난의 궁지에 봉착한 마르가리타에게 공감할 수 있다. 복잡한 어머니와 딸의 관계는 미적지근한 관계와 차가운 관계 사이에서 흔들거리다가 마르가리타가 딸을 더욱 필요로 하던 생애 말기 즈음에는 좀 더 따뜻해졌다. Roelker 1968, 67-69, 81-88, 105. 클레베의 공작과 결혼 상태에 있던 불행한 시기 동안 잔은 어머니의 궁정, 처음에는 네락에서, 그리고 포, 베아른에서 짧은 시간을 보냈다. 이 시기에 그녀는 종교개혁 지도자들과 직접 대면할 수 있었다. 그들의 프로테스탄트 교리의 영향을 받아, 잔은 제라르 루셀 감독의 지도 아래 성서를 공부하였다. 이후 그녀의 멘토이자 일생의 친구가 되는 테오도르 드 베즈와 친하게 되었다. 왕이 죽은 뒤에 그녀의 인생은 새로운 방향으로 전환되었다.

새로운 왕, 앙리 2세(카트린 드 메디시스와 결혼했지만, 디안 드 푸아티에

[Diane de Poitiers]와 오랜 관계를 유지한 인물)가 즉위하자 마르가리타는 궁궐에서 물러났다. 잔은 다시금 결혼했는데, 이로 인해 그녀의 공부는 중단되었다. 잔의 부모나 나바라 사람들은 찬성하지 않았지만, 그녀는 신랑을 받아들였다. 프랑스 남부와 북부를 연합시키는 데 관심을 갖고 있던 앙리는 잔을 앙투안 드 부르봉(Antoine de Bourbon, Duc de Vendôme, 1518-62)과 결혼시켰다.(앙투안 이전에 스페인의 펠리페와 기즈 가의 프랑수아가 고려되었는데, 그랬다면 이들과 잔의 상이한 종교적 성향으로 인해 재미있는 짝이 되었을 것이다.) 앙투안은 잘생기고, 비록 허영심이 강하고 신뢰할 수 없는 사람인 데다가 정치적인 문제에서는 변덕스러움을 보이기는 했으나, 그럼에도 매력적이고 끌리는 점이 많은 사람이었다. 첫째, 왕자로서 그는 왕위계승 서열에서 네 명의 발루아 공들 다음 위치에 있었다. 나중에 그는 이 지위로 섭정에 참여할 수 있는 권한이 있었음에도 이를 포기하고 대신 육군 중장이 된다. 잔과 앙투안의 결혼은 1548년 10월 20일 비교적 간소한 잔치와 함께 거행되었다.

위그노들은 앙투안이 프로테스탄트의 친구로 알려져 있었기 때문에 이 결혼을 달가워하였다. 비록 신부의 부모는 자신들의 불만족스러운 마음을 좀처럼 감추지 못했지만, 신부는 어지러울 정도로 기뻐하였다. 이 커플은 얼마간 서로에게 빠져 있었다. 잔과 앙투안은 함께 강력한 연합을 이루었으므로, 이들의 후계자들은 일정 정도 프랑스 왕좌에 오를 수 있는 가장 적법한 자격을 지니게 될 것이었다. 첫째 아이가 어려서 죽은 후에, 잔이 낳은 다섯 아이 중 두 명이 살아남았다. 아들 앙리(1553년 12월 14일 출생)와 딸 카트린(1559년 2월 7일 출생)은 프랑스 종교사에서 중요한 역할을 하는 인물들이 되는데, 카트린은 헌신적인 프로테스탄트로 활동했으며, 나중에 프랑스의 왕 앙리 4세가 되는 앙리는 왕좌를 위해, 그리고 자국의 정치적인 통일을 위해 프로테스탄트 신앙을 내려놓는다.(앙리는 재위 기간 중에 앙굴렘의 전통을 계속 이어나가고 정치적인 이익을 위해 자신의 누이를 이용하게 된다.)

처음에 잔과 앙투안은 행복했으며, 이 점은 그들이 주고받은 서신을 통해 입증되고 있다. 그렇지만 두 가지 이슈가 이 부부 사이를 갈라놓았다. 앙투안의 간통과 그들의 서로 다른 종교적(그리고 정치적) 성향이 그것이었다. 잔은 자신의 마음을 바친 배우자와 종교 둘 다를 놓을 수 없었고, 앙투안은 두 문제 모두에서 신뢰할 수 없는 사람으로 남았다. 앙투안에 대해서는 Cazaux 1973, 171-185 참조. 프랑스 왕좌에 대한 그의 충정에 덧붙여, 앙투안은 자기가 소유하고 있는 공국의 유익에도 특별한 관심을 지녔다. 1555년 5월 29일 잔의 아버지 앙리 달브레가 죽고 잔과 앙투안이 나바라의 왕과 왕비로 즉위하자 상황이 변하였다. 잔의 책임감과 권위는 확장된 반면, 앙투안은 귀족들의 분노에 직면하여 존중과 심지어 승인을 받기 위해서 고군분투해야만 했다. 두 사람은 행정적인 어떤 변경사항도 만들지 않겠다고 단언하였다.

처음에 나바라의 새로운 왕과 왕비는 박해받는 프로테스탄트들에게 소망을 주었다. 이들은 피난시설을 제공하였으며 프로테스탄트 운동에 개인적으로 가담하였다. 이때까지 앙투안은 종교적으로 가톨릭보다는 프로테스탄트주의와 더욱 친밀해 보였으며, 1558년 2월 4일 그가 새로운 왕으로서 종교 예식에 참여했을 때는 더욱 그러하였다. 잔이 프로테스탄트주의와 얼마나 깊은 관련을 맺고 있었는가 하는 것은 1560년 크리스마스 날에 그녀가 포에 있는 성당에서 프로테스탄트 예배에 참여해 성만찬에서 빵과 포도주를 모두 받음으로써 자신을 칼뱅주의자라고 선포하기까지 제대로 알려져 있지 않았다. 새로운 통치의 시작을 알리는 이 공개적인 회심의 시기가 흥미롭다. 그녀가 아버지의 죽음, 남편의 기분, 혹은 기즈 가문의 프랑스 내 영향력 하락을 지켜보면서 적절한 때를 기다렸는지 어떠했는지는 불분명하다. (Bryson 2004, 503-504에 따르면 잔은 남편이 위그노에 연루되기 이전에 비밀리에 프로테스탄트가 되어 있었다.) 용감하게 프로테스탄트 신앙을 선포하기로 결단하게 되면서 그녀는 자신을 교황, 기즈 가문, 그리고 스페인의 펠리페의 적으로 만들었으며, 이는 자신의 영토 내에서 가톨릭 신앙을 적극적으로 근절시키려고 함에 따라 더욱 심화되었다. 예를 들어 그녀는 수도원을 프로테스탄트들에게 희사하여 교회 건물로 전용하게 하였으며, 나중에는 성 프란체스코수도원을 주어 대학으로 전환시키게 만들었다.

잔의 회심은 하룻밤 사이에 출현한 갑작스러운 것이 아니었다. 그녀의 강력한 확신은 종교개혁자들(특별히 그녀의 멘토인 테오도르 드 베즈)과의 상호교류를 통해, 그리고 그들의 글을 읽으면서 시간을 두고 성숙해 온 것이었다. 이 확신은 이후 그녀의 일생 동안 변치 않고 유지되었다. 어머니 주변 사람들에게서 받은 초기의 영향력이 그녀를 신학적으로, 영적으로 준비시켜, 아무 망설임 없이 단호하게 성숙한 단계로 발걸음을 내딛게 해주었다. 흥미로운 것은 그녀의 깊은 신앙심은 어머니의 그것과는 다른 방향으로 전개되었다는 것이다. "잔의 신앙은 그 어머니의 신앙이 지니고 있던 복잡성이나 모호성을 전혀 보이지 않는다. 거기서는 신플라톤주의적인 열광적 시가로 비약하는 일도 없었다. 잔이 개혁파 신앙을 채택하게 되었을 때 그것은 희석되지 않은 칼뱅주의였다." Bainton 2001, 43, 45. 칼뱅의 신학과 영성은 잔의 성품과 매우 잘 맞는 것처럼 보였다. Roelker 1968, 152, 106-154. 실질적인 견지에서 볼 때, 신비적인 경험은 자신의 땅에서 프로테스탄트들의 생존을 위해 싸우는 데 자신의 공적인 지위를 이용하던 한 여성의 일차적인 관심사가 아니었을 것이다. 동시에 종교전쟁의 시기 동안 이루어진 그녀의 결단은 그녀에게 개인적으로 의미가 큰 신앙의 확신에서 비롯된 것이었다.

잔이 1555년 8월 비콩트 구르동(Vicomte de Gourdon)에게 보낸 편지는 그녀의 종교적인 변천과 개인사에 대해 제한적이나마 통찰력을 제공해 준다.

저는 두 종교 사이에서 망설이는 문제에 있어 지금껏 제가 작고하신 왕비, 제가 가장 사랑하는 어머니—하나님께서 용서하시는 그분—의 발자취를 좇았다는 것을 말씀드리기 위해 당신께 이 편지를 씁니다. 바로 그 왕비께서는 자신의 동생인 고(故)프랑수아 1세, 제가 존경하는 삼촌으로부터 새로운 교리를 받아들이지 말라는 경고를 받았습니다. 또한 저는 오래전에, 작고하신 왕, 제가 가장 사랑하는 아버지께서 앞에서 언급한 왕비가 방에서 목회자 루셀과 파렐과 함께 기도하고 있을 때 그녀를 불시에 급습해, 심하게 화를 내며 그녀의 오른뺨을 때리면서 교리문제에 쓸데없이 참견하지 말라고 호되게 금했던 일도 잘 기억합니다. 그분은 제게 회초리를 휘둘러 저로 하여금 쓰라린 눈물을 많이 흘리게 했으며 두 분이 돌아가실 때까지 계속 두려움을 느끼고 고분고분하도록 만들었습니다. 이제 저는 두 달 전에 아버지가 돌아가심으로 자유롭게 되었습니다. …제 생각에 종교개혁은 정말로 옳고 필요한 일 같아서, 제가 계속해서 어정쩡하게 머뭇거리고 있는 것은 하나님께 충성스러운 일이 못 되고 비겁한 일이며, 제 양심에도, 제 백성들에게도 그러할 것이라고 생각합니다. (여왕 잔이 포에서 8월 22일 쓴 다음 서명함.) Roelker 1968, 124, 105.

프로테스탄트 신앙은 모 그룹을 후원하고 사적으로 그 운동의 몇몇 지도자들을 보호하던 잔의 어머니 마르가리타의 보살핌 아래 1530년대 이후 프랑스에서 설파되고 행해져 왔다. 예를 들어 박해를 당한 프로테스탄트로서 그녀에게 도움을 구한 사람들 가운데 장 칼뱅이 있는데, 그는 그녀에게서 도피처를 구했다. 그녀는 프로테스탄트 자료들과 가르침이 궁궐에까지 들어올 수 있도록 중간 역할을 해주었고, 사람들이 이단으로 정죄를 받아 처형당하는 것도 막아주었다. 그 딸도 그녀의 유산을 이어받아, 잔의 성곽과 프랑스 프로테스탄트들에게 안전한 피난처가 되었다. 잔이 영향력을 행사하던 시기는 프랑스에서 위그노 세력이 정점에 달한 때, 특히 1561년 9월부터 1562년 1월에 이르는 시기와 일치한다. 그녀가 궁궐을 떠나고 난 이후에 더욱 많은 금지령이 위그노들의 생명과 종교적인 예식을 대상으로 반포되었다. 그렇지만 잔의 영향력은 궁궐 바깥에서도 계속되었다. 자신을 칼뱅주의자로 선포한 이후 그녀는 위그노 파의 선두주자가 되었고, 이 역할은 그녀가 라 로셸(La Rochelle)에 거하던 1568-71년 동안 그 정점에 달하였다. 그곳에서 그녀는 소위 여왕의 의회를 이끌었는데, 거기에는 가톨릭에 대항하여 반란을 일으킨 핵심적인 위그노 제후들이 포함되어 있었고, 그들 가운데 가장 저명한 인물로는 콩데의 공작이 있었다. 잔 자신은 프로테스탄트 신앙을 고백한 가장 고위층 프랑스 귀족으로 남았으며, 칼뱅의 동료이자 전기작가인 테오도르 드 베즈와 똑같이 가장 영향력 있는 인물임을 입증하였다. 라 로셸에서 그녀의 측근에 대해서는 Rambeaud 2004를 참조.

이러한 불안정한 상황에서 잔의 용기와 종교적인 헌신은 매우 놀라운 것이었으며, 그녀의 불운을 바라던 적들마저도 감복하였다. 결국 그녀는 서로 반목하고 있는 귀족 가문들이 종교적인 신앙과 정치적인 차이를 이유로 상대방의 목숨을 노리던 이러한 악독한 상황 가운데서 프로테스탄트 신앙을 고백하기로 마음을 먹었던 것이다. 발루아 가문, 기즈 가문, 샤티용 가문, 부르봉 가문 모두 이 전쟁에 연루되었다. 발루아 가문인 잔은 부르봉 가문 사람과 결혼하고 샤티용 가문과 제휴해 기즈 가문을 상대로 싸웠다. 그녀는 1561년 9월 그 유명한 푸아시회담을 겪었다. 그때 종교적인 화합에 대한 희망은 베즈가 결정적인 신학적 이슈였던 성만찬의 영적인 의미에 관해 용어를 잘못 선택해 사용하는 바람에 사라져 버렸다. 그녀는 이 회담에서 신앙고백의 동등성을 선포하는 법령을 지지했고 1562년의 관용 법령도 지지하였으나, 이것이 1562년 바시에서의 대학살과 그 결과로 벌어진 위그노전쟁을 막지는 못하였다. 잔 자신도 1563년 이단이라는 이유로 파문당하였다. 종교문제를 둘러싼 폭력은 그녀의 당찬 노력에도 불구하고 계속되었다. 귀족 신분의 종교적 모반자들로 구성된 절망적인 집단의 선봉에 선 이단으로 정죄받은 잔은 수년간 협상과 평화적인 수단을 통해 평화를 구했지만 결국 무장 저항에 호소하게 되었다. 그녀는 1570년 8월 콜리니 제독과 생제르맹앙레 평화조약(Peace of St-Germain-en-Laye)에 이르는 데 도움을 주었고, 베즈가 주도해 1571년 4월 2일부터 11일까지 라 로셀에서 최초의 프로테스탄트대회를 여는 일에 왕의 허가를 얻는 데도 일조하였다. 1571년경, 모든 피 비린내 나는 일들을 겪고 난 다음, 개혁을 위한 노력은 적어도 그녀 자신의 영지인 나바라에서 마침내 뿌리를 내리는 것처럼 보였다.

　잔은 특별히 그녀의 마지막 5년간을 바쁘게 보냈는데, 이때 종교, 행정, 그리고 경제적인 체제와 법률적인 체제에서 자신의 개혁을 굳히는 작업에 착수하였다. 동시에 자신의 두 아이를 돌보고 몇몇 다른 사람들에게도 부모의 입장에서 그 역할을 다하려고 했고, 거기다가 개인적으로는 군대를 보유한 위그노파를 이끌었다. 그녀는 분주했다. 다양한 혼란과 프랑스 종교개혁의 드라마를 겪어 나오면서도 잔의 입지는 여전히 견고하였으며, 이것은 그녀가 가톨릭교회에서 파문당한 이후에도 그러하였다. 칼뱅은 편지를 통해 그녀와 계속 밀접한 관계를 맺었다. 그는 개혁파의 보다 큰 사명에 있어서 잔이 지니는 핵심적인 입지와 영향력을 알고 있었다. 마찬가지로 그녀의 가톨릭 적들도 자신들이 그녀를 진지하게 고려해야 한다는 것을 알고 있었고, 계속해서 그녀의 몰락을 기대하였다. 사실상 1572년 6월 9일 그녀가 죽었을 때, "온 유럽의 과격한 가톨릭 신자들이 기뻐했는데, 이것은 그들이 그녀를 그 당파의 실질적인 지도자로 인식했기 때문이다." 교황의 대사는 교황에게 보고하면서 이렇게 말했다. "하나님께서 어머니 교회의 주적을… 잡아채 가셔서 …이 죽음이 …가톨릭 교인들 모두에게 기쁨이 되고 있습니다." Roelker 1972a, 188-189, 각주 42; Roelker 1968, 154, 395. Bainton 2001, 46-47 참조.

잔이 나바라의 왕비로 지낸 시기는 다양한 각도에서 평가될 수 있다. 그녀가 떠맡은 운동들에 대해 말할 수도 있고, 혹은 한 사람의 여성이자 프로테스탄트 지도자, 신앙인으로서 그녀가 진전시킨 것들에 대해서, 아니면 왕비로 통치하면서 보여준 그녀의 유능한 지도력에 대해서 말할 수도 있을 것이다. Jeanne d'Albret et sa cour, 2004 참조. 대체적으로 그녀는 모든 점에서 성공적이었다. 종교개혁에 대한 그녀의 공헌을 평가하는 데 가장 놀라운 것은 그녀가 신학적인 작업을 후원하는 것만큼이나 입법활동과 제도적인 변화를 통해 자신의 영토에 종교개혁을 심으려고 각별히 노력했다는 점이다. 그녀의 목표는 야심찬 것이었다. "나바라의 왕비는 자신의 모국에 프로테스탄트를 확립하기 위해 1555-72년에 선봉에 서서 기습작전을 벌였는데, 처음에는 평화적으로 진행하다가 나중에는 군사력을 동원하였다." Bryson 1999, 1-2. 잔은 1568-71년 라 로셸에 거주하는 동안 종교적인 면과 군사적인 면 모두에서 지도자로 부상하였다. 나바라에서 그녀의 활약의 범위, 특별히 종교개혁 역사에서 그녀의 역할의 크기는 그녀의 남편과 아들이 끌었던 관심에 비해 평가절하되어 왔다.

잔이 종교개혁과 관련해 진행해 온 일들에 대해서는 그녀의 편지에서 읽을 수 있다. 특별히 관심을 끄는 것은 1568년 씌어져 1570년 출판된 『잔 달브레의 회상과 시가』(*Mémoires et poésies de Jeanne d'Albret*, 이것은 그녀가 콩데의 반란에 가담하는 것을 정당화하는 일종의 정치적 성명서이다.)에 실려 있는 그녀의 말들이다. (아마도 필기하는 사람을 두고) 1인칭으로 씌인 이 글은 그녀의 생애에 대한 변호 혹은 변명으로 구성되어 있다. Kuperty-Tsur 2004 참조. 잔이 쓴 다른 편지들도 남아 있는데, 모두 300통에 이른다. 그녀의 편지 3분의 2 정도가 출판되었는데, 대부분은 1571년에(80통), 일부는(15통) 그녀가 왕비가 되기 전에 출판되었다. Roelker 1968, 454, note 13; 또한 Pascal 2004 참조. (잔의 편지를 모아놓은 희귀본으로, 15권으로 된 "Portefeuilles Vallant"은 1686년 장 발랑 박사의 수도원 소장품에서 말미암는다. 학자들은 이 문서의 진위를 놓고 논쟁을 벌이지만, Jourda와 Roelker은 Ritter와 Cazaux가 위조품이라고 생각하는 편지들을 적어도 부분적으로는 받아들이고 있다.[Vallant/Dubrowski quoted in Bryson 1999, 12-13; 1999a; 또한 Bryson 2004, 501-502 참조.]) 잔을 대략적으로 일별하는 것은 장 칼뱅과 테오도르 드 베즈 사이에 주고받은 서신을 통해서도 가능하다. 또한 1577년 앙투안과 잔 사이에 주고받은 편지들도 보라.

잔의 신학과 교회 정책을 알 수 있게 해주는 가장 중요한 창구는 그녀의 교회법령인 포 지역의 『교회법령』(Ordonnances ecclesiastiques, 1561년 나와서, 1566년 개정되었다가 1571년 11월 26일 출판된)과, 『라 로셸 신앙고백』으로도 알려져 있는, 그녀가 후원한 바 있는(1571년 4월 6-12일) 라 로셸의 『교회치리서』(Ecclesiastical Discipline)가 제공해 준다. 이 두 문서는 그녀의 개혁에 있어 아주 유효했으며, 동시대인인 엘리자베스 폰 브라운슈바이크-칼렌베르크(Elisabeth von Braunschweig-Calenberg)의 지도력 아래 브라운슈바이크의 개혁이 그러했던 것과 마찬가지였다. 자료들에 관해서는, Bryson 1999, 8-9, 12; Roelker 1968, 340-432; Dartigue-Peyrou 1934 참조. 잔의 법령과 신학자들과의 협력에 대해서는 Roussel 2004, 특히 22-31 참조.

베아른에서의 잔의 종교개혁은 프랑스에서의 피 비린내 나는 종교전쟁, 종교파벌주의, 위그노전쟁과 뒤엉켰다. 하지만 베아른의 상황전개는 잔의 지도력 덕분에 달라졌다. 잔의 통치 아래 베아른은 자유롭고 관대한 땅이 되었고 공개적인 설교와 종교서적의 판매를 환영하였다. 그녀는 상이한 파벌들에서 떨어져 나옴으로써 자신의 권위를 강화시키고 전반적인 중립을 목표로 하였다. 다른 곳에서 개혁자들이 그러했던 것처럼, 그녀는 미사뿐만 아니라 성상들과 종교행렬을 금하고, 프로테스탄트 예배를 제정하고, 새로운 목회자들을 훈련시키기 위해 신학 아카데미를 세우고, 대회를 조직하고, 신앙고백 문서들을 제공하였다. 잔의 배우자(프랑스 왕좌의 적법한 후계자이자 프랑스 육군 중장)가 계속 프로테스탄트들과 함께했다면, 위그노들이 특별히 프랑스 왕과 그 어머니가 그 운동에 호의적이던 시기 동안 얼마나 승리를 거둘 수 있었을지 누가 알겠는가. 그렇지만 남편이 일단 가톨릭 진영에 가담하게 되자, 잔은 자신의 결혼관계 안에서 적과 대면해야만 했다. 앙투안은 아내를 미사에 참여시키기 위해 자신의 권한이 미치는 한 모든 일을 했다.

종교를 둘러싼 이들 부부의 다툼은 대부분 파리의 궁정에서 일어났다. 거기서 상당한 위험을 감수하면서 잔은 적극적으로 프로테스탄트 신앙을 증진시키는 일을 계속하였고, 심지어 그녀의 동료들 대부분이 지하로 숨어들어가고 난 이후에도 그러하였다. 섭정황후와 왕이 선호하는 것과는 상반되게, 그녀는 자신의 공간에서 프로테스탄트 예배를 개설하였다. 당시 육체적인 병마(아마도 결핵)와 싸우면서 그녀는 남편의 이혼과 추방 위협에 저항하였다. 들리는 바에 의하면 그녀는 섭정왕비에게 다시금 가톨릭 미사에 참석하느니 차라리 아들과 왕국을 잃는 편이 낫다고 단언하였다고 한다. 앙투안이 잔에게 강제로 미사에 참여하도록 하고 자신은 기즈 가문과 1562년 종려주일에 예배를 드리자, 잔은 어린 아들에게 결코 그런 일을 하지 않겠다고 맹세하게 하고 1562년 3월 6일 궁정을 떠나 방돔으로 향했다.

그러나 잔의 아들이 많은 압력과 가톨릭 교육 아래 항복하는 데는 불과 몇 달이 걸리지 않았다.(한동안 병에서 회복하는 동안 그는 르네 드 프랑스의 보살핌을 받고 있었다.) Roelker 1968, 202-203, 399. 1562년, 아이를 데려가겠다는 위협에도 굴하지 않고 잔이 자신의 방돔 영지를 돌아보면서, 위그노들이 성상파괴운동에 매달리고 있는 것을 목격하고 있을 때, 제1차 위그노전쟁이 발발하였다. 이 전쟁은 콩데 공(Prince de Condé)과 콜리니 제독(Gaspar de Coligny)이 이끄는 위그노와 기즈 가문이 이끄는 가톨릭 사이에서 일어났다. 잔의 남편이 이 전쟁에서 죽었는데, 전해지는 바에 의하면 그는 아우크스부르크 신앙고백을 계속 고수하였다. 잔이 남편 곁으로 달려가기 전에 그의 정부(情婦)가 먼저 그곳에 도착하였다. 홀로 남겨진 잔은 공식적으로 콩데와 위그노 진영에 가담해서 칼뱅을 기쁘게 했다. 당시의 두 기록에 나오는 것과는 달리, 잔은 공개적으로든 혹은 비밀리에든 결코 재혼하지 않았다. Roelker 1968, 433-434.

칼뱅은 잔의 생애에 나타난 모든 드라마 같은 사건들에 깊은 관심을 기울이고 있었다. 그는 그녀의 어머니보다 더 과감하게, 그리고 르네 드 프랑스보다 더 강력한 위치에서 프로테스탄트 활동을 지원할 수 있고 또 그럴 용의가 있는 한 여성으로서의 잔의 핵심적인 위치를 잘 알고 있었다. 1561년 칼뱅과 잔의 첫 만남은 1560년 12월에 있었던 그녀의 공개적인 프로테스탄트 신앙고백에 따라 이루어졌다. 수년에 걸친 칼뱅의 편지들이 그녀에게 책무를 일깨워 주었고, 제네바에서 보내진 다른 목회자들과 더불어 칼뱅의 오른팔이자 후계자이며 그녀 자신의 일생의 친구인 테오도르 베즈의 지지가 그녀를 굳건하게 해주었다. 잔에게 내보인 칼뱅의 거친 어조는 르네 드 프랑스와 칼뱅 사이에 주고받은 서신을 생각나게 한다. 예를 들어 1561년 12월에 쓴 편지에서 그는 그녀의 남편이 프로테스탄트 신앙을 지지하는 입장을 분명히 할 필요가 있다고 소리쳤으며, 그녀의 아들을 교육시키는 일에 자유주의 사상을 가진 잔의 동료들이 끼치는 영향에 대해서도 관심을 표명하였다.(르네와 그랬던 것처럼 잔과의 관계에서도 칼뱅의 우선적인 관심은 잔에 대한 목회적인 돌봄보다는 자신의 사역을 성공으로 이끄는 데 있었던 것 같다.) 앙투안이 프로테스탄트 진영을 떠난 이후, 잔에게 거는 기대는 더욱 커졌다. 앙투안이 그녀에게 종교적인 협력을 강요하려던 태도를 버리고 이제 그녀를 궁궐에서 쫓아내려고 하자 1562년 3월 칼뱅은 그녀에 대한 연민을 드러내었다. 남편의 죽음으로 인해 그녀가 스스로 자유롭게 통치할 수 있게 되자, 칼뱅은 다시금 1563년 1월 잔에게 편지를 보내고, 그녀 곁에 새로운 목회자들(Jean-Raymond Merlin과 Jacques Spifame)을 서둘러 보냈다. *Calvin à la Reine de Navarre*, January 1561, CO XVIII, col. 313-314, no. 3315; December 1561, CO, XIX, col.

196-198, no. 3662; March 22, 1562, Co, XIX, col. 347-349, no. 3748; January 1563, CO, XIX, col. 643-648, no. 3904 참조. Bainton 2001, 45 참조.

우리는 잔이 1563년 베아른에서 가톨릭 미사와 교황의 권위를 철폐하는 내용의 칙령을 반포한 것이 당연히 칼뱅을 기쁘게 했을 것이라고 짐작할 수 있다. 다른 칙령에서 그녀는 가톨릭 기관들에게서 프로테스탄트 교회로 기금을 돌렸다. 잔은 황후 카트린 드 메디시스와 콩데와 그 무리 사이에서 평화적으로 소통하려는 노력을 기울이면서, 자신의 영토 내에서 재정비된 사법체계와 경제구조를 가지고 통치활동을 개혁하는 데 힘을 쏟았으며, 이로써 18세기에 이르기까지 유효한 모범을 만들어내었다. 남편이 죽어 혼자가 됨으로써 얻게 된 새로운 자유의 이점을 살려, 잔은 종교적인 관례를 개정한다는 자신의 우선적인 사명을 수행하면서 계속해서 가톨릭의 의식, 성상, 그리고 예배의 형식을 폐하였다. 그녀의 종교적인 개혁은 세례, 결혼, 임명권, 사법권 등과 관련된 법령을 제정함으로써 일반 시민들의 이슈까지도 건드렸다. 그녀가 시작한 개혁의 범위를 생각해 보면, 잔이 자신의 영토 내에서 반란이나 저항을 피할 수 있었기를 기대하는 것은 현실성이 없다. 그녀는 어떠한 남성 감독자도 두지 않고 통치하는 여왕으로서 특히나 비판받기가 쉬웠고, 현저하게 가톨릭적인 상황 가운데서 용감하게 자신을 칼뱅주의자라고 선포하고 자신의 신앙을 그 지역의 종교로 만들려는 의도를 밝힌 한 사람의 프로테스탄트였기에 또한 비판받기가 쉬웠다. 로마와 스페인의 교회 지도자들은 파문으로, 또는 아이를 유괴하려는 음모를 꾸밈으로써, 그리고 종교재판소로 보내겠다고 함으로써 그녀를 위협하려고 하였다. 필요없는 결혼 제안과 교황청의 대리인에 대한 잔의 분명한 거부는 특히나 격렬한 반응을 불러일으켰다.

스페인의 펠리페 2세가 가장 무례한 청혼을 하였는데, 그는 잔이 자신의 아들들 중 하나와 결혼하기를 바랐다. 그가 무슨 생각을 하고 있었는지, 그가 그러한 결합이 잔에게 종교적인 이유만으로도 얼마나 수용할수 없는 것인지 알기나 했는지 우리는 의아할 수밖에 없다. 더욱이 영국의 엘리자베스 1세의 생각을 빌리자면, 결혼은 그녀 자신을 한 남성에게속박시켜 자신의 왕국을 남편에게 넘겨주는 것을 의미하고, 남편이라는자는 아마도 자신의 종교 또한 조정하려 드는 족쇄가 될 것이다. 잔에게외국인이자 더욱이 가톨릭 신자와 결혼하라는 것은 너무나 잘못된 제안이었을 것이다. 비록 그것이 스페인과 나바라 사이의 제휴라는 아버지의꿈을 무효로 만드는 것이 될 수 있었다 할지라도 말이다. 청혼 교섭(그녀는 형식상 이것을 견뎌냈을 것이다.)이 이루어지는 동안, 그녀는 자신의 종교를 포기하고 종교적인 정책을 바꾸라는 요구와 맞닥뜨렸다. 잔은 이에격분하였다. "비록 내가 보잘것없는 왕녀이지만, 하나님께서는 내게 이나라의 통치를 맡기셨고, 그래서 나는 이 나라를 그분의 복음에 따라 다스리고 그분의 법을 가르칠 것이다." 펠리페의 대답은 이 교섭에 종말을고했다. "이런 여자를 며느리로 삼는 것은 너무 지독한 일이다. 나는 차라리 그녀를 폐하고 마땅히 그녀를 사악한 여자로 다룰 것이다." Jeanne d'Albret in Roelker 1968, 216, 214-217, 192-195 참조.

1563년 8월 18일 피우스 4세는 잔에게 파문을 경고하는 편지를 써 보냈으며, 교황 대리인은 그녀가 납득할 수 있도록 말하고자 했다. 추기경 다르마냑(d'Armagnac)은 잔이 일생 동안 실질적으로 알고 지낸 사람으로, 교황청의 공격의 선봉에 섰는데, "오랜 친구이자 교황의 특사로서"그녀에게 간청하였다. Roelker 1968, 217 참조. 모든 것이 양 극단에서 위태로운 가운데 씌어진 그 긴박한 서신은 너무나 설득력이 있어 팸플릿으로도 출판되었다. Roelker 1968, 217, 221. 잔은 그에게 눈물을 거두라고 말하면서, 베아른은 교황의 권력 아래 있지 않다는 것을 상기시켰다. Letters with d'Armagnac, Freer 1855, 211-215.

나의 사촌…저는 제가 포에서, 그리고 레스카에서 시작한 종교개혁을, 하나님의 은혜에 힘입어 지금 제가 관할하고 있는 이 베아른 지역 전체에 계속해서 밀고 나가기로 진심으로 결심하였습니다. 저는 성서(저는 이 성서를 당신네 박사들의 작품들보다 훨씬 더 많이 읽었습니다.)에서 그렇게 할 것을 배웠으며…제가 아직 하나님과 제 친구들에게 버린바 되지는 않아서, 제 곁에는 여전히 얼마간 훌륭한 사람들이 있습니다. 그들은 종교의 겉모양만 갖추고 있는 게 아니라, 그 지각의 대상들까지 행하고 있는 사람들입니다. 그 지도자만큼이나 구성원들도 다 그러합니다. 당신이 주장하듯이 제가 새로운 종교를 심으려 한 것은 아니고, 단지 몰락한 우리의 고대 신앙을 다시금 세우려 한 것이며, 그 계획 가운데 저는 어떤 행복한 결말이 있을 것이라고 생각합니다. …앞서 말씀드린 지역들은 종교적인 문제들에서 저를 따라와 주었습니다. …저는 어떤 것도 강제로 하지 않습니다. 저는 누구도 사형시키거나 투옥하지 않습니다. 이러한 형벌은 공포정치체제의 신경조직이고 힘줄입니다. Jeanne d'Albret in Roelker 1968, 219.

그녀는 자신의 영토에서 자신이 주권자이고, 하나님을 결단의 원천이자 인도자로 삼고 있다는 것과, 다른 통치자들과는 달리 종교문제에 무력을 사용한다는 책망에 대해 결백하다는 것을 되풀이해서 말하였다.

만약 하나님의 성령이 저를 이러한 결론으로 이끌지 않았다면, 제 상식이 수많은 사례를 통해 제게 그 교훈을 가르쳤을 겁니다. …저는 우리 신앙에 속한 사람들이 그 수많은 흉악한 짓을 행했다고 잘못 말하고 있는 당신으로 인해 수치스러워 얼굴이 붉어졌습니다. 당신 자신의 눈에서 티끌을 빼고, 그런 다음에야 당신 이웃의 눈에 있는 들보를 분명하게 보고 빼내어 버릴 수 있을 것입니다! 당신과 당신 측 사람들에 의해 뿌려진 수많은 의로운 사람들의 피를 깨끗이 씻어내십시오. 당신이 익히 잘 알고 있는 사실들이 그 증거가 아닌지요.

박해를 신앙의 타락으로 간주하면서, 그녀는 실제 프로테스탄트들의 숫자와 그녀의 능력과 토대에 대한 대적자들의 오해를 교정하고자 했다.

> 당신은 우리 측 사람들의 수가 적다고 제게 장담하기를 기꺼워하는군요. 반대로 저는 우리 믿는 자들이 날마다 늘고 있다고 당신에게 알리는 바입니다. 고대교회 교부들의 책에 관해 당신이 말씀하시는 것들과 관련해, 저는 우리 목회자들이 계속해서 그것을 인용하는 것을 듣고 있으며, 그것들에 찬성하는 바입니다. 그럼에도 불구하고 저는 이 문제에 합당한 정도의 학식을 제가 갖추지 못했다는 것을 인정합니다. 하지만 저는 당신이 저보다 더 역량이 있다고 믿지도 않습니다. …우리는 당신이 말하고 있듯이 거룩한 성서를 연구해야 할 필요성에 대해서는 같은 의견이지만, 그 너머를 볼 마음은 없습니다. Jeanne d'Albret in Freer 1855, 211-213.

잔은 또한 성만찬 이슈를 다루면서, 성만찬 상에서 주어지는 "이것이 나의 몸이다."라는 말씀에 대한 칼뱅의 해석을 옹호하였다. "그럼에도 불구하고 성만찬에 대한 오류는 나와 같은 여성에게는 용서할 수 있는 일이지만, 참으로, 나의 사촌, 당신 같은 나이 먹은 추기경이 그다지도 무지한 것을 보니 부끄러워 얼굴이 화끈거립니다." 신앙고백의 형식으로 그녀는 이렇게 말했다. "우리는 한 하나님, 한 신앙, 한 법을 지니고 있으며, 성령께서는 끝날까지 그분의 교회와 함께하면서 축복하고 이 신앙을 유지시키겠다고 약속하였습니다." 그녀는 또한 교황의 권력을 능가하는 권한을 행사하였다. "베아른에서 저는 오직 하나님만을 인정하고, 그분께서 자신의 백성을 다스리라고 제게 맡기셨기 때문에 저는 그 일을 마땅히 감당해야 합니다." Jeanne d'Albret in Freer 1855, 211-215.

얼마 지나지 않아 포에서 종교대회가 열렸고, 한 달 정도 뒤인 9월 28일에 피우스 4세가 잔의 이단 혐의에 관한 교서를 반포하고 그녀에게 6

개월 안에 종교재판소 앞에 나올 것을 명하였다.(이것은 계고장[monitoire]이라 불리는 것으로 통고를 받은 것이다.) Roelker 1968, 221. 외부의 압력에 대항해 자신의 통치권을 지키기 위한 싸움에 내몰리면서, 그리고 숱한 중상비방에 휘말린 채로, 잔은 위그노 공작들의 회합에 가입해서, 자신의 대적자들, 즉 교황 자신, 스페인에 있는 그녀의 강력한 이웃과 프랑스에 있는 가톨릭 적들을 상대하였다. 교황의 위협이 스페인의 펠리페, 카트린 드 메디시스, 그리고 프랑스 정부가 보기에도 지나쳐, 잔은 실제적으로 자신의 운명을 놓고 대적자들 사이에서 벌어진 불협화음으로 인해 오히려 유익을 얻어 개혁을 수행하였다.

1564년 2월 2일 잔은 칙령을 내려, 현재 인가된 장소에서 미사를 거행하는 것은 허용하였지만, 그것이 금지된 장소에서는 허용하지 않았다. 교회와 종교 단체들이 소유하고 있던 동산(動産) 재산은 정리되어 세속 관리들에 의해 가난한 사람들에게 분배되었다. 칼뱅주의자들은 현재 인가를 받고 있는 어디에서나, 그리고 여왕이 추가시키기로 한 다른 곳에서도 예배를 거행할 수 있었다. 종교를 구실로 저질러지는 모든 범죄는 대역죄와 연관이 없는 한 용서받았다. 다르티그(Dartigue)는 이것이야말로 유럽 역사에서 한 나라 안에서 종교적인 관용을 공식적으로 선포한 최초의 예였다고 말하고 있다. Roelker 1968, 224-225. 더 나아가 위그노 결혼은 유효한 것으로 간주하게 되었고, 어떤 국민에게도, 심지어 어린아이를 상대로도 그들의 뜻에 반해 예배하게 하려고 폭력을 사용하는 일은 없게 되었다. 다른 말로 해서, 그녀는 종교적인 관용을 공식적으로 선포한 것이다. 잔이 보여준 모범은 매우 드문데, 오직 독일에서의 아우크스부르크 평화조약(Peace of Augsburg)과 영국에서의 통일령(Act of Uniformity)이 당시 그녀가 성취한 것들에 필적하는 것이거나 그에 가까운 것을 제시해 주고 있다. 특별히 전자는 오직 가톨릭교도들과 아우크스부르크 신앙고백에 서명한 사람들에게만 자신들의 신앙을 행사할 권리를 주는 정치적인 평화였다. 그녀의 선포는 장래의 프랑스 낭트칙령을 향한 길을 가리켰다. 그렇지만 그 길은 순탄하지 않았다.

1565년 12월부터 1566년 3월까지 잔은 파리에 돌아와 있었는데, 거기서 아들과 재회했지만, 카트린이 지지를 철회하자 궁정에서의 정치적인 분위기는 한 번 더 변화하였다. 1567년 잔은 베아른으로 돌아갔는데, 이때는 아들과 함께였다. 1568년 제3차 위그노전쟁이 터졌고, 잔은 아들과 함께 머물 것인지 혹은 라 로셸로 달려가 그곳의 위그노 공작들과 합류할 것인지 딜레마에 직면하였다. 거기다가 지금까지 그녀는 종교적인 개혁을 위해 관용과 평화적인 수단을 사용할 것을 장려해 왔다. 절망적인 상황에서 다른 방도가 필요했고, 잔의 권력이 정점에 달했을 때, 그녀는 이 상황을 해결하기 위해 자신이 할 수 있는 모든 것을 쏟아부었다. 그녀는 법적인 조치와 정치적인 압력뿐만 아니라 군사적인 진압도 감행하였으며, 그 후에 모든 사람에 대한 사면이 뒤따랐다. "그녀가 취한 절차는 폭동을 진압하고 그런 다음 전반적인 사면조치를 내리는 것이었다." Bainton 2001, 62-63. Roelker 1968, 287-289, 278 참조. (Bryson 2004, 506에 따르면, 그녀는 때로 다른 형태의 폭력이 있었다는 것을 알고 있었고 또 용인하였던 것 같다.)

1570년의 평화에 이르기까지 수년은 힘든 시기였으며, 그녀는 자신의 칙령에 대항하여 일어난 세 차례의 폭동을 진압해야 했다. 그녀 개인적으로도, 위그노 전체적으로도 위험부담이 컸다.

여왕 잔에게서 그 전쟁은 "내 내장 속에서" 일어난 전쟁이었다. 한편으로는 "참된 종교"로 받아들이게 된 그녀의 개인적인 신앙과 정체성과, 그리고 다른 한편으로는 개혁파의 "대의", 그녀 왕국의 보존, 베아른과 나바라, 그리고 그녀 가문의 지배 아래 있던 기엔 지역에 대한 그녀의 주권적인 통치를 위해 정치적이고 군사적인 무력행사를 해야 하는 외적인 요구 사이의 갈등이 있었던 것이다. Bryson 1999, 3. (Freer 1855, 291-326 참조.)

다른 말로 그녀 "창자 속"에서의 전쟁은 어머니로서의 감정, 왕가의 책임, 그리고 개인적인 신앙적 헌신과 연관이 있었다. "앙리에 대한 그녀의 책임감은 단지 어머니로서의 책임감만이 아니라, 여왕으로서 또 황족의 후견인으로서의 책임이기도 했다." 그녀가 어떻게 베아른에 머물러 있으면서 다른 사람들이, 자신이 헌신한 그 신앙을 위해 죽어가도록 내버려 둘 수 있었겠는가? 그녀가 말한 대로, 하나님에 대한 확신을 가지고 그녀는 라 로셸로 출발해 1568년 9월 28일 그곳에 도착하였다. Cocula 2004 참조. 이 여정으로 인해 그녀의 정치적 성명서인 『회고』(Memoires)가 나오게 되었는데, 편지들과 더불어 이 글은 그녀의 내적인 갈등을 잘 보여준다. 그녀는 세 가지를 반복적으로 언급하는데, 즉 하나님, 왕, 그리고 부르봉 가문의 혈통에 대한 자신의 충성심이 그것이다. 그녀는 또한 위그노들을 변호하면서, 그들을 왕과 그 어머니 황후를 위해 싸우는 자들이라고 소개하였다.

자신이 선택한 것들을 변호하면서, 그녀는 자신의 친구인 엘리자베스 1세(잔이 칼뱅주의로 회심했을 때 축하해 주던)에게도 편지를 썼다.

저는 우리 교회의 고귀한 유모 중 한 분인 당신께 문안합니다. …제가 공작들과 군주들 측에 가담해, 그들 모두가 나인 것처럼, 그리고 내가 그들인 것처럼 만군의 주 하나님 아래서 이 참사를 격퇴시키기 위해 피와 생명뿐 아니라 재화까지도 아끼지 않기로 결심하지 않았다면 부끄러운 일일 것입니다. …제 아들과 저는 평화의 칙령을 범하고 우리를 무자비한 전쟁 속으로 몰아넣은…사람들에게 맞서고 있습니다. …제 아들을 유괴하려는 음모가 있었습니다. 우리는 대역죄를 짓지 않았습니다. 우리는 우리의 왕과 우리 하나님께 신실합니다. Jeanne d'Albret in Bainton 2001, 65. (잔과 엘리자베스에 관해서는 Freer 1855, 391-392, chs. ix, xii를 보라.)

그녀가 라 로셸에서 머문 3년(1568-71)이라는 시간은 "프랑스의 프로테스탄트주의를 위해 중요"했다. Bainton 2001, 66. 그녀가 (Roelker 1968, 312에서처럼) "복음전파의 사역자"(minister of propaganda)라고 불릴 수 있든 없든, 라 로셸에서 그녀는 분명히 여왕의 직무를 행했으며 Bainton 2001, 66. 위그노운동을 경제적으로 지원하기 위해 선언문과 편지를 썼다. 프로테스탄트 저항운동을 개인적으로 지원하고 거기에 참여하는 것에서 더 나아가 그녀는 재정을 책임지고 있었는데, 지원을 위해 필요한 외국원조를 보증받기 위해 개인적인 보석과 재산까지 내놓았다. 그녀는 군대를 강화하기 위해 여왕으로서 자신의 직위와 카리스마를 사용하였다. 그녀는 라 로셸에 설립된 신학교를 후원하였으며, 그곳에서 가르치던 개혁자들의 봉급을 개인적으로 지불하였다. 아카데미는 사람들을 목회자로 준비시켰으며, 잔이 선발한 지식인들에 의해 운영되었다. 그녀는 다양한 번역본을 소유하고 있었는데, 그중에는 바스크 방언으로 된 신약성서도 있었다. 또한 『제네바 교리문답』과 새로운 『전례집』 번역본도 가지고 있었다. 그녀는 거의 모든 일에 연관되어 있었으며, 심지어 콜리니 제독과 동행해 방어선을 뚫고 지나가기까지 하였다. 그녀의 목표는 필요하다면 군대까지 동원해 기엔에 프로테스탄트 모국을 설립하는 것이었다. Bryson 1999, ch. 6; Roelker 1968, 324-325, 301, 312.

1571년 그녀는 집으로 돌아와, 11월에 모든 사람이 그녀의 영토에서 자유롭게 라 로셸 신앙고백을 할 수 있도록 한 협정에 따라 법령을 반포하였다. Dartique-Peyrou 1934, 430-431, 154. 가톨릭 전통을 지키는 것과 위그노 전통을 지키는 것 둘 다 허용되었으며, 더 나아가 여왕은 교회 출석을 강력하게 권고하였다. 가난한 사람들을 위해 대학이 설립되었다. 가난은 근절될 것이었다.(포에서의 종교대회에서 그녀는 "하나님의 복지"가 가난한 자들, 학교, 그리고 복음 사역으로 나아가야 한다고 선포하였다.) 그녀의 법령은 엘리자베스 1세의 1559년 통일령을 닮아 있었으며, 잔이 자신의 주권적인 지위에 얼마나 의지했는지를 보여준다. 그녀는 자신이 그리스도인으로서 특별한 책임을 지고 있다고 생각했는데, 한 사람의 통치자로서 나라 안에서 그리스도교 신앙이 "올바로" 실천되도록 확실하게 해둬야 한다는 것이 그것이었다.

생존하는 군주들 중에 예수 그리스도의 통치 아래 백성들을 두기 위해 자신의 모든 권력을 사용해야 할 의무를 지지 않는 군주는 아무도 없다. 왜냐하면 영원하신 하나님 아버지께서 그분에게 하늘과 땅의 모든 권세를 주셨고 그분의 모든 피조물에게 모든 것 위에 그분을 좇으라고 명하셨기 때문이다. … 그러므로 주님의 명령에 복종하기 위해, 그리스도인의 의무를 다하기 위해, 하나님께서 우리에게 주신 소명에 응답하기 위해, 우리 백성들의 구원을 획득하기 위해, 우리 통치자들의 일치와 공공의 평화를 확보하기 위해, 선한 군주와 왕들의 모범을 좇기 위해, 하나님의 진노하심의 심판을 피하기 위해, 그리고 우리에게 복종해야 할 의무가 있는 주권국 베아른 귀족들의 최근의 요구—그들은 그들의 자유로운 뜻에 따라, 모든 그릇된 예배, 우상숭배, 미신을 철폐하고 순전한 하나님의 말씀을 선포하고 [그분의 말씀에] 따라 세례와 성만찬을 시행할 것을 요청하였다—에 응하기 위해 … 앞에서 말한 나라의 모든 백성이 신분, 상황, 성별, 계급 여하에 상관없이 우리가 여기서 교리와 선지자들과 사도들의 저작에 확실하게 기초를 두고 우리의 권위를 가지고 공포하는 신앙고백을 공개적으로 고백하게 하는 것이 우리의 뜻이다. 1571년 4월 공식화되었다.

Jeanne d'Albret in Roelker 1968, 430-431, 275-277; Dartique-Peyrou 1934.

더 나아가 "베아른의 교회에 주어진 모든 권한은 최종적으로 통치자의 권한에 의해 점검되고 관리될 것이며, 잔의 백성들의 종교적인 의무는 모두 그녀가 공표할 것이고 세속 군대에 의해 강제될 것이다." Roelker 1968, 432.

같은 해 위그노들은 프랑스의 다른 지역에서도 일정한 권리를 얻어냈다. 샤를 9세는 1570년 8월 생제르맹평화조약에 서명했는데, 잔은 이 일에 상당한 기여를 하였다. 위그노들은 파리나 궁궐 바깥의 어디에서든 예배를 드릴 수 있는 자유를 얻었고 공직을 맡는 것도 허용되었다. 4개의 도시가 위그노의 통치권 아래 있게 되었다. 이런 것들이 용인되자 프랑스의 가톨릭교도들이 불만을 가지게 되었고 결국 평화가 있을 수 없었다. 샤를이 프랑스 내의 일치를 회복하기 위해 스페인과의 전쟁을 고려하는 동안, 그 어머니 카트린은 "종교 간의" 결혼이 보다 효력이 있을 것이라고 여겼다. 프로테스탄트인 잔의 아들 앙리 드 나바라와 가톨릭교도인 자신의 딸 마르그리트의 결혼이 부르봉과 발루아 가문을 연합시킬 것이라고 생각한 것이다. 잔은 아들이 새로운 관계를 맺음으로써 개종하고 변절하게 될 가능성보다 프랑스의 미래에 대해 더 염려했고, 그래서 몇 가지 조건을 달아 그에 동의하였다. 추기경 부르봉이 사제가 아니라 제후의 자격으로 이 결혼을 집전해야 한다는 것과, 결혼식은 교회 건물 바깥에서 거행되어야 한다는 것이 그 조건이었다. 카트린도 동의했고, 결혼식은 1572년 웅대하게 거행하기로 계획되었다. 결혼식에 앞서 잔은 아들(과 엘리자베스 여왕)에게 자신의 두려움에 관해 편지를 써 보내면서, 자신이 어머니로서 하는 충고를 명심하고 가능한 한 빨리 궁궐을 떠날 것을 강권하였다. 이 점에서 그녀는 엘리자베스 폰 브라운슈바이크와 매우 유사하게 행동하였다. 엘리자베스는 비슷한 위치에 있는 다른 많은 학식 있는 부모들과 마찬가지로 아들을 위해 『규범서』(Mirrors)를 쓴 바 있다. Desplat 2004 참조.

잔은 이 결혼식을 보지 못하였다. 아들의 결혼식을 앞두고 불과 두 달 전인 1572년 6월 9일 결핵으로 죽은 것이다. 6월 4일 쓰러지고 며칠 되지 않은 때였다. (검시에서 독살 가능성은 제외되었다.) 잔의 목회자들은 그녀의 요구에 따라 시편 31편과 요한복음 14-18장을 읽어주면서 잔과 함께 기도하였다. "오 하나님, 내 아버지시여, 저를 이 죽음의 육체에서, 그리고 이 비참한 인생에서 구원하셔서, 저로 하여금 더는 당신에게 대적하는 죄를 범하지 않게 하시고 당신께서 제게 약속하신 더없는 행복을 누리게 하소서." 그녀는 자녀들과 백성들에게 사명을 맡기는 유언을 준비해 두고 있었다. 그녀는 남편 곁에 묻혔다. 그녀는 이른 죽음으로 인해 저 끔찍한 성 바르톨로뮤 대학살을 보지 않아도 되었다. 이런 사건이 일어나지 않도록 잔이 그렇게 맞서 싸웠는데 말이다. 1572년 8월 18일 결혼식이 거행되고 6일이 지나, 위그노들에 대한 냉혹한 대학살이 도시의 성문을 닫은 채 일어났다. 가장 유력한 용의자로 카트린 드 메디시스가 지목되지만, 증거는 없다. 일주일 동안의 대학살에서 수천 명의 위그노들이 살해되었으며, 콜리니를 비롯한 많은 지도자들도 그 희생자에 포함되었다. 내전이 계속되어, 다른 위그노 도시들과 마찬가지로 라 로셸도 포위공격을 당하였으며, 1573년 7월 6일 라 로셸 평화조약이 체결되기까지 폭력적인 상황은 지속되었다.

미래의 왕이자 잔이 남긴 유산의 화신인 아들 앙리에 관한 이야기에서 명백해지듯이, 비록 다른 것들은 그렇지 못했지만 잔이 꿈꾼 것들 가운데 하나는 현실화되었다. Bryson 2004, 509 참조. 앙리 3세가 세 앙리의 전쟁에서 암살되고 난 후, 잔의 아들이 왕위를 계승하게 된 것이다. 통치 초반기에 그는 프로테스탄트들과 제휴하였으나, 종국에 가서는 종교적인 파벌로 심각하게 찢겨 있던 프랑스의 화합을 위해 공개적으로 가톨릭 신앙을 받아들였다. "파리는 미사만큼의 가치가 있다."라는 그의 결론은 그 동기를 잘 설명해 준다. 앙리는 종교적인 이슈보다는 정치적인 이익을 우선시하는 아버지의 양식을 따른 것 같다. 공적인 목적을 위해 가톨릭 신자가 된 그는 위그노운동이 패배하지 않으리라는 것을 확신하였다. 1598년 낭트칙령으로 그는 마침내 종교적인 관용을 법률로 제정하려고 한 어머니의 꿈을 실현시켰다.

그녀의 아버지, 남편, 아들과 비교해, 잔은 남다른 용기를 보여주었고 놀라울 정도로 종교적인 헌신을 지속해 나갔는데, 이는 잔이 가장 견디기 어려운 상황에 놓였을 때도 마찬가지였다. 그녀는 자신이 가진 모든 것을 내놓고 수많은 위기를 감수하는 것도 마다하지 않았다. 그것은 모두 그녀의 개인적인 유익을 위해서가 아니고 개혁신앙을 위한 것이었으며, 이러한 것들을 통해 우리는 잔의 신앙에 대한 헌신뿐만 아니라 그녀의 성품에 대해서도 알 수 있다. 또한 잔은 신앙을 "전하는" 지도자 역할에서 그녀의 어머니보다 돋보였다. 어머니와 딸은 자신들의 종교적인 소명을 각기 다른 방식으로 표현하였는데, 마르가리타는 개개인 사이의 지원과 로비를 통해, 그리고 편지로 활동하였고, 잔은 보다 적극적으로 새로운 신앙을 변호하고 여왕으로서 "다스리고" 애정을 쏟은 사람들의 삶 가운데 주입시키는 활동을 통해 자신의 소임을 다했다. 그녀는 자신의 영적인 생활이나 관심에 대해 글을 쓰지는 않았다. 우리는 잔의 편지와 회고록 외에도 그녀의 활동과 법률제정에서 그녀의 신학을 읽어낼 수 있다. 잔의 종교적인 관심은 내적인 성찰을 꾀하는 것이거나 내향적인 것이 아니라, 개개인의 회복을 통해서보다는 제도적인 변화를 통해 교회의 개혁을 이루는 것이었다. 그녀는 자신이 한 인간으로서 중요하게 여기는 것들을 법률제정을 통해 이행하고자 했으며, 그렇게 하는 것이 그리스도인 여왕으로서 마땅히 해야 할 의무이자 권한이라고 굳게 믿었다. 그녀의 죽음 이후에 베아른은 프로테스탄트로 남았고, 그녀 당대에 구비된 사회구조는 다음 세대에도 계속 채택되었다. 이렇게 해서 프랑스에서의 종교개혁의 역사는 잔의 이야기에서 그 정점에 달하였다. 그녀가 가장 적극적인 영향을 미친 1559-72년의 시기는 프랑스에서 프로테스탄트 신앙의 절정기였다.

결론　　　　프랑스 종교개혁의 역사는 마르가리타 드 나바라와 잔 달브
레를 빼놓으면 매우 다르게 읽힐 것이다. 종교개혁에 연관된
가장 유명한 프랑스 왕비인 이 두 사람은 프랑스어를 사용하는 지역에서
개혁을 가장 가시적으로 또 강력하게 후원한 사람들 가운데 속하였고,
따라서 프랑스 종교개혁자인 칼뱅에게 큰 관심을 받은 소중한 사람들이
었다. 이들이 르네 드 프랑스와 마리 당티에르와 맺은 관계는 새로운 신
앙 안에서 여성들이 서로를 지지하기 위해 확립시킨 중요한 연결망에 대
해 말해주고 있다. 그것이 박해받는 사람들을 보호하는 것이었든 혹은
히브리어 문법과 다른 문서자료를 나누는 것이었든 간에 말이다. 두 사
람은 모두 사적인 신앙과 공적인 위치 사이에서 타협하지 않을 수 없었
다. 그들은 자신이 택하지 않은 사람과 결혼하도록 강제되었으며, 어린
자녀를 잃었다. 또한 통치자로 권력을 행사했고, 특별히 여성 통치권자로
서 자신들의 통치권을 행사하였으며, 현존하는 성별에 대한 규범과 자신
들의 성별에 주어진 한계를 알고 있었지만 그것을 무시하였다. 그들이 이
렇게 행하면서 길에서 맞닥뜨린 장애물을 극복해 나간 방식은 그들을
단지 여성으로서가 아니라 인간으로, 아주 특별한 인간으로 만들어 준
다. 이 여성들 없이 프로테스탄트 신앙이 프랑스에서 발판을 마련했으리
라고 상상하기란 어려운 일이다. 이들이 없었다면 프로테스탄트 순교자
들의 수가 훨씬 더 많았을 것이다. 이와 관련된 두 사람의 이야기는 함께
언급되어야 한다. 어머니가 초창기 개혁자들이 씨를 뿌리는 것을 보호한
것처럼, 딸은 새롭게 대두하는 신학을 받아들인 사람들이 새로운 교회를
정착시키고 발전시키는 것을 도왔다. 두 사람은 모두 종교적인 지도자로
서 서로 다르기는 하지만 결정적인 역할을 수행하였다. 두 사람은 각기,
지키기 위해 싸울 만한 가치가 있는 희망과 의미를 주는 신학으로서 자
신의 마음을 사로잡은 프로테스탄트 신학의 성공을 위해 싸웠다.

자료와 참고문헌에 관한 언급

핵심적인 전기적 정보를 위해서는 Jourda 1930 과 Roelker 1968, 그리고 참고문헌에 수록된 다른 저작들을 보라.

Roelker 1968과 Freer 1855는 영어로 된 드문 전기이다. 이 둘은 Mlle Vauvilliers의 기초작업(1818)에 빚지고 있으며, le Baron de Ruble(비록 미완성이지만 상세한 작품들, 1877, 1881-86, 1897)은 잔에 관한 세세한 전기적인 정보를 제공한다. 종교개혁에서 종교적이고 정치적인 지도자로서의 잔의 역할에 대해 해석해 주는 논문과 글은 Bainton 1971/2001, Bryson 1999, 그리고 Berriot-Salvadore 2004 편집본에 수록된 글과 2004 edition of Colloquy(2001) papers, "Jeanne d'Albret et sa cour"가 출처이다. Blaisdell 가 1972년과 1982년 칼뱅과 프랑스 귀족 여성들에 관해 연구한 논문이 매우 유익하다. Cazaux의 1973년 비판적인 전기에 뒤이어 Kermina의 1998년 대중적인 이야기식 저술이 나왔다. 마르가리타의 정치적인 후원에 관한 Stephenson의 2004년 저작은 잔에 대해서 또 어머니와 딸 사이의 역동적인 관계에 대해서 중요한 해석을 제공한다. 마르가리타에 관해서는 자료가 부족하지도 않고(Clive의 1983년 전기 참조) 그녀의 작품에 대한 비평적인 편집본들(예를 들어 Salminen의 작품들 참조)이 부족하지도 않다. 표준적인 전기와 그녀의 편지들에 대한 분석은 Jourda 1930, 1932 이 하고 있고, Cholakian 2006은 그녀의 생애에 대한 중요한 정보원이다. 그녀의 정치적이고 종교적인 역할뿐 아니라 그녀의 글과 신학에 대한 해석은 Collett 2000, Thysell 2000, Bainton 1973/2001, Sckommodau 1954, Schroeder 1999, 그리고 Reynolds-Cornell의 1995 논문집에 나온다.

제11장

르네 드 프랑스:

위그노들의 친구

❖ 부모

- 프랑스 국왕 루이 12세(1462-1515): 브르타뉴의 안이 죽자 1514년 잉글랜드의 헨리 8세의 누이인 메리 튜더와 결혼했다.
- 브르타뉴의 공작부인 안(Anne, Duchess of Brittany, 1477-1514): 1490년 합스부르크의 막시밀리안과 결혼(신부가 직접 참석하지 않고 대리인이 참석한 대리결혼식)하였고(신성로마제국의 왕비), 그 다음 1491년 프랑스의 왕 샤를 8세와 결혼했지만 둘 사이에 자식은 없었다.

❖ 형제자매

- 언니 클로드(Claude, 1499-1524)는 프랑수아 당굴렘(1494-1547), 프랑스의 왕 (1515-47)이자 나중에 나바라의 왕비가 되는 마르가리타 당굴렘(1492-1549)의 남동생과 결혼하였다. 자녀로는 프랑수아, 앙리(나중에 1519-59년 국왕 앙리 2세로 카트린 드 메디시스[1519-1601]와 결혼), 샤를, 마들렌, 마르가리타, 샤를로트와 루이가 있다. (클로드가 죽자 프랑수아는 오스트리아의 엘리너[Eleanor, 1498-1558]와 결혼[1530-47]하였다.)

❖ 배우자(1528-59)

- 페라라의 공작 에콜 데스테(Ercole d'Este, 1508-59): 페라라, 모데나와 레조 지역의 공작 알폰소 데스테(Alfonso I d'Este)와 교황 알렉산더 6세의 딸 루크레지아 보르자(Lucrezia Borgia)의 아들이다.

❖자녀

-안나(Anne, 1531-1607) : 1548-63년에는 기즈의 공작 프랑수아 드 로렌 (François de Lorraine, 1519-63)과 결혼관계에 있다가, 그 후에는 느무르의 공작 자크 사보이(Jacques de Savoie, 1531-85)와 결혼생활을 하였다. 자녀로는 앙리(1550-88), 카타리나(1552-96), 샤를, 그리고 루이(1555-88, 랭스의 대주교, 기즈의 추기경)가 있다.

-알폰소 2세(Alfonso II, 1533-97) : 페라라의 마지막 공작으로, 루크레지아 (Lucrezia di Cosimo de' Medici), 오스트리아의 바르바라(Barbara, 황제 페르디난트 1세의 딸), 그리고 마르게리타 곤차가(Margherita Gonzaga)와 결혼하였다.

-루크레지아(1535-98) : 프란체스코 마리아(Francesco Maria della Rovere)와 결혼하였다.

-레오노라(Leonora/Eleonore, 1537-81)

-루이지(Luigi, 1538-86)

서론   르네 드 프랑스(Renée de France, 1510-75)가 만약 남자였다면 그녀는 아버지 루이 12세의 왕위를 계승해 프랑스의 왕이 되었을 것이다. 그 대신 이 조그마한 공주는 멀리 북부 이탈리아 변방으로 시집 보내졌다. 그곳에서 레나타 디 페라라(Renata di Ferrara)로서 페라라의 데스테 가문에서 뛰어난 역할을 하게끔 성장하였다. 데스테 가문은 이탈리아에서 르네상스 미술과 음악을 후원하는 가문으로 잘 알려져 있었다. 프랑스에서 초기 복음주의자들의 영향을 받았고 이후 페라라에서는 박해받는 위그노들의 영향을 받은 그녀는 프로테스탄트의 옹호자이자, 유대인들을 포함해 "가톨릭이 아닌 자들"의 방어자가 되었다. 그녀가 이룬 것 가운데 개인적인 희생 없이 이루어진 것은 어떤 것도 없었다. 그녀의 운명은 한쪽으로는 교황청의 종교재판소, 그녀의 가톨릭 대적자들, 그녀의 개인적인 종교적 헌신, 장 칼뱅의 높은 기대, 그리고 다른 한쪽으로는 자녀들과 박해받는 친구들, 위그노들의 안위 사이에서 조화를 이루는 것이었다. 그녀에 관한 이야기는 종교개혁에 연관된 유명한 남성들(예를 들어 Bernardino Ochino, Fulvio Morato, Jacques Lefèvere d'Etaples, Clément Marot, Jean Calvin)뿐만 아니라, 교회를 개혁하는 일에 힘을 쓴 다른 여성들(Marguerite de Navarra, Jeanne d'Albret, Anne d'Este, Olimpia Morata, Vittoria Colonna)과도 관련을 맺고 있다.

가톨릭 자료들은 르네의 경건함과, 적어도 겉으로 봐서는 분명한 가톨릭교회에 대한 그녀의 충심을 강조해 왔다. 반면 프로테스탄트들은 그녀의 불명료한 태도와 그녀의 신앙에 대해 말해주는 문서가 없다는 데 실망하면서, 그녀가 칼뱅과 맺은 개인적인 연대와 박해받는 복음주의자들에 대한 신실한 보호를 강조하는 경향을 띠어왔다. 그녀는 자신의 종교적인 성향과 신앙의 확신을 분명히 드러내는 것을 주의 깊게 피했기 때문에, 그녀가 위그노로 죽었는지 그렇지 않은지는 여전히 논쟁거리가 되고 있다. (그녀의 외모, 교양수준, 지적인 능력에 대해서도 비슷하게 상충되는 진술이 있어왔다.) 르네의 이야기는 사람들이 그녀에게 건 단순한 기대와는 아무런 상관없이, 복잡하고, 비극적인 동시에 승리의 이야기였다. 사람들이 르네에게 기대한 것이란 온통 그녀가 성공적인 왕조 정치에서 기꺼이 저당물이 되는 것과 후계자를 생산하는 것뿐이었다. 그녀는 자신의 개인적인 종교와 관련될 때를 제외하고는, 자신의 운명에 대해 거의 말하지 않았다.

르네의 가문과 정치적인 상황을 고려할 때, 그녀가 가톨릭이 우세한 두 지역, 먼저는 페라라 나중은 프랑스에서 "가톨릭이 아닌 자들"의 지속적인 보호자가 될 수 있었다는 것은 특이한 일이다. 그녀는 자신의 종교에 독립심의 영역을 새겨넣었다. 그녀는 프로테스탄트 신학을 만남으로써 정체성과 가치관이 근본적으로 변화하여, 신앙을 위해 박해받는 사람들을 보호하는 일에서, 그리고 종교적인 관용으로의 길을 준비하는 일에서 자신의 소명과 공적인 역할을 발견한 대표적인 여성이다. 르네의 이야기는 마르가리타 드 나바라와 특별히 그녀의 딸 잔 달브레와 중요한 연결점을 지닌다.

공작부인의 삶에 대한 이야기는 흩어져 있는 여러 자료에서 끌어모을 수 있다. 비록 그녀가 공식적인 신학 논문들을 남기지는 않았지만 자신이 쓴 얼마간의 편지도 있고, 교회법에 대해 쓴 것도 있으며, 공적인 포고문이나 그와 비슷한 문서도 있다. 르네가 남긴 가장 중요한 업적이라면, 그녀가 구출한 개개인의 삶에 그녀의 활동이 영향을 미쳤다는 것이며, 더 넓게 보자면 이탈리아와 프랑스에서 복음주의 신앙이 살아남는 데 그녀가 일조하였다는 것이다. 르네가 신학적으로, 또한 영적으로 선호한 것들, 그리고 개혁자라는 르네의 정체성은 공주이자 공작부인으로서, 딸, 배우자이자 어머니, 위그노들의 친구로서, 그리고 종교적인 차이라는 문제를 다루면서 폭력을 사용하거나 권력을 남용하는 일에 저항한 (국왕이나 여왕 가운데서는 매우 드물게 보이는) 그리스도인으로서 그녀가 보여준 선택과 활동에 명백하게 드러나 있다.

르네:

이탈리아와 프랑스에서 위그노들의 프랑스인 보호자

르네의 삶에 대한 이야기는 그녀의 유명한 부모인 프랑스 국왕 루이 12세 (1462-1515)와 브르타뉴의 안(1477-1514)에게서 시작된다. 신앙심이 깊고 교양을 갖추었으며 개성이 강한 성품으로 알려진 안은 프랑스의 두 왕과 결혼하였다. 아들은 없이 두 딸을 두었는데, 그들이 클로드(1499-1524)와 르네이다. 르네는 브르타뉴에 있는 자신의 영지의 계승자가 되었을 뿐 아니라, 왕좌를 든든히 하려는 왕가의 결혼 정치에서 저당물이 되었다.

1510년 10월 25일 프랑스의 블루아성에서 태어난 르네는 루이 12세와 안 사이에 태어난 두 딸 가운데 (11살 아래의) 동생이었다. 그녀가 여자아이로 태어나자 자신들의 왕조를 공고히 할 남성 후계자를 고대하고 있던 양친은 실망하였다. 왕족 아이가 태어나면 귀족들이 참석한 가운데 성대한 세례예식을 베풀어 축하하였다. 한편 르네는 신체적인 문제를 가지고 태어나 당시의 미적 기준을 충족시키지 못했다. 많은 전기작가들이 그녀에 대해 완전히 못생겼다고 말하지는 않았지만, 조금도 매혹적이지 않은 그녀의 외모에 대해서는 구구절절 변명을 늘어놓았다. (예를 들어 소문으로는 그녀의 장래 남편은 그녀와의 첫 만남 후에 "그렇지만 르네는 아름답지가 않다."라고 불평했다.) Ryley 1907, 251, 254-258. 그 어머니, 언니와 마찬가지로 르네는 얼마간의 신체적인 부조화로 괴로움을 당했는데, 그녀에게서 이런 문제는 더욱 두드러졌다. 다리 한쪽이 다른 쪽보다 짧아서 어깨가 "불쑥 나온" 자세를 취하게 된 것이다. 그녀는 신체적인 매력이 없는 것을 보완하기 위해 외모보다는 재치와 지식에 기대는 법을 배웠다는 견해가 제시되어 왔다. 어떤 평가에서는 르네가 배양된 지성과 쾌활한 성정으로 찬사를 받았던 반면, 다른 쪽에서는 그녀의 세련되지 못함에 대해 혹평하였고, 르네가 얼마나 총명하고 이지적이었는지에 대해서, 그리고 심지어 그녀의 성품에 대해서도 얕잡아보았다. 이러한 들쭉날쭉한 평가들은 단지 르네에 대한 상충적인 인상만을 말해주는 것이 아니고, 그녀 당시 한 여성을 평가하는 데 사용된 몇몇 요소가 얼마나 피상적이었는가 하는 것 또한 드러낸다. Puaux 1997, 98; Blaisdell 1972, 202, 219; Valeria 1969, 58-61; Barton 1989, viii-ix, 10-13; Rodocanachi 1896, 14-17 참조.

르네는 4살 되던 1514년 1월에 어머니를 잃었다. 아버지의 사촌, 루이드 사보이가 아이들을 돌보기 위해 왔는데, 그녀는 샤를 당굴렘과의 사이에서 낳은 자신의 아들 프랑수아(1494-1547)를 위한 야망을 가득 품고 있었다. 프랑수아는 왕위계승에 가장 가까운 남성 후계자였다. 사촌인 클로드와의 결혼을 통해 프랑수아는 1515년 루이 12세가 죽자 새로운 왕이 되었다. 수년 동안 새로운 왕의 권력은 자신의 곁에 있는 두 여성, 어머니와 카리스마 있는 누나의 간섭을 받았다. 특별히 1534년 이전에는, 장차 마르가리타 드 나바라가 되는 마르가리타 당굴렘(1492-1549)의 진보적인 영향과 충고가 종교문제를 포함한 모든 사안에 대해 어린 왕의 귀에 대고 속삭이는 보수적인 목소리들을 상쇄시켜 균형을 잡아주었다. 블루아 왕궁에서의 르네의 유년기는 프랑수아 통치의 "진보적인 시간"과 마르가리타의 영향이 동시에 있던 때였다. Blaisdell 1972, 199.

블루아에서 보낸 르네의 유년기는 부모의 죽음 이후에 자유로웠지만 동시에 외로웠다. 그녀에게는 5명의 궁녀와 2명의 시녀, 2명의 시종, 1명의 목회자, 1명의 약제사, 그리고 필요를 채워줄 주방식구들이 있었지만 종종 방치되고 있다고 느꼈다. 르네의 말동무이자 위그노였던 수비즈(Soubise) 부인이 (그녀의 궁정에서 성품이 강직한 사람을 제거하고자 했던) 루이에 의해 해고당한 후부터 특히 그러했다. 아마도 눈부신 외모와는 거리가 먼 내성적인 소녀는 자연히 별다른 관심을 끌지 못했을 것이다. 그렇지만 그녀의 출생 신분은 궁정의 오랜 정치에서, 특히나 중매 게임에서 그녀가 중요한 역할을 하게 만들었다. 그녀의 유년기 경험이 그녀에게 관대함과 동정심의 가치뿐만 아니라 왕족 혈통의 신분으로 당당하게 서는 법을 가르쳤으리라고 추측할 수 있다. 그녀는 공부를 통해, 그리고 마르가리타와의 교류를 통해 자신의 성품과 종교적인 관심에 깊은 영향을 받았다.

"지칠 줄 모르는 독서가" Barton 1989, 12. 공주는 특권층의 교육을 누렸는데, 여기에는 과학, 철학, 고전 저술가들, 고대 역사, 라틴어, 그리스어, 그리고 아마도 히브리어, 아랍의 천문학 서적과 로테르담의 에라스무스의 저작과 같은 "최신" 작품이 포함되었다. 르네의 학습은 그녀를 융통성 있는 재담가로 만들었지만, 자신의 수려한 문장력을 보여줄 만한 어떠한 증거도 남기지 않았다. 오히려 르네의 편지는 그녀가 언어와, 심지어는 자신의 모국어의 문법과 문체로 끙끙대는 모습을 보여준다. 마르가리타 당굴렘 같은 카리스마 있는 저술가였던 누군가와 비교하는 것은 르네에게는 맞지 않는다. 더욱 중요한 것은 두 사람 사이의 존경과 사랑이다. Blaisdell 1972, 200-201; Rodocanachi 1896/1970, 6-14; Puaux 1997, 42-54 참조.

왕의 누나 마르가리타는 르네와 그녀의 교육에 근본적인 영향을 미쳐, 마치 그녀의 두 번째(영적인) 어머니 같았다. 마르가리타는 자신이 그렇게도 갈망하던 애정을 르네에게 쏟았고, 종교계의 새로운 흐름도 접하게 해주었다. 마르가리타의 날개 아래, 그녀는 샤를 도를레앙(Charles d'Orléans), 장 메시노(Jean Meschinot), 그리고 클레망 마로(Clément Marot) 같은 개혁 지향적인 사람들의 영향을 받을 수 있었다. 특별히 마로는 교회의 부패에 대항해 비판의 목소리를 낸 사람으로 마르가리타의 깊은 신앙심(그리고 신비주의를 향한 그녀의 방향전환)과 르네의 신학에 대한 호기심 둘 모두에 중대한 영향을 미쳤다. 마로가 결국 프랑스에서 피신하게 되었을 때, 마르가리타는 마로에게 페라라에 있는 평생의 친구 르네에게서 피신처를 찾으라고 권고했다. 마르가리타의 보호 아래 르네는 인문주의자 자크 르페브르 데타플(Jacques Lefèvre d'Etaples)의 지도를 받았고 그의 성서본문 연구로부터도 혜택을 받았다. 르페브르는 블루아의 도서관 사서로서 신약성서를 프랑스어로 번역하였으며, 루터가 신앙과 은혜에 기초해서 구원에 대한 자신의 비전을 분명하게 밝히기도 전에 "믿음을 통해 의롭게 됨"이라는 핵심적인 개혁적 원리에 관해 글을 썼다. 마로와 마찬가지로 르페브르는 후에 르네의 궁정에 피신해 르네의 자녀들의 가정교사로 고용되었다.

르페브르와 유명한 모 그룹(the famous circle of Meaux: Guillaume Briçonnet, Gérard Roussel, Guillaume Farel, François Vatable, Michael d'Arande) 이 프랑스에서 종교개혁의 불을 붙인 것은 마르가리타의 보호 아래 가능한 일이었다. 소르본의 신학자들이 루터를 이단으로 정죄하고 난 이

후, 이 그룹은 해산당하였다. 브리소네는 자신의 교회 앞에서 채찍질을 당하였고, 파렐과 칼뱅은 영구히 프랑스를 떠났다. 르네는 거기서 개혁으로 인한 초기의 흥분을 목격할 수 있었으며, 더불어 프랑수아의 초기의 관용 정책이 1534년 미사와 화체설을 모독하는 전단들이 궁궐에 나붙은 플래카드 사건으로 인해 변모함에 따라 "급진주의자들"을 대상으로 폭력적인 분산작업이 행해지는 것 또한 목격할 수 있었다.

극적인 플래카드 사건이 있은 직후이자 피 비린내 나는 종교 전쟁들이 일어나기 직전의 시기에 프랑스에서 서로 다른 개혁파 여성들이 감당한 다양한 역할과 관계망을 살펴보는 것은 흥미롭다. 대단히 중요한 인물인 마르가리타는 프로테스탄트 여성들 사이에서 후원활동을 행한 것으로 알려져 있었지만, 결코 공개적으로 자신의 프로테스탄트 신앙을 밝힌 적은 없었다. 그렇지만 그녀는 많은 사람들을 위해 담대하게 중재 역할을 하였고, 프로테스탄트 사역을 확실하게 후원하였으며, 계속해서 위그노들의 저항 조직에 핵심적으로 관여하였다. 그녀는 철저한 프로테스탄트인 딸, 잔 달브레를 길러냈는데, 잔 달브레는 장차 프로테스탄트의 선봉에 서는 여인이 되어 보다 뚜렷한 방식으로 프랑스의 개혁자들과 연관을 맺었다. 이 두 사람 사이 어디쯤에 서 있는 르네는 마르가리타의 모범을 따라 위그노들을 보호하려 노력하였으며, 잔과 마찬가지로 프로테스탄트 찬성파와 반대파 모두의 눈에 가장 선봉에 서 있는 사람으로 인식되었다.

프로테스탄트들의 목숨을 구하는 일로 르네는 종교개혁에 구체적인 기여를 하였다. 그런데 이러한 그녀의 기여는 그동안 상당히 평가절하되어 왔으며, 상당 부분 잘못 전해져 왔다. 어떤 사람들은 르네를 도그마적인 논쟁과 이슈에 사로잡힌 경건한 가톨릭 교인으로 여겼으며, 또 어떤 사람들은 그녀의 신학적인 통찰력보다는 신앙심을 더 평가하였다. 이 두 평가 모두 스스로 신학적으로 사고할 수 있는 그녀의 능력에 대해서는 중시하지 않았으며, 그녀가 공개적으로 자신의 신앙에 대해 모호한 태도를 취하고 있다는 사실이 헌신적인 프로테스탄트 보호자로서의 그녀의 중요성을 무효로 만들고 있다고 해석하고 있다. 그럼에도 불구하고 프로테스탄트 신앙에 대한 그녀의 이해는 연구, 묵상, 관찰, 그리고 개인적인 접촉을 통해 해가 갈수록 성숙해진 것이 명백하다. 그녀가 어린 시절 발을 내딛기 시작한 행로는, 그녀가 사랑하던 가톨릭 프랑스 왕좌의 적으로 간주되던 신앙을 보호하도록 르네를 이끌었는데, 이는 적지 않은 점에서 마르가리타로 인한 것이었다. 르네는 많은 것을 잃게 될 것이고, 왕족이라는 "완충장치"만으로는 많은 사람들(그리고 귀족들)의 피가 뿌려지는 종교전쟁에서 자신을 지킬 수 없었을 것이다. 그녀의 신앙적인 성숙에 관한 이야기와 그녀가 왕족으로서, 그리고 가족으로서 지니는 의무와 신앙 사이에서 직면했던 충절의 대립에 관한 이야기는 그녀의 결혼과 따로 떼어 이야기할 수 없다.

종교와 결혼은 르네의 일생과 그녀가 취한 여러 선택을 결정지은 두 개의 서로 뒤엉킨 요소였다. 이 두 영역 모두에서 그녀는 표면적으로 왕, 남편, 교황이 이끄는 교회의 뜻에 굴복한 것과는 아무런 상관없이, "불복종하였다." 너무나 억압적인 환경 속에서 그녀는 신앙 문제에 관한 한 스스로 선택의 자유를 열었으며, 또한 다른 사람들의 그러한 권리를 위해서 싸웠다. 아마도 모든 사람들에게 놀라운 일이었을 텐데, 처음에 순종적이고 조용하던 신부, 왕과 국가의 기꺼운 신하였던 그녀는 결혼을 하면서 독립적이고 용감한 여성으로 변화하여, 결혼으로 인한 끈이나 왕족의 유대가 종교의 자유와 같은 중대한 이슈에 대한 자신의 결정을 지시하도록 내버려두지 않게 되었다.

결혼하기 전에, 그리고 여러 차례 우여곡절을 겪으며 약혼 교섭이 완료되기 전에 르네는 자신의 일생 가운데 아마도 가장 태평한 시기를 누렸다. 임신을 한 언니와 자주 시간을 보내기도 하고 순례길에 오르기도 했다. 어릴 때 르네는 사촌인 가스통(Gaston de Foix)과 약혼했지만, 그가 죽자 로마제국의 미래 황제인 오스트리아의 카를이 상당한 신부 지참금과 교환하는 조건으로 브르타뉴(Brittany)에 대한 자신의 모든 권한을 포기한다는 조율을 거쳐 약혼자로 떠올랐다. 그러나 결국 그는 프랑수아의 친딸과 결혼하게 되었다. 카를의 동생인 페르디난드와 르네를 결혼시키려는 계획 또한 실패하였다. 정치적인 제휴관계의 변화가 있고 난 다음, 12살인 르네의 손을 잡을 새로운 후보가 브란덴부르크의 선거후에서 나왔다. 이번에는 다가올 제국 선거에서 프랑수아에게 표를 준다는 조건이 붙었다. 그렇지만 그녀의 이전 약혼자 카를이 제국의 왕좌를 차지하자(1519), 포르투갈 왕과 그녀의 약혼은 유익한 것이 될 수 있을지 모르나 이번 결연도 더는 프랑수아에게 유익이 되지 못하였다! 당시 13살의 르네에 대한 또 다른 후보로 상처한 부르봉의 공작이 있었는데, 그는 프랑수아의 고향 땅에서 가장 강력한 제후들 중 한 사람이었다. 그렇지만 공작의 아내 수잔이 죽고 나서 부르봉 영지에 대한 소유권을 둘러싸고 야기된 복잡한 법적인 절차로 이 결합은 호소력을 잃었다. 1527년 잉글랜드의 헨리 8세가 캐서린(Catherine of Aragon)과 자신의 결혼관계를 무효화하고 싶다고 천명했을 때, 추기경 울시는 다시금 르네를 그의 새로운 신부로 지지하였지만, 헨리는 앤 불린과의 결혼을 열망하고 있었다. (그 제안에 대해 왕의 누이 마르가리타는 헨리의 첫 번째 부인 아라곤의 캐서린에 대한 신의 때문에 거절하였다.) Puaux 1997, 17-19, 21-23, 37-39, 42-43, 63-67; Barton 1989, 11-12; Rodocanachi 1896, 18-27 참조. 이러한 모든 저명한 후보를 거쳐 이루어진 최종적인 선택은 놀랍도록 실망스러웠다.

최종적인 선택은 왕의 누적된 어려움과 공개적인 굴욕으로 영향을 받았을 것이다. 아이를 낳느라 힘을 다 소진해 버린 왕비 클로드가 1524년 7월 26일 감염증으로 죽자, 프랑수아는 자신의 모험심 탓에 한 차례도 아니고 두 차례나 이탈리아와 스페인에서 투옥되고 말았다. 그의 방면을 위한 교섭은 어머니 루이와 누이 마르가리타에 의해 이루어져, 혼수상태에 빠진 왕을 (그의 어린 두 아들과 교환하는 조건으로) 1525년 스페인에서 구해내었다. 권력의 자리로 다시 돌아온 왕은 35살의 홀로된 자신의 누이 마르가리타와 1517년부터 나바라의 왕이 된 앙리 달브레(1503-55)와의 만족스러운 재혼을 정하였다. 그녀는 네락의 성에 있는 새로운 거처에서 위그노들을 계속적으로 보호하였으며, 그 가운데 르페브르 데타플도 그녀를 찾아갔다.

르네의 신랑은 이탈리아에서 왔다. 르네상스 제후, 페라라의 공작 에콜 데스테(Ercole d'Este, 1508-59)는 전체 후보 가운데 가장 인상적이지 못했지만, 그와의 결연은 이탈리아 공국을 프랑스 왕권에 보다 밀접하게 해줄 것이고, 로마제국과 영국에 맞서 프랑스의 위치를 보강해 줄 것이며, 아마도 교황과의 관계에도 도움이 될 터였다. 르네는 그 타고난 신분으로 볼 때 에콜에게는 대단한 "횡재"였으나, 반면에 이 결합은 왕의 딸이자 또 다른 왕의 처제였던 르네에게는 그 남편의 외모나 매력에도 불구하고 실망스러웠을 것이다. 더욱이 르네는 결혼을 하면서 어머니의 영토인 브르타뉴에 대한 권한을 내놓아야 했는데, 페라라에서 너무 멀리 떨어져 있어 그에 대한 권리를 주장하기 어려웠다.

결혼식은 약혼 한 달 후인 1528년 6월 28일 파리에서 거행되었으며, 이 커플이 페라라로 떠나기 전에 4주 동안 축제가 지속되었다. 페라라의 백성들은 새로운 신부를 기쁨으로 환영하였으나, 공작부인은 역병이 유행하던 도시에 눈물 가운데 도착하였다. (외국, 심지어 적대국에 보내진 다른 귀족 여성들도 이와 유사한 힘겨운 여정을 겪었다. Warnicke 2000, 4, 7, 1-11.) 그녀는 자신의 "유배생활"을 왕이 자신에게 준 사명으로 받아들였지만, 주변을 온통 프랑스 물건과 프랑스 사람들로 채움으로써, 그리고 새로운 땅의 언어를 배우려는 시도조차 거부함으로써 계속해서 교묘한 저항을 하였다.

그녀의 전기작가들에 따르면, 이 결혼은 많은 점에서 문제가 있음이 드러났다. 20살 연상인 에콜은 아름답고 화려하고 예의를 갖추지 않은 루크레지아 보르자(1480-1519, 나중에 교황 알렉산더 6세가 되는 로드리고 보르자의 딸)와 페라라의 알폰소 공작(1476-1534)의 아들로서, 잘생기고, 놀기 좋아하고, 제멋대로 구는 사람이었는데, 르네상스 정신에 몰두해 있으면서 자신을 예술과 문학의 후원자로 자부하였다. 18살의 르네는 약하고 솔직하였으며, 진지한 경향을 지니고 있었는데, 남편과 매우 다른 도덕적 품성을 지니고 있는 데다가 이것은 르네와는 다른 양육과정을 거친 남편에게는 모자란 것이었다. 르네는 신학에, 에콜은 정치에 관심이 있었다. 그러나 르네의 왕족 신분뿐 아니라 명민한 지성과 관대한 영혼은 결국 "처음에는 내키지 않아 했던 에콜의 넋을 빼놓고 말았다." Barton 1989, 12-13; Puaux 1997, 67-70.

이 커플의 생김새와 관심사의 차이는 정치적으로 조율된 결혼관계 안에서 두 사람을 더 친밀하게 만들어 주지 않았다. 특히나 이들의 종교적인 차이는 서로 다른 정치적인 충성심이 그러했던 것과 마찬가지로 주요한 불화의 원인이 되었다. 에콜의 가문은 (그가 15세 때 만난 적이 있는) 교황에게 충실하였으며 자신들의 이탈리아 공국의 복지에 힘을 쏟았던 반면, 르네는 마음속으로 여전히 프랑스인이었으며 새로운 신학에 이끌렸는데, 이 신학은 교황권과 현재의 교황이 이끄는 교회를 인정하지 않았고, 따라서 페라라가 표방하는 대부분의 것들을 인정하지 않는 신학이었다. 처음부터 향수병에 걸린 르네는 가능한 한 많은 프랑스인 수행원을 대동한 채 프랑스적인 귀중품을 많이 지니고 왔다. 공작부인의 "이국풍" 가치기준과 종교적인 관심은 새로운 영토에서 환영받지 못하였고, 특히 남편에게 가장 그러했는데, 그녀의 남편은 특별히 그녀가 대동한 프랑스인 프로테스탄트 친구이자 카운슬러였던 수비즈 부인으로 인해 애를 먹었다.

공작부인은 프랑스에서 책을 한 권 가지고 왔는데, 이 책은 그녀의 종교교육을 위해 아마도 그녀의 어머니가 의뢰한 것으로서, 『작은 기도서』(*Little Book of Prayer*) 혹은 『꽃 기도서』(*Flower Prayer Book*)였다. 이 책은 26쪽에 걸쳐 12개의 이야기를 그림과 함께 싣고 있으며, 그중 5개가 르네에게 특화된 것이었는데, 우리 아버지, 아베 마리아, 신조 같은 용어를 내포하고 있었으며, 더불어 다른 표준적인 기도문도 담고 있었다. 그림은 궁궐 화가의 작품이었을 것이며, 이 책이 공주에게 주어진 것은 그녀의 부모가 모두 죽고 난 뒤였을 것이다. 그녀를 위해 쓰인 기도문에 나오는 다음의 구절이 그것을 말해준다. "나의 하나님, 우리의 목소리에 당신의 귀를 기울이소서. 바라옵건대 자비로우심으로 당신의 평화와 빛의 왕국에 당신의 종들, 내 아버지 국왕 루이와 내 어머니 왕비 안의 영혼을 받아주옵소서."

르네가 프랑스의 유산을 고수했다는 것, 심지어 그녀의 새로운 백성들의 언어를 배우려고 하지도 않을 정도였다는 것은 저항의 표현으로 해석될 수 있었다. 물론 그녀가 단순히 배울 수 없었던 (혹은 Parker 2003, 8에서 말하고 있듯이, 그녀가 이탈리아를 "진저리나게 싫어했던") 것이 아니라면 말이다. 그녀는 점잖게 자신의 국제결혼 상황을 받아들였지만 여전히 프랑스인으로 남아 프랑스어로 말하고자 했다. 공용어의 결여는 공작부인과 그 남편, 그리고 페라라 백성과의 사이에 깊은 골을 유지시켰다. 이것은 그녀가 대부분 프랑스어를 사용하고 개혁 지향적인 사람들과 편향된 교제를 함으로써 페라라의 가톨릭 이탈리아인들에게 "이질적인" 존재가 된 것과 마찬가지였다. 그렇지만 그녀의 차별 없는 관대함과 인간의 고통을 덜어주는 데 대한 관심으로 인해 그녀는 많은 사람들의 호의를 얻었다. 그녀는 종교를 이유로 박해를 받는 사람들, 특히나 동포와 프로테스탄트들과 그 이외에 다른 사람들을 보호하는 사람으로 알려지게 되었고, 거기에는 페라라에 있는 유대인 공동체들도 포함되었다. 그녀의 가톨릭 남편은 이 일, 혹은 르네의 지출에 꿈쩍도 하지 않았다. 그의 경계하는 눈과 교황 측에 선 친구들의 시선을 받으면서도, 알려진 바에 의하면 르네는 일찍이 1536년 궁궐에 프로테스탄트들을 위한 안전한 피신처를 마련하였다. 그녀는 마르가리타 드 나바라와 그녀의 딸 잔 달브레와 유사한 역할을 하기로 마음을 먹었다. 이들 또한 피난민과 물자를 서로에게 "연계시키고" 위탁하였는데, 마르가리타는 몇몇 프랑스인 개혁자들을 페라라로 안내하였다.

저명한 위치에 있던 다른 여성들과 마찬가지로 르네는 사내아이를 후계자로 낳으리라는 기대를 받았다. 1529년 첫 아이가 유산된 후에, 다행스럽게도 1531년 11월 16일 안나라는 이름의 건강한 딸(1531-1607)을 출산하였다. 안나는 이후 연속적인 결혼, 처음에는 프랑스의 대단한 가톨릭 가문인 기즈 가문과, 나중에는 프랑스 프로테스탄트 교인과의 결혼으로 인해 개인적으로 프랑스에서의 종교전쟁에 연루되었다. 그녀는 어머니와 친밀한 관계를 유지했는데, 이는 계속해서 위그노들과 관련을 맺었던 어머니와 정반대 진영에 처할 수밖에 없었던 가톨릭인 기즈 가문과의 결혼 기간 동안에도 계속되었다. 두 사람 간에 주고받은 서신은 프랑스에서의 종교적인 상황뿐만 아니라 개인의 삶에 대해서도 중요한 통찰을 보유하고 있다. 안나가 태어나고 2년 후인 1533년 11월 22일 르네는 아들, 알폰소(Alfonso, 1533-97)를 낳았는데, 그는 페라라의 마지막 공작인 알폰소 2세로, 국왕 프랑수아 1세의 대자(代子)가 된다. 1537년 6월 19일 또 다른 딸 레오노라(엘리오노르, 1537-81)가 태어나는데, 레오노라는 체질이 약하고 가냘픈 여성으로, 유명한 시인 타소(Torguato Tasso)와 삶에서는 엇갈려 그의 시 안에서 영원히 사는 존재가 되었다. 그녀는 오빠 알폰소가 때때로 부재중일 때 그 대신 다스리는 일을 했다. 1538년 성탄절에 르네는 또 다른 아들 루이지(Luigi, 1538-86)를 낳았는데, 그는 교황에게서 직접 세례 선물을 받았으며, 어린 나이에 추기경으로 서임을 받는다. 몇 년 후인 1571년 르네는 막내 루크레지아(Lucrezia)를 낳았다. 루크레지아는 르네가 1535년에 낳은 세 번째 자녀이다. 필자가 이 부분에서 무언가 착각을 일으킨 듯하다—옮긴이 주 루크레지아는 우르비노의 마지막 공작인 프란체스코 마리아와 불행한 결혼생활을 겪지만, 지력이 뛰어난 여성으로 알려져 있고, 남편들과 헤어진 여성들을 위한 보호시설을 창설하였다. 르네가 자신이 낳은 5명의 아이가 모두 성인이 될 때까지 살아남은 것으로 보아, 생각했던 것보다는 "연약하지" 않았던 듯하다. Rodocanachi 1896, 88-91, 108-114; Barton 1989, 14-15 참조.

르네는 일찍부터 자녀들의 교육을 (비록 불손하더라도) 최고의 교사들에게 맡겼다. 수년에 걸쳐 그녀의 궁궐은 일단의 인문주의자, 개혁자, 작가, 예술가, 그리고 다른 주목할 만한 사람들을 접대하였다. 시편을 프랑스어로 번역한 클레망 마로는 르네에게서 피난처를 찾아 가장 오랫동안 은신한 사람이었다. 교황과 교회에 대한 비판자로 잘 알려진 그는 플래카드 사건 이후에 도착해서 르네의 비서로 그녀 곁에 눌러앉았다. 다른 널리 알려진 인물들은 그리 오래 머물지는 않았지만 그녀의 환대를 고마워하였다. 예를 들어 베르나르도 타소(Bernardo Tasso), 장 칼뱅, 비토리아 콜론나(Vittoria Colonna the Marchesa di Pescara), 라비니아 델라 로베르(Lavinia della Rovere: 교황 율리우스 2세 조카의 딸), 베르나르디노 오키노(Bernardino Ochino: 프란체스코파의 카푸친수도회 지도자이자 설교자), 풀비오 페레그리노 모라토(Fulvio Peregrino Morato: 인정받는 교사)와 그의 교양 있는 딸 올림피아 모라타(Olimpia Morata)가 있었다. 이 시기 내내 공작은 교황과의 관계를 촉진하면서 종교재판소 위원들을 궁궐로 환대하였으며, 이로 인해 궁궐은 위그노파와 예수회 사이의 전쟁터가 되었다.

로마의 눈에 반체제 인사들로 보이는 자들, 그리고 페라라 사람들의 눈에 외국인들로 보이는 자들과 르네가 교류하는 것은 데스테 가문이 교황청과 긴장관계를 맺어온 역사를 지니고 있는 공국의 일들에 조금도 도움이 되지 않았다. 1534년 10월에 알폰소 공작이 죽고 나서 에콜이 통치권을 넘겨받으면서 그는 (이전에 그의 아버지가 그러했듯) 자신의 권위에 대해 교황의 비준을 받기 위해 교섭할 필요가 있었다. 그 와중에 공국과 자기 자신의 입지에 대한 관심에 사로잡혀 있던 에콜에게는, 아내가 지속적으로 반교황청 편에 서는 반체제 인사들과 교류를 하고 "온통 프랑스적인 것"만 보란 듯이 선호하는 것이 정치적으로나 부부로서나 받아들일 수 없는 일이 되었다. 에콜은 자신의 궁궐에서 프랑스인들을 제거하기 시작하였다. 그는 가시 같은 존재인 수비즈 부인을 추방시키는 일부터 시작했는데, 수비즈 부인이 르네로 하여금 "잘못된 무리", 특히 프로테스탄트들과 더불어 방황하게 했다고 비난하였다. 수비즈 부인은 수치를 당하고 유언비어를 퍼뜨리는 사람이라는 그릇된 혐의를 쓴 채 떠나갔지만 그녀도 아무런 방책 없이 떠난 것은 아니었다. 그녀는 리옹에 있는 왕의 임시 궁궐에서 르네와 합류하는 방안을 강구하였다. 에콜은 르네가 떠나는 것을 허락하지 않고 르네의 좋지 않은 건강 상태, 산후 허약, 험악한 날씨 등 빈약한 구실을 들이대기까지 하여 왕과 르네 모두를 격분시켰으며, 르네는 자신의 성에 억류되었다. 이러한 상황에 격노한 프랑수아는 사람들을 그곳으로 보냈고, 마르가리타 드 나바라는 자신의 주교를 보냈으며, 장 칼뱅은 직접 방문하였다.

불안정한 시기와 긴박한 혼인관계와 정치적인 상황 내내, 르네는 공개적으로는 남편과 좋은 관계인 체하면서, 자신의 궁정에 다양한 인상적인 사람들을 맞아들이기를 계속했다. 그들 중에 가장 흥미로운 인물 중 하나가 올림피아 모라타였다. 올림피아는 이후 당시의 가장 학식 있고 교양 있는 여성 작가들 중 하나가 되는 인물로, 르네는 그녀를 딸 안나와 같이 공부할 짝으로 받아들였다. 올림피아는 르네의 보살핌 아래 노련한 작가이자 번역가로 성장하도록 궁정에서 자신의 기교를 연마하였다. 르네와는 달리, 올림피아는 곧 자신이 프로테스탄트 신앙을 고수하고 있음을 공개적으로, 그리고 글로써 고백하게 되었다. 종교재판소가 열리면서(1545년부터 페라라에 특별법정을 열었다.) 페라라의 상황이 변하고, 올림피아와 르네의 관계가 식고 난 이후에, 올림피아는 자신의 새로운 남편의 고향인 독일에서 하나님의 뜻을 발견하였다. 그렇지만 그녀는 안나와는 계속 연락을 주고받았다.

개혁운동의 각 분야에서 저명한 사람들이 페라라 궁정에 도착한 것이 모두 단지 르네의 초대 때문이거나 그녀에게서 도피처를 찾고자 했던 것 때문만은 아니었다. 또 다른 중요한 여성 손님, 1537년부터 1538년까지 (1537년 르네가 조만간 딸 레오노라를 출산할 것을 돕기 위해) 페라라를 방문한 여성 시인 비토리아 콜론나(Vittoria Colonna, 1490-1547)는 에콜의 초대를 받아서 왔다. 비토리아는 신앙을 지키는 가톨릭적인 방식을 개혁하는 데 열의를 품고 있었는데, 가톨릭교회의 개혁을 후원하는 학식 있는 사람들과의 교류는 종교재판소의 눈에 그녀도 혐의자로 만들었다. Puaux 1997, 158-162; Bainton 2001, 201-218; King 1991, 128-134, 143-144 참조. 신비주의에 관심이 있던 비토리아는 나폴리에 있는 발도파와 밀접한 관계를 맺었는데, 이들은 교리적으로는 확실히 루터주의자들이지만 가톨릭교회 내에서 개혁을 꿈꾸던 집단이었다. 베르나르디노 오키노와 예수회의 설립자인 이냐시오 로욜라가 도착한 것은 비토리아가 페라라에 있을 때였다. 비토리아는 페라라에 카푸친회를 위한 피정 장소를 마련하기를 원했으며, 비토리아의 부추김을 받아 카리스마 있는 오키노는 실제로 강림절 동안 르네의 궁정에서 루터의 견해를 반영하는 설교를 매우 성공적으로 행하였다. 이때 그는 수도사들의 도덕성이라는 주제로 강연하고 성서의 권위와 평신도들이 스스로 그것을 읽을 권리를 강조하였다.

비토리아의 다른 여성 동료이자 동시대인들인 치보(Caterina Cibo: 인노켄티우스 8세의 손녀), 곤차가(Giulia Gonzaga, 발덴시안), 그리고 만리케즈(Isabella Manriquez)도 그녀와 비슷한 관심을 가졌다. King 1991, 153-154,

Bainton 2001, 171-198. 그들은 지적을 받아야 할 필요가 있는 교회 내의 폐해(예를 들어 면죄부와 공덕신학의 폐해)를 알고 있었다. 르네와 마찬가지로, 비토리아는 그녀 자신이 적극적인 역할을 하지는 않았지만, 궁정에서 교회개혁의 문제들로 인해 죄를 얻은 사람들을 보호하기로 하였다. 마르가리타 드 나바라와 비슷하게, 그리고 한층 교의적인 것에 치중하던 르네와는 달리, 비토리아는 개개인의 개혁과 신앙의 신비적인 측면에 관심을 가졌다. 나이와 여타의 차이점을 제쳐두고(르네는 27살, 비토리아는 48살), 이 여성들은 종교적인 사안에 대한 대화로 가득 찼던 체류 기간 동안 친구가 되었을 것이다. 비록 비토리아의 10개월 간의 체류 이후 두 사람 사이에 교류가 지속되었다는 증거는 아무것도 없지만 말이다.

비토리아가 떠나기 며칠 전, 에콜의 고모인 이사벨라, 즉 남편이 죽어 홀로된 만토바(Mantua)의 후작부인이 기껍게도 에콜을 방문하였다. (이 행복한 시간에 뒤이어[1538년] 르네는 크리스마스에 아들 루이지를 출산하였다.) 기분이 좋았음에도 불구하고, 에콜은 르네로 하여금 만토바에 다녀오게 해달라는 고모의 요청을 거부하였다. 공작부인은 사실상 페라라 성에 갇힌 죄수였다. 점점 더 고립된 르네는 수비즈 부인의 딸 안나(Anne de Parthenay)와 그녀의 남편 앙투안 드 퐁(Antoine de Pons)과의 우정을 통해 위안을 얻었다. 두 사람은 모두 프로테스탄트이자 프랑스인이었다. 앙투안과 르네 사이에 스캔들이 날 수 있을 정도로 밀접했던 이들의 우정은 "르네 인생에서 유일하게 전적으로 다정한 환경"을 마련해 준 것으로 여겨져 왔다. Ryley 1907, 282-283, Barton 1989, 32-36. (Puaux 1997, 165-167, 181-183; Rodocanachi 1896, 98-103, 138-152; Valeria 1969, 7-8 참조.) "앙투안은 르네의 실존에 대한 쓸쓸한 추문을 의미한다. 어떤 저술가들은 앙투안을 좋아하지 않는다."고 Ryley 1907, 282는 쓰고 있다. 공작부인과 앙투안 사이의 편지는 친구에 대한 르네의 특별한 애정과 더불어 어느 정도의 친밀감까지 드러내고 있다. 그러면 "그들의 관계는 정신적인 관계 이상이었을까? 아마도 아니었을 것이다." Barton 1989, 34-36, 73; 또한 Ryley 1907, 282-291. 앙투안이 프랑스에 머무는 동안 두 사람 사이에 많은 편지들이 비밀리에 교류되었지만, 그것도 프랑스 국왕에게 앙투안을 고국으로 불러들이라고 제안한 장본인인 의심 많은 공작에 의해 압수당할 때까지만이었다. 앙투안이 파리의 궁궐에서 냉대받고 있음을 깨달았을 때, 르네는 그를 그리워하고 있었다. 그는 페라라로 돌아갔고 르네는 이를 기뻐했다. 그렇지만 앙투안의 아내는 베네치아로 도망가고 없었는데, 르네를 해하려는 공작의 계획에 대해 그녀가 소문을 퍼뜨리고 있다는 그릇된 비난의 말이 유포된 이후 페라라를 떠났던 것이다. 1543년 어쩔 수 없이 앙투안 또한 떠나야 했고, 두 사람은 다시는 만나지 않았다.

앙투안의 추방은 르네의 생활에 더욱 고초가 많아지고 그녀에 대한 남편의 압박이 더욱 심해지는 전조가 된다. (예를 들어 앙투안이 없는 동안 그녀는 마르가리타 드 나바라가 직접 보내준 프랑스인 친구 드 라 로슈[de la Roche] 부인과 어울렸다. 그렇지만 새로 도착한 사람이 프로테스탄트 신앙을 지녔다는 것이 분명해지자마자 그녀는 되돌아가야 했다. "공작부인에게 더는 프랑스인 친구는 없을 것이다.") 르네는 점점 프랑스인들과 프로테스탄트들과의 교류에서 격리되었다. 더욱이 1541년 9월에 그녀는 약 15마일 떨어져 있는 콘산돌로성(아이러니컬하게도 1541년 7월 8일 공작이 부부간의 애정의 표시로 르네에게 준 땅)으로 보내졌다. 르네의 귀환은 교황 바오로 3세가 1543년 봄 데스테 궁궐을 방문하게 되면서 탄력을 받아 추진되었다.

콘산돌로에서 르네는 연구와 아이들의 교육, 그리고 서신교류, 대부분 칼뱅과의 서신교류(그녀는 프로테스탄트 여성 동료들에 대해 계속해서 물었다.)에 전념하였다. 남편의 지시를 거슬러, 그녀는 프로테스탄트들과 협력하는 일을 결코 멈추지 않았다. 예를 들어, 르네의 동료 피코 델라 미란돌라(Galeatto Pico della Mirandola)와 더불어 그녀는 이단들을 안전한 곳으로 숨기는 지하조직의 일을 도왔다.(1542년 오키노와 쿠리오네를 포함) 그녀가 유배된 궁정은 은신처이자 "비밀스러운 프로테스탄트 설교"가 이루어지는 장소가 되었다. 비밀 예배당의 사용과 기원에 대해서는 그 유적의 새로운 발굴로 인해 논쟁이 되어 왔지만, 그것이 분명히 있었다는 것과 (19세기에 프레스코화를 그려넣기 전의) 그 "소박한 모습"은 르네의 프로테스탄트 신앙에 대한 중요한 증거가 될 수 있다. Roffi 1984, 264-267, 그 외 곳곳 참조.

아이러니컬하게도 르네의 유배는 에콜 부친의 친구인 새 교황의 방문으로 인해(1534) 끝이 났다. 교황 바오로 3세의 페라라 방문은 공작으로 하여금 르네를 불러들여 성에서 교황의 많은 수행원들을 대접하게 하도록 만들었다. 교황은 이 커플의 별거가 끝나기를 바란다는 뜻을 분명하게 밝혔고, 우정의 표식으로 르네에게 금으로 된 장미와 반지를 주었다. (데스테 가문과 교황청 사이의 다정한 관계는 비록 무위로 끝나고 말았긴 했지만, 교황이 르네의 딸 안나와 자신의 조카를 결혼시키자고 제안한 데서도 나타나고 있다.) 더 나아가 그는 신앙과 관련된 모든 이슈에서 르네가 그 지역의 주교들보다는 교황청의 종교재판소 관할권 아래 있게 될 것이라는 것을 보증해 주는 문서까지 써주었다. 그렇지만 새로운 교황 율리우스 3세가 교회에서 이단을 근절하기 위해 강력하게 가동시킨 종교재판소로부터 르네가 의심을 받게 되면서, 이 특권은 양날의 칼이라는 것이 판명나게 되었다.

르네에게는 그 이상의 변화가 있었다. 프랑스에서 1547년 프랑수아가 죽고 (연이어 마르가리타가 1549년 죽고) 그 후계자 앙리 2세(1519-59)가 왕위를 계승하고 나서 종교적인 상황이 변한 것이다. 르네 자신이 질색하는데도 에콜이 딸 안나를 악명 높은 기즈의 공작 프랑수아 드 로렌(François de Lorraine, 1519-63)과 약혼시키자, 르네는 더욱 개인적으로 프랑스 상황에 개입하게 되었다. 결혼식은 1548년 12월에 행해졌다.

에콜은 베네치아를 방문했을 때 예수회의 후원자가 되었는데, 트렌트공의회(1545-63) 직후에 그 구성원들은 교황의 오른팔이자 "정통" 가톨릭 신앙의 전위부대가 되었다. 기동성이 있는 영적인 부대로서 이들은 가톨릭 신학과 영성을 강화하는 것을 비롯해 많은 상황 가운데서 종교재판소의 활동에 도움이 되었다. 이제 초강력 가톨릭 사위를 확보해 둔 에콜은 예수회를 불러들였다.(1548) 그 와중에 공작부인은 제네바에 있는 칼뱅과 서신교류를 하였다. 공작과 공작부인이 정치적으로 그리고 종교적으로 반목하고, 양 진영에서 각기 두 사람의 사적인 지원을 얻기 위해 로비를 하게 되면서, 페라라에서 가톨릭과 프로테스탄트 사이의 전쟁이 정점에 이르렀다.

르네는 로욜라와 칼뱅 양측에게서, 그리고 그들 각자의 추종자들에게서 압력을 받고 있었다. 두 사람은 전략적인 위치에 있는 왕족 여성들과 제휴하는 것이 자신들의 사역에 절박하다고 보았으며, 양자 모두 페라라의 공작부인에게 지대한 관심을 갖고 있었다. Blaisdell 1992, esp. 239 참조. 그 누구도 그녀의 공적인 그리고 사적인 섬세함, 즉 어느 쪽으로도 공개적으로 기울지 않는 태도 혹은 지혜의 진가를 알아채지는 못한 것 같다. 그녀가 종교적인 관용을 베풀고 박해받는 자들에게 차별 없이 도움을 준 것은 로욜라와 칼뱅 모두의 피를 끓게 만들었고, 이들은 모두 헌신이 부족하다고 그녀를 비난하였다. 그러나 그녀는 개의치 않았다. "비록 칼뱅이 르네의 과묵함을 비판하면서 공개적으로 신앙을 고백하라고 요구했지만, 르네는 확고하게 숨겨진 칼뱅주의자로서의 자신의 입지를 유지하였으며, 그가 그녀에게 요구한 것들로부터 변명을 하면서 뒤로 물러섰다. 르네의 과묵함은 그들 사이에서 언제나 하나의 이슈였다." "사실상 르네의 모호한 태도는 칼뱅을 격노시켰다." Blaisdell 1982, 79. 더욱이 "르네는 종교에 대해 덜 분명하고 더 관용적인 태도를 견지했으며, 이것은 그녀가 어린 시절에 알게 된 앞 세대 프랑스 개혁자들의 태도와 매우 흡사한 것이었다. 반면 제네바에 있는 르네의 친구이자 멘토는 점점 더 엄격하고,

편협해졌으며, 조직화하는 일과 교리에 전념하였다. 르네는 결코 공개적으로 프로테스탄트주의를 받아들인 적이 없었다." Blaisdell 1972, 206-207.

종교재판소와 특별히 르네의 멘토이자 친구인 칼뱅으로부터 각기 받은 압력을 고려해 볼 때, 르네의 끈질김은 놀라운 것이었다. 그녀는 『기독교강요』가 출간된 해인 1536년에, 칼뱅이 샤를 데스페빌(Charles d'Espeville)이라는 가명으로 페라라를 방문했을 때 적어도 한 차례 그 개혁자를 만났다. 두 사람은 수년에 걸쳐 서신을 교류했고, 칼뱅은 르네가 자신의 지위를 이용해 종교개혁운동을 뒷받침할 것이라는 큰 기대를 하였다. 그는 전략적인 위치에 있는 다른 귀족 여성들과도 멀리 떨어져 있으면서 유사하게 밀접하고 사적인 관계를 발전시켜 왔는데, 그의 관심은 항상 프랑스어를 사용하는 지역에 종교개혁을 전파하는 자신의 사역을 성공적으로 완수하는 데 있었다. 잔 달브레, 그녀의 어머니 마르가리타 드 나바라, 그리고 르네와 같은 귀족 여성들은 칼뱅의 개인적인 관심을 받았고, 말로 지도편달을 받았으며, 더불어 그가 제네바에서 보낸 목회자들에게서 도움을 받았다. 르네와 칼뱅 사이의 서신교류는 특별히 길게 이어졌고 매우 잦았다. 비록 그 편지들 중 일부는 분실되었지만, 그가 그녀에게 기울인 관심은 남아 있는 편지들에 분명하게 나타나 있다. 그녀에게 그의 멘토 역할이 중요했던 것이나, 결국에는 르네가 그를 필요로 한 것보다 칼뱅이 자신의 사역을 위해 르네를 더욱 필요로 했던 것 같다.

다른 어떤 사람보다도 더욱 칼뱅은 르네가 종교개혁과 관련을 맺도록 해준 사적인 연결고리가 되었다. 그리고 그녀는 그의 프랑스 정책의 목표에 있어서 핵심적인 인물이 되었다. 그녀는 칼뱅을 자신의 종교적인 멘토로 생각했던 것 같고 또 1564년 칼뱅이 죽을 때까지 친구관계를 유지했다는 것은 매우 의미가 깊다. 심지어 페라라에서 공작부인으로 머무를 동안에도 르네가 프랑스의 개혁운동을 개인적으로 후원했다는 것은 그만큼 칼뱅의 영향력이 미쳤다는 것을 증명해 주는 것과 다름없다. Blaisdell 1982, 79. 또한 같은 책, 68-81. (Blaisdell 1992, 236-237, 245, 248 참조.)

르네가 칼뱅과 오랫동안 맺은 관계는 르네의 개혁신앙에 대한 유력한 증거로 간주될 수 있다. 칼뱅이 자신의 사역에서 그녀에게 부여한 위상, 그리고 그가 여성들을 목회적으로 돌볼 때 취한 훈계의 방식은 그녀에게 보낸 한 편지에 나타나 있다. "하나님께서 당신[르네]에게 주신 지위와 탁월함을 생각해 볼 때, 주님께서 그 선하심으로 거룩한 말씀의 사역자들로 부르신 우리 모두가 당신과 관계를 맺는 일에 특별히 애를 써야 하는 것은 명백합니다. 왜냐하면 당신은 평민의 신분에 있는 사람들보다 훨씬 더 하나님의 나라를 증진시킬 수 있기 때문입니다." Blaisdell 1982, 40; Calvin à la Duchesse de Ferrare n.d. CO XI, col 325-326, 1541. 르네는 20년의 세월을 통틀어 혹은 그들이 서신을 교류하던 기간 동안 하나님의 나라를 위한 자신의 책임에 대해 책망하는 투로 상기시키고 조언하는 것을 받아들였다. Barton 1989; Blaisdell 1972. (칼뱅과 르네에 대해서는 Puaux 1997, 145-151, 279-282; Rodocanachi 1896, 103-127; Valeria 1969, 8-9; Bates 1872, 64-84; Barton 1989.)

르네가 종교재판소로 인해 고통을 당하고 있던 때, 칼뱅이 보기에 그녀가 프로테스탄트 운동에 별로 도움을 주지 못하고 가톨릭 감시자들에게는 강요에 못이겨 명백히 교황의 교회로 귀환했다고 기뻐할 빌미를 제공한 시기에, 르네와 칼뱅 사이에 격한 논쟁이 많이 일어났다. 정확하게 무슨 일이 있었는가 하는 것은 흥미를 자아내는 이야기인데, 르네의 성격에 대해서, 그리고 가톨릭이 압도적인 상황에서 종종 많은 사람들의 희생을 치르고 프로테스탄트 신앙이 살아남을 수 있었던 방법에 대해서 정보를 제공해 주고 있다.

한편으로는 위그노들에 대한 르네의 보호활동이 분명히 드러나고 있고, 다른 한편으로는 데스테 가문이 예수회와 교황과 인연을 맺고 있던 상황에서, 페라라가 종교재판과 종교적인 박해의 장소가 되었다는 것은 놀라운 일이 아니다. 혹은 공작부인인 르네의 지적인 활동과 종교생활에 대해 에콜이 아무런 영향력도 행사하지 못하고 있었고 르네의 왕족 혈통 때문에 그 누구도 그녀를 훈계하려고 들지 못하던 차에, 특별히 그녀가 그 궁궐에 대한 조사와 정화작업의 주된 표적이었다는 것도 놀라운 일은 아니다. 그녀는 두 차례 공격을 당했는데, 먼저 1536년에는 비교적 은연중에 두드러지지 않게, 그리고 1554년에는 그녀의 남편의 전적인 지원을 받은 교황청 신학자들의 조직적인 책략 가운데 공격당했다. 프랑스 공주가 공개적으로 자세한 조사를 받고 판결을 받는다는 것은 끔찍한 일이었다.(비록 그녀가 어린 시절 마르가리타 드 나바라 사건을 목격했을 때 장차 무슨 일이 일어날지 미리 예고를 받은 바가 있긴 하지만) 그녀, 그녀의 참모들과 동료들, 그리고 그녀의 아이들을 표적으로 심문이 행해지는 동안, 르네가 진심을 다해 헌신한 것이 무엇인지에 대해 엄밀한 조사가 행해졌으며, 그녀가 그간 활동해 온 과정을 살펴본 감시자들은 모호한 양면성과 혼란을 느꼈다.

일찍이 1536년 페라라 궁정에서 프로테스탄트들에 대한 첫 번째 박해가 이루어졌을 때도 종교재판소가 개입되어 있었다. 에콜은 자신의 궁정에서 통제력을 장악하려는 욕심에서, 그리고 자신의 집안에서 루터파와 칼뱅파 중요 인사를 영구히 제거하려는 생각에서, 그들의 도움이 필요하였던 것이다. 기회는 1536년 성 금요일에 찾아왔다. 그때 궁정에서 공연이 있고 나서, 르네 집안에서 온 가수들 중 하나인 쇼네(Chonnet de Bouchefort)가 미사와 성만찬에 대해 모독하는 소리를 질렀다. 이것은 모두에게 당황스러운 일이었지만, 특별히 공작에게 더욱 그러하였다. 양측 모두 로마, 리옹, 그리고 나바라에 편지를 보냈는데, 프랑스와 이탈리아의 외교기관이 이 사건이 야기할 수 있는 심상찮은 혼란에 반응을 보이기 시작했기 때문이다. 중재 요청을 받은 프랑스 왕은 에콜에게 자신은 결혼관계로 묶인 사람이라는 것을 상기시켰다. 고문을 받은 자네토 (Zanetto: 그의 의심스러운 과거는 법과의 충돌을 예고하고 있었다.)라는 가수 는 자신의 공범자로 공작부인의 충성스러운 구성원들을 연루시켰다. 죄 수들을 교황의 법정에 보내는 대신, 에콜은 르네의 막역한 친구이자 오 랫동안 재무를 담당하고 있던 장 코니요(Jean Cornillau)를 포함한 모두를 붙잡아 두고 페라라에서 심문하였다. 르네는 자신과 자신의 궁정의 결백 을 주장하였다. 프랑스에서 파견되어 그녀 곁에 있던 "자신"의 주교들의 지지에도 불구하고, 그녀는 남편과 종교재판소의 진노에 직면하였다. 그 녀는 나바라의 왕비와 "그녀의" 추기경들과 교황 대사에게 도움을 구하 는 일에 착수하였다. 그 와중에 에콜은 로마와 파리 모두에서 냉대를 받 았고, 종교적으로 의견을 달리하는 사람들의 문제에 대해서는 배우자와 함께 "가정 안에서" 처리하라는 면박을 당했다.

죄수들 중 하나가 탈출해 사태를 더 복잡하게 만들었는데, 아마도 르 네의 도움을 받았던 것 같다. 누가, 그리고 누구의 도움으로 탈출했는가 하는 것은 전혀 분명하지가 않고, 심지어 칼뱅과 마로까지도 지적을 받 았다. 확실하게 알려진 것은 고발을 당한 한 이단이 위그노운동에 공감 하는 누군가의 도움을 받아 탈출했다는 것이다. 1537년 딸 레오노라가 태어남에 따라 그 아내와 일시적으로 화해를 한 에콜은 사태를 마무리 짓거나 혹은 심지어 이 사건 처리를 중지해 버리고자 하였지만 종교재판 소는 그렇지 않았다. 종교재판관들이 궁정에서 감시를 계속했기 때문에, 르네는 다른 사람들과 더불어 여전히 의심과 감시를 받고 있었다. 1539년 과 1540년에 페라라에서 검열이 늘어나, 유대인 공동체에게까지 확장되었다. Blaisdell 1972, 209-210. 그녀가 공작령을 떠나는 것은 허용되지 않았고 심지어 프랑수아 1세의 딸의 결혼식에도 참석하지 못하였다. 그럼에도 불구하고 1548년까 지 르네와 에콜은 서로의 종교적인 자유에 대한 깨지기 쉬운 합의, 즉 데 스테의 신앙을 르네가 공개적으로 비난하지 않는다는 합의를 잘 유지해 나간 것으로 보인다. 이러한 합의는 그녀의 영적인 멘토인 칼뱅과 르네의 남편 둘 다를 좌절시켰다. 르네의 남편은 자신의 궁정 안에 종교적으로 의견을 달리하는 자들이 계속 존재하면서 아내와 긴밀하게 접촉하는 것을 견뎌내야 했던 것이다. 그렇지만 프랑수아 1세와 마르가리타 드 나바라의 죽음 이후에 상황은 변하였다.

1547년 프랑수아의 왕위를 앙리 2세가 계승하자 정말로 종교재판의 시대가 시작되었다. 페라라에서 나타난 그 초기 징후로 공개적인 프로테스탄트였던 올림피아 모라타의 추방이 포함되었다. 공작 에콜은 개혁파 종교를 지지하는 사람들에 대하여 조직적인 박해를 시작하였다. 첫 번째 순교자는 파니오(Camillo Fannio)라고도 알려진 파니노(Fanino Fanini da Faenza)였는데, 그는 이탈리아어로 번역된 성서를 연구했으며, "이단"을 전파하기 위해 페라라로 왔다. 그는 자신의 신앙을 철회한 후에 감옥에서 방면되고 나서도 설교하는 일을 계속하다가 다시금 투옥되었다. 르네는 그를 위해 로마와 중재했지만 아무런 소용이 없었다. 파니노는 고문을 받고 1550년 8월 22일 처형되었다. 다른 사람들에 대한 경고로, 그의 몸은 불에 태워졌고, 재는 강에 뿌려졌다. 더 많은 순교자들이 뒤를 이었다.

두 번째 박해는 이 비극 직후에 일어났다. 1551년 5월경 에콜은 자신의 궁궐이 프로테스탄트 이단으로부터 자유롭다고 교황에게 큰소리쳤다. 도미니크회 소속의 종교재판관인 오리(Mathew Ory)가 프랑스 왕의 이모인 르네의 당혹스러운 상황을 다루기 위해 그 궁정으로 파견되었다. 같은 이유로 예수회에 속한 펠티에(Pelletier)가 공작의 측근이 되어 공작부인을 격리시키고 이단들을 궁정에서 몰아내라는 임무를 띠고 좀 더 일찍 도착해 있었다. 그렇지만 에콜의 발언은 너무 성급하고 미숙한 것이었다. 왜냐하면 특히 르네의 연루 정도가 심했고, 그가 광범위한 것들에 대해 부인했지만 곧 부인할 수 없는 증거들이 제시되었기 때문이다. 예를 들면 1554년 1월 16일 르네는 자신의 충복 푸티(Ippolito Putti)에게 종부성사를 시행하는 것을 거부했고, 그해 부활절에는 자신의 딸들에게 신앙고백을 금하였다. 이런 것들은 대담한 행동이었으며, 새 주교의 어머니로서 행하기에는 놀라운 행동이었다. 마침 아들 루이지 데스테(Luigi d'Este)가 1553년 12월 페라라의 주교가 되어 있었다. 에콜에게 그것은 마지막 지푸라기였고, 이로 인해 그는 1554년 3월 18일 자신의 궁정에서 개혁파들을 모조리 몰아내는 일에 착수하였다. 그렇지만 그 일은 결코 완벽하게 수행되지 못했다. 그는 또한 (1554년 3월 27일) 프랑스 왕에게도 도움을 요청하였다.

"당신의 비천하고 충실한 종, 에콜 데스테, 페라라의 공작"이라는 서명과 함께 에콜은 1554년 3월 27일 앙리 2세에게 아내가 루터파 설교자들에게 연루된 데 대해 비탄해 하는 편지를 보냈다. 르네가 푸티와 자신의 딸들에게 행한 행동에 대해 숙고한 뒤에 그는 이렇게 말하였다.

> 그녀가 완강하게 작심을 하고 하나님의 영광에 대적하는 행동을 하고 저희 가문에 계속적으로 불명예를 초래하는 것을 보면서, 저는 그녀에게 정말 수천 번이나 하나님의 사랑과 우리의 후손들의 명예를 위해 터무니없는 이단을 부인해 달라고, 그녀의 추잡한 설교자들에게서 들은 것들로 더는 그녀 자신을 어지럽히지 말라고⋯그녀 아버지와 어머니의 종교, 그리고 언니인 폐하의 어머니의 종교를 따라야 한다고⋯간청했습니다.

> 저는 정말이지 제 딸들이 정기적으로 미사에 참석해 듣고, 부활절에 신앙을 고백하고 성찬을 받기를 바란다고 아내에게 가능한 한 호의를 갖고 말하기로 마음먹고 있었습니다. ⋯그러나 그녀는 미사가 우상숭배라고 말하면서, 제가 너무 수치스러워 되풀이하기도 어려운 다른 말들을 하면서 제 면전에서 제 말을 듣지 말라고 제 딸들에게 훈계를 했습니다.

Barton 1989, 84-87; Archivo storico italiano 13:417-420. Biblioteque Nationale, fonds française 3126, fols 56-60.

에콜은 왕에게 프랑스의 신학자를 페라라에 보내 자신의 프랑스인 아내를 "터무니없는 이단"으로부터 돌려세워 달라고 요청하였다. 그는 또한 왕이 강력하게 말해주기를 바랐다. "그녀에게 보내는 편지에서 아주 무뚝뚝한 용어를 사용하는 것을 삼가지 말아주십시오. 저는 그녀에게서 너무나 믿을 수 없을 정도의 완고함과 강퍅함을 발견한 까닭에, 주님께서 그 거룩한 손을 내미셔야만 그녀가 이단에서 돌아오는 게 아닐까 걱정스러울 지경입니다." 같은 곳. 프로테스탄트에 대한 르네의 헌신과 불굴의 정신에 대해 남편이 내뱉은 이런 말들보다 더 확실한 증거가 어떻게 있을 수 있겠는가!

공작이 르네와 르네의 종교활동을 제어하려고 점점 더 많은 시도를 하게 됨에 따라 1554년 사태는 더욱 가열되었다. 르네는 미사에 공개적으로 참석하라는 압력을 받았으며, 남편과 그 사제들의 감시의 눈 아래 점점 고립된 생활을 하게 되었다. 에콜의 취지는 이렇게 이해할 수 있다. "페라라와 같이 그처럼 저명한 궁정에 이단의 수호자로 너무나 자명한 여성을 둔다는 것은 트렌트공의회 직전에 편만한 종교재판의 기운이 감도는 상황에서 참을 수 없는 것"이었고, "고삐 풀린 공작부인에게 마구를 채우는 것을 자신들의 특별한 임무로 여기는" 프랑스인 종교재판관들을 보내는 것이 필요하다고 여겼다. King 1991, 141-142. 이와 유사하게 칼뱅은 만약 그녀가 왕족이 아니고 프랑스 왕의 신하가 아니었더라면 벌써 순교를 당했을지도 모를 전쟁에 처한 "그녀를 고무시키기" 위해 자신이 제네바에서 설교자들을 보내야 한다고 생각하였다. Blaisdell 1972, 210.

1554년 6월과 8월에 르네는 (계속 고집을 부리면 어쩔 수 없이 겪게 될 것이라고 안나가 경계한 대로) 심문을 당하였다. 그녀가 심문관들에게 저항하였기 때문에 첫 번째 면담은 성공하지 못하였다. 9월 7일 그녀는 이단으로 몰려 투옥 선고를 받았다. 9월 13일 로욜라는 공작부인이 회심할 아무런 희망이 없다는 보고를 받았는데, 그녀가 자신을 위해 파견된 고해신부들을 계속 거부하고 있었던 것이다. 그녀는 가택연금을 당하여 인접한 성에 고립되었으며, 거기서 세상과 자신의 아이들에게서 단절되었다. 르네의 어린 두 딸은 수녀원에 보내졌다. 그녀는 아무런 책도 지니지 못했고 오직 두 사람의 시중드는 사람만 두고 있었는데, 이들은 필요할 때는 "이 귀부인을 제어하라."는 지시를 받았다. 9월 중순경에 공작부인이 굴복하고 있다는 소문이 돌았다. 그녀가 미사를 받아들이고 있다는 가톨릭에게 희망적인 보고들이 그녀가 저항하고 있다고 주장하는 단언들과 충돌하였다. 프랑스로부터 도움의 손길이 르네에게 급파되었다. 그녀의 친구 리옹 자메(Lyon Jamet)가 프랑수아 드 모렐(François de Morel)이 그랬던 것처럼 편지를 가지고 제네바에서 도착하였는데, 이것은 그를 보낸 칼뱅에게 르네가 얼마나 중요한 존재인지를 더욱 잘 보여준다. 1555년에 칼뱅은 격려의 편지와 함께 또 다른 사람인 안토니오 카라치올로 (Antonio Caracciolo)를 보내 비밀리에 르네를 만나게 하였다. 칼뱅은 공작부인을 강하게 하고자 했으며, 또한 추기경의 궁정에 끌려가 순교를 당하게 될 경우를 위해, 그리고 거기서 재판장으로 끌려가 심문을 받고 오리(Ory)의 설교를 강제로 듣게 될 경우를 대비해 그녀를 준비시키고자 하였다. 에콜은 처음에 단지 외적인 일치만을 원했지만, 이제는 르네가 자신의 아이들을 지키고 싶다면 온전히 가톨릭 신앙으로 돌아올 것을 요구하였다.

이러한 호된 시련은 공작부인의 자존심에 상상할 수 없는 타격이었으며, 이 시련을 견디면서 그녀는 자신에게 중요한 많은 숙고를 하였다. "투옥되어 자신의 아이들로부터 격리되었을 때에만 르네가 견딜 수 없어 공작과 펠티에(Pelletier)의 요구에 조건부로 항복하였다는 것은 명백하다."

Blaisdell 1972, 217-218. 그렇지만 그녀는 또한 자신의 사람들을 보호하는 데도 마음을 썼다. 칼뱅의 질책하는 편지들은 거의 도움이 되지 않았다. 9월 21일에 공작부인은 사제를 불러 참회를 하겠다고 청했다. 르네의 딸들은 그녀에게로 돌려보내졌다. 칼뱅이 보기에 (그가 1554년 11월에 편지에 쓴 내용대로) 공작부인은 "굴복했다." 그러나 르네 쪽에서 보면, 그녀는 아이들이 자신에게 돌아오고 궁정 안에서 자신의 위치를 회복해서 기뻤다.

그녀의 결정을 우리는 이해할 수 있다. "정통을 신봉하라는 요구에 굴복함으로써 그녀는 자유와 페라라 궁정에서 자신의 생활을 회복할 기회를 얻었지만, 반면에 끝내 타협하지 않음으로써 왕족 신분과 자신이 소유한 모든 것을 위태롭게 할 수도 있었을 것이다." King 1991, 218. 혹은 다른 식으로, "가톨릭 정통으로 "그녀가 회심"한 것은 확실히 사태에 대한 표면적인 편의도모였다." 우리는 르네의 마음 상태가 어떠했는지 확실히 알 수 없다. 하지만 며칠 만에 그녀가 심경에 완전한 변화를 일으켰다고 생각하는 것은, 특히나 그녀가 일생 동안 프로테스탄트 신앙과 관련을 맺어온 것으로 미루어볼 때 이치에 맞지 않는다. 예수회의 기록에 따르면, 그녀에 대한 면밀한 조사를 통해, 미심쩍은 내용의 수백 통의 편지와 지방어(독일어와 이탈리아어)로 된 책들이 르네의 방에서 발견되어 즉시 불태워졌다. Blaisdell 1972, 216-217. 르네의 개혁신앙에 대한 현존하는 가장 그럴 듯한 증거는 그녀가 칼뱅과 주고받은 후기 편지들, 잔존하고 있는 르네의 편지들의 파편에 나타나 있다. 아래의 1564년 3월자 르네의 편지 참조.

르네가 칼뱅의 신학에 몰두한 것을 평가하면서, 어떤 사람들은 르네의 공개적인 굴복에 비추어 그녀가 신학적인 이슈와 논쟁의 깊이를 이해할 능력이 있었는지 의문을 제기하였다. 이러한 의문은 르네의 편지 쓰는 기교가 지극히 평범하다는 관찰에 주로 그 기반을 두고 있다. Valeria 1969, 58-61. 그렇지만 그와 동시에, 칼뱅의 가르침을 그녀 나름으로 이해하는 데 어떤 한계가 있었다 할지라도, 르네는 수십 년간 구호활동을 하면서 거기에 수반되는 위험을 인지하지 못했을 리가 없는데도 프로테스탄트 신앙을 포용하고 후원하는 일을 계속하였다. 모든 증거로 볼 때, 그녀는 칼뱅의 제자이자 조력자였다. 그녀는 자신의 마음속의 신앙을 사적으로 행할 자유를 지니면서, 외적으로는 가톨릭 신앙의 의식을 인정하는 것이 지혜롭다고 보았다. ("그녀는 마음속으로는 칼뱅주의자로 남았지만, 미사에 참석하면서 다른 여러 방식으로 로마교회의 의식과 예전을 따랐다." Fawcett 1905, 271.) 신학적인 차이점을 분별하기에 충분할 만큼 신학적인 훈련과 지도를 받은 사람이었지만, 그녀는 또한 영적인 의식에 대해 이례적인 개방성을 지닌 참으로 종교적인 사람이었다. 그녀는 완고하고, 고집이 세고, 정치적으로 영리했다. 그녀는 속임수를 알아챌 줄 알았고, 상황을 그녀 자신이 교묘히 조종할 줄 알았다. 우리는 그녀 자신뿐 아니라 다른 사람들의 종교적인 자유에 대한 르네의 편견 없는 보호를 르네의 지속적인 원칙이라고 말할 수 있을 것이다.

르네가 위선적으로 자신의 신앙을 철회한 것인지 아닌지는 "논쟁의 여지가 있는 문제이다. 그녀는 자신이 처한 상황에서 유일하게 가능한 일을 행한 것이다." Barton 1989, 110. 르네의 행동을 연약함의 표지로 읽는 대신에, 우리는 불안정한 상황에서 그녀가 영리하게 대처한 것이라고, 또 그녀 자신의 생존과 다른 사람들의 생존을 위해 그녀가 취한 명민한 전략이었다고 생각할 수도 있을 것이다. 르네의 왕족 신분과 성격 또한 르네의 행동 분석에 고려되어야 할 사항이다. "르네는 대체로 감정이나 의견을 숨기는 사람이 아니었다." 더욱이 그녀는 "자신이 왕족 신분이라는 점을 들어 자신을 정당화하기를" 좋아하였다. 프랑스 왕의 지원을 잃는다는 것은 그녀에게는 생각할 수도 없는 일이었을 것이다. 그녀는 비록 마음속으로는 굴복하지 않았지만, 외적인 형세를 고려해 굴복해야만 했다. Blaisdell 1972, 219.

페라라에서 르네의 마지막 시간은 별다른 사건 없이 지나갔다. 그녀는 궁정생활의 사치에 돈을 쓰면서 자신에게 아직도 큰 희망을 품고 있는 칼뱅과 서신교류도 계속하였다. 샤를 데스페빌이라는 가명으로 쓴 1555년 2월 2일자 편지에서 칼뱅은 르네를 나무라면서, 그녀를 시험하고 계신 하나님께서 그녀의 신음소리를 들으신다는 것을 믿고 참고 견딜 것을 촉구하였다. Barton 1989, 273, 101-103, 114-115, 132-133. 그리고 1558년 7월 29일자의 현존하는 다섯 번째 편지에서도 비슷한 어조로 말하였다. 생애 말기에 르네는 프랑스에서 가톨릭과 프로테스탄트의 미래를 결정짓게 되는 유혈 사건에 연루되었다. 앙리 2세가 죽은 1559년에 에콜도 죽어 그의 아들 알폰소 2세(1533-97)가 그를 계승하였다. 알폰소는 자신의 어머니에게 최후통첩을 하여, 개혁신앙을 버리거나 페라라를 떠나라고 하였다. 르네는 1560년 9월 32년 만에 페라라를 떠났다. 이 결정은 단지 자신의 방침을 밝히는 데 그치는 문제가 아니었다. 그녀는 자신이 떠나게 되면 신앙으로 인해 박해를 받는 사람들이 더는 그녀의 보호를 받지 못하게 될 것이라는 점을 알았다. 칼뱅이 그녀에게 해준 충고는 모호하였다.(1559) "예수 그리스도는 확실히 당신이 프랑스와 페라라 모두를 잊어도 될 만한 가치가 있는 분입니다." Barton 1989, 151-153, 또한 150 참조.

그녀는 몽타르지(Montargis)에 있는 성에 정착하여 "몽타르지의 귀부인"(la Dame de Montargis)으로 통치하면서, 박해받는 위그노들과 가톨릭 모두를 위한 또 다른 요새를 만들었다. 1561년 그녀는 제네바에 목회자를 요청하였고, 프랑수아 드 모렐(François de Morel)이 파송되었다. "모렐의 사역은 당시 르네의 종교적인 입장을 밝혀줄 가장 중요한 증거 중 하나로 간주되어야 한다." Blaisdell 1972, 215. 때때로 두 사람은 충돌하였는데, 예를 들어 귀족 여성들이 정치와 교회의 일에 참여할 권리를 둘러싸고, 몽타르지에서의 종교적인 조직을 둘러싸고, 그리고 그녀 가족의 전반적인 품행을 둘러싸고 충돌하였을 것이다. 칼뱅은 양측의 소리를 듣게 되었다. 르네는 칼뱅에게 드 모렐이 자신을 존중하지 않는다고 불평하였고,

드 모렐은 교회회의에 참석하고 교회 일에 개입하고자 하는 르네의 욕망에 대해 거칠게 표현하였다. "만약 우리가 여성들로 하여금 우리 일에 끼어들게 하면, 우리는 재세례파들과 교황주의자들 모두에게 웃음거리가될 것입니다."라고 그는 부르짖었다! 르네는 칼뱅에게 자신을 변호하였는데, 자신은 결코 특별한 대접을 기대한 적이 없다고 하면서(자신이 그런 대접을 기대할 수도 있었음에도 불구하고), 자신이 하나님의 길을 따르기 위해 자녀들을 버리기까지 했다는 사실을 상기시키고, 동시에 어떻게 오로지 남자들만 컨시스토리에서 섬길 수 있는 것인지 과감하게 의문을 제기하였다. Barton 1989, 214-217, 200-201, 247. (르네가 프랑스에서 지낸 시기에 대해서는 Audibert 1972, 38-43; Puaux 1997, 232-237, 254-260; Rodocanachi 1896, 401-422, 319-337 참조.)

프랑스에서 르네의 전반적인 입지는 어려웠다. 혈통으로는 왕족이었고, 그 딸 안나는 가톨릭 기즈 가문과 결혼을 통해 관계를 맺었으며, 그녀의 개인적인 신앙은 "이단"이었다. "그녀는 항상 가족에게 충실하고자 하였으며, 칼뱅주의에 대한 공감은 자신의 왕족 가문과 아이들에 대한 그녀의 충실성과 빈번하게 서로 맞서고 충돌하였다." 이러한 압박에 덧붙여, "칼뱅은 사위에 대한 그녀의 충실성이라는 문제에 대해 그녀를 편히 내버려두지 않았다." Blaisdell 1982, 82. 프랑스에서의 종교전쟁 초기에 그녀의 사위가 감행한 결정적인 역할은 하나의 수치스러운 사건이었다. 아래 1564년 3월자 그녀의 편지를 보라.

푸아시회담이 열린 이듬해인 1562년 1월에 생제르맹칙령을 통해 관용령이 발표되었다. 이 관용령은 위그노들에게 최소한의 권리를 약속하고 박해로부터 자유로운 시기를 가져다 주었다. 이때 르네는 몽타르지로 서둘러 돌아와 그곳에서 자신이 설립한 프로테스탄트 도시를 더욱 건실하게 하였다. 그렇지만 생제르맹칙령 저자는 푸아시회담이라고 적고 있지만 이는 생제르맹칙령을 잘못 표기한 것이다─옮긴이 주 이후 겨우 40일이 지나고 나서 그녀의 사위인 기즈의 공작이 1562년 수색에 나서 바시에서 헛간에 가득 모여 예배를 드리고 있던 위그노들을 살해하였다. 종교전쟁이 계속되었다. 폭력을 중단시키고 자신의 도시에 질서를 회복해야겠다고 마음먹은 르네는 몽타르지 성문을 걸어 잠그고 대학살 음모의 혐의가 있다고 밝혀진 일단의 사람들을 교수형에 처하였으며, 그녀가 기꺼이 자신의 도시에 받아들인 위그노들과 가톨릭 모두에게 예배의 자유를 주는 법령을 제정하였다. 몽타르지는 피난처로 알려지게 되었고, 르네의 영웅적이고 관대한 박애주의에 감흥을 받은 종교개혁자들은 그녀에게 자신들의 책을 헌정하였다. 테오도르 베즈가 편집한 칼뱅의 작품집도 그중 하나이다. Blaisdell 1972, 206.

그렇지만 몽타르지도 내적으로든 외적으로든 종교전쟁의 폭력에서 완전히 벗어난 것은 아니었다. 성 내부의 상황을 진정시키려는 노력의 일환으로 르네는 자신이 위그노와 함께 예배드리는 것을 중단하였다. 그녀는 어떤 이유로든 집회로 모이는 것을 금지하고 위그노 영주들에게 군대를 지원해 줄 것을 요청하였다. 딸 안나는 그녀를 방문해서 어머니에게 위그노들을 내보내고 가톨릭 신앙으로 복귀할 것을(혹은 수녀원으로 갈 것을) 권했다. 안나에 이어 젊은 왕 샤를 9세와 기즈의 공작도 그녀를 촉구하였다. 혼란과 파괴가 잇따라 일어나자, 공작부인은 왕족으로서 자신의 모든 권한을 사용하였으며, 심지어 자신의 성 안에서 위그노들이 학살당하도록 내버려두기보다는 그녀 스스로 먼저 학살의 대상이 되겠다고 위협하기까지 하였다. "그녀는 프랑스에서 자신이 복종해야 할 사람은 왕밖에 없다고 주장하였다." 그녀는 또한 "목숨을 담보로, 어느 누구도 자신의 예배를 방해받아서는 안 된다는 선언을 왕에게서 얻어내었다." Fawcett 1905, 287-290; Barton 1989, 178-182.

종교적인 사안에서 르네의 관용적인 입장은 무자비한 르네의 사위가 암살당했을 때 명백하게 드러났다. 그녀는 칼뱅이 이미 지옥 불 가운데 있다고 언급한 바 있는 이 사람이 죽은 곳으로 서둘러 갔다. 프로테스탄트로 양육된 기즈의 공작부인 안나는 이때 일시적으로 심경의 변화를 겪었다. 양측 사이에서 계속 중도적인 영향력을 행사하는 대신에, 가톨릭 남편의 죽음에 복수하고 싶은 강한 열망 때문에 가톨릭 여성들의 지도자가 되었던 것이다. 아들 앙리와 더불어 그녀는 자신의 어머니가 그토록 보호하고자 한 그 사람들을 해치고 싶어하였다. 심지어 르네는 자신이 기즈 공작의 살해에 연루되었다는 혐의에 대해 자신을 변호해야만하였다. 르네의 친한 동료이자 위그노 지도자였던 콜리니가 이 일에 관련되었다는 것이 밝혀졌다.

칼뱅은 그녀를 위로하고자 하였다.

> 저는 하나님께서 야만적이기 짝이 없는 폭력이 가해지는 동안 부인을 어떻게 붙들어 주셨는지, 그리고 예수 그리스도를 욕되게 하지 않기 위해 부인께서 하나님의 은혜를 힘입어 온갖 유혹에 얼마나 용감하게 저항했는지 잘 알고 있습니다. …저는 또한 부인께서 사실상 어디로 가야 할지 모르는 가난하고 박해받는 형제자매들을 돌보는 어머니였다는 것을 알고 있습니다. 단지 세상적인 것만을 고려한다면, 부인의 도시가 하나님의 여인숙이라고 불렸어야 한다는 말에 부인께서 수치를 느끼고 거의 모욕으로 받아들였을 것입니다. 하지만 저는 당신에게서 피난처를 찾은 하나님의 자녀들을 향해 당신이 베풀어 준 자애로움에 감사를 표하고 칭찬하기 위해, 그 표현으로 제가 할 수 있는 최상의 찬사를 돌린 것입니다.
> Barton 1989, 190-192.

칼뱅이 임종을 앞두고 받아쓰게 해서 마지막으로 르네에게 보낸 편지는 그녀에게 그녀의 영향력을 다시 한 번 상기시켜 주었다. 이 편지에서 칼뱅은 이렇게 마지막 권면을 하고 있다. "저는 당신이 하나님을 섬기고 더욱 영예롭게 하고자 하는 당신의 열망에 따라 최선을 다할 것을 확신합니다." April 4, 1564, in Barton 1989, 222. 칼뱅은 두 달도 채 되지 않아 1564년 5월에 숨을 거두었다.

공작부인이 칼뱅에게 보낸 편지들은 거의 남아 있지 않은데, 그 가운데 칼뱅이 숨을 거두기 직전인 1564년 3월에 보낸 편지는 두 사람 사이에 수년 동안 서신왕래가 있었음을 알려주고, 왜 그녀의 편지가 대부분 남아 있지 않은지 설명해 주고 있다.

> 칼뱅 선생님, 이 모든 사안으로 인해 저는 이 편지와 그동안 제가 당신께 쓴 다른 편지들에서 장황하게 말할 수밖에 없었습니다. 과거에 제가 보낸 편지들을 불태워 달라고 부탁드린 것처럼 이 편지들도 그렇게 해주실 것을 간청드립니다. 또한 저는 당신이 유익하다고 판단하는 것은 무엇이든지 자유롭게 제게 써서 보내주실 것을 간곡히 청합니다. 저는 언제나 그것들을 기쁘게 받을 것입니다. Barton 1989, 218; p. 242 note 2 참조.

"몇몇 자료들에 의해 재구성되고" "윤색된" Barton 1989, 213-218. 이 장문의 편지는 르네의 독립적인 정신과 그녀 자신의 영토 내에서의 권위를 드러내 보여주면서, 동시에 칼뱅의 계속적인 조언에 대한 르네의 신뢰를 표현하고 있다. 그녀는 자신의 불안정한 상황에 적절하다고 판단되는 대로 그 조언을 "취사선택"하였다. 그녀는 이렇게 쓰고 있다.

> 칼뱅 선생님, 저는 당신이 보낸 1월 8일자와 24일자 편지에 곧바로 답할 수 없었습니다. 왜냐하면 몇 가지 필요한 일을 마무리하기 위해 퐁텐블로의 궁으로 돌아갈 준비를 하고 있었기 때문입니다. …

> 제가 왕보다 그곳을 먼저 떠난 것은 제가 그곳에서 며칠 동안 행한 설교

를 왕이 금하였기 때문입니다. 왕궁뿐만 아니라 제가 구입해서 집회를 위해 빌려준 집에서도 설교가 금지되었습니다. 특별히 제 마음을 상하게 한 것은 이 일이 성만찬을 받은 사람들이자 목회자들까지 두고 있는 어느 부부의 간청에 따라 일어난 일이었다는 사실입니다. …

당신이 제게 보내주신 선물과 새해 선물은 아주 기쁘게 받았습니다. …

지금 저는 무엇보다 당신이 제 관심사와 가족들에 관해 충고해 준 내용을 읽었다는 말을 해야겠습니다. 제 관심사에 관해서 말하자면, 저는 오래전부터 이 일을 시작했고 하나님께서 기뻐하신다면 이 일을 마무리하고자 애쓰고 있습니다. 정의를 실행하고 가난한 자들로 하여금 매일의 생활을 할 수 있도록 하는 일과…전체적으로 악과 추문에 대비하는 일에 관해서는, 당신이 모두 듣게 될 것입니다. …이런 문제들은 당신이 권면해 준 방식에 따라, 그리고 미래를 위해 당신이 제안하게 될 적절한 조처를 통해 해결될 것입니다. Barton 1989, 214.

저는 당신이 여기에 계셔서 현 상황을 제가 기술하는 것보다 더 잘 보고 이해하셨으면 좋겠습니다. 저는 당신이 제게 보내주시는 충고가 교회를 유지하기 위해 필요한 것이라는 점을 압니다. 그리고 제 판단력과 지력이 더 좋았으면 좋겠습니다. 그렇지만 하나님이 제게 주신 능력과 당신이 사람들과 편지로 보내주신 충고에 따르자면, 수많은 목회자들과 사람들이 여기 와서 각자의 의견을 소리치고 있지만 그것은 불필요한 일인 것 같습니다. Barton 1989, 215.

이 편지는 컨시스토리 모임에서 배제된 여성 통치자로서의 르네의 투쟁에 대한 정보를 제공한다. 또한 이 편지는 개혁신앙을 보호하는 다른 여성 통치자들에 대한 르네의 존경심을 보여주며, 르네의 종교적인 헌신,

정치적인 책임, 그리고 어머니로서의 의무와 애정 사이에서 균형을 잡는 일이 어렵다는 것을 말해준다. 그녀는 무엇보다도 칼뱅이 파견한 사람인 드 콜로뉴(de Colognes)가 자신의 컨시스토리 참석을 금한 처사에 대해 불평하였다.

그는 여성이 참석하는 것은 불필요하다고 말하면서 저도 예외가 아니라고 말했습니다.(나바라의 여왕, 제독의 아내, 그리고 로이에 부인이 컨시스토리에 참여한다는 것을 알고 있었고, 저는 우리 가문의 특권이 지켜져야 한다고 생각했습니다.)
저는 고집을 부리지는 않았습니다. …

우리 가문에 속한 사람들에 관해 말하자면, 그들 중 대부분은 독실한 신자들입니다. 일부는 아직 개혁파는 아니지만, 저는 하나님께서 그들을 자신에게로 이끄시리라 믿고 있습니다. Barton 1989, 214.

흥미롭게도, 그녀는 잔 달브레를 높이 평가하고 있다.

이 여성은 매우 열정적이고 대부분의 사안에 대해 건전한 판단을 하기 때문에 저는 그녀를 존중합니다. 잔의 어머니인 작고하신 나바라의 왕비 [마르가리타]가 그 나라에서 복음에 우호적인 첫 번째 왕비였기 때문에, 현재 나바라의 왕비는 그녀의 왕국에서 복음을 세움으로써 그 일을 완성할 것입니다. 그녀는 이 일에 매우 적합합니다. 저는 어머니와 같은 사랑으로 그녀를 사랑하고 하나님께서 그녀에게 허락하신 은혜를 찬양합니다. Barton 1989, 216.

르네의 사위의 운명과 그 사람에 대한 칼뱅의 평가는 공작부인에게 자신의 "어머니로서의 애정"에 대해 의심해 볼 기회를 제공했고, 하나님의 저주와 은총에 대한 그녀의 견해에 영향을 미쳤다. 그녀는 설사 오류가 된다 하더라도 심판보다는 은혜의 편에 서고자 했다.

최근에 죽은 제 사위에 관해서는, 어쨌든 그로 인해 제가 제 신앙을 포기했는지 아닌지를 판가름할 수 있는 충분한 증거가 있다고 생각합니다. 여기서 저와 같은 신앙을 가진 사람들을 보호하기 위해, 제가 포기한 것은 그였습니다. … 참작할 만한 또 다른 사실이 있는데, 다른 사람들은 알려지는 것을 원하지 않지만, 저는 하나님 앞에서 그 사실들이 진실이라고 말합니다. Barton 1989, 215.

제 사위가 박해를 자행했다는 것은 압니다. 하지만 (당신께 기탄없이 말씀드리자면) 저는 그가 하나님의 심판에 의해 버림을 받은 자라고 생각하지도 않고 그렇게 믿지도 않습니다. 왜냐하면 그가 죽기 전에 그와 상반되는 모습을 보여주었기 때문입니다. 하지만 사람들은 그에 대해 말하고 싶어하지 않습니다. …

그가 제 사위라는 이유로 많은 사람들이 저를 미워하며 싫어한다는 것을 알고 있습니다. …

만일 그들이 사위에 대한 제 애정 때문에 제 견해가 왜곡되었다고 말한다면, 저는 제가 그에게 그렇게 열정적으로 마음을 준 적이 없었고 제 자식들에게도 마찬가지였다고 답할 수 있습니다. 아마도 저를 비방하는 사람들은 하나님께서 저를 이끄시는 그 길을 따라가기 위해 제가 제 자식들을 내맡겨 두었다는 사실을 제대로 고려하지 못한 것 같습니다. 같은 책, 216, 217.

이 편지는 프로테스탄트 신앙에 대한 르네의 헌신과, 그녀가 투쟁하고 다른 사람들을 변호할 때 지녔던 그녀의 성실성을 드러내 보여준다. 르네는 특권을 누리려고 하지도 않았고 자신이 다른 사람들을 판단하거나 다른 사람들에 대한 하나님의 뜻을 판단할 수 있다고 생각하지도 않았다. 그녀는 학살과 수난을 피하고자 노력했던 것만큼이나, 자신이 분별한 하나님의 뜻을 따르는 일에 일생 동안을 헌신하였다. 그녀는 이렇게 쓰고 있다.

> 저나 제 집안에 속한 사람이 특권을 지닌 사람으로 간주되어야 한다는 생각에 대해서는, 분명히 말씀드리거니와, 특별한 대우를 요구한 적도 없고 바란 적도 없습니다. 그리고 신실한 사람들 가운데 제가 누린 특권이 너무 없었던 나머지 저와 관련된 것은 무엇이든지 무시되거나 경시됩니다. 저에게 속한 사람들은 가장 나쁜 자리를 배정받거나 심지어 연회에서 쫓겨나기까지 했습니다. Barton 1989, 214.

게다가 "목회자들이 넌지시 그런 말을 한다고 들었는데, 저는 그들에게 저를 위해서 혹은 다른 어떤 사람을 위해서 기도해 달라고 요구한 적이 결코 없습니다." 더욱이,

> 저는 이 세상을 떠난 사람들을 위해 기도하거나 기도를 부탁하는 그런 사람이 아닙니다. 신앙을 거스르는 사람은 모두 나쁘다고 말하는 사람들이 있다는 것을 압니다. 아마도 그럴 것이라고 생각합니다. 하지만 하나님이 그들을 그렇게 부르실지 어떨지는 알지 못합니다. 그들에 대해 불평하는 것은 저의 소관이 아닙니다. …하나님은 우리에게 하나님의 피조물 앞에서 우리의 삶을 통해 증언하라고 명하십니다. 저는 그것이 하나님을 기쁘게 한다면 그렇게 할 준비가 되어 있습니다. 목회자들과 하나님의 자녀

들에게 쏟아지는 비난이 있다고 들었는데, 저는 그것들에 대해 침묵하지 않고 저에 대한 비난이라 생각하고 제 자신을 변호할 때보다 더 각별하게 그들을 변호하였습니다. 저는 그들을 영토에서 추방하겠다고 위협한 사람들이 있다는 것을 압니다. 우리는 그렇게 해서도 안 되고, 그들의 계획을 실행 가능하게 해주는 어떠한 언급도 해서는 안 됩니다. Barton 1989, 217-218.

기즈 공작의 암살(1563)과 오를레앙에서의 학살 이후에 제2차 위그노 전쟁이 터짐에 따라, 몽타르지는 더는 위그노들에게, 그리고 심지어 르네 자신에게도 안전한 피난처가 되지 못했다. 왕의 군대에 의한 공격에 대비하여 도피하는 위그노들(그녀와 살았던 400명 이상)에게 르네는 수레와 물품을 공급해 주었다. 이러한 소동에 이어, 평화를 위한 노력의 일환으로, 1565년에 살해당한 기즈 공작의 아내와 어머니와 또 다른 확인되지 않은 여성들이 젊은 왕 샤를 9세에게 나아가 정의를 요구하였다. 1566년 물랭에서 화해가 이루어졌다. 콜리니는 혐의를 벗었고, 안나 데스테와 추기경 기즈는 더는 적의를 품지 않을 것을 약속하였다. 이 일 이후 얼마 지나지 않아 콩데가 암살당하고 몽모랑시가 죽었다. 안나는 이번에는 기즈와 적대관계에 있던 느무르(Nemours)의 공작인 사보이의 자크(Jacques de Savoie, 1531-85)와 재혼하여, 그와 함께 프로테스탄트 신앙으로 돌아섰다. 1570년의 일시적인 평화는 위그노들에게 마을과 자신들의 소유지에서 자유롭게 예배하는 것을 허용해 주었다. 1571년 라 로셸 대회는 마침내 최초의 위그노 신앙고백을 승인하였다.

그러나 최악의 상황은 끝나지 않았다. 프랑스 왕의 누이인 마르그리트 (Marguerite de Valois, 1533-1615, 나바라의 마르가리타와는 다른 인물이다—옮긴이 주)와 나바라의 앙리(Henri de Navarre, 1553-1610)의 결혼식 직후인 1572년 8월 18일과 25일 사이에 학살이 벌어져 수천 명의 위그노들이 죽게 되었다. 나바라의 왕 앙리는 이후 프랑스의 앙리 4세가 되었다. 파리는 결혼식 하객으로 참석했다가 교활한 음모에 의해 살해된 저명한 위그노 귀족들과 그 동료들로 넘쳐났으며, 이후 수개월 동안 이 지역 전체가 피로 물들었다. 사람들은 발루아 왕조의 앙리 2세의 과부인 황후 카트린 드 메디시스(Catherine de Médicis)를 음모의 지도자로 지목하였지만, 이것은 아직까지 논란이 되고 있는 문제이다. 기즈의 안나가 연루되었다는 추측도 있었다. 르네도 당시 파리에 있었지만 이 음모에 관여되지는 않았다.

르네는 몽타르지로 돌아와 몸을 낮추어 지냈다. 딸 안나가 그녀에게 미사에 참석할 것을 권했지만 아무 소용이 없었다. 페라라의 감독인 아들 루이지가 병들어 파리로 옮기자 르네는 그를 보살피기 위해 파리로 갔으나 1574년 4월 그녀 자신이 고열로 쓰러지는 바람에 몽타르지의 집으로 돌아올 수밖에 없었다. 그녀는 너무 쇠약해져서 같은 해 5월 30일에 죽은 샤를 9세의 장례식에조차 참석할 수 없었다. 거의 잊혀진 채 자신의 궁정에서 보낸 르네의 말년은 불행하였다. 안나를 제외한 르네의 자녀 모두가 가톨릭 신앙에 머물러 있었다는 것이 그녀를 실망시켰을 것이다.(루이지는 심지어 추기경이 되었다.)

르네는 바르톨로뮤대학살 3년 후인 1575년 6월 15일 폐렴과 이질로 사망했다. 그녀는 몽타르지에 있는 그녀의 성에 묻혔는데, 페라라에 대한 언급은 전혀 없이 "르네 드 프랑스, 샤르트르의 공작부인, 지조르의 백작부인이자 몽타르지의 귀부인"이라고만 적혔다. 그녀의 아들 루이지는 "이단"과 프랑스와 이탈리아의 가톨릭 왕들의 뚜렷한 적들과 좋지 않은 소문으로 연루된 어머니의 장례를 준비하는 미묘한 문제를 맡게 되었다. 그녀의 유언(이에 대해서는 세 개의 다른 보고서가 있다.)은 아무런 전통적 예식도 행하지 말고 매장해 줄 것을 요구하였다. 아들 루이지는 절충하여 공식적인 애도 예식은 생략한 채 간략한 애도식을 마련하였다. 르네는 나무 관에 안치되어, 화려한 예식 없이 자신의 종복들과 그녀가 선택한 사람들만 동행한 채 운구되었다. 앙리는 그녀를 애도하기 위해 그곳으로 가기 전에 파리에서 짤막한 추도식을 열었다.

결론   르네가 평생 동안 위그노와 개혁신앙과 관계를 맺은 것과, 자신의 모든 결정에서 고려해야 했던 정치적인 관계와 복합적인 이해관계를 고려해 볼 때, 르네의 생애는 사적인 차원이든 공적인 차원이든 종교전쟁에 연루된 한 여성의 복잡한 역사였다는 것이 드러난다. 그녀는 위험한 상황에서 자신의 행동을 숙고하는 데 있어 보다 폭넓은 그림을 끌어들이는 능력과 더불어 불굴의 의지를 드러낸 독립적인 여성상을 남기고 있다. 그녀는 자신에게 편안하고 성공적인 방식으로, 충성스러움을 잃지 않으면서도 선도적인 역할을 하는 길을 발견하였다.

> 사람들은 르네가 자신이 진정으로 공감한 위그노들을 지지하는 공개적인 입장을 취하지 못한 점을 비판할 수도 있다. 하지만 사람들은 그녀가 태어나고 자란 왕실 전통에 대한 그녀의 충실성을 간과해서는 안 된다. 무척이나 노력했지만 칼뱅은 르네를 그녀의 사촌 잔 달브레처럼 개혁교회를 공개적으로 지지하도록 설득하는 데 성공하지 못했다. Blaisdell 1982, 78.

게다가 그녀가 보호자로 나서줄 것을 강력히 요청받았을 때, 즉 "칼뱅주의운동이 프랑스 귀족들 가운데서 지도자를 확보하고 있던 때에," 르네는 지도자 위치에 선뜻 나서지 않았다. 그럼에도 불구하고, 그녀가 행하고 말한 모든 것을 보고, "칼뱅은 프랑스를 얻기 위한 자신의 계획에서 그녀를 핵심적인 사람들 중 하나로 생각했다." 같은 곳.

비록 그녀가 말로써 공개적으로 프로테스탄트 신앙을 고백하지는 않았지만, 행동으로는 그렇게 했다. 르네의 유언은 자신의 개인적인 신앙에 대한 최후의 증언이었다. 유언장에는 자신이 칼뱅의 추종자임을 밝히는 긴 신앙고백이 포함되어 있다. 또한 거기에는 자녀들에 대한 사적인 작별 인사도 담겨 있다. 그녀는 이렇게 권고하였다.

> 아들딸이 하나님의 이름으로 하나님의 말씀을 읽고 듣기를, 그 안에서 모든 위로를 얻고 어떻게 살아야 할지에 대한 진정한 규율을 발견하기를, 그리하여 말씀 안에서 우리에게 약속된 영원한 생명을 얻게 되기를, 아버지와 아들과 모두에게 자비로운 성령의 이름으로 기도합니다. Renée in Barton 1989, 229. (그녀의 유언장에 관한 논의에 대해서는 Blaisdell 1972, 219-220을 참조, 유언장 본문과 그 외의 정보에 대해서는 Fontana 1889-1899 Vol. 3, 325-341을 참조.)

그녀는 하나님의 보호와 구원을 믿는 가운데 죽었다. 아직 어렸을 때 그녀는 종교박해를 목격하면서 가톨릭이 압도적인 위험한 시기에 복음주의 신앙을 고백하기 위해서는 대가를 치러야 한다는 것을 절감하였다. 그녀는 신앙 때문에 개인적으로 심문과 투옥뿐만 아니라 자녀들과의 이별도 겪었다. 신앙 때문에 사람들이 죽임을 당하는 것을 보았다. 하지만 그녀는 성년이 된 이후 줄곧 박해받는 자들과 연대해 왔다. 그녀가 지킨 개인적인 신앙은 이 모든 어려움 속에서도 명백히 그녀를 지켜주었고, 그녀가 어떤 종교의식을 지켰든지 간에 그 신앙은 정치적인 상황에 따라 변하지 않았다.

르네의 신앙뿐 아니라 정치적인 분별력 또한 그녀를 보호하고 이끌어주었다. 예를 들어 그녀는 "위그노의 주장에 공공연히 공감을 표하면서도, 동시에 가톨릭의 기즈 가문과 프로테스탄트의 부르봉 가문 사이에서 벌어지는 법정에서의 투쟁의 막후에서 조용히 처신함으로써 심각한 충돌은 피하였다." Blaisdell 1972, 220-225. 다른 말로 하면 이렇다.

르네는 자신의 왕족 신분과 자기 나라의 지정학적인 위치를 볼 때, 모험을 감행하는 것이 얼마나 위험한지 잘 알고 있었다. 그녀는 자신의 입장을 공개적으로 표명한 적이 없었지만, 개혁교회의 예식에 따라 죽고 묻혔다. 이것은 1575년 그녀의 죽음과 매장 과정을 숨기고 싶어하던 자녀들과 왕족의 바람과는 다른 그녀 자신의 개인적인 바람이었다. Blaisdell 1982, 82.

또 다른 강력한 여성인 나바라의 마르가리타와 마찬가지로 르네 또한 망설이고 있다고 혹은 숨어 있는 프로테스탄트라고 비난받았지만, 그녀는 기민한 현실주의와 생존본능을 지니고 있었고, 종교가 죽음의 도구가 되어서는 안 되고 희망의 도구가 되어야 한다는 확신을 품고 있었다. 칼뱅과 로욜라와 그들의 추종자들 사이의 포화 속에서 그녀는 계속 일관성을 갖고 자신의 신앙을 평화적인 삶의 방식으로 표출하면서, 다른 사람들이 자기 뜻대로 예배하고 살아갈 권리를 옹호하기 위해 자신이 지닌 것들을 사용하였다.

자료와 참고문헌에 관한 언급 핵심적인 전기적 정보와 중요한 자료에 대한 설명을 위해서는 Puaux 1997, Rodocanachi 1896/1970, 그리고 Barton 1989를 참고하라.

전기적인 정보와 개혁자로서의 르네의 역할에 관한 해석을 위해서는 Bainton 1971/2001과 Blaisdell 1972와 1982를 참고하라. 프랑스어로 된 중요한 전기적 연구에 대해서는 Puaux 1997과 Rodocanachi 1896(1970년 재발행)을 보라. 칼뱅과 공작부인의 관계에 초점을 두고 있고 그들의 편지를 유용하게 번역해 놓은 영어 연구서로는 Barton 1989를 참고하라. 때때로 편향된 해석을 담고 있지만 상세한 사실을 다루고 있는 저술로는 Fontana 1889-1899(전3권), Bates 1872, Fawcett 1905, Ryley 1907, Weitzel

1883, 그리고 익명으로 씌어진 『페라라의 공작부인, 프랑스의 르네에 대한 기록』(*Some Memorials of Renée of France, Duchess of Ferrara, 1859*)이 있다. Audibert 1972는 짤막한 "에큐메니컬" 입문서이고, 그녀의 위그노 신분에 관한 가장 흥미로운 논쟁은 Valeria 1969에 실려 있다. (여성들의 저작물들을 조명한다는 이 책의 정신에서 볼 때, 학문적으로 엄밀해 보이지 않는 일부 자료도 그것들이 제시해 주는 통찰력 때문에, 그리고 동시대의 남성들이 누렸던 학문적 훈련을 받지 못한 여성들의 저작이라는 점에서 가치가 있다. 그리고 그녀 자신들의 이름으로 나온 것인지 다소 불확실한 점도 있다.)

제12장

올림피아 풀비아 모라타:

이탈리아 학자

❖부모

  -풀비오 페레그리노 모라토(Fulvio Pellegrino Morato, 1483-1548)

  -루크레지아 고지 모라타(Lucrezia Gozi Morata)

❖형제자매

  -세 자매와 남동생

❖배우자(1549 혹은 1550-55)

  -안드레아스 그룬틀러(Andreas Grunthler, c.1518-55)

❖자녀

  -없음

서론   그녀는 더할 나위 없이 화려한 궁정에서 자랐으며, 어린 시절 귀족들의 동무로 지냈다. 그녀는 재기 넘치는 학자로서 키케로에 관한 공개강의를 하였고, 호메로스에 관한 주석서를 썼으며, 라틴어와 그리스어로 시와 대화집과 연설문을 썼다. 그녀는 당대에 가장 세련되고 유려한 라틴 문장가들 중 한 사람이었다. 또한 교황청에 속한 땅에서 프로테스탄트였고, 성서를 깊이 연구하는 학자였으며, 신앙의 위기를 겪으면서 더욱 강한 모습으로 자신을 드러냈다. 궁정생활을 싫어한 그녀는 연애 결혼을 하였으며 학문에 대한 사랑과도 결혼하였다. 종교적인 자유를 찾아서 그녀와 그녀의 남편은 알프스를 넘어 독일로 갔다. 거기서 그녀는 지도적인 종교개혁 신학자들과 소통하였고, 연구를 계속하면서 예정론과 성만찬의 신비에 대해 씨름하였으며, 그리스어로 유럽 전체에서 칭송을 받게 된 시들을 썼다. Parker 2003, 1.

올림피아 모라타(Olimpia Morata, 1526/27-55)는 뛰어난 재능으로 지성과 문필력을 놀랍게 사용하여 당대의 남녀 모두에게 자신을 부각시켰다.

비록 올림피아가 부인할 수 없는 탁월한 재능을 지녔지만, 그녀의 성별은 하나의 장애물이었다. 제롬(Jérôme Angenoust)이 쓴 그녀 무덤의 묘비명이 이를 정확하게 지적한다. "자연은 당신에게 한 가지만 빼고 모든 은혜를 허락하셨는데, 그 한 가지가 바로 당신이 여성이라는 것이다." Parker 2003, 213. 남성을 향해서만 열려 있던 공개토론의 장에 담대히 들어선 다른 여성들과 마찬가지로, 그녀의 학식에도 불구하고(그리고 학식으로 인해) 올림피아는 자기 자신을 한 사람의 여성으로 새롭게 규정해야 했다.

> 똑같은 것이 모든 사람의 마음을 즐겁게 하지는 않았고,
> 제우스 신이 모든 사람에게 똑같은 마음을 준 것도 아니며…
> 비록 여성으로 태어났지만
> 나는 여성적인 것,
> 즉 털실, 재봉틀의 북, 베틀의 실, 바느질 바구니를 버렸다.
> 나는 뮤즈 여신(시, 음악, 학예를 주관하는 아홉 여신 중 하나)의 꽃으로 뒤덮인 풀밭을,
> 그리고 봉우리가 두 개인 파르나소스산(그리스 중부의 산으로 시문학을 상징한다.)의 흥겨운 합창을 사모한다.

다른 여성들은 아마도 다른 것들을 즐거워할 것이다.

이것들이 나에겐 커다란 기쁨이고, 즐거움이다.

Olimpia Morata in Parker 2003[OM/Parker], 179.

유망한 운을 타고 시작된 것들이 올림피아의 이른 죽음과 그녀의 대부분의 작품들이 파괴됨으로써 비극으로 끝났다. 그녀는 페라라에서 종교재판소의 공포를 겪었으며 독일에서 종교전쟁의 손실을 목격하였다. 종교전쟁은 올림피아의 저작물, 재산, 그리고 힘을 빼앗아갔다. 그녀가 30살이 되기도 전에 병으로 죽은 것은 불운에서 기인되었다. "그녀는 죽고나서 '칼뱅주의자 여장부'(Calvinist Amazon)라는 비난을 받았지만, 다른 여성 학자들은 그녀를 어둠 속에서 반짝이는 한 줄기 빛으로 간주하였다." Parker 2003, 1, 2.

다른 사람들을 가르칠 정도로 고등교육을 받은 고전학자로서 올림피아 모라타는 16세기 프로테스탄트 여성들 가운데 아주 드문 사람이었다. (개인적으로) 배우고 가르치는 것은 그녀가 매우 좋아하던 것이며 그녀의 정체성을 형성시켰다. 그녀는 문학과 학문으로부터 위안과 통찰을 얻었으며, 다른 여성들을 그와 같은 원천으로 이끌기를 원하였다. 그녀가 살던 시기는 이탈리아와 독일의 몇몇 학식이 뛰어난 남성들뿐만 아니라 당대의 다른 영향력 있는 여성들, 특별히 르네 드 프랑스와 그녀의 딸 안나 데스테(첫 번째 결혼으로는 안나 드 기즈)와 교차하였다. 그렇지만 그동안 학자로서 올림피아가 기여한 바는 대부분 간과되어 왔다. 그녀가 숨을 거둔 독일에서 최근 그녀를 가르치는 직위에 있을 만큼 학식 있는 최초의 여성들 중 한 사람으로 기념하였다. 또한 그녀는 학문적인 공적으로 말미암아 영예를 누리고 있는데, 예를 들어 하이델베르크대학은 "올림피아 모라타 프로그램"을 열었고, 슈바인푸르트에 있는 "올림피아 모라타 체육관"(1878년에 세워져서 1956년 그녀를 기념하여 개명되었다.)도 그녀를 기념하고 있다. 그녀의 출생지이자 가톨릭이 우세한 이탈리아에서는 이 학식 있는 여성을 프로테스탄트적이기보다는 가톨릭적인 인물로 기념하고 있고, 이것은 독일의 가톨릭 지역에서도 마찬가지다. 올림피아의 생애에 대한 평가는 소수자에 속한 한 사람으로서 올림피아의 영속적인 지위를 다양한 방식으로, 즉 여성으로, 학식 있는 여성으로, 프로테스탄트로, 외국인으로 반영하고 있다. 그녀가 당대에 얻은 "칼뱅주의자 여장부"와 같은 호칭은 입에 발린 말이 아니라, 그녀의 탁월한 재능과 이례적인 비범함(이것들로 인해 안나 마리아[Anna Maria van Schurman]와 괴테와 같은 학식 있는 사람들도 그녀를 칭송하였다.)을 가리킨다.

올림피아 풀비아 모라타:
고전학자이자 위그노 교사

올림피아는 1526년(10월 26일 혹은 그 이후) 페라라에서, 인문주의자 풀비오 페레그리노 모라토(Fulvio Pellegrino Morato, 1483-1548)와 루크레지아 고지 모라타(Lucrezia Gozi Morata)의 다섯 자녀(1남 4녀) 중 하나로 태어났다. 1522년 이후 그녀의 아버지는 페라라 궁정에서 처음에는 알폰소 데스테(Alfonso I d'Este) 치하에서, 그리고 나중에는 그 아들 에콜 데스테(Ercole II d'Este) 아래서 문법 선생이자 가정교사로 일했다. 한창 성공가도를 달리던 모라토는 페라라에서 추방당하였다. 1532-39년에 그는 베네치아와 비첸차(이곳에서 그는 라틴어 학교를 세웠다.)에서 가르쳤는데, 주로 칼뱅의 추종자들을 통해 점차로 프로테스탄트의 가르침에 영향을 받게 되었으며, 에라스무스, 루터, 그리고 츠빙글리에 관해 강의하였다. 그는 쿠리오네(Celio Secondo Curione, 1503-69)와 친구가 되었는데, 쿠리오네는 그의 딸에게도 평생의 친구가 되었다. 모라토는 1539년 페라라로 귀환하자마자 데스테의 궁정에서 알폰소 공작의 자녀들을 가르쳤으며, 1546년부터 그가 죽은 해인 1548년까지 페라라의 대학에서 가르쳤다.

그가 페라라에서 가르치는 동안, 그의 딸은 신진 학자로 자리를 잡았다. 풀비오가 딸의 교육에 공을 많이 들였고, 특별히 라틴어와 그리스어로 읽기와 쓰기, 말하기를 일찍부터 개인적으로 가르친 덕에 올림피아는 12살에 그리스어를 유창하게 말하였다. 그녀는 언어와 문법, 역사와 도덕철학을 공부하였다. 그녀가 히브리어를 알고 있었는지에 대해서는 구체적인 증거가 없지만, 올림피아의 시편 번역과 원어와 원전을 귀하게 여기는 고전학자로 훈련받은 점을 고려할 때, 그녀가 관심을 가진 언어에 정통했을 가능성이 매우 크다. (마리 당티에르, 잔 달브레, 마르가리타 드 나바라와 같은 교양을 갖춘 다른 여성들 또한 히브리어에 관심을 표하였으며, 소녀들을 대상으로 씌어진 문법책들을 교환해 보았다.) 그녀는 신동으로 여겨졌으며 청소년기에는 고전어에 능통해 찬사를 받았다.

올림피아는 아직 어린아이일 때 알폰소 공작 치하에서 페라라 궁정을 처음 접했다. 알폰소가 죽고 1534년 에콜 2세와 르네(프랑스 루이 12세의 둘째 딸)가 그 지위를 계승하자, 모라토 가족은 페라라를 떠날 수밖에 없었다. 하지만 1539년 그들이 돌아왔을 때, 인문주의(그리고 아마도 수학과 천문학)에 정통했으며 자신의 공국에서 개혁의 열렬한 후원자였던 공작부인은 어린(1539-41년 즈음에 13-14살) 올림피아를 불러 자신의 박식한 딸 안나(당시 8-9살)의 공부 친구로 삼았다. 공작부인은 자녀들의 교육에 많은 노력을 기울였는데, 올림피아가 안나의 지적인 친구이자 격려자로 지낸 일은 그녀의 재능을 확인시켜 주는 매우 중요한 계기가 되었다. 이 기회는 (계속되는) 그녀의 학문적인 탁월함과 배움에 대하여 평생의 열망하는 특별한 도약의 발판이 되었다. 안나 또한 인정받는 학자가 되었다. 두 소녀는 특별히 그리스어와 라틴어를 독일인 형제인 킬리안 젠프(Kilian Senf)와 요하네스 젠프(Johann Senf: 의사, 공작부인의 주치의)에게서 함께 배웠다. 이들은 번역과 라틴어로 논쟁하는 법을 배웠으며, 쿠리오네에 따르면 올림피아는 "자신의 여성성 너머"로까지 나아갔다. Flood 1997, 178-179.

Vorländer 1970, 97; Smarr 2005b, 322.

올림피아는 궁정의 문화적인 생활로부터, 그리고 자신을 가르친 박식한 사람들과 아버지를 통해 만난 사람들과의 사귐으로부터 유익을 얻었다. 그녀는 책을 통해서뿐만 아니라 새로운 사상과 종교적인 개혁에 관심을 가진 학식 있는 사람들과의 상호작용을 통해서도 지식을 흡수하고 영향을 받았다. 성서는 점차 그녀의 관심의 일차적인 자료이자 연구의 주된 대상이 되었다. 페라라의 궁정은 르네 공작부인의 날개 아래 문화적인 생활을 육성하였으며, 개혁자들의 중심이자 박해받는 프랑스 위그노들과 다른 "반체제 인사들"이 모여드는 안전한 피난처가 되었다. (올림피아의 아버지가 페라라에 돌아올 수 있도록 만든 것도 아마 에콜에 대한 공작부인의 영향력이 컸을 것이다.) 공작부인은 우리가 앞에서 언급한 쿠리오네와 젠프 형제와 더불어, 셀리오 칼카니니(Celio Calcagnini, 1479-1511)와 올림피아의 아버지와 같은 개혁 지향적인 사람들로 주위를 채웠다. 올림피아의 아버지가 딸의 종교적인 틀이 형성되는 데 미친 전체적인 영향은 아무리 높이 평가해도 지나치지 않다.

이 시기 동안 올림피아는 라비니아(Lavinia della Rovere Orsini: Paolo Orsini의 아내)라는 이름의 궁녀와 친구가 되는데, 이후 올림피아는 그녀와 평생 서신교류를 한다. 두 사람의 우정은 올림피아의 삶에 큰 영향을 미쳤을 뿐 아니라, 여성의 교육과 정체성에 대한 그녀의 숙고에 있어서도 중요한 역할을 하게 된다. 이 주제에 대해서 그녀가 글로 남긴 자료도 있다. 아직 어린 나이였을 때 올림피아는 이 장 시작 부분에서 소개한 시를 썼다. 이 시는 지식인으로서 자신의 열망과 충돌하는, 여성이라는 성에게 갖는 기대에 대해 그녀가 어떻게 자각하고 있는지에 대한 통찰을 제공한다. 그녀는 배우기를 열망한, 그래서 자신의 성별의 "상징", 즉 전형적인 여성의 일을 내던져 버린 어린 여성의 경험에 대해 썼다. 그녀의 자랑과 기쁨은 학문이었지 바느질이 아니었으며, 그녀가 추구한 것도 바로 학문이었다. Bainton 1971/2001, 253-254; King 1991, 180-181.

젊은 시절 그녀가 무엇보다 절실하게 깨달은 것은 자신의 "성별과 무관한 정신"(genderless spirit)을 강조해야 한다는 것이었다. (이것은 전혀 보기 드문 일이 아니었다. 중세시대에 이런 주장이 있었다. "지적인 혹은 영적인 관심사에 대한 여성들의 집착은 종종 그들이 자신들의 정체성의 기반으로 성별에 따른 육체보다는 오히려 성별과 무관한 정신을 강조하면서 자신들의 여성성을 부정하였다." Gabriella Zarri를 언급하는 Smarr 2005a.) 성숙해짐에 따라 그녀는 더는 자신의 성별을 논쟁거리로 보지 않았다. 예를 들어 자신을 학생으로, 친구 라비니아를 선생으로 놓고 꾸민 가상의 대화를 담은 초기 대화집(1530)은 두 번째 대화집(1531-32)의 보다 성숙한 저자와는 다른 올림피아를 그리고 있다. 두 번째 대화집에서 올림피아는 등장인물들의 여성성을 강조하고 있으며, 여성으로서 선생의 역할을 하는 자신의 특성을 잘 드러내고 있다. Smarr 2005a, 78; Smarr 2005b, 327-329 참조.

한편으로는 인문주의자와 고전 연구에 대한 관심이, 다른 한편으로는 점증하는 종교적인 열정이 긴장을 만들어내고 있었지만, 그녀는 비록 때때로 하나를 다른 하나보다 더 우선시하기는 했어도 이 둘을 서로 공존할 수 없는 것으로 보지는 않았다. 수년에 걸쳐 그녀가 가진 관심의 초점은 고전 원전에서 성서에 대한 종교적인 고찰로 옮아갔다. 심지어 종교적인 열정에서조차도 그녀는 여전히 뼛속 깊이 인문주의자이자 고전학자였는데, 이것은 그녀가 교회의 교사들을 경시하고 의도적으로 성서 문헌 자체에 초점을 맞추는 데서 나타나고 있다. 올림피아의 점진적인 종교적 각성의 시기를 정확하게 지적하는 것은 어렵지만, 확실히 데스테 궁정에서 보낸 기간, 프로테스탄트 신자와의 결혼, 그리고 이탈리아를 떠난 일이 그녀의 영적이고 신학적인 발전 과정에서 중요한 경계지점이 되고 있다.

10대 시절(13살 혹은 15살 때), 그녀는 고대의 고전적인 형식으로 정교한 시(그리스어로 2개)와 편지(3개 중 하나는 그리스어로)를 썼다. 그녀는 로마의 영웅(Caius Mucius Scaevola)을 노래하는 그리스어 작문에서 아테네 식 산문을 사용하였다. 그녀는 키케로의 작품(*Paradoxa Stoicorum*)에 대해 라틴어로 공개적인 옹호를 해주었다. 그리고 호메로스 풍으로 시와 대화집과 시구들을 쓰면서 자신의 그리스어 실력을 더욱 높였다. (이 시기에 나온 그녀의 "Defensio Ciceronis"와 "Observationem in Homerum"은 유실되었다. Holzberg 1982, 144.) 보카치오의 『데카메론』에 나오는 처음의 두 이야기를 번역한 것은 그녀가 20대에 벌써 프로테스탄트의 영향을 받았음을 나타내준다.(예를 들어 그녀는 고해성사에 대한 언급은 생략하고 교황청을 공격한 이야기는 포함시키고 있다.) 이런 작품들이 그녀의 종교개혁적인 관심을 드러내고 있기는 하지만, 올림피아의 우선적인 관심은 여전히 인문주의적 연구였지 종교가 아니었다. 종교는 결혼을 하면서 그녀에게 보다 중요해지는데, 그녀는 강제 격리수용과 고난을 모두 목격하고 경험하였다.

르네의 궁정에서 보낸 시기 동안 올림피아는 종교적인 "불일치"의 위험과 종교재판소의 위력을 목격하였다. 페라라를 방문한 이후 교황 바오로 3세는 르네의 가톨릭 남편과 예수회와 제휴해서 궁정에서 이단을 근절시키려고 하였다. 교황권의 영향력 아래 있는 상황 가운데서도 공작부인은 (장 칼뱅을 포함한) 종교 피난민들에게 계속해서 은신처를 제공하였다. 올림피아가 16살이던 1542년부터 비롯된 프로테스탄트와 종교재판소 사이의 투쟁은 그녀가 그 궁정에 머무는 동안 매우 활발하게 전개되었다. 종교재판소는 궁정에 검은 구름을 드리웠으며 올림피아는 그것이 자신의 생활과 인간관계에 미치는 영향을 체험하였다. 페라라에서 종교재판소의 첫 번째 희생자로 처형된 사람은 파니노(Fanino Fanini)였는데, 그는 올림피아와 그녀의 친구 라비니아(그를 위해 중재하려고 노력한 인물)와 개인적으로 친분이 있는 사람이었다. 올림피아는 궁정에서 사실상 쫓겨난 이후에도 박해로 인해 고통을 당하는 페라라 사람들에 대한 걱정으로 계속 애를 태웠다.

올림피아의 인생은 1543년부터, 특별히 1548년부터 드라마틱한 변화를 겪었다. 종교재판소가 페라라로 왔고 그녀의 아버지가 치명적인 병을 앓게 되었기 때문이다. 1545년 교황 바오로 3세가 페라라에서 심문을 지시한 이후, 공작부인에게 상당한 압박이 가해졌다. 르네의 궁정에 속한 사람들이 체포되었고, 그녀는 한동안 가족과 동료들로부터 격리당한 후 어쩔 수 없이 미사에 참석하게 되었다. 올림피아는 1555년 봄에 하이델베르크에서 베르게리오(Pietro Paolo Vergerio)에게 쓴 편지(letter 62)에서 르네의 굴복에 대해 언급하였다. 그 일이 슬픈 일이긴 하나 그리 놀랄 일은 아니었음에도, 어리고 아직 결혼하지 않은 올림피아가 거기에 충분히 공감하기는 어려웠을 것이다. 르네에게나 페라라의 프로테스탄트 모두에게 너무나 위태로운 상황에서 생존을 위해 르네가 그렇게 할 수밖에 없었던 내적인 동기나 생존전략에 대해서 깊이 알지는 못했기 때문이다. 르네가 위그노들과 맺은 관계 또한 올림피아에게 의심의 그림자를 드리웠다. 그녀는 우선 1546년 궁정을 떠나 병마로부터 건강을 회복하면서 시간을 보냈으며, 1548년에는 아픈 아버지를 돌보기 위해 일시적으로 돌아왔다가 금방 다시 떠났다. 그녀가 다시 환대를 받으며 돌아오는 일은 없었다.

올림피아가 아버지의 죽음 때문에 돌아왔을 때, 그녀는 친구들을 거의 찾아볼 수 없었다. 종교재판소는 여전히 존재하고 있었고, 공작부인 주변의 프로테스탄트들로 구성된 활기 찬 작은 공동체는 거의 사라져 버렸다. 많은 프로테스탄트 친구들은 페라라를 떠나 더욱 안전한 목양지를 찾아 떠났다.(예를 들어, 쿠리오네는 바젤에서 라틴문학 교수가 되었고, 킬리안 젠프와 그 형제 요하네스는 독일로 돌아갔다.) 다른 한편, 친구이자 예전의 공부 친구였던 안나 데스테는 프랑스로 떠나서 가톨릭 신자이자 기즈의 공작인 프랑수아 드 로레인(François de Lorraine)과 결혼하였다. 이 사람은 악명 높게도 바시에서 위그노 학살을 지휘하게 되고, 이렇게 하면서 프랑스의 종교전쟁을 촉발하게 된다. 공작부인은 궁정에 갇혀서, 올림피아에 대한 마음을 냉정하게 가라앉혔고, 더는 그녀를 찾지 않았다. Parker 2003, 20. 자신의 집과 같던 궁정의 친구들을 잃어버린 올림피아는 지적이고 문화적인 고립을 견디면서 어린 동생들을 가르치는 데 집중하였다. 비탄에 잠긴 그녀는 쿠리오네에게 편지하여(1550년 10월), 자신이 "공작부인"에게 버림을 받았고 신구약성서를 읽는 것조차 허용되지 않는다고 말했다. 그녀는 "구렁텅이에 던져졌다."고 느꼈으며, 결국 자신의 구원이 위태로워진다고 느끼게 된 궁정을 떠났다. Bainton 2001, 255; Flood 1997, 179-180. 이때 이후로 그녀는 보다 근본적으로 "인문학 연구"에서 "신학 연구"로, 특히 칼뱅주의적인 신앙으로 방향을 틀었다. 다가오는 결혼과 독일로의 이주는 이 과정을 오직 공고하게 했을 뿐이다. Holzberg 1982, 145-147; Smarr 2005b, 325.

　　그녀가 페라라에 마지막으로 머문 기간에 대해서는 몇 가지 의문점이 남아 있지만, 종교적인 분위기의 변화와 이단에 대한 만연된 의심은 확실히 올림피아로 하여금 궁정에서 호의를 얻지 못하게 하는 요인이었다. (요하네스 젠프는 1553년 칼뱅에게 보낸 편지에서 공작의 정보 제공자인 제롬 볼섹이 올림피아를 중상 비방하였다고 썼다. Bainton 2001, 256; Flood 1997, 179.) 또 다른 이슈는 그녀의 지성이었다. 올림피아는 교육받은 여성들이 경험한 것과 그리 다르지 않은 것을 경험하였는데, 그녀는 어린 영재로서 "폭발적인 박식함"을 보여주었으나, 어린 소녀로 있을 때에만 남성들의 칭찬을 누릴 수 있었다. 일단 나이를 먹게 되자 더는 단순한 호기심의 대상이 되지 않았고, 기존 질서를 위협하는 잠재적인 위험요소가 되었다. 결혼 이후 올림피아의 재능은 자녀양육과 가정생활에 집중되었다. 더욱이 "그녀는 신구약성서를 읽는 위험한 습관으로 인해 아마도 사람들의 눈밖에 났던 것 같다." 그녀는 신구약성서를 혼자 힘으로 읽었다. King 1991, 203.

성별에 따른 기대, 종교적인 관심, 그리고 종교재판소에서 초래된 어려움과는 상관없이, 올림피아는 가르침과 연구를 계속하였다. 그리고 그 과정에서 새로운 중심점, 즉 새로운 프로테스탄트 신앙을 발견하였다. 특별히 두 가지가 이 일을 가능하게 했는데 그녀의 특출한 재능과 학문에 대한 결심, 그리고 그녀를 격려하는 배우자와의 결혼이 그것이다. 쿠리오네에게 보낸 편지(편지 19)에서 그녀는 하나님을 찬양하였다. "그분은 저에게 제 학문을 아주 기꺼워하는 남자를 남편으로 주셨습니다." OM/Parker, 106-108 at 108 Parker 2003, 24-25 참조.

올림피아는 1550년(혹은 1549년)에 요하네스 젠프의 친구로, 바이에른의 슈바인푸르트 출신의 독일인 의사 안드레아스 그룬틀러(Andreas Grunthler, c. 1518-55)와 결혼하였다. 안드레아스가 1549년 5월에 의학 학위를 받으러 페라라에 도착했을 무렵, 그는 이미 파리, 하이델베르크, 라이프치히에서 고전을 연구한 바 있었다. 두 사람은 사랑에 빠졌고, 1549년 약혼을 거쳐 같은 해 말엽이나 1550년 초반에 프로테스탄트 예식에 따라 결혼식을 올렸다. 신부는 자신들의 결혼을 기념하는 시를 그리스어로 썼다.

> 당신께서는 타락한 인류로
> 당신 아들의 신비로운 신부가 되도록 하셨습니다.
> 당신의 아들은 신부를 위해 자신의 생명을 내어주셨습니다.
> 이 시간 이 연합 위에 일치와 평화가 편만하게 하소서.
> 이 결혼예식은 당신께서 명하신 바이니까요.
>
> Olimpia Morata in Bainton 2001, 258.

이것은 확실히 사랑의 결합이었다. 편지들은 이에 대해 어떠한 의문도 남기지 않으며, Parker 2003, 24. 그것들이 우리에게 알려주는 내용은 올림피아가 죽었을 때 안드레아스가 시편에 근거해서 지은 4중창 노래로써 더욱 분명하게 드러난다. Weiss 1976, 97. (올림피아와 안드레아스에 관해서는 Weiss 1976, 84-99를 참조.)

그녀의 부모가 학문에 대한 올림피아의 열정을 지지해 주었듯이, 그녀의 남편과 결혼제도도 그녀를 계속 보호해 주었다. 사회와 교회는 결혼을 피하고, 여성들을 괴롭히는 남성지배로부터 벗어난 해방된 교육받은 여성들을 발견하였다. 이처럼 지적으로 독립적인 여성들은 정신뿐 아니라 육체에까지 자신들의 통제력의 범위를 확장시키려고 할 수 있었고, 뿐만 아니라 스스로 사회적인 역할을 결정하려고 할 수도 있었다. 학문과 정숙이 여성에게서 양립하는 것이 불가능하다고 여겨지던 시대, 그리고 가정에 매이지 않는 교육받은 여성들이 위협이 되던 상황에서, 프로테스탄트 아내로서 올림피아의 역할은 "결혼한 학자라는 변칙적인 위치"에서 그녀의 관심사를 지속시켜 나갈 수 있도록 실제로 그녀를 보호하였을 것이다. Parker 2003, 25; Lerner 1993, 222. 분명 이것이 대부분의 여성들에게 해당하는 일은 아니었다. 대부분의 여성들에게서 결혼은 지적인 탐구의 종말을 의미하였으며, 결혼하는 것과 학문활동을 하는 것은 여성들에게 가능한 조합이 아니었다. 올림피아는 이 점에서 예외적이었으며, 학자가 되고자 하는 그녀의 열정과 결의도 특별한 것이었다.

안드레아스가 결혼 직후 일자리를 찾아 독일로 떠났을 때 올림피아는 친구들과 함께 머물렀는데, 남편의 부재를 슬퍼하면서 그리운 마음을 편지에 담았다. (1550년 4/5월에 보낸 한 편지에서) 그녀는 이렇게 썼다.

나는 당신이 나를 떠나 오래 헤어져 있어야 한다는 사실이 매우 슬픕니다. 이보다 더 고통스럽고 심각한 일은 지금껏 내게 없었습니다. …맹세컨대, 내게 당신보다 더 사랑스럽거나 달콤한 것은 아무것도 없습니다. 또한 나는 당신도 그렇게 생각한다는 것을 알고 있습니다. 만일 내 마음이 바뀐다면, 당신이 가장 먼저 알게 될 것입니다. 당신이 싫어졌다고 대놓고 말하곤 했던 것처럼 말이지요! 사랑하는 당신과 함께 있고 싶습니다. 그러면 당신을 향한 내 사랑이 얼마나 큰지 분명히 알게 될 것입니다. 내가 얼마나 미치도록 당신을 사랑하는지 당신은 믿을 수 없을 것입니다. 내가 당신을 기쁘게 할 수 있는데도 열렬히 그 일을 하지 않는 것보다 더 괴롭고 힘든 일은 아무것도 없습니다.

다른 편지에서 그녀는 답장을 빨리 하고 속히 돌아오라고 재촉하였다. 1550년 11월의 편지 22(OM/Parker, 110). "당신이 잘 지내고 있기를 바랍니다. 무엇보다 당신이 괜찮은지, 어떻게 지내는지, 거기서 무슨 일이 있는지, 그리고 상황은 어떤지 알고 싶어요. 당신이 돌아올 생각인지 아니면 우리를 데리러 누군가를 보낼 생각인지 매우 궁금합니다. 그러니, 제발 이 모든 일에 대해, 정말 무슨 일이 일어나고 있는지 세세하게 편지로 알려주기 바랍니다! 나를 위로할 생각으로 어떤 거짓말도 하지 말아 주세요." 또다시 "원하건대, 언제 당신을 만나러 가게 되는지 편지로 알려주세요." 단지한 달이 지난 후 그녀는 다시금 간청하고 있다. 1550년 12월의 편지 23(같은 책, 110-111). "내 사랑, 내가 수차례 당신에게 부탁했듯이, 날 혼자 내버려두지 마세요. …부디 우리를 잊지 말고, 여기서 나를 데려가 주기를 원해요." 마침내 그녀의 소원이 이루어졌다.

올림피아와 안드레아스는 그녀의 8살짜리 남동생인 에밀리오(Emilio)와 함께 1550년 페라라를 떠나 그해 6월 12일 독일에 도착하였다. 아우크스부르크를 거쳐 (Joann Sinapi와 머물기 위해) 뷔르츠부르크까지 여행한 그들은 1551년 여름에 슈바인푸르트에 도착하였는데, 이곳은 안드레아스의 고향이자 그가 의사로 일할 자리를 찾은 곳이었다. 독일에서 올림피아는 연구와 저술에 계속 전념하였으며, 에밀리오와 그녀의 오랜 친구인 요하네스 젠프의 딸에게 그리스어와 라틴어를 가르쳤다. 브란덴부르크-쿨름바흐의 후작과 황제 사이의 투쟁이 슈바인푸르트에 대혼란과 전투상황을 불러일으키기 전의 평온한 몇 달 동안(1553년 1월에서 3월), 그녀는 자신의 가장 중요한 저작 『테오필라와 필로티마의 대화』(*Dialogue of Theophila and Philotima*)를 저술하였다. 그녀는 1549년에 이미 종교 연구로 방향을 전향한 바 있는데, 프로테스탄트 신학이 강하게 뿌리를 내려이미 신앙고백 논쟁이 진행되고 있던 독일의 토양에서 올림피아의 종교에 대한 몰두와 열정은 증진되기만 할 뿐이었다. 새로운 신학의 색조에 대한 지식이 더욱 깊어지고, 종교개혁자들의 저술들과 프로테스탄트 문서들을 연구하게 됨에 따라, 그녀는 종교개혁을 적극적으로 시인하기 시작하였다. 예를 들어 그녀는 자신과 같은 이탈리아인들에게 유익이 될수 있는 프로테스탄트 작품들을 이탈리아어로 번역할 사람들을 찾아내었다. Holzberg 1982, 146-149; Weiss 1976, 90-94; Parker 2003, 26.

예를 들면 그녀는 일리리쿠스(Matthias Flacius Illyricus)에게 루터의 독일어 작품 하나를 이탈리아어로 번역해 줄 것을 요청하였다. 그러면서 필요하다면 자신이 알고 있는 것으로 돕겠고, 실망시키지 않겠다고 약속하였다. 그녀는 1553년 5월에 슈바인푸르트에서 그에게 편지하였다.

> 친애하는 선생님 … 당신의 저작을 통해 제가 당신을 잘 알고 있기 때문에, 저희 이탈리아 동료들을 도울 사람으로 당신이 가장 먼저 떠올랐습니다. 그들은 지금 수많은 오류 가운데서 길을 잃었고 하늘의 보화를 필요로 하고 있습니다. 만약 당신이 전반적인 오류를 논박하고 있는 루터의 독일어 책들 가운데 하나를 이탈리아어로 번역한다면(비록 제가 열심히 공부했지만 아직 독일어를 제대로 이해하지 못하므로), 혹은 같은 주제로 당신이 이탈리아어로 무엇인가를 저술한다면(당신은 제가 제대로 다루지 못한 성서를 풀어내셨기 때문에 저보다 더 잘하실 수 있을 것입니다.), 당신은 많은 경건한 사람들을 미혹시키고 있는 오류로부터 그들을

구해내실 것이라고 확신합니다. 우리 목숨을 바쳐도 아깝지 않을 교회를 위해 당신께서 이 일을 기꺼이 감당하신다면 당신은 그 거룩한 호의로써 그 사람들을 영원히 당신에게 결속시키게 될 것입니다. 그들 대다수가 문외한이기 때문에 당신이 이탈리아어로 쓰면 그들에게 훨씬 더 유익하리라고 생각합니다. 당신께서 그리스도 안에서 이 일을 맡아주시기를 거듭 간청합니다. …만약 제 도움이 필요하시다면 제가 가진 모든 정보를 제공하겠고 당신을 실망시키지 않겠습니다. OM/Parker, 133-134.

이후 올림피아는 베르게리오(Pier Paolo Vergerio)에게 루터의 대요리문답과 다른 저작들을 이탈리아어로 번역해 달라고 요청하였다. Rabil 1994, 271-272; Smarr 2005b, 331, 336; Vorländer 1970, 106.

개혁적인 인문주의자로서 올림피아는 "근본으로 돌아가자."(ad fontes)라는 정신에 따라 성서에 이끌렸다. 그리고 시편을 그리스어로 재번역하는(대부분은 육보격[六步格]의 운율로, 하나는 아주 드문 사포[Sapphic: 그리스의 여류 시인] 시체[詩體]로 번역) 과제를 떠맡았으며, 이 과정에서 그녀의 성서적인 사상과 그리스-로마 사상에 대한 융합과 더불어, 슈바인푸르트에서의 개인적인 상황에서 비롯된 관점이 뚜렷이 드러났다. 올림피아의 남편은 그녀가 번역한 내용을 음악으로 만들었으며, 그녀는 그것들과 다른 시편을 자매들에게 보내는 편지에서 종종 인용하였다. 그녀가 번역한 시편 중 1, 2, 23, 34, 46, 70, 125, 151편은 지금까지 남아 있지만, 다른 것들은 슈바인푸르트에서 유실되었다. Parker 2003, 184-191; Vorländer 1970, 105; Smarr 2005b, 329-330을 참조.

페라라 시기 이후의 올림피아에 대해 알려진 내용은 대부분 그녀의 편지에서 비롯되는데, 친구인 쿠리오네와 라비니아에게 보낸 편지가 대부분이다. Vorländer 1970, 103; Flood 1997, 179; 슈바인푸르트에서 보낸 편지들, Holzberg 1982, 148. 그녀는 52통의 편지를 썼는데, 그중에 49통은 라틴어로, 나머지는 이탈리아어와 그리스어로 썼다. 그녀가 받은 대부분의 편지는 포위공격을 당하는 동안에 다른 소유물과 함께 파괴되었지만, 15통의 편지는 살아남았다. 인문주의 분위기를 띠고 그 시기의 공포를 묘사하고 있는 올림피아의 편지들은 Flood 1997, 179 종교개혁 시기에 쓰인 여성들의 편지 가운데 가장 아름다운 "여성편지"(Frauenbriefe) 중 하나로 규정되어 왔고, 쓰는 사람 이름을 그대로 밝히고 실존 인물들에게 보내진 "진짜" 편지로 여겨져 왔다. 그녀의 편지들은 산문 투였으며, 멀리 떨어져 있는 사람들과 소통하는 도구가 되어주었다. 또한 가르침과 영적인 안내를 위한 매개물이기도 했다. Osieja 2002, 293-294 참조. (편집본들로는 Kößling and Weiss-Stählin 1990; Caretti 1940; Parker 2003을 보라.)

1553-54년의 슈바인푸르트의 포위공격은 그녀의 인생을 극적으로 변모시켰다. 슈말칼덴전쟁이 시작되고 아우크스부르크 평화조약이 시작되기 전의 이 기간 동안 가톨릭과 프로테스탄트 도시와 지역들은 누가 우세한지를 놓고, 그리고 종교의 자유라는 이슈를 놓고 협상을 계속하였다. 이 와중에 슈바인푸르트라는 작은 마을이 전쟁이라는 공포의 무대가 되었다. 소위 후작의 전쟁이라고 불리는 이 시기에, 1553년 4월 22일 브란덴부르크-쿨름바흐의 후작 알키비아데스의 군대가 슈바인푸르트를 점령하고 근 1년 동안 이웃 마을(뉘른베르크, 브라운슈바이크, 뷔르츠부르크, 밤베르크)을 상대로 전투를 벌였다. 군수물자가 동나자 그는 포위한 도시에서 약탈을 하도록 인가하였다. 그가 퇴각하지 않을 수 없게 되자, 새로운 군대가 이 도시로 들어왔는데, 이번에는 모리츠 폰 작센 선거후, 브라운슈바이크의 공작, 그리고 뷔르츠부르크와 밤베르크의 주교들의 군대가 도시를 불태웠다. 올림피아가 쿠리오네에게 보낸 편지에는 슈바인푸르트 사람들이 겪은 공포와 고통이 묘사되어 있다.

잡히면 처형될 수 있는 상황에 직면하여, 올림피아와 안드레아스는 슈바인푸르트를 걸어서 탈출하였다. (올림피아는 1554년 쿠리오네에게 보낸 편지에서 이 호된 경험에 대해 썼다. Parker 2003, 154-167 참조.) 그들은 은신처를 찾기 위해 고군분투했으며, 아끼던 책들을 포함해 소유하고 있던 모든 것을 잃었다. 안드레아스는 투옥되기까지 했으나, 다행스럽게도 감독의 보호를 받아 방면되었다. 폰 에르바흐(von Erbach) 백작과 그의 아내 엘리자베스가 두 사람에게 은신처와 더불어 음식과 의복을 제공해 주었고, 병중에 있던 올림피아를 각별히 보살펴 주었다. 또한 두 사람은 이들 백작부부에게서 자신들의 여정을 계속할 수 있도록 돕는 중요한 연고를 얻었다. 올림피아와 안드레아스는 올림피아를 자신의 양녀로 삼고 싶다는 백작부인의 제안에 괘념치 않고 떠나기로 했다. 페라라 궁정에서의 경험으로 올림피아는 그러한 덧없는 영예를 받아들이는 데 대해 신중해졌다. 그래서 에르바흐에 머무는 대신 아무것도 가진 게 없는 이 부부는 백작부부의 보호 아래 하이델베르크까지 이동하였으며, 백작은 그곳 팔츠 선거후에게 영향력을 행사해서, 안드레아스를 [하이델베르크에서 그리스어 교수로 있던 야콥 미킬루스(Jacob Micyllus[Möltzer])의 추천으로] 하이델베르크에서 의학교수로 임용하도록 하였다. 자신들의 이름 이외에 아무것도 남은 게 없이 새로운 생활을 시작하는 이 젊은 부부를 위해 친구들은 적어도 그들의 장서를 다시금 구비할 수 있도록 노력하였다.

올림피아는 연구활동을 계속하면서 개인적으로 그리스어와 라틴어를 가르침으로써 하이델베르크대학에 임명된 교수라는 오해를 낳았다. 그녀는 충분한 자격을 갖추었지만, 대학들은 그런 존중받는 직위에 오직 남성만을 채용하였다. 그렇지만 "그녀가 좀더 오래 살았더라면 아마도 그녀는 독일 대학에서 가르친 최초의 여성이 되었을지도 모른다." Flood 1997, 182. 그녀는 친구들이나 가족들뿐만 아니라 루터, 멜란히톤, 플라키우스 같은 종교개혁자들과도 서신교류를 했기 때문에(비록 여성이 남성들과 그런 서신교류를 시작하는 것이 격식을 벗어난 일이고 위험한 일이기는 했지만. Parker 2003, 27, 31, 각주 160; Vorländer 1970, 106.) 대학교수들의 국제적인 모임에서는 잘 알려져 있었다. 그녀는 루터의 작품을 이탈리아어로 널리 퍼뜨리기 위해 활발하게 움직였으며, 자신의 개인 도서관에 칼뱅의 예레미야애가 주석서와 같은 중요한 책들을 보내달라고 요청하였다.(편지 41, 52) 다른 여성들을 고무시키고 교육시키고자 하는 올림피아의 뜻은 그녀가 지속해 온 서신교류와 사귐을 통해 성취되었다. Holzberg 1982, 154-155, 22-23, 27, 31.

올림피아는 이탈리아와 해외에 있는 친구들 및 가족들과 계속 접촉하면서, 특별히 쿠리오네, 자신의 자매 비토리아, 그리고 친구 오르시니와 라비니아와 자주 연락하면서, 멀리서도 그녀가 관심을 기울인 이탈리아의 여성들에게 교사의 역할을 감당하였다. 그녀는 그들의 건강과 안전에도 계속 관심을 가졌지만, 무엇보다 열심히 읽고 공부하면서 신앙을 꾸준히 지켜나가라고 격려하며 그들의 지적이고 영적인 복지에 관심을 두었다. 예를 들어 그녀는 자매 비토리아에게 편지하여 이렇게 썼다. 1554년 편지, OM/Parker, 143-144. "하루도 마음을 다해 읽지 않거나 그리스도를 통해 하나님께 기도하지 않고 지내는 일이 없도록 유념하면 그분께서 너에게 성서를 해석할 수 있도록 조명해 주실 것이다. 아침 일찍, 좀더 일찍 일어나도록 하렴." 그녀는 오르시니에게도 비슷하게 썼다. "내 친구 체루비나, 혼자서 그리고 함께 계속 기도하고 성서를 읽도록 하렴. … 함께 기도하길." 1554년의 편지 46, OM/Parker, 149; 또한 147, 168도 참조. 오르시니는 라비니아에게 보낸 편지에서 이러한 권면을 그대로 되풀이하고 있다. 1551/52년의 편지 28, OM/Parker, 117.

만약 독일에서 우리가 지닐 수 없던 신학 서적들을 지닐 수 있도록 허용해 주어 내게 위안을 주지 않았다면, 나는 내 친구들, 특별히 너를 향해 내 소망을 품을 수 없었을 것이야. 너는 항상 "내 존재 깊숙이 자리 잡고 있어." 나는 항상 기도할 때마다 너를 언급하고 있단다. … 그리고 내가 읽은 마르틴 루터 박사님의 작품들을 보낸다. 그 글들이 너를 감동시키고 회복시켜 줄 거야. 하나님을 위해 열심히 공부하고, 그분께서 너에게 참된 종교를 보여주시기를 간구하렴. 네가 승리하기를.

예정론이라는 주제와, 그녀가 그 안에 내재해 있다고 파악한 위로의 메시지는 전쟁의 시기 동안 올림피아의 저술들에서 점점 더 자주 등장하였다. 이것은 놀라운 일이 아니다. 그녀가 목격하는 모든 고통 가운데 하나님이 계시다는 데 놀라지 않을 수 없었다! 그녀는 라비니아에게 격려의 편지를 써 보내면서, 선택의 확실성과 "상관없이" 하나님의 자비를 구하라고 촉구하였다. (그녀는 자신의 친구 쿠리오네의 보편주의를 옹호하면서 아마도 칼뱅주의의 엄격성에서 벗어났을 것이다. Bainton 2001, 261, 268, 각주 15.) 자신이 매우 호의적으로 해석한 예정론에 의해 개인적으로 위로를 받은 그녀는 자신이 목격한 정의롭지 못한 행위에 대해 계속 고뇌하였다. 그녀는 프랑스의 상황을 잘 알고 있었는데, 위그노들은 그들의 신앙으로 인해 학살당하고 있었고, 이런 점은 성 바르톨로뮤 대학살 사건에서 더욱 분명하게 드러났다. 도움을 호소하기 위해서 그녀는 안나 데스테에게 편지를 보냈는데, 안나는 가톨릭 파의 지도자들 중 한 사람과 결혼하여 지금은 기즈의 안나가 되어 있었다. 이 편지에서 그녀는 복음을 위해 박해받는 사람들 편에 서서 그들을 보호하기 위해 강하고 신실하라고 권면하였다.

안나의 남편의 위치를 고려할 때, 올림피아의 권면은 대담한 것이었다. 올림피아는 편지에서 안나가 종교적인 연구에 헌신하기를 바라는 자신의 소망을 피력하였다. 1555년 7월 하이델베르크에서 보낸 편지, OM/Parker, 169-170. 또한 자신의 회심과 신앙의 원칙에 대해서도 기술하면서 안나에게 복음을 전하였다. 안나에게 두 사람이 함께 지내온 시간을 상기시키면서, 올림피아는 신앙 때문에 화형에 처해지는 무고한 희생자들의 편에 서서 행동할 것을 촉구하였다. Bainton 2001, 262; Holzberg 1982, 154.

그러므로 사랑하는 자매여, 하나님께서 그분의 진리를 너에게 드러내 보이시려고 그렇게 많은 호의로 너를 축복하셨고, 너도 알다시피 화형을 당한 사람들이 모두 무고한 사람들이고 그리스도의 복음을 위해 많은 고초를 겪고 있으니, 왕에게 그들을 위해 호소하든지 아니면 그들을 위해 기도하든지 네 마음이 움직이는 대로 행동으로 보여주는 것이 너의 명백한 책무이다. 만일 네가 침묵하거나 묵인함으로써 네 백성들이 고문당하고 화형을 당하도록 내버려둔다면, 적어도 네가 이것을 싫어한다는 말조차 분명하게 하지 못한다면, 이 침묵으로 인해 너는 그들의 학살에 공모하고 그리스도의 적들에게 찬성하는 꼴이 될 것이다.

올림피아는 선택과 하나님의 섭리라는 사상에 근거해 안나를 북돋우고자 했다.

아마도 너는 "내가 그렇게 하면 왕이나 남편을 화나게 해서 새로운 적들이 많이 생기게 될 것"이라고 말할 것이다. 하나님에게 미움받는 것보다 사람에게 싫어버린 바 되는 것이 훨씬 낫다는 것을 생각하라. 하나님은 육체뿐만 아니라 영혼까지 영원한 불에 던져버릴 수 있는 분이시다. 그렇지만 네가 그분을 친구로 삼는다면 그 손 안에 모든 것을 지니신 하나님이 허락하시지 않는 한 어느 누구도 너를 해할 수 없을 것이다. 이 모든 것에 대해 생각하고 깨우치렴.

안나가 이 편지와 권고를 어떻게 받아들였는지는 알 수 없다. 그 당시 그녀에게는 문제가 많았다. 그렇지만 우리는 프랑스에서 위그노와 부르봉 가문이 프랑스에 대한 지배력을 확보하기 위해 비밀리에 계획한 앙부아즈 음모에 대해 기즈 가문이 잔인한 보복을 가했던 비극적인 사건이 있었고, 이 사건에 뒤이은 한 사건에서 올림피아의 편지가 효력을 발휘했으리라는 것을 얼핏 엿볼 수 있다. 들리는 바에 의하면, 한 여성이 황후 카트린 드 메디시스에게 맞서서 학살을 비난하며 불행이 따를 것이라고 예언한 사건이 있었고, 이 여성이 아마도 안나일 것이라는 주장이 제기된 것이다. Bonnet 1887, 177, 156-157; Bainton 2001, 262, 268, 각주 19.

올림피아가 편지로 친구들과 관계를 유지했기 때문에, 그녀는 우리에게 자신의 삶에 대한 귀중한 자료와 당대를 들여다보게 하는 창을 제공해준다. 그녀가 페라라를 떠난 이후의 생애에 대해서는 특별히 그녀의 편지들이 우리에게 중요한 자원이 된다. 편지는 그녀가 자신에게 중요한 것을 사람들과 소통하는 방식이었을 뿐만 아니라, 성별에 따른 차별구조를 무시하기라도 하듯이 그녀가 자신을 무엇보다 지식인으로, 그리고 프로테스탄트로 규정 짓는 특별한 여성의 목소리를 낼 수 있도록 해주는 하나의 매개체가 되었다. 성별에 따른 경계와 자신의 종교적인 선택에 관련된 위험에 대해 확실히 인지하고 있던 그녀는 인습을 뛰어넘는 것으로 판단되는 원리, 즉 학문과 신앙의 인도를 받고자 하였다. 편지는 그녀가 자신의 열정을 나누고 일생 동안 가르치는 자로서의 소명을 표출하는 매개체가 되었다.

올림피아는 교사로서의 정체성과 열망을 지니고 있었다. 개인적으로 어린아이들을 가르치는 것과 더불어, 자신과 편지를 주고받는 여성들에게 교사이자 영적인 조언자의 역할을 하고자 했다. 올림피아의 편지를 통한 교제는 "사적인 것과 공적인 것 사이의 중요한 공간"을 제공해 주었으며, 이를 통해 한 사람의 창의적인 여성에게 가르칠 수 있는 기회가 허용되었다. Smarr 2005a, 79-80. 올림피아의 편지를 받는 여성 청중에게 그녀와 여성 동료들은 학식이 있고 교육을 받은 인문주의자로 보였다. (그녀가 키케로 풍의 라틴어와 여성적이고 가정적인 특질과 명령어를 특이하게 결합시키고 있는 것은 그녀 자신의 정체성을 만들어내려는 시도였을 것이다.

Smarr 2005a, 80.) 그녀는 끈질기게 공부, 성서읽기, 함께 기도하기의 중요성에 대해 썼으며, 계몽적인 대화의 효과에 대해서도 썼다. 또한 친구들과 제자들에게 하나님의 손길 안에 자신을 맡길 필요가 있다는 것을 상기시켰다. 우정의 이름으로 그녀는 여성들로 하여금, 만약 그렇지 않았다면 침체되었을 이런 활동을 추구하도록 격려할 수 있었다. 논문을 쓰는 대신 그녀는 자신의 편지와 대화를 통해 신학적인 문제를 논의하였다. Smarr 2005a, 336, 343-344.

슈바인푸르트가 포위됨으로써 야기한 고초로 올림피아는 기력이 쇠하였다. 열병과 결핵을 앓고 가까스로 역병에서 헤어난 후 그녀는 자신이 회복할 수 없으리라는 것을 알았다. 죽음이 임박했을 때 그녀는 친구들에게 편지, 말하자면 유서를 썼다. 그녀는 1555년 10월 26일, 몇몇 자료에서 주장하는 것처럼 콜레라나 역병 때문이 아니라 결핵으로 죽었다. 그녀가 죽은 지 몇 주 지나지 않아 사랑하는 남편과 어린 남동생 모두 역병의 희생자가 되었다.

올림피아의 편지들은 그녀가 자신의 죽음에 얼마나 예비되어 있었는지, 그리고 그녀의 신학이 어떻게 그녀에게 힘을 주었는지를 보여준다. 그녀는 "제 마음이 확신하는 바가 얼마나 큰지, 제 자신은 사라지고, 제 삶이 꽃피던 터전인 그리스도 안에 거하기를 간절히 바랍니다."라고 썼다. OM/Parker 1997, 274. 그녀가 쿠리오네에게 보낸 마지막 편지는 죽음 직전에 하이델베르크에서 씌어졌는데, 부활에 대한 신앙 안에서 죽음을 준비한 한 여성에 대한 증언을 남기고 있다. 1555년의 편지 71, OM/Parker, 176-177.

저는 하나님께서 당신을 보살피시기를 기도합니다. …제 육체는 힘을 잃었습니다. 저는 식욕도 전혀 없습니다. 울혈로 인해 낮밤으로 숨이 막혀 죽을 지경입니다. 열은 높고 내릴 줄 모릅니다. 온몸이 아파 잠을 잘 수도 없습니다. …하지만 그래도 정신은 멀쩡해서 친구들과 그들이 베풀어 준 친절은 다 기억하고 있습니다. 그래서 당신과 사랑스러운 선물을 보내면서 저를 축복해 준 친절한 사람들에게 제 운명이 허락한다면 깊은 감사의 말을 전하고 싶습니다. 저는 곧 죽을 것 같습니다. 당신께 교회를 부탁하오니, 당신이 하는 무슨 일이든지 교회에 유익이 되도록 하십시오. 사랑하는 켈리오, 잘 지내시고 제가 죽었다는 소식이 들려도 슬퍼하지 마십시오. 왜냐하면 저는 마지막 때에 제가 살게 될 것을 알고 있고, 또 저는 사라지고 그리스도와 함께 있게 되기를 소망하기 때문입니다.

올림피아는 하이델베르크의 성 베드로교회에 묻혔고, 그녀를 기념해 프랑스인 기욤 로스칼롱이 그곳에 기념비를 세웠다. 몇몇 사람이 가정했듯이, 기념비를 세우는 데 필요한 비용은 아마도 어린 시절의 친구를 잃은 슬픔에 잠긴 안나 드 기즈가 부담하였을 것이다. 비탄에 잠긴 또 다른 친구는 인쇄물로 그녀를 기념하고자 하였는데, 바젤에 살고 있는 쿠리오네는 자신이 찾을 수 있는 올림피아의 글을 모두 모아 출판하고자 하였다. 이 계획은 안드레아스도 죽기 전까지 돕던 일이다. 그러나 불행하게도 올림피아가 쓴 작품들의 상당수가 이미 사라져 버린 후였다. 살아남은 것은 대부분 그녀가 젊었을 때 쓴 것이었다. 그녀의 성숙한 작품들은 도시가 포위되었을 때 파괴되고 말았다. 1558년에 나온 첫 번째 판(전부 4판이 있었다.)을 쿠리오네는 저명한 이탈리아 인문주의 개혁자인 이사벨라 브레세나(Isabella Bresegna)에게 헌정하였다. 1562년 나온 증보판은 영국의 엘리자베스 1세 여왕에게 헌정하였다. 뒤이어 1570년 판과 1580년 판이 나왔다. (1580년 판이 모라타가 쓰지 않은 글을 포함하고 있다는 것 이외에는 두 판의 내용이 똑같다.) Rabil 1994, 277. 올림피아의 작품들에서와는 달리, 그녀에 대해 회상하는 내용이 티치아노의 학교에까지 거슬러 올라가 상세하게 묘사한 어느 글에 남아 있다. Weiss 1976, 100-105, 특히 티치아노와의 연관에 대해 참조.

올림피아의 편지들은 16세기에 유행하였다가, 이후 18세기와 19세기에 한창 프로테스탄트 "성인"에 대한 관심이 꽃피는 가운데 괴테가 그녀를 재발견하기까지 잊혀졌다. Flood 1997, 182. 괴테에게서 올림피아는 영원한 여성, 그리고 일생 동안 사상과 말, 논증과 행동이 모두 일치한 사람을 상징하였다. Weiss 1976, 106-107 참조. 그녀의 편지에 대한 첫 번째 연대기는 1856년 보네(Jules Bonnet)가 전기에 덧붙여 준비하였다. 1892년 아넬리(Giuseppe Agnelli)도 올림피아의 전기를 썼고, 1927년 팔라디노(Giuseppe Paladino)는 그녀의 편지에 대한 비평적인 편집본을 내놓았으며, 카레티(Lanfranco Caretti)는 1940년과 1954년, 번역판을 제외하고 그녀의 저작을 담고 있는 가장 표준적인 비평적 편집본이 되는 작품을 내놓았다. 팔라디노와 카레티 또한 전기를 내용에 담았다. 올림피아와 그녀의 작품에 대해 파커가 영어로 쓴 새로운 전기와 편집본(2003)은 가장 유용한 현대판이다. 올림피아의 편지들은 그녀의 생애에 대해 제공해 주는 정보로 관심을 끌었고, 그녀가 번역한 것들은 그녀의 언어적·문학적 능력의 견지에서 분석되어 왔다. 많지는 않지만 20세기 후반 이후 씌어진 연구들은 올림피아의 종교적이고 페미니스트적인 성숙뿐만 아니라, 여성 저술가, 교사, 멘토, 그리고 시인으로서 그녀의 재능과 솜씨를 조명하였다. 그러나 올림피아의 사상과 신학에 대한 연구들은 여전히 매우 드문 상황이다. Vorländer 1970; Holzberg 1982, 141-143; Pirovano 1998, 1997; Parker 2003, 11-12; Rabil 1994, 277 참조.

1551년 쓰인 올림피아의 『테오필라와 필로티마의 대화』는 여러 가지 이유에서 그녀의 가장 중요한 문서로 여겨져 왔다. 무엇보다(Smarr 2005a에 제시된 것처럼) 라비니아와 올림피아 사이의 대화를 다루는 초기 작품에 비해, 1551년의 문서는 여성, 학자, 그리고 친구로서 올림피아의 성숙함을 보여주고 있다. 첫 번째 문서가 훨씬 자서전적인 데 비해(올림피아가 종교적인 문제에 관해 자신이 이전에 얼마나 무지했고 관심이 없었는지 한탄하고 있는 것과 관련해), 독일에서 쓰인 두 번째 대화록은 훨씬 신학적이고 가르치고 싶어하는 올림피아의 욕구를 보다 정교하게 적용해 담고 있다. 여성 주인공들의 남편이 부재하는 가상의 상황에서 여성들은 잠시 동안 가르치고 배우는 지적인 대화에 참여하고 있다. 하나님의 활동이 암시되어 있기는 하지만, 두 번째 작품에서 여성의 가르치는 역할과 영적인 인도가 상당히 강조되어 있다. 두 번째 대화집이 영적인 생활에 대해 남성적인 모범과 여성적인 모범 둘 다를 포함하고 있다는 것은 신앙문제에서 성별에 따른 차이를 상대화시켰으며, "스스로가 너무 연약해 종교가 요구하는 것을 감당할 수 없다고 한탄하는 한 여성을 격려하기 위해서 성 자각적인 방식으로(a gender-conscious way) 이것을 제시하고 있는 것이다." Smarr 2005a, 76.

　대화집은 "배운 사람으로서 올림피아가 저술가로서의 역할과 가정주부로서의 역할에 균형을 이루고자 한 그녀의 실제적인 필요에 주목할 것을 상기시킨다." 그녀는 영적인 상담자가 되고자 하는 자신의 열망을 좇기 위해 창조적으로 기회를—그리고 이유를—찾아야 했다. 남성들의 부재가 그 하나였고, 하나님께서 자신을 통해 말씀하신다는 주장이 다른 하나였다. 올림피아와 같은 여성까지도 세심한 주의를 기울여야 했던 것이다.

　　자신을 지나치게 공개한다는 비난을 피하고자 하는 한 여성에게 있어, 친구들에게 써 보내는 이런 식의 글은 사적인 영역과 공적인 영역 사이에 어떤 여지를 제공해 준다. 더욱이 올림피아는 청중들이 적어도 여성들이고 가정이라는 공간에서 만날 수 있는 사람이라면 자신이 권위 있는 어조로 강론하는 것을 기꺼이 용납할 것이라는 점을 알았다. Smarr 2005a, 80. (또한 Smarr 2005a 72-78; Rabil 1994, 275 참조.)

　올림피아는 배운 사람이 권위를 지닌다고 생각했고, 이러한 생각에서 교육이 근본적인 역할을 한다고 믿었는데, 그녀의 이러한 사고는 여러 방식으로 표출되었다. 그녀가 시를 써서 출판했다는 사실은 그녀의 특출한 재능을 말해줄 뿐 아니라, 자신이 그럴 수 있는 권위와 자격을 갖추었다고 생각했다는 것을 보여준다. Parker 1997, 248-250. 시와 고전 라틴 시가에 대한 연구는 공적인 역할을 수행하는 데 이러한 기술을 필요로 하는 남성들에게 할당된 분야였고, 여성들에게 시가는 오로지 도덕적인 덕목을 가르칠 때에만 중요한 것이 될 수 있었다. 그러므로 공개적인 활동으로서 시 자체는 여성들의 삶에서 아무런 기능도 하는 게 없었다. 사실상 시는 공개적인 활동으로 여성에게는 어울리지 않는 것이고, 개인적인 행동으로도 필요없는 것이라고 간주되었다. 시인으로서 올림피아는 여성의 삶에서 교육의 해방시키는 힘을 보여주는 좋은 예가 된다.

작가로서, 그리고 교사로서 그녀의 권위의식은 박식함과 교육에서 비롯된 것이라고 말할 수 있는데, 올림피아는 자신의 성공과 행운이 하나님의 은혜에서 기인한 것이라고 생각하였다. 이것은 수사학적인 표현이었을 수도 있다. 일반적으로 여성작가들은 "이것을 할 수 있게 하신" 분이 하나님이라고 말하였기 때문이다. 그녀에게 배움은 하나님의 능력과 그분의 개입에 대해 배우는 것을 의미하였다. 그녀는 하나님의 전능하심에 대해 믿는 만큼이나 배움의 힘을 확신하였다. 그녀의 가르치는 목소리가 점점 커져감에 따라 올림피아는 종교적으로 성숙하였고, 또 하나님과 더불어 경건한 지식을 향한 열정도 증대하였기 때문에, 그녀의 지적인 활동은 영적인 활동이 되었고 하나님과의 신비적인 연합도 제공하였다. 그녀는 이렇게 썼다. "사실상 하나님께서 나에게 주신 시간을…이러한 학문 연구를 하는 데 사용하지 않는다면 죄를 짓고 있는 듯한 생각이 드는데, 특히나 남편과 떨어져 있어서, 내 열망을 달래주고 위로해 줄 어떤 것도 없기 때문이다." 그녀는 예전에 자신이 학식이 뛰어난 사람이라고 생각했다고 밝히고 있다.

그렇지만 모든 사람의 칭송으로 내가 하늘까지 높여졌던 바로 그때, 나는 배움이 부족하고 무지하다는 것을 깨달았습니다. 당신도 알다시피 나는 모든 것이 우연히 이루어진 것이라고 생각하는 오류에 빠져 있었습니다. 하지만 하나님께서 그 생각을 물리치기 시작하셨습니다. 나에게 유일하고 거룩한 지혜의 작은 빛이 비치기 시작했고, 모든 인간사가 그분의 지혜에 의해 다스려진다는 것을 내 자신이 입증하였습니다.

그녀는 "마침내 내가 얼마나 어리석은지 깨달았다."라고 말했다. 그리고 더 나아가 "하나님께서 나에게 지성과 재능을 주셔서 그토록 학문을 사랑할 수 있게 하셨기 때문에 어느 누구도 내게서 그것을 빼앗을 수 없습니다."라고 말했다. OM/Parker, 101-103. 자신의 모든 학식에도 불구하고, 그녀는 자신이 복음주의 여성 평신도로서, 또 초심자로서 쓰고 있다고 고백하였다. Vorländer 1970, 111.

따라서 올림피아는 신비적인 체험이나 학식 있는 남성에게서 영적인 충고를 필요로 하지 않았다. 그녀는 자신이 연구하고 숙고한 말씀을 통해 이미 하나님과 연결되어 있었다. 그 사실이 그녀에게 특별한 확신을 가져다 주었는데, 이 확신은 초자연적인 경험을 통해 중세 신비주의자들이 얻게 된 확신과 유사한 것이었다. "은둔자가 되거나 신비가가 될 필요 없이, 모라타는 그리스도교 메시지를 가르칠 수 있는 권리와 의무까지 떠맡았다." 말씀을 이해하고 있다고 확신하면서, "남성 개혁자들의 학식과 경건을 존중함에도 불구하고, 그녀는 자신의 종교적인 생각을 확신하면서, 편지와 대화를 통해 다른 사람들, 특히 여성들로 하여금 올바른 삶을 살도록 촉구하고, '참된' 그리스도교를 확산시키고, 순교자들을 옹호할 종교적인 의무를 지닌다고 믿었다." Smarr 2005a, 80-81. 이것은 또한 자신이 직면한 두 가지 딜레마에 대한 해결책이었다. 여성에 대한 당시대의 기대치를 충족시키면서 학문에 대한 열정을 어떻게 좇을지, 그리고 학문에 대한 열망과 종교적인 열정을 어떻게 조화롭게 추구할 것인지가 그것들이다.

올림피아의 삶과 저술에서 주요한 주제는 고난이었다. 박해와 전쟁, 도망생활과 질병의 시기 동안 그녀는 직접적으로 고통을 경험하였고, 다른 사람들의 삶 가운데서 고통을 목격하였다. 그녀가 고통 속에서 인내와 희망을 다루고 있는 시편을 번역하기로 마음먹었다는 것도 지적할 만하다. Parker 2003, 185-186; Smarr 2005b, 329-330. 그녀는 고통의 의미에 대해 신학적으로 숙고하였다. 그녀의 마지막 편지는, 모든 그리스도인은 신앙을 위해 고통을 감수해야 한다는 결론을 담고 있다. 이 결론은 루터의 사상과 가까웠다. "자신의 고통이 그녀로 하여금 다른 사람들, 특히 신앙적으로 그녀와 연계된 사람들의 고통에 공감하도록 하였다." 올림피아는 신앙으로 인해 고통당하는 사람들을 도와야 한다는 책임감을 느꼈다. 그녀가 안나 데스테에게 프랑스에서 박해받는 사람들을 위해 중재하라고 촉구한 것도 이와 같은 이유에서이다. 그녀의 위치에서 할 수 있는 역할은 말과 글을 통해 고통을 경감시키는 것이었다. Osieja 2002, 298-300; Rabil 1994, 276 참조.

올림피아의 정체성과 학자로서의 능력에 관해 아직 언급하지 않은 한 가지 요소는 그녀에게 자녀가 없었다는 사실이다. 카타리나 젤(Katharina Schütz Zell)과 마찬가지로 올림피아는 아이를 둔 엄마들이 거의 지니지 못한 시간과 부를 소유하고 있어 독서와 저술에 몰두할 수 있었다. 그녀가 "모성"을 어떻게 생각하고 있었는지 알 수 있게 해주는 언급이 쿠리오네에게 보낸 편지(편지 27)에 나타나 있다. OM/Parker, 114-116.

> 저는 당신이 제게 한 질문, 무엇인가를 생산한 적이 있는지 묻는 질문에 답해야 한다고 생각합니다. 당신이 보낸 편지를 받은 바로 그날 그 시간에 제가 낳은 아이들인 이 시들을 지금 당신께 첨부해서 보냅니다. 그리

고 제가 방금 작문한 라틴어 문답이 있습니다.····저는 달리 자녀를 두지는 않았으며, 그에 대한 어떤 기대도 없습니다.

그런 다음 쿠리오네에게 자녀가 몇 명인지 물었다. 아직 젊은 올림피아에게 아이가 없다는 것이 꼭 비극인 것만은 아니었다. 결국 그녀는 자신의 저작을 통해 계속적으로 새로운 생명을 낳고 있었던 것이다.

결론   올림피아는 고전적 인문주의와 성서적이고 신학적인 학문을 통합시키기 원한 에라스무스, 칼뱅, 츠빙글리, 멜란히톤의 정신 안에 있는 성서적 인문주의자였다. 그녀는 교육자이자 복음 선포자였고, 미사와 교황제도 모두를 반대하는 프로테스탄트였다. 독일로 이주한 후 그녀는 가톨릭교회와 공개적으로 결별하였다. 카타리나 젤, 아르굴라 그룸바흐, 마리 당티에르와 마찬가지로, 그녀는 자신을 그리스도인이라고 불렀으며, 비록 루터와 칼뱅에게 영향을 받았고 특히나 성만찬에서는 칼뱅에게 많은 영향을 받았지만, 스스로를 루터주의자나 칼뱅주의자가 아닌 복음주의자라고 생각하였다. 그녀가 주로 관심을 가진 주제는 개혁자들과 마찬가지로 신앙에 의한 구원, 하나님의 사랑, 그리스도의 사역, 하나님의 섭리였다. 그녀는 개혁자들 사이의 논쟁을 이해했지만, 서로 다른 주장이 그리스도인들 사이에 분열을 정당화할 만한 것이라고는 생각하지 않았다. 그녀의 저작들에서 확인할 수 있는 네 가지 중요한 주제, 에피쿠로스주의, 성서적 인문주의, 복음주의, 그리고 프로테스탄트주의에 대해서는 Parker 2003, 31, 각주 156; 44-46을 참조. 요컨대 그녀는 인문주의적·성서적 개혁자였다. Vorländer 1970, 113. 그녀의 루터 연구에 관해서는 편지 28, 38, 62를, 칼뱅 연구에 관해서는 편지 43, 46을, 성만찬 논쟁에 관해서는 편지 62를, 그리고 예정론에 관해서는 편지 28, 47을 Parker 2003, 43-44, 49-50에서 참조. (또한 Rabil 1994, 274; Vorländer 1970, 111-113, 96.)

올림피아의 지적이고 종교적인 성숙은 해를 거듭할수록 더해갔으며, 1550년부터 독일에서 보낸 시간은 종교적인 자각과 신학적인 진지한 고찰에 대한 관심을 더욱 깊게 하였다. 1550년 8월이나 1551년 봄에 쓴 어떤 편지에서, 그녀는 매일 종교서적을 읽는 즐거움에 대해 썼다. 이것은 올림피아가 페라라에 있을 때의 독서 경향과는 다른 것이었다. 처음에는 페라라에서, 그리고 나중에는 독일에서 경험한 어려움이 그녀가 안드레아스와의 동반자적인 결혼에서 느낀 행복만큼이나 그녀의 종교적 경건을 진작시켜 준 중요한 요인이었다. Rabil 1994, 274; Smarr 2005b, 326, 331. 고통을 목격하고 경험하는 것은 그녀가 개인적으로 또 영적으로 깊어지는 데에서 실존적인 요인이었다. 우리가 그 깊이를 측정하기는 어렵지만 그녀의 편지에 나타난 견해를 통해 읽을 수 있다. 종교재판소에 의해 휘둘리던 가톨릭의 뜰에서 떠나, 한창 신앙고백적 논쟁이 벌어지고 있던 프로테스탄트들의 땅으로 이주한 것 또한 그녀의 복음주의적인 관심에 중요한 자극제였다.

안드레아스와의 결혼(과 그에 따라 외국으로 이주한 것)은 올림피아의 신학적인 발전, 심지어 그녀의 삶에 작용한 하나의 요소로서 결코 평가절하될 수 없다. 첫째, 이들 부부는 새로운 신앙에 대한 헌신을 공유하였으며, 가정 내에서 스스로를 방어할 필요가 없었고 오직 두 사람 사이에 격려만 있을 뿐이었다. 둘째로는 이것이다.

> 결혼이 궁정에서 고립된 그녀를 구해주는 동시에 그녀를 (단순히 개혁에 동조하기만 하는 사람이 아닌) 프로테스탄트로 만들어 주었듯이, 이 분기점은 지적인 변화를 수반하였는데, 그녀를 고전 연구에 심취한 궁정의 여인으로부터 기도와 성서읽기에 전념하고 세속의 것에는 점차 무관심한 열렬한 그리스도인으로 바꾸었다. Rabil 1994, 273.

짧은 생애를 통해 올림피아는 책과 학문에서 힘을 얻었다. "배움은 모라타의 장식품이 아니었다. 그것은 그녀의 정체성이었다. 그녀는 자신의 짧은 성인기 전반에 걸쳐 마음을 어지럽혔을 사건, 즉 질병, 아버지의 죽음, 궁중에서의 소외, 슈바인푸르트에서의 끔찍한 시련으로 인해 괴로움을 당했다. 하지만 그 어떤 것도 그녀의 펜을 침묵시키지는 못했다." 그녀가 좀 더 평화로운 시대에 살았더라면, 우리는 그녀의 작품을 더 많이 가지게 되었을 것이다. Rabil 1994, 277. 매우 중요한 마지막 한 가지는 학문에 대한 올림피아의 헌신이 시종일관 실천적인 목표를 지니고 있었다는 것이고, 그것은 바로 다른 사람들을 교육시키는 것이었다. 그녀는 각 상황에서 이 소명을 펼쳐나갈 장을 스스로 열었다.

올림피아의 비문이 그녀에게 적절한 경의를 표하고 있다.

영원하신 하나님의 이름으로
만투아의 페레그리노 모라토의 딸이자
의사 안드레아스 그룬틀러의 사랑스러운 아내였던
올림피아 풀비아 모라타를 기념하여.
여러 언어에 대한
그녀의 재능과 탁월한 성취와
그녀의 삶의 놀라운 순결성, 그리고 그녀의 동정심이
그녀를 여성 이상으로 높여준다.
그녀의 삶의 증거는 죽음을 훨씬 뛰어넘는다.
평화롭고, 복되고, 거룩하네.
그녀는 기원후 1555년
29살의 나이로
낯선 땅에서 죽어
여기 남편과 남동생 에밀리오와 함께 누워 있다.
Bonnet 1887, 193.

**자료와 참고문헌에
관한 언급**

올림피아의 저술에 대한 핵심적인 정보와 해석을 위해서는 가장 최근의 온전한 전기적 작품인 Parker 2003을 보라. 그리고 다른 중요한 자료에 대한 설명을 위해서는 아래의 참고문헌을 보라.

올림피아의 "고전 저술들"에 관한 중요한 최근의 연구를 위해서는 Smarr 2005a와 2005b를 참고하라. 올림피아에 대한 다채로운 19세기 전기 자료로는 Fontana 1889-1899, Bonnet 1856/1887, 그리고 Smyth 1834를 보라. 이 책들은 보다 상세한 내용을 제공해 주지만 올림피아의 종교성, 프로테스탄트 운동에 대한 헌신, 그리고 여성으로서 그녀의 역할에 대한 건설적인 평가를 결여하고 있다. 영어로 된 가장 최근의 비판적인 전기로서 핵심적인 정보를 제공하고 올림피아의 작품들에 대한 번역을 포함하고 있는 책으로는 Parker 2003을 보라. 올림피아의 작품들에 대한 다른 편집본으로는 Caretti 1940과 1954, Kößling and Weiss-Stählin 1990을 보라. Rabil 1994와 Flood 1997의 간략한 입문서들은 간결한 전기적 윤곽과 올림피아의 종교성에 대한 해석을 제공하고 있다. 올림피아의 공헌과 학식 있는 인문주의자이자 프로테스탄트 여성작가로서 그녀의 정체성에 관한 중요한 논문은 Parker 1997, Holzberg 1982, Vorländer 1970, Weiss-Stählin 1961과 1970, Bainton 2001, Smarr 2005b, Barton 1965, 그리고 그녀를 기념해 나온 책, Düchting 1998이 제공해 주고 있다.

결론, 그리고 성별과 종교개혁에 관한 고찰

종교개혁과 성별,   이 책에 소개된 여성들의 삶은 종교개혁이 여성
변화와 손실   이라는 성별을 지닌 구성원들의 삶에 미친 영향
                       력이 얼마나 양면가치를 지닌 모호한 것이었는
지 잘 보여준다. 초기 근대 사회와 교회, 그리고 종교개혁자들이 소개한
신학적인 강조점에서 일반적으로 나타난 성별에 대한 규범에 비추어볼
때, 여성들의 반응은 복합적이고 놀랄 만한 것이었다. 여성들을 종교개혁
역사와 신학의 주제로 끌어올림으로써 일찍이 규범적으로 남성들의 범
주였던 것들과 그 시각을 상당 부분 몰아내고, 새로운 질문과 (충분한 발
굴 작업의 결과) 새로운 자료를 제시하고 그 해석을 위한 여러 지평을 열
고 있다.

특정한 성별 이데올로기는 그 시대의 기본적인 사회구조와 관습 "배후
에서" 간파될 수 있다는 것과, 종교개혁자들의 신학 안에도 내재되어 있
었다는 것이 잘 입증되었다. 이 점에서 법률, 관습, 관념, 결혼, 성별, 경제,

문화, 그리고 종교는 상당한 정도로 서로 뒤얽혀 있다. 따라서 성별에 대한 인식과 성별에 대한 시각은 종교개혁의 연구에 대한 간학문적이고 통전적인 접근이 필요하다.

아마도 여성과 종교개혁에 대한 연구에서 발견한 것 중에 가장 중요한 것은 여성들이 종교개혁 역사에서 핵심적인 역할을 했다는 것과, 여성들이 쓴 흥미진진한 자료들이 우리의 숙독을 기다리고 있다는 것인데, 이들은 단지 "수혜자" 혹은 "대상"이 아니라, 말과 행동으로, 그리고 종종 남성들로부터 독립적으로 그런 역할을 해내었다. 남성들의 신앙고백이나 혹은 "위로부터" 부과된 다양한 가르침과 실천을 수동적으로 받아들이기만 하는 대신, 여성들은 스스로 해내기로 선택할 수 있었고, 실제로 그렇게 했다. 프로테스탄트 여성들 대부분은 새로운 신앙을 받아들이는 개인으로서, 그리고 (자신들에게 기대된 대로) 새로운 프로테스탄트들의 부모로서 사적인 영역에서 중대하게 공헌하였다. 예외적으로 교육을 받고 적절한 위치에 있던, 혹은 예외적으로 불타올랐던 극소수의 여성들은 오직 성서라는 원칙과 "만인사제설"을, 프로테스탄트 사역 안에 여성들을 더욱 충분히 포함시키는 것으로 해석하였다. 그들은 결단을 내리고 새로운 신학을 구상하고, 개혁을 일으키고, 글을 쓰고, 가르치고, 설교하였는데, 물론 이 가운데 어떤 것도 여성들에게 당연한 일로 기대되지 않았다.

종교개혁자들의 설교가 지닌 해방적 잠재력은 16세기에 혹은 그 다음 세기에 오직 부분적으로만 실현되었다. 우리가 수도원 폐쇄를 해방의 행위로 간주하든 혹은 여성들로부터 하나의 중요한 대안을 빼앗는 행위로 간주하든, 프로테스탄트 여성들의 종교생활은 한층 더 가정에 국한되었다. 이 소명이 최대한 긍정적인 어투로 정의되었고, 다른 소명과 똑같이 신학적으로 중요한 사명이라고 주장되었기 때문에, 대부분의 여성들은 그것을 받아들였고, 각자의 상황에 따라 그 유형에 맞추어 조절한 것으로 보인다. 종교개혁 여성들 측에서 대규모의 저항이 눈에 띄게 결여되어 있다는 것 혹은 몇몇 예외적인 경우를 제외하고는 신학과 종교생활에서나 사회 전반에서 가시적인 선구적 지도력을 볼 수 없다는 것은 매우 의미심장하다. 이것은 여성들이 전반적으로 만족하고 있었다는 것과, 이들이 하나의 집단이나 계급으로서 힘과 목소리를 결여하고 있었다는 것 둘 다를 말해준다. 이런 사실에도 불구하고, 여성들은 종교개혁에서, 그리고 그것을 "실제 생활"에 실현시키는 데서 필수적인 역할을 계속해 나갔다. 종교개혁운동은 남성과 여성 모두가 이룬 뿌리에서 잘 자라나와 지속하였다. 그 소산물은 단지 남성 신학자들만의 것이 아니었고, 여성들의 것이기도 했다. 그들은 딸, 누이, 배우자, 어머니, 과부였으며, 새로운 신앙을 신봉했고 그것을 자신들의 영토와 분야에서 "가르치고", "설파했으며", 그래서 종교개혁 사역에 구체적으로 참여한 신자들이었다.

종교개혁이 여성들에게 끼친 영향은 양면적이었다. 사제직과 공적인 지도자 자리에서 여성들을 배제한 것은 새로운 소명 윤리, 그리고 그리스도인 개개인의 자유와 만인사제설에 대한 강조에 의해 균형을 이루었다. 수도원의 폐쇄는 많은 여성들에게 명백한 상실을 가져다 주었지만, 동시에 만인사제설과 "오직 성서만이" 그리스도인들에게 분명하고 효력 있는 권위라는 종교개혁의 원리는 영적인 소명을 지닌다는 것이 무엇을 뜻하는지 밝혔으며, 적어도 이론적으로는 모든 소명이 동등하다고 간주되었다. 결혼에 대한 축성과 배우자로서의 역할은 전통적으로 아내 역할과 어머니 역할에 자신의 삶을 헌신하도록 기대를 받아온 여성들에게 너무나도 중요하였다. 다른 말로 해서, 일정한 "손실"은 또 다른 일정한 "이득"과 균형을 이루었다. 종교개혁은 여성들에게 순전히 실패도 아니었고 현저하게 승리도 아니었다. "진실"은 훨씬 더 복잡했다.

전체적인 결론은 종교개혁자들의 가르침이 해방, 평등화 혹은 성적인 평등을 향한 계급투쟁을 위해 강력한 운동을 일으키지는 않았다는 것이다. 종교개혁은 성별에 따른 역할과 기대에 있어 어떠한 과감한 변화도 부추긴 것 같지 않다. 대신에 종교개혁의 가르침은 여성들의 전통적인 역할에 그럭저럭 새로운 의미를 부여하면서, 동시에 남녀가 성별 간의 태생적인 차이점을 지닌 채 동등하게 창조되었다고 가르치고, 위계적으로 배열된 성별에 따른 역할 안에서 영적인 동등성을 지닌다고 가르치는 신학으로 인간의 관계에 대한 위계적인 관점을 강화시켰다. 종교개혁자들이 가족의 중요성에 대해 설득조로 긍정적인 해석을 하고 모성(가장 "정상적이고" 창조에 기반을 둔 역할로 간주되었는데, 그때까지는 신학적으로 제대로 평가를 받지 못했다.)의 종교적인 가치를 높이 평가하고 장려한 것도 애초부터 더 많은 선택지들을 위해 보다 강력한 목소리를 내지 않은 이유 중 하나일 것이다. 종교적인 (그리고 세속적인) 전횡의 압제로부터 양심의 해방이라는 비전에 근거한 선포로써 점화된 것이 프로테스탄트 신학이라는 것은 아이러니이다. 그리고 복음에 대한 가장 해방적인 시각에 그 전제를 두고 있으면서도, 모성을 매개로 한 신학적 논증을 통해 여성을 종속시키고 가정에 더욱 길들인 것이 다름 아닌 프로테스탄트 신학이라는 것도 아이러니다. 가족과 사회적인 관계를 위계적으로 서열화하는 것은 해방의 복음과 모순되는 것으로 여겨지지 않았고, 오히려 그 성공적인 실현을 위해 도움이 되는 것으로 간주되었다.

종교개혁 신학과 그 이행과정에서 가장 "핵심"적인 위치에 있던 것은 성별관계에 대한 특별한 인식이었고, "종교적인 신조로서 또 사회적인 운동으로서 도시의 종교개혁의 도덕적 윤리는 성별에 대한 신학으로 이해되어야" 한다는 주장이 있었다. 그런 관점에서, 종교개혁의 유산을 대체적으로 여성들에게 유익을 가져다 준 것으로 보고 종교개혁을 "진보주의, 개인주의, 근대주의 세력"과 결부시키는 것은 "종교개혁 자체를 심각하게 잘못 해석하는" 일이 될 것이다. Roper 1989, 1, 5. 종교개혁은 성별관계에 있어 현상을 유지하고 안정성과 질서를 존중하였는데, 이 모든 것은 독일 마을에서 특별히 가정생활을 통해 새로운 신앙을 제도화하도록 뒷받침해 주었고, 길드 체제의 뿌리였던 바로 그 가부장제적인 모델에 따라 조율되어 있었다. 가족관계와 사회제도 모두에 깊이 뿌리 내린 가부장제적인 체제를 계속 이어나가지 않고서는, 종교개혁의 가르침은 독일 사회에서 그토록 견고하고 빠르게 정착될 수 없었을 것이다. 종교개혁은 위계적인 성별관계에 의해 담보되는 연속성이 필요하였다. 결혼은 핵심적으로 중요하였다. "제도화된 종교개혁은 무엇보다 남편의 지도력 아래 여성을 가정 안에 편입시키는 비전을 주장할 때 가장 성공적이었다." 같은 책, 2. "그러므로 사실상 종교개혁은 수도원을 폐쇄하고 수녀들에게 결혼을 촉구하는 것으로, 수공업에서 짝을 이루어 일하는 두 사람의 모습이 결혼 상태를 잘 예시해 준다고 칭찬하는 것으로, 그리고 매춘을 혐오하는 것으로 받아들여졌다. 그래서 그것은 여성들을 '가정' 안에 다시금 새겨넣는 책략을 통해 수행되었다." 같은 책, 3.

마찬가지로, "도시의 프로테스탄트주의가 일단 가정 중심적인 도덕주의로 각인되자, 그것은 결코 여성들의 공적인 활동을 위한 모델을 제시할 수 없었으며, 심지어 처음에는 분명한 여성들의 교적부도 갖추지 못하였다. 여성들은 도시의 공동체주의의 지적인 유산 안에서 말을 할 수도 없었고, 시민적 의에 대해서도 자신들의 견해를 밝힐 수 없었다." 그것이 사적인 영역을 위한 모델이었던 것처럼, 길드 체제는 공적인 생활을 질서 지우는 패턴을 제공하여, 그것에 따라 소명과 결혼생활에 대한 상호 협력적인 종교개혁의 가르침과 가부장제적으로 정비된 사회체제를 표출시켰다. 일터, 즉 "일하는 장소이자 사는 장소였고 각 구성원이 자신의 성별 위치와 사회적 위치를 알고 있는 바로 그 일터가 도시 프로테스탄트주의의 홈 그라운드였다." Roper 1989, 3. 마찬가지로, "영토 국가의 위계적인 지배구조를 인가하는 것은 가정을 조직하고 남편과 아내의 관계를 규정하는 하나의 모델이었다." Ozment 2001, 40-41. 다른 말로 해서, 프로테스탄트들이 신학적으로 논증한 가정생활의 모델은 교회와 사회에서의 가부장제적인 질서를 반성하기도 했지만 또한 강화하기도 하였다.

이렇게 결론을 내릴 수 있겠다. 종교개혁은 한편으로 영적인 동등성과 종교적인 압제로부터의 양심의 해방에 대한 비전을 구체화시켰지만, 다른 한편 가부장제적으로 정비된 사회체제에서 벗어나기보다는 그 사회 구조에 얽매여 지속시키는 쪽을 택하였다. 복음 선포의 완전성은 성 동등성(gender equality)이라는 이슈 또한 완전성의 문제라는 점을 깨닫지 못한 개혁자들의 사고방식 속에서 위태롭게 되었다. 종교개혁자들의 보다 진보적인 가르침은—그리고 사적인 영역과 공적인 영역에서 더 큰 동등성을 향해 핵심적인 권력관계를 재구성할 수 있게 해주는 새로운 신학의 잠재성에 대한 희망은—현 상황의 유지를 위해 타협되었고, 종교개혁은 독일의 도시들에서 더 강력한 발판을 얻게 되었다. 신학의 사안, 삶의 대부분의 측면에 대한 결정이 특권층에 있는 사람들(부, 교육, 사회적인 위치, 인종, 그리고 성별에서), 사회가 현 상태 그대로 유지될 경우 거의 아무것도 잃지 않게 될 사람들에 의해 이루어졌다는 것은 결코 우연이 아니다. 만약 중심권에서 소외되어 있던 사람들이 급진적인 복음의 해방의 메시지를 얼마나 폭넓게 취할지 결정을 내리는 사람들이었다면 종교개혁의 이야기는 상당히 달라졌을 것이다.

**개인적인 선택과
여성들의 경험**　　여성들은 자신을 뚜렷한 계급이나 범주로 보지 않았으며, 따라서 개혁자들의 개혁 "프로그램"에 하나의 집단으로서 대응할 수 없었다. 그들은 개인으로서 종교개혁에 반응하였다. Wiesner 1988, 170; 또한 Wiesner 1989, 25. "개종"할 때에도 여성들은 전형적으로 자신보다 상위의 남성 친족의 결정을 따르도록 기대되었다. "프로테스탄트 종교개혁에 대한 많은 여성들의 대응은 그 아버지나 남편의 종교적 헌신에 의존하였는데, 이것은 가부장 중심적인 가족제도가 정점에 달했다고 규정되던 시대에 이해할 수 있는 일이다." Monter 1987, 207. 이것은 여성들이 자신에게 제시된 새로운 가르침과 행습을 아무 생각 없이 따랐다는 것을 의미하지는 않는다. 정반대로, 여성들은 "종교개혁에 대해 계속 사적인 선택을 해나갔다." "그들 자신의 양심에 따라" 여성들은 "다양한 종교적 선택지들 가운데서 어떤 신앙과 관습이 자신들에게 설득력을 지니는지" 선택할 수 있었다. Wengler 1999, 282-283, 193-284. 이것은 상당한 위험을 감수하는 것을 의미할 수 있었다. 왜냐하면 여성이 종교나 사회에서 우세한 가르침이나 관습에 도전하면 그녀는 언제든지 즉시 "성 역할에 관한 가장 기본적인 전제에 도전하는" 죄를 범하는 것이 되었기 때문이며, "아무런 공적인 집단의 도움도 받지 못한 채 혼자 그 일을 감당해야 했기" 때문이다. Wiesner 1988, 170; 또한 Wiesner 1989, 25 참조.

이처럼 여성들의 개종은 전형적으로 "집단" 개종의 범주 안에서 일어났지만, 그와 동시에 엄청난 위험을 감수하고 신앙을 고백한 개개의 여성들도 있었고, 때때로 이 여성들의 신앙고백은 그들의 아버지나 남편의 신앙과 다른 것이었다.(예를 들어 엘리자베스 폰 브란덴부르크와 엘리자베스 폰 브라운슈바이크) 그렇지만 비록 종교개혁에서 여성들이 "계급행동" 혹은 집단행동을 한 증거가 없다고 해도, 그리고 비록 여성들이 가족 내의 남성 가장들에게 매여 있었고 "우리 여성들"로서 아무런 공동의 정체성이나 세력을 지니고 있지 못했다고 하더라도, 몇몇 여성은 지리적인 경계와 언어적인 경계를 넘어 연결망을 형성해서 서로를 도울 수 있었고 또 그렇게 했다.(르네 드 페라라, 잔 달브레, 마르가리타 드 나바라, 마리 당티에르, 카타리나 쉬츠 젤, 올림피아 모라타, 엘리자베스 1세, 그리고 카타리나 폰 보라 루터의 경우처럼)

아이러니컬하게도, 비록 "다른 성"(the other sex/gender)을 가진 여성들에 대해 특정한 이데올로기적인 가정을 하고 그들을 하나의 집단이나 범주로 언급하는 일은 흔하였지만, 여성들 사이에 어떤 중요한 집단행동을 불러올 수 있는 폭넓게 공유된 경험과 이데올로기는 없었다. 스스로를 지키는 여성 집단으로서 협력할 수 있었던 가톨릭 수녀들은 예외였다. 이들은 수녀원과 독신의 생활방식을 지키기 위해 실제로 힘을 모았으며, 종종 남성 측보다 더 강력하게 움직였다. (가톨릭 도시 여성들은 프로테스탄트에 대항해 자신들의 종교를 옹호하기 위해 때때로 조직적인 집단행동에 착수하였다.) Davis 1975, 92-93, 85 참조. 프로테스탄트 여성들이 감행한 유일한 집단행동은 자신들이 받아들인 종교원칙을 옹호하는 것이었으며, 여기 서도 그들은 남성들과 나란히 함께 이 일을 했다. 예를 들어 루터란 여성 들과 칼뱅주의 여성들은 두 집단의 여성들이 재세례파에게 동의하지 않 았던 것만큼이나 서로에게 동의하지 않았다. 프로테스탄트 여성들은 적 어도 이론상으로는, 가톨릭 신앙과 가톨릭 여성들의 종교적인 선택을 거 부한다는 점에서 일치하였다. 오로지 급진적인 프로테스탄트 여성들, 특 히 재세례파를 박해하는 일에 눈을 감거나, 유대인들을 (거의 예외없이) 의심의 눈초리로 보는 데서만 서로 대립하고 있던 양측이 부당하게도 뜻 을 같이하였다. 동시에 여성들은 일반적으로 "다른 사람들"과 관계를 맺 는 데서 평화적이었던 것으로 보인다. 신앙고백 전쟁을 벌이기보다는, 어 쨌든 일치가 아니라면 적어도 관용이나 살 권리를 찾고자 하였다.(예를 들 어 카타리나 쉬츠 젤, 아르굴라 폰 그룸바흐, 잔 달브레를 보라.)

일반적이지는 않았지만, "여성들의 경험"을 공유하고 특별히 교회에서 여성의 역할에 대해 말하는 여성들이 때때로 일어났다. 성별 이슈와 여 성의 권리에 대한 의사개진이 분명한 몇몇 여성의 진보적인 숙고는 그들 로 하여금 초기 근대 페미니스트 자격을 갖추게 해주었다. 이런 여성들, 즉 주변에 어떤 운동조직이나 집단 없이 활동했지만 비슷한 생각을 지 닌 가까이 또는 멀리 있는 사람들과 연결을 맺고 힘을 부여받은 여성들 가운데 맨 먼저 언급할 수 있는 사람은 마리 당티에르, 아르굴라 폰 그룸바흐, 마르가리타 드 나바라, 카타리나 쉬츠 젤, 올림피아 모라타, 그리고 잔 달브레일 것이다. 이들은 여성으로서의 경험에 대해 분명하게 말했고, 의도적으로 성별과 권위에 대한 이슈를 언급하였으며, 성별의 경계에 대항해 그것을 허물었고, 다른 곳에서 같은 일을 하고 있는 여성들에 대해 알고 있었다. 이 모든 것을 하면서 이들은 다른 사람에게 영감을 주고 서로를 격려하였으므로 이들은 페미니스트로 불릴 자격이 있다. 페미니스트 의식의 역사에 관해서는 Lerner 1993, King 1991, 238-239 참조.

**여성들의
선택지**
다른 어떤 요소보다 성별이 종교개혁에 응답할 수 있는 여성의 능력과 방식을 결정하였다. Wiesner 1988, 170; Wiesner 1989, 25. "가톨릭이든 프로테스탄트이든, 관주도적이든 급진적이든 간에 종교개혁자들은 모두 그들의 사상에 여성들이 반응할 수 있는 적절한 방식에 대해서 의견의 일치를 보였다. 받아들일 수 있다고 판단된 반응은 가정적이고 개인적이며, 가족적인 것들로 기도, 묵상, 아이들에게 요리문답을 가르치는 것, 찬송을 부르거나 쓰는 것, 수도원에 들어가거나 거기서 나오는 것이었다." Wiesner 1988, 170. 공적인 참여, 교리에 대한 토의나 단체에 가입하는 것은 아무리 교회의 공식적인 가르침에 동의를 표하더라도 허락되지 않았고 위법이었다. "받아들일 수 있는" 역할 너머까지 발을 내딛고 만인사제설이 자신들로 하여금 교사나 설교자로 처신할 수 있게 해준다고 이해한 여성들은 세속적인 권력과 종교적인 권력에 심각한 도전을 제기하였다. 여성들이 이런 일을 시도조차 못하게 하려는 조처가 이루어졌다. 처벌은 재빨랐다. 공개적으로 신학을 논하는 여성들은 어떤 유익도 끼치지 못하고 오히려 혐오스러운 것과 무질서의 불씨를 불러온다며, 막으려 하였다. 그렇지만 "'그릇된' 종교를 지지한 여성은 결코 남성처럼 호되게 비판을 받지 않았는데, 그녀의 오류가 순전히 그녀의 비합리적이거나 유약한 본성을 입증한다고 여겼기 때문이다."
같은 곳. Wiesner 1988, 170, 160-161 ; 여성의 선택지에 관해서는 Stupperich 1955, 205와
Davis 1975, 92-93 참조.

여성들 대다수가 자신에게 부여된 역할을 받아들였다는 것은 놀랄 일
이 아니다. 그들은 사방에서, 즉 교회와 사회와 가정에서, 문학과 예술, 그
리고 법률뿐만 아니라 종교적인 가르침에서도 자신을 향해 다가오는 저
항할 수 없는 메시지를 받고 있었기 때문이다. 우리가 읽어볼 수 있는 그
런 여성들의 문학작품들도 놀라울 게 없다. (아마도) 개인적인 용도로 쓰
인 사적인 성격의 글이 보다 많은 대중을 겨냥한 글보다는 여성들에게
용납할 만한 것이었다. 그리스도교 역사를 통틀어, 그리고 종교개혁 기
간에도 여성들의 저술 중 상당수가 자서전 종류, 편지, 권면하는 책자, 음
악, 그리고 경건서적에 속한다. 성서주석이나 신학적인 숙고를 하려는 극
소수의 시도조차도 전형적으로 "안전한" 형태로, 즉 사적이고/혹은 경건
서적의 형태로, 또는 자녀들과 친구들에게 보내는 편지나 권고의 글 속
에 삽입되어 나왔다. 번역을 하고 시를 쓰는 것은 그렇게 보이지 않으면
서 신학적인 작업에 개입할 수 있는 간접적인 방식이었다. 종교개혁 이전
이나 이후에도 가톨릭 여성들과 비교해 프로테스탄트 여성들이 출판하
는 일은 드물었다. Davis 1975, 85 참조.

여성들의 저술 가운데 자서전과 편지가 지배적인 것은 그들이 일반적
으로 고등교육에서 배제되었고, 공개적인 목소리를 내거나 공적인 지위를
차지하는 것이 제도적으로 여성들에게 금지되었던 것과 관련이 있다. 올
림피아 모라타와 마르가리타 드 나바라와 같이 최고교육을 받은 여성들
조차 자신의 신학 작업을 간접적으로 알리는 것이 현명하다고 생각하였
으며, 저술 방식을 잘 조절해서 대화집, 번역서, 그리고 다양한 논문들로
써 남성의 영역으로 여겨져 온 신학 영역에 들어섰다. 여성들이 무엇을 썼
고 또 어떻게 썼는가 하는 것은 무엇이 용납될 수 있었는가, 여성들은 다

양한 형태의 저술을 통해 어떤 것을 계발했는가, 그 당시 규범과 이상은 무엇이었는가와 같은 견지에서 고찰할 필요가 있다. 여성들이 문화로부터 흡수한 이미지와 기대치는 그들의 자아의식과 여성관을 형성했으며, 한 사람의 사적인 신자로서 또 잠재적으로 공적인 목소리를 지닌 작가로서 자신들에게 가능한 것이 무엇인지에 대한 그들의 사고를 규정하였다.

문필활동이 소수의 선택된 여성들에게 하나의 현실적인 대안이었던 반면, 대부분의 여성들의 종교개혁 참여는 가정을 중심으로 이루어졌다. 여성들이 집합적으로 종교개혁운동에 근본적인 기여를 한 것도 가정에서였다. "그들은 가정 사역 활동이라고 부를 수 있는 활동, 즉 자녀들과 하인들과 더불어 기도하고 요리문답을 암송하는 일을 수행하였다." 가정이라는 사적인 영역에서 일어난 일은 훨씬 폭넓은 파생효과를 내었다. (예를 들어, 매일의 식사는 어떻게 할지, 금식 규율을 지킬지 말지, 축제나 의식에 참석할지 말지 여부에 대한 여성들의 결정은 그 중요성에 있어서 단순히 개인적이거나 사적인 결정을 넘어서는 것이었다.) 이런 점에서 사적인 것과 공적인 것 사이의 경계선이 흐려졌다. Wiesner 1988, 164-165 참조.

모든 여성 가운데 목회자의 아내가 그것을 가장 많이 느꼈다. 저명한 프로테스탄트와 결혼한 여성은 유명한 남편의 사역을 돕는 것 이상의 일을 감당하였다. 아내로서의 책무와 기회는 이들이 목회자의 아내이자 목사관의 운영자로서 하나의 "직업"이자 직위(물론 무보수의)를 지닌 것으로 간주될 정도로 확대되었다. 이들은 성직자의 결혼을 인정하지 않는 사람들과 자신들을 이상적인 프로테스탄트 배우자 상을 제시하는 모델로 간주하는 사람들 사이에서 첨예한 논쟁의 대상이 된 개척자였다. 목회자 아내들은 집을 개방하고, 음식을 제공하고, 사람들을 돌보고, 거처를 제공하고, 병원, 고아원, 학교 운영을 도왔으며, 사회 속에서 대모이자 핵심적인 인물로서 사역하였다. 이들은 자신들의 집에서 문화센터 역할을 제공하였으며, 남편과 아이들을 돌보는 것에 더하여 종종 그 가족의 범위를 넓혔다. 또한 자신이 돌보고 있는 사람들의 육체적인 필요와 일상생활의 필요를 채워줌으로써 영성과 종교적인 생활의 보다 실체적이며 현실적인 차원을 돌보았다. 목회자들의 아내들은 가정의 거룩함에 대한 프로테스탄트 가르침의 모범으로 빛을 발하였으며, 요람에서부터 프로테스탄트 영성을 양육해 주었다. 그렇지만 이들도 다른 여성들과 동일한 규범에 매여 있어, 종종 놀랄 만큼 재능이 많고 타고난 부지런함을 소유한 이 선구적인 여성들에게도 순종적인 온순함과 그 배우자에 대한 전폭적인 지지가 요구되었다. Clark and Richardson 1977, 133-134. 또한 Wiesner 1988, 164.

종교개혁자들의 여성관

결혼과 여성의 역할에 대한 프로테스탄트의 가르침과 여성에 대한 관념은 프로테스탄트 인간론의 근본에 대해 의문을 제기한다. 개혁자들은 여성이라는 종의 기원, 목적, "지위"에 대해 암묵적으로, 그리고 명백하게 무엇이라고 설교하였는가? 다른 말로 해서, 여성들이 세속적인 것이든 종교적인 것이든 그들의 문화로부터 흡수할 수 있었던 이데올로기는 무엇이었으며, 그것은 여성들에게 어떻게 다다랐는가? King 2004, xxii, xiii-xvii 참조.

여성들은 다양한 토론의 장과 여러 수단을 통해 자신에 대한 이미지, 대중적인 이미지, 자유의 범위를 구체화하도록 해주는 인간학과 신학을 흡수하게 되었다. 개혁자들의 책은 유럽에 널리 퍼져 있었고, 부와 더불어 유력한 연줄이 있는 여성들은 개혁자들의 글이 나오는 대로 "뒤처지지 않고" 그들의 사상을 직접 바로 읽을 수 있었다. 대부분의 다른 여성은 새로운 신학에 대해 간접적으로 배우거나, 대중이 접할 수 있는 팸플릿으로 알게 되었다. 그들은 가족 구성원들에게서 배웠으며, 다른 여성들과의 대화를 통해서, 선술집 객담을 통해서, 노래와 예술, 그림과 목판화와 글귀를 통해서도 배웠다. 그리스도인 시민들의 대다수는 설교를 통해 접할 수 있었으며, 루터의 설교에서 분명하게 드러나듯이 이 설교들은 여성들의 본성, 생활, 그리고 목적에 대해 많은 가르침을 내포하고 있었다.

　개혁자들의 결혼 지침서와 규정뿐만 아니라 결혼에 관한 루터의 글과 설교(1519, 1522, 1525)는 다양한 방식으로 프로테스탄트 여성, 특히 배우자로서 프로테스탄트 여성에 대한 이상을 제시하였다. 이런 작품들에서 인간학과 성별 이데올로기는 참으로 동일한 부류에 속한 것이었다. 루터와 칼뱅은 여성들의 목적과 그들이 남성들과 어떤 관계에 있는지에 대해 보다 "긍정적인" 관점으로 보려고 시도하여, 비록 여성이 그 본성과 은사에서는 남성과 다르지만, 여성이 남성을 위해 하나님의 뜻에 따라 창조된 고귀한 협력자요, 하나님의 이미지로 창조되고 의롭게 된 점에서는 동일하다고 가르쳤다. 자신의 신학에 내재되어 있는 성별에 대한 편견을 알아채지 못하고 편만한 성별 이데올로기의 "노예가 되어" 있는 상태이기는 했지만, 이들은 적어도 성별에 따른 실재(gender reality)에 대해 숙고하고 "바람직한 질서를 지닌" 성별관계에 관심을 갖고자 노력하였다. 어쨌든 성 해방이 아니라 양심의 해방이 이들의 최우선적인 관심이었다. 따라서 여성들이 개혁자들에게서 들은 것은 독단적인 진술의 반복, 즉 말씀과 성례의 사역으로부터, 그리고 공적인 목소리와 권위를 행사하는 자리로부터 자신들을 배제시키고, 여성과 좋은 아내에 대한 전통적인 미덕을 확언하는 독단적인 진술의 반복이었다. Wiesner 1988, 150-154, 160 참조. 또한 Nowicki-Patuschka 1990, 9-12.

오직 성서, 교육, 그리고 법률적인 문제

여성, 그리고 모든 평신도의 삶에서 가장 긍정적인 변화 중 몇몇은 오직 성서라는 종교개혁의 중심원리에서 나온 것이었다. 성서가 구원의 문제에서 유일한 권위를 지닌다는 원리에 의해 교회의 전통과 권위가 도전을 받게 됨에 따라, 사람들은 스스로 또 자신의 언어로 성서를 읽도록 권유받았다. 루터도 여성을 포함한 모든 사람이 성서를 읽고 배우고 사랑하게 되는 일에 관심을 가졌다. 복음의 유익을 위한 목표를 확실하게 하기 위해, 성서에 대한 자국어 번역과 요리문답 자료에 대한 준비가 계획되었는데, 관심은 신학적이고 영적인 것에 있었고 교육을 통한 해방이 그 목표는 아니었다. Douglass 1974, 309; Blaisdell 1985, 21; Stock 1978; Green 1979.

여성들의 읽고 쓰는 능력과 교육은 점차로 개선되었다. 소녀들을 위한 교육과정은 경건하고 부지런하고 순종적인 아내에게 필요한 재주를 확실히 배우게 해주는 것이 목표였다. 기초적인 읽기에 덧붙여 여성들의 교육은 도덕성과 예법, 노래, 바느질을 강조하였다. 소녀들은 유순함, 겸손, 품위, 다른 "여성적인" 미덕을 배웠다. 이들의 일차적인 교육은 학자나 자유로운 정신을 지닌 여성이 아니라, 좋은 아내를 양산하는 목표에 집중된 것이었다. 더 수준 높은 교육을 받고자 하는 여성은 의심을 받았고, 비정상적인 것으로 간주될 수 있었다. Blaisdell 1985, 21-22; Karant-Nunn 1982, 18. 프로테스탄트들은 기본적인 교육개혁을 위한 비전을 진작시켰으며, (잠재적으로) 해방의 신학을 선포하였다. 그렇지만 이들이 바란 것은 "여장부들"(Amazons)을 양산하는 것이 아니라, 그보다는 실용적인 기술을 갖추고, 성적으로는 결혼관계 안에 매여 있으며, 행동으로나 생각으로나 말로나 독립성을 위한 어떠한 충동도 지니지 않는 경건하고 순종적인 아내를 배출하는 것이었다. 여성들에게 보다 수준 높은 교육을 시키지 않는 것, 그들을 신학적으로나 사회적으로 공개적으로 가르치는 역할과 논쟁의 장으로부터 암묵적으로 배제시키는 것, 그들에게 침묵을 강요하는 문화는 본질적으로 그러한 사회현상을 떠받치고 지지하였으며, 목소리를 내고 공개적인 일에 관련을 맺는 여성은 다양한 죄(적어도 영적으로 혹은 육체적으로 순결하지 않음을 간접적으로 암시하는 "불순종"과 같은)를 범한 것으로 간주되게 하는 현실을 조장하였다. 프로테스탄트 여성들 가운데 자신의 작품에서 신학적인 견해를 밝히려고 시도라도 한 여성들이 극히 극소수라는 점은 조금도 놀라운 일이 아니다. 그들은 놀랄 만한 대담한 "저항의 목소리"를 남긴 사람들이다. King 2004, xxv, xxii; Blaisdell 1985, 22 참조.

따라서 프로테스탄트 개혁자들은 일체의 다른 토론의 광장을 허용할 수 없는 것으로 금지함으로써, 가정을 여성의 종교적인 표현을 위한 주 무대로 조장하였다. 여성들이 가정의 일에서 상당한 지도력을 행사할 수 있었던 한편, 그들의 종교적이고 정치적인 종속은 가정, 즉 프로테스탄트 영성의 요람에서부터 시작되었다. "특별히 현대의 독자를 혼란스럽게 만드는 것은 여성의 영성에 대한 규범과 그들이 남성과의 관계에서 경험하는 억압 사이의 긴밀한 연계성이다." Wiethaus 1993, 124. 가정 내의 위계적인 현실이 신학적으로 분명하게 규정되었고 법적으로도 지시된 바였으며, 결혼에 따른 종속은 여성에게 종교적인 실재인 동시에 법적인 실재였다. 그러한 현실이 결국에는 어떻게 여성의 영적인 삶과 기대와 그들의 신학적인 시각을 형성했는지 질문해 볼 필요가 있다.

긍정적인 의미에서 가정, 가족은 개인에게 사회에서 살아갈 수 있는 도구를 제공해 주는 기초적인 공동체였다. 결혼은 가족과 사회 모두의 토대였다. 하나의 경제적인 기반으로서 결혼관계는 두 사람의 파트너로 구성되었으며, 남자는 가정을 꾸려나갈 여성이 필요하였고 여성은 부양자와 결혼관계를 통해 얻을 수 있는 법적인 지위가 필요하였다. 아내이자 어머니로서 여성은 "어엿한 사람"(somebody)이었으며 충족시켜야 할 특별한 역할을 지녔다. 이러한 현실의 밑바탕에 깔린 부분은 여성의 정체성과 법적인 지위가 그 가족, 보다 구체적으로 말해 그녀의 아버지와 배우자에 달려 있었다. 그녀의 지위는 오직 결혼, 과부가 되는 경우 재혼, 드물게 이혼을 통해서만 바뀔 수 있었다. 다른 말로 해서, 자신을 수단적인 존재로 필요로 하였던 사회 안에서, 여성들이 결혼제도와 별개로 택할 수 있는 "존재" 양식과 역할은 극히 제한되어 있었다. Wiesner 1989, 24; Clark and Richardson 1977, 132-133.

종교개혁은 남성에 대한 여성의 법적이고 종교적인 종속관계를 지속시켰다. Witter Jr. 1997. 신학적으로 고양된 어머니 역할이 그에 수반해서 여성들에게 정치적인 혹은 법적인 동등성을 더불어 개선시켜 주지는 않았다. 반대로, 중세 사회와는 대조적으로 일치를 이루려 애쓰면서 초기 근대 사회는 선택적으로 로마법을 재도입하였는데, 이것은 이전에 법적인 사안에서 여성들에게 주목할 만한 자유를 허용한 많은 "예외조항"의 상실을 의미하였다. "따라서 로마법의 확산은 초기 근대 시기에 여성들의 법적인 지위에 상당히 부정적인 영향을 미쳤는데, 이것은 법률가들이 그 법에서 채택하기로 한 여성관 때문이기도 하고, 또 그로 인한 기존의 법을 보다 엄격하게 강제한 탓이기도 했다." Wiesner 2000a, 39. 주로 여성들의 생활에 영향을 미친 법률은 상속, 유서, 친권에 대한 규정이었다. 법적으로 말해, 오직 수녀원생활, 과부생활 혹은 매춘만이 남성의 지배력으로부터 모호한 자유를 제공해 주었다. 종교개혁자들이 이러한 선택과 모든 형태의 독신생활을 억제시켰으며 결혼(혹은 재혼)을 유일하게 영예롭고 영적으로 가치 있는 선택으로 제시하였다는 것은 결코 우연의 일치가 아니다. 비록 이러한 법률의 의도가 법적인 보호가 필요한 여성들에게 유익한 것이라고 설명하고 있지만, 관련된 법률이 거둔 실제적인 효과는 여성으로 하여금 계속해서 남성에게 의존하도록 보증하는 것이었다. 말할 필요도 없이, "종교, 생물학 혹은 전통에 기초해서 추상적으로 수립된 여성들과 '여성'에 관한 관념은 초기 근대 유럽에서 법률 체계와 법전에 직접 영향을 미쳤다." Wiesner 2000a, 35. (또한 Wiesner 2000a, 35-41; Witter Jr. 1997; Ozment 2001, 25-27 참조.)

여성들에게 영향을 미친 독특한 법적인 변화 가운데 하나는 매춘업소 폐쇄와 관련이 있는데, 여성들은 종교개혁 이전에 오랫동안 매춘을 해왔고 그 이후에도 여전히 그 일을 계속하였다. 매춘업소들은 아마도 억제하기 힘든 남성들의 성욕을 충족시킴으로써 훌륭한 독신여성과 기혼여성을 보호하려는 목적에 기여해 왔다. 종교개혁 이전에, 매춘은 제도화되어 있었으며 폭넓게 받아들여졌다. 여성이 "선택"에 따라 그 일을 시작했든 혹은 필요에 의해 그 일을 시작했든지 간에 매춘부의 삶은 (비록 중세 베네치아와 같이 어떤 상황에서는 돈을 많이 버는 일이었지만) 조금도 영예로운 것으로 인식되지는 않았다. 그렇지만 매춘업소의 존재는, 여성(특별히 남성에게 매이지 않은 여성들)의 성행위에 대한 뿌리 깊은 공포와 결합하여, 모든 독신여성(특별히 공동생활을 하는 여성들)에게 매춘의 혐의를 두게 만들었다.

매춘 자체는 복잡한 모습을 취했다. 한편으로 그것은 여성들에게 결혼으로부터의 자유를 제공하면서 그들의 육체에 얼마간의 자율성을 제공하였고, 다른 한편으로 커다란 고통과 학대, 그리고 다르게 (잘못) 규정된 굴종을 수반하였다. 매춘업소를 철폐하려는 개혁자들의 의지는 수도원을 폐쇄하고자 하는 열망만큼이나 강력하고 커서, 결과적으로 매춘업소는 마을에서 완전히 제거되었다. (차별된 옷을 입도록 강제된) 여성들이 도시의 구획 바깥에서 매춘업소의 통제 혹은 보호 없이 살면서 자유롭게 활동하는 불확실한 세계로 들어갔기 때문이다. 하나의 직업으로서 매춘은 종교개혁과 더불어 끝난 것이 아니고 단지 조금 더 어렵게 되었을 뿐이며, 여성의 성행위는 많은 알려지지 않은 사람들의 존재와 더불어 계속해서 위협을 제기하였다. Roper 1989, 89-131; Karant-Nunn 1982, 21-23; Monter 1987, 211. 여성들로 하여금 결혼관계에서 벗어나 혼자 자유롭게 살 수 있도록 허용된 두 가지의 선택지인 매춘업소와 수녀원이 모두 여성들 자신에게, 남성들에게, 그리고 교회와 사회 전반에 해가 된다고 철폐되었다는 사실은 흥미롭다.

결론 여성의 삶에서 종교가 하는 복잡한 역할에 대해서는 충분히 제시하였다. 종교개혁이 가져다 준 유익의 양면성도 마찬가지로 명확하게 다루었다.

> 만약 대다수 근대 역사가들이 동의하는 이슈가 하나 있다면, 그것은 종교가 과거에 여성들의 삶에 미친 유해한 영향이다. 종교가 가정에 명한 계속적인 임신과 제한적인 가정 내의 역할에서부터, 정치와 공적인 생활의 노동 관습 내에 재가한 성적 차별에 이르기까지 말이다. 프로테스탄트 종교개혁과 가톨릭의 역(counter)-종교개혁은 동시대의 여성들에게 가정 바깥의 남성 영역에서 오직 작은 부분만 맡겼다고 언급되고 있다. 그리고 성서의 "거룩한 가정"이자 "거룩한 가족"을 모델로 만들어진 결혼 생활에 들어가면서, 두 신앙 전통의 아내들은 모두 가정에서 남편의 엄격한 통제 아래 오직 종속적인 역할을 할 수 있었을 뿐이다. Ozment 2001, 31.

"여성들과 프로테스탄트주의는 잘 결합되어 두 가지 새로운 진전을 이루었다. 양측은 이전 세기에 잘 확립되어 서로에 의해 잘 포용되었다. 결혼이 성인들의 지배적인 삶의 방식으로 부상하였고, 가족은 사회를 유지시키는 일과 생활의 중심이 되었다." Ozment 2001, 33. Davis 1975, 35-37 참조.

"몇몇 성별문제(gender) 전문가들이 15세기 이후 유럽 역사를 전적으로 여성들에게 상실의 시대로," 하이더 운더(Heide Wunder)의 표현으로 하면 "루터를 통해 여성들을 가정에 묶어둔 시대로" 거부하고 있기는 하지만, 프로테스탄트 개혁자들이 여성들의 삶에 일어난 모든 변화에 대해 혹은 그들에게서 결핍된 모든 것에 대해 비난을 받아서는 안 된다. Ozment 2001, 38, 33. 개혁자들에게 초기 근대 유럽에서의 "사회적인 불평등과 결혼 관계의 위계질서 전반에 대한 척결"을 기대하는 것 또한 그다지 정당한 것은 아니다. 마찬가지로 여성들은 "여러 세기에 걸친 희생자들일 뿐"이라고 간주되어서도 안 된다. Ozment 2001, 38 quoting Wunder. Ozment 2001, 31-32, footnote 27 참조. 이 책에 소개된 여성들의 삶과 목소리에 의해 밝혀진 것처럼, 진실은 훨씬 더 복잡하였다.

결론을 맺자면, 종교개혁은 16세기 유럽의 상황에서, 오랜 뿌리와 역사를 지닌 사회적·교회적 구조와 종교적인 질서를 갖춘 사회 안에서 일어났다는 것이다. 제기된 신학적 변화는 종교적인 관행과 신앙의 표현 가운데 크고 작은 변화를 수반하였으며, 남성과 여성 모두에게 중대하였다. 성의 평등과 여성의 지위라는 주제는 종교개혁자들의 궁극적인 관심이 아니었으며, 그들의 관심은 영혼의 구원과 그리스도 교회의 보호에 놓여 있었다. 종교개혁자들이 이해한 바대로 새롭게 된 종교적인 가치를 지키기 위해서, 사회적인 문제와 성별의 관계에 있어서 현상과 질서를 유지하는 것은 필수적인 것으로 간주되었다. 여성들 역시 개혁 이념을 통해 힘을 얻게 되었으며, 비록 "규범"으로 인해 항상 오래 지속된 것은 아니지만 기존 사회구조 내에서 자신들만의 방식으로 이바지하였다. 여성들이 이루어낸 결과물을 평가하면서 성차별주의와 권력의 왜곡이라는 악을 지적하는 것도 유익하지만, 여성들이 단지 생존하기만 한 것이 아니라 왕성하고 현저하게 참여하면서 생존해낼 수 있었던 다양한 방식을 발견해내는 것이 훨씬 더 건설적이고 유망한 일이다. 다시 말해, 가장 중요한 것은 여성들을 그들 자신이 살아내고 규정한 역사의 주체로 인식하는 것이다. 여성 측의 이야기는 이상과 실재 사이의 흐릿한 상호관계를 상기시키는 역할을 할 것이다. 그것은 종교개혁의 핵심적인 비전에 대해, 그리고 그것이 이룬 다양한 성취와 그것이 함축하는 것들, 뿐만 아니라 그것이 오늘날 우리에게 주는 신학적 유산과 시대적 적합성에 대해 우리로 하여금 결코 완벽할 수는 없는 재평가를 하도록 고무시킨다.

참고문헌

제1부 여성들의 선택지와 비전

Amt, Emilie. 1993. *Women's Lives in Medieval Europe: A Sourcebook*. New York and London: Routledge.

Amussen, Susan D. and Adele Seeff, eds. 1998. *Attending to Early Modern Women*. Newark: University of Delaware Press.

Bainton, Roland. 1980. "Learned Women in the Europe of the Sixteenth Century." In Patricia Labalme (ed.), *Beyond Their Sex: Learned Women of the European Past*. New York: New York University press. 117–125.

Bainton, Roland. 2001a. *Women of the Reformation in Germany and Italy*. NP: Academic Renewal Press. First published 1971, Minneapolis: Augsburg Publishing House.

Bainton, Roland. 2001b. *Women of the Reformation in France and England*. NP: Academic Renewal Press. First published 1973, Minneapolis: Augsburg Publishing House.

Bainton, Roland. 2001c. *Women of the Reformation from Spain to Scandinavia*. NP: Academic Renewal Press. First published 1977, Augsburg Publishing House.

Baker, Derek, ed. 1978. *Medieval Women*. Oxford: Basil Blackwell.

Barker, Paula S. Datkso. 1995. "Caritas Pirckheimer: A Female Humanist Confronts the Reformation." *Sixteenth Century Journal* 26: 259–272.

Becker–Cantarino, Barbara. 1980. *Die Frau von der Reformation Zur Romantik: Die Situation der Frau vor dem Hintergrund der Literatur–und Sozialgeschichte*. Bonn: Bouvier.

Becker–Cantarino, Barbara. 1987. *Der lange Weg zur Mündigkeit: Frau und Literatur 1500–1800*. Stuttgart: J. B. Metzler.

Beilin, Elaine V. 1996. *The Examinations of Anne Askew*. New York: Oxford University Press.

Blaisdell, Charmarie Jenkins. 1982. "Calvin's Letters to Women; The Courting of Ladies in High Places." *Sixteenth Century Journal* 23: 366–383.

Blaisdell, Charmarie Jenkins. 1985. "The Matrix of Reform: Women in the Lutheran and Calvinist Movements." In Richard Greaves (ed.), *Triumph over silence: Women in Protestant History*. Westport, CT: Greenwood. 13–44.

Blaisdell, Charmarie. 1999. "Religion, Gender, and Class: Nuns and Authority in Early Modern France." In Michael Wolfe (ed.), *Changing Identities in Early Modern France*. Durham, NC: Duke University. 147–168.

Blamires, Alcuin. 1992. *Woman Defamed and Woman Defended: An Anthology of Medieval Texts*. Oxford: Clarendon Press.

Bornstein, Daniel and Roberto Rusconi, eds. 1996. *Women and Religion in Medieval and Renaissance Italy*. Transl. Margery J. Schneider. Chicago: University of Chicago Press.

Braght, Tieleman J. van. 1972 [1660]. *The Bloody Theater or Martyrs' Mirror of the Defenseless Christians*. 9th edn. Transl. Joseph F. Sohm. Scottdalte PA:

Herald Press.

Bratt, John. H. 1976. "The Role and Status of Women in the Writings of John Calvin." In Peter de Klerk (ed.), *Renaissance, Reformation, Resurgence*. Grand Rapids: Houghton Mifflin.

Bridenthal, Renate, Claudia Koonz, and Susan Stuard, eds. 1987. *Becoming Visible: Women in European History*. 2nd edn. Boston: Houghton Mifflin.

Brink, Jean R., ed. 1980. *Female Scholars: A Tradition of Learned Women before 1800*. Montreal: Eden Press Women's Publications.

Bryant, G. 1987. "Introduction." In Katharina M. Wilson (ed.), *Women Writers of the Renaissance and Reformation*. Athens and London: The University of Georgia Press. 287–303.

Bynum, Caroline Walker. 1982. *Jesus as Mother: Studies in the Spirituality of the High Middle Ages*. Berkeley: University of California Press.

Bynum, Caroline Walker. 1987. *Holy Feast and Holy Fast: The Religious Significance of Food for Medieval Women*. Berkeley: University of California Press.

Bynum, Caroline Walker. 1991. *Fragmentation and Redemption: Essays on Gender and the Human Body in Medieval Religion*. New York: Zone Books.

Chojnacka, Monica and Merry E. Wiesner–Hanks. 2002. *Ages of Woman, Ages of Man, Sources in European Social History*. London: Pearson Education.

Chrisman, Miriam. 1972. "Women and the Reformation in Strasbourg 1490–1530. *Archiv für Reformationsgeschichte* 63: 143–168.

Chrisman, Miriam Usher. 1982. *Lay Culture, Leaned Culture: Books and Social Change in Strasbourg, 1480–1599*. New Haven: Yale.

Clark, Elizabeth and Herbert Richardson, eds. 1977. "Luther and the Protestant Reformation: From Nun to Parson's Wife." In *Women and Religion: A Feminist Sourcebook of Christian Thought*. New York: Harper & Row Publishers. 131–148. Rev. and expanded edn., 1996, *The Oirginal Sourcebook of Women in Christian Thought*. San Francisco: Harper

SanFrancisco.

Classics of Western Spirituality series. Various titles (e.g., St. Birgitta of Sweden, St. Catherine of Siena, Julian of Norwich, Angela of Foligno, St. Teresa of Avila, Hildegard of Bingen, Mechtild of Magdeburg, Marguerite Porete). New York: Paulist Press Since 1979.

Conrad, Anne U. 1999. "Berlegungen zu einer Geschlechtergeschichte der Reformation und katholischen Refrom." In Anne Conrad & Caroline Gritschke (eds), *"In Christo ist weder man noch weyb": Frauen in der Zeit der Reformation und der katholischen Reform.* Münster: Aschendorff. 7–22.

Conrad, Anne and Caroline Gritschke, eds. 1999. *"In Christo ist weder man noch weyb": Frauen in der Zeit der Reformation und der katholischen Reform.* Münster: Aschendorff.

Coudert, Allison P. 1989. "The Myth of the Improved Stauts of Protestant Women: The Case of the Witchcraze." In Jean R. Brink et al. (eds), *The Politics of Gender in Early Modern Europe.* Kirksville, MO: Sixteenth Century Journal Publishers. 61–90.

Davis, Natale Zemon. 1975a. "City Women and Religious Change." In Natalie Zemon Davis, *Society and Culture in Early Modern France.* Stanford: Stanford University Press. 65–95.

Davis, Natalie Zemon. 1975b. "Women's History in Transition: The European Case." *Feminist Studies* 3: 83–103.

Davis, Natalie Zemon. 1980. "Gender and Genre; Women as Historical Writers, 1400–1820." In Patricia Labalme, *Beyond Their Sex: Learned Women of the European Past.* New York: New York University Press. 153–182.

Davis, Natale Zemon. 1995. *Women on the Margins: Three Seventeenth–Century Lives.* Cambridge, MA: Harvard University Press.

Davis, Natalie Zemon. 1998. "Displacing and Displeasing: Writing about Women in the Early Modern Period." In Susan Amussen and Adele Seef,

Attending to Early Modern Women. Newark: University of Delaware Press. 25–37.

Deppermann, K. 1987. *Melchior Hoffman: Social Unrest and Apocalyptic Visions in the Age of Reformation.* Edinburg: T. & T. Clark.

Dicaprio, Lisa and Merrry E. Wiesner. 2001. *Lives and Voices. Sources in European Women's History.* Boston: Houghton Mifflin.

Douglass, Jane Dempsey. 1974. "Women and the Continental Reformation." In Rosemary Radford Ruether (ed.), *Religion and Sexism: Images of Woman in the Jewish and Christian Traditions.* New York: Simon and Schuster. 292–318.

Douglass, Jane Dempsey. 1985. *Women, Freedom and Calvin.* Philadelphia: The Westminster Press.

Dresen–Coenders, Lene, ed. 1987. *Saints and She–Devils: Images of Women in Fifteenth and Sixteenth Centuries.* London: Rubicon. 101–127.

Duby, Georges and Michelle Perrot. 1992–3. *A History of Women in the West,* 3 vols. vol. 1 (1992), *From Ancient Goddesses to Christian Saints.* Ed. Pauline Schmitt Pantel; vol. 2 (1992), *Silences of the Middle Ages.* Ed. Christiane Klapisch–Zuber; vol. 3 (1993), *Renaissance and Enlightenment Paradoxes.* Ed. Natalie Zemon *Davis and Arlette Farge.* Cambridge, MA: Harvard University Press.

Eckenstein, Lina. 1963 [1896]. *Women Under Monasticism:* Chapters on Saint–Lore and Convent Life between A.D. 500 and A.D. 1500. New York: Russell and Russell.

Evangelisches Predigerseminar Luthertstadt Wittenberg. 1997 [1995]. *Frauen mischen sie ein. Katharina Luther, Katharina Melanchthon, Katharina Zell, Hille Feicken und Andere.* Wittenberger Sonntagsvorlesungen. First Published 1995. 2nd print 1997. Witterberg: Drei Kastanien Verlag.

Ezell, Margaret J. M. 1993. *Writing Women's Literary History.* Baltimore: Johns

Hopkins University Press.

Faust, Ulrich, ed. 1984. *Norddeutschland. (Die Frauenklöster in Niedersachen, Schleswig–Holstein und Bremen, Germania Benedictina,* vol. 11.) St Ottilien: EOX–Verlag.

Greaves, Richard, ed. 1985. *Triumph over Silence: Women in Protestant History.* Westport, CT: Greenwood Press.

Green, Lowell. 1979. "The Education of Women in the Reformation." *History of Education Quarterly 19* (Spring): 93–116.

Halbach, Silke. 1999. "Publizistisches Engagement von Fauen in der Frühzeit der Reformation." In Anne Conrad and Caroline Gritschke (eds), *"In Christo ist weder man noch weyb": Frauen in der Zeit der Reformation und der katholischen Reform.* 49–68.

Harrison, Wes. 1992. "The Role of Women in Anabaptist Thought and Practice: The Hutterite Experience of the Sixteenth and Seventeenth Centuries." *Sixteenth Century Journal* 231/1: 49–69.

Hendrix, Scott H. 2004a. *Recultivating the Vineyard: The Reformation Agendas of Christianization.* Louisville, KY and London: Westminster John Knox Press.

Hendrix, Scott. 2004b. "Luther on Marriage." In Timothy J. Wengert (ed.), *Harvesting Martin Luther's Reflections on Theology, Ethics, and the Church,* with a Foreword by David C. Steinmetz. Grand Rapids, MI: William B. Eerdmans Publishing Company. 169–184.

Heuser, Magdalene, ed. 1996. *Autobiographien von Frauen: Beiträge zu ihrer Geschichte.* Tübingen: Max Niewmeyer.

Heutiger, Nicolaus. 1981. *Evangelische Konvente in den welfischen Landen und der Grafschaft Schaumburg: Studien über ein Nachleben klösterlicher und stiftischer Former seit Einführung der Reformation.* Hildesheim.

Hull, Suzanne. 1982. *Chaste, Silent, and Obedient: English Books for Women,*

1475–1640. San Marion, CA: Huntingdon Library.

Irwin, Joyce, ed. 1979. *Women in Radical Protestantism, 1525–1675*. New York: Edwin Mellen Press.

Irwin, Joyce. 1982. "Society and Sexes." In Steven Ozment (ed.), *Reformation Europe: A Guide to Research*. St. Louis: Center for Reformation Research. 342–349.

Jacobsen, Gretha. 1989. "Nordic Women and the Reformation." In Sherrin Marshall (ed.), *Women in Reformation and Counter–Reformation Europe: Public and Private Worlds*. Bloomington and Indianapolis: Indiana University Press. 47–67.

James, Susan E. 1999. *Kathryn Parr: The Making of a Queen*. Aldershot and Brookfield, England: Ashgate Publishing Co.

Janowski, Christine J. 1984. "Umstrittene Pfarrerin. Zu einer unvollendeten Reformation der Kirche." In Martin Greiffenhagen (ed.), *Das Evangelische Pfarrfaus. Eine Kultur– und Sozialgeschichte*. Stuttgart: Kreuz Verlag. 83–107.

Jelsma, Auke. 1989. "De positie van de vrouw in de Radicale Reformatie." *Doopsgezindee Bijdragen nieuwe reeks* 15: 25–36.

Johnson, Susan M. 1992. "Luther's Reformation and (Un)holy Matrimony." *Journal of Family History* 17: 271–288.

Joldersma, Hermina and Louis Grijp, eds. and transl. 2001. *Elisabeth's Manly Courage: Testimonials and Songs of Martyred Anabaptist Women in the Low Countries*. Marquette: Marquette University Press.

Jung, Martin H. 2002. *Nonnen, Prophetinnen, Kirchenmütter. Kirchen– und frömmigkeitsgeschichtliche Studien zu Frauen der Reformationszeit*. Leipzig: Evangelische Verlagsanstalt GmbH.

Jussie, Jeanne de. 1611. Le Levain du Calvinisme, ou commencement de l'heresie de Geneve: Faict par Reverende Soeur Jeanne de Jussie, lors religieuse de Saincte de Geneve, apres sa sortie Abbesse au Convent d'Anyssi. Chambéry: Du Four.

Jussie, Jeanne de. 1863. *Le Levain du Calvinisme, ou Commencement de l'heresie de Geneve. faict par Reverende Soeur Jeanne, lors religieuse à Saincte Claire de Geneve, et apres sa sortie Abbsesse au Convent d'Anyssi. Ed.* Gustave Revilloid. Geneva: Jules Guillaume Fick.

Jussie, Jeanne de. 1853. *Le Levain du Calvinisme, ou Commencement de l'heresie de Geneve. faict par Soeur Jeanne de Jussie. Suivi de notes justificatives et d'une notice sur l'ordre religieux de Sainte–Claire et sur la communauté des Clarisse à Genève, par Ad.–C. Grivel.* Ed. Gustave Revilloid. Geneva: Jules–Guillaume Fick.

Jussie, Jeanne de. 1996. *Kleine Chronik. Bericht einer Nonne über die Anfänge der Reformation in Genf.* Transl. and ed. Helmut Feld. Mainz: P. Von Zabern.

Jussie, Jeanne de. 1996. *Petite chronique.* Ed., introduction and commentary by Helmut Feld. Mainz: P. von Zabern.

Jussie, Jeanne de. 2006. *The Short Chronicle: A Poor Clare's Account of the Reformation of Geneva.* Ed. and transl. Carrie F. Klaus. Chicago: University of Chicago Press.

Karant–Nunn, Susan C. 1982. "Continuity and Change: Some Effects of the Reformation on the Women of Zwickau." *Sixteenth Century Journal* 12: 17–42.

Karant–Nunn, Susan. 1986. "The Transmission of Luther's Teachings on Women and Matrimony: The Case of Zwickau." *Archives for Reformation History* 77: 31–46.

Karant–Nunn, Susan C. and Merry E. Hanks–Wiesner. 2003. *Luther on Women. A Sourcebook.* Cambridge: Cambridge University Press.

Kelly, Joan. 1984. *Women, History, and Theology.* Chicago: University of Chiago.

Kelly–Gadol, Joan. 1977. "Did Women Have a Renaissance?" In Renate

Bridenthal, Claudia Koonz and Susan Stuard (eds), *Becoming Visible: Women in European History*. Boston: Houghton Mifflin. 175–201. Also, with bibliography Bridenthal and Stuart 1987 2nd edn.

King, Margaret L. 1991. *Women of the Renaissance*. Chicago: University of Chicago Press. 238–239.

King, Margaret L. and Albert Rabil Jr. 2004. "Series Editors' Introducton." In Mary B. McKinley (ed.), *Epistle to Marguerite de Navarre and Preface to a Sermon by John Calvin, by Marie Dentière*. Ed. and transl. Mary B. Mckinley. Chicago and London: University of Chicago Press.

King, Margaret L. and Albert Rabil Jr. 2006. "The Other Voice in Early Modern Europe: Introduction to the Series." In *Katharina Schütz Zell. Church Mother: The Writings of a Protestant Reformer in Sixteenth–Century Germany*. Ed. and transl. Elsie McKee. Chicago and London: The University of Chicago Press, ix–xxix.

Kirschner, Julius and Suzanne Wemple, eds. 1985. *Women of the Medieval World: Essays in Honor of John H. Mundy*. New York and London: Basil Blackwell.

Labalme, Patricia H., ed. 1980. *Beyond Their Sex: Learned Women of the European Past*. New York: New York University Press.

Lazard, Madeleine. 1985. "Deux soeurs enemies, Marie Dentiére et Jeanne de Jussie: Nonnes et réformees à Genéve. In B. Chevalier and C. Sauzat (eds), *Les Réformes: Enracinements sociocultures,* 25me colloque d'études humanists, Tours, 1–13 juillet 1982. Paris: La Maisnie. 233–249.

Lehmijoki–Gardner, Maiju. 2005. *Dominican Penitent Women*. Ed., transl., and introduced by Maju Lehmijoki–Gardner with contributions by Daniel E. Bornstein and E. Ann Matter; Preface by Gabriella Zarri. Mahwah, NJ: Paulist Press.

Leicht, Irene. 1999. "Gebildent und Geistreich: Humanistinnen zwischen

Renaissance und Reformation." In Anne Conrad and Caroline Gritschke, *"In Christo ist weder man noch weyb": Frauen in der zeit der Reformation und der katholischen Reform.* Münster: Aschendorff. 29–48.

Lerner, Gerda. 1986. *The Creation of Patriarchy.* New York: Oxford University Press.

Lerner, Gerda. 1993. *The Creation of Feminist Consciousness: From the Middle Ages to Eighteen–Seventy.* Oxford: Oxford Univeristy Press.

Levin, Carole, Jo Eldridge Carney, and Debra Barrett–Graves. 1988. *Elizabeth I: Always Her Own Free Woman.* Aldershot and Burlington, VT: Ashgate Publishing Limited.

Levin, Carole, Jo Eldrige Carney, and Debra Barrett–Graves, eds. 2003. *"High and Mighty Queens" of Early Modern England: Realities and Representations.* Basingstoke and New York: Palgrave Macmillan.

Liebowitz, Ruth P. 1979. "Virgins in the Service of Christ: The Dispute over an Active Apostolate for Women During the Counter–Reformation." In Rosemary Ruether, Eleanor McLaughlin (eds), *Women of Spirit: Female Leadership in the Jewish and Christian Traditions.* New York: Simon and Schuster. 131–152.

Lindberg, Carter. 1996. *The European Reformations.* Oxford and Cambridge, MA: Blackwell Publishers.

Lindberg, Carter. 2000. "The Future of a Tradition: Luther and the Family." In Dean O. Wenthe, William C. Weinrich, Arthur A. Just Jr., Daniel Gard, and Thomas L. Olsen (eds), *All Theology is Christology, Essays in Honor of David P. Scaer.* Fort Wayne, IN: Concordia Theological Seminary Press. 133–151.

Lindsey, Karen. 1995. *Divorced Beheaded Survived: A Feminist Reinterpretation of the Wives of Henry VIII.* Reading, Mass.: Addison–Wesley Publishing Co.

Lowe, K. J. P. 2003. *Nuns' Chronicles and Convent Culture in Renaissance and*

Counter–Reformation Italy. Cambridge University Press.

Luther, Martin. 1883–1993. D. Martin Luthers Werke. *Kritische Gesamtausgabe. Weimarer Ausgabe.* Weimar: Herman Böhlaus Nachfolger.

Luther, Martin. 1955–86. *Luther's Works.* American Edition. Ed. Jaroslav Pelikan. 55 vols. Philadelphia: Fortess Press; St. Louis: Concordia Publishing House.

MacHaffie, Barbara. 2006. *Herstory: Women in Christian Tradition.* Minneapolis: Fortress Press.

McKinley, Mary B. 2004. *Epistle to Marguerite de Navarre and Preface to a Sermon by John Calvin, by Marie Dentière.* Ed. and transl. Mary B. McKinley. University of Chicago Press: Chicago, London.

Maclean, Ian. 1980. *The Renaissance Notion of Woman: A Study in the Fortunes of Scholasticism and Medical Science in European Intellectual Life.* Cambridge and New York: Cambridge University Press.

McNamara, JoAnn. 1996. *Sisters in Arms: A History of Catholic Nuns over Two Millenia.* Cambridge, MA: Harvard University Press.

Mager, Inge. 1999. "Theologenfrauen als 'Gehilfinnen' der Reformation." In Martin Treu (ed.), *Katharina von Bora, die Lutherin: Aufsätze analäßlich ihres 500. Geburtstages.* Wittenberg: Elbe–Druckerei. 113–127.

Marr, M. K. 1987. "Anabaptist Women of the North: Peers in the Faith, Subordinates in Marriage." *Mennonite Quarterly Review 61* (October): 347–362.

Marshall, Sherrin, ed. 1989. *Women in Reformation and Counter–Reformation Europe: Public and Private Worlds.* Bloomington and Indianapolis: Indiana University Press.

Matter, Ann E. and John Coakley, eds. 1994. *Creative Women in Medieval and Early Modern Italy: A Religious and Artistic Renaissance.* Philadelphia: University of Pennisylvania Press.

Meek, Christine, ed. 2000. *Women in Renaissance and Early Modern Europe*. Dublin: Four Courts Press.

Mehlhorn, Paul. 1917. *Die Frauen unserer Reformatoren*. Tübingen: J. C. N. Mohr.

Merkel, Kertin and Heide Wunder, eds. 2000. *Deutsche Frauen der Frühen Neuzeit. Dichterinnen, Malerinnen, Mäzeninnen*. Darmstadts: Primus Verlag. Wissenschaftliche Buchgesellschaft.

Meyer, Hannah Meyer. 1960. *Gewagt auf Gottes gnad. Frauen der Reformationszeit*. Evangelische Verlagsanstalt Berlin.

Michalove, Sharon D. 1999. "Equal in Opportunity? The Education of Aristocratic Women 1450–1540." In Barbara J. Whitehead (ed.), *Women's Education in Early Modern Europe. (Studies in the History of Education*, vol. 7.) Garland Publishing Inc. New York and London. 47–74.

Monter, William. 1987. "Protestant Wives, Catholic Saints, and the Devil's Handmaid: Women in the Age of Reformations." In Renate Bridenthal, Claudia Koonz, and Susan Stuard (eds.), *Becoming Visible: Women in European History*. Boston: Houghton Mifflin. 203–221.

Nielsen, Merete. 1999. "Kinder, Küche und Kirche. Pfarrfrauen der Reformationszeit in Südwestdeutschland und der Schweiz." In Martin Treu (ed.), *Katharina von Bora, die Lutherin: Aufsätze analäßlich ihres 500. Geburtstages*. Wittenberg: Elbe–Druckerei. 128–158.

Norberg, Kathryn. 1988. "The Counter–Reformation and Women Religious and Lay." In John O'Malley S. J. (ed.,) *Catholicism in Early Modern History: A Guide to Reserch*. St Louis: Center for Reformation Research. 133–146.

Nowicki–Patuschka, Angelika. 1990. *Frauen in der Reformation: Untersuchungen zum Verhalten von Frauen in der Reichstädten Augsburg und Nürnberg zur reformatorischen Bewegung zwischen 1517 und 1537*. Pfaffenweiler: Centaurus–Verlagsgesellschaf.

Nussbaum, Felicity and Estelle C. Jelinek, eds. 1986. *The Tradition of Women's*

Autobiography from Antiquity to the Present. Boston: Twayne.

Ozment, Steven. 1983. *When Fathers Ruled: Family Life in Reformation Europe*. Cambridge, Ma: Harvard Niversity Press.

Ozment, Steven. 2001. Ancestory, *The Loving Family in Old Europe*. Cambridge, MA and London: Harvard University Press.

Packull, Werner O. 1984. "Anna Jansz of Rotterdam, a Historical Investigation of an Early Anabaptist Heroine? *Sixteenth Century Journal* 82: 147–173.

Partner, Nancy F. 1993. *Studying Medieval Women: Sex, Gender, Feminism*. Cambridge, MA: The Medieval Academy of America.

Perrin, David, ed. 2001. *Women Christian Mystics Speak to Our Times*. Franklin, WI: Sheet & Ward. 37–52.

Peters, Christine 2003. *Patterns of Piety: Women, Gender and Religion in Late Medieval and Reformation England*. Cambridge: Cambridge University Press.

Petroff, Elisabeth. 1986. *Medieval Women's Visionary Literature*. New York and Oxford: Oxford University Press.

Power, Eileen. 1926. "The Position of Women." In G. C. Crump and E.F. Jacob (eds), *The Legacy of the Middle Ages*. Oxford: Clarendon Press. 401–434.

Ranft, Patricia. 1988. *Women and Spiritual Equality in Christian Tradition*. New York: St. Martin's Press.

Roper, Lyndal. 1989. *Holy Household, Women and Morals in Reformation Augsburg*. Oxford: Clarendon Press.

Roper, Lyndal. 1983. "Luther: Sex, Marriage and Motherhood." *History Today* 33 (December): 33–38.

Rossiaud, Jacques. 1988. *Medieval Prostitution: Family, Sexuality and Social Relatons in Past Times*. Oxford and Cambridge, MA: Blackwell Publishers.

Ruether, Rosemary and Eleanor McLauhlin, eds. 1979. *Women of Spirit: Female Leadership in the Jewish and Christian Traditions*. New York: Simon and Schuster.

Russell, Paul. 1986. *Lay Theology in the Reformation: Popular Pamphleteers in Southwest Germany 1521–1525*. Cambridge and New York: Cambridge University Press.

Scaraffia, Lucetta, Gabriella Zarri, eds. 1994. *Donne e fede. Santità e vita religiosa in Italia*. Roma–Bari: Editiori Laterza.

Scharffenorth, Greta. 1985. "Martin Luther zur Rolle von Mann und Frau." In Hans Süssmuth (ed.), *Das Luther–Erbe in Deutschland. Vermittlung zwischen Wissenschaft und Öffentlichkeit*. Düsseldorf: Droste Verlag. 111–129.

Schorn–Schütte, Louise. 1999. "Il matrimonio come professione: la moglie del pastore evangelico." In Anne Jacobson Schütte, Thomas Kuehn, and Silvana Seidel Menchi (eds), *Tempi e spazi di vita femminile tra medioevo ed èta moderna*. Bologna: Il Mulino. 255–277.

Schorn–Schütte, Louise, Walter Sparn, eds. 1997. *Evangelische Pfarrer: zur sozialen und politischen Rolle einer bürgerlichen Gruppe in der deutschen Gesellschaft des 18. bis 20. Jahrhunderts*. Stuttgart: W. Kohlhammer.

Scott, Joan. 1986. "Gener: A Useful Category of Historical Analysis." *American Historical Review* 91: 1053–1075.

Snyder, Arnold C. and Linda A. Huebert Hecht, eds. 1996. *Profiles of Anabaptist Women: Sixteenth–Century Reforming Pioneers*. Studies in Women and Religion/Etudes sur les femmes et la religion: 3. 6th impression 2002. Waterloo, ON: Wilfrid Laurier University Press.

Sommerville, Margaret R. 1955. *Sex and Subjection: Attitudes to Women in Early–Modern Society*. London: Arnold.

Sprunger, Keith L. 1985. "God's Powerful Army of the Weak: Anabaptist Women of the Radical Reformation." In Richard L. Greaves (ed.), *Triumph over Silence, Women in Protestant History*. Connecticut: Greenwood.. 45–74.

Stjerna, Kirsi. 2001. "Medieval Women's Stories: Stories for Women Today." In

David Perrin (ed.), *Women Christian Mystics Speak to Our Times*. Franklin, WI: Sheet & Word. 37–52.

Stjerna, Kirsi. 2002. "Sprititual Models of Medieval Mystics Today: Rethinking the Legacy of St. Birgitta of Sweden." *Studies in Spirituality* 12: 126–140.

Stock, Phyllis. 1978. *Better than Rubies: A History of Women's Education*. New York: G. P. Putnam and Sons.

Strasser, Ulrike. 2004: "Early Modern Nuns and the Feminist Politics of Religion." *The Journal of Religion* 84(4): 529–554.

Stuard, Susan. 1987. "The Dominion of Gender: Women's Fortunes in the High Middle Ages." In Renate Bridenthal, Claudia Koonz, and Susan Stuard (eds.), *Becoming Visible: Women in European History*. 2nd edn. Boston: Houghton Mifflin. 153–172.

Thiebaux, Marcelle, transl., ed. 1987. *The Writings of Medieval Women*. New York: Garland.

Thiele, Johannes. 1988. *Mein Herz schmilzt wie Eis am feuer. Die religiöse Frauenbewegung des mittelalters in Porträts*. Stuttgart: Kreuz Verlag.

Thompson, John Lee. 1992. *John Calvin and the Daughters of Sarah: Women in Regular ad Exceptional Roles in the Exegesis of Calvin, His Predecessors, and His Contemporaries*. Geneva: Libraire Droz S. A.

Thysell, Carol. 2000. The *Pleasure of Discernment: Marguerite de Navarre as Theologian*. Oxford: Oxford University Press.

Treu, Martin, ed. 1999. *Katharina von Bora, die Lutherin: Aufsätze analäßlich ihres 500. Geburtstages*. Martin Treu im Auftrag der Stiftung Luthergedenkstätten in Sachsen–Anhalt. Wittenberg: Elbe–Druckerei.

Umble, Jenifer. 1990. "Women and Choice: An Examination of the Martyrs' Mirror." *Mennonite Quarterly Review* 64: 135–145.

Wahl, Johannes. 1999. "'…sich in das dorffwesen gar nicht schicken kann.' Pfarrfrauen des 16. und 17. Jahrhunderts zwischen bürgerlicher Ehe und ländlicher Lebenswelt." In Martin Treu(ed.), *Katharina von Bora, die Lutherin: Aufsätze analäßlich ihres 500.* Geburtstages. 179–191.

Warnicke, Retha M. 1983. *Women of the English Renaissance and Reformation.* Westport, CT: Greenwood Press.

Warnicke, Retha M. 1989. *The Rise and Fall of Anne Boleyn: Family Politics at the Court of Henry VIII.* New York: Cambridge University Press.

Warnicke, Retha M. 2000. *The Marrying of Anne of Cleves: Royal Protocol in Tudor England.* New York: Cambridge University Press.

Wengler, Elisabeth M. 1999. "Women, Religion and Reform in Sixteenth–Century Geneva." PhD dissertation. Dept. of History, Boston College, Boston, MA.

Werner, Yvonne Maria, ed. 2004. *Nuns and Sisters in the Nordic Countries after the Reformation: A Female Counter–Culture in Modern Society.* Uppsala: The Authors and The Swedish Institute of Mission Research.

Whitehead, Barbara J. ed. 1999. *Women's Education in Early Modern Europe.* (Studies in the History of Education, vol. 7.) New York and London: Garland Publishing Inc.

Wiesner, Merry E. 1983. *Women in the Sixteenth Century: A Bibliography.* Sixteenth Century Bibliography, 23. St. Louis: Center for Reformation Research.

Wiesner, Merry E. 1988. "Women's Response to the Reformation." In Ronnie Po–chia Hsia (ed.), *The German People and the Reformation.* Ithaca: Cornell University Press. 148–171.

Wiesner, Merry E. 1989. "Nuns, Wives, and Mothers: Women and the Reformation in Germany." In Sherrin Marshall (ed.), *Women in Reformation and Counter–Reformation Europe: Public and Private Worlds.* Bloomington: Indiana University Press. 8–27.

Wiesner, Merry E. 1992a. "Studies of Women, Family and Gender." In William Maltby (ed.), *Reformation Europe: A Guide to Research II.* St. Louis: Center for Reformation Research. 159–187.

Wiesner, Merry E. 1992b. "Ideology Meets the Empire: Reformed Convents and the Reformation." In Andrew C. Fix and Susan C. Karant–Nunn (eds), *Germania Illustrata: Essays on Early Modern Germany Presented to Gerald Strauss*. Kirksville, MO: Sixteenth Century Essays and Studies. 181–195.

Wiesner, Merry E. 2000a. *Women and Gender in Early Modern Europe: New Approaches to Modern European History*. 2nd edn. Cambridge: Cambridge University Press.

Wiesner, Merry. 2000b. "Herzogin Elisabeth von Braunschweig–Lüneberg(15 10–1558)." In Kerstin Merkel and Heide Wunder (eds), *Deutsche Frauen der Frühen Neuzeit: Dichterinnen, Malerinnen, Mäzeninnen*. Darmstadt: Wissenschaftliche Buchgesellschaft. 39–48.

Wiesner–Hanks, Merry, ed. 1996. *Convents Confronting Reformation: Catholic and Protestant Nuns in Germany*. Transl. Joan Skocir and Merry Wiesner–Hanks. "Introduction." Milwaukee: Marquette University Press. 11–25.

Wiesner–Hanks, Merry. 1998a. "Kinder, Kirche, Landeskinder: Women Defend their Publishing in Early Modern Germany." In R. B. Barnes, R. A. Kolb, and P. L. Presley (eds), *Habent sua fata libelli*. Kirksville, MO: Truman State University Press. 143–152.

Wiesner–Hanks, Merry. 1998b. "The Hubris of Writing Surveys, or A Feminist Confronts the Textbook." In Susan Amussen and Adele Seef (eds), *Attending to Early Modern Women*. Newark: University of Delaware Press. 297–310.

Wiesner–Hanks, Merry E. 2000. "Protestantism in Europe." In *Christianity and Sexuality in the Early Modern World: Regulating Desire, Reforming Practice*. 2nd edn. London and New York; Routledge. 59–100.

Wiesner–Hanks, Merry E. 2001. "Women's History and Social History: Are

Structures Necessary?" In Anne Jacobson Schutte, Thomas Kuehn, and Silvana Seidel Menchi (eds), *Time, Space and Women's Lives in Early Modern Europe*. (Sixteenth Century Essays & Studies, vol. 57.) Kirksville, MO: Truman State University Press. 3–16. (Italian original: 1999. Tempi e spazi di vita femminile tra medioevo ed èta moderna. Bologna: Il Mulino.)

Wiesner–Hanks, Merry. 2003. "Reflections on a Quarter Century of Research on Women." In Lee Palmer Wandel (ed.), *History Has Many Voices: Sixteenth Century Essays and Studies*. Kirksville, MO: Truman State University Press. 93–112.

Wiethaus, Ulrike. 1993. "Female Authority and Religiosity in Letters of Katharina Zell and Caritas Pirckheimer." *Mystics Quarterly* 19 (5): 123–135.

Williams, Mary Cooper and Keever, E. F. eds. 1930. *Luther's Letters to Women*. Chicago: Wartburg.

Wilson, Katharina M. ed. 1987. *Women Writers of the Renaissance and Reformation*. "Introduction," vii–xxix. Athens and London: The University of Georgia Press.

Witte Jr., John. 1997. *From Sacrament to Contract: Marriage, Religions, and Law in the Western Tradition*. Lousiville: Westminster/John Knox.

Witte Jr., John. 2002. *Law and Protestantism: The Legal Teachings of the Reformation*. Cambridge: Cambridge University Press.

Wittenmyer, Annie. 1885. *The Women of the Reformation*. New York: Phillips & Hunt. Cincinnati: Cranston & Stowe.

Wunder, Heide. 1992. *"Er ist die Sonn', sie ist der Mond." Frauen in der Frühen Neuzeit*. München: Beck, 1992. English edn. 1998, *He is the Sun, She is the Moon: Women in the Early Modern Germany, transl. Thomas Dunlap*. Cambridge, MA: Harvard: University Press.

Wunder, Heide Wunder and Gisela Engel, eds. 1998. *Geschlechterperspektiven Forschungen zur Frühen Neuzeit.* Königstein: Taunus.

Zarri, Gabriella. 2000. "Living Saints: A Typology of Female Sanctity in the Early Sixteenth Century." In Letizia Panizza and Sharon Wood (eds), *A History of Women's Writing in Italy.* Cambridge: Cambridge University Press. 219–303.

Zarri, Gabriella. 2000. "Religious and Devotional Writing 1400–1600." In Letizia Panizza and Sharon Wood (eds), *A History of Women's Writing in Italy.* Cambridge: Cambridge University Press. 79–91.

Zeller, Reinmar, ed. 1982. *Luther wie ihn keiner kennt.* Freiburg im Br.: Herder. 13–27.

Zimmerli–Witschi, Alice. 1981. *Frauen in der Reformationszeit.* Zürich: aku–Fotodruck.

Åkerlund, Ingrid. 2003. "Jeanne de Jussie and Marie Dentière: Two Abbesses Persecuted for Their Religious Beliefs." In idem, *Sixteenth Century French Women Writers: Marguerite d'Angoulême, Anne de Graville, the Lyonnese School, Jeanne de Jussie, Marie Dentière, Camille de Morel.* Studies in French Literature, vol. 67. Lewiston and Lampeter: The Edwin Mellen Press. 105–126 (Marie), 106–110 (Jeanne).

제2부 종교개혁의 모델, 지도자, 교사로서의 여성

제5장 "박사" 카타리나 폰 보라

카타리나의 편지 (From Smith 1999, 769-770)

Handwritten dedication to Duchess Dorothea of Prussia. In A copy of Martin

Luther's Geistliche Lieder (Leipzig: Valentin Bapts, 1545) University Library, Torun Univrsity, Torun, Poland. Catalogue number Cim I. 180. [The only document in Katharina's own handwritings; Smith 1999, 770.] (Letter B in Smith.)

Katharina von Bora Luther, Letter to Hans von Taubenheim. Wittenberg, April 28, 1539. Thüringisches Hauptstaatsarchiv, Weimar. Catalogue number ThHStAW, Reg. Aa No. 1635–45, B. 53–55v. (Letter A in Smith.)

Letter to sister–in–law Christina von Bora after Martin Luther's death. Wittenberg, April 2, 1546. Julius Jordan (1919), "Aus den Sammlungen der Lutherhalle... 2. Ein Brief von Katharina von Bora, 1546." In *Lutherjahrbuch* 1: 139–143. (Letter C in Smith.)

Letter to Elector Moritz von Sachsen. Wittenberg, September 16, 1548. Staatsarchiv, Dresden. (Letter D in Smith.)

Letters to Duke Albrecht von Hohenzollern–Ansbach of Prussia. Wittenberg May 29, 1551. Staatsarchiv Berlin, Preussicher Kulturbesitz. (Letter E in Smith.)

(Two manuscript letters.)

Letters to King Christian III of Denmark, 1547 – 52. Statens Arkiver, Rigsarkivet, Copenhagen, Denmark. Catalogue number: Registratur 63. (Three manuscript letters from February 9, 1547, October 6, 1550, and January 8, 1552.) (Letters F1, F2, and F3 in Smith.)

[the texts above quoted from] Smith, Jeanette C. 1999. "Katharina von Bora Through Five Centuries: A Historiography." In *Sixteenth Century Journal* 30(3): 745–4. With Katharina's Letters in Appendix.

카타리나에게 보낸 루터의 편지/카타리나와 나눈(카타리아에 대한) 루터의 대화

Luther, Martin. 1883–1993. *D. Martin Luthers Werke. Kritische Gesamtausgabe. Weimarer Ausgabe* 1883ff. Weimar: Herman Böhlaus Nachfolger. In particular in the Table Talks/Tischreden [WA Tr, esp. II, III, V, VII] and Correspondence/Briefwechsel [WA Br]. See in particular WA Br XIV [Weimar 1930–37] and WA Br VI [1912–21]. Also the Testament of Luther, in WA Br IX, no. 3699, 574–575. [In English, in Karant–Nunn and Wiesner–Hanks 2003, 196 and LW 34: 289–297.]

A Sample of Luther's Letters to Katharina, in WA Br VI, VIII, IX, X, XI/in English in Karant–Nunn and Hanks–Wiesner 2003. 186–196.

From Torgau, February 27, 1532, in WA Br VI, no. 1908, 270–271.

From Dessau July 29, 1534, in WA Br VII, no. 2130. 91.

From Tambach February 27, 1537, in WA Br VIII, no. 3140, 50–51.

From Eisenach July 10, 1540, in WA Br IX, no. 3511, 171–173.

From Eisenach July 16, 1540, in WA Br IX, no. 3512, 174–175.

From Eisenach July 26, 1540, in WA Br X, no. 3519, 205.

From Wittenberg September 18, 1541, in WA Br X, no. 3670, 518–519.

From Eisleben February 1, 1545, in WA Br XI, no. 4195, 275–276.

From Zeitz July 28, 1545, in WA Br XI, no. 4139, 149–150.

From Eisleben February 7, 1546, in WA Br XI, no. 4201, 286–287.

From Eisleben February 10, WA Br XI, no. 4203, 291.

Luther, Martin. 1955–86. Luther's Works. American Edition. Ed. Jaroslav Pelikan. 55 vols. Philadelphia: Fortress Press; St. Louis: Concordia Publishing House.

참고문헌

Bainton, R. H. 2001. "Katharine von Bora." In idem, *Women of the Reformation in Germany and Italy*. Minneapolis: Augsberg Publishing House. 23–44.

Bergholtz, Detlef. 1999. *Die Heimat der Katharina Luther: Lippendorf und Zölsdorf.* 1. Aufl. Beucha: Sax–Verl.

Beste, Wilhelm. 1843. *Die Geschichte Catharina's von Bora. Nach den Quellen bearbeitet*. Halle: Verlag von Richard Mühlmann.

Bräuer, Siegfried. 1999. "Katharina von Bora, die Lutherin–im Urteil der Zeit." In Evangelisches Predigerseminar Luthertstadt Wittenberg (ed.), *Mönschure und Morgenstern*. Wittenberger Sonntagsvorlesungen. Wittenberg: Drei Kastaninen Verlag. 75–95.

Brecht, Martin. 1994. *Shaping and defining the Reformation, 1521–1532*. Minneapolis: Fortress Press.

Brecht, Martin. 1999. *The Preservation of the Church, 1532–1546*. Minneapolis: Fortress Press.

Deen, Edith. 1958. "Katherine von Bora–Wife of Marin Luther." In idem, *Great Women of the Christian Faith*. New York: Harper.

Delhaas, Sieth. 1995. "Katharina Luther: Wege und Entscheidungen im Zeitalter der Hexenjagd." In Evangelisches Predigerseminar Luthertstadt Wittenberg (ed.), *Frauen mischen sie ein*. 24–36.

Engelhard, Eusebius. 1747. *Lucifer Wittenbergensis oder der Morgen–Stern von Wittenberg, Das ist vollständiger Lebens–Lauff Catharinae von Bore, des... Ehe–Weibes D. Martini Lutheri...*Landsperg: Selbstverlag.

Evangelisches Predigerseminar Luthertstadt Wittenberg. 1997 [1995]. Frauen mischen sie ein. *Katharina Luther, Katharina Melanchthon, Katharina Zell, Hille Feicken und Andere*. Wittenberger Sonntagsvorlesungen. First published 1995. 2nd print 1997. Wittenberg: Vrei Kastanien Verlag.

Evangelisches Predigerseminar 1999. *Mönschure und Morgenstern. Katharina von Bora, die Lutherin–im Urteil der Zeit, als Nonne, eine Frau von Adel, als Ehefrau und Mutter, eine Wirtschafterin und Saumärkterin, als Witwe*. Wittenberger Sonntagsvorlesungen. Wittenberg: Drei Kastanien Verlag.

Evangelisches Predigerseminar Luthertstadt Wittenberg. 1999. "Katharina von Bora, die Lutherin–Ehefrau und Mutter." In *Mönchshure und Morgenstern: "Katharina von Bora, die Lutherin"–im Urteil der Zeit, als Nonne, eine Frau von*

Adel, als Ehefrau und Mutter, eine Wirtschafterin und Saumaärkterin, als Witwe.
Wittenberg: Drei Kastanien Verlag. 9–35.

Hahn, Udo and Marlies Mügge, eds. 1999. *Katharina von Bora: Die Frau an Luthers Seite.* Stuttgart: Quell.

Hansrath, Adolf. 1993. "Luther und Käthe." In dem, *Kleine Schriften, religionsgeschichtlichen Inhalts.* Leipzig: Verlag von G Finzel. 235–298.

Ihlenfeld, Kurt. 1964. "'Meine alte arme Liebe.' Ein Blick in Luthers Briefe." *Luther Gesellschaft* 35 (3): 132–138.

Janowski, Christine J. 1984. Umstrittene Pfarrerin. Zu einer unvollendeten Reformation der Kirche. In *Das Evangelische Pfarrhaus. Eine Kultur–und Sozialgeschichte.* Hrsg. Martin Greiffenhagen. Stuttgart: Kreuz Verlag. 83–107.

Joestlel, Volkmar. 1999. *Die Nonne heiratet Mönch: Luthers Hochzeit als Scandalon: eine Textsammlung.* Wittenberg: Drei–Kastanien–Verl.

Jung, Martin H. 1999. "Zum Davonlaufen? Das Klosterleben in der frühen Reformationszeit." In Udo Hahn and Marlies Mügge (eds), *Katharina von Bora: Die Frau an Luthers Seite.* Stuttgart: Quell. 32–51.

Jung, Martin H. 2002. *Nonnen, Prophetinnen, Kirchenmütter. Kirchen–und frömmigkeitsgeschichtliche Studien zu Frauen der Reformationszeit.* Leipzig: Evangelische Verlagsanstalt GmbH.

Karant–Nunn, Susan C., and Merry E., Hanks–Wiesner. 2003. *Luther on Women: A Sourcebook.* Cambridge: Cambridge University Press.

Klepper, Jochen. 1951. *Das ewige Haus. Kap. 1: Die Flucht der Katharina von Bora oder die klugen und die törichten Jungfrauen.* Stuttgart: Dt. Verl.–Anst.

Köhler, Anne–Katrin. 2003. *Geschichte des Klosters Nimbschen.* Von der Gründung 1243 bis zu seinem Ende 1536/1542. Leipzig: Ev. Verlangsanstalt.

Kroker, Ernst. 1906. *Katharina von Bora, Martin Luthers Frau: Eim Leens–und Charakterbild.* Leipzig: Verlag von Johannes Herrmann, Zwickau.

Lindberg, Carter. 1996. *The European Reformations*. Oxford: Basil Blackwell.

Lindberg, Carter. 2000. "The Future of a Tradition: Luther and the Family." In Dean O. Wenthe, William C. Weinrich, Arthur A. Just Jr., Daniel Gard, Thomas L. Olsen (eds), *All Theology is Christology, Essays in Honor of David P. Scaer.* Fort Wayne: Concordia Theological Seminary Press. 133–151.

Luther, Martin. 1883–1993. *D. Martin Luthers Werke: Kritische Gesamtausgabe. Weimarer Ausgabe.* Weimar: Herman Böhlaus Nachfolger.

Luther, Martin. 1955–86. Luther's Works. *American Edition.* Ed. Jaroslav Pelikan. 55 vols. Philadelphia: Fortress Press; St. Louis: Concordia Publishing House.

MacCuish, Dolinda. 1983. *Luther and His Katie.* Tain, Scotland: Christian Focus Publications.

Mager, Inge. 1999a. "Theologenfrauen als, Gehilfinnen' der Reformation." In Martin Treu (ed.) *Katharina von Bora, die Lutherin: Aufsätze analäßlich ihres 500. Geburtstages.* Wittenberg: Elbe–Druckerei. 113–127.

Mager, Inge. 1999b. "Katharina von Bora, die Lutherin–als Witwe." In Evangelisches Predigerseminar Luthertstadt Wittenberg (ed.), *Mönschure und Morgenstern.* Wittenberger Sonntagsvorlesungen. Wittenberg: Drei Kastaninen Verlag. 120–136.

Markwald, Rudolf and Marilyn Morris Markwald. 2002. *Katharina von Bora: A Reformation Life.* St Louis, MO: Concordia Publishing House.

Mayeri, Jo. Frid. 1698. *Catharina Lutheri Conjuge.* Dissertatio. Hamburgi: Typis Nicolai Spiring.

Mehlhorn, Paul. 1917. *Die Frauen unserer Reformatoren.* 1&2 Taufend. Tübingen: J. C. N. Mohr. 4–20.

Morris, John G. 1856. Catherine *de Bora: Or, Social and Domestic Scenes in the Home of Luthers.* Philadelphia: Lindsay & Blakiston.

Mügge, Marlies. 1999. "'Ich habe meine Käthe lieb'–Katharina von Bora in

Briefen und Tischreden Martin Luthers." In Udo Hahn and Marlies Mügge (eds), *Katharina von Bora: Die Frau an Luthers Seite.* Stuttgart: Quell. 63–76.

Mühlhaupt, Erwin. 1986. "Sieben kleine Kapitel über die Lebenswege Luthers und Käthes." In *Zeitschrift der Luther–Gesellschft* 57 (i/): 1–18.

Müller, Gerhard. 1999. "Katharina und Martin–Das erste evangelische Pfarrhaus?" In Udo Hahn and Marlies Mügge (eds), *Katharina von Bora: Die Frau an Luthers Seite.* Stuttgart: Quell. 96–112.

Nielsen, Merete. 1999. "'Kinder, Küche und Kirche.' Pfarrfrauen der Reformationszeit in Südwestdeutschland und der Schweiz." In Martin Treu (ed.), *Katharina von Bora, die Lutherin: Aufsätze analäßlich ihres 500. Geburtstages.* 128–157.

Oehming, Stefan. 1999. "Katharina von Bora, die Lutherin–eine Wirtschafterin und Saumärkterin." In Evangelisches Predigerseminar Luthertstadt Wittenberg (ed.), *Mönschure und Morgenstern.* Wittenberger Sonntagsuorlesungen. Wittenberg: Drei Kastaminen Verlag. 96–119.

Ozment, Steven. 1993. Protestants: *The Birth of a Revolution.* New York: Image Books, Doubleday.

Pearson, Christian. 1983. "'Line upon Line: Here a Little, There a Little' Some Letters of Martin Luther." In Peter Newman Brooks (ed.), *Seven–headed Luther: Essays in Commemoration of a Quincentenary 1483–1983.* Oxford: Clarendon Press. 275–310.

Ranft, Andreas. 1999. "Katharina von Bora, die Lutherin–eine Frau von Adel." In Evangelisches Predigerseminar Luthertstadt Wittenberg (ed.), *Mönschure und Morgenstern.* Wittenberger Sonntagsvorlesungen. Wittenberg: Drei Kastaninen Verlag. 58–74.

Rhein, Stefan. 1995. "Catharina magistri Philippi Melanchtonis Ehelich weib–ein Wittenberger Frauenschicksal der Reformationszeit, Stefan

Rhein." In Evangelische Predigerseminar Luthertstadt Wittenberg (ed.), *Frauen mischen sie ein.* 37–54.

Richer, Ludwig. 1854. *Katharina Luther.* Dresden: s.d. Microfiche.

Roper, Lyndal. 1989. *The Holy Household: Women and Morals in Reformation Augsburg.* Oxford: Clarendon Press.

Rüttgardt, Antje. 1999. "Katharina von Bora, die Lutherin–als Nonne." In Evangelisches Predigerseminar Luthertstadt Wittenberg (ed.), *Mönschure und Morgenstern.* Wittenberger Sonntagsvolesungen. Wittenberg: Drei Kastaninen Verlag. 36–57.

Sachau, Ursula. 1991. *Das Letzte Geheimnis: Das Leben und die Zeit der Katherine von Bora.* Munich: Ehren Wirth.

Scharffenorth, Greta. 1985. "Martin Luther zur Rolle von Mann und Frau." In Hans Süssmuth (ed.), *Das Luther–Erbe in Deutschland. Vermittlung zwischen Wissenschaft und Offentlichkeit.* Dusseldorf: Droste Verlag. 111–129.

Smith, Jeanette C. 1999. "Katharina von Bora Through Five Centuries: A Historiography." *Sixteenth Century Journal* 30 (3): 745–774.

Stjerna, Kirsi. 2002. "Katie Luther: A Mirror to the Promises and Failures of the Reformation." In David Whitford (ed.), *Caritas et Reformatio: Essays on Church and Society In Honor of Carter Lindberg.* St. Louis: Concordia Publishing House. 27–39.

Stolt, Birgit. 1999. "Luthers Sprache in seinen Briefen an Käthe." In Treu, Martin, ed. *Katharina von Bora, die Lutherin: Aufsätze analäßlich ihres 500. Geburtstages.* Wittenberg: Elbe–Druckerei. 23–32.

Thoma, Albrecht. 1900. *Katharina von Bora.* Berlin.

Treu, Martin. 1995a. *Katharina von Bora.* Biographien zur Reformation. Wittenberg: Drei Kastanien Verlag.

Treu, Martin, ed. 1999a. *Katharina von Bora, die Lutherin: Aufsätze analäßlich ihres 500. Geburtstages.* Martin Treu im Auftrag der Stiftung

Luthergedenkstätten in Sachsen–Anhalt. Wittenberg: Elbe–Druckerei.

Treu, Martin. 1999b. "Das Leben der Katharina von Bora–eine biografische Skizze." In Martin Treu (ed.), *Katharina von Bora, die Lutherin: Aufsätze analäßlich ihres 500. Geburtstages*. Wittenberg: Elbe–Druckerei. 11–22.

Treu, Martin. 1999c. "Die Frau an Luthers Seite–Das Leben der Katharina von Bora." 32–51. In Udo Hahn and Udo and Marlies Mügge, eds. 1999. *Katharina von Bora: Die Frau an Luthers Seite*. Stuttgart: Quell. 32–51.

Treu, Martin. 1999d. "Die Frau an Luthers Seite: Katharina von Bora–Leben und Werk." *Luther* 70 (1): 10–29.

Treu, Martin, 1999e. "Katharina von Bora, the Woman at Luther's Side." *Lutheran Quarterly* 13 (2): 157–178.

Wahl, Johannes. 1999. " '… sich in das dorffwesen gar nicht schicken kann' Pfarrfrauen des 16. und 17. Jahrhunderts zwischen bürgerlicher Ehe und ländlicher Lebenswelt." In Martin Treu (ed.), *Katharina von Bora, die Lutherin: Aufsätze analäßlich ihres 500. Geburtstages*. Wittenberg: Elbe–Druckerei. 179–191.

Walsh, Christian Wilhelm Franz. 1752 and 1754. *Wahrhaftige Geschichte der heiligen Frau Katharina von Bora, D. Mart. Luthers Ehegattin wieder Eusebii Engelhards Morgenstern zu Wittenberg*. 2 vols. Ed. C. W. Walsh. Halle: Johann Justinus Gebauern.

Wiesner, Merry E. 1989. "Nuns, Wives, and Mothers: Women and the Reformation in Germany." In Sherrin Marshall (ed.), *Women in Reformation and Counter–Reformation Europ: Public and Private Worlds*. Bloomington: Indiana University Press, 1989, 9–27.

Wiesner–Hanks, Merry. 1996. "Introduction." In Merry Wiesner–Hanks (ed.), *Convents Confront the Reformation: Catholic and Protestant Nuns in Germany*. Milwaukee: Marquette University Press. 11–25.

Winter, Ingelore. 1990. *Katherina von Bora: Ein Leben mit Martin Luther*.

Dusseldorf: Droste.

Wintersteiner, Marianne. 1983. *Luthers Frau: Katharina von Bora*. Mühlacker: Karl Elser GmbH. Stieglitz Verlag, E. Händle, Mühlhacker—Irdning/ Steiermark.

Wittenmyer, Annie. 1885. "The Reformation in Germany—Catharina von Bora." In idem, *The Women of the Reformation*. New York: Phillips & Hunt. Cincinnati: Cranston & Stowe. 361–365.

Zeller, Eva. 1996. *Die Lutherin: Spurensuche nach Katharina von Bora*. Deutsche Verlags—Anstalt Stuttgart. 6th edn.

제6장 아르굴라 폰 그룸바흐

아르굴라의 작품 (listed after Matheson 1995, 197-199)

Argula von Grumbach. 1523. *Wie ein Christliche Fraw des adels/ in// Beyern durch iren/ in Gotlicher schrifft/ wolgegrund// teen Sendbrieffe/ die hohenschul zu Ingoldstat/ // vmb das sie eynen Euangelischen Jungling/ zu widersprechung des wort gottes. Betrangt// haben/ straffet*. Actum Ingelstat. M D Xxiij. Erfurt: Matthes Maler. Köhler: Fiche 1002/2543. (Printed in 13 editions in 1523, in Nuremberg: Friedrich Peypus; Basel: Cratander; Breslau: Libisch; Augsburg: Ulhart Sr.; Zwickau: Gastel; Erfurt: Maler; Eilenburg: Stöckel and Widemar; Strasbourg: Flach; Stuttgart: Hans von Erfurt; Augsburg: Heinrich Steiner.)

Argula von Grumbach. 1523. *Ain Christennliche schrifft// ainer Erbarn frawen/ vom Adel// darinn sy alle Christenliche stendt/ vnd obrigkayten ermant/ Bey// der warheit/ vnd dem wort// Gottes zuo bleyben/ vnd// solchs auß Christlicher// pflicht zum ernstlich// sten zuo handt// haben.//* Argula Staufferin. M. D. xxii. Augsburg: Philipp Ulhart St. 1523. Köhler: Fiche 16/66. (Four prints in 1523, in Bamberg, Munich, Erfurt, and in 1524 in Eilenburg.)

(E.g., Argula von Grumbach. 1523. *Ein Christennliche schrifft einer erbarn frawen vom Adel/ darinn sie alle Christenliche stendt vnd obrigkeiten ermant/ Bey der warheit vnd dem wort gottes zuplieben/ vnd solchs auß Christlicher pflicht zum ernstlichsten zu handthaben.* Bamberg: Erlinger.)

Argula von Grambach. 1523. *An ain Ersamen// Weysen Radt der stat// Ingolstat/ ain sandt// brief/ von Fraw// Argula von grun// bach gebore// von Stauf// fen.* Augsburge: Philipp Ulhart Sr., 1523. Köhler 5/19. (Mikrofiche der Ausg. Ausburg: Ulhart. Flugschriften des frühen 16. Jh, Ser. 1, Mikrofiche 5, Flugshr. Nr. 19. Inter Documentation Company, 1978.)

Argula von Grambach. 1523. *Dem// Durchleüchtigen hochge// bornen Fürsten vnd herren/ Herren Jo// hansen/ Pfaltzgrauen bey Reyn// Hertzogen zuo Beyern/ Grafen// zuo Spanheym x. Mey// nem Gnedigisten// Herren.* Argula Staufferin. Augsburg: Philipp Ulhart Sr., 1523. Köhler: Fiche 284:818. (Other prints in Bamberg 1523, and Erfurt 1524.) (E.g., Argula von Grumbach. 1523. *Ermanung an den Durchleuchtigen hochgebornen fürsten vnnd hern herren Johannsen Pfaltzgrauen bey Reyn Hertzogen in Bayrn vnd Grauen zu Spanheim etc. Das seyn F. G. ob dem wort gottis halten wöll. Von einer erbaren frawen vom Adel seinn gnaden zugeschickt).* (Mikrofiche der Ausg. Bamberg: Erlinger. Flugschriften des frühen 16. Jh, Ser. 2, Mikrofiche 566, Flugschr. Nr. 1444. Inter Documentation Company 1980.)

Argula von Grumbach. 1523?. *Dem durchleüchtigisten Hoch// gebornen Fürsten vnd herren/ Herrnn Fri// derichen. Hertzogen zuo Sachssen/ Des// hayligen Römischen Reychs Ertz// marschalck vnnd Churfürsten/ // Landtgrauen in Düringen/ vnnd Marggrauen zuo// Meyssen/ meynem// gnedigisten// herren.// Argula Staufferin.* Augsburg: Philipp Ulhart Sr., 1523? Köhler: Fiche 10/40. (One other print in Erfurt 1524.) (Argula von Grumbach. 1524. *Dem Durchleuchtigisten Hochgebornen Fürsten vnd herren/Herren Friderichen/ Hertzogen tzu Sachssen… meynem Gnedigisten herren.*) (Mikrofiche der Ausg. Erfurt: Stürmer.

Flugschr. Des frühen 16. Jh, Ser. 9, Mikrofiche 1808, Flugschr. Nr. 4631. Inter Documentation Campany, 1987.)

Argula von Grumbach. 1523. *An den Edlen// und gestrengen he// ren/ Adam von Thering// der Pfalzgrauen stat// halter zuo Newburg// x. Ain sandtbrieff// von fraw Argula// von Grumbach// geborne von// Stauff// fen.* Augsburg: Philipp Ulhart Sr., 1523. Köhler. Fiche 967: 2427.

Argula von Grumbach. 1524. *Ein Sendbrieff der edeln// Frawen Argula Staufferin/ an die// von Regenßburg.//* M. D. Xxiiij. Nuremberg: Hans Hergot, 1524. Panzer 2342.

Argula von Grumbach. 1524. *Eyn Antwort in/ gedichtß weiß/ ainem auß d // hohen Schul zu Ingol// stat/ auff ainen spruch// newlich von jm auß// gangen/ welcher// hynden dabey// getruckt// steet.//* Anno. D.M. Xxiiij.// Rom. X.// So mann von hertzen glawbt/ wirt// man rechtuertig/ so man aber mit dem// mundt bekennet/ wirt mann selig.// Argula von Grumbach/ // geboren von Stauff.// Eyn Spruch von der// Staufferin/ jres Dispu// tierens halben.// Nuremberg: Hieronumus Höltzel, 1524. Köhler: Fiche 285: 820.

Argula von Grumbach. A Woman's Voice in the Reformation. 1995. Ed. Peter Matheson. Edinburgh: T&T Clark.

참고문헌

Argula von Grumbach: selbst ist die Frau: Christin, Draufgängerin, Publizistin. 500? Geburtstag. 1992. Ed. Herbert Spachmüller. Veranstalter und Herausgeber: Evang.–Luth. Kirchengemeinde St. Martin (Schwabach). Ausstellug in der Schwabacher Stadtkirche. October 3–31, 1992.

Bainton, Roland. 2001. "Argula von Grumbach." In idem, *Women of the Reformation in Germany and Italy.* NP: Academic Renewal Press. 97–109. First published 1971, Minneapolis: Augsburg Publishing House.

Bauer, Erich. 1987. "Argula von Grumbach und ihre Flugschriften: Untersuchungen zu Leben und Wirken einer Standesfrau zu Beginn der Reformation." Unpublished dissertation. Salzburg.

Bautz, Friedrich Wilhelm. 1980. "Grumbach, Argula von." *Beiträge zur bayerischen Kirchengeschichte* 2: 370–373.

Becker–Cantarino, Barbara. 1987. "Religiöse Streiterinnen: Katharina Zell und Argula von Grumbach." In idem, *Der lange Weg zur Mündigkeit: Frau und Literatur (1500–1800)*. Stuttgart: J. B. Metzler. 96–110.

Becker–Cantarino, Barbara. 1988. "Argula von Grumbach (ca. 1492–1563) und die Reformation in Bayern." In, Gisela Brinker–Gabler (ed.), *Vom Mittelalter bis zum ende des 18. Jahrhunderts. (Deutsche Literatur von Frauen,* vol. 1.) Munich: Beck. 155–159.

Bezzel, Irmgard. 1986. "Argula von Grumbach und Johannes aus Landshut. Zu einer Kontroverse des Jahres 1524." *Gutenberg Jahrbuch* 61: 201–207.

Bezzel, Irmgard. 1987. "Der Sendbrief Argula von Grumbach an die Universität Ingolstadt (1523) in zwei redaktionellen Bearbeitungen." In *Gutenberg–Jahrbuch* 62: 166–173.

Chrisman, Miriam Usher. 1982. *Lay Culture, Learned Culture: Books and Social Change in Strasbourg, 1480–1599.* New Haven: Yale.

Classen, Albrecht. 1989. "Footnotes to the Canon: Maria von Wolkenstein and Argula von Grumbach." In Jean R. Brink, Allison P. Coudert, and Maryanne C. Horowitch (eds), *The Politics of Gender in Early Modern Europe. (Sixteenth Century Essays and Studies,* vol. 12.) Kirksville, MO: Sixteenth Century Journal Publishers, 131–148.

Classen, Albrecht. 1991a. "Argula von Grumbach." In Katharina M. Wilson (ed.), *An Encyclopedia of Continental Women Writers,* vol. 1. New York & London: Garland Publishing, Inc. 497–498.

Classen, Albretch. 1991b. "Woman Poet and Reformer: the 16th Century

Feminist Argula von Grumbach." *Daphnis* 20 (1): 167–197.

Deubner, K. A. 1930. "Argula von Grumbach." *Die Wartburg* 29: 73–81.

Dorn, Ernst. 1902. "Argula von Grumbach, die Schloßfrau von Lenting bei Ingolstadt." *Bayerische Diasporablätter* 1: 102–105.

Engelhardt, Eduard. 1859. *Argula von Grumbach die bayerische Tabea. Ein Lebensbild aus der Reformationszeit für den christlichen Leser dargestellt.* Nuremberg.

Finauer, P. P. 1761. "Argula von Grumbach." In idem, *Allgemeines historisches Verzeichnis gelehrter Frauenzimmer.* Munich.

Halbach, Silke. 1992. *Argula von Grumbach als Verfasserin reformatorischer Flugschriften.* Europäische Hochschulschriften series 23, Theologie Bd. 468. Frankfurt am Main: Peter Lang.

Heinen, Gisela. 1981. "Bayerische Reformatorin, Argula von Grumbach." In Angelika Schmidt–Biesalski (ed.), *Lust, Liebe und Verstand: Protestantische Frauen aus fünf Jahrhunderten.* Gelnhausen, Berlin, Stein: Burckhardthaus–Laetare Verlag. 19–30.

Heinsius, Maria. 1936. "Das Bekenntnis der Frau Argula Grumbach." *Christliche Wehrkraft* 34.

Heinsius, Maria. 1951. "Argula von Grumbach." In idem, *Das Unüberwindliche Wort: Frauen der Reformationszeit.* Munich: Kaiser. 134–159.

Heuschel, A. 1911. "Frau Argula von Grumbach, geboren von Stauffe." *Der alte Glaube* 12: 738–741.

Joldersma, Hermina. 1997. "Argula von Grumbach (1492–after 1563?)." In James Hardin and Reinhart Max (eds), *German Writers of the Renaissance and Reformation, 1280–1580. (Dictionary of Literary Biography,* vol. 179.). Detroit, Washington DC, and London: A Bruccoli Clark, Layman Book Gale Research. 89–96.

Jung, Martin H. 2002. *Nonnen, Prophetinnen, Kirchenmüter: Kirchen–und frömmigkeitsgeschichtliche Studien zu Frauen der Reformationszeit.* Leipzig:

Evangelische Verlagsanstalt GmbH.

Kolde, Theodor. 1905. "Arsacius Seehofer und Argula von Grumbach." *Beiträge zur bayerischen Kirchengeschichte* 11: 49–77, 97–124, 149–188 (ibid. 1922 vol. 22: 162–164.)

Lehms, Georg Christian. 1715. "Argula von Grumbach." In *Teutschlands galante Poetinnen.* Frankfurt am Main: Verlegung des Autoris. 71–73.

Lipowsky, J. 1801. *Argula von Grumbach.* Munich.

Luther, Martin. 1883–1993. *D. Martin Luthers Werke. Kritische Gesamtausgabe: Weimarer Ausgabe* 1883ff. Briefwechsel. 1933ff. Weimar: Herman Böhlaus Nachfolger. Luther and Argula, Briefwechsel II, No. 509, IV, Nos 706, 713, 800, V, 1581–1584.

Luther, Martin. 1955–86. *Luther's Works.* American Edition. Ed. Jaroslav Pelikan. 55 vols. Philadelphia: Fortress Press; St. Louis: Concordia Publishing House.

Matheson, Peter, ed. 1995. *Argula von Grumbach. A Woman's Voice in the Reformation.* Edinburgh: T&T Clark.

Matheson, Peter. 1996. "Breaking the Silence: Women, Censorship, and the Reformation." *Sixteenth Century Journal* 27: 97–109.

Matheson, Peter. 2002. "Argula von Grumbach." In Carter Lindberg (ed.), *The Reformation Theologians.* Oxford: Blackwell Publishers. 94–108.

Pfeilschifter, Georg. 1978. "Eine Neuentdeckun: Alte Burg in Lenting. Sitz der Argula von Grumbach." *Ingolstädter Heimatblätter* 41 (6): 21ff.

Pistorius, Hermann Alexander. 1845. *Frau Argula von Grumbach geborene von Stauffen und ihr Kampf mit der Universität zu Ingolstadt.* Magdeburg.

Reese, E. 1983. "Eine Streiterin für die Reformation. Argula von Grumbach (1492–1568)." *Lutherische Monatschefte* 22: 303–310.

Rieger, M. Georg Cunrad. 1737. *Das Leben Argulae von Grumbach, gebohrner von Stauffen.* Als Einer Jüngerin Jesus, Zeugin der Warheit und Freundin Lutheri, samt eingemengter Nachricht von Arsatio Seehofern. Stuttgart.

Russell, Paul A. 1983. "'Your Sons and Daughters shall Prophesy...' (Joel 2:28). Common People and the Futrue of the Reformation in the Pamphlet Literature of South–Western Germany to 1525." *Archiv für Reformationsgeschichte* 74: 122–140.

Russell, Pau A. 1986. *Lay Theology in the Reformation. Popular Pamphleteers in the Southwest Germany 1521–1525*. Cambridge and New York: Cambridge University Press. 185–211.

Saalfeld, H. 1960. "Argula von Grumback, die Schlossherrin von Lenting." *Sammelblätter des historischen Vereins Ingolstadt* 69: 42–53.

Schöndorf, Kurt Erich. 1983. "Argula von Grumbach, eine Verfasserin von Flugschriften in der Reformationszeit." In Jorunn Valgard and Elsbeth Wessel (eds), *Frauen und Frauenbilder Dokumentiert durch 2000 Jahre: Osloer Beiträge zur Germanistik* vol. 8. Oslo: Universitet i Oslo Germanistisk institutt. 182–202.

Söltl, J. M. 1847. "Argula von Grumbach." *Neue Jahbücher der Geschichte und Politik* 10: 270–276.

Spohn, Georg R. 1971. "Widmungsexemplare Ulrichs von Hutten und ein Sendschreiben Argulas von Grumbach an Pfalzgraf Johann II von Pfalz–Simmern." *Archiv für Mittelrheinische Kirchengeschichte* 23: 141–146.

Stolt, Birgit. 1999. "Luthers Sprache in seinen Briefen an Käthe." In Treu, Martin, ed. *Katharina von Bora, die Lutherin: Aufsätze analäßlich ihres 500. Geburtstages*. Wittenberg: Elbe–Druckerei. 23–32.

Stupperich, Robert. 1955. "Die Frau in der Publizistik er Reformation." *Archiv für Kulturgeschichte* 37: 204–233.

Stupperich, Robert. 1956. "Eine Frau kämpft für die Reformation. Das Leben der Argula von Grumbach." *Zeitwende* 27: 676–681.

Stupperich, Robert. 1966. "Argula, geb Freiin v. Stauff. In Art. Grumbach v."

Neue Deutsche Biographie 7: 212.

Stupperich, Robert. 1984. "Argula von Grumbach." In *Reformatorenlexikon*. Gütersloh. 90–91.

Theopald, Leonhard. 1936. "Das Sendschreiben der Stauferin Argula von Grumbach an Kammerer und Rat von Regenburg." *Zeitschrift für bayerische Kirchengeschichte* 11: 53–56.

Werner, A. Widmann. 1985. "Argula von Grumbach." *Der Turmschreiber–Kalender, Ein bayerisches Hausbuch für das Jahr 1985:* 150–153.

Wiesner, Merry E. 1988. "Women's Response to the Reformation." In Ronnie Po–chia Hsia (ed.), *The German People and the Reformation*. Ithaca: Cornell University Press. 148–171.

Wiesner, Merry E. 1989. "Nuns, Wives, and Mothers: Women and the Refomation in Germany." In Sherrin Marshall (ed.), *Women in Reformation and Counter–Reformation Europe: Public and Private Worlds*. Bloomington and Indianapolis: Indiana University Press. 8–27.

Wolff, Karin. 1983. "Argula von Grumbach und ihre reformatorischen Flugschriften." Unpublished PhD Dissertation. Wissenschaftliche Prüfungsarbeit für das Lehramt an Gymnasien in Evangelischer Theologie. Mainz.

Zimmerli–Witschi, Alice. 1981. *Frauen der Reformationszeit*. Dissertation. Univerisity of Zurich. Zürich: aku–Fotodruck.

제7장 엘리자베스 폰 브란덴부르크와 엘리자베스 폰 브라운슈바이크

1. 엘리자베스 폰 브란덴부르크

Bainton, Roland. 2001. "Elisabeth of Brandenburg." In idem, *Women of the Reformation in Germany and Italy*. NP: Academic Renewal Press, 2001.

111–124. First published 1971, Minneapolis: Augsburg Publishing House.

Baur, Wilhem. 1873. "Elisabeth, Churfürstin von Brandenburg, die Bekennerin. Ein Vortrag zum Kirchbauereins in Berlin am 11. November 1872 gehalten von Wilhelm Baur." In *Deutsche Blätter: Eine Mantagschrift für Staat, Kirche und sociales Leben.* 521–540.

Becker–Cantarino, Barbara. 1983. "Die schriftstellerische tätigkeit der Elisabeth von Braunschweig–Lüneburg (1510–1558)." In idem, *Virtus et Fortuna. Zur Deutschen Literatur zwischen 1400 und 1720.* Festchrift für Hans–Gert Roloff zu seinem 50. Geburtstag. Bern, Frankfurts and New York. 237–258.

Berbig, G. 1911. "Ein Gutachten über die Flucht der Kurfürstin Elisabeth von Brandenburg aus dem Schlosse zu Berlin." *Archiv Für Reformationsgeschichte* 8: 380–394.

Bornhak, Friedrich. 1889. "Elisabeth von Dänemark." In *Die Fürstinnen auf dem Throne der Hohenzollern in Brandenburg–Preussen.* Berlin. 101–128. [1907, Altenburg: S–A. Geibel]

Jakobi, Rudolf. 1909. "Die Flucht der Kurfürstin Elisabeth von Brandenburg." *Hohenzollern Jahrbuch* 8: 155–196.

Kirchner, Ernst. 1866. "Elizabeth von Dänemark." In *Die Churfürstinnen und Köninginnen auf dem Throne der Hohenzollern, im Zusamhange mit ihren Familien– und Zeit–Verhältnissen* I (Berlin). 215–290.

Lohmeyer, K. 1968 [1877]. "Elisabeth, Kurfürstin von Brandenburg." In *Allgemeine Deutsche Biographie* 6. 14–55.

Mager, Inge. 1992. "Elisabeth von Brandenburg–Sidonie von Sachsen. Zwei Frauenschicksale im Kontext der Reformation von Calenberg–Göttingen." In *450 Jahre Reformation im Calenberger Land. Festschrift zum Jubiläum im Jahr 1992.* Ev.–luth. Kirchenkreis

Laatzen–Pattensen. 23–52.

Riedle, Adolf Friedrich. 1865. "Die kurfürstin Elisabeth von Brandenburg in Beziehung auf die Reformation." *Zeitschrift für Preussische Geschichte und Landeskunde* 2: 65–100, 354–355.

Schultze, Johannes. 1959. "Elisabeth, Kurfürstin von Brandenburg." *Neue Deutsche Biographie* 4: 443.

Tschackert, Paul. 1899. *Herzogin Elisabeth von Munden, geborene Markgräfin von Brandenburg: die erste Schriftstellerin aus dem Hause Brandenburg und aus dem braunschweigischen Hause, ihr Lebensgang und ihre Werke.* Berlin und Leipzig: Verlag von Gieserke & Debrient. (Also in Hohenzollern–Jahrbuch 1899, und Separatdruck 1900 mit 2 Beilagen Elisabeths…nach ihren Originalhandschriften zum ersten Male vollständig herausgeg. Berlin und Leipzig 1899.)

Wiesner–Hanks, Merry. 1998. "Kinder, Kirche, Landeskinder: Women Defend their Publishing in Early Modern Germany." In R. B. Barnes, R. A. Kolb, and P. L. Presley (eds), *Books Have Their Own Destiny, Habent sua fata libelli*. Kirksville, MO: Sixteenth Century Journal Publishers. 143–152.

2. 엘리자베스 폰 브라운슈바이크의 작품

Elisabeth von Braunschweig–Lüneburg. 1542. *Der Durchleuchtigen Hochgebornen Fürstin und Frawen/Frawen Elisabetg geborne Marckgravin zu Brandenburg u. Hertzogin zu Braunschweig und Lueneburg beschlossem und verwilligtes Mandat inirem Fürstenthum Gottes Wort auffzurichten/Und irrige verfürte lerr außzurotten belangent.* Münden.

Elisabeth von Braunschweig. 1545. *Ein Christlicher Sendebrieff der Durchleuchtigen Hochgebornen Fuerstinnen und Fueawen F. Elisabeth geboren Marggraffinnen zu Brandenburg, etc. Herzoginnen zu Braunschweig und Luneburg etc. Witwen/an alle irer F. G. und irer F. G. Herzlichen Sons Erichs Untertanen geschrieben/ Christ-*

liche besserung und newes Gottseliges leben/ so in dieser letsten bösen zeit/ Die hohe nod fordert/ belangend. Hannover.

Elisabeth von Braunschweig. 1598. *Der Widwen Handbüchlein, durch eine hocherleuchte fürstliche Widwe/vor vielen Jahren selbst beschrieben und verfasset/Jetzt aber wiederumb auff newe gedruckt/Allen Christlichen Widwen/hohes und nieder Standes/zu besonderem Trost.* Leipzig. HAB shelfmark number YJ Helmst 8.

Elisabeth von Braunschweig. 1824. *Unterrichtung und Ordnung für Herzog Erich d.J.* In V. Friedrich Karl von Strombeck (ed.), *Deutscher Fürstenspiegel aus dem 16. Jahrhundert.*, Braunschweig: Friedrich Vieweg. 57–130.

브라운슈바이크에 관한 참고문헌

Aschoff, Hans–Georg. 1984. "Herzog Heinrich der Jüngere und Herzogin Elisabeth von Braunschweig–Lüneburg." *Jahrbuch der Gesellschaft für niedersächsische Kirchengeschichte* 82: 143–173.

Bainton, Roland H. 2001. "Elisabeth von Braunschweig." In idem, *Women of the Reformation in Germany and Italy.* NP: Academic Renewal Press. 125–143. First published 1971, Minneapolis: Augsburg Publishing House.

Becker–Cantarino, Barbara. 1983. "Die schriftstellerische tätigkeit der Elisabeth von Braunschweig–Lüneburg (1510–1558)." In idem, *Virtus et Fortuna. Zur Deutschen Literatur zwischen 1400 und 1720.* Festchrift für Hans–Gert Roloff zu seinem 50. Geburtstag. Bern, Frankfurt, and New York. 237–258.

Brauch, Albert. 1930. *Die Verwaltung des Territoriums Calenberg–Göttingen während der Regentschaft der Herzogin Elisabeth 1540–1546.* In Quellen und Darstellungen zur Geschichte Niedersachsens. Herausgegeben vom Historischen Verein für Niedersachsen. Band 38. Hildesheim und Leipzig: August Lax Verlagshandlung.

Brenneke, Adolf. 1924. "Die politischen Einflüsse auf das Reformationswerk der

Herzogin Elisabeth in Fürstentum Calenberg–Göttingen 1538–55. *Niedersächsische Jahburch* I: 104–145.

Brenneke, Adolf. 1925. "Das Kirchenregiment der Herzogin Elisabeth während ihrer vormundschaftlichen Regierung im Fürstentum Calenberg–Göttingen." ZSRGK, Zeitschrift der Savigny–Stiftung für Rechtsgeschichte 14: 62–160.

Brenneke, Adolf. 1933. "Herzogin Elisabeth von Braunschweig–Lüneberg, die hannoverische Reformationsfürstin, als Persönlichkeit." *Zeitschrift der Gesellschaft für niedersächsische Kirchengeschichte* 38: 139–170.

Goltz–Greifswald, Freiherr von der. 1914. "Lieder der Herzogin Elisabeth von Braunschweig–Lüneburg, Gräfin von Henneberg. zu Hannover von 1553 bis 1555 Gedichtet." *Zeitschrift der Gesellschaft für Niedersächsische Kirchengeschichte* 19: 147–208.

Havemann, Wilhelm. 1839. *Elisabeth, Herzogin von Braunschweig–Lüneburg, geborene Markgräfin von Brandenburg: ein Beitrag zur Reformations–und Sittengeschichte des 16. Jahrhunderts.* Göttingen: Druck on Verlag der Dietrich f Chsen Buchhandlung.

Klettke–Mengel, Ingerborg. 1958. "Elisabeth von Braunschweig–Lüneburg als reformatorische Christin." *Jahrbuch der Gesellschaft für niedersächsische Kirchengeschichte* 56: 1–16. Also in I. Klettke–Mengel 1986a, 67–81.

Klettke–Mengel, Ingeborg. 1958. "Elisabeth, Herzogin von Braunschweig–Lüneburg." *Jahrbuch der Gesellschaft für niedersächsische Kirchengeschichte* 56: 1–16. Also in I. Klettke–Mengel 1986a, 67–81.

Klettke–Mengel, Ingeborg. 1958. "Elisabeth, Herzogin von Braunschweig–Lüneburg (Calenberg) 1510–1558." *Neue Deutsche Biographie,* 4: 443ff. Also in I. Klettke–Mengel 1986b, 110.

Klettke–Mengel, Ingerborg. 1973. *Die Sprache in Fürstenbriefen der Reformationszeit, untersucht am Briefwechsel Albrechts von Preussen und Elisabeths von Braunsch-*

weig–Lüneburg. 2nd edn. Köln und Berlin: Grote'sche Verlagsbuchhandlug KG.

Klettke–Mengel, Ingeborg. 1986a. "Die Korrespondenz zwischen Albrecht
in Preußen und Ernst dem Bekenner von Braunschweig–Lüneburg
1519–1546." In *Preußenland und Deusche Orden. Festschrift für Kurt Forstreuter.*
Würzburg: Ostdeutsche Beiträge aus dem Göttinger Arbeitskreis IX.
90–109.

Klettke–Mengel, Ingeborg. 1986b. *Fürsten und Fürstenbriefe. Zur Briefkultur im
16. Jahrhundert an geheimen und offiziellen preußisch–braunschweigischen Korrespondenzen,* mit 4 Abbildungen und 4 faksimilierten Schrifttafeln. Köln:
Grote.

Koch, Franz. 1905–6. "Briefe der Herzogin Elisabeth von Braunschweig–Lüneburg, ed. Franz Koch." *Zeitschrift der Gesellschaft für niedersächsische Kirchengeschichte* 10: 231–266, 11: 89–146.

Kurs, A. 1891. *Elisabeth, Herzogin von Braunschweig–Calenberg, geborene Prinzessen von
Brandenburg. Halle: Schriften für das deutsche Volk,* Heft 4.

Liederwald, Hilde. 1931. "Das Ehe des Grafen Poppo von Henneberg mit
der Herzogin Elisabeth von Braunschweig." *Neue Beiträge zur Geschichte
deutschen Altertums 36.* (Schmalkaden.) Lfrg. Heft 23: 37–88.

Mager, Inge. 1992. "Elisabeth von Brandenburg–Sidonie von Sachsen. Zwei
Frauenschicksale im Kontext der Reformation von Calenberg–Göttingen." In *450 Jahre Reformation im Calenberger Land. Festschrift zum Jubiläum
im Jahr 1992.* Ev.–luth. Kirchenkreis Laatzen–Pattensen. 23–52.

Mager, Inge. 1994. " 'Wegert euch das lieben heiligen Creuzes nicht.' Das Witwentrostbuch der Herzogin Elisabeth von Calenberg–Göttingen." In
Hartmut Boockmann (ed.), *Kirche und Gesellschaft im Heiligen Römischen
Reich des 15. und 16. Jahrhunderts.* Göttingen: Vandenhoeck & Ruprecht in
Göttingen. 207–224.

Mängel, Ingeborg. 1952. "Ein bisher unbekanntes Bücherinventar der Herzogin Elisabeth von Braunschweig–Lüneburg aus dem Jahre 1539." *Jahrbuch der Gesellschaft für Niedersächsische Kirchengeschichte* 50: 51–58. Also in I. Klettke–Mengel 1986a, 82–89.

Mengel, Ingeborg. 1953. "Aktenkundliche Untersuchungen an der Korrespondenz zwischen Elisabeth von Braunschweig–Lüneburg und Albrecht von Preussen. Ein Beitrag Zur Historischen Aktenkunde des 16th. Jahrhunderts." In *Archivalische Zeitschrift 48. Band, Munich.* 121–158. Also in I. Klettke–Mengel 1986a. 24–66.

Mengel, Ingeborg. 1954a. *Elisabeth von Braunschweig–Lüneburg und Albrecht von Preussen: Ein Fürstenbriefwechsel der Reformationszeit.* Göttingen, Frankfurt Berlin: Musterschmidt Wissenschaftlicher Verlag. [Veröffentlichtung der historischen Kommission für Niedersachsen 13/14.]

Mengel, Ingeborg. 1954b. "Politisch–dynastische Beziehungen zwischen Albrecht von Preussen und Elisabeth von Braunschweig–Lüneburg in den Jahren 1546–1555." In *Jahrbuch der Albertus–Universität zu Königsberg/Preussen* Band V: 225–241. Also in I. Klettke–Mengel 1986a, 11–23.

Nebig, Ernst–August. 2006. *Elisabeth Herzogin von Calenberg. Regentin, Reformatorin, Schriftstellerin.* Göttingen: Matrix Media Verlag.

Quentin, Johann Ludolf. 1789. *Beschreibung der ersten Kirchen–Ordnung der Herzogin Elisabeth von Braunschweig, geborner Marggrävin von Brandenburg: Gedruckt zu Erfurt in der Arche No 1542. 4.* Göttingen: Rosenbusch.

Spengler–Ruppenthal, Anneliese. 1984. "Die Herzogin Elisabeths von Calenberg–Göttingen und der Landgraf Philipp von Hessen." *Jahrbuch der Gesellschaft für niedersächsische Kirchengeschichte* 82: 27–52.

Stelzel, Ulla. 2003. *Aufforderungen in den Schriften Herzogin Elisabeths von Braunschweig–Lüneburg. Eine Untersuchung zum wirkungsorientierten Einsatz der direktiven Sparchhandlung im Frühneuhochdeutschen.* Hildesheim, Zurich, and New

York: Georg Olms Verlag.

Strombeck, V. Friedrich Karl von (ed.), *Deutscher Fürstenspiegel aus den 16. Jahrhundert*. Braunschweig: Friedrich Vieweg. 57–130.

Tschackert, Paul. 1899. *Herzogin Elisabeth von Munden, geborene Markgräfin von Brandenburg: die erste Schriftstellerin aus dem Hause Brandenburg und aus dem braunschweigischen Hause, ihr Lebensgang und ihre Werke*. Berlin und Leipzig: Verlag von Gieserke & Debrient. Also in Paul Tschackert 1899, "Herzogin Elisabeth von Münden (gest. 1558), die erste Schriftstellerin aus dem Hause Brandenburg und aus dem braunschweigischen Hause." In *Hohenzollern Jahrbuch* 3: 49–65. (With original munuscripts.)

Tschackert, Paul. 1900. "Briefwechsel der Antoninus Corvinus." In *Quellen und Darstellungen zur Geschichte Niedersachsens* 4. Hannover, Leipzig.

Warnke, Ingo. 1994. "Elisabeth von Braunschweig–Lüneburgs Sittenspiegel. Beobachtungen zur symbolischen Interaktion." In Gisela Brandt (ed.), *Bausteine zu einer Geschichte des weiblichen Sprachgebrauchs*. Internationale Fachtagung, Rostock 6.8. 1993. Stuttgart: Verlag Hans–Dieter Heinz, Akademischer Verlag Stuttgart. 101–1112.

Wiesner–Hanks, Merry. 2000. "Herzogin Elisabeth von Braunschweig–Lüneberg (1510–1558)." In Kerstin Merkel and Heide Wunder (eds), *Deutsche Frauen der Fruühen Neuzeit: Dichterinnen, Malerinnen, Mäzerninnen*. Darmstadt: Wissenschaftliche Buchgesellschaft. 39–48.

Wiesner–Hanks, Merry. 1998. "Kinder, Kirche, Landeskinder: Women Defend their Publishing in Early Modern Germany." In R. B. Barnes, R. A. Kolb, P. L. Presley (eds), *Habent sua fata libelli*. 143–151.

Wunder, Heide, Helga Zöttlein, and Barbara Hoffmann. 1997. "Konfession, Religiosität und politisches Handeln von Frauen vom ausgehenden 16. bis zum Beginn des 18. Jahrhunderts." *Zeitsprünge. Forschungen zur Fruühen Neuzeit* 1: 75–98.

제8장 카타리나 쉬츠 젤

카타리나의 작품 (following the listing in Elsie Anne McKee, 1999b, 368)

Katharina Schütz Zell. 1524. *Den leydenden Christglaubigen weybern der gemain zu Kentzigen minen mitschwestern in Christo Ihesu zu handen.* Strasbourg: W. Köpffel.

Katharina Schütz Zell. 1524. *Entschuldigung Katharina Schützim / für M. Mathes Zellen / jren Eegemahel / der ein Pfarrher und dyener ist im wort Gottes zu Straßburg. Von wegen grosser lügen uff jn erdiecht.* Strasbourge: W. Köpffel.

Katharina Schütz Zell. 1534–36. *Von Christo Jesu unseren saligmacher / seiner Menschwerdung / Geburt / Beschneidung / etc. etliche Christliche und tröstliche Lobgsand / auß einenm fast herrlichen Gsangbuch gezogen / Von welchem inn der Vorred weiter anzeygt würdt.* Strasbourg: J. Froelich, 1534–36.

Katharina Schütz Zell. 1548. *Klag red und ermahnung Catharina Zellin zum volk bei dem grab m. Matheus Zellen Pfarer zum münster zu Straßburg / deß frommen mannß / bey und über seinem todten leib.* [The earliest extant written text in an early eighteenth–century hand was found and published in the 1880s.]

Katharina Schüz Zell. 1557. *Ein Brieff an die gnatze Burgerschafft der Statt Straßburg von Katherina Zellin / dessen jetz saligen Matthei Zellen / deß alten und ersten Predigers des Evangelij dieser Statt / nachgelassne Ehefraw / Betreffend Herr Ludwigen Rabus / jetzt ein Prediger der Statt Ulm / sampt zweyen brieffen jr und sein / die mag mengklich lesen und urtheilen on gunst und haß / sonder allein der war heit warnemen. Dabey auch ein sanffte antwort / auff jeden Artickel / seines brieffs.* Strasbourg? 1557.

Katharina Schütz Zell. 1558. *Den Psalmen Miserere / mit dem Khünig David bedacht / gebettet / und paraphrasirt von Katharina Zellin M. Matthei Zellen seligen nachgelassne Ehefraw / sampt dem Vatter unser mit seiner erklarung / zugeschickt dem Christlichen mann Juncker Felix Armbruster / zum trost in seiner kranckheit / und andern angefochtenen hertzen und Concientzen /der sünd halben betrubt & c. in truck lassen kommen.* Strasbourg? 1558.

McKee, Elsie Anne, ed. 1999. *Katharina Schütz Zell, The Writings: A Critical Edition.* Studies in Medieval and Reformation Thought 69, vol. 2. Leiden, Boston, and Koln: E. J. Brill.

McKee, Elsie Anne, transl. 2006. *Katharina Schütz Zell, Church Mother: The Writings of a Protestant Reformer in Sixteenth–Century Germany.* Chicago and London: The University of Chicago Press.

참고문헌

Albrecht, Ruth. 1998. "Wer war Katharina Zell?" In Heide Wunder and Gisela Engel (eds), *Geschlechterperspektiven Forschungen zur Frühen Neuzeit.* Königstein: Taunus. 135–144.

Bainton, Roland. 1970. "Katharine of Zell." *Medievalia et Humanistica.* Studies in Medieval and Renaissance Culture 1: 143–168.

Bainton, Roland. 2001. "Katherine Zell." In idem, *Women of the Reformation in Germany and Italy.* NP: Academic Renewal Press 55–76. First published 1971, Minneapolis: Augsburg Publishing House.

Becker–Cantarino, Barbara. 1987. "Religiöse Streiterinnen: Katharina Zell und Argula von Grumbach." In idem, *Der lange Weg zur Mündigkeit: Frau und Literatur (1500–1800).* Stuttgart: Metzler. 96–110.

Bowers, Diane. 1998. "Das Schweigen ist kein geduld, or, To Be Patient Is Not To Be Silent: The Apology of Katharina Schütz Zell, Evangelical Reformer in Strasbourg." Unpublished PhD dissertation.

Buchberger, Michael. 2001. "Zell, Katharina." In Walter Kaspar (ed.), *Lexikon für Theologie und Kirche.* Zehnter Band. [Thomaskirchen bis Žytomyr.] Freiburg: Herbor. 1416–1417.

Chrisman, Miriam. 1972. "Women and the Reformation in Strasbourg 1490–1530." *Archiv für Reformationsgeschichte* 63: 143–168.

Chrisman, Miriam Usher. 1982. *Lay Culture, Learned Culture: Books and Social Change in Strasbourg, 1480–1599.* New Haven: Yale.

Conrad, Anne. 1998. "'Ein männisch Abrahamisch gemuet': KZ in Kontext der Straßburger Reformations Geschichte." In Heide Wunder and Gisela Engel, *Geschlechterperspektiven Forschungen zur Frühen Neuzeit.* Königstein: Taunus. 120–139.

Davis, Natalie Zemon. 1998. "Neue Perspektiven für die Geschlechtforschung in der Frühen Neuzeit." In Heide Wunder and Gisela Engel, *Geschlechterperspektiven Forschungen zur Frühen Neuzeit.* Königstein: Tannus. 16–51.

Davis, Natalie Zemon. 2000. *The Gifts in Sixteenth–Century France.* Madison, WI: The University of Wisconsin Press. 125–126.

Evangelisches Predigerseminar Luthertstadt Wittenberg. 1997. *Frauen mischen sie ein. Katharina Luther, Katharina Melanchthon, Katharina Zell, Hille Feicken und Andere.* Wittenberger Sonntagsvorlesungen. 2nd edn. Wittenberg: Drei Kastanien Verlag.

Haase, Lisbeth. 2002. *Katharina Zell: Pfarrfrau und Reformatorin.* Stuttgart: Edition Anker im Christilichen Verlagshaus.

Heinsius, Maria. 1951. *Das Unüberwindliche Wort.* Frauen der Reformatonszeit. Munich: Kaiser.

Jancke, Gabriele. 1998. "Die Kirche als Haushalt und die Leitungsrolle der Kirchenmutter." In Heide Wunder and Gisela Engel, *Geschlechterperspektiven Forschungen zur Frühen Neuzeit.* Königstein: Taunus. 145–155.

Jancke–Pirna, Gabriele. 1997. "Prophetin–Pfarrfrau–Publizistin. Die Strasbourger, 'Kirchenmutter' Katharina Zell." In Evangelisches

Predigerseminar Luthertstadt Wittenberg (ed.), *Frauen mischen sich sein 1997.* 55–80.

Jung, Martin. 2002. *Nonnen, Prophetinnen, Kirchenmütter: kirchen – und frömmgkeitsgeschichtliche Studien zu Frauen der Reformationszeit.* Leipzig: Evangelische Verlagsanstalt.

Kaufmann, Thomas. 1996. "Pfarrfrau und Publizistin–Das reformatorische 'Amt' der Katharina Zell." *Zeitschrift für Historiche Forschung* 23: 169–218.

Keller, Marie–Luise. 1981. "Helferin der Verfolgten, Katharina Zell." In Angelika Schmid–Biesalski (ed.), *Lust, Liebe und Verstand: Protestantische Frauen aus fünf Jahrhunderten.* Gelnhausen, Berlin, and Stein: Burckhardthaus–Laetare Verlag. 31–44.

Lienhard, Marc. 1980. "Catherine Z. née Schütz." In *Bibliotheca Dissentium. Repertoire des non–conformistes religieux des seizième et dix–septième siècles* vol 1. Ed. Andre Séquenny. Baden–Baden: Valentin Koerner. 97–125.

Luther, Martin. 1883–1993. *D. Martin Luthers Werke, Kritische Gesamtausgabe: Weimarer Ausgabe* 1883ff. Weimar: Herman Böhlaus Nachfolger. (See Luther's letters to Katharina: December 12, 1524, WA Br 3: 405–406; January 14, 1531, WA Br 6: 26–27).

Luther, Martin. 1955–86. *Luther's Works.* American Edition. Ed. Jaroslav Pelikan. 55 vols. Philadelphia: Fortress Press; St. Louis: Concordia Publishing House.

McKee, Elsie Anne. 1992. "The Defense of Zwingli, Schwenckfeld, and the Baptists, by Katharina Schütz Zell." In Heiko A. Oberman, Ernst Saxer, Alfred Schindler, Heinzpeter Stucki (eds), *Reformiertes Erbe: Festschrift für Gottfried W. Locher zu seinem 80. Geburtstag* vol. 1. Zürich: Theologischer Verlag. 245–264.

McKee, Elsie Anne. 1994. *Reforming Popular Piety in Sixteenth–Century Strasbourg: Katharina Schütz Zell and Her Hymnbook.* Princeton: Princeton Theological

Seminary.

McKee, Elsie Anne. 1995. "Katharina Schütz Zell: A Protestant Reformer." In Timothy J. Wengert and Charles W. Brockwell, Jr. (eds), *Telling the Churches' Stories: Ecumenical Perspectives on Writing Christian History.* Grand Rapids, MI and Cambridge: William B. Eerdmans Publishing Company. 73–90.

McKee, Elsie Anne. 1997. "Speaking Out: Katharina Schütz Zell and the Command to Love One's Neighbor as an Apologia for Defending the Truth." In W. H. Neuser & H. J. Selderhuis (eds), *Ordentlich und Fruchtbar, Festschrift für Willem van't Spijker.* Leiden: J. J. Groen en Zoon. 9–22.

McKee, Elsie Anne. 1999a. *Katharina Schütz Zell: The Life and Thought of a Sixteenth-Century Reformer.* Studies in Medieval and Reformation Thought 69, vol. 1. Leiden, Boston, Koln: E. J. Brill.

McKee, Elsie Anne. 1999b. *Katharina Schütz Zell. The Writings. A Critical Edition.* Studies in Medieval and Reformation Thought 69, vol. 2. Leiden, Boston, Kohn: E. J. Brill.

McKee, Elsie Anne. 1999c. "Katharina Schütz Zell and the 'Our Father.'" In Emidio Campi, Leif Grane, and Adolf Martin Ritter (eds), *Oratio: Das Gebet in patristischer und reformatorischer Sicht. Festschrift für Alfred Schindler.* Göttingen: Vandenhoeck & Ruprecht. 210–218.

McKee, Elsie Anne. 2006a. *Katharina Schütz Zell, Church Mother: The Writings of a Protestant Reformer in Sixteenth-Century Germany,* transl. Elsie McKee, Chicago and London: The University of Chicago Press.

McKee, Elsie Anne. 2006b. "Katharina Schütz Zell and Caspar Schwenckfeld: A Reassessment of Their Relationship." *Archiv für Reformationsgeschichte.* 97: 83–105.

McKee, Elsie Anne. 2007. "'A Lay Voice in Sixteenth-Century Ecumenics': Katharina Schütz Zell in Dialogue with Johannes Brenz, Conrad

Pellican, and Caspar Schwenckfeld." In Mack Holt (ed.), *Adaptations of Calvinism in Reformation Europe: Essays in Honor of Brian G. Armstrong.* Burlington, VT and Aldershot: Ashgate. 81–110.

Mager, Inge, 1999a. "Katharina von Bora, die Lutherin–als Witwe." In Evangelisches Predigerseminar Lutherstadt Wittenberg (ed.), *Mönschure und Morgenstern.* Wittenberger Sonntagsvorlesungen. Wittenberg: Drei Kastaninen Verlag. 120–136.

Mager, Inge. 1999b. Unscheinbar, aber unentbehrlich – Frauen im Reformationszeitalter. In Udo Hahn and Marlies Mügge, eds. *Katharina von Bora: Die Frau an Luthers Seite.* Stuttgart: Quell. 77–95.

Mager, Inge. 1999c. "Theologenfrauen als 'Gehilfinnen' der Reformation." In Martin Treu (ed.), *Katharina von Bora, die Lutherin: Aufsätze analäßlich ihres 500. Geburtstages.* Wittenberg: Elbe–Druckerei. 113–127.

Meyer, Hannah. 1960. *Gewagt auf Gottes Gnad: Frauen der Reformationszeit.* Evangelische Verlagsanstalt Berlin. 7–25.

Moeller, Christian. 2005. "Katharina Zell(1497/98–1562): Kirchenmutter von Strassburg." In Peter Zimmerling (ed.), *Evangelische Seelsorgerinnen: biografische Skizzen, Texte und Programme.* Goettingen: Vandenhoeck & Ruprecht. 46–63.

Nielsen, Merete. 1999. "'Kinder, Küche und Kirche.' Pfarrfrauen der Reformationszeit in Südwestdeutschland und der Schweiz." In Martin Treu (ed.), *Katharina von Bora, die Lutherin: Aufsätze analäßlich ihres 500. Geburtstages.* Wittenberg: Elbe–Druckerei. 128–157.

Spellmann William. 2001. "Zell, Matthias (1477–1548)" and "Katharina (1497–1562)." In Jo Eldridge Carney (ed.), *Renaissance and Reformation 1500–1620. A Biographical Dictionary.* Westport, CT and London: Greenwood Press. 383–384.

Stupperich, Robert. 1954. "Katharina Zell, eine Pfarrfrau der Ref.–Zeit."

Zeitwende 30: 605ff.

Wiesner–Hanks, Merry. 1995. "Katherina Zell's Ein Brieff an die ganze Bürgerschaft der Statt Strassburg as Autobiography and Theology." *Colloquia Germanica: Internationale Zeitschrift für Germanistik* 28 (3/4): 245–254.

Wiesner–Hanks, Merry. 1998. "Kinder, Kirche, Landeskinder: Women Defend Their Publishing in Early Modern Germany." In Robin B. Barnes, Robert A. Kolb, and Paula L. Presley (eds), *Books Have Their Own Destiny*. Kirksville, MS: Sixteenth Century Journal Publishers. 143–152.

Wiethaus, Ulrike. 1993. "Female Authority and Religiosity in the Letters of KZ and Caritas Pirckheimer." *Mystics Quarterly* 19: 123–135.

Wolff, Ane. 1986. *Le Recueil de cantiques de Catherine Zell, 1534–1536* 2 vols. Mémoire de Maitrise. Université des Sciences Humaines de Strasbourg, Institute d'Etudes Allemandes. Strasbourg.

Wunder, Heide and Gisela Engel, eds. 1998. *Geschlechterperspektiven Forschungen zur Frühen Neuzeit*. Königstein: Taunus.

Zimmerli–Witschi, Alice. 1981. "Frauen der Reformationszeit." Unpublished PhD Dissertation. University of Zurich, Zürich: aku–Fotodrück.

제9장 마리 당티에르

마리의 작품

Marie Dentière. 1536. *La guerre et déslivrance de la ville de Genesve de fidèlement faicte et composée par un Marchand demourant en icelle (1536),* with excerpts from L'Epistre tres utile, including "Defense pour les Femmes." In Albert Rilliet, ed. 1878–88 (1881). "Restitution de l'écrit intitulè La Guerre et Deslivrance de la ville de Genesve." *Mémoires et documents publiés par la Sociéte d'histoire et d'archéologie de Genève,* 20: 309–383. In English: *The War for and Deliverance of the City of Geneva, Faithfully Told and Written Down by a Merchant Living in That City.* Also in 1881 as *La gurerre et deslivrance de la ville de Genesve composée et publiée en 1536 par Marie Dentière de Tournay, ancienne abbesse et femme d'Antoine Froment.* Geneva: Charles Schuchardt.

Marie Dentière. 1539. M[arie] D[entiere] à Marguerite de Navarre. Publiée à Genève vers la fin d'avril 1539. *Epistre tres utile faicte et composée par une femme Chrestienne de Tornay, Envoyée à la Royne de Navarre seur du Roy de France, Contre Les Turcz, Iuifz, Infideles, Faulx chrestiens, Anabaptistes, et Lutheriens, [à Anvers, chez Martin l'empereur].* (1539). Geneva: Jean Gérard. In Herminjard, A.–L., ed. [1866–97] 1965–6. *Correspondance des Réformmateurs dans les pays de fracaise: Recueillie et publiée avec d'autres relatives à la Réforme et des notes historiques et biographiques.* 9 vols. Nieuwkoop: B. De Graaf, (vol. 5), 295–304. In English: *A Most Beneficial Letter, Prepared and Written Down by a Christian Woman of Tournai, and Sent to the Queen of Navarre, Sister of the King of France, Against the Turks, the Jews, the Infidels, the False Christians, Anabaptists and the Lutherans* (1539).

Marie Dentière. 1561. *Preface to a Sermon by John Calvin. In Les Conditions et vertus requises en la femme Fidèle et bonne mesagere: Contenues au xxxi. Chapitre des Prouerbes de Salomon. Mis en forme de Cantique, par Théodore de Besze. Plus, un Sermon de la modestie des Femmes en leurs habillemens, par. M. Iean Calvin. Outre, plusieurs chansons spirituelles, en Musique. In English: The Behavior and Virtues Required of a Faithful Woman and Good Housekeeper: Contained in chapter XXXI of the Proverbs of Solomon. Rendered in the form of a song by Théodore de Bèze. Plus a sermon on the modesty of Women in their Dress, by Monsiuer John Calvin. In addition, several spiritual songs with music.* M.D. LXI. s.l. See, Calvin, Jean. 1945. *Sermon où il est montré qulle doit etre la modestie des femmes en leurs habillements [sur I Timothèe 2: 9–11].* Genève: Kundig. Prèface de M[arie] D[entière].

Marie Dentière. 2004. *Epistle to Marguerite de Navarre; and, Preface to a Sermon by John Calvin, by Marie Dentière.* Ed. and transl. Mary B. McKinley. Chicago and London: University of Chicago Press.

참고문헌

Backus, Irena. 1996. "Marie Dentière." In Hillerbrand, Hans J. (ed.), *Oxford Encyclopedia of the Reformation.* Oxford: Oxford University Press. 474–475.

Backus, Irena. 1991. "Marie Dentière: Un cas de féminisme théologique à l'èpoque de la Rèforme?" *Bulletin de la Société de l'histoire du Protestantisme Français: Etudes historiques* 137: 177–195.

Blaisdell, Charmarie Jenkins. 1982. "Calvin's Letters to Women: The Courting of Ladies in High Places." *Sixteenth Century Journal* 13 (3): 66–83.

Blaisdell, Charmarie Jenkins. 1985. "The Matrix of Reform: Women in the Lutheran and Calvinist Movements." In Richard Greaves (ed.), *Triumph over Silence: Women in Protestant History.* Westport, CT: Greenwoood. 13–44.

Blaisdell, Charmarie Jenkins. 1999. "Religion, Gender, and Class: Nuns and Authority in Early Modern France." In Michael Wolfe (ed.), *Changing Identities in Early Modern France.* Durham, NC: Duke University. 147–168.

Bothe, Catherine M. 1993. "Ecriture féminine de la Réformation: Le témoignage de Marie Dentière." *Romance Languages Annual* 5: 15–19.

Davis, Natalie Z. 1975. "City Women and Religious Change." In *Society and Culture in Early Modern France.* Stanford: Stanford University Press.

DeBoer, Willis P. 1976. "Calvin on the Role of Women." In E. Holwerda (ed.), *Exploring the Heritage of John Calvin: Essays in Honor of John H. Bratt.* Grand Rapids: Baker Book House. 236–272.

Bratt, John H. 1976. "The Role and Status of Women in the Writings of John Calvin"(with response by Charmarie Jenkins Blaisdell). In Peter DeKlerk (ed.), *Renaissance Reformation, Resurgence: Colloquium on Calvin and Calvin Studies*. Grand Rapids: Calvin Theological Seminary. 1–17.

Brink, Jean R. ed. 1980. *Female Scholars: A Tradition of Learned Women Before 1800*. Montreal: Eden P. Women's Publications.

Denommé, Isabelle C. 2004. "La vision théologique de Marie d'Ennetières et le Groupe de Neuchâtel." In Jean–Francios Gilmont and William Kemp (eds), Le Livre évangélique en français avant Calvin: Etudes originales, publications d'inédits, catalogues d'éditions anciennes. Proceedings of the Canadian Society for Renaissance and Reformation Studies. Turnhout: Brepols Publishers. 179–197.

Douglass, Jane Dempsey. 1985. *Women, Freedom and Calvin*. The Westminster Press: Philadelphia.

Douglass, Jane Dempsey. 1991. "Marie Dentière's Use of Scripture in Her Theology of History." In Mark Burrows and Paul Rorem (eds), *Biblical Hermeneutics in Historical Perspective: Studies in Honor of Karlfried Froelich on His Sixtieth Birthday*. Grand Rapids, MI: Wm. B. Eerdmans. 227–244.

Haag, Eugebe, ed. 1886. "Marie Dentière." In *La France protestante*. 5 vols. 2nd edn. Paris: Librairie Sandoz et Fischbacher, 1877–88. Vol. 5, 238–249.

Head, Thomas. 1987. "Marie Dentière: A Propagandist for the Reform." Katharina M. Wilson (ed.), *Women Writers of the Renaissance and Reformation*. Athens and London: The University of Georgia Press. 260–283.

Head, Thomas. 1991. "The Religion of the *Femmelettes*: Ideas and Experience among Women in Fifteenth–and Sixteenth Century France." In Lynda Coon, Katherine Haldance, and Elisabeth Sommer (eds), *That Gentle Strength: Historical Perspectives on Women in Christianity*. Charlottesville: University Press of Virginia. 149–175.

Head, Thomas. 1991. "Marie Dentière." In Katharina M. Wilson (ed.), *An Encyclopedia of Continental Women Writers*. New York and London: Garland

Publishing, Inc. 303–304.

Herminjard, A.–L. 1965–6. *Correspondance des Réformateurs dans les pays de langue française: Recueillie et publiée avec d'autres lettres relatives à la Réforme et des notes historiques et biographiques.* 9 vols. Nieuwkoop: B. De Graaf. Vol. 5, 295–304. Originally published 1866–97.

Jussie, Jeanne de. 1853 [1611]. *Le levain du Calvinisme, ou Commencement de l'heresie de Geneve. Faict par Reverende Soeur Jeanne de Jussie, lors religieuse à Saincte Claire de Geneve, et apres sa sortie Abbesse au Convent d'Anyssi.* Ed: Gustave Revilliod. Geneva: Jules Guillaume Fick. Chambéry: Du Four. Reprinted with a new introduction 1865.

Jussie, Jeanne de. 1996. *Kleine Chronik: Bericht einer Nonne über die Anfänge der Reformation in Genf.* Ed. and transl. Helmut Feld. Mainz: P. Von Zabern.

Jussie, Jeanne de. 1996. *Petite chronique.* Ed., introduction, commentary, Helmut Feld. Mainz: P. von Zabern.

Jussie, Jeanne de. 2006. *The Short Chronicle: A Poor Clare's Account of the Reformation of Geneva.* Ed. and transl. Carrie F. Klaus. Chicago: University of Chicago Press.

Kemp, William and Diane Desrosiers–Bonin. 1998. "Marie d'Ennetières et la petite grammaire Hébraique de sa fille d'après la dédicace de l'Epistre à Marguerite de Navarre." *Bibliothèque d'Humanisme et Renaissance* 50 (1): 117–134.

Lazard, Madeleine. 1985. "Deux soeurs enemies, Marie Dentière et Jeanne de Jussie: Nonnes et réformées à Genève." In B. Chevalier and C. Sauzat (eds), *Les Réformes: Enracinements sociocultures.* 25me colloque d'études humanists, Tours, juillet, 1–13 1982. Paris: La Maisnie. 233–249.

McKinley, Mary B. 1997. "The Absent Ellipsis: The Edition and Suppression of Marie Dentière in the Sixteenth and the Nineteenth Century." In Colette H. Winn and Donna Kuizenga (eds), *Women Writers in Pre–Revolution-*

ary France: Strategies of Emancipation. New York: Garland Publishing Co. 85–99.

McKinley, Mary B. ed and transl. 2004. *Epistle to Marguerite de Navarre; and, Preface to a Sermon by John Calvin, by Marie Dentière.* Chicago, London: University of Chicago Press.

Monter, E. William. 1980. "Women in Calvinist Geneva (1550–1800)." *Signs: Journal of Women in Culture and Society* 6: 189–209.

Rilliet, Albert, ed. 1878–88 (1881). "Restitution de l'ecrit intitulé La Guerre et Deslivrance de la ville de Genesve (1536)." *Mémoires et documents publiés par la Sociéte d'histoire et d'archéologie de Genève* 20: 309–383.

Roelker, Nancy. 1972. "The Appeal of Calvinism to French Noblewomen in the Sixteenth Century." *Journal of Interdisciplinary History* (Spring): 391–418.

Skenazi, Cynthia. 1997. "Marie Dentière et la prédication des femmes." *Renaissance and Reformation/Renaissance et Réforme 21* (1): 5–18.

Stephens, Sonya, ed. 2000. *A History of Women's Writing in France.* Cambridge: Cambridge University Press.

Wengler, Elisabeth M. 1999. "Women, Religion and Reform in Sixteenth–Century Geneva." Unpublished PhD dissertation. Dept. of History, Boston College, Boston, MA.

Thompson, John Lee. 1992. *John Calvin and the Daughters of Sarah: Women in Regular and Exceptional Roles in the Excegesis of Calvin, His Predecessors, and His Contemporaries.* Geneva: Librairie Droz. 40–45, 187–226.

Akerlund, Ingrid. 2003. "Jeanne de Jussie and Marie Dentière. Two Abbesses Persecuted for Their Religious Beliefs." In idem (ed.), *Sixteenth Century French Women Writers: Marguerite d'Angouléme, Anne de Graville, the Lyonnese School, Jeanne de Jussie, Marie Dentiére, Camille de Morel.* Studies in French Literature, vol. 67. Lewiston and Lampeter: The Edwin Mellen Press. 105–126.

제10장 마르가리타 드 나바라와 잔 달브레

1. 마르가리타의 작품

Bideaux, Michel. 1992. *Marguerite De Navarre: "L'Heptaméron" de l'enquete au débat.* Mont–de–Marsan: Editions InterUniversitaires.

Briçonnet, Guillaume and Marguerite d'Angoulême. 1975–79. *Correspondance 1521–24,* 2 vols. Ed. Christine Martineau and Michel Veissière. Geneva and Paris, with the assistance of Henry Heller: Librairie Droz and Librairie Minard.

Herminjard, A.–L. 1886–97. *Correspondance des Réformateurs dans les pays de langue française: Recueillie et publiée avec d'autres lettres relatives à la Réforme et des notes historiques et biographiques,* 9 vols. Reprinted 1965 and 1966, Nieuwkoop: B. De Graaf.

Letters de Marguerite d'Angoulême. 1841. Ed. Francois Génin. Paris: Jules Renouard.

Marguerite de Navarre. 1531. *Le miroir de l'âme pêcheresse auquel elle recongnoist ses faults et pêchiz, aussi les graces et bénéfices à elle faicts par Jesuchrist son espousx, la Marguerite très noble et précieus s'est proposés à ceulx qui de bon cueur la cherchoient. A Alençon, chez Maistre Simon du Bois, MDXXXI. (Edition at Paris, A. Augereau, 1533–1535?).* In English: *The Mirror of the Sinful Soul. A prose translation for the French of a poem by Queen Margaret of Navarre, made in 1544, by the Princess (afterwards Queen) Elizabeth, then eleven years of Age,* facsimile edn. London 1897.

Marguerite de Navarre. 1547. *La Coche.* Critical edition by Robert Marichal, 1971. Geneva: Droz, Textes Littéraires Français.

Marguerite de Navarre. 1547. *L'Heptaméron. Marguerite, Queen, Consort of Henry II, King of Navarre 1492–1549.* Paris: M. de Roigny.

Marguerite de Navarre. 1547. *Marguerites de la Marguerite des princesses, très illustre*

Royne de Navarre. Lyon: Jean de Tournes. Facsimile reprint, 1970, Ruth Thomas (ed.), The Hague: Johnson Reprint Corporation, Mouton.

Marguerite de Navarre. 1549. *Chansons spirituelles.* Critical edition by Georges Dottin, 1971. Geneva: Droz, Textes Littéraires Français.

Marguerite de Navarre. 1873. *Les Marguerites de la Marguerite des Princesses,* 4 vols. Ed. Félix Frank. Paris: Jouaust. Reprinted 1970, Geneva: Slatkine Reprints.

Marguerite de Navarre. 1842. *Nouvelles Lettres de la Reine de Navarre addressées au roi Francois I; son Frère.* Ed. Francois Gènin. Paris: Chez Jules Renouard.

Marguerite de Navarre. 1880. *L'Heptaméron des Nouvelles de très haute et très illustre princesse Marguerite d'Angoulême,* 4 vols. Ed. Le Roux de Lincy and A. de Montaiglon. Paris: Auguste Etudes. Reprinted 1969, Geneva: Slatkine.

Marguerite de Navarre. 1896. *Les Dernières Poésies de Marguerite de Navarre: Publiées pour la première fois avec une introduction et des notes par Abel Lefranc.* Ed. A. Lefranc. Paris.

Marguerite de Navarre. 1926. *Dialogue en forme de vision nocturne.* Ed. Pierre Jourda. Paris.

Marguerite de Navarre. 1930. *Pater Noster de Marguerite de Navarre.* Ed. W. G. Moore. La Réforme allemande et la littérature française. Strasbourg: Publications de la Faculté des Lettres. 432–441.

Marguerite de Navarre. 1950. *L'Heptaméron.* Ed. Michel Francois. Paris: Classiques Garnier.

Marguerite de Navarre. 1956. *La Navire.* Ed. R. Marichal. Paris.

Marguerite de Navarre. 1960. *Petit Oeuvre dévot et contemplatif.* Ed. Hans Sckommodau. Analecta Romanica. H. 9. Frankfurt am Main: Klostermann.

Marguerite de Navarre. 1963. *Théâtre Profane.* Ed. V. L. Saulnier. Geneva: Droz, Textes Littéraires Français.

Marguerite de Navarre. 1967. *Nouvelles (L'Heptaméron.)* Ed. Yves Le Hir. Paris: Presses universitaires de France.

Marguerite de Navarre. 1968. CEuvres Choisies I–I. Ed. H. P. Clive. New York.

Marguerite de Navarre. 1971 [1896]. *Les Dernières Poesies de Marguerite de Navarre.* Ed. Abel Lefranc, Paris: Colin. In *Textes litteraires Français.* Geneva: Droz.

Marguerite de Navarre. 1972. *Le Miroir de l'âme pécheresse.* Ed. Joseph L. Allaire: Munich: Wihelm Fink Verlag.

Marguerite de Navarre. 1978. *Les Prisons.* Ed. Simone Glasson. Geneva: Droz, Textes Littéraires Français.

Marguerite de Navarre. 1979. *Le Miroir de l'âme pécheresse. Edition critique et commentaire suivis de la traduction faite par la princesse Elizabeth, future reine d'Angleterre: The Glasse of the Synnefull Soule.* Annales Academiae Scientiarum Fennicae. Par Renja Salminen. Helsinki: suomalainen Tiedeakatemia.

Marguerite de Navarre. 1980. *Poésis inédites.* Ed. Pierre Jourda. *Revue du seiwiè, e siècle* 17: 42–63.

Marguerite de Navarre. 2000. *Les Comédies bibliques.* Ed. Barbara Marczuk. Geneva: Droz.

Marguerite de Navarre. 1981. *Oraison a nostre Seigneur Jésus Christ.* 1981. Ed. Renja Salminen. Suomalaisen Tiedeakatemian Toimituksia. Annales Academiae Scientiarum Fennicae. Helsinki: Suomalainen Tiedeakatemia.

Marguerite de Navarre. 1939. *Comedie de la Navivité de Jésus Christ.* Ed. Pierre Jourda. Pais.

Marguerite de Navarre. 1991–97. *L'Heptaméron. Marguerite de Navarre.* Critical edition by Renja Salminen. Helsinki: Suomalainen Tiedeakatemia.

Marguerite de Navarre. 1999. *L'Heptaméron.* Ed. Gisèle Mathieu–Castellani. Paris: Livre de Poche.

L'Heptaméron, Ed. Pierre Jourda. In Conteurs Français du XVI siècle. Paris: Gallimard (Bibliothèque de la Pléiade). 701–1131.

마르가리타에 관한 참고문헌

Atance, Félix. 1974. "Les Religieux de l'Heptaméron: Marquerite de Navarre et les novateurs." *Archiv für Reformationsgeschichte* 65: 185–210.

Bainton, Roland. 2001. *Women of the Reformation in France and England*. NP: Academic Renewal Press. 13–41. First published 1973. Minneapolis: Augsburg Publishing House.

Blaisdell, Charmarie Jenkins. 1972. Minneapolis: Augsburg Publishing Housel.

Blaisdell, Charmarie Jenkins. 1972. "*Renée* de France between Reform and Counter–Reform." *Archive for Reformation History* 63: 196–226.

Blaisdell, Charmarie Jenkins. 1980. "Marguerite de Navarre and Her Circle 1492–1549." In Jean R. Brink (ed.), *Female Scholars: A Tradition of Learned Women before 1800*. Montreal: Eden Press Women's Publications.

Blaisdell, Charmarie Jenkins. 1982. "Calin's Letters to Women: The Courting of Ladies in High Places." *Sixteenth Century Journal* 13 (3): 66–83.

Cholakian, Patricia Francis and Rouben C. Cholakian. 2006. *Marguerite de Navarre: Mother of the Renaissance*. New York: Columbia University Press.

Clive, H. P. 1983. *Marguerite de Navarre. An Annotated Bibliography*. London: Grant & Cutler.

Collett, Barry. ed. 2000. *The Long and Troubled Pilgrimage: The Correspondence of Marguerite d'Angoulême and Vittoria Colonna, 1540–1545*. Studies in Reformed Theology and History 6. Pinceton, NJ: Princeton Theological Seminary.

Cottrell, Robert D. 1986. *The Grammar of Silence: A Reading of Marguerite de Navarre's Poetry*. Washington, DC: The Catholic University of America Press.

Ferguson, Gary. 1992. *Mirroring Belief: Marguerite de Navarre's Devotional Poetry.* Edinburgh: Edinburgh University Press for the University of Durham.

Heller, Henry. 1971. "Marquerite de Navarre and the Reformers of Meaux." *Bibliothèque d'humanisme et renaissance* 33: 271–310.

International Colloquium Celebrating the 500th Anniversary of the Birth of Marquerite de Navarre. 1995. Ed. Regine Reynolds–Cornell, Birmingham, AL: Summa Publications.

Jourda, Pierre. 1930. *Répertoire analytique et chronologique de la Correspondance de Marguerite d'Angouléme, duchesse d'Alençon, reine de Navarre (1492–1549).* Reprinted 1973, Geneva: Slatkine Reprints.

Jourda, Pierre. 1930. *Répertoire analytique et chronologique de la Correspondance de Marguerite d'Angoulême, duchesse d'Alençon, reine de Navarre (1492–1549).* Reprinted 1973, Geneva: Slatkine Reprints.

Jourda, Pierre ed. 1930. *Correspondance de Marguerite d'Angoulême.* Paris: Honoré Champion.

Jourda, Pierre. 1930. *Marguerite d'Angoulême, duchesse d'Alençon, reine de Navarre (1492–1549): Etude biographique et littéraire,* 2 vols. Paris: Librairie Ancienne Honoré Champion. Reprinted 1978, Geneva: Slatkine Reprints.

King, Margaret. 1991. *Women of the Renaissance.* Chicago: University of Chicago Press.

Lefranc, Abel. 1897, 1889, 1898. "Marguerite de Navarre et le Platonisme de la Renaissance." In *Bibliotheque de l'Ecole des Chartres* 43 (1897) 258–292 and 59 (1889) 712–757, and *Les Idées religieuses de Marguerite de Navarre* (Paris 1898).

Lefranc, Abel Jules Maurice. 1898. *Les Idées religieuses de Marguerite de Navarre d'après son oeuvre poétique les Marquerites et les Dernières poésies.* Reprinted 1969, Geneva: Slatkine Reprints.

Lerner, Gerda. 1993. *The Creation of Feminist Consciousness: From the Middle Ages to Eghteen–Seventy*. Oxford: Oxford University Press.

McKinley, Mary B., ed. and transl. 2004. *Epistle to Marguerite de Navarre; and, Preface to a Sermon by John Calvin, by Marie Dentière*. Chicago, London: University of Chicago Press.

Orth, Myra D. 1993. "Radical Beauty: Marguerite de Navarre's Illuminated Protestant Catechism and Confession." *Sixteenth Century Journal* 24 (2): 383–427.

Reynolds–Cornell, Régine, ed. 1995. *International Colloquium Celebrating the 500th Anniversary of the Birth of Marguerite de Navarre*, April 13 & 14, 1992, Agnes Scott College. Birmingham, AL: Summa Publishers.

Roelker, Nancy Lyman. 1968. *Queen of Navarre: Jeanne d'Albret 1528–1572*. Cambridge MA: Harvard University Press.

Roelker, Nancy Lyman. 1972a. "The Role of Noblewomen in the French Reformation." *Archiv für Reformationsgeschichte* 63: 168–195.

Roelker, Nancy Lyman. 1972b. "The Appeal of Calvinism to French Noblewomen in the Sixteenth Century." *Journal of Interdisciplinary History* 2 (Spring): 391–418.

Saulnier, Verdun–Louis. 1980. "Marguerite de Navarre, Vittoria Colonna et quelques autres amis italiens de 1540." In *Mélanges à la mémoire de Franco Simone; France et Italie dans la culture européenne. (Moyen Age et Renaissance,* vol. 1.). Geneva: Slatkine Reprints. 281–295.

Schroeder, Joy A. 1993. "Marguerite of Navarre Breaks Silence about the Sixteenth–Century Clergy Sexual Violence." *Lutheran Quarterly* 7(2): 171–190.

Die religiösen Sckommodau, Hans. 1954. "Die religiösen Dichtungen Margarets von Navarra." In *Arbeitsgemein–schaft für Forschung des Landes Nordrhein Westfalen* 36(Köln).

Severin, Renée M. 1996. "Union Deferred in Marquerite de Navarre's 'Oraison de l'ame fidèle.'" *Mystics Quarterly* 22 (March): 37–44.

Sommers, Paula. 1989. *Celestial Ladders: Readings in Marguerite de Navarre's Poetry of Spiritual Ascent.* Geneva: Droz.

Sommers, Paula. 1991. "Marguerite de Navarre(Marguerite d'Angoulême, Queen of Navarre)." In Katharina M. Wilson (ed.), *An Encyclopedia of Continental Women Writer.* New York & London: Garland Publishing, Inc. Pp. 903–905.

Stephenson, Barbara. 2004. *The Power and Patronage of Marguerite de Navarre.* Aldershot and Burlington, VT: Ashgate.

Suyte des Marguerites de la Marguerite des princesses, très illustre Royne de Navarre. Lyon: Jean de Tournes 1547. Facsimile reprint 1970, Ed. Ruth Thomas. The Hague: Johnson Reprint Corporation, Mouton.

Tetel, Marcel. 1987. "Marguerite of Navarre: The Heptameron, a Simulacrum of Love." In Katharina M. Wilson(ed.), *Women Writers of the Renaissance and Reformation.* Athens and London: The University of Georgia Press. 99–131.

Thysell, Carol. 1998. "Gendered Virtue, Vernacular Theology, and the Nature of Authority in the Heptaméron." *Sixteenth Century Journal* 29 (1): 39–53.

Thysell, Carol. 2000. *Pleasure of Discernment: Marguerite de Navarre as Theologian.* New York and Oxford: Oxford University Press.

Venard, Marc. 1996. "Un catéchism offert a Marguerite de Navarre." *Bulletin de la Societe de l'Histoire du Protestantisme Français* 142 (Jan–Mar): 5–32.

Vose, Heather M. 1982. "Marguerite of Navarre's Theology of the Cross." *Colloquium* 15:6–16.

Vose, Heather M. 1985. Marguerite of Navarre: That 'righte English women.'" *Sixteenth Century Journal* 16 (3): 315–334.

Walther, Daniel. 1965. "Marguerite d'Angoulême and the French Lutherans: A

Study in Pre—Calvin Reformation in France." *Andrews University Seminary Studies* 3 (Jan): 49–65.

2. 잔의 작품과 편지, 그리고 그녀에 관한 편지

Bonnet, Jules. ed. 1854. *Lettres de Jean Calvin. Paris: Librairie de Ch. Meyraeis. In English, Letters of John Calvin,* 4 vols. 1972. Ed. J. Bonnet, transl. M. R. Gilchrist. New York: Burt Franklin (reprint of 1858).

De Rochambeau, Marquis. 1877. *Lettres de Antoine de Bourbon et de Jehanne d'Albret.* Paris: Sociète de l'Histoire de France.

De Ruble, Alphonse, see below.

Frank, Félix, ed. 1897. *La Dernier voyage de la reine de Navarre, Marguerite d'Angoulême, soeur de François Ier, avec sa fille Jeanne d'Albret, aux bains de Cauterets (1549); épîtres en vers incon—nues des historiens de ces princesses et des éditeurs de leurs oeuvres; étude.* Toulouse, E. Privat: Paris, Lechevalier.

Jeanne D'Albret, Queen of Navarre, 1528–1572. *Mémoires et poésies de Jeanne D'Albret.* Libraires de la Bibliotheque Nationale. Paris: Publiées par Le Baron de Ruble 1893. London: Hurst & Guillemin. Reprinted 1970, Geneva: slatkine Reprints.

Jeanne D'Albret. 1568. *Letters originales de Jeanne d'Albret.* Ex Museo Petri Dubrowski. Copie du manuscript de Saint—Petersbourg.

Jeanne D'Albret. 1568. *Lettres de treshaute, très verteuse, & très chrétienne princesse, Jane Royne de Navarre, au Roy, a la Royne Mère, a Monsieur frère du Roy, a Monsieur le Cardinal de Bourbon son beau frère, & a la Royne d'Angleterre.* Contenant les justes occasions de son partement, avec Monseigneur le Prince & Madame Catherine les enfans, pour venire joindre à la cause générale, avec Monseigneur le Prince de Comde son frère. La Rochelle: B. Beron.

잔에 관한 참고문헌

Bainton, Roland. 2001. "Jeanne d'Albret." In idem, *Women of the Reformation in France and England.* NP: Academic Renewal Press. 43–73. First published 1973, Augsburg Publishing House.

Berdou, Bernard d'Aas. 2002. *Jeanne III d'Albret: Chronique, 1528–1572.* Biarritz: Atlantica.

Berriot–Salvadore, Evelyne, Philippe Chareyre, and Claudie Martin–Ulrich. 2004. *Jeanne d'Albret et sa cour: Actes de colloque international de Pau 17–19 mai 2001.* Paris: Honoré Champion.

Blaisdell, Charmarie. 1972. "Renee de France between Reform and Counter–Reform." *Archive for Reformation History* 63: 196–226.

Blaisdell, Charmarie. 1982. "Calvin's Letters to Women: The Courting of Ladies in High Places." *Sixteenth Century Journal* 13 (3): 66–83.

Bryson, David. 1999. *Queen Jeanne and the Promised Land: Dynasty, Homeland, Religion, and Violence in Sixteenth Century France.* Leiden, Boston, and Koln: E. J. Brill.

Bryson, David. 2004. "Jeanne d'Albret: Questions anciennes: nouvelles réponses?" In Evelyne Berriot–Salvadore, Philippe Chareyre, and Claudie Martin–Ulrich(eds), *Jeanne d'Albret et sa cour: Actes de colloque international de Pau 17–19 mai 2001.* Paris: Honoré Champion. 503–510.

Cazaux, Yves. 1973. *Jeanne d'Albret.* Paris: Editions Albin Michel.

Cocula, Anne–Marie. 2004. "Eté 1568. Jeanne d'Albret et ses deux enfants sur le chemin de la Rochelle." In Evelyne Berriot–Salvadore, Philippe Chareyre, and Claudie Martin–Ulrich(eds), *Jeanne d'Albret et sa cour: Actes de colloque international de Pau 17–19 mai 2001.* Paris: Honoré Champion. 34–57.

Coubert, E. 1904. "Jeanne d'Albret et le Heptaméron." *Bulletin du bibliophile et du bibliothecaire* 277–290.

Dartigue–Peyrou, Charles. 1934. *Jeanne D'Albret et le Béarn d'après les délibérations des ètats et les Registres du Conseil souverain (1555–1572)* [Microforme] per Charles Dartigue–Peyrou. Mont–de–Marsan: Imprimerie Jean–Lacoste.

Dauvois, Nathalie. 2004. "Jeanne d'Albret et les poètes de Marot à Pay de Garros." In Evelyne Berriot–Salvadore, Philippe Chareyre, and Claudie Martin–Ulrich. (eds), *Jeanne d'Albret et sa cour: Actes de colloque international de Pau 17–19 mai 2001.* Paris: Honoré Champion. 281–295.

de Ruble, Alphonse, 1881–1886. *Antoine de Bourbon et Jeanne d'Albret [microforme]. Suite de la marriage de Jeanne d'Albret, par le baron Alphonse de Ruble,* 4 vols. Paris: A. Labitte.

de Ruble, Alphonse, 1897. *Jeanne d'Albret et la guerre civile [microforme]. Suite d'Antoine de Bourbon et Jeanne d'Albret.* Vol. I. Paris: E. Paul et Guillemin.

De Ruble, Alphonse. 1877. *Le Mariage de Jeanne d'Albret.* Paris: A. Labitte.

Desplat, Christian. 2004. "Jeanne d'Albret, un modèle d'éducation maternelle?" In Evelyne Berriot–Salvadore, Philippe Chareyre, and Claudie Martin–Ulrich. (eds), *Jeanne d'Albret et sa cour: Actes de colloque international de pau 17–19 mai 2001.* Paris: Honoré Champion. 457–499.

Fawcett, Mrs Henry. 1905. "Jeanne d'Albret: Queen of Navarre." In idem, *Five Famous French Women.* London, Paris, New York, and Melbourne: Cassell and Company, Limited. 173–244.

Freer, Martha Walker. 1855. "Life of Jeanne d'Albret, Queen of Navarre." 2 Vols. From numerous unpublished sources, including ms. documents in the Bibliotheque Imperiale, and the Archives espagnoles de Simancas. London: Hurst and Blackett.

Kermina, Francoise. 1998. *Jeanne d'Albret: La mère passionnée d'Henri IV.* Paris: Perrin.

Kuperty–Tsur, Nadine. 2004. "Jeanne d'Albret ou la persuasion par la passion." In Evelyne Berriot–Salvadore, Philippe Chareyre, and Claudie Martin–Ulrich (eds), *Jeanne d'Albret et sa cour: Actes de colloque international de Pau 17–19 mai 2001*. Paris: Honoré Champion.

Muret, Theodore Cesar. 1862. *Histoire de Jeanne d'Albret Reine de Navarre: Precede d'une étude sur Marguerite de Valois, sa Mère*. Paris: Grassart.

Nabonne, Bernard. 1945. *Jeanne d'Albret: Reine des Huguenots*. Librairie Hachette. S.l.

Pascal, Eugénie. 2004. "Lettres de la Royne de Navarre… avec une Ample Declaration d'icelles: autoportrait d'une femme d'exception." In *Jeanne d'Albret et sac our*. Evelyne Berriot–Salvadore, Philippe Chareyre, and Claudie Martin–Ulrich. Paris: Honoré Champion. Pp. 243–257.

Rambeaud, Pascal. 2004. "Jeanne d'Albret et son entourage à La Rochelle (septembre 1568–aout 1571)." In Evelyne Berriot–Salvadore, Philippe Chareyre, and Claudie Martin–Ulrich(eds), *Jeanne d'Albret et sa cour: Actes de colloque international de Pau 17–19 mai 2001*. Paris: Honoré champion. 221–229.

Roelker, Nancy Lyman. 1968. *Queen of Navarre: Jeanne d'Albret, 1528–1572*. Cambridge, MA: Belknap Press of Harvard University Press.

Roelker, Nancy Lyman. 1972. "The Appeal of Calvinism to French Noblewomen in the Sixteenth Century." *Journal of Interdisciplinary History* 2 (Spring): 391–418.

Roussel, Bernard. 2004. "Jeanne d'Albret et 'ses' théologiens." In Evelyne Berriot–Salvadore, Philippe Chareyre, and Claudie Martin–Ulrich(eds), *Jeanne d'Albret et sa cour: Actes de colloque international de Pau 17–19 mai 2001*. Paris: Honoré Champion. Pp. 13–31.

Stephenson, Barbara. 2004. *The Power and Patronage of Marguerite de Navarre*. Aldershot and Burlington, VT: Ashgate.

Vauvilliers, Mlle. 1818. *Histoire de Jeanne d'Albret, Reine de Navarre*. Paris: L. Janet.

Wittenmyer, Annie. 1885. "Jeanne d'Albret, the Illustrious Queen of Navarre." In idem, *The Women of the Reformation*. New York: Phillips & Hunt; Cincinnati: Cranston & Stowe 1885. 138–216.

제11장 르네 드 프랑스

르네의 편지

A selection of Renée's scattered letters, treasured in the Archives of State, Modena, can be found in Rodocanachi 1896 and in Barton 1989, also in Fontana 1889–99, which latter also includes Vatican documents regarding the duchess.

Correspondence between Renée and Calvin, and others, can be found in various sources including those listed here.

Correspondance de Théodore de Bèze/recueillie par Hippolyte Aubert; publiée par Fernand Aubert et Henri Meylan et al. 1967. Vol. VIII. 1978. Vol. X. Genève: Librairie Droz. 155–156, 2003–2004.

Bonnet, Jules, ed. 1854. *Lettres de Jean Calvin.* Paris: Librairie de Ch. Meyraeis. In English.

Letters of John Calvin, 4 vols. 1972. Ed J. Bonnet, transl. M.R. Gilchrist. New York: Burt Franklin (reprint of 1858 edition).

Herminjard, A.–L. 1864–97. *Correspondance des réformateurs dans les pays de langue Française,* 9 vols. Geneva: H. Georg.

Jourda, Pierre. 1930. *Marguerite d'Angoulême, Duchesse d'Alençon, Reine de Navarre,* 2 vols, Paris: Librarie Ancienne Honoré Champion.

Jourda, Pierre ed. 1930. *Correspondance de Marguerite d'Angoulême.* Paris: Librairie Ancienne Honoré Champion.

Jourda, Pierre. 1930. *Répertoire analytique et chronologique de la Correspondance de Marguerite d'Angoulême, duchesse d'Alencon reine de Navarre (1492–1549).* Reprinted, Geneva: Slatkine Reprints, 1973.

르네의 기도집

Petites Prieres de Renée de France. 1909. Modena: Società Tipografica Modenese. (Fontana Georges Toudouze.)

참고문헌

Audibert, Paul F. M. 1972. *Renée de France, duchesse de Ferrara: Une 'princesse oecomenique' du XVIe siècle: Renée de France, Duchesse de Ferrare.* [Carces] s.l. P. Audibert.

Bainton, Roland. 2001. "Renée of Ferrara." In idem, *Womem of the Reformation in Germany and Italy.* NP: Academic Renewal Press. 235–251. First published 1971, Minneapolis: Augsburg publishinhg House.

Barton, F. Whitfield. 1989. *Calvin and the Duchess.* Louisville, KY: WJKP.

Bates, Lizzie. 1872. *The Duchess Renée and her Court.* New York: American Tract Society.

Blaisdell, Charmarie Jenkins. 1972. "Renée de France between Reform and Counter–Reform." *Archive for Reformation History* 63: 196–226.

Blaisdell, Charmarie Jenkins. 1975. "Politics and Heresy in Ferrara, 1534–1559." *Sixteenth Century Journal* 6: 67–93.

Blaisdell, Charmarie Jenkins. 1982. "Calvin's Letters to Women: The Courting of Ladies in High Places." *Sixteenth Century Journal* 13 (3): 66–83.

Blaisdell, Charmarie J. 1992. "Calvin's and Loyola's Letters to Women: Political and Spiritual Counsel in the Sixteenth Century." In Richard C. Gamble (de.), *Calvin's Work in Geneva.* 117–135

Braum, Gabriel. 1988. "Le Marriage de Renée de France avec Hercule d'Este: Une inutile mesal–liance, 28 juin 1528." *Histoire, Economie et Societe* 7: 147–168.

Casadei, Alfredo. 1934. "Fanino fanini da Faenza. Episodio della Riforma protestante in Italia condocumenti inediti." *Nuova Rivista Storica* 18:

168–199.

Cignoni, Mario. 1990–92. "Madame de Soubise alla corte di Ferrara. 1528–1536." *Atti dell'Accademia delle scienze di Ferrara* 68–69: 91–99.

Fawcett, Mrs Henry. 1905. "Renée de France, Duchess of Ferrara," In idem, *Five Famous French Women*. London, Paris, New York, and Melbourne: Cassell and Company, Limited. 247–299.

Fontana, Bartolommeo. 1889–1899. *Renata di Francia, Duchessa di Ferrara, sui documenti dell'Archivio Estense, de' Mediceo, del Gonzaga, e dell'Archivio secreto Vaticano*, 3 vols. Rome: Forzani e C., Tipografi del Senato.

Jung, Eva–Maria. 1951. "Vittoria Colonna: Between Reformation and Counter–Reformation." *Review of Religion* 15: 144–159.

King, Margaret L. 1991. *Women of the Renaissance*. Chicago and London: The University of Chicago Press.

Puaux, Anne. 1997. *La Huguenote: Renée de France*. Collection Savoir: Letters. Editeurs des Sciences et des Arts. Paris: Hermann.

Rodocanachi, Emmanuel. 1896. *Une protetrice de la Réforme en Italie et en France: Renée de France Duchesse de Ferrare*. Paris: Ollendorff. Reprinted 1970. Geneva: Slatkine Reprints. Microfilm: "History of Women," reel 596, no. 4712. New Haven, CT: Research Publications, 1976.

Roelker, Nancy Lyman. 1972. "The Appeal of Calvinism to French Noblewomen in the Sixteenth Century." *Journal of Interdisciplinary History* 2 (Spring): 391–418.

Roelker, Nancy Lyman. 1972. "The Role of Ndblewomen in the French Reformation." *Archiv für Reformationsgeschichte* 63: 168–195.

Roffi, Mario, 1984. "Un concorso di poesia francese a Ferrara alla corte Estense di Renata di Francia." In W. Moretti (ed), *Il Rinascimento a Ferrara e i suoi orizzoni Europei*. English version J. Salmons, J. (ed.), *The Renaissance in Ferrara and its European Horizons*. Cardiff: University of Wales Press;

Ravenna: M. Lapucci, Edizioni del Girasole. 263–269.

Ryley, M. Beresford. 1907. *Queens of the Renaissance.* Boston: Small, Maynard & Company. 251–303.

Some Memorials of Renée of France, Duchess of Ferrara. 1859. 2nd edn. I. M. B. London: Bosworth and Harrison.

Valeria, Pietravalle Valeri. 1969. *Reneta di Francia, duchessa di Ferrara: calvinista o no.* Studio sulle relazioni con i pontefici contemporanei e sui giudizi espresso su di lei da storici francesi ed italiani. Roma: Alfa Editoriale.

Warnicke, Retha M. 2000. *The Marrying of Anne of Cleves: Royal Protocol in Early Modern England.* Cambridge: Cambridge University Press.

Webb, Charmarie Jenkins. 1970. "Royalty and Reform: The Predicament of Renée de France, 1510–1575." Doctoral dissertation. Tufts University. Ann Arbor, MI: University Microfilms.

Weitzel, Sophie Winthrop. 1883. *Renée of France, Duchess of Ferrara.* New York: Anson D. G. Randolph & Company.

Wittenmyer, Annie. 1885. "Renée, Daughter of Louis XII, of france, Duchess of Ferrara." In idem, *The Women of the Reformation.* New York: Phillips & Hunt. Cincinnati: Cranston & Stowe. 99–137.

제12장 올림피아 풀비아 모라타

올림피아의 작품 (after Holt N. Parker 2003, 230)

Morata, Olympia Fulvia. 1558. *Olympiae Fulviae Moratae mulieris omnium eruditissimae Latina et Graeca, quae haberi potuerunt, monumenta, eaque plane divina, cum eruditorum de ipsa iudiciis et laudibus, Hippolytae Taurellae elegia elegantissima. Ad ill. Isabellam Bresegnam. Basileae apud Petrum Pernam.* MDLVIII. Ed. Caius Secundus Curio. Basel: Petrum Pernam.

Morata, Olympia Fulvia. 1562. *Olympiae Fulviae Moratae foeminae doctissimae ac plane divinae Orationes, Dialogi, Epistolae, Carmina tam Latina quam Graecae cum eruditoru de ea testimonijs & laudibus. Hippolytae Taurellae elegia elegantissima. Ad Sereniss. Angliae reginam D. Elisabetam.* Ed. Caius Secundus Curio. 2nd. Basileae/Basel: Petrum Pernam. Also 1975, Microfilm History of Women, reel 62 no. 396. New Haven CT: Research publications.

Morata, Olympia Fulvia. 1570. *Olympiae Fulviae Moratae foeminae doctissimae ac plane divinae opera omnia quae hactenus inueniri potuerunt.* Ed. Caius Secundus Curio. 3d edn. Basileae/Basel: Petrum Pernam. Also 1975, Microfilm History of Women, reel 62, no. 397. New Haven, CT: Research Publications. (4th edn. of 1580 a reprint of this edition.)

[*Olympiae Fulviae Moratae foeminae doctissimae ac plane divinae Orationes, Dialogi, Epistolae, Carmina, tam Latina quam Graeca.* Ed. Celio Secondus Curio. 2nd. edn. Basileae/Basel: Pertum Pernam. 1558, 1562, 1570, 1580.]

Olimpia Morata Lettere. 1913–27. Ed. Giuseppe Paladino. In *Opuscoli e lettere di riformatori italiani del Cinquecento.* Bari: Laterza. 169–227, 265–279.

Olimpia Morataa, Epistolario (1540–1555). 1940. Ed. Lanfranco Caretti. Ferrara: R. Deputazione di Storia Patria per l'Emilia e la Romagna, Sezione di Ferrara.

Olimpia Morata. 1954. *Opere, vol. I. Epistolae, vol. II. Orationes, Dialogi et Carmina.* Ed. Lanfranco Caretti. Ferrara: Deputazione Provinciale Ferrarese di Storia Patria.

Olimpia Morata Lettere. 1967. Ed. Giuseppe Guido Ferrero. In *Lettere del Cinquecento.* Turin: Unione tipiografico–editice torineses. 551–564.

Olympia Fulvia Morata. 1990. *Briefe: Aus dem Lateinischen, Italienischen und Griechischen.* Transl. Rinaer Kößling and Gertrud Weiss–Stählin. Reclam–Verlag Leipzing.

Olympia Fulvia Morata, 1526–1555: The Complete Writing of an Italian Heretic. 2003. Ed. and transl. Holt N. Parker. Chicago: University of Chicago Press.

참고문헌

Bainton, Roland H. 2001. "Olympia Morata (1526–1555)." In idem, *Women of the Reformation in Germany and Italy*. NP: Academic Renewal Press. 253–268. First published 1971, Minneapolis: Augsburg Publishing House.

Barton, Florence Whitfield. 1965. *Olympia: A Novel of the Reformation*. Philadelphia: Fortress Press.

Benrath, Karl. 1903. "Morata, Olimpia." In *Realencyclopädie für protestantische Theologie und Kirche*. 3rd edn. Vol. 13, 461–464.

Bonnet, Jules. 1856. *Vie d'Olympia Morata: Episode de la renaissance et de la réforme en Italie*. 3rd. rev. edn. Paris: Charles Meyruels. Also 1975, Microfilm, History of Women, reel 245, no. 1634. New Haven, CT: Research Publications.

Bonnet, Jules M. 1887. *Olympia Morata*. Transl. Grace Patterson. Philadelphia: Presbyterian Board of Publication and Sabbath–School Work.

Caretti, Lanfranco. 1951. "Gli scritti de Olimpia Morata." In *Studi e ricerche di letteratura italiana*. Firenze: La Nuova Italia. 37–64.

Cignoni, Mario. 1982–84. "Il pensiero di Olimpia Morato nell'amito della Riforma protestante." *Atti dell'Accademia delle scienze di Ferrara* 60–1 (1982–3, 1983–4): 191–204.

Cignoni, Mario. 1990–92. "Madame de Soubise alla corte di Ferrara (1528–1536)." *Atti dell'Accademia delle scienze di Ferrara* 68–69: 91–99.

Costa–Zalessow, Natalia. 1982. "Olimpia Morato." In *Scrittrici italiane dal XIII al XX secolo: Testi e critica*. Ravenna: Longo editore. 99–103.

Dizionario enciclopedico della letteratura italiana IV. 1967. Bari: LaTerza. 62.

Dizionario enciclopedico italiano VIII. 1958. Roma: Istituto Poligrafico dello Stato. 78.

Dolce, Lodovico. 1553. *Dialogo della institution delle donne*. Also 1975, Microfilm History of Women, reel 26 no. 166. New Haven CT: Research

Publications.

Düchting, von, Reinhard, Andrea Fleischer, Boris Körkel, Heiner Lutzmann, Werner Moritz, and Eva Näher. 1998. *Olympia Fulvia Morata: Stationem ihres Lebens: Ferrara, Schweinfurt, Heidelberg.* Katalog zur Ausstellung im Universitätsmuseum Heidelberg, 26 März–8 Mai 1998. Ubstadt–Weiher: Verlag Regionalkultur.

Farina, Rachele, ed. 1995. "Olimpia Morata." In *Dizionario biografico delle donne lombarde 568–1968.* Milan: Baldini & Castoldi. 764–765.

Flood, John L. 1997. "Olympia Fulvia Morata." In James Hardin and Max Reinhardt (eds), *German Writers of the Renaissance 1280–1580.* Dictionary of Literary Biography 179. Detroit: Gale Research. 178–183.

Fontana, Bartolommeo. 1889–99. "Olimpia Morata." In *Renata di Francia, Duchessa di Ferrara.* 3vols. Rome: Forzani. Vol. 2, 283–336.

Gearey, Caroline. 1886. *Daughters of Italy.* London: Simpkin, Marshall & Co.

Hare, Christopher. 1914. "Renee of Ferrara." In idem, *Men and Women of the Italian Reformation.* London: Stanley Paul & Co. 85–135.

Heinsius, Maria. 1951. *Das Unüberwindliche Wort: Frauen der Reformationszeit.* Munich: Kaiser.

Holzberg, Niklas. 1982. "Olympia Morata." In *Veröffentlichungen der Gesellschaft für Fränkische Geschichte.* Reihe 7A and Fränkische Lebensbilder. Neustadt/Aisch. NF, 10. Bd. 141–156.

Holzberg, Niklas. 1987. "Olympia Morata und die Anfange des Griechischen an der Universität Heidelberg." *Heidelberger Jahrbücher* 31: 77–93.

King, Margaret L. 1980. "Book–Lined Cells: Women and Humanism in the Early Italian Renaissance." In Patricia Labalme (ed.), *Beyond Their Sex: Learned Women of the European Past.* New York: New York University Press. 66–90.

King, Margaret L. 1991. *Women of the Renaissance.* Chicago: University of Chicago

Press.

King, Margaret L. and Albert Rabil Jr., eds. 1992. *Her Immaculate Hand: Selected Works by and about the Women Humanists of Quattrocento Italy*. 2nd rev. edn. Binghamton, NY: Center for Medieval and Early Renaissance Studies.

Lerner, Gerda. 1993. *The Creation of Feminist Consciousness: From the Middle Ages to Eighteen-Seventy*. Oxford: Oxford University Press.

Mulazzi, Virginia. 1875. *Olimpia Morato, scene della riforma: Racconto storico del secolo XVI*. 2 vols. Milan: Tipografia di Lodovico Bortolotti E. C.

Osieja, Stefan. 2002. "Die italienischen protestantischen Schriftsteller und ihr bild vom verfolgten glaubensgenossen." In idem, *Das literarische Bild des verfolgten Glaubensgenossen bei den protestantischen Schriftstellerin der Romania zur Zeit der Reformation: Studien zu Agrippa d'Aubigne, Françoisco de Enzinas, Juan Peres de Pineda, Raimundo Gonzales de Montes, Olympia Fulvia Morata, Scipione Lentolo and Taddeo Duno*. Frankfurt am Main Berlin, Bern, Bruxelles, New York, Oxford, and Wien: Peter Lang. 292–301.

Parker, Holt N. 1997. "Latin and Greek Poetry by Five Renaissance Italian Women Humanists." In Paul Allen Miller, Barbara K. Gold, and Charles Platter(eds), *Sex and Gender in Medieval and Renaissance Texts*. Albany: State University of New York Press. 247–285.

Parker, Holt N., ed. And transl. 2003. *Olimpia Fulvia Morata, 1526–1555: The Complete Writings of an Italian Heretic*. Chicago: University of Chicago Press.

Parker, Holt N. 2002. "Olympia Fulvia Morata." In Anne Clark Bartlett, Laurie J. Churchill, and Jane Jeffery(eds), *Women Writing Latin: From Roman Antiquity to Early Modern Europe*. New York: Routledge. 133–165.

Pirovano, Donato. 1997. "Le edizioni cinquecentine degli scritti di Olimpia Fulvia Morata." In Fabio Danelon, Hermann Grosser, and Cristina Zampese (eds), *Le varie fila: Studi di letteratura italiana in onore di Emilio Bigi*.

Milano: Principato. 96–111.

Pirovano, Donato. 1998. "Olimpia Morata e la traduzione Latina delle prime due novella del Decameron." Acme 51: 73–109. Idem, "Olimpia Morata e la traduzione latina delle prime due novella del Decameron." *Acme: Annali della Facoltà di Lettere e Filosofia dell'Università degli Studi di Milano* LI (Gennaio–Aprile 1998): 73–109.

Rabil, Albert Jr. 1994. "Olympia Morata(1526–1555)." In Rinaldina Russell (ed.), *Italian Women Writers: A Bio–Bibliographical Sourcebook.* Westport, CT: Greenwood Press. 269–278.

Russell, Rinaldina, ed. 1994. *Italian Women Writers: A Bio–Bibliographical Sourcebook.* Westport, CT: Greenwood Press.

Smarr, Janet Levarie. 2005a. "Dialogue & Spiritual Counsel: Marguerite de Navarre, Olympia Morata, Chiara Matraini," and "Many voices, Marguerite de Navarre, Moderata Fonte." In *Joining the Conversation: Dialogues by Renaissance Women.* Ann Arbor: University of Michican Press. 31–97 and 190–230.

Smarr, Janet. 2005b. "Olympia Morata: From Classicist to Reformer." In Deanne Shemek and Dennis Looney (eds), *Phaethon's Children: The Este Court and its Culture in Early Modern Ferrara.* Teme, AZ: Medieval and Renaissance Texts and Studies. 321–343.

Smyth, Amelia Gillespie. 1834. *Olympia Morata: Her Times, Life and Writing.* London: Smith, Elder & Co. [Sometimes attributed to Caroline Anne Bowles Southey.]

Turnbull, Robert. 1846. *Olympia Morata: Her Life and Times.* Boston: Sabbath School Society.

Vorländer, Dorothea. 1970. "Olympia Fulvia Morata–eine evangelische Humanistin in Schweinfurt." *Zeitschrift für Bayerische Kirchengeschichte* 39: 95–113.

Weiss–Stählin, Gertrud. 1976. "Per una biografia di Olimpia Morata." In Lucio Puttin (ed.), *Miscellanea di studi in memoria di Cesare Bolognesi nel trentacinquesimo della scomparsa*. Schio: Edizioni Ascledum. 79–107.

Weiss–Stählin, Gertrud. 1961. "Olympia Fulvia Morata und Schweinfurt: Wechselbeziehungen zwischen italienischer und deutscher Frömmigkeit im Zeitalter der Reformation." *Zeitschrift für bayerische Kirchengeschichte* 30: 175–183.

Wengler, Elisabeth M. 1999. "Women, Religion and Reform in Sixteenth–Century Geneva." Unpublished PhD dissertation. Dept. of History, Boston College, Boston, MA.

찾아보기

지은이 **키르시 스티예르나 Kirsi Stjerna**

핀란드 출생으로 미국 보스턴대학교에서 박사학위를 받았고, 2000년부터 미국 펜실베이니아의 게티즈버그에 있는 루터란신학교(Lutheran Theological Seminary)에서 종교개혁사를 가르치면서 루터연구소의 책임자로 일하고 있다. 루터 연구와 관련하여 여러 학회에서 활발한 활동을 하고 있으며, 한스 힐레브란트(Hans Hillerbrand), 티모디 웽거트(Timothy Wengert)와 더불어 2017년 루터 종교개혁 500주년을 기념하여 6권으로 기획한 『루터의 정수』(Essential Luther, 6 volumes) 공동 편집인이기도 하다.

옮긴이 **박경수**

서울대학교 서양사학과(B. A.)를 졸업한 후 장로회신학대학교에서 교역학(M. Div.)과 신학석사(Th. M.) 과정을 마쳤다. 이후 미국 프린스턴신학교에서 교회사로 석사학위를, 클레어몬트대학원에서 종교개혁사로 박사학위(Ph. D.)를 받았다. 저서로는 『교회사클래스』, 『교회의 신학자 칼뱅』, 『종교개혁, 그 현장을 가다』(이상 대한기독교서회) 등이 있고, 이 외에도 다수의 공저와 논문이 있다. 또한 『츠빙글리의 생애와 사상』, 『스위스 종교개혁』, 『기독교신학사』, 『초대 기독교 교부』 등의 교회사 분야 번역서들이 있다. 현재 장로회신학대학교에서 교회사 교수로 후학들을 양성하고 있으며, 한국칼빈학회, 한국기독교교회협의회 신앙과직제위원회, 공적신학과교회연구소, 한국교회사학회 등에서 활동하고 있다.

옮긴이 **김영란**

서울대학교 인류학과(B. A.)를 졸업한 후 미국 샌프란시스코신학대학원에서 교역학(M. Div.) 과정을 마쳤다. 출판사의 편집부에서 일한 경험이 있으며, 프리랜스 번역자로도 활동했다.